THEORIE UND PRAXIS DER KARTELLE

WEGE DER FORSCHUNG

BAND CLXXIV

1972

WISSENSCHAFTLICHE BUCHGESELLSCHAFT

DARMSTADT

THEORIE UND PRAXIS DER KARTELLE

Herausgegeben von

HANS-HEINRICH BARNIKEL

1972

WISSENSCHAFTLICHE BUCHGESELLSCHAFT

DARMSTADT

Bestellnummer: 4157
Schrift: Linotype Garamond, 9/11

Satz: Druckhaus Darmstadt GmbH, Darmstadt
Druck und Einband: Wissenschaftliche Buchgesellschaft, Darmstadt
Printed in Germany

ISBN 3-534-04157-7

INHALT

III. Ausgewählte Beispiele für Kartellverträge und kartellierte Wirtschaftszweige

VORWORT

Bei der Vorbereitung des Bandes „Wettbewerb und Monopol", der ebenfalls in der Reihe „Wege der Forschung" erschienen ist, hat es sich als notwendig erwiesen, die wichtigsten Beiträge über Kartelle in einem besonderen Band zu veröffentlichen. Wenn in einer Veröffentlichung wie in jenem ersten Band der Bereich zwischen Wettbewerb und Monopol behandelt wird, dürfen die Kartelle nicht fehlen. Praktische wie auch theoretische Gesichtspunkte haben jedoch die Entscheidung zugunsten eines Sonderbandes sehr erleichtert. In der sogenannten reinen ökonomischen Theorie werden die Kartelle, ausdrücklich genannt oder auch unausgesprochen, als Kollektivmonopol im Rahmen der Monopoltheorie mit abgehandelt. Die Besonderheiten des Kollektivmonopols werden dabei aber kaum berücksichtigt. Die Kartelliteratur ist ihrerseits selbst so umfangreich, daß sich hier das Problem der Bewältigung der Masse gestellt hat. Wir haben versucht, es in der Weise zu lösen, daß wir den Abhandlungen anderer Autoren eine etwas umfangreichere eigene, für diesen Band angefertigte Einführung über die historische Entwicklung des Kartellwesens, über die Ansätze der theoretischen Durchdringung der mit den Kartellen sich stellenden ökonomischen Probleme und schließlich die Grundrisse der wichtigsten wirtschafts- und rechtspolitischen Vorschläge zur Lösung der Kartellfrage als ordnungspolitische Aufgabe vorangestellt haben. Damit konnte der Umfang des Bandes in den notwendigen und von der Sache her vertretbaren Grenzen gehalten werden.

Die Aufteilung in drei Hauptabschnitte ergab sich fast von selbst. Der Schwerpunkt des ersten Teils liegt bei Fragen des Wettbewerbs, der Preise und den volkswirtschaftlichen Kriterien zur Beurteilung der Wirkungen der Kartelle. Angesichts des Strukturwandels in den modernen Industriewirtschaften wird häufig behauptet, Kartelle hätten an Bedeutung verloren. Würde man unter einem Kartell nur die rechtlich festgefügten wettbewerbsbeschränkenden Vereinigungen verstehen, dann träfe diese Ansicht wohl zu. Die Kenntnis der Realitäten verbietet jedoch die Einengung des Kartellbegriffs auf vertraglich vereinbarte Wettbewerbsbeschränkungen. Ebenso wichtig wie die Darstellung des Kartellwesens im engeren Sinne ist deshalb die Kenntnis der kartellähnlichen Kooperationsformen. Beiträge dazu enthält der zweite Teil. Hier mußten z. B. die vertraglich nicht abgesicherte Kooperation, die koordinierte Zusammenarbeit, Preismeldeverfahren und Formen der Selbstbeschränkung behandelt werden. Um wesentliche Lücken nicht entstehen zu lassen, haben wir einen gerafften Beitrag über Rumpfkartelle, Preisgespräche und Preismeldeverfahren verfaßt. Denn gerade bei diesen drei Kooperationsformen kann gezeigt werden, daß mit einem Minimum an vertraglichen Vereinbarungen ein Maximum an Wettbewerbsbeschränkung erreicht werden kann.

Ohne eigene Erfahrung oder Kenntnis konkreter Fälle und Beispiele kann kein zutreffendes Bild dessen gewonnen werden, was in der Theorie als Kollektivmonopol abgehandelt wird und was sich hinter den Begriffen Kartell, Syndikat, Konvention oder Gentlemen's Agreement verbirgt. Die abstrakten Ausführungen lebendig werden zu lassen, ist unser Anliegen im dritten Teil. Auch die z. T. historischen Beispiele sind von großer Aktualität. Sie wurden ganz unterschiedlichen Wirtschaftszweigen entnommen, um etwas von der Vielfalt dessen aufzuzeigen, was so einfach mit dem Begriff Kartellwesen überschrieben wird. Verteidiger der Kartelle kommen ebenso zur Geltung wie ihre Gegner. Eine bemerkenswerte Literaturlücke hat dankenswerterweise Herr Diplom-Volkswirt Reinhard Vieth mit seiner Abhandlung über die Schiffahrtskonferenzen ausgefüllt. Für die bibliographischen Arbeiten, deren Ergebnis nur als Auszug abgedruckt werden konnte, schulden wir Herrn Diplom-Bibliothekar Klaus Göhler besonderen Dank. Nicht zuletzt ist den Autoren und Verlagen zu danken, daß sie die Übersetzungs- und Abdrucksrechte gewährt haben. Wir hoffen, mit diesem Band zur Verbreitung der Erkenntnis beizutragen, daß trotz aller Wandlungen im Bereich des Wettbewerbs und seiner Beschränkungen Kartelle auch weiterhin von eminenter Bedeutung sind und dem Wirtschaftspolitiker immer wieder neue Aufgaben stellen.

Originalbeitrag.

KARTELLE IN DEUTSCHLAND ENTWICKLUNG, THEORETISCHE ANSÄTZE UND RECHTLICHE REGELUNGEN

Von Hans-Heinrich Barnikel

Das Bestreben, durch Absprachen mit Konkurrenten den Wettbewerb zu verringern oder auszuschalten, ist so alt wie die Geschichte des freien Handels und der Wirtschaft. Wo immer wirtschaftliche Freiheit und Wettbewerb vorhanden waren, haben Konkurrenten vereinbart, Preise und Mengen gemeinsam festzusetzen oder zu beeinflussen und Märkte aufzuteilen. Zu dieser Überzeugung muß man kommen, wenn man feststellt, daß bereits bei den ältesten Handelsnationen entweder durch die Herrscher selbst (hauptsächlich bei den Phöniziern, Arabern und Juden) oder durch private Vereinbarungen (so bei den Ägyptern und Babyloniern) die Herstellung und der Handel mit bestimmten Waren (Purpurfarben, Edelmetalle, Balsamöle, Datteln, Wolle und Stoffe) monopolisiert wurden. In China und Indien gab es bereits vor der christlichen Zeitrechnung ein Strafgesetz, das sich gegen diejenigen richtete, welche Zusammenschlüsse bildeten, um Waren vom Markt fernzuhalten.[1] Gesetze gegen Monopolmißbrauch (überwiegend gegen Wucher) und damit auch gegen den Mißbrauch von Kartellmacht gab es auch im alten Rom, z. B. die lex Julia de annona zur Bekämpfung der Getreideteuerung oder Kaiser Zenons constitutio de monopoliis et de conventu negotiatorum illicito . . .[2].

Jakob Strieder zeigte in seiner bekannten Studie, daß Kartelle im sechzehnten Jahrhundert eine häufige Erscheinung im west-

[1] Einleitende Bemerkungen zur Geschichte des Sherman Act, in: Frederik Neumeyer, Monopole und Kartelle in USA, Berlin 1953, S. 7 f.

[2] Oswald Lehnich, Kartelle und Staat unter Berücksichtigung der Gesetzgebung des In- und Auslandes, Berlin 1928, S. 8 ff.

europäischen Wirtschaftsleben waren.[3] Doch schon viel früher hatten sich weltliche und geistliche Herren mit Kartellen zu beschäftigen. Zünfte übten häufig den sog. Vorkauf. Man verstand darunter das Verfahren, die an Markttagen von auswärts herangebrachte Ware vor Erreichen des Marktes aufzukaufen, um dadurch ein Unterbieten der ansässigen Händler durch auswärtige zu unterbinden. Gegen diese Praktik wandte sich z. B. der Würzburger Bischof Berthold von Sternberg mit Anordnungen von 1279 und 1297, um die Märkte offen zu halten und überhöhte Preise zu bekämpfen.[4] Auch die Nachfragemacht, um diesen modernen Ausdruck zu verwenden, tritt schon frühzeitig in Form von kartellartigen Vereinbarungen in Erscheinung. Nicht ohne Anlaß tadelte schon Wenzel II. (bis 1305) in den constitutiones juris metallici die Kartellbildung der Erzkäufer zur Erlangung ungerecht niedriger Preise.[5] Etwa zur gleichen Zeit gibt es auch hansische Kartelle, z. B. ein Wachskartell zur Einschränkung der russischen Konkurrenz (1309), und wenige Jahrzehnte später versuchten auch Kaufleute in Flandern und Holland, Geschäftspartner der Hanse, ihre wirtschaftliche Situation durch Kartellvereinbarungen zu verbessern.

Zahlreiche alte Kartelle wurden unter maßgeblicher Beteiligung der öffentlichen Hand abgeschlossen. So verwandte sich mit Nachdruck Karl II., König von Neapel, als Eigentümer der Salinen in der Provence für den Abschluß derartiger Verträge zwischen seinen Pächtern und den französischen Salzwerken (1301).[6] Auf dem Alaunmarkt hatte das Vordringen der Türken (1453 Eroberung von Konstantinopel) die Lage total verändert. Sie beherrschten die besten Alaungruben der Welt und forderten enorm hohe Pachten. 1461 wurden „zum Jubel der Christenheit" in Tolfa in der Nähe von Civitavecchia Alaunlagerstätten gefunden. Der Papst übertrug einer Gesellschaft den Betrieb der Gruben als ausschließliches Recht. Um die Konkurrenz der Türken auszuschalten, schlossen Beauf-

[3] Jakob Strieder, Studien zur Geschichte kapitalistischer Organisationsformen, 2. Aufl. München und Leipzig 1925.

[4] Erich Carell, Unternehmergewinn und Arbeitslohn, 2. Aufl., Berlin 1968, S. 153.

[5] Strieder, a. a. O., S. 185.

[6] Ebenda, S. 164.

tragte des Papstes und des Königs von Neapel das bekannte Alaunkartell (1470). „Jeder der beiden Kontrahenten hatte einen ständigen Kommissar in den Alaungruben bzw. in den Alaunniederlagen des anderen. Die Kommissare waren im Besitz von Schlüsseln zu allen Magazinen. Ihnen mußte Rechnung gelegt werden, wieviel Alaun gewonnen und verschifft wurde.“ [7] Der Vertrag sah weiter vor, daß alle Verkäufe durch einen päpstlichen und königlichen Abgeordneten erfolgen sollten. Die Gruben der beiden Vertragsparteien lieferten jeweils die Hälfte des Materials. Die Preise wurden gemeinsam festgesetzt, die Erlöse halbiert. Schloß einer der Beauftragten ungehörigerweise billiger ab, so war dem anderen Vertragsbeteiligten der Gewinnausfall zu ersetzen. Auch die Konditionen waren festgelegt (Verkauf nur gegen Geld; Laufzeit der Kredite höchstens ein Jahr). Der Papst verpflichtete sich, das Verbot des Handels mit türkischer Ware der Christenheit alljährlich einzuschärfen. Schiffe mit türkischem Alaun durften gekapert werden.

Kaiser Karl V. hatte öfter Anlaß, von den Fuggern, den Welsern und anderen Handelshäusern Verfahren wegen Errichtung eines Monopols abzuwenden. Nach damaligem Sprachgebrauch war unter Monopolbildung auch die Kartellierung zu verstehen. Monopolbildung wurde heftig bekämpft [8] und auf den Reichs- und Landtagen des sechzehnten Jahrhunderts mit hohen Strafen bedroht. „Die hochangesehene, vornehme Firma Bartholomä Welser in Augsburg hatte es erleben müssen, daß im Jahre 1530 des heiligen römischen Reichs Kammergerichtsbote in ihrer Schreibstube erschien und dem Seniorchef des Hauses, dem greisen Bartholomä Welser, die Ladung vor das oberste Gericht des Reiches überreichte. Gleichzeitig war die Klage wegen Monopolvergehens der Firma am Rathaus öffentlich angeschlagen worden.“ [9] Trotz Androhung harter Strafen finden wir im sechzehnten Jahrhundert Kartelle im sächsischen Wollhandel, im böhmischen Erzhandel und beim Verkauf bayerischen Salzes. Unter dem maßgeblichen Einfluß Konrad Rotts,

[7] Ebenda, S. 173.

[8] Joseph Höffner, Wirtschaftsethik und Monopole im 15. und 16. Jahrhundert, 2. Aufl. Darmstadt 1969.

[9] Strieder, a. a. O., S. 508.

eines Augsburger Kaufmanns, wurde das große Pfeffermonopol geschaffen. Er übernahm vom portugiesischen König einen Gesamtkontrakt und sicherte ihn mit Hilfe von Gebietsschutzverträgen mit portugiesischen, italienischen, thüringischen Kaufleuten und Handelsgesellschaften.

Auch die zwangsweise Kartellbildung ist älteren Datums. Isay nennt dafür als erstes Beispiel, das ihm bekanntgeworden ist, das bei Strieder dargestellte Zinnkartell, welches auf ein Privileg sowie auf eine Anordnung Georgs von Sachsen von 1540 zurückgeht. Zwangskartelle bestanden in Deutschland bis in die Mitte des 19. Jahrhunderts hauptsächlich im Bereich der Hütten- und Hammerwerke.

Nach all dem, was über älteste Kartelle bekannt ist, verwundert es nicht, daß es bereits zu Beginn des 19. Jahrhunderts auch in dem noch nicht industrialisierten Deutschland Kartelle gibt (z. B. 1814 ein Porzellankartell, 1836 und 1844 ein Kartell der vier preußischen Alaunwerke, von denen zwei Privatunternehmen waren, zwei dem Fiskus gehörten; 1858 Gründung des Vereins für bergbauliche Interessen im Oberbergamtsbezirk Dortmund). Aber erst mit zunehmender Industrialisierung und ganz besonders in den sogenannten Gründerjahren entsteht, was zu Recht als Kartellbewegung bezeichnet wird.

Die Entstehung der Kartellbewegung

Zunächst seien einige Vorstellungen von der Entwicklung der Industrie in der zweiten Hälfte des 19. Jahrhunderts aufgefrischt.[10] Die Wirtschaftsgeschichte verzeichnet für jenen Entwicklungsabschnitt einen zunehmenden Aufschwung der Volkswirtschaft und damit verbunden eine beträchtliche Zunahme der Produktion. Möglich wurde dies, weil sich der Deutsche Zollverein, 1834 gegründet,

[10] Vgl. A. Sartorius von Waltershausen, Deutsche Wirtschaftsgeschichte 1815 bis 1914, 2. ergänzte Aufl., Jena 1923; Friedrich Lütge, Deutsche Sozial- und Wirtschaftsgeschichte, 2. Aufl. Berlin, Göttingen, Heidelberg 1960, insbes. das 6. Kapitel, Die sozialen und wirtschaftlichen Verhältnisse im Zeitalter der entfalteten Volks- und Weltwirtschaft (19. und 20. Jahrhundert).

zu einem größeren einheitlichen Wirtschaftsraum entwickelte und der Außenhandel des Zollvereins beträchtlich gesteigert werden konnte. Der technische Fortschritt war in den Gewerbezweigen zwar unterschiedlich, insgesamt aber von kräftiger Dynamik. Außerdem wurde, wie wir heute zu sagen pflegen, die Infrastruktur des sich allmählich integrierenden Wirtschaftsgebiets wesentlich verbessert. In der ökonomischen Theorie wie in der praktischen Wirtschaftspolitik war die Frage Freihandel oder Schutzzölle von großer Bedeutung. Die Industrie entwickelte sich zur kapitalistischen Großindustrie und bildete eine gewaltige Fähigkeit zur Mehrung von Reichtum aus. Einkommensgegensätze und soziale Probleme ließen schließlich die Arbeiterbewegung entstehen.

Die liberale ökonomische Theorie und liberale Institutionen traten nachhaltig und mit Erfolg für die Einführung der Goldwährung ein, mit der das Geldwesen im Deutschen Reich vereinheitlicht und neu geordnet wurde. So leisteten sie zur wirtschaftlichen Entwicklung ebenfalls einen wichtigen Beitrag. Der wirtschaftliche Liberalismus hat jene Epoche aber auch insofern geprägt, als die Wirtschaft von staatlichen Eingriffen grundsätzlich freigehalten wurde. Der Gesetzgeber kodifizierte im Bürgerlichen Recht und im Handelsrecht lediglich Regeln für das Verhalten der Wirtschaftssubjekte untereinander. Vor allem aber ist die Gewerbeordnung für das Deutsche Reich vom 21. Juni 1869 zu nennen. Sie wurde ursprünglich für den Norddeutschen Bund geschaffen und nach der Reichsgründung als Reichsgesetz erlassen. An späterer Stelle werden wir uns etwas eingehender mit der Rechtsprechung des Reichsgerichts zum Verhältnis der Gewerbefreiheit zu den Kartellverträgen befassen.

Das Bild wäre einseitig, würde man nur auf wirtschaftlichen Aufschwung und auf die Gründerjahre und nicht auch auf Gründungsexzesse und Gründungsschwindel sowie auf Wirtschaftskrisen im nationalen und internationalen Bereich hinweisen. Der wirtschaftliche Niedergang erreichte zum Teil Ausmaße, die man sich heute kaum mehr vorzustellen vermag. Man muß schon detaillierte Schilderungen aus der damaligen Zeit nachlesen, um nachvollziehen zu können, wofür Worte wie wirtschaftlicher Niedergang und Wirtschaftskrise stehen. Nicht zuletzt auch unter dem Eindruck der

Wirtschaftskrisen bekam der Zollschutzgedanke neuen Auftrieb und findet in Bismarcks Handelspolitik seinen Niederschlag.

Der bereits erwähnte Dortmunder Bergbauverein nennt als Ursache für seine Gründung die schlechte wirtschaftliche Lage durch drohende Überproduktion, als Zweck „die Förderung der Interessen des Ruhrbergbaus und die Hebung der wirtschaftlichen Lage seiner Mitglieder“.[11] Dieses Ziel wurde durch Ausdehnung des Absatzgebietes, durch Verbesserung der Exportfähigkeit, des Transportwesens und der Organisation von Produktion und Absatz zu erreichen versucht. Aus dieser und ähnlichen Vereinbarungen entstand schließlich das *Rheinisch-westfälische Kohlen-Syndikat* und mehrere regionale Unter- und Nebenorganisationen für verwandte Produkte (Gaskohlenvereinigung, Kokskohlekartell, Fettkohlenvereinigung, Verein der Magerkohlenzechen etc.), alle mit dem Bemühen, die Preise zu regulieren und die Fördermengen den Nachfrageverhältnissen besser anzupassen. Innerhalb dieser Vereinigungen gab es erfolgreiche Bestrebungen, Zechen technisch und finanziell zu größeren Gruppen zu verschmelzen.[12] Vielleicht war dafür mitbestimmend, daß die Vereinigungen manchem Mitglied nicht wirksam genug arbeiteten und nicht straff genug organisiert waren. Wie sich einerseits zeigen läßt, daß es innerhalb der Kartelle erfolgreiche Fusionsbestrebungen gab, so läßt sich andererseits auch nachweisen, daß umgekehrt von der Fusionsbewegung ein positiver Einfluß auf die Kartellbildung ausging.[13]

Weitere Spezialkartelle und mehrere Verkaufsvereinigungen entstanden in den neunziger Jahren. Unter dem Eindruck der Absatzkrise von 1891 setzte sich die Überzeugung durch, „daß nur ein Zusammenschluß der gesamten Werke eine wirkliche Gesundung der Verhältnisse bringen könne“.[14] Nach einigen gescheiterten

[11] Dargestellt nach Veit Holzschuher, Soziale und ökonomische Hintergründe der Kartellbewegung, Dissertation Erlangen–Nürnberg 1962, S. 17 ff.

[12] Ernst Jüngst, Festschrift zur Feier des fünfzigjährigen Bestehens des Vereins für die bergbaulichen Interessen im Oberbergamtsbezirk Dortmund in Essen 1858 bis 1908, Essen 1908, S. 99 ff.

[13] Holzschuher, a. a. O., S. 21.

[14] Jüngst, a. a. O., S. 102.

Versuchen kam 1893 das das Gesamtgebiet umfassende Rheinisch-Westfälische Kohlen-Syndikat (RWKS) zustande. Spezialkartelle wurden dem RWKS entweder angeschlossen oder das RWKS traf mit ihnen zusätzliche Vereinbarungen. Für die Verwertung und den Absatz der Nebenprodukte wurden 1895 die Deutsche Ammoniak-Verkaufsvereinigung, 1897 die Deutsche Teer-Verkaufsvereinigung, 1899 die Westdeutsche Benzol-Verkaufsvereinigung gegründet.

In Oberschlesien verlief die Entwicklung ähnlich. Ebenfalls ab 1890 wurden als Mindestpreis- und Quotenkartelle und schließlich 1898 als straffe Organisationen die Oberschlesische Kohlenkonvention und weitere Spezialkartelle geschaffen. Schließlich ist noch zu erwähnen, daß sich auch die Zechen in den kleinen Kohlenrevieren (Niederschlesien, Sachsen, Aachen) zu Vereinigungen mit kartellähnlicher Zwecksetzung zusammenschlossen.

Im Bereich der Braunkohle (Mitteldeutschland, Niederrhein um Köln und Bonn, Niederlausitz) traten wegen der Existenz von Außenseitern einige Besonderheiten auf. Während die Kartellmitglieder nicht zuletzt wegen ihrer Höchstpreispolitik ihre Produktion einschränken mußten, konnten die Außenseiter Marktanteile gewinnen. Die Anstrengungen, die Außenseiter für das Kartell zu gewinnen, verliefen mit unterschiedlichen Ergebnissen: positiv im Gebiet Niederrhein, negativ in Mitteldeutschland.

Im Zusammenhang mit der Kartellbildung bei den Zechen entstanden zahlreiche Kohlenhandelskartelle. Sie hatten zwar ihren Ursprung im Handel, wurden aber schon bald vom RWKS gefördert und schließlich kontrolliert. Neben den Handelszusammenschlüssen, die hauptsächlich die Interessen der Produzenten vertraten, gab es auch noch die sogenannten freien Kohlenhandelskartelle, die aber keineswegs als Gegenorganisationen zu den Kohlenzechen anzusehen sind, sie und ihre Absatzorganisationen vielmehr ergänzten.

Von der politischen Entwicklung (Ausbau des Zollvereins) und von dem neuen Verkehrsmittel Eisenbahn erhielt vor allem die *eisenschaffende Industrie* die stärksten Impulse. Sie war bis dahin vielfach noch handwerksmäßig organisiert und arbeitete in kleinen

Betrieben. Den neuentstandenen Bedarf an Lokomotiven, Waggons und Schienen konnte sie durch Ausbau ihrer Produktionsanlagen befriedigen. Bereits um die Mitte des vorigen Jahrhunderts begann im Ruhrgebiet ein kräftiger Konzentrationsprozeß. Eine große Zahl alter, kleiner Eisenwerke stellte seinen Betrieb in der Zeit von 1840 bis 1870 ein. Der eigentliche Anstoß zur Vergrößerung der Werke ging von den Bessemer-, Martin- und Thomasverfahren aus, die sich in Deutschland erst während der Depression nach 1873 durchsetzten; damals entstanden die großen Hochöfen mit Koksfeuerung und die kombinierten Werke.[15] Der Übergang zur Großindustrie ist in diesem Wirtschaftszweig also verhältnismäßig früh eingeleitet worden. Wo es möglich war, schuf man „gemischte Werke", die zwei oder mehr Produktionsstufen (Eisenerzeugung auf eigener Erz- und Kohlebasis, evtl. mit Weiterverarbeitung des Roheisens in Walzwerkbetrieben) in einer Unternehmung zusammenfaßten.

Die Vorläufer der Kartelle in der eisenschaffenden Industrie lassen sich bis 1844 zurückverfolgen,[16] wenn es auch noch mehr als ein Jahrzehnt dauert, bis ein ausgereiftes Verkaufssyndikat, der Nassauische Roheisen-Verkaufsverein, vorhanden war. Heftiger Wettbewerb und rasch wechselnde Ertragslagen ließen weitere Versuche zur Kartellbildung entstehen. Die Anfänge waren schwierig. Zunächst gründete man in diesem Wirtschaftszweig Abwehrkartelle gegen die Kohlenverkaufsgesellschaften; sie zerfielen schon nach wenigen Jahren. Es dauerte bis in die neunziger Jahre, bis sich einigermaßen haltbare und arbeitsfähige Gruppen gebildet hatten. Eine Vereinigung war im allgemeinen erst dann lebensfähig, wenn sie auch den Verkauf für ihre Mitglieder obligatorisch übernahm und wenn es gelang, durch scharfe Bestimmungen den Handel zu disziplinieren und dadurch die Konkurrenz der Außenseiter weitgehend auszuschalten. Der 1886 von 17 Hochofengesellschaften gegründete Rheinisch-Westfälische Roheisenverband bildete den Rahmen für diese Entwicklung, die 1896 im Rheinisch-Westfäli-

[15] Gustav Schmoller, Grundriß der allgemeinen Volkswirtschaftslehre, Erster Teil, Leipzig 1923, S. 510.

[16] Arthur Klotzbach, Der Roheisenverband, Düsseldorf 1926, S. 3 ff.

schen Roheisensyndikat zu einem vorläufigen Abschluß kam.[17] Die Bindungen mit Vereinigungen in den anderen westlichen Revieren wurden durch ergänzende Verträge erweitert und intensiviert. Trotzdem war die Lebensdauer des Verbandes begrenzt. Der Kampf mit Außenseitern, insbesondere mit dem Eisenwerk Kraft (errichtet 1896–98 bei Stettin vom Fürsten Guido Henckel von Donnersmarck), interne Spannungen wegen zu heterogener Mitgliedschaft (unterschiedliche Interessenlage der reinen und der gemischten Werke), die bei Verschlechterung der Absatzsituation immer wieder zu Zerreißproben führte, und nicht zuletzt die mangelhafte Treue der Mitglieder zu ihrer Organisation brachten schließlich die Auflösung des Rheinisch-Westfälischen Roheisenverbandes im Krisenjahr 1908. Rigoroser Konkurrenzkampf mit Preisrückgang bis 25 % innerhalb eines Jahrens war die Ausgangsbasis für einen neuen Zusammenschluß, zum Roheisenverband im Jahre 1910. An diesen neuen Bestrebungen wirkten nun auch die Außenseiter mit. Allerdings blieben Siegerländer Hütten und lothringische und luxemburgische Gruppen außerhalb des neuen Verbandes.

Bei den *Stahl- und Walzwerken* kam die Syndizierung noch schwerer zustande als in der Roheisenerzeugung. Große Bedeutung für die Kartellbildung in der Eisen- und Stahlindustrie erlangte der Stahlwerksverband. Die Überlegenheit der gemischten Werke war immer deutlicher geworden und wurde für die reinen Werke zu einem starken Anreiz, sich an gemischte Werke anzuschließen oder sich Kohlengruben und Hochöfen anzugliedern. Der verstärkte Kampf um die Absatzmärkte führte 1903 zu Verhandlungen mit dem Ziel, alle bis dahin bestehenden Einzelvereinbarungen zu einer straffen Organisation, ähnlich der im Steinkohlenbergbau, zusammenzufassen. Die Verhandlungen endeten 1904 mit der Gründung des deutschen Stahlwerks-Verbandes[18]. Damit wurden zahlreiche kurzfristige Konventionen, z. B. die Schienen- und Schwellen-Gemeinschaften, Walzwerkvereinigungen, Träger- und Halbzeug-

[17] Die Darstellung der Situation in den einzelnen Revieren (Siegerland, Rheinland-Westfalen, Luxemburg, Lothringen, Saarland, Oberschlesien) findet sich mit weiteren Quellenangaben bei Holzschuher a. a. O., S. 49 ff.

[18] Holzschuher, a. a. O., S. 80 f.

verbände, Blechkontore, Walzdrahtvereinbarungen, Röhrenkonventionen, die z. T. schon in den achtziger Jahren entstanden waren, abgelöst. Der Deutsche Stahlwerks-Verband kontrollierte Halbzeug, Eisenbahn-Oberbaumaterial (Schienen, Schwellen), Formeisen wie Träger und U-Eisen sowie Stabeisen, Walzdraht, Röhren, Guß- und Schmiedestücke und teilte den Werken dafür Quoten zu. Zusätzlich gruppierten sich um den Stahlwerks-Verband mehrere Sonderkartelle für Spezialprodukte.

Die Kartellierungsbestrebungen in der *Kaliindustrie* haben ebenfalls eine alte, bis in die sechziger Jahre zurückreichende Tradition. Die beiden einzigen Produzenten waren der preußische und der anhaltische Bergfiskus, die zunächst lokale Preisabmachungen getroffen hatten. Nach Beseitigung des preußischen Salzmonopols erhöhte sich die Zahl der Werke und Unternehmen. 1900 wurden 15, 1909 65 Kalisalzwerke gezählt.[19] Die Bereitschaft, wettbewerbbeschränkende Vereinbarungen zu treffen, war beim Fiskus noch größer als bei den privaten Werken. Vereinbarungen über die Rohsalze Carnallit und Kainit sind die Vorläufer des eigentlichen Kali-Syndikats, das 1889 gegründet wurde. Auch dieses Vertragssystem wurde ergänzt, erweitert und verfeinert. Im Vergleich zur Kartellierung in den bisher dargestellten Wirtschaftszweigen verliefen Syndizierung und weitere Entwicklung in der Kali-Industrie verhältnismäßig reibungslos. Die Zahl der Vertragspartner war nur gering (1875 zwei, 1890 acht), das Produkt verhältnismäßig unkompliziert, Wettbewerb nicht zu befürchten. Erst als sich die Beteiligten über die Höhe ihrer Quoten nicht zu einigen vermochten und deshalb einige Unternehmen mit ausländischen Abnehmern langfristig Verträge zu ermäßigten Preisen abschlossen, griff der Staat, der selbst Mitglied des Kartells war, ein. Er glaubte, daß die nationalen Interessen nicht mehr gewahrt seien, und schuf durch Reichsgesetz vom 25. Mai 1910 das Kalizwangssyndikat.[20]

Zementindustrie gibt es in Deutschland etwa seit der Mitte des vorigen Jahrhunderts. Durch die außergewöhnlich hohen Gewinne der ersten deutschen Zementwerke erfuhren die Produktionskapazi-

[19] Horst Wagenführ, Kartelle in Deutschland, Nürnberg 1931, S. 53.
[20] Holzschuher, a. a. O., S. 89.

täten eine rasche Ausdehnung, die in keinem angemessenen Verhältnis zu den Absatzmöglichkeiten stand. Die Suche neuer Absatzmöglichkeiten mit Preiskämpfen, die in der Wirtschaftsgeschichte auch als „Zementkriege“ bezeichnet werden, sind die Folge und der Ausgangspunkt für eine umfangreiche Kartellbewegung und Konzentration.[21] Etwa um 1880 wurden die ersten Preisabsprachen in der Zementindustrie bekannt. Lokale Preiskonventionen gab es dann ab 1889.[22] Sie waren nur von kurzer Dauer. Da die einzelnen Werke den Verkauf noch selbst vornahmen, war die Umgehung der vereinbarten Quoten sehr erleichtert. Zur Bildung straffer Verkaufssyndikate kam es 1904/05. Im Zuge der Entwicklung zeigte sich auch in der Zementindustrie, daß vorwiegend die Großbetriebe Träger der Syndikatsbewegung waren. Die mangelhafte Ausnutzung der Produktionsanlagen hat der Zementindustrie bis heute immer wieder Schwierigkeiten bereitet. In den wirtschaftlichen Aufschwungphasen wurden bei hohen Gewinnen die Anlagen kräftig erweitert. Auch der Kampf um die Absatzquoten, die sich nach den vorhandenen Kapazitäten richteten, führte zur Vergrößerung der Produktionsstätten. 1916 und 1934 sah sich deshalb der Staat veranlaßt, diesen wirtschaftlich nachteiligen Entwicklungen durch einen Investitionsstopp entgegenzuwirken. Nachdem 1923 der erste staatliche Investitionsstopp aufgehoben worden war, schlossen sich die Syndikate zu drei großen Verkaufskartellen zusammen (Nord, West und Süd), deren Grenzen zum Teil bis in die jüngste Zeit unverändert geblieben sind. Unter Androhung eines Zwangskartells wurden alle Produzenten gezwungen, sich einem dieser Syndikate anzuschließen.

Schwierigkeiten entstanden für die Syndikate durch das Aufkommen des Hüttenzements. Nach Jahren harter Konkurrenzkämpfe kam es zur Einigung. Man legte einen Schlüssel fest, nach

[21] Vgl. Verhandlungen und Berichte des Ausschusses zur Untersuchung der Erzeugungs- und Absatzbedingungen der deutschen Wirtschaft 1. Unterausschuß, 3. Arbeitsgruppe (zitiert als Enquêtebericht), 2. Teil, 2. Abschnitt: Bau und Baustoffindustrie, Berlin 1928; auszugsweise abgedruckt im dritten Teil dieses Bandes.

[22] Kurt Ehrke, Die Übererzeugung in der Zementindustrie von 1885 bis 1913, S. 99 und 103, Fn. 1.

welchem die Hüttenzementwerke in die Kartellgebiete zu liefern berechtigt waren. Gegen die anderen Außenseiter wurden bis etwa 1933 alle Mittel wirtschaftlicher Macht eingesetzt. Außenseiter waren nicht selten sogar Neugründungen durch Unternehmen, die selbst dem Kartell angehörten. Es verbarg sich dahinter die Absicht, das neugegründete Werk zu einem guten Preis vom Kartell aufkaufen zu lassen. Innerhalb des Kartells kamen die Auseinandersetzungen um die Quoten nicht zum Stillstand. Nach 1933 wurde das Zementkartell zum Instrument der staatlichen Wirtschaftspolitik und erreichte so den Höhepunkt seiner Konzentration und wirtschaftlichen Macht. Nach 1945 verlief die Entwicklung unterschiedlich. In Süddeutschland verboten die Besatzungsmächte die Kartelle generell. Die drei norddeutschen Verkaufskontore wurden geduldet. Nach Inkrafttreten des Gesetzes gegen Wettbewerbsbeschränkungen (GWB) am 1. Januar 1958 beantragte die Zementindustrie die Erlaubnis ihrer Kartellverträge als Rationalisierungsvereinbarungen nach § 5 Abs. 2 und 3 GWB mit gemeinsamen Verkaufsstellen und gemeinsam vereinbarten Preisen franko Empfangsstation. Diese Bestrebungen, den Kartellierungsgrad, der vor 1945 bestand, wiederherzustellen, schlug allerdings fehl, weil das Bundeskartellamt die beantragte Erlaubnis nicht erteilt hat und die Gerichte diese Entscheidungen bestätigt haben.

In einem allgemeinen Überblick kann nicht in gleicher Ausführlichkeit auf die Kartellierung in allen Wirtschaftszweigen eingegangen werden. Wir wollten vor allem auch zeigen, wie diffizil Kartellgründungen sind, welche Schwierigkeiten auftreten und was etwa die wichtigsten Motive gewesen sind. Das, was ausgeführt worden ist, gilt in ähnlicher Weise auch für andere Wirtschaftszweige, für die die Angabe einiger Zahlen über die Kartellbildung genügen soll. Dabei sei allerdings einschränkend vorausgeschickt, daß die Bedeutung des Aussagegehalts der Zahlenangaben über den Umfang des Kartellwesens wegen der Verschiedenartigkeit der Kartellformen erheblich eingeschränkt ist. Bei statistischen Vergleichen kommt erschwerend hinzu, daß Umfang und Inhalt des Kartellbegriffs, der den einzelnen Feststellungen zugrunde liegt, nicht eindeutig sind und außerdem wohl zu allen Zeiten ein Teil der Kartelle geheimgehalten worden ist. Trotz dieser Einschränkungen seien einige Zahlen als allgemeine Orientierungsdaten angegeben.

Schätzung der Anzahl der Industriekartelle in Deutschland[23]

Jahr	Zahl	nach	Jahr	Zahl	nach
1865	4	Sombart	1900	300	Zentralvbd. dtsch. Ind.
1875	8	Sombart	1905	385	Amtl. Enquête
1887	70	Philippovich	1911	550	Tschierschky
1888	75	Philippovich		600	Tschierschky
1889	106	Philippovich	1922	1 000	Liefmann
1890	117	Sombart	1925	1 500	Metzner
1896	143	Bücher	1925	2 500	Deutsche Regierung
1896	250	Sombart	1930	2 100	Wagenführ[24]

Die 385 vom Reichsamt des Innern 1905 festgestellten Kartelle verteilten sich wie folgt auf die einzelnen Industrien: Kohle (19), Eisen (62), Metall, außer Eisen (11), Chemie (46), Textilindustrie (31), Leder- und Kautschukwaren (6), Holz (5), Papier (6), Glas (10), Ziegel (132, jedoch nur von lokaler Bedeutung), Steine und Erden (27), Tonwaren (4), Nahrungs- und Genußmittel (17), Elektroindustrie (2) und sonstige (7). Die 385 Kartelle umfassen ca. 12 000 Betriebe. Allerdings ist diese Aufzählung durch einige Bemerkungen zu ergänzen. Pesch[25] weist darauf hin, daß in der chemischen Industrie z. B. Hunderte von Produkten Gegenstand von Vereinbarungen waren; Chemieunternehmen oder auch solche der Eisenindustrie waren vielfach an einer ganzen Reihe von Kartellen beteiligt. Die amtliche Übersicht enthält zahlreiche Kondi-

[23] Horst Wagenführ, a. a. O., S. XIII.

[24] Ohne die Kartelle und kartellähnlichen Organisationen der Landwirtschaft, des Bank-, Börsen-, Verkehrs-, Versicherungsgewerbes und der Freien Berufe.

[25] Heinrich Pesch, Lehrbuch der Nationalökonomie, 3. Bd. 2. und 4. neubearbeitete Ausgabe, Freiburg 1926, S. 378.

tionenkartelle nicht, die sich auf die Lieferungsbedingungen (Kreditgewährung, Rabatte, Baisse-Klauseln, Bonifikation) beziehen.

Metzner, der Leiter der Kartellstelle des Reichsverbandes der deutschen Industrie, nennt für 1926 nach Fachgruppen aufgegliedert folgende Zahlen:[26]

1.	Bergbau	51
2.	Eisenschaffende Industrie	73
3.	Metallhütten und -halbzeug	17
4.	Maschinenbau	147
5.	Eisen-, Dampfkessel- und Apparatebau	48
6.	Eisenbahnwagenbau	1
7.	Motorfahrzeug- und Fahrradindustrie	8
8.	Eisen- und Stahlwaren	234
9.	Elektrotechnik, Feinmechanik und Optik	56
10.	Metallwaren	78
11.	Holz	44
12.	Leder	46
13.	Steine und Erden	30
14.	Bauindustrie	–
15.	Keramische Industrie	10
16.	Glasindustrie	20
17.	Chemische Industrie	91
18.	Öle und Fette	36
19.	Papier	107
20.	Textilindustrie	201
21.	Bekleidungsindustrie	71
22.	Brauerei, Mälzerei und Müllerei	97
23.	Zucker- und Nährmittelindustrie	24
24.	Nahrungs- und Genußmittel	49
25.	Schiffahrt und Spedition	4
		1543

(Die Zahlen beziehen sich auf die Fachgruppen des Reichsverbandes der Deutschen Industrie.)

[26] Zitiert nach Wagenführ, a. a. O., S. XIV.

In der allgemeinen Kartelliteratur sind die Kartelle im Bankwesen kaum berücksichtigt worden, obwohl Ansätze zu kartellartigen Vereinbarungen von Banken schon sehr früh festzustellen sind. Passow [27] machte darauf aufmerksam, daß die Bankenkartelle eine größere Verbreitung wohl erst nach der Jahrhundertwende und verstärkt nach dem Ersten Weltkrieg erfahren haben. Ihre Vernachlässigung in der Literatur ist unberechtigt, da es Bankenkartelle in größerer Zahl gab und ihre Bedeutung ganz erheblich zugenommen hat. Zwar bezeichnet man die geschäftliche Praxis der Bankenkartelle als Konditionenvereinbarungen, tatsächlich regeln sie aber neben den allgemeinen Geschäftsbedingungen vornehmlich Preise in Form von Zinsen und Provisionen für die Leistungen der Banken. Zu erwähnen sind auch Bonifikationsabkommen, die vielfach von Realkreditinstituten abgeschlossen worden sind. Es handelt sich um Höchstsätze der Bonifikation, die den Großabnehmern von Pfandbriefen eingeräumt werden.

Schließlich sind noch Kartellvereinbarungen der Angehörigen der Freien Berufe zu nennen. In Verbandssatzungen verbinden sich Verbandszwecke wie allgemeine Förderung der Berufsinteressen, der Unterstützung der Mitglieder usw. häufig mit wettbewerbbeschränkenden Praktiken. Bei Ärzten, Zahnärzten, Rechtsanwälten hat zwar der Staat schon frühzeitig durch Zulassungsbeschränkungen, Erlaß von Gebührenverordnungen, Schaffung von Zwangsverbänden und dergleichen beträchtliche Einschränkungen der Konkurrenz geschaffen, daneben gab es jedoch für andere freie Berufe (Architekten, Steuerprüfer, Bühnenschriftsteller und -komponisten) Verbände, die autonom neben anderen Verbandszwecken auch Kartellzwecke verfolgten.

Kartelle in anderen Ländern

In allen anderen Ländern, in denen die Industrie ebenfalls eine höhere Entwicklung erreicht hat und einen genügend großen Freiheitsraum für ihre wirtschaftliche Betätigung besitzt, hat die Be-

[27] Richard Passow, Kartelle, Jena 1930, S. 63 ff.

schränkung des Wettbewerbs gleichfalls Bedeutung erlangt. Die Formen sind unter dem Einfluß der jeweiligen Rechtssituation und der Einstellung zum Wirtschaftsleben teilweise anders als bei uns.[28]

Österreich weist die größte Ähnlichkeit mit den deutschen Verhältnissen auf. 1912 wurden für Österreich-Ungarn etwa 100 Kartelle gezählt. Von besonderer Bedeutung waren die Eisen-, Kupferdraht-, Jute-, Petroleumraffinerie-, Kunstdünger-, Kohlensäure-, Zucker-, Spiritus- und Mühlenkartelle. Die wichtigsten österreichischen Kartelle standen auch mit den deutschen in Verbindung, sofern die Vereinbarungen nicht überhaupt die Industrie beider Länder umfaßten.

In *Belgien,* wo sich neben Österreich die meisten Kartelle gebildet haben dürften, wurde die Kartellierung von staatlicher Seite (von den Handelskammern) gefördert.[29] Aus den einfacheren Ententes und kurzfristigen Pools entwickelten sich z. B. die association cottonière, das syndicat des charbonnages liègeois, das syndicat des cokes, sowie des Diamantenkartell. An mehreren internationalen Kartellen war die belgische Industrie ebenfalls beteiligt (syndicat des fabricants de zinc, des émailleurs, des fabricants de munitions d'armes de commerce, wobei das letzte die französische, belgische, österreichische, deutsche und italienische Industrie umfaßte).

In *Frankreich* gab es zur damaligen Zeit namentlich in der Kohlen- und Eisenindustrie, in der chemischen, in der Glas- und Porzellan-, der Zucker-, Salz-, Seiden-, Petroleum-, Knopf-, Papier- und Textilindustrie eine Reihe kartellähnlicher Verbände. Insbesondere nach dem Ersten Weltkrieg hat das Kartellwesen in Frankreich sich sehr entwickelt. Manches französische Kartell arbeitete eng mit den entsprechenden deutschen Kartellen zusammen.

In *Italien* entstand für die Metallurgie ein wichtiges Kartell nach deutschem Muster. Eine etwas lockerere Vereinbarung von Superphosphatfabriken bildete sich etwa zur gleichen Zeit zu einem

[28] Nähere Angaben mit Quellennachweis bei Pesch, a. a. O., S. 377 ff., insbesondere S. 380 f. und Robert Liefmann, Die Unternehmung und ihre Zusammenschlüsse, Bd. 2: Kartelle, Konzerne und Trusts, 8. Aufl. Stuttgart 1930, S. 48 ff.

[29] Pesch, a. a. O., S. 381.

Kartell um, war jedoch wegen der großen Zahl von Außenseitern in seiner Wirksamkeit sehr beschränkt. Die Kartellbewegung machte aber auch hier Fortschritte und erfaßte Anfang unseres Jahrhunderts die Zuckerfabrikation, die Textilindustrie, die Erzeugung von Zement, Schwefel und das Angebot von Marmor.

Für *Spanien* sind das Zuckerkartell und das Eisenverarbeitungs- und Glaskartell zu erwähnen; für die *Schweiz* Kartelle in der Seiden-, Stein-, Elektrizitäts-, Uhren- und Ziegelindustrie. In den *skandinavischen* Ländern gab und gibt es Kartelle namentlich für Eisenerz, Kupfer, Karbid und in der Holzindustrie. Im alten *Rußland* gab es Kartelle und Syndikate für Zucker, Petroleum, Salz und in der Metallverarbeitung.

Anders als in den kontinentaleuropäischen Ländern verlief die Entwicklung monopolistischer Vereinbarungen in den Vereinigten Staaten von Amerika und in England. Zwar gab es in *England* schon in den achtziger Jahren des 18. Jahrhunderts Kartelle im Kohlenbergbau und in der ersten Hälfte des 19. Jahrhunderts im Versicherungswesen, im Kupferbergbau, im Buchhandel und bei den Eisenbahnen. Daß sie nur von kurzer Dauer waren, dürfte vielfältige Gründe haben. Einer der wichtigsten ist sicherlich, daß die Lehre der Nationalökonomie über die Notwendigkeit des freien Wettbewerbs in England tief Wurzeln geschlagen hat und die englische Gesetzgebung und Rechtsprechung weit strenger als in anderen Ländern die Einschränkung der Gewerbefreiheit (restraint of trade) bekämpfte. Nicht zuletzt dürfte das Fehlen von Schutzzöllen, das ebenfalls seine Wurzeln in den genannten wirtschaftspolitischen und wirtschaftsrechtlichen Anschauungen hat, dämpfend auf die Kartellbewegung gewirkt und den Anreiz beseitigt haben, durch Zölle geschaffene Vorzugsstellungen im Inland auszunutzen. Insbesondere Liefmann betont die individualistische Seite des britischen Unternehmers, während andere Autoren, z. B. Levy [30], die Entwicklung dadurch erklären, daß leicht kartellierbare Produkte weitgehend fehlen, ein wirksamer Schutz durch Transportkosten wegen der Erreichbarkeit aller großen Industriezentren von der

[30] Hermann Levy, Monopole, Kartelle und Trusts in ihren Beziehungen zur Organisation der kapitalistischen Industrie. Dargestellt an der Entwicklung in Großbritannien, Jena 1909, S. 166 ff.

See aus ebenfalls nicht vorhanden ist und schließlich Schutzzölle fehlen. „Wo immer die Aussicht auf Durchführung einer Monopolorganisation wirkte und Gewinn versprach, da ist sie auch von den englischen Unternehmern angestrebt worden, wie es die Kartelle und Kartellversuche der Vergangenheit deutlich erweisen. Daß schon zu Ende der 70er und Anfang der 80er Jahre die heute berühmten Schiffahrts-‚Ringe' von britischen Linien inauguriert wurden, und daß Engländer es waren, die zu Anfang der 90er Jahre die Salpeterkartelle in Chile anregten, sind ebenfalls Tatsachen, die den britischen Unternehmer weit ‚kartellfreudiger' erscheinen lassen, als er es unter dem Einfluß individualistischer Anschauungen sein müßte." [31]

In den *Vereinigten Staaten* gibt es zahlreiche Versuche, die Konkurrenz zu beschränken. Gewinnpools spielten teilweise im Eisenbahnwesen eine große Rolle, jedoch waren Pools und ähnliche Vereinigungen im allgemeinen nur von kurzer Dauer und wegen zu geringen oder fehlenden Sanktionen ohne Kraft. Mitglieder traten nach Belieben vom Vertrag zurück und folgten mehr den Erfordernissen der aktuellen Wirtschaftslage. Etwas bekannter geworden sind der Whiskypool (1870) und die Wallpaper Combination (ebenfalls 1870). Aus den lockeren Vereinigungen zur Regelung der Preise und Abgrenzung der Absatzgebiete entwickelten sich im Unterschied zu Kontinentaleuropa Trusts und Holdings. Teilweise wird die Ursache für diese Entwicklung in USA ebenfalls in der freiheitlichen Mentalität der Amerikaner und in ihrem Rechtssystem gesehen, teilweise auch darin, daß im Unterschied zu den lockeren, rechtlich nicht einklagbaren Vereinbarungen der Kartelle eben gerade die Trusts eine rechtlich gesicherte Form des Zusammenschlusses darstellen.

Die ersten Abschnitte können dahingehend zusammengefaßt werden, daß, abgesehen von zeitlichen Verschiebungen, die Entwicklung in den Industriestaaten gar nicht so unterschiedlich verlief, wie häufig behauptet wird. Bei der Beantwortung der Frage nach dem Umfang der Kartellierung und nach dem Ausmaß, in welchem die

[31] Ebenda, S. 168.

deutsche oder andere Volkswirtschaften mit Kartellen durchsetzt und in ihrer Entwicklung bestimmt waren, ist die Zahl der staatlich erfaßten Kartelle von geringerem Gewicht gegenüber der wirtschaftlichen Bedeutung der kartellierten Waren und dem materiellen Gehalt der Vereinbarungen und gegenüber den von den wettbewerbbeschränkenden Verträgen ausgehenden Wirkungen auf weitere, an Produktion, Zulieferung oder Absatz beteiligte Wirtschaftskreise. Die Kartellbewegung in Deutschland ist das Ergebnis einer die ganze Volkswirtschaft durchziehenden Reaktion gegen das allgemeine Regulationsprinzip der freien Konkurrenz, wie es Liefmann als einer von vielen formuliert hat.[32] Die Kartellbewegung bleibt bis zum Ersten Weltkrieg eine spezifisch deutsche und österreichische Angelegenheit, breitet sich danach auch in anderen Ländern aus, ohne jedoch die deutschen Ausmaße zu erreichen. Mit der Entwicklung der nationalen Kartelle in den einzelnen Ländern ging, vor allem in der Zeit unmittelbar nach dem Ersten Weltkrieg, eine über die Verhältnisse der Vorkriegszeit weit hinausreichende internationale Kartellierung parallel. Dabei besitzt nur in seltenen Fällen eine nationale Industrie auch das Weltmonopol für ihre Erzeugnisse. „In der Regel beruhen da, wo ein nationaler Verband Weltmarktpreise festsetzt, was häufig vorkommt, diese Festsetzungen auf vorhergehenden Abmachungen mit der organisierten ausländischen Konkurrenz über die festzusetzenden Exportpreise. Im übrigen werden die Preise unmittelbar durch internationale (General-)Kartelle festgesetzt." [33]

Weitere qualitative Marktveränderungen durch Kartelle

Die bisherige Darstellung bedarf einiger Ergänzungen hinsichtlich der qualitativen Veränderungen, die in einem Wirtschaftszweig oder auf einem Markt eintreten, wenn Kartelle entstanden sind. Die Feststellung, daß durch Kartellbildung ein Markt

[32] Liefmann, a. a. O., S. 28.

[33] Herbert von Beckerath, Der moderne Industrialismus (Gewerbepolitik I), Jena 1930, S. 261, mit zahlreichen Beispielen.

einen höheren Monopolisierungsgrad erreicht oder daß der Wettbewerb auf einem Markt verringert wird, genügt allein keineswegs.

Über die Bevormundung des Handels durch Syndikate können hier nur einige wenige Bemerkungen eingefügt werden. Ohne gemeinsame Verkaufsstelle der Kartellunternehmen besaß der Großhandel völlige Freiheit in seiner Geschäftsführung. Er kaufte, wo er wollte. Niemand zwang ihm besondere Lieferwerke oder Bezugstage auf; Weiterverkaufspreise wurden ihm nicht vorgeschrieben. Seine Kosten- und Wettbewerbslage war für seine Kalkulation allein entscheidend. Das änderte sich mit dem Auftreten der Syndikate. Die Preisregelung war ihr zentrales absatzpolitisches Instrument, das von ihnen durch Regulierung der Verkaufspreise des Handels noch zusätzlich abgestützt wurde. Ergänzende Maßnahmen, wie Gebietskontingentierung, Vorbehalt der Eigenlieferung an bestimmte Abnehmer (bei Kohle z. B. an Eisen- und Stahlwerke, Eisenbahnen, Elektrizitätswerke etc. oder ganz allgemein an Großverbraucher mit einem bestimmten Jahresbedarf, zunächst von mehr als 6000, später 2400 t), Verbot des Vertriebs anderer als Syndikatsware und schließlich die Errichtung eigener Verkaufsstellen führten zur weitgehenden Ausschaltung des Handels und zu seiner Degradierung als bloße Verteilerstelle. Häufig wurden ihm beträchtliche Kautionen abverlangt, damit er seinen Verpflichtungen gegenüber dem Kartell nachkam. Dagegen wußten sich die Syndikate gegen alle denkbaren Fälle von Lieferunmöglichkeit zu schützen, so daß hieraus entstandener Schaden die Händler allein traf.[34] Schon frühzeitig, wenn auch zunächst noch als schwache Ansätze, haben Gruppen von Großhändlern begonnen, sich in Händlervereinigungen zu organisieren, die ihrerseits mit ihren Kunden, dem örtlichen Einzelhandel, Verträge über die ausschließliche Belieferung abschlossen. So bildeten sich also zur Abwehr der Macht der Angebotskartelle Einkaufsgesellschaften in zunehmendem Maße. Die Konzentration pflanzte sich von der Angebotsseite der

[34] Wegen der Einzelheiten vgl. z. B. Albert Schmitz, Entwicklungsstadien des westdeutschen Kohlengroßhandels unter Einwirkung der Syndikate, Diss. Köln 1925.

Märkte auf die Nachfrage und schließlich auf vor- und nachgelagerte Märkte fort.[35]

Über die wirtschaftlichen Vorteile der Kartellmitgliedschaft für die Beteiligten, wie z. B. Aushandeln besserer Bedingungen durch zentralen Einkauf, Errichtung von kartelleigenen Fabriken und Anlagen zur Verwertung der Nebenprodukte, Aufbau gemeinsamer Vertriebseinrichtungen im In- und Ausland und zentrale Lagerhaltung, und über die sich daraus ergebenden wirtschaftlichen Bindungen an das Kartell braucht nichts näher ausgeführt zu werden. Trotz dieser Vorteile hatten wir verschiedentlich anzumerken, daß es zwischen einzelnen Mitgliedern wie auch zwischen Mitgliedern und dem Kartell zu Konflikten gekommen ist, die häufig zum Bruch der Koalition geführt haben. Um dem möglichst vorzubeugen, hatten die Kartelle Vorkehrungen zu treffen, mit rechtlichen und wirtschaftlichen Mitteln den Zusammenhalt zu festigen. Die Mittel und Methoden, die ihnen zur Verfügung standen, werden zusammengefaßt unter dem Oberbegriff des *internen Kartellzwangs*. Die wichtigsten sind: harte vertragliche Kartellverpflichtungen, verbunden mit langen Kündigungsfristen und einer kartell-

[35] Man kann diesen Darlegungen nicht entgegenhalten, daß z. B. in den kontradiktorischen Verhandlungen der Handel Gelegenheit gehabt habe, sich über seine Situation zu äußern und dabei ganz andere Ansichten über das Verhalten der Syndikate vorgetragen habe. Es mag der Eindruck vorgeherrscht haben, daß der Großhandel seine Interessen durch Anlehnung an die Syndikate hinreichend gewahrt sah. Man findet aber auch Äußerungen, die es den Syndikaten „anheimgeben, darüber nachzusinnen, wie es möglich wäre, den Großhandel nicht zu sehr in Fesseln zu schlagen" (Kontradiktorische Verhandlungen, 1. Bd., Berlin 1903, S. 231). Angesichts der Syndikatsmacht, der der Großhandel ausgeliefert war, gehörte schon außergewöhnlicher Mut zur folgenden Äußerung: „Daß . . . die Stellung des Großhandels eine recht mißliche geworden ist, muß hier ausgesprochen werden . . . Es wird daher als eine Härte empfunden, daß wir . . . unsere alte Stellung eigentlich völlig eingebüßt haben. Denn um es frei heraus zu sagen: wir sind – wenigstens soweit der Einkauf in Frage kommt – keine Kaufleute mehr, uns ist die freie Bewegungsmöglichkeit vollständig genommen, die Intelligenz des einzelnen ist absolut ausgeschaltet . . ." (a. a. O., S. 219 f.).

internen Strafgewalt, bei der grundsätzlich der ordentliche Rechtsweg ausgeschlossen war, ausgeklügelte bürokratische und statistische Kontrollmaßnahmen sowie Hinterlegung von hohen Kautionen oder Wechsel, die im Falle einer Vertragsverletzung eingezogen wurden. Je höher die Kautionen waren, desto wirksamer war der Kartellzusammenhalt gesichert. Die Errichtung einer gemeinsamen Verkaufsstelle ermöglichte ebenfalls wirksame Kontrollen. Ihre Existenz machte sogar andere Kontroll- und Kampfmittel überflüssig.

Kartelle haben sich außerdem auch gegen Außenseiterkonkurrenz zu sichern. Nur teilweise helfen gegen Konkurrenten Maßnahmen des internen Kartellzwangs wie die Verhinderung des Verkaufs von Betrieben an Außenseiter und die Genehmigung des Kartells für die Errichtung neuer Werke sowie das Verbot der Beteiligung an Unternehmen, die nicht dem Kartell angehören. Darüber hinaus mußten wirksamere Methoden angewandt werden. Kestner [36] nennt die Materialsperre das häufigste und verbreitetste Mittel gegen Außenseiter. Man begegnete ihr in den verschiedenen Industrien und in verschiedenen Formen: als direkte Lieferverweigerung und als Vereinbarung mit anderen Verbänden. Dabei muß man sich klarmachen, daß der direkte Materialboykott nur dort möglich ist, wo das Kartell mehrere Produktionsstufen umfaßt, z. B. Kohle und Koks, Stahl und Halbzeuge, Brennerei und Spiritusverwertung, Verleger und Kommissionäre. Die sog. kombinierten Werke als Mitglieder zu haben, ist deshalb im Kampf gegen Außenseiter ein erheblicher Vorteil und auch immer wieder genutzt worden. Was Kartelle zusammengefaßter Produktionsstufen durch Sperren bewirken, kann zwischen Kartellen auf verschiedenen Produktionsstufen durch Vereinbarungen erreicht werden. Das Kartell auf der vorgelagerten Stufe verpflichtet sich, an Unternehmen, die für seine kartellierten Abnehmer Außenseiter sind, nicht zu liefern. Das Kartell auf der nachgelagerten Stufe verpflichtet sich, von Unternehmen, die gegen seine kartellierten Lieferanten Wettbewerb als Außenseiter treiben, nicht zu beziehen. Dieser sog. ausschließliche

[36] Fritz Kestner, Der Organisationszwang, Berlin 1912, insbesondere S. 81 ff., und Herbert von Beckerath, a. a. O., S. 320 ff.

Verbandsverkehr war hauptsächlich zwischen den Kartellen der weiterverarbeitenden Industrie verbreitet.[37]

Schließlich sei noch die unterschiedliche Behandlung durch Preis- oder Rabattdifferenzierung als Mittel des Kampfes gegen Außenseiter genannt. Will man Außenseiter, aus welchen Gründen auch immer, nicht gänzlich sperren, so kann man dadurch, daß man sie zu ungünstigeren Preisen beliefert oder, was auf dasselbe hinausläuft, daß man den Mitgliedern der eigenen Organisation Vorzugsrabatte einräumt, eine ähnliche Wirkung wie mit der Materialsperre erzielen. Beispiele dafür finden sich hauptsächlich im Verkehrswesen.[38] Die Bindung der Abnehmer durch Ausschließlichkeitsklauseln mit dem Verbot, die Ware anderer Lieferanten zu beziehen, und die planmäßige und gezielte Unterbietung ergänzten das Arsenal der Kampfmittel und erhöhten die Wirkung des externen Kartellzwangs.

Definitionen des Kartellbegriffs

Aus der Etymologie läßt sich für die Zwecke der Definition des Kartellbegriffs nichts entnehmen. Seit es eine deutsche Literatur über Kartelle gibt, wird das Wort schon in seiner jetzigen Bedeutung gebraucht. Zunächst wurden neben dem Begriff Kartell Entente, Ring, Pool und für das umfassende Verkaufskartell die Bezeichnung Syndikat als gleichbedeutend verwendet. Auch in der ausländischen Literatur hat sich der Begriff Kartell durchgesetzt. Er trat in der französischen Literatur an die Stelle der früher üblichen Bezeichnungen syndicat, union, entente, coalition des producteurs. Die Terminologie der englisch-amerikanischen Literatur ist nicht ganz einheitlich. So werden besonders trade association, combination und agreement für Kartellvereinbarungen gebraucht. Außerdem spricht man von pools und combines, was jedoch häufig ins Deutsche mit Konzern zu übersetzen wäre. In der älteren Literatur

[37] Kestner a. a. O., S. 88, mit zahlreichen Beispielen.

[38] Vgl. Reinhard Vieths Beitrag über nationale und internationale Schiffahrtskonferenzen im dritten Teil dieses Bandes.

wird gelegentlich auch der Begriff Trust so weit gefaßt, daß auch Kartelle darunter zu verstehen sind.[39]

Wie die Entstehung der Kartellbewegung zur Entwicklung der deutschen Volkswirtschaft gehört, so fiel auch der deutschen Volkswirtschaftslehre die Aufgabe zu, eine Kartelltheorie auszubilden. „Sie ging daran, in dem Geist und mit der Methode, die damals in ihr herrschend waren, d. h. aber vom Standpunkt der historischen Schule und des Kathedersozialismus. Der eigentlich wirtschafts*theoretische* Gesichtspunkt tritt zurück vor historischen und soziologischen Erwägungen.“ [40]

Stellen wir zwei Zitate einander gegenüber. Wessels ist der Ansicht, daß trotz der seit den achtziger Jahren entstandenen und kaum übersehbaren Literatur um die wissenschaftliche Klärung des Kartellbegriffs „die Kartelltheorie in keinem wesentlichen Punkt zu einer einheitlichen Auffassung gekommen ist“.[41] Die Notwendigkeit der Klärung habe nicht an Dringlichkeit verloren. Dagegen steht die Ansicht Passows, der es für bemerkenswert hält, „daß sich in der wirtschaftswissenschaftlichen Literatur schon frühzeitig eine weitgehende Übereinstimmung hinsichtlich des Kartellbegriffs ergeben hat“.[42] Obwohl immer neue Definitionen geschaffen worden sind, könne man doch sagen, meint Passow, „daß ungeachtet mancher Abweichungen im großen und ganzen eine starke Übereinstimmung darüber, was man als Kartell ansah, bestand“.[43] Zitieren wir angesichts solcher Diskrepanz einige Ökonomen und Juristen von Rang. Wir beschränken uns dabei nicht auf Definitionen im eigentlichen Sinne, sondern nehmen illustrierende Äußerungen, durch die das Kartellwesen treffend charakterisiert wird, hinzu.

Am Anfang der Kartelliteratur steht Friedrich Kleinwächter mit

[39] Vgl. Richard Passow, a. a. O., S. 1, zweite Fußnote.

[40] Arnold Wolfers, Das Kartellproblem im Lichte der deutschen Kartelliteratur, München und Leipzig 1931, S. 12.

[41] Theodor Wessels, Bemerkungen zur Theorie der Kartellpreise, in: Schmollers Jahrbuch, 59. Jg., 2 Halbbd. (1935), S. 41.

[42] Passow, a. a. O., S. 2.

[43] Ebenda, S. 3.

seiner Schrift.[44] Er beschreibt Kartelle als „Übereinkommen der Produzenten, und zwar der Unternehmer der nämlichen Branche, deren Zweck dahin geht, die schrankenlose Konkurrenz der Unternehmer untereinander einigermaßen zu beseitigen und die Produktion mehr oder weniger derart zu regeln, daß dieselbe wenigstens annähernd dem Bedarfe angepaßt werde, speziell beabsichtigen die Kartelle eine etwaige Überproduktion zu verhindern".[45] Im Handwörterbuch der Staatswissenschaften von 1903 gibt er folgende Definition: „Die Kartelle sind Verbände von Unternehmern derselben Branche, deren Zweck dahin geht, durch ein gewisses solidarisches Vorgehen der Genossen die gegenseitige Konkurrenz einzudämmen oder gänzlich auszuschließen, um auf diese Weise die wirtschaftliche Lage der betreffenden Geschäftsbranche günstiger zu gestalten."[46] Lujo Brentano definiert: „Die Kartelle sind Vereinigungen von Produzenten, um durch planmäßige Anpassung der Produktion an den Bedarf einer Überproduktion und den sie begleitenden verhängnisvollen Folgen: Preissturz, Bankerott, Kapitalentwertung, Arbeiterentlassung und Brotlosigkeit vorzubeugen."[47] Auf der Tagung des Vereins für Socialpolitik in Wien 1894 äußerte Bücher: „Ich möchte jede vertragsmäßige Vereinigung von selbständigen Unternehmungen zu den Kartellen rechnen, welche den Zweck verfolgt, durch dauernde monopolistische Beherrschung des Marktes den höchstmöglichen Kapitalprofit zu erzielen."[48] Pohle versteht unter einem Kartell „die auf dem Wege des freien Vertrages entstandenen Vereinigungen von Wirtschaftssubjekten gleicher oder

[44] Friedrich Kleinwächter, Die Kartelle. Ein Beitrag zur Frage der Organisation der Volkswirtschaft, Innsbruck 1883.

[45] Ebenda, S. 126 f.

[46] Kleinwächter, Art. Kartelle, in: HdStW 3. Aufl., Bd. 5, 1903, S. 792.

[47] Lujo Brentano, Über die Ursachen der heutigen socialen Noth – ein Beitrag zur Morphologie der Volkswirtschaft. Vortrag gehalten beim Antritt des Lehramts an der Universität Leipzig am 27. April 1889, Leipzig 1889, S. 23.

[48] Karl Bücher, Die wirtschaftlichen Kartelle, Referat für den Verein für Socialpolitik, Tagung 1894 in Wien, in: Schriften des Vereins für Socialpolitik Bd. 61, Leipzig 1895, S. 145.

verwandter Berufe, welche in einer auf dem System der freien Konkurrenz beruhenden Volkswirtschaft durch die aus der Einschränkung des freien Wettbewerbs unter den Beteiligten hervorgehende monopolistische Beeinflussung der Marktverhältnisse den größtmöglichen Vorteil für ihre Mitglieder zu erreichen suchen".[49] Schäffle ist der Ansicht: „Das Kartell wird jetzt ziemlich übereinstimmend als vertragsmäßige, also freiwillige Vereinigung selbständiger Geschäfte meist derselben Berufsart, als Berufsgenossenschaft von Unternehmern, als ‚Unternehmensverband' definiert, und zwar als ein Unternehmerverband zur Herbeiführung gewinnbringender Preise mittels Beseitigung von Konkurrenz." [50] Nach Philippovich sind Kartelle die verbreitetste und häufigste Form der Monopolorganisationen. „Kartelle (Unternehmerverbände, Syndikate) sind Vereinigungen selbständiger Unternehmer, welche durch gemeinsame Regelung der Produktion oder des Absatzes die Konkurrenz unter sich einschränken oder beseitigen und dadurch eine monopolistische Beherrschung des Marktes anstreben." [51] Allgemeine Anerkennung fand Liefmanns Definition: „Unter Kartellen verstehen wir freie Vereinbarungen oder Verbände zwischen selbständig bleibenden Unternehmern derselben Art zum Zwecke monopolistischer Beeinflussung des Marktes." [52]

Einer der ersten juristischen Autoren, die sich zum Kartellproblem äußerten, ist Menzel, der in seinem 1894 der Generalversammlung des Vereins für Socialpolitik erstattetem Referat ausführt: „Die wesentlichen Merkmale jener volkswirtschaftlichen Erscheinung, für welche in Deutschland und Österreich die Bezeichnung ‚Kartelle' üblich geworden ist, sind die nachstehenden: 1. Es handelt sich um eine Vereinigung selbständiger Unternehmer ... 2. Ein wichtiges Moment für den Begriff des Kartells ist es, daß die Selb-

[49] Ludwig Pohle, Die Kartelle der gewerblichen Unternehmen, Leipzig 1898, S. 11.

[50] Albert Schäffle, Zum Kartellwesen und zur Kartell-Politik, in: Zeitschrift für die gesamte Staatswissenschaft 54. Jg., 1898, S. 468 f.

[51] Eugen von Philippovich, Grundriß der Politischen Ökonomie, 2. Bd. Volkswirtschaftspolitik, 1. Teil, 13. Aufl., Tübingen 1922, S. 208.

[52] Robert Liefmann, a. a. O., S. 9.

ständigkeit der verbundenen Unternehmungen nicht vollkommen beseitigt erscheint ... 3. daß die Vereinigung zu dem Zwecke geschlossen wird, um den freien Wettbewerb der einzelnen Unternehmer in geringerem oder höherem Maße einzuschränken ... Zweck des Kartells ist demnach die Einschränkung des Wettbewerbes durch freie Vereinigung der Unternehmer."[53] Landesberger äußert in seinem dem 26. deutschen Juristentag 1902 erstatteten Gutachten: „Die Verbände, die wir in Europa als Kartelle bezeichnen, charakterisieren sich dadurch, daß mehrere selbständige Unternehmer der gleichen oder verwandter Branchen sich vermittels Vertrages dazu vereinigen, um gemeinschaftlich, aber ohne Preisgebung ihrer formalen, rechtlichen Selbständigkeit, durch Beschränkung oder Beseitigung des unter ihnen bestehenden freien Wettbewerbs, die Marktverhältnisse zu ihrem Vorteile, womöglich bis zur Erzielung einer faktischen Monopolstellung, zu beeinflussen."[54] Rundstein versteht unter Kartellen „eine auf dem Wege freier Vereinbarung geschaffene Vereinigung von selbständigen Unternehmern mit Interessengemeinschaft – zum Zweck der Einwirkung auf die Produktions- und Absatzverhältnisse durch Beschränkung oder Beseitigung des freien Wettbewerbs".[55] Flechtheim schließt sich der Definition von Liefmann an.[56] Reichswirtschaftsgerichtsrat Tschierschky formuliert: „Kartelle sind auf Vertrag beruhende Organisationen selbständiger Unternehmer (Unternehmen) des gleichen Gewerbes zwecks willkürlicher Regelung ihres Marktes."[57] „... Jedenfalls muß daran festgehalten werden", meint Tschierschky, „daß die Bedeutung des Kartellwesens für unsere heutige Wirt-

[53] Adolf Menzel, Die wirtschaftlichen Kartelle und die Rechtsordnung, in: Die Kartelle und die Rechtsordnung, 2. Aufl., Leipzig 1902, S. 2 ff.

[54] Verhandlungen des 26. Deutschen Juristentages Bd. 2 (1902), S. 296 f.

[55] Simon Rundstein, Das Recht der Kartelle, Berlin 1909, S. 2.

[56] Julius Flechtheim, Die rechtliche Organisation der Kartelle, 2. Aufl., Mannheim 1923, S. 5.

[57] Siegfried Tschierschky, Kartell-Organisation, Berlin und Wien 1928, S. 9.

schaft mit ihren Licht- und Schattenseiten nur dann klar erkennbar bleibt, wenn man ihren monopolistischen Charakter zum mindesten im Sinne einer ‚willkürlichen Regelung ihres Marktes' unzweideutig als ihr wesentliches Merkmal gelten läßt".[58] Der monopolistische Charakter der Kartelle ist also überwiegend Bestandteil des Kartellbegriffs, sei es, daß die totale oder weitgehende Beschränkung des Wettbewerbs als Kartellzweck oder gelegentlich auch als Mittel zur Veränderung der Marktverhältnisse bezeichnet wird.

Einen ersten Versuch, den Kartellbegriff zu erweitern, unternahm Isay. Er wendet den Begriff Kartelle auch auf solche Verbände an, die die Anwendung einheitlicher Normen, Typen sowie Spezialisierung anstreben.[59] Es ist offensichtlich, daß damit von Isay monopolistische Marktbeherrschung als Bestandteil der Definition des Kartellbegriffs aufgegeben wird. Aber nur wenige Autoren (so H. Goldschmidt und Lehnich) sind ihm auf diesem Wege gefolgt. Isay geht davon aus, daß Kartellvereinbarungen dazu dienen können, lediglich die Verständigung durch Verwendung einheitlicher Nomenklaturen zu erleichtern und Typen oder Normen zu vereinheitlichen, also die Vielfalt der auf einem Markt vorhandenen Ausführungsformen der gleichen Waren überschaubar zu machen und zu erleichtern, oder, daß eine Kartellvereinbarung lediglich eine Arbeitsteilung zum Gegenstand haben kann. Demgemäß gibt er der Kartelldefinition folgende Fassung: „Ein Kartell ist eine Vereinigung selbständiger Unternehmer eines Gewerbezweiges, welche den Einkauf, die Erzeugung oder den Absatz innerhalb des Gewerbezweiges regeln will."[60] Sehr modern anmutende Formulierungen legte Isay schließlich in seinen Leitsätzen dem Salzburger Juristentag von 1928 vor. Er erklärt: „Kartelle sind für die Zwecke der Kartellgesetzgebung zu definieren als Vereinigungen selbständiger Unternehmer, welche Verpflichtungen über die Handhabung von Erzeugung, Absatz oder Einkauf, über die Preisgestaltung oder die Anwendung von Geschäftsbedingungen enthalten und welche dazu

[58] Tschierschky, a. a. O., S. 17.

[59] Rudolf Isay, Studien im privaten und öffentlichen Kartellrecht, Mannheim 1922, S. 12 ff.

[60] Isay, a. a. O., S. 16.

dienen, den Markt entgegen den Auswirkungen der freien Konkurrenz zu beeinflussen." [61]

Isay darf man wohl bescheinigen, daß er angesichts neuer Kartellzwecke die Kartelldefinition durch ihre Erweiterung dieser Entwicklung anzupassen versucht hat.[62] Herbert von Beckerath dagegen, der sich ebenfalls gegen den monopolistischen Zweck als Bestandteil des Kartellbegriffs wendet, setzt sich dem Verdacht aus, eine Zweckdefinition zu vertreten. Er sieht die Kartellentwicklung ganz einseitig und wertet sie entsprechend.[63] Er hält die herrschenden Definitionen sogar für eine wesentliche Ursache der weitverbreiteten Kartellfeindlichkeit. Kartelle hätten aber in der Entwicklung der Wirtschaft zum Spätkapitalismus ihr Wesen und ihre Funktionen geändert. Sie verstünden sich immer mehr als „Wirtschaftlichkeitsgemeinschaften" und müßten so auch von der Wissenschaft und vom Recht begriffen werden. Maßnahmen der Kartelle müßten keineswegs immer zu Lasten der Verbraucher gehen, denn die Kartellvorteile könnten sich auch aus der Senkung der Kosten, müßten sich nicht aus der Erhöhung der Preise ergeben. In diesem Sinn wandelt Beckerath Liefmanns Definition in der Weise ab, daß er das Kartell als „einen Verband selbständig bleibender Unternehmen einer Branche zum Zweck der Regulierung der Produktion und des Marktes im Interesse der Rentabilität der Mitgliedsfirmen" bezeichnet.[64] Der Begriffsbestandteil Monopolisierung wird also ersetzt durch „Regulierung der Produktion und des Marktes". Da-

[61] S. Tschierschky, Der 35. Deutsche Juristentag zur Kartellfrage, in: Kartell-Rundschau 26. Jg. (1928), S. 500.

[62] Im übrigen war gerade auch Isay überzeugt, daß Kartelle für die deutsche Wirtschaft ebenso unentbehrlich seien wie die Genossenschaften oder Gewerkschaften und deshalb Anspruch auf den Schutz des Staates hätten.

[63] Herbert von Beckerath, Der Inhaltswandel des Kartellbegriffs und seine wirtschaftspolitischen Folgen, in: Wirtschaftsdienst, hrsg. vom Hamburgischen Weltwirtschaftsarchiv, 1927, Nr. 30, S. 1119 ff.

[64] Beckerath, a. a. O., S. 1121 und 1122; vgl. dazu auch Produktionsförderung durch Kartelle (Auszug aus einer Materialsammlung), hrsg. von der Geschäftsführung der Kartellstellen des Reichsverbandes der Deutschen Industrie, Berlin 1929.

durch soll ausgedrückt werden, daß eine gewisse Machtstellung zwar notwendig ist, jedoch nicht einseitig den Konsum belasten muß, und daß die Regulierung der Produktion nicht ohne weiteres gleichgesetzt werden kann mit Beschränkung des Wettbewerbs. Aber auch Beckerath ist sich bewußt, daß man ökonomische und rechtliche Begriffe dieser Art nicht so wählen darf, daß sich ex definitione ein negatives oder positives Werturteil ergibt, sondern daß die mißbräuchliche Ausnutzung einer Machtstellung immer Tatfrage im konkreten Einzelfall ist.

Wir können unsere Darstellungen hier abbrechen, zumal im ersten Teil dieses Bandes in neuen Beiträgen noch einige jüngere Karteldefinitionen wiedergegeben und theoretische Fragen abgehandelt werden.[65] Trotzdem sei noch ein abschließendes Wort zur Frage, ob der Monopolzweck Bestandteil der Kartelldefinition sein muß, angefügt. Die Eidgenössische Preisbildungskommission hat diese Frage mit ihrer Definition in der Weise entschieden, daß sie Kartellverträge definiert als „eine Vereinbarung zwischen grundsätzlich freibleibenden Unternehmern bzw. Unternehmungen gleicher oder ähnlicher Branche mit dem Zweck, mittels Konkurrenzbeschränkung den Ertrag zu erhalten, zu erhöhen oder seinen Zerfall abzuschwächen." [66] Die betriebswirtschaftliche Seite etwas stärker betonend, definiert Grochla: „Kartelle sind Unternehmensverbände, in denen gleichartige, marktbezogene Teilaufgaben durch die Mitgliedsunternehmungen koordiniert erfüllt werden. Die zusammengeschlossenen Unternehmungen erstreben eine Erhöhung bzw. Erhaltung der Rentabilität durch Beschränkung des Wettbewerbs zwischen den Kartellmitgliedern." [67] Mit diesen beiden Definitionen

[65] Weitere Literatur zur alten Kartellbegriffsdiskussion: Fritz Haußmann, Der Kartellbegriff, in: Kartell-Rundschau 1928, S. 416 ff.; Robert Liefmann, Zur Systematik wirtschaftlicher Machtstellungen, ebenda, S. 398 ff.; S. Tschierschky, Zur Frage des monopolistischen Charakters der Kartelle, ebenda, S. 434 ff.; G. Wunderlich, Zum Kartellbegriff, ebenda, S. 339 ff.

[66] Kartelle und Wettbewerb in der Schweiz, 31. Veröffentlichung der Preisbildungskommission des Eidgenössischen Volkswirtschaftsdepartements, 2. Aufl., Bern 1957, S. 22.

[67] Erwin Grochla, Betriebsverbindungen, Sammlung Göschen, Bd. 1, 1235/1235 a, Berlin 1969, S. 82 f.

werden alle Arten von Vereinigungen erfaßt, die als Kartelle bezeichnet werden. Sie unterscheiden klar zwischen dem Zweck, nämlich der gemeinsamen Gewinnerzielung oder Rentabilitätsverbesserung, und dem Mittel, der Wettbewerbsbeschränkung, mit welchem dieser Zweck erreicht werden soll. Ohne Zweifel läßt sich das Ziel, durch Wettbewerb den Gewinn zu erhalten oder zu steigern, um so besser erreichen, je stärker die Marktmacht eines Kartells ist, also je besser die Monopolisierung des Marktes gelingt. Besitzt ein Kartell keinen entscheidenden Marktanteil, besteht die Gefahr, daß es durch die Konkurrenz der Außenseiter in Schwierigkeiten gerät und zerfällt.

Das geltende deutsche Kartellrecht verwendet eine Verhaltensdefinition, die zu großen Schwierigkeiten geführt hat. Es wird darauf in einem gesonderten Beitrag näher eingegangen.[68]

Wirtschaftspolitische Vorschläge und -rechtliche Lösungen des Kartellproblems

Auch am Anfang dieses Abschnitts muß Kleinwächter genannt werden. Er sieht die Kartellfrage nicht isoliert, sondern versucht, sie in einen größeren, volkswirtschaftlichen Zusammenhang zu stellen. Der Sozialismus sei in einem Irrtum befangen, wenn er die soziale Frage als Problem der Eigentumsverfassung auffasse. Nach Kleinwächters Ansicht ist die Ursache der unleugbar vorhandenen sozialen Übelstände weit weniger in der Institution des privaten Eigentums als in dem Mangel einer entsprechenden Organisation der Volkswirtschaft zu suchen. Die Überwindung der Mißstände sei deshalb nicht so sehr vom Kollektiveigentum als von der Anpassung speziell der industriellen Produktion an den Bedarf zu erwarten. Schon bei Kleinwächter sind die Kartelle Mittel einer besseren, krisensicheren Wirtschaftsordnung. Er glaubt, „daß die Kartelle, die ja das Ziel verfolgen, Ordnung in das Chaos zu bringen und die Produktion dem Bedarf anzupassen, berufen sein könnten,

[68] Vgl. H.-H. Barnikel, Rumpfkartelle, Preisgespräche und Preismeldeverfahren im zweiten Teil dieses Bandes.

für die Gegenwart und nächste Zukunft dasjenige zu werden, was die mittelalterlichen Zünfte für ihre Zeit waren".[69] So ist auch sein Buch eine eingehende Auseinandersetzung mit Auffassungen über die Lösung der sozialen Fragen. Er sieht, wie so mancher nach ihm, das wirtschaftliche Chaos, „den anarchischen Zustand der Produktion", als „die Folge der Aufhebung der früheren Verkehrsschranken";[70] denn ein derartig ordnungsloser Zustand sei auf die Dauer nicht haltbar. Die künftige Organisation der Industrie seien die Kartelle.[71]

Wenige Jahre danach empfiehlt Lujo Brentano, wie wir heute sagen würden, eine Art Mißbrauchsaufsicht. In seiner bereits erwähnten Antrittsvorlesung in Leipzig 1889 spricht Brentano über die Frage „Welches sind die Ursachen der heutigen sozialen Not?" Er greift damit einen Vortrag auf, den er ein Jahr vorher vor der Gesellschaft der österreichischen Volkswirtschaftler gehalten hat.[72] Zunächst setzt er sich mit der abstrakten Nationalökonomie auseinander, um anschließend den Weg und die Methode der historischen Schule, der er maßgebend angehört, zu beschreiben und zu verteidigen. Die Ursachen der wirtschaftlichen Krisen sind auch nach Brentano und der historischen Schule in der zwangsläufigen Auflösung der alten Handwerksordnung zu suchen. Das alte Handwerk habe für den lokalen Markt produziert, sei nach damaligen Rechts- und Verkehrsverhältnissen geschützt und leicht überschaubar gewesen. Der mittelalterliche Kaufmann hätte deshalb Monopolpreise fordern können. War die Ware gut, habe er Preise erzielt, die seine Beschaffungskosten weit überstiegen. Damit sei er in der Lage gewesen, die Handwerker gut zu entlohnen. Die Situation habe sich im Merkantilsystem geändert. Weil man möglichst viel exportieren wollte, sei erbitterte Konkurrenz auf den Weltmärkten mit den Streben nach möglichst geringen Produktionskosten

[69] Kleinwächter, a. a. O., S. VI.

[70] Ebenda, S. 125 ff.

[71] Ebenda, S. 201.

[72] Lujo Brentano, Über Kartelle. Vortrag am 29. Oktober 1888 vor der Plenarversammlung der Gesellschaft Österreichischer Volkswirthe. Veröffentlicht in: Mittheilungen der Gesellschaft Österreichischer Volkswirthe, 1. Jg. Prag, Wien, Leipzig 1889, S. 76 ff.

und nach Minderung des Risikos von Krisen entstanden. Schlechte Entlohnung der Arbeitskräfte, Massenbeschäftigung von Lehrlingen und Frauen seien die unerwünschten Folgen. Durch Entlassung der Arbeitskräfte werde das wirtschaftliche Risiko vom Unternehmer nach Möglichkeit abgewälzt. Lange Arbeitsverträge habe man tunlichst vermieden. An den sozialen Mißständen sei also in erheblichem Maße das Konkurrenzsystem beteiligt. Seit der engeren Verflechtung der Industrie mit den Weltmärkten seien die Märkte unberechenbar, hätten sich Überproduktion und Absatzstockungen eingestellt, die Krisen an Intensität und an Dauer zugenommen. Brentano sieht die Kartellbildung als wirksames Heilmittel dagegen an. „Während die Theoretiker der verschiedensten Richtungen sich so in unfruchtbaren Projekten erschöpfen, hat sich im Leben aus dem Bedürfnisse der Praktiker heraus eine Neuorganisation herausgebildet, welche gleichfalls die Beseitigung der Absatzstokkungen und ihrer Folgen zum Zweck hat: die Kartelle.“ [73] Kartellierung habe den Vorzug, daß das Selbstinteresse der Produzenten und das Gewinnprinzip die Grundlagen ihres Wirtschaftens bleiben. Außerdem werde die Verflechtung der Industrie in die Weltwirtschaft, eine zweite Grundbedingung einer modernen Industriewirtschaft, aufrechterhalten. Brentano erkennt, daß mit der Kartellierung unstreitig auch große Gefahren verbunden sind. Gegen das Fordern überhöhter Preise besitze der Staat eine wirksame Waffe, das Schutzzollsystem, dessen die Kartelle zur eigenen Existenzsicherung bedürfen. „Jede ernsthafte Drohung mit einer Zollreduktion dürfte ausreichen, um alle Mißbräuche zu beseitigen.“ [74] Die andere Gefahr der Kartellierung erwachse den Arbeitnehmern. Eine Entlassung wirke um so furchtbarer, je mehr Betriebe in einem Verband vereinigt seien. Brentano fordert deshalb die Ausbildung einer wirksamen Arbeiterschutzgesetzgebung und die Regelung der Bedingungen des Arbeitsvertrages durch Schieds- und Einigungskammern.

Die Kartellfrage läßt Staat und Öffentlichkeit nicht mehr los. 1891 fand die erste generelle Erörterung der Kartellfrage im Reichs-

[73] Brentano, Über die Ursachen . . ., a. a. O., S. 23.

[74] Ebenda, S. 27.

tag statt (1879 wurden nur Submissionsabsprachen behandelt), die Veranstaltung einer Enquête wurde beschlossen. 1894 beschäftigte sich der Verein für Socialpolitik mit den Kartellen. Das Ergebnis seiner durch eine Materialsammlung vorbereiteten Tagung war die Forderung der Publizität der Kartellverträge und -bedingungen sowie der Staatsaufsicht. Auf der Tagesordnung des sozialdemokratischen Parteitags in Frankfurt am Main 1894 stand ebenfalls die Frage der Kartelle und ähnlicher Organisationsformen in der wirtschaftlichen Entwicklung zur Diskussion. Der Referent war zwar der Meinung, daß die Konsumenten im allgemeinen von den Kartellen keine Nachteile erlitten. Die schwersten Gefahren entstünden aus den Wirkungen der Kartelle und Monopole auf die Arbeiterklasse. Jedoch gingen hier die Befürchtungen zu weit. Die Produktion der Kartelle sei zwar in vielen Fällen eingeschränkt, aber das sei nichts anderes, als was auch bei freier Konkurrenz in einer Krise eintrete. Für die Gewerkschaften sei nichts gefährlicher als die ständigen Schwankungen zwischen Über- und Unterbeschäftigung. Durch die Tätigkeit der Kartelle könne eine Stetigkeit der Produktion erreicht werden. Bei voller Koalitionsfreiheit hätten die Gewerkschaften nichts zu befürchten. „Ja, der endliche Sieg des Sozialismus wird durch die Riesentrusts beschleunigt. Es ist ein Weg für die Arbeiterklasse nach oben. Jeder Riesenbetrieb ist eine Vorstufe für den Sieg der sozialistischen Gesellschaft.“ [75] Obwohl das Protokoll lebhaften Beifall verzeichnet, wird dem Referenten in wesentlichen Punkten widersprochen. Insbesondere wird darauf verwiesen, daß die Kohlenpreise durch das rheinisch-westfälische Kohlensyndikat erheblich angehoben worden seien. Es sei zwar richtig, daß in den Riesenbetrieben für den Arbeiter die Möglichkeit bestehe, allmählich zu besseren Bedingungen und zu einer sicheren Existenz zu kommen. Aber gerade deshalb fehle es oft an Solidaritätsgefühl. Daß durch Kartelle die Krisen beseitigt würden, sei ein unbegründeter Optimismus. Schließlich nahm der Parteitag eine Resolution an, aus der wir zitieren: „Die Kartelle (Trusts, Ringe) sind die natürliche Folge der Entwicklung unserer kapitalistischen

[75] Wilhelm Schröder, Handbuch der Sozialdemokratischen Parteitage von 1863 bis 1909, München 1910, S. 230 f.

Produktionsweise, die mit stetig sich beschleunigender Schnelligkeit ihrem Höhepunkt entgegeneilt. Der Zweck dieser großkapitalistischen Produktions-Vereinigung ist, ... die Preisbildung so zu beeinflussen, daß der erreichbar höchste Profit den Unternehmen zufällt. Der immer raschere Untergang des konkurrenzunfähig gewordenen mittleren und kleineren Unternehmertums ist die notwendige Wirkung dieser kapitalistischen Organisationen. Jeder Fortschritt der Kapitalkonzentration löst fortgesetzt größte Massen ehemals Besitzender von den Interessen des Besitzes los und lehrt die unwiderstehliche Überlegenheit der national und international einheitlich geleiteten Produktion über die zersplitterte Produktion der freien Konkurrenz immer eindringlicher und unwiderstehlicher. Diese Entwicklung ist ein Schritt zur Verwirklichung des Sozialismus! Dagegen werden die Kartelle eine Geißel für die Arbeiter durch die Macht, welche die ausbeutenden Kapitalisten mit Hilfe ihrer Organisationen gegenüber ihren Arbeitern erwerben." [76] Sozialistische Wissenschaftler interpretieren das Kartellwesen als einen letzten Versuch des an der unabhängigen Konkurrenz scheiternden Kapitalismus, sich zu organisieren. Als möglicher Ausweg aus dieser Machtkonzentration erschien ihnen häufig nur noch die Eigentumsübertragung der kartellierten Unternehmen auf die sozialistische Gesellschaft. So war Friedrich Engels der Ansicht, daß die allgemeine chronische Überproduktion mit gedrückten Preisen das Ende der Konkurrenzfreiheit rasch herbeiführe, und zwar dadurch, daß die Industrie sich in Kartellen organisiere. Der künftigen Expropriation durch die Gesamtgesellschaft werde dadurch in erfreulicher Weise vorgearbeitet.[77]

Wir wenden uns wieder dem Reichstag zu, wo anläßlich einer Kartelldebatte in der Zolltarifkommission 1902 zwei interessante Anträge gestellt wurden: a) Die Einfuhrzölle sollen aufgehoben werden, wenn inländische Verkaufssyndikate im Ausland billiger anbieten als im Inland (sozialdemokratischer Antrag). b) Der Bundesrat soll ermächtigt werden, Zölle zu ermäßigen für solche Erzeugnisse, für die im Inland Kartelle, Trusts und Monopole be-

[76] Ebenda, S. 231 f.

[77] Marx-Engels-Werke Bd. 25, Berlin 1968, S. 453 f.

stehen (national-liberaler Antrag). Aber lediglich die immer wieder geforderte Enquête wurde von der Reichsregierung schließlich 1902 bis 1905 durchgeführt. Es war eine Befragung auf der Grundlage von Richtlinien ohne Zeugniszwang. Sie ließ in mehrfacher Hinsicht viele Wünsche offen. Wir kommen darauf gleich noch zu sprechen.

Auch der 26. und 27. Juristentag (1902 und 1904) hatten die Kartellfrage auf dem Programm. Gefordert wurden staatliches Eingreifen gegen ungerechtfertigte Preissteigerungen und die gleichen Koalitionsfreiheiten, welche die Unternehmer haben, auch für die Arbeitnehmer. Der Verein für Socialpolitik behandelte 1905 das Kartellproblem unter dem besonderen Aspekt des Verhältnisses des Staates zu den Kartellen. Während Kirdorf, der Gründer des Kohlensyndikats, verständlicherweise über die positiven Seiten der Kartelle emphatisch zu berichten wußte, faßte Schmoller die Ansichten der Wissenschaft zusammen: Alsbald nach Ausweitung des Kartellwesens wurde in der volkswirtschaftlichen Theorie weit überwiegend die Meinung vertreten, daß die Kartelle eine naturnotwendige, unvermeidliche Entwicklungsstufe des Wirtschaftslebens darstellen. Speziell Vertreter der Nationalökonomie haben lange fast nur Gutes von den Kartellen zu sagen gewußt. „Selbst die erheblichsten sozialdemokratischen Vertreter der Wissenschaft betonten die Notwendigkeit und Heilsamkeit der Kartelle. Unsere maßgebenden Minister trieften bei jeder Gelegenheit von Lob. Eine Kartell-Enquête wurde gemacht, in der man den Wünschen der Kartelleiter möglichst entgegenkam. Es war nicht ganz falsch, wenn man von ihr sagte, es sei jedenfalls mehr eine Enquête für als gegen die Kartelle geworden." [78] Aber die Überzeugung, daß das Kartellwesen pauschal zu positiv beurteilt wird, hat sich verstärkt.

[78] Gustav Schmoller, Das Verhältnis der Kartelle zum Staate, in: Jahrbuch für Gesetzgebung, Verwaltung und Volkswirtschaft im Deutschen Reich, 29. Jg., Leipzig 1905, S. 1567. Eine ausführliche Darstellung der damaligen Auseinandersetzung findet sich bei Georg Weippert, Die wirtschaftstheoretische und wirtschaftspolitische Bedeutung der Kartelldebatte auf der Tagung des Vereins für Sozialpolitik im Jahre 1905, in: Jahrbuch für Sozialwissenschaften, Bd. 11 (1960), S. 125 ff.; wieder abgedruckt in: Georg Weippert, Aufsätze zur Wissenschaftslehre Bd. 2: Wirtschaftslehre als Kulturtheorie, Göttingen 1967.

„Kann der Staat", fragt Schmoller, „die Hände in den Schoß legen, wenn das vorherrschende Prinzip der bisherigen Wirtschaftsordnung, die freie Bewegung und die freie Konkurrenz, mehr und mehr durch Anordnungen und Organisationen beseitigt wird, auf die er keinen Einfluß hat. Er hat über 100 Jahre lang für die Gewerbefreiheit und freie Konkurrenz gekämpft, in Hunderten von Gesetzen diese freiheitliche Ordnung Stück für Stück festgesetzt und im einzelnen zu sichern gesucht. Und jetzt soll sich eine ganz neue, entgegengesetzte Ordnung bilden, ohne daß er eingreift, ihr Maß und Grenzen setzt, auf die Art der neuen Organisationen irgendeinen Einfluß gewinnt. Er soll mit gebundenen Händen zusehen, wie sich ein System gewerblicher Monopole und zentralistischer Organisationen bildet, die ihm bald an Macht über den Kopf wachsen können, deren Leitung keine sichere Gewähr bietet, daß sie neben den egoistischen Gewinninteressen der Eigentümer die Gesamtinteressen im Auge haben." [79] Daraus ergibt sich die Forderung nach einer gesetzlichen Regelung. Aber auch er verlangt eine allgemeine Unterdrückung der Kartelle ebensowenig wie die Extremisten der anderen Seite, die eine allgemeine Verstaatlichung forderten. Der Staat müsse durch Gesetze alle Kartelle und ähnliche Vereine anhalten, ihre Konstituierung einer Reichsstelle anzuzeigen, ihre Statuten und alle wichtigen Beschlüsse einzureichen und, soweit von Interesse für Betroffene, zu veröffentlichen. Außerdem seien gewisse Grenzen zu bestimmen: a) für den Ausschluß der öffentlichen Gerichte durch Kartelle, b) für die Strafgewalt gegen ihre Mitglieder, c) für Exklusivverträge, d) für unterschiedliche Behandlung und Bevorzugung der Mitglieder. Gegenüber einzelnen Mißständen, hauptsächlich unbilliger Preissetzung und gegenüber Exportprämien, könne der Staat durch Eisenbahntarife, durch seine Zollpolitik und mit Handelsverträgen unter Umständen korrigierend eingreifen. Eine maßvolle, dem Angebot und der Nachfrage weitsichtig angepaßte Preispolitik der Kartelle könne der Staat dadurch fördern, daß er darauf hinwirke, alle Preissetzung der Kartelle aus einseitigen Anordnungen möglichst in zweiseitige Kompromisse zwischen den organisierten Verkäufern und Käufern

[79] Ebenda, S. 1567.

zu verwandeln. Dies gelte vor allem auch für die Lohnbildung. Es kehren also bei Schmoller Gedanken wieder, die sich bereits bei Brentano fanden. Bemerkenswert erscheint noch, daß die Vorstellung der countervailing power, die sehr viel später sehr viel größere Bedeutung erlangen sollte,[80] schon bei Schmoller vorhanden ist.

Kartellfreiheit durch Reichsgerichtsentscheidung von 1897

Wir unterbrechen diese Überlegungen hier, um einem von Schmoller aufgeworfenen Gedanken nachzugehen: Der Gesetzgeber und der Staat haben über 100 Jahre lang für Gewerbefreiheit und freie Konkurrenz gekämpft und sie zu sichern gesucht. Wie konnte es dann geschehen, daß sich eine ganz neue, der Gewerbefreiheit entgegengesetzte Ordnung ausbildet, wo doch keine neuen Gesetze verabschiedet oder die Wettbewerbsfreiheit sichernde alte Gesetze aufgehoben worden sind. Die Antwort ist einfach: durch Entscheidungen deutscher Gerichte, insbesondere des Reichsgerichts, welche die zivilrechtliche Wirksamkeit von Kartellverträgen zum Gegenstand hatten und sanktioniert haben.[81]

Von besonderer Bedeutung ist die Reichsgerichtsentscheidung von 1897. Die sächsische Holzstoffindustrie hatte sich 1893 zu einem Verband mit dem Zweck zusammengeschlossen, einen verderblichen Wettbewerb der Fabrikanten untereinander zu verhindern und angemessene Preise zu erzielen. Um diesen Zweck zu erreichen, wurde eine gemeinsame Verkaufsstelle errichtet. Die Mitglieder verpflichteten sich, Direktverkäufe zu unterlassen, ihre Ware nur über die

[80] John Kenneth Galbraith, The American Capitalism. The concept of countervailing power. 2. Aufl., Boston 1956.

[81] Urteil des obersten Landgerichts in München vom 7. April 1888 (Seuffert, Archiv Bd. 44, Nr. 43; Vereinbarung zwischen Ziegeleibesitzern über Produktionsmengen und Mindestpreise als gültig anerkannt); Reichsgerichtsentscheidung vom 25. Juni 1890 (RGZ Bd. 28, S. 238, Börsenverein der deutschen Buchhändler, Regelung der Rabatte für Sortimentsbuchhändler, keine monopolistische Beherrschung des Marktes), vgl. dazu Menzel, a. a. O., S. 43; Reichsgerichtsentscheidung vom 4. Februar 1897 (RGZ Bd. 38, S. 155 ff., Sächsischer Holzstoffabrikantenverband).

gemeinsame Verkaufsstelle zu verkaufen und im Falle von Verstößen gegen die Verpflichtungen eine Vertragsstrafe zu zahlen. In den folgenden Jahren verstieß ein Mitglied dadurch, daß es Direktverkäufe vornahm, wiederholt gegen den Vertrag. Der Verband klagte auf Bezahlung der Vertragsstrafe. Das beklagte Mitglied wandte ein, der Vertrag sei wegen Gesetzesverstoß nichtig. Das Reichsgericht hatte deshalb bei der Entscheidung der Frage, ob der Kartellvertrag in Widerspruch zur Gewerbefreiheit stehe, zu prüfen, ob durch Kartellvereinbarungen die Intentionen des Gesetzgebers, der durch die Gewerbefreiheit die Interessen der Gesamtheit fördern wollte, in unzulässiger Weise eingeengt werden.

Das Reichsgericht führte dazu aus, wegen der Konkurrenz könnten Preise so tief sinken, daß dadurch der gedeihliche Betrieb des Gewerbes unmöglich gemacht oder gefährdet werde. Krisen seien aber für den Einzelnen und für die Gesamtheit gefährlich. Ein kartellmäßiger Zusammenschluß könne deshalb als eine der Gesamtheit dienende Maßnahme erscheinen.[82] Ohne weitere Nachprüfung hat das Reichsgericht systemdurchkreuzende, die Gewerbeordnung beeinträchtigende Kartellverträge schon dann für rechtswirksam und zulässig erklärt, wenn sich die beteiligten Unternehmen im guten Glauben über die Schädlichkeit der Konkurrenz und der schädlichen Auswirkung der Gewerbeordnung in ihrem Bereich befunden haben.[83] Seither galten im deutschen Recht Kartellverträge grund-

[82] Adolf Menzel, a. a. O., S. 45 ff.

[83] Vgl. dazu und für das Folgende: Franz Böhm, Das Reichsgericht und die Kartelle, in: Ordo, Bd. 1, Bad Godesberg 1948, S. 197. In seiner eindringlichen Kritik führt Böhm aus, daß das Reichsgericht (RG) zu Beginn seiner Argumentation selbst dargelegt hat, die Gewerbefreiheit ist deshalb eingeführt worden, um „das Interesse der Gesamtheit gegen den Eigennutz des einzelnen zu wahren", danach erklärt das RG aber, daß die Gewerbefreiheit in der Wirklichkeit zu einer Krise für die ganze Volkswirtschaft führen könne. Ob dies im vorliegenden Fall so gewesen ist oder wann die Konkurrenz zu richtigen oder zu verderblichen Preisen führt, hat es nicht untersucht. Ebensowenig äußerte es sich, ob es die günstigen Wirkungen der Konkurrenz für die Regel und die ungünstigen für die Ausnahme hält. Bei dem Urteil, daß die Gewerbeordnung zu unerwünschten Ergebnissen führen könne, handele es sich nicht um eine Aus-

sätzlich als zulässig. Sooft später das Reichsgericht oder andere Gerichte mit der Frage der Zulässigkeit von Kartellverträgen befaßt worden sind, haben sie auf der damals getroffenen Entscheidung beharrt.

Vergegenwärtigen wir uns an dieser Stelle, auf welche in der nationalökonomischen Literatur vertretenen Ansichten über das Kartellwesen die Rechtsprechung der damaligen Zeit angewiesen war – auf einige Äußerungen sind wir näher eingegangen –, dann wird zum Teil wenigstens verständlich, wenn auch nicht gerechtfertigt, daß „das juristische Gesetz einem scheinbaren ökonomischen Gesetz wich".[84] Auf dieser, durch das Reichsgericht verfestigten und von maßgebenden Vertretern der Nationalökonomie mit zu verantwortenden und abgestützten Ausgangslage kam die rechtpolitische Diskussion des Kartellproblems nur mühsam vorwärts.

legung des geltenden Reichsrechts, sondern um eine Kritik an diesem Recht. „Man bedenke, was das bedeutet: Diese Rechtsfolgen werden nicht aus dem Gesetz gewonnen, das der Richter bloß auszulegen und anzuwenden verpflichtet ist, sondern aus einer Privatansicht der Richter über die wirtschaftspolitische Brauchbarkeit und Zweckmäßigkeit des Gesetzes" (Böhm, a. a. O., S. 207). Die Rechtsprechung entbindet die Privatrechtssubjekte von dem Gehorsam an das Gesetz und gestattet ihnen den Abschluß von Verträgen mit dem Zweck, die gesetzliche Ordnung beiseitezuschieben und sie durch eine privatrechtsgeschäftliche auf den betreffenden Märkten nach ihrer Interessenlage zu ersetzen. Das RG hat ebenfalls nicht geprüft, ob vor Abschluß des Kartellvertrages in dem betreffenden Gewerbezweig die Preise tatsächlich so tief gesunken waren oder zu sinken drohten, daß dadurch der gedeihliche Betrieb ihres Gewerbes unmöglich gemacht oder gefährdet wurde und daß infolge dieses Preisverfalles auch ein Schaden für die Gesamtwirtschaft entsteht oder zu entstehen droht. Ferner wäre der Beweis zu fordern gewesen, daß vertraglich vereinbarte Maßnahmen und Preise volkswirtschaftlich angemessen und für die Gesamtheit nützlich waren. Das alles ist unterblieben.

[84] Burkhard Röper, Die wirtschaftlichen Hintergründe der Kartell-Legalisierung durch das Reichsgericht 1897, in: Ordo, Bd. 3, 1950, S. 239.

Die Kartellverordnung von 1923

Bei der Etatberatung 1908 forderte das Zentrum die Vorlage eines Gesetzentwurfs über die Errichtung eines Kartellamtes, die Festsetzung von Mindestvorschriften für Kartellsatzungen und für Kartellschiedsstellen, Registerpflicht für Kartellsatzungen, Aufsicht des Kartellamtes über die Geschäftsführung mit dem Recht der Teilnahme an Beratungen. Konservative Abgeordnete forderten in einem Ergänzungsantrag für das Kartellamt das Recht, gegen Mißbrauch sofortige Maßnahmen zu ergreifen. Aber erst 1923 wurden gesetzliche Vorschriften erlassen. Die bayerische Regierung ersuchte zweimal (1920 und 1922) den Reichsrat, Vorschläge auszuarbeiten, in welcher Weise Monopolmißbräuche abgewehrt werden können. Der Reichstag faßt einen ähnlichen Beschluß. Kreise des Einzelhandels forderten ein Kartellverbot, Genossenschaften die Anmeldepflicht für Kartelle und eine angemessene Beteiligung der Verbraucherorganisationen an den Verwaltungen sowie das Einspruchsrecht gegen Kartellbeschlüsse. Ähnlich wie bereits 1908 war die Regierung noch immer gegen ein Kartellgesetz, während sich im Parlament schon starke Gruppen abzeichneten, die dafür eintraten. Vor allem hatte sich mit dem Fortschreiten der Inflation die Einstellung der Öffentlichkeit sehr zuungunsten der Kartelle gewandelt, die man als besonders geeignetes Instrument der Industrie ansah, die Geldentwertung auf die Abnehmer abzuwälzen. Außerdem wurde den Kartellen und Monopolen die Verantwortung für die beträchtlich über Weltmarktniveau liegenden Preise angelastet. Die Entscheidung fiel mit der Antrittsrede des Reichskanzlers Stresemann am 6. Oktober 1923. Auf Grund des Ermächtigungsgesetzes vom 13. Oktober 1923 erließ am 2. November 1923 die Reichsregierung die Verordnung gegen Mißbrauch wirtschaftlicher Machtstellungen (KVO), um, wie es in der amtlichen Begründung heißt, eine Handhabe zu besitzen, die schädlichen Auswüchse des Kartellwesens mit aller Schärfe zu bekämpfen, allerdings ohne die Kartelle zu verbieten oder aufzulösen. Sie sollten vielmehr durch einen Reinigungsprozeß zu einem lauteren Geschäftsgebaren befähigt werden, rationellere Produktionsmethoden anwenden und der Vereinheitlichung der Preisbildung dienen.[85]

Nach der KVO bedurften Kartellverträge und -beschlüsse der Schriftform. Gentlemen's agreements waren nichtig. Wenn ein Kartellvertrag oder -beschluß die Gesamtwirtschaft oder das Gemeinwohl gefährdete, so konnte der Reichswirtschaftsminister beim Kartellgericht die Nichtigkeitserklärung des Vertrags oder Beschlusses beantragen oder anordnen, daß jeder an dem Vertrag oder Beschluß Beteiligte jederzeit fristlos den Vertrag kündigen oder von dem Beschluß zurücktreten kann. Der Reichswirtschaftsminister konnte weiter anordnen, daß ihm Abschrift aller zur Durchführung des Vertrages oder Beschlusses getroffenen Vereinbarungen und Verfügungen einzureichen ist und daß Maßnahmen erst nach Zugang der Abschrift in Kraft treten.

Die Gesamtwirtschaft oder das Gemeinwohl war nach der KVO insbesondere dann als gefährdet anzusehen, wenn in volkswirtschaftlich nicht gerechtfertigter Weise die Erzeugung oder der Absatz eingeschränkt, die Preise gesteigert oder hochgehalten oder im Falle wertbeständiger Preisstellung Zuschläge für Wagnisse (Risiken) eingerechnet oder wenn die wirtschaftliche Freiheit durch Sperren im Einkauf oder Verkauf oder durch Festsetzung unterschiedlicher Preise oder Bedingungen unbillig beeinträchtigt wurden. Von den zuvorgenannten obrigkeitlichen Maßnahmen abgesehen konnte jedes Kartellmitglied seinen Vertrag aus wichtigem Grund fristlos kündigen, denn die Kündigung der Kartellverträge oder -beschlüsse war „aus einem wichtigen Grunde" möglich, wenn die wirtschaftliche Bewegungsfreiheit insbesondere bei der Erzeugung, dem Absatz oder der Preisgestaltung unbillig eingeschränkt wurde. Die Durchführung der KVO wurde dem Reichswirtschaftsminister und einem beim Reichswirtschaftsgericht zu bildenden Kartellgericht übertragen. Das Kartellgericht hat zur Kartelldefinition, zum Kündigungsrecht aus wichtigem Grund und zur Präventivkontrolle des Organisationszwangs der Kartelle wichtige Entscheidungen getroffen. Trotzdem muß man feststellen, daß die Rechtsentwicklung aus mehreren Gründen unbefriedigend verlaufen ist.

[85] Heinrich Friedländer, Das Kartellaufsichtsgesetz (VO gegen Mißbrauch wirtschaftlicher Machtstellungen vom 2. November 1923) Berlin 1924, S. 17 ff.

Die KVO als Ganzes war zu sehr das Ergebnis eines Kompromisses zugunsten der Kartelle und der wirtschaftlichen Machtgebilde. Obwohl das Kartellgericht endgültig, d. h. unanfechtbar, entschied, war seine Position schwach, denn ihm waren zu geringe Zuständigkeiten zugewiesen. Schließlich war das Kartellgericht in seiner Entscheidungspraxis, insbesondere hinsichtlich der Sperren und Nachteile von ähnlicher Bedeutung, nicht konsequent genug. Trotzdem sind einige Ergebnisse noch von Interesse und verdienen festgehalten zu werden:[86]

a) Für die Legaldefinition des Kartells ist das Erreichen oder Anstreben einer Monopolstellung nicht erforderlich. Vielmehr genügt es, wenn das Kartell den Markt in bestimmter Weise wesentlich beeinflußt.
b) Es ist nicht erforderlich, daß der Parteiwille auf den Abschluß eines Kollektivvertrages mit gegenseitigen Rechten und Pflichten gerichtet ist. Es genügt, wenn mehrere inhaltlich übereinstimmende Einzelverträge, die untereinander im Zusammenhang stehen, unterzeichnet werden. Verpflichten sich beispielsweise mehrere Produzenten durch Unterzeichnung von Einzelverträgen, ihre Produktion einer Gesellschaft zu überlassen, dann liegt ein gesellschaftsähnlicher Vertrag vor. Der gemeinsame Zweck, der durch das Zusammenwirken aller Beteiligten gefördert werden soll, ist die Organisation des Absatzes und die Beeinflussung der Preisbildung durch die Einzelverträge.
c) Auch Verträge, durch die Gesellschaften ins Leben gerufen werden, fallen unter § 1 KVO. Denn die Erklärungen der Gründer

[86] Dargestellt nach Karl Heinz Schmidt, Leitsätze der Rechtsprechung des Kartellgerichts, München und Berlin 1934; Walther Sattler, Die bisherigen Ergebnisse der Rechtsprechung des Kartellgerichts, jur. Dissertation Hamburg 1927; Bericht vom 21. Januar 1927 über die Wirkung der Verordnung vom 2. November 1923 und die bisherige Tätigkeit des Kartellgerichts, in: Verhandlungen des Reichstags, III. Wahlperiode 1924, Band 414, Nr. 3060, Berlin 1927; H. Müllensiefen, R. Risse, Praxis der Kartellrechtsprechung, ein systematisches, schlagwortmäßiges und chronologisches Register sämtlicher Kartellgerichtsentscheidungen und Gutachten, Stuttgart 1937.

erfolgen nicht nebeneinander, sondern gegenseitig, ähnlich wie beim Gesellschaftsvertrag des bürgerlichen Rechts.

d) Genossenschaftliche Vereinigungen und Interessengemeinschaften sind ebenfalls nicht von der Anwendung der KVO ausgenommen. Es kommt darauf an, ob die Verkaufszusammenschlüsse oder verbundenen Unternehmen Verpflichtungen der in § 1 KVO bezeichneten Art übernommen haben.

Viele Fälle sind nicht entschieden worden, weil die Kartelle beanstandete Geschäftsbedingungen, Beschlüsse oder Vertragsklauseln freiwillig geändert haben. Es bleibt schließlich noch zu erwähnen, daß nach der Novelle zur KVO vom 26. Juli 1930 auch völlig rechtsunverbindliche Empfehlungen sowie die Reversverträge der vertikalen Preisbindung unter die KVO fielen.

Eine wirtschaftspolitisch entscheidende Maßnahme hat die Reichsregierung mit dem Gesetz über die Errichtung von Zwangskartellen vom 15. Juli 1933 getroffen. Der Übergang zur Zentralverwaltungswirtschaft war damit eingeleitet. Wichtige Schritte auf dem Weg in die total zentralgeleitete Wirtschaft waren außerdem die Preisstoppverordnung vom 16. Oktober 1936 und das Gesetz zur Durchführung eines Vierjahresplanes vom 29. Oktober des gleichen Jahres. Schließlich sei noch erwähnt, daß mit Ausbruch des Krieges die Kartelle ihre Bedeutung fast völlig verloren haben und 1943 sogar verboten wurden. Der Staat selbst bestimmte, was produziert werden sollte, und übernahm die Zuteilung der Rohstoffe und Kontingentierung der Waren, Aufgaben, zu deren Durchführung er sich bis dahin u. a. auch der Kartelle bedient hatte.

Weiterentwicklung der Theorie

Wir haben wieder nach der Weiterentwicklung der Theorie zu fragen, die nach Erlaß der KVO mit zunehmender Erfahrung auf dem Gebiet der staatlichen Kartellpolitik und der Kartellkontrolle starke Impulse erhalten hat. Detailkenntnisse über die Organisationsformen und das Verhalten der Kartelle wurden gewonnen, juristische Fragen einschließlich der nach dem Verhältnis des Staates zu den Kartellen wurden vertieft. Die ökonomische Theorie befaßte sich mit den Kartellen unter einem doppelten Aspekt: als anschauliche Theorie fragte sie nach den Grundlagen und Aussichten des Kapitalismus; in der reinen Theorie wurde das Problem des Wettbewerbs und der Monopole abgehandelt. Eine Verbindung zwischen beiden Richtungen war noch nicht gelungen. Auch insoweit, als das Kartell als Kollektivmonopol in der Monopoltheorie enthalten war, sind seine Besonderheiten nicht oder nur ungenügend berücksichtigt. Allerdings wird mit zunehmender Entwicklung der Lehre von der unvollkommenen Konkurrenz der theoretische Grund dafür gelegt, daß in der angewandten ökonomischen Theorie, der sog. Lehre von der Wirtschaftspolitik, immer klarer die Sicherung der Wettbewerbsordnung als wirtschaftspolitische Aufgabe erkannt und Lösungsmöglichkeiten erarbeitet wurden. Dieser Zusammenhang sei im folgenden etwas näher dargestellt, denn die Kartellfrage ist dabei von großer Bedeutung.

Die unvollkommene Konkurrenz ist vom Ende der zwanziger Jahre an zu einem wichtigen Forschungsobjekt der Wirtschaftswissenschaften geworden.[87] Ein wichtiges Ergebnis dieser Theorie ist die Erkenntnis, daß in der überwiegenden Zahl der Fälle Kampfsituationen entstehen und daß nur in wenigen Ausnahmefällen ein Gleichgewichtszustand möglich ist. Die Idee einer geschlossenen allgemeinen Preistheorie mußte deshalb fallengelassen werden. Um die Preisbildung in der Realität hinreichend erklären zu können, muß die Preistheorie über allgemeine Prinzipien hinaus „ergänzende Preisbildungsfaktoren" der Empirie entlehnen[88]. Sie mildern oder schalten die Gleichgewichtslosigkeit der allgemeinen Preisbildungsfaktoren weitgehend aus. Zu den ergänzenden Preisbildungsfaktoren gehören organisatorische Maßnahmen der Anbieter oder Nachfrager, also z. B. Kartelle oder deren Ersatzformen. Durch sie kann die Marktform verändert werden, aus Konkurrenten werden Partner, aus Preisbildung im Wettbewerb wird Gleichförmigkeit

[87] Vgl. Hans-Heinrich Barnikel (Hrsg.), Wettbewerb und Monopol, Wege der Forschung Bd. XLVIII, Darmstadt 1968.

[88] Heinrich von Stackelberg, Probleme der unvollkommenen Konkurrenz, Weltwirtschaftliches Archiv 48, 1938 (II), abgedruckt in: Wettbewerb und Monopol, a. a. O. (S. 66 ff.), S. 112.

des Verhaltens. „Es ist von allen Theoretikern, die sich mit dem Oligopolproblem befaßt haben, darauf hingewiesen worden, daß es im Interesse der Oligopolisten liegt, sich zusammenzuschließen und so das Oligopol in ein Monopol überzuführen." [89] Kartellbildung, aber auch die Bildung von Konzernen und Trusts, ist als die Umwandlung einer gleichgewichtslosen Marktform in die Form des Angebots- oder Nachfragemonopols aufzufassen. Ein volkswirtschaftliches Gleichgewicht wird dadurch jedoch nicht erreicht. „Denn die Schaffung von Monopolen eliminiert zwar die Gleichgewichtslosigkeit der einfachen Oligopole, erzeugt jedoch gleichzeitig die Gleichgewichtslosigkeit, die an die bekannten Marktbeziehungen zwischen Monopolen geknüpft ist. Es müßten also weiterhin auch die Monopole konkurrierender und komplementärer Güter (bzw. Produkte) zusammengefaßt werden. . . . Außerdem muß die Konzentration zu bilateralen Monopolen führen." [90] Daß der von den Unternehmen errichteten Sicherung des Gleichgewichts gleichzeitig „monopolistische Ausbeutungstendenzen" innewohnen, durch die die volkswirtschaftliche Produktivität gemindert und der Reibungswiderstand des wirtschaftlichen Gesamtprozesses erhöht wird, ist ebenfalls erkannt worden.[91] Da jedoch Märkte der genannten Art nicht sich selbst überlassen bleiben sollten, wurde der staatlichen Wirtschaftspolitik die Aufgabe zugewiesen, das Gleichgewicht auf diesen nicht funktionierenden Märkten zu sichern. Während die liberale Wirtschaftspolitik die Einmischung des Staates in die Wirtschaft rigoros abgelehnt hat, wurde nun aufgrund der theoretischen Erkenntnisse die staatliche Intervention gefordert. Der Ruf nach einem starken Staat wuchs sich teilweise zur Idealisierung des „korporativ organisierten Marktes" [92] aus, wie es in zentralgeleiteten Volkswirtschaften in Italien oder Deutschland der Fall gewesen ist.

Wir neigen dazu, die gerade erwähnte Entwicklungsphase der angewandten Theorie als Durchgangsstadium anzusehen, für das

[89] Heinrich von Stackelberg, Marktform und Gleichgewicht, Wien und Berlin 1934, S. 99 f.

[90] Ebenda, S. 100.

[91] Ebenda, S. 101.

[92] Ebenda, S. 102.

die Überbetonung der Vernichtungskämpfe, ihrer Häufigkeit und Stärke eine wichtige Ursache gewesen ist. Für die deutsche Nachkriegswirtschaft sollte jene wirtschaftspolitische Richtung von entscheidender Bedeutung werden, die noch vor 1945 in ihren ersten theoretischen Ansätzen in Erscheinung trat, und für die die Bezeichnung neoliberal geprägt worden ist. Die zentralgeleitete Wirtschaft wird abgelehnt, statt dessen die freie Verkehrswirtschaft gefordert, und für deren Entfaltung ein ordnungspolitisches Konzept zur Sicherung des Wettbewerbs entwickelt. Kennzeichen der Verkehrswirtschaft ist die Vielzahl von Wirtschaftsplänen. Die Koordination der Pläne vollzieht sich durch Tauschwertbeziehungen auf Märkten. Maßstab für den Tauschwert ist der Preis. Die verschiedenen Wirtschaftsstufen (Erzeuger, Händler, Verbraucher) treten als Nachfrager und Anbieter miteinander in Beziehung. Die Art und Weise, wie das geschieht, beantwortet die Lehre von den Marktformen. Da nur jene Märkte, auf denen sich der Geld-Güter-Tausch unter Wettbewerbsbedingungen vollzieht, befriedigend funktionieren, verbietet sich für die Wirtschaftspolitik das Prinzip des Laissez-faire. Denn die Politik des wirtschaftlichen Liberalismus hat eine Paradoxie zutage gebracht, die darin besteht, daß die unbegrenzte Vertragsfreiheit in wachsendem Maße zur Monopolisierung der Märkte und zu autonomen Beschränkungen des Wettbewerbs geführt hat. Aus der Freiheit für viele wurde viel Freiheit für wenige. Auch von einem bloßen punktuellen Interventionismus hebt sich der neoliberale Ansatz ab. Die Wirtschaftspolitik der Notbehelfe, wie sie genannt worden ist, soll gleichfalls zugunsten einer dauerhaften und idealen Wirtschaftsordnung überwunden werden. Die neoliberale Lehre weiß, daß die konkurrenzwirtschaftliche Ordnung nur durch politische Maßnahmen verwirklicht und erhalten werden kann, u. a. z. B. durch das Verbot der vertraglichen Wettbewerbsbeschränkungen. Monopole und Oligopole sollen aufgelöst werden, wenn dadurch eine brauchbare Wettbewerbsordnung entsteht. Wo Wettbewerb bereits die ihm zugedachten Funktionen erfüllt, muß er durch die staatliche Wirtschaftspolitik geschützt und gesichert werden. Die der altliberalen Theorie zugrunde liegende Vorstellung, daß eine unsichtbare Hand das sich selbst überlassene Wirtschaftsgeschehen leite, ist aufgegeben. Die Rolle der invisiblen

Hand hat der Staat zu übernehmen, dessen sichtbare Hand je nach den Umständen mehr oder weniger spürbar sein kann.

In vielen Bereichen, in denen Machtstellungen nicht zu beseitigen sind oder die Auflösung von Kollektivmonopolen nicht sinnvoll erscheint, ist eine staatliche Mißbrauchskontrolle notwendig. Die Feststellungen der Marktmorphologie allein genügen dafür allerdings nicht. Gleichwohl sind sie die Grundlage für die Machtanalyse. Die Macht eines Kartells oder Unternehmens kann trotz der Marktform des Monopols oder Oligopols verschieden groß sein. Deshalb sind die Machtstellungen der Unternehmen oder Kartelle anhand der Angebots- und Nachfrageelastizitäten zu bestimmen. Je größer die Elastizität der Nachfrage, um so geringer ist die Machtstellung eines Monopols. Je größer die Substitutionsmöglichkeiten, desto geringer ist die Macht der Kartelle und der Einzelmonopole, denn die Abnehmer können einer Preiserhöhung ausweichen. „Bei Verlagerung der Nachfragekurve (in der üblichen Darstellung) nach rechts erhöht sich, bei Verlagerung nach links verringert sich die Macht des Anbietens. Wenn also – etwa infolge einer Kreditexpansion – bei gleichem Preise mehr Steinkohle nachgefragt wird, nimmt die Macht des Kohlensyndikats zu; im umgekehrten Falle – wenn bei gleichem Kohlenpreise etwa infolge einer Deflation weniger Kohle nachgefragt wird – verringert sich die Macht des Syndikats." [93]

Die Frage, welches Ziel die staatliche Monopolkontrolle anzusteuern hat, beantwortete Eucken in seinem bedeutenden Vortrag „Wettbewerb als Grundprinzip der Wirtschaftsverfassung" [94] bereits 1942. „Sie (die Monopolkontrolle) hat den Angebotsmonopolisten zu veranlassen, den Preis auf den Punkt zu bringen, daß er soviel absetzt, ausbringt und überhaupt so handelt, *als ob* er sich in vollständiger Konkurrenz befände. Dies die allgemeine Formel. Sie

[93] Walter Eucken, Die Grundlagen der Nationalökonomie, 7. Aufl., Berlin, Göttingen, Heidelberg 1959, S. 203.

[94] Walter Eucken, Wettbewerb als Grundprinzip der Wirtschaftsverfassung, in: Der Wettbewerb als Mittel volkswirtschaftlicher Leistungssteigerung und Leistungsauslese, Schriften der Akademie für Deutsches Recht, Heft 6, 1942.

ist für die Praxis der Monopolkartelle unentbehrlich.“ [95] Dieser theoretische Ansatz ist weiter ausgebaut worden, so z. B. von Leonhard Miksch [96]. Er hat auch, allerdings mit einem anderen Inhalt, in die Entscheidungspraxis der Kartellbehörden und der Gerichte Eingang gefunden. Klärend muß man dieser Feststellung hinzufügen, daß Behörden und Gerichte nicht das theoretische Modell der vollständigen Konkurrenz zum Maßstab des Als-Ob-Wettbewerbs nehmen. Die ursprüngliche Vorstellung des Als-ob-Wettbewerbs ist durch die Kartellbehörden etwa in folgender Weise in einen realistischen Maßbegriff transformiert worden. Kartelle oder marktbeherrschende Unternehmen dürfen nur solche Preise fordern, die sie bei wirksamem Wettbewerb erlösen würden. Grundlage für die Feststellung des Wettbewerbspreises ist der Zeit- und Produktvergleich. Im Zeitvergleich wird der Preis vor Eintritt der Marktbeherrschung mit dem Preis bei fehlendem Wettbewerb verglichen; im Produktvergleich werden die Preise der nicht unter Wettbewerbsbedingungen angebotenen Waren mit den Preisen auf vergleichbaren Wettbewerbsmärkten verglichen. Ist keiner von beiden Vergleichen möglich oder sinnvoll, dann müssen notgedrungen die Kosten geprüft und von daher der Wettbewerbspreis bestimmt werden. In dieser Hinsicht unterscheidet sich die Entscheidungspraxis grundlegend von den genannten Vorstellungen von den Maßstäben für eine Monopolkontrolle. Miksch geht davon aus, daß „die freie Konkurrenz als rechtliche Marktverfassung das Vorhandensein der vollständigen Konkurrenz als wirtschaftlicher Machtfaktor voraussetzt.“ [97] Weil nach Mikschs Vorstellung auf oligopolistischen Märkten bei freier Konkurrenz Preiskämpfe die Regel sind, fordert er für solche Märkte die gebundene Konkurrenz. Oli-

[95] Ebenda, S. 40 f.

[96] Leonhard Miksch, Die Wirtschaftspolitik des Als Ob, in: Zeitschrift für die gesamte Staatswissenschaft, Bd. 105 (1948/49), S. 310 ff. Vgl. auch vom gleichen Verfasser: Wettbewerb als Aufgabe, Grundsätze einer Wettbewerbsordnung, 2. Aufl., Godesberg 1947.

[97] Der Schutz des Wettbewerbs im Rahmen der sozialen Marktwirtschaft, Bericht über eine Arbeitstagung am 20. März 1950 mit einleitendem Referat von Prof. L. Miksch, hrsg. vom Institut zur Förderung öffentlicher Angelegenheiten, Frankfurt/Main 1950, S. 18.

gopolistische Märkte dürfen nicht der freien Konkurrenz überlassen werden. Der Wettbewerb sei deshalb zu beschränken. Miksch schlug für diese Märkte als Organisationsform vor, die in Frage kommenden Unternehmen zu Kalkulationskartellen [98] oder zu Leistungsverbänden zusammenzuschließen, bei denen als Vertreter der Allgemeinheit ein staatlicher Treuhänder einzusetzen sei. Seine Aufgabe wäre es, aufgrund der Kostenunterlagen den Preis festzusetzen, wobei er sich von den Funktionen des Wettbewerbs leiten zu lassen hätte.[99]

Gegen diese Lösung des Wettbewerbsproblems auf Oligopolmärkten forderte schon Böhm ein klares Kartellverbot.[100] Er hält es für besser, bereits das Entstehen der Macht wo immer möglich zu bekämpfen, zu verhindern und sieht dies als die erste Aufgabe einer staatlichen Wettbewerbspolitik an. Böhm bezeichnete es schon in seiner grundlegenden Arbeit von 1933 [101] als Aufgabe des Rechts, den Wettbewerb in sich selbst gegen Entartung zu schützen. Der Staat habe die Aufgabe, in seiner Rechtsordnung Spielregeln des Leistungswettbewerbs aufzustellen, die eine herrschaftsfreie Wirtschaftsordnung garantieren. Konkurrenz sei ein Zustand grundsätzlich allgemeiner Machtlosigkeit, „wobei unter Machtlosigkeit die Unfähigkeit jedes Marktbeteiligten zu verstehen ist, auf das marktmäßige Angebots- oder Nachfrageniveau anders als durch Verbesserung seiner individuellen wirtschaftlichen Leistungskraft bzw. durch verständige Handhabung seiner Kaufkraft einzuwirken." [102] Bei allen Vorschlägen, die zur Lösung des Oligopolproblems gemacht worden sind, kommt die Forderung hinzu, daß die Ordnung des Wettbewerbs durch eine umfassende, konforme Ordnung der allgemeinen Wirtschaftsverfassung, des Gesellschaftsrechts, der

[98] Miksch, Wettbewerb als Aufgabe, a. a. O., S. 123.

[99] Vgl. dazu Miksch, Die Wirtschaftspolitik des Als Ob, a. a. O., S. 333 f.

[100] Franz Böhm, Die Aufgaben der freien Marktwirtschaft, München 1951, S. 37 ff., und derselbe, Die Ordnung der Wirtschaft als geschichtliche Aufgabe und rechtsschöpferische Leistung, Stuttgart und Berlin 1937, S. 148 ff.

[101] Franz Böhm, Wettbewerb und Monopolkampf, Berlin 1933.

[102] Ebenda, S. 20.

Handels-, Verkehrs-, Geld- und Kreditpolitik ergänzt werden muß.

Zwischen den beiden Extremlösungen, der gebundenen Konkurrenz und der restriktiven Kartellpolitik, gibt es abgestufte Variationen, von denen nur noch die von Heuss kurz dargestellt werden soll. Nach Heuss hat die Monopolkontrolle folgende Aufgaben: 1. Sie muß Anreize beseitigen, daß Oligopole durch Vernichtungswettbewerb zu Monopolstellungen gelangen. 2. Sie muß die Preisunterbietung der überlegenen Unternehmung gegen seine kleineren Konkurrenten unterbinden. Die kleineren Unternehmungen werden dadurch an Bewegungsfreiheit gewinnen und es riskieren können, den Marktbeherrscher zu unterbieten, ohne daß dieser wieder unterbieten darf. Dem Marktbeherrscher wäre nur erlaubt, dem Preiswettbewerb der kleineren Anbieter zu folgen, aber selbst nicht zu unterbieten. 3. Verboten wäre auch die Preisunterbietung gegenüber neu auftretenden Konkurrenten. Auf diese Weise wäre erreicht, daß sich kleinere Unternehmungen so frei bewegen können, als ob es keine Marktbeherrschung gäbe. Auch der Eintritt von Mitwettbewerbern in den Markt vollzöge sich wie bei vollkommener Konkurrenz. Die Gefahr, daß marktbeherrschende Unternehmen zusehen müssen, wie sie Marktanteile verlieren, würde nicht ohne Einfluß auf ihre Marktpolitik sein. Die erwartete Abwehr wäre eine Preispolitik und ein entsprechendes Produktionsvolumen, durch welche potentiellen Wettbewerbern die Lust verginge, auf einem solchen Markt tätig zu werden. Damit wären monopolistische und oligopolistische Unternehmungen zu einem Verhalten gedrängt, das von dem der Konkurrenz nicht sehr verschieden wäre.

Die neoliberale Theorie wurde die theoretische Grundlage des wirtschaftspolitischen Konzepts der Sozialen Marktwirtschaft, deren Verwirklichung in der Bundesrepublik nach 1945 begonnen wurden. [103] Durch entsprechende Rahmengesetze war eine Wettbewerbsordnung zu schaffen und deren Funktionieren zu sichern. Der Wirtschaftsprozeß sollte, soweit er durch Wettbewerb be-

[103] Zum Begriff, zur Entstehung und Entwicklung der Sozialen Marktwirtschaft vgl. Heinz Lampert, Die Wirtschafts- und Sozialordnung der Bundesrepublik Deutschland, München, Wien, 2. Aufl., 1966.

stimmt ist, weitgehend sich selbst überlassen bleiben. Wo Wettbewerb nicht die gewünschte Ordnung der Märkte herbeizuführen vermag, ist die staatliche Kontrolle erforderlich. Das sog. Kartellgesetz ließ aber noch auf sich warten. Unmittelbar nach 1945 waren die deutschen Behörden zu einer selbständigen Wirtschaftspolitik nicht befugt. Für die einzelnen Zonen galten besatzungsrechtliche Entflechtungs- und Dekartellierungsvorschriften. Kartelle und eine Beteiligung deutscher Unternehmen an internationalen Kartellen waren verboten. Einzelheiten sollen hier nicht näher behandelt werden, denn am 1. Januar 1958 trat das Gesetz gegen Wettbewerbsbeschränkungen (GWB), auch Kartellgesetz genannt, in Kraft.

Das Kartellgesetz

Die vorbereitenden Arbeiten zum Kartellgesetz reichen in das Jahr 1948 zurück.[104] Aber erst 1957 wurde es verabschiedet. Im April 1948 hatte der Wissenschaftliche Beirat bei der Verwaltung für Wirtschaft im Zusammenhang mit der Empfehlung zum Abbau der staatlichen Bewirtschaftung und Aufhebung des Preisstopps eine sofortige und wirksame Kontrolle der Monopole und ihrer Preisbildung als unabdingbar bezeichnet.[105] Zahlreiche Entwürfe und Gegenentwürfe, Regierungsvorlagen in schärferer und milderer Fassung und eine Vielzahl von Beratungen sind die Stationen eines schier ausweglosen Streites zwischen Verbotsprinzip und Mißbrauchsgesetz, bis schließlich die Entscheidung zugunsten einer Verbotsgesetzgebung mit Erlaubnisvorbehalt fiel. Nach harten Auseinandersetzungen im Parlament und außerhalb konnte am 9. August

[104] Vgl. Viola Gräfin von Bethusy-Huc, Demokratie und Interessenpolitik, Wiesbaden 1962, Die Entstehung des Kartellgesetzes, S. 36 ff.

[105] Maßnahmen der Verbrauchsregelung, der Bewirtschaftung und der Preispolitik nach der Währungsreform, Gutachten vom 18. April 1948, in: Der Wissenschaftliche Beirat bei der Verwaltung für Wirtschaft des Vereinigten Wirtschaftsgebietes, Gutachten 1948 bis Mai 1950, Göttingen o. J., S. 28. Vgl. dazu auch Tilman Pünder, Das bizonale Interregnum, Die Geschichte des Vereinigten Wirtschaftsgebietes 1946–1949, Spich/Siegkreis 1966, insb. S. 302 ff.

1957 das GWB vom 27. Juli 1957 verkündet werden. Am 1. Januar 1958 ist es in Kraft getreten. Mit diesem Gesetz erfuhr „das unsere Wirtschaft leitende Prinzip seine gesetzliche Verankerung". [106] Die Verabschiedung des Gesetzes wurde als „Wendepunkt in der Wettbewerbspolitik und in der Kartellpolitik seit Beginn des industriellen Zeitalters" bezeichnet.[107] Mit ihm ist „dem Wettbewerb in unserer Wirtschaftsverfassung ein fester Platz und dem Wettbewerbsgedanken eine Chance gegeben worden", [108] jedoch ohne daß die Vorstellungen neoliberaler Theoretiker auch nur annähernd verwirklicht worden wären.

Der Name Kartellgesetz trifft nicht das Wesen dieser Bestimmungen. Der Wettbewerb ist nicht nur gegenüber Kartellen geschützt (§§ 1 bis 14), das Gesetz befaßt sich außerdem mit Wettbewerbsbeschränkungen in Individualverträgen (§§ 15 bis 21), mit marktbeherrschenden Unternehmen (§§ 22 bis 24) und mit rein tatsächlichem wettbewerbsbeschränkendem oder dikriminierendem Verhalten (§§ 25 bis 27).

Von vornherein weitgehend von der Anwendbarkeit des Kartellgesetzes befreit sind Bundespost, -bahn und sonstige Verkehrsträger, landwirtschaftliche Erzeugervereinigungen, Banken, Versicherungen und Bausparkassen, der Anwendungsbereich des Branntweinmonopolgesetzes, des Zündwarenmonopolgesetzes und des Vertrags über die Europäische Gemeinschaft für Kohle und Stahl, für die eigene Wettbewerbsregeln gelten.

Die Bestimmungen über Kartelle und die Ausnahmemöglichkeiten stehen mit Recht am Anfang des GWB. Ausgang ist das Kartellverbot des § 1. Kartellverträge im Sinne des § 1 sind Vereinbarungen zwischen Unternehmen oder Vereinigungen von Unternehmen, die geeignet sind, durch Beschränkung des Wettbewerbs die Marktverhältnisse zu beeinflussen. Mit dieser (verkürzt wiedergegebenen) Definition hat der Gesetzgeber für die praktische Arbeit den Streit um den wirtschaftlichen und juristischen Kartellbegriff

[106] Eberhard Günther, Das neue Kartellgesetz und seine Auswirkungen auf die Unternehmen, in: Wirtschaft und Wettbewerb, 1957, S. 677.

[107] Ebenda.

[108] Ebenda.

entschieden und die so definierten Kartellverträge für unwirksam erklärt. Wer sich vorsätzlich über die Unwirksamkeit eines solchen Vertrags hinwegsetzt, begeht eine Ordnungswidrigkeit, die mit einer Geldbuße bis zu 100 000 DM und über diesen Betrag hinaus bis zur dreifachen Höhe des durch Zuwiderhandlung erzielten Mehrerlöses geahndet werden kann. Das Gesetz sagt nicht, wie weit der Unternehmensbegriff zu fassen und was unter Marktbeeinflussung zu verstehen ist. Eine nähere Bestimmung des Wettbewerbsbegriffs enthält es ebenfalls nicht. Der Gesetzgeber ist davon ausgegangen, daß jede Form des Wettbewerbs und alle Wettbewerbsmaßnahmen von § 1 geschützt sein sollen, die nicht durch andere Gesetze, z. B. durch das Gesetz gegen den unlauteren Wettbewerb, als verboten gekennzeichnet sind. Daher unterliegen grundsätzlich auch unwesentliche Beschränkungen des Wettbewerbs dem Verbot des § 1 GWB.

Das Verbotsprinzip wird allerdings aufgelockert, durch eine Reihe von Ausnahmen, denn nach Ansicht des Gesetzgebers kann eine Reihe von Wettbewerbsbeschränkungen, die an sich den Unwirksamkeitsnormen des GWB unterliegen, nach Abwägung ihrer Wirkung auf dem Markt im Einzelfall hingenommen werden. Das Gesetz enthält daher der unterschiedlichen Bedeutung der Wettbewerbsbeschränkungen entsprechend eine Reihe abgestufter Zulassungsvoraussetzungen: Anmeldung bei der Kartellbehörde, Anmeldung mit Wirksamkeit nach Ablauf einer Widerspruchsfrist, offizielle Erlaubniserteilung durch die Kartellbehörde nach Prüfung eines Kartellantrags.

Verträge, die einheitliche Methoden der *Leistungsbeschreibung* oder *Preisaufgliederung* festlegen (§ 5 Abs. 4 GWB), fallen nicht unter das Verbot des § 1, wenn sie keine Preise oder Preisbestandteile enthalten. Dies gilt für Geschäftsbereiche, in denen bei Ausschreibungen Waren oder gewerbliche Leistungen nur aufgrund von Leistungsausschreibungen angeboten werden können, die einer Prüfung der Beschaffenheit bei Vertragsabschluß nicht ermöglichen. Verträge dieser Art sind bei der Kartellbehörde anzumelden und damit der Mißbrauchsaufsicht unterworfen, weil sich mit den formalen Beschreibungen von Leistungsangeboten leicht materielle Vereinbarungen verbinden.

Mit der bloßen Anmeldung bei der Kartellbehörde werden wirksam:

Exportkartelle zur Sicherung und Förderung der Ausfuhr, sofern sie sich auf die Wettbewerbsregulierung auf Auslandsmärkten beschränken (§ 6 Abs. 1 GWB);

Verträge und Beschlüsse, die lediglich die einheitliche Anwendung von *Normen* und *Typen* zum Gegenstand haben (§ 5 Abs. 1 GWB). Der Anmeldung ist die Stellungnahme eines Rationalisierungsverbandes beizufügen.

Drei Monate nach der Anmeldung bei den Kartellbehörden werden wirksam, wenn ein Widerspruch nicht ergeht:

Konditionenkartelle (§ 2 GWB), die sich jedoch nicht auf Preise oder Preisbestandteile beziehen dürfen. Es ist also möglich, allgemeine Geschäfts-, Lieferungs- und Zahlungsbedingungen einschließlich Skonti einheitlich anzuwenden.

Rabattkartelle (§ 3 GWB), soweit die Rabatte ein echtes Leistungsentgelt darstellen und nicht zu einer ungerechtfertigt unterschiedlichen Behandlung von Abnehmern führen.

Spezialisierungskartelle (§ 5a GWB), die wesentlichen Wettbewerb auf dem Markt bestehen lassen. Diese Bestimmung ist auch anzuwenden, wenn die Spezialisierung Preisvereinbarungen oder die Bildung gemeinsamer Beschaffungs- oder Vertriebseinrichtungen (Syndikate) erfordert.

Nur mit einer Erlaubnis der Kartellbehörde im Einzelfall werden wirksam:

Strukturkrisenkartelle (§ 4), d. h. Verträge zwischen Unternehmen der Erzeugerstufe im Falle eines auf nachhaltiger Änderung der Nachfrage beruhenden Absatzrückgangs, wenn der Vertrag notwendig ist, um eine planmäßige Kapazitätsanpassung an den Bedarf herbeizuführen, und wenn die Regelung das Gemeinwohl berücksichtigt.

Rationalisierungskartelle ohne Spezialisierung (§ 5 Abs. 2), wenn die Regelung der Rationalisierung wirtschaftlicher Vorgänge dient und dadurch die Leistungsfähigkeit der beteiligten Unternehmen wesentlich gehoben und die Befriedigung des Bedarfs verbessert wird. Der Rationalisierungserfolg soll in einem angemessenen Verhältnis zur Wettbewerbsbeschränkung stehen.

Gemeinsame Beschaffungs- oder Vertriebseinrichtungen, sog. *Syndikate* (§ 5 Abs. 3), wenn deren Rationalisierungszweck auf andere Weise nicht erreicht werden kann. Die Rationalisierung muß im Interesse der Allgemeinheit erwünscht sein, und der Rationalisierungserfolg soll in einem angemessenen Verhältnis zur Wettbewerbsbeschränkung stehen.

Exportkartelle, die zugleich Wirkungen auf dem Inlandsmarkt haben (§ 6 Abs. 2 GWB), soweit ein solches Kartell notwendig ist, um die erstrebte Regelung des Wettbewerbs auf den Märkten außerhalb des Geltungsbereichs des GWB zu sichern.

Importkartelle (§ 7 GWB), sofern die Regelung lediglich die Einfuhr betrifft und die deutschen Bezieher keinem oder nur unwesentlichem Wettbewerb der ausländischen Anbieter gegenüberstehen.

Eine letzte Möglichkeit, Kartelle zu erlauben, gibt § 8 GWB für *Sondertatbestände,* bei denen die oben angeführten Legalisierungsmöglichkeiten nach §§ 2 bis 7 GWB nicht vorliegen. Sie sind erlaubnisfähig, wenn ausnahmsweise die Beschränkung des Wettbewerbs aus überwiegenden Gründen der Gesamtwirtschaft und des Gemeinwohls notwendig ist. Eine Erlaubnis für solche Fälle erteilt der Bundesminister für Wirtschaft. Insbesondere Abs. 2 des § 8 räumt die Möglichkeit ein, unvorhergesehenen Entwicklungen, die eine unmittelbare Gefahr für den Bestand eines Wirtschaftszweiges bedeuten, durch Kartellverträge zu begegnen, wenn andere gesetzliche oder wirtschaftspolitische Maßnahmen nicht oder nicht rechtzeitig getroffen werden können und die Beschränkung des Wettbewerbs geeignet ist, die Gefahr abzuwenden.

Sowohl die nicht widersprochenen als auch die ausdrücklich erlaubten Kartelle unterliegen der Mißbrauchsaufsicht der Kartellbehörden. Kartellverträge sind schriftlich abzufassen und, mit Ausnahme der reinen Exportkartelle, ins Kartellregister einzutragen. Die Eintragung wird im Bundesanzeiger bekanntgemacht. Von Kartellvereinbarungen betroffene Unternehmen der vor- und nachgelagerten Wirtschaftsstufen können ihre Bedenken geltend machen. Fristlose Kündigung von Kartellverträgen aus wichtigem Grunde ist möglich. Zur Verwertung von Sicherheiten aufgrund von Kartellverträgen und -beschlüssen ist die Erlaubnis der Kartellbehörde erforderlich.

Der zweite Abschnitt des GWB befaßt sich mit den sonstigen wettbewerbbeschränkenden Verträgen. Unter diese sonstigen Verträge fallen:

Vertikale Preisbindungen, die grundsätzlich nichtig sind (§ 15 GWB). Die Weiterverkaufspreise für Markenwaren und Verlagserzeugnisse dürfen allerdings nach § 16 GWB gebunden werden. Preisbindungen für Markenwaren müssen beim Bundeskartellamt angemeldet werden; die Kartellbehörde kann von Amts wegen oder auf Antrag Preisbindungen für unwirksam erklären, wenn die Preisbindung mißbräuchlich gehandhabt wird.

Ausschließlichkeits- oder Kopplungsverträge, durch die ein Vertragsbeteiligter in der Freiheit des Bezugs, der Verwendung oder des Absatzes der Waren oder gewerblichen Leistungen beschränkt wird. Solche Verträge sind grundsätzlich gestattet, jedoch durch § 18 GWB der Mißbrauchsaufsicht unterstellt.

Für Beschränkungen, die von Inhabern gewerblicher Schutzrechte den Erwerbenden dieser Rechte oder Lizenznehmern auferlegt werden, gilt eine Sonderregelung nach §§ 20 und 21 GWB.

Besondere Probleme stellen sich bei der Behandlung der marktbeherrschenden Unternehmen, auf die im einzelnen hier nicht eingegangen werden kann. Es geht, um es auf eine kurze Formel zu bringen, um die Frage der Behandlung von Monopolen und Oligopolen. Das Gesetz bestimmt den Begriff „marktbeherrschend", indem es definiert: Soweit ein Unternehmen für eine bestimmte Art von Waren ohne Wettbewerber ist oder keinem wesentlichen Wettbewerb ausgesetzt ist, ist es marktbeherrschend. Dies ist der Fall des Monopols und des Teilmonopols. Als marktbeherrschend gelten auch zwei oder mehr Unternehmen, soweit zwischen ihnen ein wesentlicher Wettbewerb nicht besteht und sie als Gruppe einem wesentlichen Wettbewerb nicht ausgesetzt sind. Marktbeherrschende Unternehmen sind hinsichtlich ihrer Preise, Geschäftsbedingungen und ihres sonstigen marktrelevanten Verhaltens einer Mißbrauchsaufsicht unterstellt.

Ferner befaßt sich das Gesetz noch mit dem Boykott oder boykottähnlichen Maßnahmen und mit dem Versprechen oder Gewähren besonderer Vorteile, um zu veranlassen, daß sich das bedrohte oder besonders begünstigte Unternehmen in kartellrechtlich unzulässiger Weise verhält.

Schließlich sind noch die sog. Wettbewerbsregeln (§§ 28 bis 33) zu nennen. Wirtschaftsvereinigungen können bei der Kartellbehörde die Eintragung von Wettbewerbsregeln in das Register für Wettbewerbsregeln beantragen. Wettbewerbsregeln sind Bestimmungen, die das Verhalten von Unternehmen entsprechend den Grundsätzen des lauteren Wettbewerbs regeln. Die Verpflichtung, Wettbewerbsregeln einzuhalten, ist kein Vertrag oder Beschluß im Sinne des § 1 GWB, jedoch nicht unbesehen gültig. Die Prüfung der Wettbewerbsregeln erfolgt von den Kartellbehörden, wobei nichtbeteiligte betroffene Wirtschaftskreise Gelegenheit zur Stellungnahme haben.

Bei Verstößen gegen Bestimmungen des GWB begründet das Gesetz Schadensersatzpflicht, sofern ein anderer geschädigt wurde. Zu den zivilrechtlichen Sanktionen treten strafrechtliche. Verstöße sind Ordnungswidrigkeiten und können notfalls durch Verhängung von Geldbußen geahndet werden.

Zum Vollzug des Gesetzes ist das Bundeskartellamt als Bundesoberbehörde geschaffen worden. Allerdings unterliegen nicht seiner Zuständigkeit solche Wettbewerbsbeschränkungen, deren Wirkungen nicht über das Gebiet eines Bundeslandes hinausreichen. Für diese örtlich begrenzten Aufgaben sind die Landeswirtschaftsminister als Kartellbehörden zuständig.

Wer die Erfahrungen mit der Anwendung des Kartellgesetzes lediglich unter dem Aspekt prüft, ob es den Intentionen seiner Väter gerecht wird, muß zur Überzeugung kommen, daß sowohl die geltende Gesetzesfassung des Kartellbegriffs als auch die Definition der marktbeherrschenden Unternehmen völlig unzureichend sind. „Die Erfahrungen, die mit Auslegung und Anwendung des § 1 GWB bisher gesammelt wurden, erfordern es, daß die Vorschrift neben Verträgen auch abgestimmte Verhaltensweisen und darüber hinaus auch solche Wettbewerbsbeschränkungen verbietet, die bezweckt oder bewirkt werden.“ [109] Was die Marktbeherrschung betrifft, so bereitet nicht das Monopol, sondern das Oligopol beträchtliche Schwierigkeiten. Oligopol ist als Marktzustand zu defi-

[109] Stellungnahme des Wissenschaftlichen Beirats beim Bundeswirtschaftsministerium vom 6. Februar 1970, Bundesanzeiger 1970, Nr. 42, S. 5 f.

nieren, bei dem ein Unternehmer damit rechnet, daß seine Konkurrenten auf seine Aktionen am Markt reagieren, und umgekehrt reagiert auch er auf das Verhalten seiner Mitbewerber. Es ist offensichtlich, daß diese Situation nicht ex definitione Wettbewerbslosigkeit bedeutet. Oligopol kann deshalb nicht gleichgesetzt werden mit gemeinsamer Marktbeherrschung durch zwei oder mehr Unternehmen. Wenn aber die Marktform des Oligopols nicht generell einer Mißbrauchsaufsicht unterstellt werden soll, sondern lediglich marktbeherrschende Unternehmen, dann muß zwischen Oligopolen mit wirksamem Wettbewerb und den marktbeherrschenden Oligopolen unterschieden werden. Aber gerade diese Unterscheidung bringt für die Gesetzesanwendung fast unüberwindliche Schwierigkeiten. Auch auf dem Gebiet der Unternehmenskonzentration weist das Gesetz große Mängel auf. Selbst bei Zusammenschlüssen, durch die eine marktbeherrschende Stellung erreicht oder verstärkt wird, hat das Bundeskartellamt nur die Möglichkeit, die Beteiligten nachträglich in einer mündlichen Verhandlung über Beweggründe, Zweck und Wirkungen des Zusammenschlusses zu befragen. Prüfungs- und Eingriffsmöglichkeiten hat es nicht. Eine einschneidende Novellierung des Gesetzes wird deshalb gefordert und von der Bundesregierung vorbereitet. Schwerpunkt der Novelle ist die Einführung der vorbeugenden Fusionskontrolle.[110]

Freier Sozialismus und Kartelle

Bevor wir überblickartig den Inhalt des Kartellgesetzes dargestellt haben, hatten wir die neoliberale Schule in ihren Grundzügen zu behandeln. Zu kurz kam dabei die Einstellung der neosozialen wirtschaftspolitischen Richtung zur Kartell- und Monopolfrage, eine Lücke, die nun auszufüllen ist. Daß die alte Sozialdemokratie in ihrer Beurteilung der Kartelle schwankend war, haben wir aufgezeigt. Zum Teil wurde das Kartellwesen als Durchgangsstufe zum Sozialismus angesehen, teilweise schrieb man den Kartellen nur

[110] Vgl. Stellungnahme der Bundesregierung zum Tätigkeitsbericht des Bundeskartellamtes für 1969, Bundestagsdrucksache VI/950, S. 2 ff.

eine regulierende Wirkung im Rahmen des Kapitalismus zu. Die These, daß der Kartellkapitalismus im Vergleich zur freien Konkurrenzwirtschaft eine höhere Wirtschaftsstufe darstelle, ist in den zwanziger Jahren häufig vertreten worden. Man beurteilte Kartelle positiv, weil man sie als Voraussetzung für eine stärkere staatliche Kontrolle der Wirtschaft ansah. Nach dem letzten Krieg hat sich in der Sozialdemokratischen Partei die gemäßigte Richtung durchgesetzt. Schon Anfang der dreißiger Jahre hat A. Löwe, entgegen der wohl überwiegenden Meinung in seiner Partei, eine „von der monopolistischen Verflechtung befreite Marktwirtschaft“ [111] gefordert. Von dieser Forderung zu einem Aktionsprogramm des Freien Sozialismus ist zwar ein weiter Weg, aber gedanklich nur ein kleiner Schritt. In Wirtschaftsbereichen, die die strukturellen Voraussetzungen dafür bieten, soll sich die freie Konkurrenz nach staatlich anerkannten Spielregeln entfalten. Kartelle und Syndikate, die Bildung von Konzernen und Holdinggesellschaften durch Erwerb von Aktienpaketen sollen verboten sein. Wo aber die Kapitalkonzentration und die wirtschaftliche Organisation zu Monopolen geführt hat, wie z. B. in der Grundstoff- und Schwerindustrie, in der Energiewirtschaft, dem Verkehrswesen und in anderen Schlüsselindustrien, sei die Sozialisierung mit Kontrolle der Geschäftsgebarung, Mitbestimmung und Gewinnbeteiligung der Arbeitnehmer in der Unternehmensleitung, Festlegung der maximalen Gewinnspanne, Vorschriften über Gewinnverwendung und Festlegung von Höchstsätzen der Direktionsgehälter geboten.[112] Die Abgrenzung zwischen Planungsbereichen und dem dem einzelwirtschaftlichen Wettbewerb überlassenen Feld soll nach der Richtlinie „Wettbewerb soweit wie möglich, Planung soweit wie nötig“ erfolgen.[113] Schiller führt dazu aus, daß diese Leitregel keine leere

[111] Zitiert nach Karl Schiller, Sozialismus und Wettbewerb, in: Carlo Schmid, Karl Schiller, Erich Potthoff, Grundfragen moderner Wirtschaftspolitik, Frankfurt/Main o. J., S. 227 ff., Anm. 6, S. 257.

[112] Alfred Weber, Freier Sozialismus, Ein Aktionsprogramm. in: A. Weber und A. Mitscherlich, Freier Sozialismus, Heidelberg 1946, S. 76 f.

[113] Karl Schiller, a. a. O., S. 249; vgl. dazu auch K. Schiller, Art. Wirtschaftspolitik, in HdSW 12. Bd., Göttingen 1965, S. 210, insbes. 215 f.

Floskel sei, sondern weittragende Folgen habe: die Wirtschaftspolitik müsse zuerst an dem minimalen Eingriffsmittel interessiert sein. Die indirekten Methoden seien dem direkten Eingreifen vorzuziehen; bei allen privatgeschäftlichen und staatlichen Wettbewerbsbeschränkungen falle die Beweislast demjenigen zu, der den Wettbewerb beschränkt; im Bereich der einzelwirtschaftlichen Betätigung solle das Wettbewerbsprinzip die Regel bilden; bei permanent gleichgewichtslosen Marktformen müsse nicht nur eine staatliche Oligopolaufsicht eingerichtet, sondern auch die Wirtschaftspolitik notfalls bis zur Preissetzung aktiv werden. Das Problem, welche ordnungspolitischen Maßnahmen für jene Wirtschaftsbereiche erforderlich sind, in denen der Wettbewerb nicht funktionieren kann, ist ohne Zweifel im Kartellgesetz nicht befriedigend gelöst. Eine Mißbrauchsaufsicht der sanften Hand genügt keineswegs. Aber auch für Vertreter des freiheitlichen Sozialismus ist es ein Gebot wirtschaftspolitischer Vernunft, die in solchen Bereichen notwendigen Regulierungen „wenn möglich in Konkurrenzanalogie", „möglichst marktnahe" zu gestalten.[114] Um den Unterschied der neoliberalen und neosozialen Richtung auf eine kurze Formel zu bringen, kann man wohl sagen, daß trotz weitgehender Übereinstimmung im ordnungspolitischen Kern das neoliberale Konzept sich durch größere Einheitlichkeit und Geschlossenheit auszeichnet; das des freiheitlichen Sozialismus ist bei der Empfehlung von wirtschaftspolitischen Eingriffen, angefangen bei partieller Mengen- und Preisregulierung bis hin zur Vergesellschaftung von Produktionsmitteln, undogmatisch und weniger zurückhaltend.

Grundsätzliche Kritik an restriktiver Kartell- und Monopolpolitik

Die Kritik an einem allgemeinen Kartellverbot, an einer wirksamen Mißbrauchsaufsicht und an der Fusionskontrolle ist vielfältig und je nach der Grundposition des Kritikers unterschiedlich.

[114] Erich Arndt, Wirtschaftlicher Liberalismus und Wirklichkeit, in: Wirtschaftsordnung und Wirtschaftspolitik ohne Dogma, Veröffentlichung der Akademie für Gemeinwirtschaft, Hamburg, Stuttgart, Düsseldorf 1954, S. 47.

Verstärkte Kartell- und Konzentrationspolitik beruhe auf einem Leitbild, das den Bedingungen und Erfordernissen einer modernen Wettbewerbswirtschaft nicht entspräche. Chancen zur Produktivitätssteigerung durch Kooperation könnten wegen des Kartellverbots nicht wahrgenommen werden. Die wirtschaftliche Integration der europäischen Märkte vollziehe sich aus dem gleichen Grunde langsamer. Das Wettbewerbsgeschehen werde bürokratisiert, Wettbewerb verwildere, strukturelle Fehlentwicklungen breiteten sich aus. Das Ungleichgewicht zwischen großen und kleinen Unternehmungen nehme zu; die wirtschaftliche Leistungsfähigkeit werde beeinträchtigt.[115] Die Kritiker aus diesem Lager stützen sich auf Theoretiker wie Schumpeter, Salin und Galbraith, nach denen sich der Konzentrationsprozeß zwangsläufig weiter verstärke. Hinzu komme, daß moderne Marktforschungs- und Berechnungsmethoden einerseits die quantitative und qualitative Anpassung der Produktion an die Nachfrage, andererseits aber auch die Steuerung der Konsumenten ermöglichten. Die Zunahme der Betriebsgrößen erzwinge exakte Planungen, um mit möglichst geringen Risiken Beschaffung, Produktion und Verteilung mit den Erfordernissen des gesamten Wirtschafts- und Regierungssystems in Übereinstimmung zu bringen. Die Initiative des Unternehmers sei nur noch von sekundärer Bedeutung. Der private Unternehmer sei ersetzt durch die Planung der Bürokratie im Betrieb und Regierungsapparat. Der Markt sei tot, nationale Kartell- und Monopolpolitik nur ein wirtschaftspolitischer Zeitvertreib.[116]

[115] Vgl. dazu: Zehn Jahre Kartellgesetz 1958–1968. Eine Überlegung aus der Sicht der deutschen Industrie, hrsg. vom Arbeitskreis Kartellgesetz im Ausschuß für Wettbewerbsordnung des Bundesverbandes der Deutschen Industrie, Bergisch Gladbach 1968.

[116] Vgl. John Kenneth Galbraith, Die moderne Industriegesellschaft, München, Zürich 1968; Originalfassung: The new Industrial State, Boston 1967. Eine gedrängte Wiedergabe der Ansichten Galbraiths und fundierte Stellungnahmen gegen ihn von Walter Adams, Willard F. Mueller und Donald F. Turner enthält das Protokoll: Are Planning and Regulation Replacing Competition in the New Industrial State?; Planning, Regulation, and Competition, Hearing before Subcommittees of the select Committee on small Business United States senate, Washington 1967.

Die erwähnten Ökonomen, die hier nur stellvertretend genannt sind für mehrere andere, halten so wenig von einer positiven Wettbewerbspolitik, weil sie überzeugt sind, daß der hergebrachte Kapitalismus und mit ihm die überkommene Auffassung von Märkten und Wettbewerb keine Überlebenschancen hätten, ehrgeizige Versuche also, die Entwicklung unseres Wirtschaftssystems vorauszusagen. Ohne die Gründe dagegen im einzelnen aufführen zu können, meinen wir, daß Nationalökonomen zu allen Zeiten eine Neigung zu prophetischen Prognosen entwickelt haben und daß, wenn überhaupt etwas von den Aussagen eintraf, sich doch immer nur einiges bewahrheitet hat.[117] Das macht Prognosen nicht überflüssig, ganz im Gegenteil, nur darf ihre Bedeutung nicht überschätzt werden. Kein Geringerer unter den Propheten als Schumpeter hat die Grenzen von Prognosen über die Zukunft wirtschaftlicher Systeme treffend mit folgender Formulierung bestimmt: „Jede Analyse, sei sie ökonomischer oder sonstiger Art, wird jedenfalls nie mehr als eine Feststellung der in einem Beobachtungsobjekt vorhandener Tendenzen enthalten können. Diese sagen uns niemals, was mit dem Objekt geschehen *wird,* sondern nur was geschehen *würde,* wenn sie weiterhin wirkten, wie sie in dem Zeitabschnitt wirksam waren, den unsere Beobachtung umfaßt, und wenn keine anderen Faktoren aufträten. Die Unvermeidlichkeit oder Notwendigkeit kann niemals mehr als dies bedeuten." [118] Dem bleibt nur hinzuzufügen, daß die Gesetzgebung den organisierten Interessen nicht unwiderruflich ausgeliefert zu sein braucht. Diese Feststellung gilt trotz des von Galbraith entworfenen, beängstigenden Bildes einer so engen Verzahnung von Wirtschafts- und Regierungssystem, die letztlich bis zur Beanspruchung der Identität von Gruppeninteressen und Gemeinwohl reicht. Das soll nicht bedeuten, daß man nicht die potentiellen Gefahren zu erkennen hätte. Die Be-

[117] Vgl. Friedrich A. Lutz, Wirtschaftliche Entwicklung in der Sicht ökonomischer Denker, in: Rudolf W. Meyer (Hrsg.), Das Problem des Fortschrittes – heute, Ringvorlesung, gehalten von Dozenten der Universität Zürich im Wintersemester 1967/68, Darmstadt 1969, S. 183 ff.

[118] Joseph A. Schumpeter, Kapitalismus, Sozialismus und Demokratie, 2. erweiterte Auflage, Bern 1950, S. 105. Originalausgabe: Capitalism, Socialism and Democracy, New York 1942.

hauptung, daß der „technische Imperativ" einen allgemeinen Zwang der Entwicklung zu Großunternehmen ausgelöst habe und weiter verstärke, kann so, wie Galbraith seine Beobachtung verallgemeinert, ebenfalls nicht vertreten werden. Noch leichter ist einzusehen, daß die Wirtschaftspolitik oligopolistischen Märkten gegenüber nicht zu versagen braucht. Es ist durchaus möglich, Machtentstehung zu bremsen, entfaltete Macht zu kontrollieren und Wettbewerb zu schützen. Mehr Freiheit und kritische Urteilsfähigkeit des einzelnen, verbunden mit Dezimierung der Macht bedeuten Chancen für den Wettbewerb. Mit Recht wird von der neoliberalen Schule wie von den Wirtschaftspolitikern des freien Sozialismus immer wieder betont, daß die Sicherung der Marktwirtschaft mit funktionsfähigem Wettbewerb eine staatliche Aufgabe ist. Je rationaler die Wirtschaftspolitik, desto dringender benötigt sie ein verbessertes ordnungspolitisches Konzept und dessen gesetzliche Verwirklichung.

I.

DAS KARTELL ALS PROBLEM DER ÖKONOMISCHEN THEORIE

Handwörterbuch der Staatswissenschaften, hrsg. von Ludwig Elster, Adolf Weber, Friedrich Wieser. 4. Aufl., 5 Bd., Gustav Fischer, Jena (jetzt Stuttgart) 1923, S. 611—630.

KARTELLE

Von Robert Liefmann

I. Wesen und Formen

1. Wesen der Kartelle

Im heutigen entwickelten Tauschverkehr werden fast alle Güter von mehreren angeboten, d. h. es besteht *Konkurrenz* im Angebot. Aber wenn auch so jeder Erwerbstätige der wirtschaftliche Gegner des anderen ist, jeder dem anderen den Absatz beeinträchtigt, so haben doch alle die konkurrierenden Wirtschaftspersonen auch vielfache *gemeinsame Interessen.* Die Organisationen, in denen sie sich zur Verfolgung dieser zusammenschließen, kann man in drei Gruppen scheiden: *Vereine, Verbände und Gesellschaften.* In den ersteren bezwecken die Wirtschaftspersonen Vertretung ihrer gemeinsamen Interessen nach außen, z. B. der Regierung gegenüber, ohne daß in die wirtschaftliche Tätigkeit ihrer Mitglieder beschränkend eingegriffen wird. In den wirtschaftlichen *Verbänden* verpflichten sich die Mitglieder zu einem bestimmten Tun oder Unterlassen in ihrer wirtschaftlichen Tätigkeit mit Rücksicht auf den Verbandszweck, sie nehmen dafür eine gewisse Beschränkung ihrer wirtschaftlichen Freiheit in Kauf. Bei den *Gesellschaften* endlich vereinigen sich mehrere Wirtschaftspersonen zu gemeinsamer Wirtschaftstätigkeit, sei es daß sie sie ganz der gemeinsamen Unternehmung übertragen (z. B. Aktiengesellschaften), sei es teilweise (Genossenschaften). Die *Kartelle* nun gehören zu den Verbänden, während die *Trusts* zu den Gesellschaften zu rechnen sind. Sie sind selbst Unternehmungen, während die Kartelle nur Vereinbarungen zwischen sonst selbständig bleibenden Unternehmern sind.

Kartell ist also die Bezeichnung für eine gewisse Art von *Unternehmerverbänden.* Man ist heute übereingekommen, solche Verbände der Unternehmer Kartelle zu nennen, welche den Konkurrenzkampf unter ihren Mitgliedern in der einen oder anderen Form durch Vereinbarungen ausschließen, also eine gemeinsame *Monopolstellung* herbeiführen. Man pflegt daher die Kartelle zu definieren als *vertragsmäßige Vereinigungen von selbständig bleibenden Unternehmern derselben Art zwecks monopolistischer Beeinflussung des Marktes.* Daß die Unternehmer selbständig bleiben, unterscheidet, wie gesagt, die Kartelle von den Trusts, welche zwar auch die Bildung einer Monopolstellung zum Zweck haben, aber als Gesellschaften eben die ganze wirtschaftliche Tätigkeit ihrer Mitglieder übernehmen. Die Kartelle dagegen *beschränken* die Selbständigkeit der Mitglieder, z. B. bei den Preisfestsetzungen oder beim Angebotsquantum oder beim Aufsuchen von Kunden. Daraus ergeben sich die verschiedenen Kartellformen.

Der *monopolistische Zweck* ist das Wesentlichste an einem Kartell. Aus ihm ergeben sich sowohl ihre günstigen wie ihre ungünstigen Wirkungen. Die Monopolstellung eines Kartells ist ein *relatives Kollektivmonopol.* Relativ, weil die Monopolstellung weder eine durch natürliche Umstände gegebene noch eine staatlich verliehene ist. Es sind weder immer alle in Betracht kommenden Unternehmer im Kartell, noch ist das Aufkommen einer Konkurrenz ausgeschlossen. Je intensiver die Monopolwirkungen sind, z. B. durch Preiserhöhungen, um so größer ist vielmehr der Anreiz zum Aufkommen neuer Unternehmungen. Ein Kollektivmonopol liegt vor, weil die Monopolstellung nur eine *vertragsmäßige* zwischen im übrigen Konkurrierenden ist, sie beruht nur auf gemeinsamen Vereinbarungen. Daher ist die Erzielung von Monopolwirkungen, z. B. Durchsetzung von Preiserhöhungen, um so schwerer, je größer die Zahl der Konkurrenten ist und je mehr Unternehmer sich den Vereinbarungen nicht anschließen wollen. Im allgemeinen hat die Erfahrung gezeigt, daß ein Kartell keine Aussicht hat, monopolistische Wirkungen zu erzielen, wenn nicht mindestens 75–80 % der konkurrierenden Unternehmer sich beteiligen.

Solche monopolistischen Verbände sind nun bekanntlich keineswegs etwas den Unternehmern Eigentümliches. Vielmehr sind sie heute in allen Zweigen der Erwerbstätigkeit sehr häufig. Insbesondere sind auch die *Gewerkvereine* der Arbeiter, sobald sie Lohnerhöhungen oder bessere Arbeitsbedingungen durchsetzen wollen und ihre Mitglieder zu einem bestimmten Tun oder Unterlassen mit Rücksicht auf diesen Zweck verpflichten, z. B. eine Arbeitseinstellung vereinbaren, ganz ebenso monopolistische Vereinigungen wie die Kartelle der Unternehmer. Es ist wichtig, das zu betonen, damit klar wird, daß die Kartellbildung als solche mit „Kapitalismus" nichts zu tun hat. Es schließt sich nicht in ihnen „das Kapital zu gemeinsamer Wirksamkeit zusammen". Monopolistische Vereinbarungen der Anbieter von Arbeitsleistungen könnte man ebenso Kartelle nennen. Man pflegt aber, wesentlich aus historischen Gründen, auch die monopolistischen Vereinbarungen von Kleingewerbetreibenden von diesem Begriff auszuschließen und beschränkt die Bezeichnung Kartell in der Regel auf Vereinbarungen größerer Betriebe, *Unternehmerverbände*. Eine weitere Einschränkung ist noch dahin zu machen, daß man unter Kartellen schlechthin nur die Verbände der Unternehmer in ihrer Stellung als *Anbieter* versteht, wogegen ihre Organisationen als *Abnehmer* von Waren und Arbeitsleistungen in der Regel nicht Kartelle genannt werden. Die letzteren, die *Arbeitgeberverbände*, sind ein großes wirtschaftliches Problem für sich. Einkaufsvereinigungen der Unternehmer werden von manchen auch als Einkaufs*kartelle* bezeichnet, sie sind aber wegen der anderen tauschwirtschaftlichen Stellung ganz anders zu beurteilen als die monopolistischen *Verkaufs*vereinigungen der Unternehmer. Vielfach sind sie, vor allem im Handel, gerade ein Mittel der Abnehmer gegenüber den Kartellen. Unter solchen schlechthin versteht man jedenfalls nur die monopolistischen *Anbieter*verbände der Unternehmer.

2. Vorläufer der Kartelle

Monopolistische Vereinbarungen der Verkäufer hat es wohl auf jeder Stufe des Tauschverkehrs gegeben. In der Form der Kartelle aber sind sie eine moderne Erscheinung, entstanden aus den Verhältnissen der heutigen Volkswirtschaft.

Altertum und Mittelalter kannten freie monopolistische Bildungen nur in Form der sogenannten *Corners* und *Ringe*, die auch heute noch vorkommen. Ein Corner, auch Schwänze genannt, ist der Ankauf möglichst aller auf einem Markt vorhandenen Waren zum Zwecke ihrer Monopolisierung. So kamen schon im Altertum vielfach Versuche vor, sich z. B. durch den Ankauf sämtlicher Getreidezufuhren auf einem Markte ein Monopol zu verschaffen und die Verkaufspreise dann nach Belieben festsetzen zu können. Auch im Mittelalter sind derartige Bestrebungen häufig. Es wird von solchen Corners durch Augsburger, Nürnberger, Kölner Handelsherren mehrfach berichtet, und die Gesetzgebung hat sich schon früh gegen sie gewandt.

Unter einem *Ring* versteht man nun eine Vereinigung *mehrerer* zum Zwecke der gemeinsamen Durchführung eines Corner. Ein Ring ist also keine Vereinbarung zwischen selbständig bleibenden Unternehmern, sondern er ist eine *Gesellschaftsunternehmung*, und zwar zum gemeinschaftlichen Handelsbetriebe. Er bezweckt, durch *Aufkaufen* aller vorhandenen Waren eine Knappheit derselben und damit eine Preissteigerung herbeizuführen, um dann zu höheren Preisen zu verkaufen und so einen Gewinn zu erzielen. Ein Ring ist also eine im höchsten Grade spekulative Unternehmung und hat mit der Regelung der Preise, der Produktion und des Angebots, die die Kartelle bezwecken, nicht das geringste zu tun. Die Vereinigung der gesamten Vorräte in einer einzigen Handelsunternehmung und das Zurückhalten derselben widerspricht nun aber vollkommen der in der Güter*verteilung* liegenden Aufgabe des Handels. Da ferner der Ring sich die Herrschaft über die gesamte Warenmenge nur dadurch verschaffen kann, daß er alle anderen Käufer überbietet und den Produzenten die höchsten Preise gewährt, und er außerdem auf diese hohen Einkaufspreise seines großen Risikos wegen noch sehr hohe Gewinnzuschläge machen muß, so bewirkt er stets eine starke Verteuerung der Ware für die Konsumenten. Aus allen diesen Gründen sind Corners und Ringe sehr ungünstig zu beurteilen. Sie sind auch in neuerer Zeit verhältnismäßig seltener als früher; wenigstens haben sie seltener Erfolg. Denn bei der heutigen Entwicklung der Verkehrsmittel, welche auch den entferntesten Produzenten und Händlern ermöglicht, als Konkurrenten aufzutreten, müssen bei dem Versuch einer Monopolisierung durch Aufkaufen die Vorräte auf allen Märkten der Welt berücksichtigt werden, während man früher durch die schlechteren Transportverhältnisse oft auf kleinem Gebiete vor auswärtiger Konkurrenz schon sicher war. Daher ist es aber klar, daß sie gegenwärtig in einer Epoche allgemeiner Warenknappheit und schärferen Abschlusses der einzelnen Volkswirtschaften wieder erleichtert sind und namentlich lokale

Gelegenheitsgesellschaften zum Aufkaufen und Seltenmachen einer Ware wohl hier und da vorkommen werden.

Kannten also Altertum und Mittelalter freie monopolistische Verbände in Form der Kartelle nicht, so gab es doch im Mittelalter Organisationen, die ihnen in ihren Wirkungen sehr nahe stehen, die *Zünfte*. Dies waren jedoch keine freien, sondern *staatlich geregelte* Verbände, die auch nicht zum Zwecke der Erzielung einer Monopolstellung geschaffen wurden, sondern die der Förderung der Standes- und gesellschaftlichen Interessen ihrer Mitglieder dienten. Zur Durchführung dieser Aufgaben erhielten sie dann allerdings durch die Obrigkeit das Recht des ausschließlichen Gewerbebetriebes. In dem Ausschluß der Konkurrenz, in den monopolistischen Wirkungen liegt also die einzige Ähnlichkeit der Zünfte mit den Kartellen. Aber diese Monopolstellung war dort *staatlich verliehen* und größtenteils mit Zwang durchgeführt, während sie bei uns das Ergebnis *freien Zusammentretens* der Interessenten ist. Zudem ist die ganze Grundlage, auf der die Zünfte erwuchsen, von der des Kartellwesens gänzlich verschieden. Die Wirtschaftsform des Gewerbes war im Mittelalter das *Handwerk*, der Kleinbetrieb, der mit wenig Kapital in der Hauptsache in der Form des Lohnwerks für den lokalen Absatz tätig war. Die Zunftorganisation bezweckte vor allem, einem jeden Mitgliede des Gewerbes eine dem Stande entsprechende Lebenshaltung zu gewährleisten.

Bei den Kartellen aber handelt es sich um moderne Unternehmungen mit großem Kapital, und das *Kapitalrisiko* zu vermindern ist, wie wir noch sehen werden, einer der Hauptgründe, der die Unternehmer zur Kartellbildung veranlaßte. Daher sind auch selbst die *heutigen* Handwerkerkoalitionen hinsichtlich ihres Entstehungsgrundes von den Kartellen erheblich verschieden. Zwar sind sie, da der Zunftzwang aufgehoben ist, heute ebenfalls freie Vereinigungen, aber es fehlt bei ihnen jenes durch große maschinelle Anlagen und durch die Produktion auf Vorrat geschaffene Kapitalrisiko, das in der Großindustrie die fortdauernde Beschäftigung der Werke erfordert, damit den Konkurrenzkampf so erbittert macht und zu gegenseitigem Preisdruck führt. Das lokale Handwerk kann viel mehr mit den herkömmlichen Preisen rechnen, die, auch wenn die Konkurrenz sich vergrößert, nicht leicht angetastet werden. Es leidet unter der heutigen Überfüllung des Gewerbes, nicht aber unter starken Preisschwankungen, denn auch die Krisen spielen im Kleingewerbe eine viel geringere Rolle. Dazu kommt, daß auch die Formen der Vereinigungen im Handwerk vielfach andere sind als in der Industrie, namentlich auch infolge der neueren Innungsgesetzgebung, die überhaupt den monopolistischen Zusammenschluß im Handwerk sehr erleichtert hat. Endlich sind infolge des rein lokalen Charakters dieser kleingewerblichen Verbände und der Beschränkung ihrer Wirkungen auf einen viel kleineren Kreis die Voraussetzungen und Aufgaben staatlichen Eingreifens hier ganz andere als in der Großindustrie. Aus allen diesen Gründen empfiehlt es sich, den Begriff der Kartelle auf die monopolistischen Vereinigungen größerer Betriebe und in ihrem Absatz nicht rein lokaler Erwerbszweige zu beschränken. Hier spricht man von Unternehmern und Unternehmungen und der deutsche Ausdruck: Unternehmerverbände, namentlich, wenn man ihn so, wie wir es taten, den Unternehmer*vereinen* entgegenstellt, ist daher mindestens so bezeichnend wie das Fremdwort Kartell.

Wenn man auch im Mittelalter von einer eigentlichen Kartellbewegung wegen der damaligen Handwerks- und Zunftverfassung nicht reden kann, so hat es doch hier und da in nicht zunftmäßig organisierten Gewerben Vereinbarungen der Produzenten gegeben, auf die sich der Begriff Kartell wohl anwenden läßt. So sind im 14., 15. und 16. Jahrh. namentlich in Bergbau und Erzhandel für Kupfer, Zinn, Quecksilber, dann auch seitens der Salzwerke und Alaunwerke kartellmäßige Preisvereinbarungen an verschiedenen Orten zustande gekommen, und auch im 18. Jahrh. sind sie unter den durch den Merkantilismus gezüchteten Industrien keineswegs selten, so für Kupfer, Salz, Glas, Porzellan, Tuche, Bettfedern u. a.

3. Entstehung der Kartelle

Aber alle diese Kartelle früherer Jahrhunderte und ebenso die vereinzelten Bildungen dieser Art in der ersten Hälfte des 19. Jahrh. stehen mit der modernen Kartellbewegung nicht in historischem Zusammenhang, denn inzwischen war das Prinzip der freien Konkurrenz überall zur Durchführung gelangt, und die heutige Kartellbewegung ist erst eine Reaktion gegen dieses Prinzip. Als Mittel gegen ein Übermaß von Konkurrenz ist die Kartellbewegung eine ganz moderne Erscheinung. So kam es, daß, als Ende der 70er Jahre zum ersten Male einige Kartelle die Öffentlichkeit beschäftigten, der Begriff und die Sache selbst noch durchaus unbekannt waren. In dem kurzen Zeitraum eines Menschenalters haben sich also diese Vereinigungen aus den kleinsten Anfängen heraus zu einer Erscheinung entwickelt, die zu den bedeutendsten der modernen Volkswirtschaft gehört. Eine solche rapide Ausdehnung ist in der wirtschaftlichen Entwicklung, die sonst nur mit viel längeren Zeiträumen zu rechnen pflegt, etwas so Unerhörtes, daß schon aus ihr der Schluß berechtigt erscheint: die Kartelle müssen sehr tief in der heutigen Volkswirtschaft liegende Ursachen haben, ihre Entstehung mußte in einem gegebenen Momente mit Notwendigkeit erfolgen. Suchen wir jetzt diese Ursachen festzustellen.

Die tiefste Ursache der Kartellbildung liegt in der Entwicklung des Großbetriebes überhaupt. Diese aber ist wieder die Folge der großen technischen Errungenschaften, die, schon in der zweiten Hälfte des 18. Jahrh. beginnend, namentlich dem 19. Jahrh. ihren Stempel aufgedrückt haben. Die Erfindung zahlreicher Maschinen ermöglichte die *Massenproduktion*, die Verbesserung der Verkehrsmittel, insbesondere seit Aufkommen der Eisenbahnen und der Dampfschiffahrt, ermöglichte den *Massenabsatz*. Damit ergibt sich das der modernen, auf Massenproduktion eingerichteten kapitalistischen Unternehmung eigentümliche *Risiko*; der Unternehmer riskiert sein in den Betrieb gestecktes Kapital in doppelter Weise: Erstens läuft er Gefahr, seine Anlagen nicht dauernd und gewinnbringend beschäftigen zu können; er riskiert das in dieselben gesteckte sog. *stehende Kapital*. Zweitens ist es nicht sicher, daß er, nachdem er angefangen hat, Waren herzustellen, auch einen Abnehmer für sie finden wird; er riskiert auch das in sie gesteckte sog. *umlaufende Kapital*. Das Risiko des stehenden Kapitals ist aber in den meisten Fällen bedeutender.

Je mehr nun der Großbetrieb sich ausbreitete und je schneller neue technische Erfindungen und Verbesserungen einander folgten, um so schärfer wurde die Konkurrenz unter den Unternehmern. Jeder neu errichtete Betrieb war durch die Anwendung der neuesten Maschinen und Verbesserungen dem alten überlegen, jeder suchte durch billigere Produktion und billigeres Angebot sich einen festen

Absatz zu schaffen. Diese *Zunahme der Konkurrenz* ist eine allgemeine Erscheinung in reichen modernen Volkswirtschaften und sie hat in erster Linie die Entwicklung der Kartelle veranlaßt. Sie vergrößerte das Kapitalrisiko der Unternehmer und verminderte ihren Gewinn. Daher das Bestreben, ersteres zu verkleinern, letzteres zu erhöhen. Privatwirtschaftlich aufgefaßt ist dies die Veranlassung zur Entstehung der Kartelle, während die hinter diesen Motiven stehenden und sie hervorrufenden allgemeinen Erscheinungen, wachsender Konkurrenzkampf und ungünstige wirtschaftliche Lage, volkswirtschaftlich ihre Entwicklung erklären.

In ihren Fachvereinen, die namentlich bei dem Übergang zum Schutzzollsystem, in der zweiten Hälfte der 70er Jahre, ebenfalls zahlreich zustande kamen, besprachen die Unternehmer die wirtschaftliche Lage, und da lag es nahe, daß sie bei der Besprechung von gemeinsamen Agitationen für Zölle, Verkehrserleichterungen u. dgl. auch zu gemeinsamen Verabredungen über die Preise, zu Produktionseinschränkungen u. dgl. kamen. So „schlug die Konkurrenz plötzlich in das Monopol um", wie das schon in den 40er Jahren der Sozialist Proudhon an einem der ältesten Kartelle Frankreichs beobachtet hatte.

Zunächst waren solche Kartelle vereinzelt. Von einer Kartellbewegung kann man in Deutschland erst in der zweiten Hälfte der 70er Jahre sprechen, in anderen Ländern noch später. Zwei Momente waren dafür bestimmend: der „große Krach" und der Übergang zum Schutzzollsystem 1879. Die große Krisis anfangs der 70er Jahre führte zunächst zu einer noch größeren Verschärfung des Konkurrenzkampfes, dann erst war in dem einen und anderen Gewerbe der Boden für Verständigungen reif. Erleichtert wurde dann deren Zustandekommen durch den Zolltarif von 1879. Er ermöglichte den Zusammenschluß ohne Rücksicht auf ausländische Konkurrenten. So kamen in den nächsten Jahren zahlreiche Kartelle zustande, allein 18 in der Eisenindustrie. Man kann nicht sagen, daß sie geschaffen seien, um die Zölle voll auszunutzen. Sondern um den heftigen Konkurrenzkampf einzuschränken, den sie als Ursache ihrer ungünstigen Lage erkannten, erstrebten die Unternehmer sowohl Schutzzölle als auch Kartelle. Erstere, um sich zunächst die ausländische Konkurrenz vom Halse zu schaffen, letztere, um dann auch im Inlande das aussichtslose Gegeneinanderkämpfen zu verhindern. Indirekt ist aber der Zolltarif von 1879 auch die Veranlassung zur Entstehung von Kartellen gewesen, indem er für manche Industrie die Rohstoffe verteuerte, und, um einen Ausgleich in den Preisen zu erzielen, die Unternehmer zu Preisvereinbarungen veranlaßte.

Überhaupt zeigte sich bei weiterer Entwicklung immer mehr, daß die Bezeichnung der Kartelle als „Kinder der Not" (Kleinwächter) in der Regel nur für die ersten Verbandsbildungen in einem Gewerbe zutrifft. Sobald aber die Kartellbildung größere Ausbreitung erlangt hatte, die Unternehmer schon Erfahrungen auf diesem Gebiete gesammelt hatten, lassen sie es oft nicht mehr zu langen Kämpfen kommen. Wenn die Rohstoffpreise oder die Löhne steigen, wird schnell durch Preisvereinbarungen ein Ausgleich geschaffen. Ja oft kommen jetzt Kartelle auch bei günstigen Konjunkturen zustande, um sie voll auszunutzen, während die Isolierung die Unternehmer oft hindert, die Preise entsprechend der gestiegenen Nachfrage zu erhöhen, weil ein jeder fürchtet, die übrigen möchten nicht folgen und er dadurch den Absatz verlieren. So zeigte sich schon in den Aufschwungsperioden von 1888–90, dann ebenso in denen von 1895–1900, 1904–07 und 1910–13, daß in günstigen Zeiten oft ebensoviel Kartelle zustande kamen als in ungünstigen. Immerhin ist es kein Zweifel, daß Spekulationszeiten, Zeiten starker Preisschwankungen wie gegenwärtig, der Kartellbildung einen besonderen Anstoß geben.

4. Umfang des Kartellwesens

Die Kartellbildung umfaßt gegenwärtig alle Zweige des Erwerbslebens, wenn sie auch in vielen von sehr verschiedener Bedeutung ist. Man darf die gegenwärtig in Deutschland vorhandenen Kartelle auf viele hundert für etwa 400 verschiedene Waren veranschlagen. Für die Kartellbildung geeignet sind vor allem solche Erwerbszweige, in denen die Zahl der Unternehmer gering, die Konzentration der Unternehmungen also weit vorgeschritten ist. Doch spielt dabei auch die Möglichkeit der territorialen Abgrenzung eine Rolle, wenn z. B. die Unternehmer eines bestimmten Gebietes durch die Transportkosten bis zu einer gewissen Grenze vor auswärtiger Konkurrenz gesichert sind. Ferner erleichtern Massengüter mit wenig Qualitätsverschiedenheiten die Kartellbildung. Da alle diese Momente für die sog. *Schwerindustrie* zutreffen, ist sie zur Kartellbildung besonders geeignet, und so ist im Bergbau, in der Großindustrie, in vielen Zweigen der Industrie der Steine und Erden das Kartellwesen besonders entwickelt. Andererseits steht fest, daß Waren, bei denen die Mode, wechselnder Geschmack des Publikums großen Einfluß haben, bei deren Herstellung künstlerische Fähigkeiten, Muster und Modelle eine große Rolle spielen, auch solche, für die einzelne Firmen einen besonderen Ruf genießen, sich am wenigsten zur Kartellbildung eignen. Hier pflegen Kartelle zunächst nur für die geringeren Qualitäten zustande zu kommen.

Eine besondere Beachtung verdient die Kartellbildung in der *Textilindustrie* in den letzten Jahrzehnten, wo die ungünstige wirtschaftliche Lage die vor allem in Qualitätsverschiedenheiten bestehenden Schwierigkeiten der Kartellbildung überwinden half. Hier galt es für die Produzenten besonders, die *Abhängigkeit vom Handel* durch Kartelle zu vermeiden. Daher haben hier die sog. *Konditionenkartelle* besondere Bedeutung erlangt, Verabredungen, welche monopolistische Wirkungen nur in Verbindung mit Preisvereinbarungen haben, an sich aber nur die allgemeinen Geschäftsbedingungen des Gewerbes für die Mitglieder günstiger zu gestalten versuchen. Eine solche Verbesserung der Zahlungsgebräuche, Beseitigung übermäßig langen Ziels, das der abnehmende Handel sich ausbedang, Beseitigung der Optionen, d. h. der Festlegung von Verkehrspreisen ohne Annahmepflicht des Kunden u. dgl. waren vor dem Kriege den Produzenten vielfach wichtiger als die Erlangung höherer Preise.

Solche Konditionenkartelle bedeuten für die Produzenten eine günstigere Verteilung des Risikos. Sie haben dann aber den Händlern, Groß- sowohl wie Kleinhändlern vielfach Veranlassung gegeben, sich ebenfalls zusammenzuschließen und in vielen Zweigen der Textilindustrie toben noch heute scharfe Kämpfe, bei denen sich Anbieter sowohl wie Abnehmer in Verbänden organisiert gegenüberstehen. Auch bei den zahlreichen Kartellen der Brauereien handelt es sich meist um Konditionenvereinbarungen.

Verhältnismäßig am geringsten entwickelt ist das Kartellwesen in der *Landwirtschaft*. Die große Zahl der Betriebe, die Verschiedenheit ihres Umfangs, die verschiedene Art der Produkte und der Produktionskosten, die Zerstreutheit der Produktionsstätten erschweren die Kartellbildung. Auch ist die Menge der zu verkaufenden Produkte sehr schwankend und durch Vereinbarungen häufig gar nicht beeinflußbar. Nur für landwirtschaftliche Nebengewerbe, Zucker, Spiritus ist es zu großen festgeschlossenen Kartellen gekommen, die durch die Steuergesetzgebung und ihre Kontingentierung erleichtert wurden. Aber auch an das landwirtschaftliche Genossenschaftswesen haben sich gelegentlich monopolistische Vereinigungen, im Einkauf sowohl wie im Verkauf, angeschlossen. Die bedeutendste war wohl der Berliner Milchring.

Neben der Produktion sind gewisse *Leistungsgewerbe* sehr geeignet zur Kartellbildung, so vor allem das Transportwesen (Schiffahrt, Spedition), das Versicherungsgewerbe, das Bankwesen. Der *Handel* ist an sich weniger zur Kartellbildung geeignet, da einem Kartelle der Händler, da sie nur umlaufendes Kapital benötigen, sehr viel schneller neue Konkurrenz erwachsen kann als den Verbänden der Produzenten. Die meisten Händlerkartelle sind erst unter dem Druck der Produzentenkartelle entstanden, zum Teil sind sie von den Produzenten selbst organisiert worden.

Deutschland war vor dem Kriege in bezug auf die Entwicklung des Kartellwesens in der ganzen Welt führend, am nächsten kam ihm Belgien und Österreich. In England und Amerika waren die Kartelle mehr durch die Rechtsordnung gehindert, man bevorzugte dort mehr die finanzielle Zusammenfassung in Form der Trusts. Im übrigen gibt es kaum ein in den Weltverkehr verflochtenes Land, in dem nicht schon von Kartellen berichtet worden wäre.

Bemerkenswert war vor dem Kriege auch die große Zahl *internationaler* Kartelle. Das stärkste war wohl das der europäischen Spiegelglasproduzenten. Deutschland hatte die meisten mit Belgien und Österreich. Am zahlreichsten waren sie in der Schiffahrt. Eine amerikanische Statistik zählte 1913 80 derselben auf.

5. Formen der Kartelle

Die Formen der Kartelle sind äußerst mannigfaltig, doch lassen sich bei allen monopolistischen Verbänden nach ihren Wirkungen drei große Gruppen unterscheiden. Vor allem streben die Mitglieder naturgemäß, durch den Zusammenschluß höhere Preise und Gewinne zu erzielen als bei freier Konkurrenz, und deswegen sind die *Preiskartelle* die häufigsten. Sehr oft aber hat die Konkurrenz zu einer großen Überproduktion geführt, Händler und Konsumenten sind auf lange mit Vorräten versehen, und Preisvereinbarungen sind dann nicht durchführbar. Da müssen zuerst Bestimmungen über die Produktion getroffen, Betriebs- und Produktionseinschränkungen vereinbart werden: die *Produktionskartelle.* Endlich ist es auch möglich, daß jedem Unternehmer oder doch einer Gruppe von ihnen ein bestimmtes Absatzgebiet, bestimmte Abnehmer zugewiesen werden. Dies geschieht durch die *Gebietskartelle.* Jedoch in der Regel nicht in der Weise, daß jeder Anbieter ein bestimmtes Absatzgebiet erhält, sondern daß mehrere territorial zusammengefaßte Gruppen so abgegrenzt werden, wie bei den Zement- und Salinenverbänden. Namentlich internationale Kartelle haben häufig diesen Zweck der Gebietsabgrenzung. Ein gegenseitiges Garantieren jedes Abnehmers ist der sog. *Kundenschutz,* durch welchen insbesondere die Brauereien sich verpflichten, sich nicht gegenseitig ihre Kunden abspenstig zu machen.

Bei allen diesen drei Kartellformen: Gebiets-, Preis- und Produktionskartellen, kann man nun wieder eine niedere und eine höhere Stufe unterscheiden. Erstere besteht in der geschilderten Weise in einfacher *Beschränkung* des Unternehmers, sei es in Rücksicht auf den Absatz, die Preisfestsetzungen oder die Produktionstätigkeit. Bei der höheren Stufe dagegen findet eine *Verteilung* des Gesamtangebots, der Gesamtnachfrage oder des Gesamtgewinns an die Mitglieder statt; man spricht daher hier von *Verteilungskartellen.* Im Gegensatz zu den Kartellen niederer Ordnung, welche in bloßen Verträgen zwischen den Unternehmern bestehen, keine konkreten Organe haben, ist bei den Verteilungskartellen in der Regel ein *besonderes Organ,* gewöhnlich *Verkaufsstelle* oder *Syndikat* genannt, erforderlich, welches die Verteilung besorgt. Dieses Organ, das heute vielfach in Gesellschaftsform, Aktiengesellschaft, Gesellschaft mit beschränkter Haftung, errichtet wird, erfordert natürlich einen größeren Verwaltungsapparat und setzt daher ein festeres Gefüge des Verbandes voraus. Daher pflegen sich diese festorganisierten Kartelle erst allmählich aus den Kartellen niederer Ordnung zu entwickeln.

Dem sog. Gebietskartell der niederen Stufe entspricht hier das Kartell mit *Auftragsverteilung,* in dem zwar nicht territorial abgegrenzt wird, aber alle Aufträge an eine Zentralstelle, das sog. Verkaufssyndikat, gerichtet werden müssen, welches sie nach einem vorher festgestellten Verteilungsplan den einzelnen Mitgliedern bis zur vollen Höhe der ihnen zugebilligten Absatzquote zuweist. Diese Kartellform eignet sich besonders für Massenprodukte, bei welchen wenig Qualitätsunterschiede vorhanden sind und den Abnehmern nicht viel auf die Lieferung durch bestimmte Produzenten ankommt. Zu den in dieser Form abgeschlossenen Kartellen gehören die meisten Verbände der Kohlen- und Eisenindustrie. Das *Rheinisch-Westfälische Kohlensyndikat AG* in Essen, der *Stahlwerksverband AG* in Düsseldorf sind nichts weiter als die Verkaufsstelle des Verbandes der Zechen bzw. der Stahlwerksbesitzer. Deren Verpflichtung untereinander, nur durch diese Aktiengesellschaften zu verkaufen, ist das eigentliche Kartell. Auch in anderen Industrien sind zahlreiche Kartelle in dieser Weise organisiert, welche sich als die zweckmäßigste für festgeschlossene Verbände erwiesen hat. Eine besondere Abart dieser Kartellform sind die *Submissionskartelle*, in denen die Unternehmer vereinbaren, wer bei den Submissionen mitbieten soll und zu welchen Preisen.

Den Produktionskartellen der niederen Stufe entsprechen die *Angebotsverteilungen,* bei welchen für jedes Mitglied bestimmt wird, welchen Teil von dem gesamten auf den Markt zu bringenden Produktionsquantum es den Abnehmern anbieten darf. Hier wird also nicht nur die Produktion beschränkt, sondern von einem gesamten auf den Markt zu bringenden Warenquantum ausgegangen, dessen Herstellung unter den Kartellmitgliedern nach einem bestimmten Schlüssel aufgeteilt wird. Diese Kartellform ist nicht sehr häufig, weil sie eine weitgehende Kontrolle erfordert und sich die Verteilung der Aufträge in vielen Fällen als zweckmäßiger erwiesen hat.

Den Preiskartellen endlich entsprechen unter den Kartellen höherer Ordnung diejenigen, welche eine *Verteilung der Gewinne* vornehmen. Hier fließen alle Einnahmen in eine gemeinsame Kasse und werden an die Mitglieder im Verhältnis ihrer Beteiligungsziffer verteilt, bzw. jedes Mitglied ist von vornherein gehalten, die Differenz zwischen einem angenommenen, ungefähr den Produktionskosten entsprechenden Grundpreise und einem vereinbarten Minimalverkaufspreise in die gemeinsame Kasse einzuzahlen. Bei manchen dieser Kartelle, die in neuerer Zeit häufiger als früher entstanden sind, wird auch dadurch ein Einfluß auf die Produktion der Mitglieder ausgeübt, daß über ein bestimmtes Beteiligungsquantum hinaus für das, was mehr produziert oder abgesetzt wird, höhere Einzahlungen zu machen sind bzw. geringere Rückzahlungen aus der gemeinsamen Kasse erfolgen. Auf diese Weise wird die Festsetzung öffentlicher gemeinsamer Verkaufspreise ganz überflüssig. Jeder hat schon von selbst ein Interesse, nicht unter dem Minimalpreis zu verkaufen, umgekehrt ist es aber möglich, daß ein höherer Verkaufspreis, den ein Unternehmer vielleicht wegen der besonderen Qualität seiner Produkte zu erzielen vermag, ihm auch voll zugute kommt.

Eine andere Form des Gewinnverteilungskartells besteht darin, daß von den Produzenten eine besondere Handelsgesellschaft (meist Aktiengesellschaft oder Gesellschaft mbH) gebildet wird, die ihnen die Produktion abkauft, sie zu vereinbarten höheren Preisen verkauft und den Gewinn an die Mitglieder zur Verteilung bringt. Diese Form des Gewinnverteilungskartells kann als die höchste denkbare Kartellform überhaupt bezeichnet werden, weil sie die Selbständigkeit der Unternehmer am meisten beschränkt. Sie nimmt ihnen vollständig die eine Seite ihrer Tätigkeit, den Verkauf, läßt sie nur noch in der Produktion selbständig und in dem Eigentum an ihrem Betriebe. Wird auch das den Unternehmern genommen, so kommen wir zur *monopolistischen Fusion* und zum *Trust*, bei welchem also die Selbständigkeit der Unternehmer aufhört, an ihre Stelle eine einheitliche neue Unternehmung tritt. Von ihnen, die sich in Deutschland selten, sondern bisher hauptsächlich in Amerika entwickelt haben, ist in einem besonderen Artikel die Rede.

II. Wirkungen

1. Wirkungen der Kartelle für die Unternehmer selbst

Der wichtigste Zweck und nächstliegende Vorteil der Kartelle für die kartellierten Unternehmer selbst ist die *Erhöhung der Gewinne*, die Möglichkeit, die Preise sogleich steigender Nachfrage anzupassen, Preiserhöhungen der Roh- und Hilfsstoffe sowie der Löhne alsbald anzugleichen, evtl. auch in ungünstigen Zeiten ein allzu starkes Sinken des Preises zu verhindern. (Vgl. über die Preisbewegung auch die Artikel dieses Werkes, welche sich auf Eisen, Kali, Kohlen, Spiritus beziehen.) Letzteres ist erst allmählich den festgeschlossenen Syndikaten gelungen und auch nur dann, wenn sie in der Hochkonjunktur maßvoll mit den Preiserhöhungen waren und ihre Macht nicht überspannten. Die ersten Preiskartelle in einer Industrie lassen aber oft die notwendige Mäßigung vermissen, gehen oft mit Preiserhöhungen zu rücksichtslos vor, veranlassen damit nur das Aufkommen neuer Konkurrenten, und der Zusammenbruch des Kartells ist die schließliche Folge. Gewöhnlich kommt es dann zu einer Zeit des Konkurrenzkampfes, bei dem die schwächsten Unternehmungen ausgemerzt werden, die übrigen schließen eine neue Konvention und der gleiche Vorgang spielt sich von neuem ab. So war es z. B. bei zahllosen Kartellen der chemischen Industrie der Fall.

Dagegen gelang es dem Rheinisch-Westfälischen Kohlensyndikat schon in der Krisis von 1900–1903, die Kohlenpreise hochzuhalten, nachdem es sie in der vorausgehenden Hochkonjunktur allerdings weniger erhöht hatte, als es in früheren Aufschwungsperioden der Fall war. In der Tat ist auf die Dauer für die Unternehmer eine größere *Stabilität* der Preise wertvoller, als mittels der Kartelle eine kurze Zeit der Hochkonjunktur voll auskosten zu können. Diese kriseneinschränkende Wirkung der Kartelle ist in den letzten Jahrzehnten in einigen gut organisierten Industrien öfters zutage getreten. Aber die große Mehrheit der Kartelle steht allerdings noch auf dem Standpunkt, die Konjunktur möglichst vollkommen auszunutzen, und auch im Kohlensyndikat und im Stahlwerksverband kämpfte immer eine dahin zielende Richtung gegen die weitsichtigeren, mehr auf Stetigkeit der wirtschaftlichen Verhältnisse bedachten Elemente.

Immer ist es aber für die Unternehmer von größtem Wert, mittels der Kartelle Erhöhungen der Produktionskosten in den meisten Fällen rasch durch Preiserhöhungen ausgleichen zu können. Das zeigte sich auch nach der Revolution in mehreren Industrien, als die Löhne infolge der Forderungen der Arbeiter rapide in die Höhe gingen. So tragen die Kartelle unzweifelhaft zur raschen Weiterverbreitung von Preissteigerungen bei. Der Krieg selbst war für manche Industrien eine Art Hochkonjunktur, zumal wo die gesamte Nachfrage von einem glänzend zahlenden Abnehmer, dem Staate ausging, und es ist kein Zweifel, daß die Unternehmer die Kartelle benutzten, die günstige Lage voll auszunutzen.

Sehr wertvoll sind für die Unternehmer auch die schon genannten *Konditionenkartelle,* Vereinbarungen über Verkaufsbedingungen, Zahlungsweise, Rabattgewährung, Anrechnung der Verpackung u. dgl. Sie verhelfen einerseits erst den Preisvereinbarungen zu voller Wirksamkeit, andererseits beseitigen sie manche Mißstände, die mit jenen Dingen in vielen Gewerben verbunden zu sein pflegen und die oft eine Art unlauteren Wettbewerbs darstellen.

Überhaupt ist die *größere Machtstellung,* die das Kartell den Unternehmern anderen Wirtschaftssubjekten gegenüber verleiht, für sie von großem Nutzen. Den Arbeitnehmern gegenüber wird das freilich erlangt durch die besonderen Arbeitgeberverbände, aber den Weiterverarbeitern und Händlern gegenüber erlangen sie durch die Kartelle größere Macht. Namentlich im Kampf zwischen Produktion und Handel spielt das eine Rolle und während vor der Ära der Kartelle vielfach der Großhändler die wichtigste Instanz im tauschwirtschaftlichen Prozeß war, die den Produzenten in Abhängigkeit von sich hielt, hat sich das durch die Kartelle (aber auch durch die Entwicklung zu immer größeren Betrieben) in manchen Gewerben erheblich geändert. In den letzten Jahrzehnten hat namentlich die Textilindustrie in dieser Hinsicht mit den Kartellen Erfolge zu verzeichnen gehabt.

Das einzige Opfer, welches die Unternehmer bringen müssen, um sich alle diese Vorteile zu verschaffen, ist die *Beschränkung ihrer Selbständigkeit.* Daß das kein kleines Opfer ist, beweisen die vielen

Schwierigkeiten, die der Abschluß eines Kartells regelmäßig macht und die durch die Bedenken einzelner herbeigeführt werden, welche sich den gemeinsamen Beschränkungen nicht unterwerfen. Es gibt immer Unternehmer, die versuchen, außerhalb des Kartells zu bleiben und, durch die Vereinbarungen nicht gehindert, den Absatz an sich zu reißen. Aber nicht selten werden auch die Vereinbarungen heimlich umgangen, indem Gewichtszugaben gemacht, Verpackung nicht berechnet oder zu einem übermäßigen Preise zurückgenommen werden, sogar falsche Fakturen ausgestellt werden und was dergleichen Mittel mehr sind. Auch das Versprechen von Gegenaufträgen spielt in kartellierten Industrien oft eine ziemliche Rolle. Zur Hebung der Moralität tragen jedenfalls die Kartelle, wie überhaupt das ganze Koalitionswesen, nicht viel bei. Nicht Gemeinsinn ist es, der sich in ihnen entwickelt, sondern Interessensolidarität. Die Gegensätze gegenüber anderen Gruppen von Wirtschaftssubjekten werden in den meisten Fällen verschärft.

Die Gefahr, daß durch die Kartelle das Interesse der Unternehmer an ihrem Betriebe geringer wird, ist im allgemeinen wohl kaum vorhanden, möglich, daß hier und da die Tendenz zur Umwandlung in Aktiengesellschaften durch sie gefördert wird. Dagegen ist von großer Bedeutung der Einfluß, den sie auf die Psyche der Unternehmer hinsichtlich ihres Verhältnisses zu anderen Wirtschaftspersonen gehabt haben. Der Individualismus im Unternehmertum ist durch sie unzweifelhaft eingeschränkt worden. Die strenge Bindung an die gemeinsamen Vereinbarungen, die weitgehende Kontrolle bedeuten sehr tiefgreifende Eingriffe in das Selbstbestimmungsrecht der Unternehmer. Der Standpunkt des Herr im eigenen Hause zu sein wird durch sie eingeschränkt. Machte er sich auch vor allen den Arbeitern gegenüber geltend, so spielte er doch auch sonst eine Rolle, kam z. B. in der Geheimhaltung aller Betriebsvorgänge zum Ausdruck. Die Kartelle wirken nun als ein Erziehungsmittel in der Richtung auf heute schon verbreitete und auch in ihren Grundlagen sehr berechtigte Bestrebungen, eine größere Öffentlichkeit, ein größeres Mitwirken und Hineinblicken aller in die großen Betriebe herbeizuführen. Wenn schon vor der Revolution die Anerkennung der Arbeiterverbände Fortschritte machte, Tarifgemeinschaften und dergleichen sich ausbreiteten, so wurde dies zum Teil auch dadurch herbeigeführt, daß die Unternehmer in den Kartellen gelernt hatten, ihr Selbstbestimmungsrecht zu beschränken. Daß die Entwicklung schon vor dem Kriege in der Richtung auf eine größere Öffentlichkeit in der Geschäftsführung der Unternehmungen, auf einen stärkeren Einfluß der Konsumenten und Arbeiter auf den Produktionsprozeß ging, ist unbestreitbar und in dieser Hinsicht haben die Forderungen des Sozialismus trotz fundamentaler Irrtümer in ihrer Begründung (Mehrwertlehre) zweifellos ihre Berechtigung.

2. Wirkungen auf die außenstehenden Unternehmer

Eine sehr bemerkenswerte Wirkung der Kartelle ist der Anreiz, den sie zur *Ausdehnung* der Produktion und des Angebots bieten. Sei es, daß neue Unternehmungen neben den Mitgliedern des Kartells aufkommen, sei es, daß die kartellierten Unternehmungen sich ausdehnen. Insbesondere in Zeiten steigender Konjunktur läßt das Kartell seinen Mitgliedern in der Regel in dieser Hinsicht freie Hand, sehr häufig müssen sich dann aber die Kartelle auflösen, wenn der Absatz nachläßt. Ja, man kann sagen, daß, wo die Voraussetzungen für eine starke Ausdehnung der Produktion gegeben sind, dies das naturgemäße Ende jedes längere Zeit bestehenden Kartells ist, daß es nach einiger Zeit wieder einer Epoche des Konkurrenzkampfes Platz macht.

In keiner Industrie ist die Ausdehnung der Produktion unter dem Einfluß eines Kartells stärker gewesen als im *Kalibergbau,* wo das Kartell auch nur durch künstliche staatliche Zwangsmaßnahmen (Zwangssyndikat) aufrechterhalten werden konnte. Immer wieder entstanden auf Grund von Bohrungen neue Unternehmungen und mußten in das Kartell aufgenommen werden. Dadurch gingen die Beteiligungsziffern jedes einzelnen am Absatz immer weiter zurück, so daß die Werke nur zu einem verschwindenden Bruchteil ihrer wirklichen Leistungsfähigkeit beschäftigt waren, was natürlich die Produktionskosten gewaltig verteuerte. Die volkswirtschaftlich höchst nachteilige Überkapitalisation ganzer Industriezweige wurde durch das Kartellwesen zweifellos stark gefördert.

Lange Zeit hindurch hat das Kalisyndikat die Errichtung neuer Unternehmungen durch die sog. Schutzbohrgemeinschaft zu hindern versucht, die überall, wo ein Bohrunternehmen begann, eine Konkurrenzbohrung entgegensetzte. Das war ein in diesem besonderen Fall anwendbares Mittel, das Aufkommen neuer Unternehmungen zu hindern. Es gibt aber noch eine Reihe anderer Mittel, die die Kartelle (und ebenso die anderen monopolistischen Verbände) anwenden, um die Monopolstellung aufrechtzuerhalten, evtl. die Außenstehenden zum Anschluß zu bringen. Sie sind von großer wirtschaftspolitischer Bedeutung. Das Nächstliegende ist, sie niederzukonkurrieren. Das geht natürlich nicht ohne Herabsetzung der Preise und ist daher immer nur vorübergehend möglich, da der Zweck des Kartells sonst illusorisch würde. Wenn die Außenkonkurrenz zu stark wird, löst sich deshalb das Kartell regelmäßig auf. In Deutschland, der Schweiz und anderen Ländern wurden zwecks Bekämpfung der neben einem Kartell entstandenen neuen Konkurrenz mehrfach von den Kartellmitgliedern gemeinsame Kampfmarken ihrer Produkte eingeführt, welche überall, wo die Konkurrenten anboten, zu besonders billigen Preisen verkauft wurden. Ein anderes Mittel ist, die Konkurrenten aufzukaufen. Wird es auch in erster Linie von den Trusts angewendet, so haben doch auch die Kartelle nicht selten gemeinsame Fonds zu diesem Zwecke zusammengebracht.

Das Hauptmittel aber, um die Monopolstellung des Kartells aufrechtzuerhalten und die Außenstehenden zu bekämpfen, sind die sog. *Exklusionsverträge, die Verpflichtungen zu ausschließlichem Verkehr.* Diese Verpflichtungen *richten sich* gegen die *außenstehenden* Unternehmer, aber sie *wenden* sich an die Rohstofflieferanten (Arbeiter) oder an die Abnehmer und verpflichten sie, nur an die kartellierten Unternehmer zu verkaufen (nur für sie zu arbeiten) und nicht an außenstehende Unternehmer, oder nur von den kartellierten Unternehmern zu kaufen und nicht von den außenstehenden. Ersteres nennt man auch *Lieferungssperre,* letzteres auch *Bezugssperre.* Beides wird auch, namentlich wenn von den Arbeitern angewendet, *Boykott* genannt. Es können also nicht nur die Empfänger von Arbeitsleistungen, sondern auch die Verkäufer von Lebensmitteln (z. B. eine Brauerei) von den Arbeitern boykottiert werden.

Die Sperren sind äußerst wirksame Maßregeln, um die außenstehenden Unternehmer zum Anschluß an das Kartell zu zwingen (ebenso in den Gewerkvereinen der Arbeiter die Weigerung, mit außenstehenden Arbeitern zusammen zu arbeiten). Oft genügt schon die bloße Androhung, den außenstehenden Unternehmern den Rohstoffbezug oder den Absatz zu sperren, um sie zum Anschluß an das Kartell bereit zu machen. Aber wenn die Sperre wirklich durchgeführt wird, kann sie unter Umständen zum Ruin der Außenstehenden führen. Wenn man daher geneigt sein sollte, diese Maßregeln ungünstig zu beurteilen und sie etwa durch die Gesetzgebung zu verbieten, so ist zu berücksichtigen, daß die Außenstehenden vielfach eines solchen Schutzes nicht würdig sind. Sie bleiben außerhalb des Kartells (und dasselbe gilt für die Gewerkvereine der Arbeiter), um neben ihm und ohne an seinen Lasten mittragen zu müssen, größere Vorteile zu erzielen. Wenn alle so denken wollten, wäre die Regelung eines Erwerbszweiges durch monopolistische Vereinigungen unmöglich. Ein gewisser Zwang muß von allen sozialen Gemeinschaften dem einzelnen gegenüber ausgeübt werden können, wenn auch die Frage, wie weit er gehen darf, das größte und schwierigste aller sozialen Probleme ist. Auch auf diesem speziellen Gebiet ist es nicht gelöst, eine allgemeine brauchbare Grenze nicht gefunden (s. unter 7).

Das Problem ist dadurch so kompliziert, weil diese Verpflichtungen sich zwar gegen die Außenstehenden richten, aber als Bindung die Abnehmer oder Lieferanten treffen. Inwieweit ist es berechtigt, sie in Lieferung oder Bezug nur an die kartellierten Unternehmer zu binden und von den außenstehenden fernzuhalten? Auch hier ist eine allgemeine Grenze sehr schwer zu ziehen. Ein allgemeines Recht der Betriebe, an jeden zu verkaufen, der Abnehmer, von jedem zu kaufen, das nicht durch Vereinbarungen eingeschränkt werden könnte, gibt es nicht. Aber die Bindung der Lieferanten oder der Abnehmer an das Kartell kann auch zu weit gehen, eine starke Beschränkung ihrer Wirtschaftstätigkeit und Handlungsfreiheit bedeuten. Immerhin ist zu beachten, daß diesen Verpflichtungen eine stark organisierende Kraft innewohnt, die im Wirtschaftsleben nicht entbehrt werden kann, wie sie auch z. B. die Grundlage der so segensreichen *Tarifgemeinschaften* bildet, bei denen die Unternehmer sich verpflichten, nur der Vereinbarung angeschlossene Arbeiter zu beschäftigen, diese aber, nur für tariftreue Unternehmer zu arbeiten. Noch weiter geht der in einigen Erwerbszweigen zustande gekommene „ausschließliche Verbandsverkehr" (in England zeitweise die sog. „Allianzverbände"), in dem die Unternehmer sich verpflichten, nur Mitglieder des Gewerkvereins zu beschäftigen, die Arbeiter, nur bei kartellierten Unternehmern und nicht bei außenstehenden zu arbeiten. Das bedeutet eine Solidarität der beiden an der Produktion beteiligten Instanzen gegenüber den Konsumenten.

3. Wirkungen auf die Arbeiter

Die direkte gemeinsame Einwirkung auf die Arbeiterverhältnisse haben die Unternehmer in den eigentlichen *Arbeitgeberverbänden*, die oft nicht nur Unternehmer derselben Branche, sondern ganz verschiedene Berufe umfassen. Aber auch die Kartelle wirken natürlich auf die Arbeitsverhältnisse. Vor allem insofern, als sie es den Unternehmern erleichtern, Forderungen der Arbeiter auf Lohnerhöhungen nachzukommen, weil sie sie leichter durch Preiserhöhungen einholen und ausgleichen können. Insofern haben die Arbeiter direkt Vorteil von den Kartellen, der sich in den eben erwähnten Allianzverbänden ausspricht, in denen die Verpflichtung der Arbeiter den Bestand des Kartells geradezu garantiert. Im Anschluß an ein Kartell werden daher *gleitende Lohnskalen* leichter möglich. In einem festgeschlossenen Kartell wird auch eine größere Gleichmäßigkeit der Löhne erzielt werden können. Andererseits verstärkt doch auch der Zusammenschluß der Unternehmer in einem Kartell, wenn er auch zu anderen Zwecken erfolgt ist, ihre Macht den Arbeitern gegenüber, erleichtert das Zusammengehen der Unternehmer auch nach dieser Seite. Schwarze Listen sind leichter möglich, das gegenseitige Abjagen der Arbeiter kann leichter vermieden werden. Bei lokalen Streiks können die Unternehmer länger aushalten, den betroffenen Betrieben Entschädigungen gewähren, in die Lieferungsverpflichtungen eintreten. Andererseits wird, wie schon betont, der patriarchalische Standpunkt, daß ein Unternehmer nur mit „seinen" Arbeitern verhandeln will, in kartellierten Erwerbszweigen leichter überwunden.

Die Verschiebungen in der politischen und wirtschaftlichen Machtstellung der Unternehmer und Arbeiter, die seit der Revolution eingetreten sind, verstärken die Vorstellung, daß beide Teile nicht ohne einander auskommen. Zwar wissen die Arbeiter, daß wenn sie die politische Macht im Staate in der Hand haben, der Staat auch der willfährigste Arbeitgeber ist; aber die Einsichtigeren unter ihnen erkennen doch immer mehr, daß nicht alle Erwerbszweige sozialisiert werden können, daß der weitaus größte Teil der privaten Unternehmungen, wenigstens einstweilen, bestehen bleiben muß und daß es darauf ankommt, sich mit den Unternehmern zu verständigen. Diese Verständigungen werden nun durch die Kartelle zweifellos sehr erleichtert. Denn sie ermöglichen es den Unternehmern, heutzutage, wo wir uns schon an sich in einer völligen Preisrevolution (infolge Geldvermehrung) befinden, allen Forderungen der Arbeiter auf Lohnerhöhungen nachzugeben und sich durch höhere Preise an den Konsumenten schadlos zu halten. Wie lange das möglich sein wird, an welchem Punkt der Preiserhöhungen die Kaufkraft nachlassen wird, das ist kaum zu sagen, weil eben durch die Geldvermehrung immer neue künstliche Kaufkraft geschaffen wird, was nur bewirkt, daß angesichts der geringen Produktion die Kaufkraft der Geldeinheit immer geringer wird. Jedenfalls sehen wir heute, daß gerade in kartellierten Industrien Unternehmer und Arbeiter vereint am selben Strange ziehen, die Ausbeutung der Konsumenten betreiben, und es ist kein Zweifel, daß, wenn das so weiter geht, der Schutz der Konsumenten vor der Ausbeutung durch die zusammengehenden Organisationen der Unternehmer und Arbeiter das große wirtschaftspolitische Zentralproblem der Zukunft werden wird. Schließlich wird es auf die Wahrheit hinauslaufen, daß die Arbeiter mit noch so hohen Löhnen doch nicht mehr konsumieren können, als produziert worden ist, während wer nicht produzieren kann, verhungert. Daß dann wissenschaftliche und künstlerische Tätigkeit nur im staatlichen Auftrag möglich sein wird, bedeutet sicherlich keinen Kulturfortschritt.

4. Wirkungen auf die Abnehmer im allgemeinen

Wie schon betont, treffen die Wirkungen der monopolistischen Vereinbarungen von Anbietern naturgemäß in erster Linie die Abnehmer. Sie müssen höhere Preise bezahlen als bei freier Konkurrenz. Aber es ist nicht immer gesagt, daß der niedrigere Preis, der im Konkurrenzkampf zustande kommt, der volkswirtschaftlich zweckmäßigste ist. Vielmehr hat die volkswirtschaftliche Organisation ein großes Interesse an möglichster *Stetigkeit* der Preise, namentlich bei den Rohstoffen, weil allen Weiterverarbeitern und Abnehmern ihre wirtschaftlichen Kalkulationen dadurch erleichtert werden. Einen „gerechten" Preis festzustellen ist aber nicht möglich. Ja, es ist schon äußerst schwierig zu entscheiden, und setzt völlige Kenntnis nicht nur der betr. Industrie, sondern mindestens auch aller verwandten sowie des Handels voraus, ob eine Preisfestsetzung eines Kartells in den wirtschaftlichen Verhältnissen begründet ist oder nicht. Diese Schwierigkeiten der Festsetzung eines gerechten Preises werden bei den in Aussicht genommenen Sozialisierungen immer deutlicher hervortreten. Das Wesen der Preis- und Einkommensbildung in der heutigen Wirtschaftsorganisation wurde vom Sozialismus, aber auch von der bisherigen Wirtschaftstheorie vollkommen verkannt.

Im allgemeinen kann man sagen, daß die Preisfestsetzungen der Kartelle sich von denen der freien Konkurrenz am meisten in der Depression unterscheiden, wo sie oft stark herabzugehen pflegten, während festgeschlossene Kartelle sie relativ hoch halten können. Die Kartelle können daher eine größere Gleichmäßigkeit der Preise herbeiführen und haben dies vor dem Kriege in einigen Erwerbszweigen (Kohlensyndikat, Stahlwerksverband) auch zweifellos getan, was auch für die Abnehmer von allergrößtem Vorteil ist. Unter diesen haben die *letzten Konsumenten* verhältnismäßig noch am wenigsten von den Kartellen zu leiden gehabt, weil die Fertigfabrikatenindustrie und der Handel im allgemeinen weniger kartelliert ist als die Rohstoffindustrie. Dabei spielt natürlich das Aufkommen neuer Konkurrenz und evtl. die Möglichkeit des Bezugs aus dem Auslande eine Rolle. Vor dem Kriege war der Kapitalreichtum in Deutschland so groß, daß jedes Kartell, das höhere

Preise und Gewinne durchsetzte, alsbald Anreiz zur Gründung neuer Unternehmungen oder zur Ausdehnung der Produktion gab. Auch wurde der technische Fortschritt durch die Kartelle keineswegs gehindert. Daher stand neue Konkurrenz immer latent im Hintergrunde, wenn ein Kartell seine Monopolstellung übermäßig ausnutzen wollte.

Seit dem Weltkrieg hat sich das freilich wesentlich geändert. Bei dem allgemeinen Warenmangel reißen sich die Abnehmer zumeist um die Ware. In solchen Zeiten ist die Lage der Abnehmer natürlich viel ungünstiger, hat jeder Anbieter schon an sich häufig eine Art von Monopolstellung, und mit der größeren Rücksichtslosigkeit, die heute das Wirtschaftsleben beherrscht, suchen sie alle, die Arbeiter nicht zuletzt, sie auszunutzen.

In besonders ungünstiger Lage befinden sich unter den Abnehmern diejenigen Weiterverarbeiter, die sich nicht selbst kartellieren konnten. Zwar haben auch sie dadurch einen Vorteil von den Kartellen der Rohstoffproduzenten, daß sie alle in bezug auf die Rohstoffpreise auf die gleiche Basis gestellt werden, die Kalkulation also vereinfacht wird. Aber sehr ungünstig war die Stellung der reinen Weiterverarbeiter in der Eisenindustrie den großen gemischten Unternehmungen gegenüber, wenn sie den Rohstoff, das Halbzeug, kaufen müssen. Diese geben nur solches ab, wenn sie es nicht selbst weiterverarbeiten können, oder sie verkaufen es so teuer, da jene mit ihnen in den Fertigprodukten nicht konkurrieren können. Aber die Organisation der großen gemischten Werke bedeutet unzweifelhaft einen technischen und wirtschaftlichen Fortschritt, demgegenüber die reinen Werke sich nur unter besonderen Verhältnissen halten können. Das hat stark auf die Bildung von Kombinationsunternehmungen, vor allem in der Montanindustrie, auf die Verbindung von Kohlenzechen und Hochöfen mit Stahlwerken gewirkt (s. unter Nr. 6).

Das Hauptmittel der Abnehmer gegen die Kartelle sind *Einkaufsvereinigungen.* Solche sind auch in sehr großer Zahl zustande gekommen, namentlich im Handel, aber auch in der Landwirtschaft und in mehreren Zweigen des Kleingewerbes. Die Bewegung ist noch stark im Wachsen. Am schwierigsten sind natürlich die letzten Konsumenten zu organisieren. Hier hat die Konsumvereinsbewegung wie überhaupt die Genossenschaftsbildung als Mittel gegenüber den Kartellen noch eine große Aufgabe. Es ist nicht immer nötig, daß diese Einkaufsvereinigungen einen monopolistischen Charakter haben. Oft vermag schon der Zusammenschluß zum Einkauf im großen Wirkungen auf die kartellierten Unternehmer zu erzielen.

5. Die billigeren Auslandsverkäufe im besonderen

Unter den Wirkungen der Kartelle wurden besonders viel erörtert ihre billigeren Verkäufe ans Ausland. Zwar verkaufen territoriale Kartelle in der Regel außerhalb ihres unbestrittenen Absatzgebietes viel billiger, und das kann die Weiterverarbeiter innerhalb desselben in ihrer Konkurrenzfähigkeit anderen gegenüber schädigen. Aber gerade der billigere Verkauf ans *Ausland* hat aus nationalen Gründen zu heftigen Angriffen gegen das Kartellwesen geführt. Man hat von einer Verschleuderung der nationalen Güter gesprochen, während man im Auslande diesen billigeren Verkauf, das sog. *Dumping*, in den meisten Fällen gar nicht als erwünscht ansieht. Obgleich nicht nachzuweisen war, daß dieses Mittel von Deutschland mehr als von anderen Ländern angewendet wurde, bildete doch die Erregung der öffentlichen Meinung über das von Deutschland betriebene Dumping einen Teil des seit langem im Auslande gegen Deutschland betriebenen Verleumdungsfeldzuges und hat so zum Weltkriege mit beigetragen.

Hinsichtlich der Verschleuderung nationaler Güter muß berücksichtigt werden, 1. daß der billige Export in der Regel nur erfolgt, um die Werke in Betrieb zu erhalten und den Arbeitern Beschäftigung zu gewähren. Er ist also keine regelmäßige Erscheinung, erfolgt meist nur in Zeiten der Depression im Inlande, und deshalb kann sich darauf eine ausländische weiterverarbeitende Industrie nicht aufbauen, 2. kommt sehr in Betracht, was für Produkte billiger ins Ausland verkauft werden. Zuerst wurde diese Tatsache Ende der 70er Jahre bei Schienen beobachtet, die von den deutschen Werken, die im Inlande nur geringe Beschäftigung hatten, teilweise zur Hälfte des inländischen Preises nach Spanien, Rumänien usw. verkauft wurden. Das hat der deutschen Volkswirtschaft sicherlich keinen Schaden getan, war vielmehr für sie nützlich, wenn dadurch die inländischen Schienenwalzwerke ihre Generalunkosten ermäßigten, ihre Betriebe in Gang und die Arbeiter in Lohn hielten. Anders liegt der Fall, wenn *Rohstoffe und Halbfabrikate* billiger ins Ausland verkauft werden. Dann wird den heimischen Weiterverarbeitern die Konkurrenz im Auslande gesteigert und erschwert.

Bei näherer Betrachtung aber erkennt man leicht, daß es in einem solchen Falle weniger die billigen Auslandsverkäufe sind, die bei den Weiterverarbeitern ungünstig wirken, als vielmehr die *hohen Inlandspreise* des Kartells. Und man erkennt, daß diese den Weiterverarbeitern die Konkurrenz erschweren können, auch wenn das Rohstoffkartell gar nicht exportiert. Allein dadurch, daß die Rohstoffpreise im Inlande weit über denen des Auslandes oder des Weltmarktes gehalten werden, werden die inländischen Weiterverarbeiter geschädigt. Wenn das Ausland es ebenso macht, haben die inländischen Weiterverarbeiter andererseits wieder einen Vorteil, weil sie die Rohstoffe billiger bekommen.

Zweifellos ist aber ein umfassendes Dumping in der Regel höchst unzweckmäßig. Denn abgesehen davon, daß es im Auslande zu Gegenmaßregeln veranlaßt, bringt es auch ein Element großer Unsicherheit in das Wirtschaftsleben. Und dies ist auch der Grund, weshalb man den billigen Verkauf ins Ausland in eben diesem Auslande nur selten als vorteilhaft ansieht. Nur wenn es eine regelmäßige Erscheinung ist, wie früher beim Zuckerprämiensystem, konnte sich eine ausländische weiterverarbeitende Industrie, die englische Konservenindustrie, darauf aufbauen. Und trotzdem hat auch in diesem Falle gerade England die Aufhebung der Zuckerprämien durchgesetzt. Im übrigen aber bedeutet das Dumping eine große Verschwendung von Transportkosten. Es ist vorgekommen, daß man amerikanische Drahtstifte nach Europa exportierte und wieder zurück und dann dort billiger kaufen konnte als direkt vom Trust. Auch deutsche Bleche konnten rheinische Weiterverarbeiter billiger aus Holland beziehen als direkt von der neben dem Abnehmer gelegenen Fabrik.

Man darf nicht annehmen, daß dieser billigere Export nur bei Schutzzoll möglich sei. Einer der wenigen Fälle, in denen man in England den deutschen billigeren Export zeitweise als günstig ansah – viel häufiger waren Klagen über ihn –, betraf Schiffsbaumaterial. Dieses aber war zollfrei, und niemand war gehindert, es nach Deutschland zu Weltmarktpreisen einzuführen.

Um den Weiterverarbeitern die Konkurrenz im Auslande zu erleichtern, haben die Kartelle vielfach *Ausfuhrvergütungen* gewährt, aber meist ebenfalls nur an Verbände. Solche müssen dann durch die ganze Industrie hindurchgehen, vom Rohstoff bis zum fertigen Produkt, was schwer durchzuführen ist.

6. Wirkungen auf den Handel

Von besonderer Bedeutung sind die Wirkungen der Produzentenkartelle auf den Handel. Im allgemeinen ist der Großhandel von seiner oft beherrschenden Stellung dem isolierten Produzenten gegenüber durch die Kartelle stark zurückgedrängt worden. Wo das nicht der Fall war, behielt er seine Stellung, weil sie volkswirtschaftlich notwendig war, so vor allem im Außenhandel, beim inländischen Handel besonders in der Mode stark unterworfenen Gütern sowie in den meisten landwirtschaftlichen Produkten. Am meisten beeinflußt, ja zum Teil ausgeschaltet und in die Stellung bloßer Agenten gedrängt wurde der Handel in einigen Erwerbszweigen, in denen festgeschlossene Syndikate der Produzenten bestehen, so für Kohle, Eisen, Spiritus, Kali, Petroleum. Hier ist eine kleine Schicht von Großhändlern, die zum Teil selbst stark an der Produktion beteiligt sind, allein zum direkten Verkehr mit dem Produzentenkartell zugelassen, während die übrigen Händler zur sog. „zweiten Hand" herabgedrückt werden, nur von jenen kaufen können. Doch haben sich die Händler auch ihrerseits vielfach in Kartellen oder in Abnehmerverbänden organisiert, und in vielen Erwerbszweigen kam es zu heftigen Kämpfen der beiderseitigen Vereinigungen, in denen auch Bezugs- und Lieferungssperre, Verpflichtungen zu ausschließlichem Verkehr, Treuerabatt und dgl. eine große Rolle spielen. So sehr auch der einzelne Händler in seiner Handlungsfreiheit durch die Kartelle der Produzenten beschränkt und geschädigt werden kann, so haben sie doch im ganzen nützlich gewirkt, indem sie die vielfach vorhandene Übersetzung im Handel eingeschränkt haben. Diese war auch für den altangesessenen Händlerstand nicht vorteilhaft und hinderte ihn vielfach an der gemeinsamen Geltendmachung seiner Interessen.

Allerdings gehen die Eingriffe der Produzentenkartelle in den Handel manchmal zu rigoros vor sich. Während früher der Handel den Produzenten oft recht ungünstige Lieferungsbedingungen auferlegen konnte, sind es jetzt umgekehrt die Produzenten, die den Handel oft mit Abnahmebedingungen belasten, die einseitig ihre Interessen wahren und dem Handel ein großes Risiko aufbürden. Die allgemeine Warenknappheit nach dem Kriege hat das noch verschärft. Doch haben manche Kartelle der Produzenten auch für den Handel günstig gewirkt, indem sie die Verschiedenheit der Qualitäten und Sorten verminderten. Auch die größere Gleichmäßigkeit der Preise ist natürlich für die Kalkulationen der soliden Händler von Vorteil.

Um eine solche größere Gleichmäßigkeit der Preise zu erreichen, sind die Produzentenkartelle aber in den meisten Fällen gezwungen, den Handel in seinen Preisfestsetzungen zu beschränken. Denn insbesondere eine sehr spekulative Tätigkeit der Händler erschwert den Produzenten den Überblick über die Marktlage. Die Preise der Händler können nun überhaupt vom Produzentenkartell festgesetzt sein oder dieses kann ihnen nur Maximal- oder Minimalpreise vorschreiben. Ersteres kam bei einigen fest organisierten Kartellen vor, wie beim Kali- und Spiritussyndikat. Die Festsetzung von Minimalverkaufspreisen ist den Händlern meist erwünscht, da sie eine Beschränkung ihrer Konkurrenz untereinander mit Hilfe der Produzenten bedeutet. Festlegung von Maximalpreisen dient dazu, einer übermäßigen Ausbeutung einer günstigen Konjunktur durch die Händler Schranken anzulegen.

In manchen Erwerbszweigen, in denen festgeschlossene Produzentenkartelle bestehen, ist der ganze Handel bis hinab zum Detailhandel von ihnen organisiert und unter ihre Überwachung gebracht worden. Besonders das Rheinisch-Westfälische Kohlensyndikat hat einige Großhändler zu Großhandelsgesellschaften organisiert, die allein direkt vom Syndikat beziehen, in enger Verbindung mit dem Schiffstransport, so namentlich für den Absatz nach Süddeutschland die Rheinische Kohlenhandels- und Reedereigesellschaft (Kohlenkontor). Darunter steht eine weitere Gruppe von kleineren Großhändlern und größeren Detailhändlern und darunter wieder die kleinen rein lokalen Detailhändler. Ähnlich, nur noch einheitlicher hatte der Stahlwerksverband den Trägerhandel organisiert. Vom Spiritussyndikat ist der Großhandel überhaupt fast gänzlich ausgeschaltet worden.

Der Detailhandel ist im allgemeinen weniger von den Produzentenkartellen betroffen worden. Die Herabdrückung des Großhandels ist für ihn oft von Vorteil gewesen. Im Detailhandel spielen neuerdings Einkaufsvereinigungen als Mittel sowohl gegenüber Produzenten- als auch Großhändlerkartellen eine erhebliche Rolle. Manchmal sind solche Vereinigungen auch dazu übergegangen, die von ihnen verkauften Waren selbst zu produzieren (Verbandseigenproduktion), also etwas Ähnliches wie die an die Konsumvereine angegliederten Produktionsunternehmungen. Dahin gehören eine Verbandstoffabrik der Apothekervereinigungen, eigene Verlagsanstalten des Verbandes deutscher Waren- und Kaufhäuser gegen den Börsenverein der Buchhändler und eine eigene Samtbandfabrik gegen das betr. Kartell der Fabrikanten, Betrieb eigener Brauereien durch Gastwirtevereinigungen und Flaschenbierhändler und anderer.

7. Wirkungen auf die volkswirtschaftliche Organisation

Die Kartelle sind im allgemeinen nicht als eine Vorstufe zum Trust aufzufassen, wenn auch dieser ohne Zweifel die festere Organisationsform ist. Sondern beide Erscheinungen entwickeln sich nebeneinander, je nach den wirtschaftlichen und rechtlichen Voraussetzungen. Trusts als monopolistische Fusionen oder Kontrollgesellschaften sind in Deutschland nur in kleinen Industrien mit einer geringen Zahl von Unternehmungen entstanden. Doch haben die Kartelle die Bildung der sog. *Kombinationsunternehmungen* gefördert, die Angliederung verschiedener Produktionsstadien, rohstoffliefernde oder weiterverarbeitende, an eine Unternehmung und damit die Entwicklung zum sog. „größeren Betriebe“, zu den modernen Riesenunternehmungen. Die Form der Angliederung war vielfach nicht die völlige Fusionierung, sondern oft eine rein effektenkapitalistische, Erwerb der Mehrheit des Aktienkapitals, der dann aber eine Verwaltungsgemeinschaft zur Folge hatte. Diese großen kombinierten Unternehmungen waren sowohl in technischer Hinsicht von Vorteil (Ausnutzung der Hochofengase für die Weiterverarbeitung), als auch bedeuteten sie geringere Kosten, da die Gewinne der einzelnen Produktionsstadien gespart wurden. Dadurch wurden auch, namentlich in der Eisenindustrie, *Gruppen-* oder *Generalkartelle* nötig, welche die verschiedenen Produktionsstadien umfaßten. Doch hat sich dieser Gedanke im deutschen *Stahlwerksverbande* nie ganz verwirklichen lassen, da die Syndizierung der weiterverarbeiteten Produkte (B-Produkte) eben wegen der Konkurrenz der großen kombinierten Unternehmungen, die in der Verarbeitung freie Hand haben wollten, immer nur vorübergehend gelang.

Als Entwicklungserscheinungen *neben den Kartellen,* die zum Teil als Ersatz für sie dienen, insbesondere bei einer geringen Zahl von Konkurrenten, seien noch die *Interessengemeinschaften* genannt. Es gilt aber noch in verschiedenen Formen einen engeren Zusammenschluß selbständig bleibender Unternehmungen herbeizuführen. In der losesten Form geschieht das durch bloße Delegierung von Mitgliedern in den Aufsichtsrat der anderen Gesellschaft, in festerer durch Aktienbeteiligung, Austausch von Vorstandsmitgliedern und dgl. Am festesten ist die Beziehung zu einer anderen Unternehmung durch *Kontrolle,* Erwerb der Mehrheit ihres Aktienkapitals. Sie ist in Deutschland sehr verbreitet, aber nur selten mit monopolistischen Wirkungen, Zusammenfassung eines ganzen Gewerbes in dieser Form. Ebenso ist die völlige Verschmelzung von Unternehmungen, *Fusion,* häufig, aber auch nur selten mit monopolistischem Zweck. Namentlich durch das sehr weit ausgedehnte Prinzip der *Beteiligung* ist in der Großindustrie ein sehr enger Zusammenhang sowohl konkurrierender als auch verwandter Unternehmungen angebahnt worden, der zur sog. *Konzernbildung* geführt hat. Sind diese Konzerne auch zumeist nicht so direkt auf einzelne Persönlichkeiten, große Gründer und Spekulanten, zurückzuführen wie oft in Amerika, sondern mehr unpersönlicher Natur, namentlich im Anschluß an die großen Banken oder Großhandelsfirmen (besonders

Eisen und andere Metalle) entstanden, so kommen doch auch an bestimmte Persönlichkeiten oder Familien geknüpfte Konzerne vor (Thyssen, Stinnes, Klöckner, Petschek u. a.). Mehrfach sind für die Beteiligungen an anderen Unternehmungen besondere *Beteiligungsgesellschaften* geschaffen worden. Immerhin war unsere Großindustrie vor dem Kriege im Verhältnis zu Amerika von der Kontrolle einzelner Persönlichkeiten über ganze Industriezweige weit entfernt. Die Kartelle insbesondere bedeuteten ein demokratisches Element in der wirtschaftlichen Entwicklung, das der von den Sozialisten prophezeiten Akkumulation eher entgegenwirkte. Doch kann man nicht sagen, daß sie den volkswirtschaftlichen Fortschritt aufgehalten haben. Im Kriege erleichterte der Zusammenschluß der Produzenten dem Staat die notwendige Rationierung und die Verteilung der Aufträge. Nach der Revolution kann eine schwache Regierung aber leicht zu sehr in die Hände der monopolistischen Vereinigungen, der Unternehmer sowohl wie der Arbeiter oder beider zusammen, geraten.

Schon seit einiger Zeit vor dem Kriege war die wirtschaftliche Entwicklung auch bei uns, wenn auch nicht in demselben Grade wie in Amerika, über die Kartelle hinausgegangen. Namentlich deswegen, weil diese in der Regel keine Ersparnis von Produktionskosten bedeuten, vielmehr oft schwächere Unternehmungen am Leben erhalten. Infolge der ungünstigen wirtschaftlichen Verhältnisse nach dem Kriege hat die Tendenz zu kostenersparenden Kombinationsunternehmungen oder doch zu großen Interessengemeinschaften zwischen rohstoffproduzierenden und weiterverarbeitenden Unternehmungen (z. B. Gelsenkirchen, Deutsch-Luxemburg, Siemens-Schuckert oder Gutehoffnungshütte-Maschinenfabrik Augsburg-Nürnberg u. a.) eine weitere Verstärkung erfahren. Nichtsdestoweniger behalten die Konkurrenz einschränkenden Verbände, die Kartelle, ihre Bedeutung. Aber sie ist vielleicht in Zukunft größer für die weiterverarbeitende und Fertigwarenindustrie als für die immer mehr in Kombinationsunternehmungen aufgehende Rohstoffindustrie. Das dürfte namentlich für Eisen und Stahl gelten, während für Kohle wegen ihres allumfassenden Abnehmerkreises auch der kartellmäßige Zusammenschluß von großer Wichtigkeit ist und ebenso wie für Kali, Kalk, Zement u. a. Rohstoffe ganz besonders sorgfältig vom Staate überwacht werden muß. Zu den Fragen der staatlichen Regelung des Kartellwesens haben wir jetzt überzugehen.

III. Regelung

1. Rechtliche Regelung

Eine rein rechtliche Regelung, Verbote, zivil- oder strafrechtliche Bestimmungen können nicht genügen, um ungünstige Wirkungen der Kartelle zu verhindern. Kartellvereinbarungen sind in vielen Ländern nicht klagbar, in manchen strafbar, aber das hat ihr Entstehen nicht verhindert. Deutschland kennt solche Bestimmungen nicht. Am schärfsten bekämpft das englische Recht Kartellvereinbarungen als contracts in restraint of trade, während in den Vereinigten Staaten nur eine unvernünftige (unreasonable) Einschränkung der Gewerbefreiheit verboten ist. Doch sind auch dort nicht klagbare Vereinbarungen in Form der sog. gentlemen agreements nicht selten.

Die Kartelle überhaupt zu verbieten, daran ist nicht zu denken. Sie sind ebenso berechtigt wie die Koalitionen der Arbeiter und können durch Eindämmung einer übermäßigen Konkurrenz auch volkswirtschaftlich höchst nützlich wirken. Die Hauptgefahr der Kartelle ist die übermäßiger Preise, diese kann aber nie durch allgemeine rechtliche Bestimmungen bekämpft werden. Es ist auch nicht möglich, die Entscheidung darüber, wann Preise als übermäßige zu gelten haben, den ordentlichen Gerichten zu überlassen. Sondern das ist eine Frage der *Wirtschaftspolitik*, für die besondere Organe geschaffen werden müssen. Die Frage, wann die Preise über das in den wirtschaftlichen Verhältnissen begründete Maß hinausgehen, ist viel zu schwierig, als daß die ordentlichen Gerichte sie heute für dieses, morgen für jenes Kartell sachverständig entscheiden könnten. Es ist nicht möglich, den ganzen Kartellvertrag oder gar alle auf Grund eines solchen abgeschlossenen gleichartigen Verkaufsverträge für nichtig zu erklären. Daher ist § 138 bzw. 134 BGB hier im allgemeinen nicht anwendbar. Solche Nichtigkeitserklärungen würden die allergrößte Rechtsunsicherheit zur Folge haben, da auf Grund eines solchen Urteils alle Vereinbarungen und alle Verkaufsabschlüsse auf Grund von Kartellpreisen angefochten werden könnten; sie würden aber den Abschluß von monopolistischen Vereinbarungen doch nicht verhindern.

Wenn ein staatlicher Eingriff in die Preisfestsetzungen eines Kartells nötig erscheinen sollte, kommen dafür nur besondere *Preiskommissionen* für jede Industrie in Betracht, zu bilden nicht nur aus Beamten, sondern aus allen Gruppen der Beteiligten selbst, Unternehmer, Arbeiter, Händler, Weiterverarbeiter, Rohstofflieferanten und dgl. Solche Preiskommissionen sind auch seit dem Kaligesetz regelmäßig bei den Zwangskartellierungen geschaffen worden (s. Ziffer 4). Allerdings bleibt auch dann die Festsetzung angemessener Preise immer sehr schwierig und besonders in Zeiten großer Preisumwälzungen immer sehr willkürlich, was von allen, die für Sozialisierung schwärmen und die Preisbildung des freien Verkehrs einschränken wollen, in der Regel verkannt wird.

Dafür die Kartelle in bestimmte juristische Formen zu pressen, liegt keine Veranlassung vor. Nicht ihre Organe, sondern die Vereinbarungen selbst zwischen den konkurrierenden Unternehmern sind das Wesentliche.

Eine rechtliche Regelung ist vielleicht am ehesten auf einem Spezialgebiet möglich, nämlich für die *Verträge zu ausschließlichem Verkehr, Boykotts, Lieferungssperre* und dgl. Doch ist nicht daran zu denken, diese Maßregeln, wenn sie auch oft große wirtschaftliche Härten im Gefolge haben, ganz zu verbieten. Vielmehr wohnt ihnen eine starke organisierende Kraft inne, die im heutigen Wirtschaftsleben nicht entbehrt werden kann, und sie haben oft, wie die auf demselben Prinzip beruhenden Tarifgemeinschaften, sehr günstige Wirkungen. Zu schützen sind weniger die Ausgeschlossenen, Ausgesperrten, als die Verpflichteten, also z. B. die Rohstofflieferanten oder Abnehmer, die gezwungen werden, nur an das Kartell zu verkaufen bzw. nur von ihm zu kaufen. Hier kann unter Umständen ein übermäßiger wirtschaftlicher Druck ausgeübt werden. Vielleicht könnte man derartige Vereinbarungen etwas einschränken, indem man sie für gültig erklärt nur in Verbindung mit und auf die Dauer von Preisvereinbarungen. Doch kann auf diese Maßregeln, die ja weit über das Kartellgebiet hinausgehen, auch

z. B. in größerem Umfang von den Gewerkvereinen der Arbeiter angewendet werden, hier nicht näher eingegangen werden.

2. Kontrollmaßregeln

Zu fordern ist jedenfalls, wie auf dem Gebiete der großen Unternehmungen überhaupt, so auch auf dem ihrer Kartelle *größere Öffentlichkeit.* Der Staat kann solche Organisationen, die ein ganzes Gewerbe einheitlich regeln, nicht ganz sich selbst überlassen. Es wäre daher eine Anzeigepflicht für alle monopolistischen Vereinigungen, auch solche der Arbeiter, einzuführen. Die Anzeige könnte evtl. auch zur Voraussetzung der Verleihung der Rechtsfähigkeit gemacht werden, die wohl aus Gründen der Rechtssicherheit und des Schutzes von Treu und Glauben im Verkehr gefordert werden muß. Die sonstigen Beschlüsse eines Kartells können natürlich nicht alle angezeigt werden. Doch sollte der Staat das Recht haben, weitere Auskünfte zu verlangen, und dazu wäre ein *Kartellamt* am zweckmäßigsten, welches die monopolistischen Vereinigungen dauernd überwacht und welches unter Umständen beim Reichskanzler oder Reichswirtschaftsministerium beantragen könnte, im Verordnungswege ein Kartell zu verpflichten, weitergehende Mitteilungen zu machen.

Im Jahre 1903 hat die Reichsregierung „kontradiktorische Verhandlungen über deutsche Kartelle“ veranstaltet, in denen das Rheinisch-Westfälische Kohlensyndikat, das Kokssyndikat, die Oberschlesische Kohlenkonvention, die Roheisensyndikate und der Halbzeugverband, das Walzdraht- und Drahtstiftsyndikat, das Kartell für Zeitungsdruckpapier, der Buchhändlerbörsenverein, das Weißblechsyndikat, die Stahlwerksverbände, das Tapetenkartell und das Spiritussyndikat behandelt wurden. Im Anschluß daran veröffentlichte die Regierung eine Enquete über das Kartellwesen in 4 Teilen. Auch in Österreich hat 1912, in England 1918 eine Kartellenquete stattgefunden. Die Ergebnisse der deutschen Untersuchung sind veraltet, eine neue wäre am Platze, am besten eine ständige Überwachung aller derartiger Organisationen in Form eines Reichskartell- oder Industrieamts. Die Kartelle könnten zu

ständigen Berichten über die Lage ihrer Industrie verpflichtet werden. Die dringend notwendige Verbesserung unserer Produktions- und Verbrauchsstatistik, die Voraussetzung jedes staatlichen Eingreifens, könnte damit verbunden werden.

In einer Periode wie der gegenwärtigen, in der die größten *Preisschwankungen* an der Tagesordnung sind, wird eine ständige Überwachung der Preisvereinbarungen aller Verbände von Erwerbstätigen von immer größerer Bedeutung. Das gilt nicht nur für die Preispolitik der Kartelle in den großen Industriezweigen, sondern mindestens ebensosehr für die zahllosen lokalen Preisverabredungen der Handel- und Gewerbetreibenden, welche die heutigen Preisschwankungen den Konsumenten gegenüber stark ausnutzen können. Die lokalen Preisprüfungsstellen und Wuchergerichte sowohl wie die Steuerämter, welche alle starken Gewinnsteigerungen zu erfassen streben, haben hier eine höchst wichtige Aufgabe.

3. Zollpolitische Maßregeln

Vor dem Kriege wurden am meisten *zollpolitische* Maßregeln als Mittel gegenüber den Kartellen erörtert und auch angewendet. Ihre Bedeutung ist aber in Deutschland durch die gänzlich veränderte wirtschaftliche und politische Lage eine ganz andere geworden, so daß über ihre künftige Anwendbarkeit noch kein Urteil möglich ist.

Am nächsten liegt *Herabsetzung* oder *Aufhebung der Zölle* als Mittel, übermäßigen Preiserhöhungen der Kartelle entgegenzutreten. Sie ist natürlich nicht in allen Fällen wirksam. Wo hohe Transportkosten die Monopolisierung erleichtern und Zölle entbehrlich machen, könnten aber auch Ermäßigungen der Eisenbahntarife Platz greifen. Doch ist in dieser Hinsicht in Deutschland noch nichts geschehen, trotzdem das Staatsbahnsystem derartige Maßregeln erleichtert. In den meisten Fällen wird auch schon eine bloße Erörterung zollpolitischer oder Tarifmaßregeln in der Öffentlichkeit oder in den Parlamenten die Kartelle vorsichtiger machen. Die Zölle nur für solche Produkte herabzusetzen, die von deutschen Kartellen billiger ins Ausland verkauft werden, empfiehlt sich nicht, weil die Schädigung in der Regel nur auf den hohen Inlandspreisen beruht und der billige Export meist nur vorübergehend erfolgt. Umgekehrt werden Zollerhöhungen gefordert gegen den billigeren Verkauf des Auslandes. Aber auch hier kommt die Schwierigkeit der Feststellung in Betracht sowie der Nachteil häufiger Zolländerungen, die Unsicherheit in der Lage der Weiterverarbeiter, die fortwährenden Streitigkeiten, die daraus entstehen müssen. Der Kampf gegen das „Dumping", den billigeren Verkauf ins Ausland, spielte vor dem Kriege eine große Rolle, es wurde aber keineswegs nur von Schutzzolländern ausgeübt. Nur bei der Brüsseler Zuckerkonvention gelang es, den billigeren Verkauf ins Ausland durch Vereinbarungen einzuschränken.

Namentlich Kanada und Neuseeland haben öfters besondere Dumping Duties erhoben. Die Vereinigten Staaten haben ihren Wertzöllen oft die höchsten Preise im Herstellungslande zugrunde gelegt und dadurch die Konkurrenz des Auslandes einzuschränken versucht. Im Jahre 1916 wurde die Revenue Bill angenommen, welche in dem Abschnitt über den unlauteren Wettbewerb das Dumping unter Strafe stellt, wenn die Absicht bestand, dadurch eine amerikanische Industrie zu schädigen, das Aufkommen einer Industrie zu verhindern oder einen Handel mit ausländischen Waren auf dem amerikanischen Markte zu monopolisieren.

Die exportfördernde Wirkung der unterwertigen Valuta in den besiegten Ländern hat schon, besonders in der Schweiz und in England, zu zahlreichen Erörterungen und Einfuhrverboten Anlaß gegeben. Mit bloßen Zollerhöhungen begnügt man sich heute nicht mehr. Doch können sich diese Verhältnisse nur verbessern, wenn man Deutschland die Möglichkeit gibt, sich wieder zu erholen.

Um im Inlande selbst die billigen Auslandsverkäufe zu verhindern, hat man *Ausfuhrzölle* vorgeschlagen, so in Zeiten der Kohlenknappheit 1900 und 1906 und für Kali 1906 und 1909. Durchgeführt aber wurde eine solche Maßregel bisher nicht.

Die größte Bedeutung unter den zollpolitischen Maßregeln gegenüber monopolistischen Vereinigungen hat bisher der *zollfreie Veredlungsverkehr* erlangt. Der Zoll wird bei der Einfuhr von Rohstoffen und Halbfabrikaten gestundet und endgültig erlassen, wenn diese Stoffe in veredelter, also verarbeiteter Form wieder ausgeführt werden. Der Weiterverarbeiter bekommt dadurch den

Teil der Rohstoffe, den er aus dem Auslande bezieht, zu Weltmarktpreisen und wird so bei der *Ausfuhr* konkurrenzfähiger. Aber im allgemeinen auch nur bei der Ausfuhr. Ob jedoch dadurch auch ein Herabgehen der inländischen Preise für Rohstoffe und Halbfabrikate herbeigeführt werden wird, ist sehr fraglich, zumal die großen kombinierten Werke sie dann lieber selbst weiterverarbeiten. Größere Wirkung in dieser Hinsicht würde dagegen die Ausgestaltung des zollfreien Veredlungsverkehrs zum *System der Einfuhrscheine* haben. Sie gehen von der Ausfuhr aus und gewähren z. B. die zollfreie Einfuhr der gleichen Menge Roheisen, als überhaupt in ausgeführten Eisenwaren enthalten ist. Das ist eine viel größere Menge, als tatsächlich Roheisen in Deutschland eingeführt und in verarbeiteter Form wieder ausgeführt wurde. Damit kann daher viel leichter ein Druck auf die inländischen Preise ausgeübt werden, zumal diese Scheine auch zur Zollbezahlung auf andere Waren verwendet werden können. Doch wäre es dann einfacher, überhaupt die Zölle herabzusetzen.

Bemerkenswert ist jedenfalls, wie sich durch die Entwicklung der Kartelle die Bedeutung des Schutzzollsystems verändert hat. Vorher glaubte man, mit den Zöllen nur die Konkurrenz des Auslandes fernzuhalten. Im Zeitalter der Kartelle erleichterten sie aber auch im Inlande die Beschränkung der Konkurrenz, ermöglichten damit einen billigeren Export und so machten sich die Schutzzölle selbst illusorisch. Sie fanden wie alle solche wirtschaftspolitischen Maßregeln ihre Grenze in sich selbst. Die durch den Weltkrieg außerordentlich gesteigerten Verschiedenheiten in der wirtschaftlichen Lage der Völker werden auch die zollpolitischen Kämpfe zunächst noch verschärfen.

4. Zwangssyndikate

Die Erkenntnis der Notwendigkeit, in manchen Fällen den Konkurrenzkampf in einer Industrie zu verhindern, führte mehrfach zu Gesetzen nicht gegen, sondern für die Kartelle. Kartellbildungen unter staatlichem Zwang sind schon früher in der russischen Zuckerindustrie, der sizilianischen Schwefelindustrie, der rumänischen Petroleumindustrie vorgekommen. In Deutschland wurde durch G. v.

25. XI. 1910 ein *Zwangssyndikat* in der *Kaliindustrie* geschaffen, um die drohende Auflösung des bisherigen Syndikates und den dann befürchteten Ankauf von Kaliwerken durch Ausländer zu verhindern. Dieses Syndikat hat aber nur zur Gründung immer weiterer Werke geführt und damit die schon längst vorhandene Überkapitalisation in diesem Gewerbe noch verschärft, trotzdem neu errichtete Werke anfangs nur sehr geringe Beteiligungsziffern erhalten sollten. Gerade auch im Interesse der verschiedenen Staatswerke sind die Syndikatspreise auch immer sehr hoch gehalten worden. Es ergibt sich daraus für die Kartellpolitik allgemein der Satz, daß der Staat an monopolisierten Industrien sich nicht mit eigenen Unternehmungen beteiligen soll. Er wird dadurch zu eng mit Privatinteressen verknüpft, die, wenn sie in einem Kartell organisiert sind, schon selbst mächtig genug sind. Er kommt so in einen Konflikt der Pflichten und wird wenig für Preisermäßigungen zu haben sein. Ferner aber wird durch die Staatsbeteiligung ein großer Anreiz zu immer neuen Kapitalinvestierungen in einer solchen Industrie gegeben, was eine Überkapitalisation erleichtert.

Im Weltkriege sind dann in manchen Industriezweigen Zwangssyndikate geschaffen worden, auch in solchen, in denen bis dahin keine Kartelle bestanden. Eine Rationierung war doch notwendig, und der Staat konnte mit einheitlich organisierten Industrien leichter verhandeln und seinen Bedarf decken. Im Rheinisch-Westfälischen Kohlenbergbau gelang unter Drohung mit der Zwangskartellierung die Erneuerung des Syndikates im Herbst 1915 und 1916 freiwillig unter Beitritt der westfälischen Zechen des Fiskus und sämtlicher privaten Zechen. Der Staat fürchtete mit Recht, daß beim Auseinanderfallen dieser großen Organisation eine zweckmäßige und gleichmäßige Versorgung der Verbraucher, eine einheitliche Regelung des inländischen Verkaufs und der Ausfuhr nicht möglich sei. Ähnlich hat die Spirituszentrale ihre Tätigkeit im engsten Anschluß an die Reichsbranntweinstelle ausgeübt, bis sie mit der Einführung des Handelsmonopols im Jahre 1919 ganz in sie überging. In der Hefeindustrie, der Dörrgemüseindustrie und einigen anderen wurden Zwangssyndikate geschaffen, die Produktion von Staats wegen kontingentiert, evtl. die Ein- und Ausfuhr dem Syndikat übertragen, die Festsetzung der Preise durch Preiskommissionen wie eben geschildert unter Mitwirkung der Regierung vorgenommen. In anderen Fällen, so in der Leder- und der Seifenindustrie, gelang es nicht, Zwangssyndizierungen durchzuführen, man mußte sich hier mit Höchtspreisen begnügen. In der Zementindustrie kam wenigstens ein loser „Zementbund" der verschiedenen territorialen Zementkartelle unter staatlicher Leitung zustande, die Errichtung neuer Werke wurde auf 5 Jahre verboten.

Wo wegen Waren- oder Rohstoffmangel eine allgemeine Rationierung in einem Gewerbe notwendig ist, können Zwangssyndikate angebracht sein. Auch in Kriegszeiten, wo es darauf ankommt, daß der Staat sich möglichst rasch eine möglichst große Gütermenge von den vorhandenen Produzenten beschafft, kann es angezeigt sein, sie zu organisieren. Aber im allgemeinen läßt sich die Zwangssyndizierung nur schwer mit den Prinzipien der heutigen Wirtschaftsordnung vereinigen, weil jedes verliehene Monopol, wenn wir von den Patenten absehen, die ja deswegen auch zeitlich begrenzt sind, auch eine staatliche Regelung der *Preisfestsetzungen* erfordert. Und das ist ein Gebiet, auf das sich der Staat – wie wir jetzt gelernt haben sollten – nur in Notfällen einlassen sollte. Die Preisfestsetzungen erfolgen fast immer im Interesse der schwächsten Produzenten – das sind häufig die Staatswerke selbst –, und das führt zu hohen Differentialgewinnen der günstiger arbeitenden Unternehmungen und zu großen Einkommensverschiedenheiten, die preissteigernd wirken. Entstehen private Monopole, so wird der Staat ihren Eingriff in die Preisbildung nicht ohne Regelung lassen dürfen. Er muß zum mindesten die monopolisierten Erwerbszweige dauernd überwachen. Aber solche privaten Monopole *selbst zu schaffen,* dazu hat er in der Regel keine Veranlassung, da er damit den Wettbewerb als regelndes Prinzip der auf dem Ertragsstreben beruhenden heutigen Wirtschaftsordnung ausschaltet. Allenfalls wären Zwangssyndikate in Luxusindustrien oder im Handel mit derartigen Waren denkbar, um auf diesem Wege, durch Repartitionssteuern, die den Verbänden auferlegt werden, eine hohe Aufwandsbesteuerung durchzuführen.

5. Sozialisierung

Ganz dieselben Bedenken wie gegenüber den Zwangssyndikaten gelten auch für die heute vielfach als Rettung aus aller wirtschaftlichen und sozialen Not gepriesene *Sozialisierung*. Dabei bleibt es sich ganz gleich, ob man diese Unternehmungszweige dem Staate übertragen will oder irgendwelchen sonstigen „*Gemeinschaften*". Denn das Entscheidende ist immer, daß das private Ertragshaben und die Preisbildung des freien Verkehrs aufgehoben werden soll. Wo das geschieht, wird doch immer der *Staat* die Verkaufspreise oder die Art der Verteilung der Produkte festsetzen müssen. Irgendwelche Gesichtspunkte dafür, wie das durchgeführt werden könnte, sind aber noch nicht aufgestellt worden. Ein „Recht auf den vollen Arbeitsertrag" ist nicht durchführbar, weil der Anteil des einzelnen Arbeiters am Produkt niemals festgestellt werden kann und der Lohn überhaupt kein verhältnismäßiges Entgelt für die Leistung ist – ein solches kann auch nicht festgestellt werden, da jeder die Mühe der Leistung verschieden empfindet –, sondern der Lohn ist ein Preis, und jedes Einkommen entsteht nur aus Preisen, hervorgehend aus den Nachfrage- und Angebotsverhältnissen. Wenn also die gesamte Produktion verstaatlicht würde, müßte der Staat neue Verteilungsgrundsätze aufstellen, und das würde die Kämpfe um die politische Macht außerordentlich verschärfen, Wirtschaft und Politik noch mehr verquicken, als das bisher der Fall ist. Auch wäre das für die Landwirtschaft ganz ausgeschlossen. Wenn aber die wichtigsten Produktionszweige im Privateigentum bleiben und die Preisbildung hier unter Herrschaft des privaten Gewinninteresses erfolgt, muß der Staat auch bei den verstaatlichten Erwerbszweigen mit seinen Preisfestsetzungen an sie anknüpfen. Daher können wohl einige Erwerbszweige, in denen rein bürokratischer Betrieb möglich ist und Preisfestsetzungen einfach sind, sozialisiert werden, aber es ist nicht daran zu denken, daß jeder Erwerbszweig in dem private Monopole bestehen, deswegen „sozialisierungsreif" sei. Es ist durchaus falsch, daß Staatsmonopol immer besser sei als Privatmonopol. Diesen können oft leichter im Interesse der Allgemeinheit Schranken angelegt werden, hohe Gewinne können durch eine gute Besteuerung erfaßt werden, während bei einem Staatsmonopol unter Umständen der Staat und die Allgemeinheit durch die Arbeiter und Angestellten ausgebeutet werden. Als Maßregel gegenüber den monopolistischen Vereinigungen – und damit haben wir es hier allein zu tun – kommt aber die Sozialisierung nur in seltenen Fällen in Betracht. Und wenn sie nicht auf Grund der den Arbeitern eingehämmerten Ideale im Wege der politischen Macht erzwungen wird, im Zuge der wirtschaftlichen Entwicklung vor dem Kriege lag sie zweifellos nicht. Der ging viel eher dahin, immer weitere Kreise an den Erträgen der großen Unternehmungen zu beteiligen und durch eine soziale Besteuerung, vor allem eine scharfe Erfassung der Erbschaften, große Einkommens- und Vermögensverschiedenheiten zu verhindern.

Deswegen ist nicht gesagt, daß nicht der eine oder andere Erwerbszweig, z. B. die Elektrizitätsversorgung oder die Ausnutzung der Wasserkräfte, ohne Schaden für die Allgemeinheit sozialisiert werden könnte. Aber viel wichtiger als die Produktion wäre es für die Allgemeinheit, den Grund und Boden in die Hand zu bekommen und damit die Wertsteigerungen den einzelnen Besitzern zu entziehen, ohne doch das private Ertragshaben in der Produktion selbst anzutasten. Doch soll davon hier nicht die Rede sein. Abgesehen von dem Gesetz über die Elektrizitätswirtschaft v. 31. XII. 1919, das die Stromlieferung und -verteilung in den Besitz des Reichs bringen will mit weitgehender Beteiligung der Länder bei der Stromerzeugung, verdienen die bisherigen Sozialisierungsgesetze diesen Namen nicht. Es handelt sich nur um eine Weiterbildung der Zwangssyndikate durch „Räte", Preiskommissionen oder um Häufung sonstiger Organisationen. Im Reichskalirat haben jetzt die Unternehmer und Arbeiter je 8, die Verbraucher und Vertreter der Wissenschaft 4 Sitze. Eine Kaliprüfungsstelle bestimmt die Beteiligungsziffern, wogegen Berufung an eine Kaliberufungsstelle möglich ist. Eine Lohnprüfungsstelle untersucht die Lohnverhältnisse.

In ähnlicher Weise ist auch das Rheinisch-Westfälische Kohlensyndikat ein Zwangssyndikat geworden, dessen Vorstand jetzt auch ein Arbeitervertreter und dessen Aufsichtsrat zwei Vertreter der Arbeiter und einer der Angestellten angehören müssen. Die Preisfestsetzungen erfolgen jetzt durch den Reichskohlenverband, in dem sämtliche deutschen Kohlenkartelle vereinigt sind. In der Eisenindustrie ist an Stelle des auf den 1. Mai 1920 aufgelösten Stahlwerksverbandes der *Eisenwirtschaftsbund* getreten, ein Selbstverwaltungskörper, dessen Hauptorgan die Vollversammlung ist, der 70 Mitglieder aus Unternehmern, Arbeitern, Händlern und Verbrauchern angehören. Daß mit dieser Organisation das private Gewinnstreben nicht ausgeschaltet wird, ist selbstverständlich und die Arbeiter denken ja auch gar nicht daran, es für sich auszuschalten. Die monopolistischen Vereinigungen sowohl der Arbeiter wie der Unternehmer bleiben eine wichtige Erscheinung unseres Wirtschaftslebens. Dessen Umgestaltung kann nicht durch Schaffung neuer Organisationen, sondern nur ganz allmählich durch Erziehung eines sozialen Geistes erfolgen, der in ferner Zukunft vielleicht einmal den Egoismus als Antrieb zur Bedarfsversorgung ersetzen kann.

Jahrbücher für Nationalökonomie und Statistik 138. Bd., III. Folge, 83 Bd., 1933, S. 501—517.

KARTELLPREISE UND TARIFLÖHNE IM KONJUNKTURVERLAUF

Von Horst Wagenführ

I. Begriff und Wesen des Kartellpreises und des Tariflohnes

Wenn man die Gestaltung der Kartellpreise und der Tariflöhne im Konjunkturverlauf einer empirischen Untersuchung unterziehen will, so ist es notwendig, zunächst die Begriffe Kartellpreis und Tariflohn zu klären. Denn diese Begriffe stehen in ihren Bedeutungen keineswegs eindeutig fest. Unter Kartellpreisen sollen in dieser Abhandlung die Preise der Kartelle verstanden werden. Als Kartelle werden in herkömmlicher Weise Vereinigungen von Unternehmern der gleichen Branche zum Zwecke der monopolistischen Beeinflussung des Marktes verstanden. Kartellpreise sind dann nicht nur die Preise der Preiskartelle, sondern auch die Preise derjenigen Kartelle, die diese nicht unmittelbar, sondern mittelbar, nämlich auf dem Umweg über eine rein mengenmäßige Regulierung des Angebots, zu beeinflussen versuchen.

Um diese Unterscheidung der Kartellpreise festzuhalten, wird von unmittelbaren und mittelbaren Kartellpreisen gesprochen. Erstere sind solche, die von den Preis- und Konditionskartellen unmittelbar, sei es in Form von Mindest-, Höchst- oder Fixpreisen festgelegt werden, letztere sind solche, die von den reinen Rayonierungs-, Kontingentierungskartellen oder produktions- bzw. absatzregulierenden Kartellen überhaupt mittelbar beeinflußt werden. Daneben gibt es dann noch solche Kartellpreise, die als Folge von preis- und mengenregulierenden Maßnahmen zustande kommen. Diese sollen als Kartellpreise höherer Ordnung bezeichnet werden, im Gegensatz zu den Kartellpreisen niederer Ordnung, d. h. solchen, die entweder mittelbar oder unmittelbar festgelegt bzw. beeinflußt werden.

Tariflöhne sind diejenigen Löhne, die auf einem Tarifvertrag fußen. Der Tarifvertrag im weitesten Sinne „ist eine fachgenossenschaftliche (kollektive) Vereinbarung zwischen zwei Parteien mit Massenanhang oder Masseneinfluß, deren widerstreitende Interessen innerhalb desselben Wirtschaftsgebietes durch die Verabredung bestimmter Tarife und Normen für eine gewisse Zeitdauer in einen friedlichen Gleichgewichtszustand gebracht werden sollen“ [1].

II. Kartell und Gewerkschaft

Durch eine einfache Gegenüberstellung der oben angegebenen Kartelldefinition mit der herkömmlichen Gewerkschaftsdefinition – als eines unabhängigen Arbeitnehmerverbandes zur Erlangung besserer Arbeitsbedingungen, deren Ziel auf Beeinflussung oder Beherrschung des Arbeitsmarktes gerichtet ist – kann der gemeinsame Charakter dieser Arten von Marktverbänden nicht geklärt werden [2]. Vielmehr müßte der Umkreis sämtlicher Wirkungen, die diese Verbände auf dem Markt ausüben, festgestellt werden, bevor eine endgültige Entscheidung über den Kartellcharakter der Gewerkschaft gefällt werden könnte.

Da über dieses Thema schon eine außerordentlich reiche Literatur existiert – wenngleich es noch an einem Werke fehlt, welches das Fazit ziehen und vor allem an Hand empirisch-statistischer Untersuchungen auch die volkswirtschaftlichen Wirkungen der Kartell- und Gewerkschaftspolitik darlegen würde –, ist es unmöglich, im Rahmen eines Aufsatzes sämtliche Punkte, die für oder

[1] W. Zimmermann, Art. Tarifvertrag im: Handw. d. Staatsw., 4. Aufl., VIII. Bd., S. 1.

[2] Auf die Differenzierung des Gewerkschaftsbegriffes hier einzugehen, müssen wir uns versagen; s. die nach unserer Auffassung wichtige Unterscheidung dieser Gestaltformen von Gewerkschaften: im Sinne der Arbeitnehmerberufsvereine (monopolistische Massenverbände), der Produzentengruppe (Lohnsteigerungen haben eine Grenze!) und des sowjetrussischen Wirtschaftssystems (W. Weddigen, Sozialpolitik, Jena 1933, S. 182 ff.). Vgl. ferner: Hüber, Der Kartellcharakter von Gewerkschaft und Arbeitgeberverband, Berlin 1931.

gegen den Kartellcharakter der Gewerkschaft sprechen, hier anzuführen. Es kann sich nur darum handeln, die wesentlichen Gesichtspunkte herauszustellen. In der Literatur stehen sich zwei große Richtungen gegenüber: die eine, die grundsätzlich den Kartellcharakter der Gewerkschaft betont, und eine andere, die umgekehrt den Kartellcharakter der Gewerkschaft leugnet. Zu der ersteren sind von den Nationalökonomen u. a. zu zählen: Briefs, Cassel, Mannstaed, Pohle, Ad. Weber usw., zu den letzteren: Cassau, E. Lederer, Marbach, Zwing usw.

Im wesentlichen sind folgende Verschiedenheiten zwischen Kartell und Gewerkschaft anzuführen:

a) hinsichtlich des *Objekts* handelt es sich bei den Kartellen um Waren oder Leistungen, bei den Gewerkschaften dagegen um Arbeitskräfte, die der Organisierung unterliegen. Waren oder Leistungen sind weitgehend beweglich, anpassungsfähig und fungibel, Arbeitskräfte hingegen nicht. „Beim Warenkartell stehen im allgemeinen relativ wenige Anbieter vielen, meistens nichtorganisierten Abnehmern gegenüber; beim Arbeitskartell stehen umgekehrt viele Anbieter mit starker Angebotsdringlichkeit relativ wenigen Abnehmern gegenüber, die außerdem den Vorteil haben, mit ihrer Nachfrage notfalls warten zu können – jedenfalls länger warten zu können als die Anbieter –, und die kraft ihrer relativ geringen Zahl leicht in der Lage sind, sich ungleich fester als die Gewerkschaften zu Abwehr und Angriff zu organisieren. Auch kann das Warenkartell sich auf Grund und nach Maßgabe des technischen Charakters der Ware zu einer Festigkeit, Angebotskonzentration und Angebotsvereinheitlichung entwickeln, die dem Kartell Gewerkschaft nicht erreichbar sind“.[3] Die Mitglieder des Warenkartells vermögen in der Regel die Höhe der *Selbstkosten* anzugeben (Kalkulationskartell!), für die Gewerkschaft können jedoch keine objektiven Normen eines Mindestlohnes gefunden werden.

Das Warenkartell kann Waren aufspeichern, um sie auf eine gewisse Zeit dem Markte vorzuenthalten, auch eine mutwillige Zerstörung von Waren ist denkbar, um das Angebot zu verknappen.

[3] Goetz Briefs, Art. Gewerkschaftswesen und Gewerkschaftspolitik in: Handw. d. Staatsw., 4. Aufl., IV. Bd., S. 1129.

Für die Arbeit, die organisch heranwächst, kann von einer derartigen Angebotsregulierung nicht gesprochen werden. Es ist zwar ungefähr vorauszusehen, wieviel Arbeitskräfte künftighin einer Volkswirtschaft zuwachsen werden, einer planmäßigen Regelung kann jedoch nach den bisherigen Gepflogenheiten der Gewerkschaften dieser Zuwachs nicht unterworfen werden. Auch die Regelung des Zustroms von Arbeitern, die infolge von Rationalisierungsmaßnahmen oder Konjunkturschwankungen freigesetzt werden, steht nicht in der Macht der Gewerkschaft. Damit hängt zusammen,

b) daß bestimmte *Arten von Vereinbarungen* wohl von den Warenkartellen, nicht aber von den Arbeitskartellen geschlossen werden können. Produktions-(Reduktions-)Vereinbarungen sind für Warenkartelle wirksame Mittel, einem Überangebot zu begegnen. Abgesehen von den Versuchen der Angebotskontingentierungen durch die Berufsgewerkschaften (craft unions) in den Vereinigten Staaten und England, ist auch die Quotierung (Kontingentierung) der auf dem Markte auftretenden Arbeitskräfte nicht durchgeführt worden und, unter den gegebenen Bedingungen, auch nicht durchführbar. Die Gewerkschaften „haben die force majeure der Bevölkerungsbewegung nicht in der Hand. Sie können zweitens ein Notangebot nicht unterdrücken“ [4].

Ein weiterer Unterschied besteht darin, daß die Höhe der Tariflöhne den *Vereinbarungen beider Vertragsparteien*, den Arbeitgebern sowohl wie den Arbeitnehmern, entspringt oder entspringen soll, während die Höhe des Kartellpreises in der Regel von den Kartellen, d. h. den Verkäufern der Waren, einseitig festgesetzt wird, wenn auch selbstverständlich unter Berücksichtigung der marktlichen Faktoren, die bei einer Reihe von Wirtschaftszweigen eine größere Rolle als die Kostenfaktoren spielen. Allerdings bestehen auch zahlreiche Kartellvereinbarungen zwischen verschiedenen Wirtschaftsstufen, also Abkommen zwischen Produzenten und Großhändlern, oder Großhändlern und Einzelhändlern (Lieferungsabkommen, einseitige und zweiseitige Ausschließlichkeitsverträge usf.).

[4] Theodor Brauer, Lohnpolitik in der Nachkriegszeit, Jena 1922, S. 27.

Wichtig ist fernerhin, daß während der Vertragsdauer der Kartellpreis geändert, d. h. der jeweiligen Marktsituation angepaßt werden kann, der Preis der Arbeit für die Dauer des Tarifvertrages feststeht. Solange ein bestimmter Tarifvertrag besteht, ruht die Lohnpolitik, soweit nicht von den Möglichkeiten einer Leistungsbeschränkung oder der Gewährung von Unterstützungen usw. Gebrauch gemacht wird.

c) In bezug auf die *Zwecksetzung* von Kartell und Gewerkschaft wird öfters angeführt, daß das Kartell ein monopolistisches Gebilde darstelle, die Gewerkschaft dagegen nur eine Vereinigung zum Zwecke der Valorisierung der Arbeitskraft. Der Arbeiter sei gezwungen, seine Arbeit zu verkaufen, mehr als jeder andere Warenbesitzer. Die Gewerkschaft bezwecke dagegen nur den Schutz der Arbeitskraft.

Dazu ist zu bemerken, daß zweifellos der Grad der Angebotsdringlichkeit für die Gewerkschaftsmitglieder im allgemeinen ein höherer ist als für die Kartellmitglieder – an dem Verhalten oder den Wirkungen dieser Organisationen auf dem Markte wird jedoch dadurch nichts geändert.

d) Es ist auch zuzugeben, daß die *Mittel der Verwirklichung* der angeführten Zwecksetzung, insbesondere die Mittel des Organisationszwangs, bei den Gewerkschaften geringer ausgebildet sind als bei den Kartellen. Dafür genießen aber die Tarifvereinbarungen einen besonderen Schutz. Vor allem haben die Arbeiter ein gleichsam natürliches, unmittelbar einleuchtendes Interesse an einer Zugehörigkeit zu einer Gewerkschaft, während die Mitglieder eines Kartells von der Zweckmäßigkeit des Zusammenschlusses im Einzelfall überzeugt werden müssen.

Diesen gewiß bemerkenswerten Unterschieden, die besonders von Arbeitnehmerseite angeführt werden, stehen aber auch zahlreiche gemeinsame, nicht minder bedeutsame Merkmale gegenüber.

a) Das Warenkartell wie das Arbeitskartell können in ihren Marktwirkungen als *Konditionsverbände* und *Preiskartelle* aufgefaßt werden, jedenfalls, um einen Ausdruck von Vershofen [5] zu gebrauchen, als *Marktverbände* in dem Sinne, daß entweder der

[5] Wilhelm Vershofen, Die Marktverbände. I. Teil, Nürnberg, 1928.

Preis der produzierten Güter oder der Preis der Arbeitskraft von der Angebotsseite her durch Wahrung kollektiver Marktinteressen beeinflußt wird [6].

Der Tarifvertrag ist der Preiskurant (price list) für eine bestimmte Menge und Qualität lebendiger Energieabgabe an den Arbeitgeber (Briefs, Art. Gewerkschaftswesen a. a. O., S. 1130).

b) Die gemeinsame *Zwecksetzung* liegt zutage: sie ist sowohl bei dem Warenkartell wie bei dem Arbeitskartell in der monopolistischen Beeinflussung oder Beherrschung des Marktes zu erblicken. Von welchen Faktoren diese abhängt oder inwieweit diese durchführbar ist, ist eine andere Frage. Karl Marx bekennt in den Resolutionen des Genfer Kongresses im Jahre 1866: „Die einzige soziale Macht auf der Seite der Arbeiter ist ihre Masse. Die Macht der Masse wird jedoch durch Uneinigkeit gebrochen. Die Zersplitterung der Arbeiter wird erzeugt und erhalten durch die unvermeidliche Konkurrenz unter sich selbst. *Die Gewerkschaften entstanden zuerst aus spontanen Versuchen von Arbeitern zur Beseitigung oder mindestens Einengung dieser Konkurrenz*, um Vertragsbedingungen zu erringen, die sich wenigstens über die Stellung bloßer Sklaven erhoben." (Abgedruckt im Anhang von Karl Marx, Die Inauguraladresse der internationalen Arbeiter-Assoziation, herausgegeben von Kautsky, Berlin 1922, S. 47; zit. nach Passow, Kartelle, Jena 1930 S. 20.)

Hilferding schreibt im „Finanzkapital": „Die Gewerkschaft hat die Funktion, die Konkurrenz der Arbeiter untereinander auf dem Arbeitsmarkt aufzuheben; sie erstrebt das Monopol des Angebots der Ware Arbeitskraft" (2. Aufl., Wien 1929, S. 479, zit. nach Passow, Kartelle a.a.O., S. 22). (Weitere Ausführungen bei Passow, Kartelle, a.a.O., S. 20 ff.)

c) die *Mittel der Verwirklichung* der vorgesetzten Ziele bestehen in beiden Fällen darin, die Konkurrenz durch Regulierung des An-

[6] Adolf Weber, Gewerkschaften und Kartelle als Marktverbände in diesen „Jahrbüchern", III, F., 79. Bd., 1931, S. 715. Vgl. ferner aus dem älteren Schrifttum: E. Rothschild, Kartelle, Gewerkschaften und Genossenschaften nach ihrem inneren Zusammenhang im Wirtschaftsleben, Berlin 1912.

gebotes zu beschränken (vgl. die bekannte Legiensche Definition der Gewerkschaft).

Je straffer und selbständiger der Kreis der Mitglieder organisiert ist, desto stärker der Wirkungsgrad der Kollektivvereinbarungen.

Die Außenseiter werden in dem Kartell wie in der Gewerkschaft nach Kräften bekämpft. Die Kollektivverträge der Gewerkschaften können als Zwangsmittel gegen Außenseiter angewendet werden. Nach der sog. Organisationsklausel, die der Exklusivklausel entspricht, können die Tarifbeteiligten verpflichtet werden, nur mit Organisierten (allgemeine Organisationsklausel) oder mit Mitgliedern bestimmter Organisationen (beschränkte Organisationsklausel) in Verbindung zu treten [7]. Den Ausschließlichkeitsverträgen auf der einen Seite entsprechen die closed-shop-Verträge und Allianzverträge in den angelsächsischen Ländern auf der anderen Seite.

In Kartellen pflegt oft der Grenzbetrieb, d. i. der minderlohnende Betrieb, für die Preispolitik den Ausschlag zu geben; in der Gewerkschaft entscheidet in ähnlicher Weise ein gewisser Mindestsatz von Aufwendung über den Preis der Arbeit.

Diese gemeinsamen Merkmale werden besonders von der Arbeitgeberseite herausgestellt. Es ist nicht die Aufgabe der vorliegenden Ausführungen, die unterschiedlichen und gemeinsamen Merkmale gegeneinander abzuwägen. Wissenschaftlich ist es auch gleichgültig, wie man die Gewerkschaft bezeichnet, als Kartell, als Marktverband oder dergleichen. Worauf es ankommt, ist, daß beide Seiten der Erscheinung gesehen, die Wirkungen, die diese Organisationen auf dem Markt auszuüben in der Lage sind, nicht übersehen werden.

Obgleich daher z. B. Liefmann und Passow die gemeinsamen Merkmale zwischen Kartell und Gewerkschaft in den Vordergrund rücken, so bezeichnen doch beide aus Zweckmäßigkeitsgründen die Gewerkschaft nicht als Kartell.

Die Vereinigungen der Arbeitnehmer werden Gewerkschaften genannt, gleichgültig ob ihnen nur Vereinscharakter oder auch Verbandscharakter zukommt, d. h. ob sie nur der allgemeinen Interes-

[7] Siehe Kestner-Lehnich, Organisationszwang, 2. Aufl., Berlin 1927, S. 224 ff. (dort auch Ausführungen über die rechtliche Beurteilung der Organisationsklauseln).

senvertretung dienen oder ob sie ein bestimmtes Tun oder Unterlassen von ihren Mitgliedern fordern. Da nun die Kartelle zu den Verbänden zu rechnen sind, ist es nach Liefmann nicht zweckmäßig, die Gewerkschaften als Kartelle zu bezeichnen (obgleich z. B. der Wirtschaftsgeist dieser Organisation weitgehend der gleiche ist [8]).

In ähnlicher Weise äußert sich Passow:

„Trotz dieser weitgehenden Übereinstimmung ist es aber doch zweckmäßig, die Gewerkschaften aus dem Kartellbegriff herauszulassen. Da, wo es sich um die Regelung des Arbeitsverhältnisses handelt, spielen so viele besondere menschliche Gesichtspunkte mit – die Arbeit ist eben keine Ware wie andere, wenn das auch noch so oft behauptet wird –, und demgemäß ist die wirtschaftspolitische Einstellung zu diesen Fragen eine so andersartige, daß es richtiger ist, den Arbeitnehmerverbänden in der Systematik der wirtschaftlichen Erscheinungen eine Sonderbehandlung zu widmen, wie das in Lehrbüchern, Vorlesungen usw. auch ganz regelmäßig geschieht. Es wird wohl auch nirgends eine Gesetzgebung geben, die die Kartelle der Unternehmer und die Verbände der Arbeitnehmer auf der ganzen Linie in gleicher Weise behandelt" (Kartelle, a. a. O., S. 23).

Aus dem gleichen Grunde schließt Passow auch die Arbeitgeberverbände aus dem Kartellbegriff aus.

Nachdem die wichtigsten trennenden und gemeinsamen Merkmale zwischen Kartell und Gewerkschaft klargestellt sind, soll nunmehr im besonderen auf die Marktwirkungen der Kartellpreisfestlegung und Tariflohnfixierung im Konjunkturverlauf eingegangen werden.

III. Preise und Löhne im Konjunkturverlauf

Um die Gestaltung der Kartellpreise und Tariflöhne im Konjunkturverlauf zu beobachten, sind in der folgenden Darstellung (Fig. 1) diejenigen Reihen, die als repräsentativ für den Verlauf der Kartellpreise und der Tariflöhne gelten können, aufgezeichnet worden, nämlich: der vom Institut für Konjunkturforschung (Berlin)

[8] Robert Liefmann, Kartelle, Konzerne und Trusts, 8. Aufl. = Die Unternehmung und ihre Zusammenschlüsse, Bd. II, Stuttgart 1930, S. 17.

aufgestellte Index der geregelten Preise, der folgende Kartellpreisreihen umfaßt: inländische Kohle, inländisches Eisenerz, Roheisen, Halbzeug, Walzwerkserzeugnisse (außer Feinblechen), Nickel, Aluminium, künstliche Düngemittel, Benzol, Treiböl, Zellstoff, Zeitungsdruckpapier, Pappe, Mauersteine (teilweise), Dachziegel, Kalk, Zement, Röhren, Fensterglas, Dachpappe und der Index der Tariflöhne, der die durchschnittlichen tariflichen Stundenlohnsätze im gewogenen Durchschnitt für 17 Gewerbe einbezieht. Die Konjunkturbewegung wird durch die Reihe der Vollbeschäftigten (einschl. Kurzarbeiter in v. H. der Gewerkschaftsmitglieder) und durch

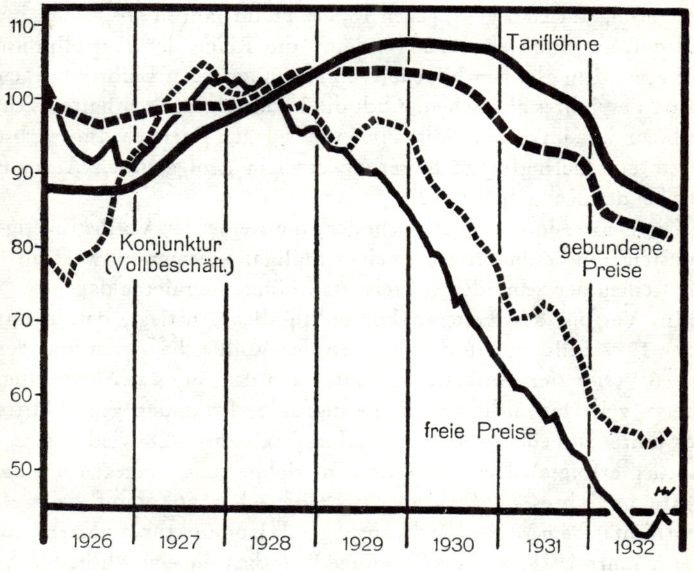

Fig. 1. Gebundene Preise, Freie Preise, Tariflöhne und Konjunkturverlauf (1928 = 100).

die Reihe der freien Preise dargestellt. Der gleichfalls vom Institut für Konjunkturforschung aufgestellte Index der freien Preise enthält im einzelnen folgende Reihen: englische Steinkohle, ausländisches Eisenerz, Feinbleche, Weißblech, Schrott, Gußbruch, Blei, Zinn,

Zink, Textilien, Häute, Leder, Gasöl, Maschinenöl, Maschinenfett, Palmöl, Leinöl, Leinölfirnis, Paraffin, Talg, Kautschuk, Holz.

Wie auch schon ein flüchtiger Blick auf die Darstellung zeigt, ist das überraschende Ergebnis, daß die Reihe des Index der geregelten Preise mit der Reihe der Tariflöhne weitgehend parallel läuft. Für beide Reihen läßt sich für die einzelnen Jahre im einzelnen folgendes feststellen: Für das Jahr 1925 stehen noch keine Angaben über die geregelten Preise zur Verfügung. Die Reihe der Tariflöhne setzte ihren im Jahre 1924 begonnenen Anstieg fort. Die monatliche Lohnsteigerung betrug im Jahre 1925 durchschnittlich 2 v. H., dann ließ die Zunahme nach, insgesamt belief sich die Steigerung auf 28,5 v. H. gegen 18,5 v. H. im Jahre 1924.

Im Depressionsjahr 1926 verläuft die Reihe der Kartellpreise auf etwa dem gleichen Niveau, von einem geringen Einbruch gegen Mitte des Jahres abgesehen. Auch die Lohnsteigerungen halten sich, insbesondere im ersten Halbjahr, in sehr engen Grenzen. Im Herbst setzte eine geringfügige Besserung etwa in dem gleichen Ausmaß wie bei den Kartellpreisen ein.

Die Depression wird überwunden, die Reihe der Vollbeschäftigten steigt, insbesondere im zweiten Halbjahr, bemerkenswert an – die Reihen der gebundenen Preise und Löhne stagnieren dagegen.

Im Verfolg des weiteren konjunkturellen Anstiegs, der in das Jahr 1927 fällt, wie in den Kurven der Vollbeschäftigten und der freien Preise zum Ausdruck kommt, steigt der Index der geregelten Preise weiterhin nicht an (die geringfügige Erhöhung gegen Mitte des Jahres ist bedeutungslos, zumal im Frühjahr 1928 wiederum ein Abstieg erfolgte). Der Index der Tariflöhne steigt dagegen um die Mitte des Jahres 1927 an, aber, worauf es hier ankommt, bei weitem nicht in dem Maße, wie die ansteigende Konjunktur erwarten ließ.

Im Jahre 1928, welches für einige Branchen die eigentliche Hochkonjunktur, für andere aber schon wieder einen ersten Abstieg brachte, der auch in der Reihe der Vollbeschäftigten seinen Ausdruck findet, steigen beide Reihen, der Index der geregelten Preise wie der Index der Tariflöhne, etwa in dem gleichen Maße an.

Für das darauffolgende Jahr 1929, welches im allgemeinen als das des weiteren konjunkturellen Abstiegs bezeichnet wird, könnte erwartet werden, daß auch die Reihe der Kartellpreise und der

Tariflöhne eine Senkung erfahren würde. Wie die Darstellung zeigt, kann jedoch davon keine Rede sein. Der Index der geregelten Preise hat sich vom 1. Januar 1929 bis 1. Januar 1930 im Durchschnitt überhaupt nicht verändert. Die Tariflohnsteigerung war zwar geringer als in den beiden Vorjahren, immerhin beträgt die Erhöhung für den gleichen Zeitraum 9,2 v. H. Und im ausgesprochenen Depressionsjahr 1930 ergibt sich, daß der Index der Kartellpreise bis gegen Mitte des Jahres, ungeachtet des konjunkturellen Abstiegs, auf dem gleichen relativ hohen Niveau verharrt, während der Index der Tariflöhne sogar bis zum Dezember 1930 sich auf der gegen Ende des Jahres 1929 errungenen Höhe hält! Die im Depressionsjahr 1927 einsetzende ansteigende Entwicklung der Tariflöhne ist zwar zum Stillstand gekommen, von einer Senkung ist aber keine Rede. In einigen Industriezweigen wurden allerdings die Löhne gesenkt, durchschnittlich blieb jedoch das gleiche Niveau außerordentlich lange gewahrt. Als die Tarifverträge abgelaufen waren, standen Neufestlegungen auf dem Schlichtungswege auf der Tagesordnung. Erst während des Jahres 1930 lief die Geltungsdauer der Lohntarifverträge in zahlreichen Branchen, wie z. B. im Baugewerbe, in der Metallindustrie, in der Textilindustrie und im Steinkohlenbergbau ab. Nach den Feststellungen des Instituts für Konjunkturforschung waren davon mindestens 3,19 Mill. Arbeiter betroffen. Es ist aber erstaunlich, wie lange, trotz des Konjunkturverfalls, die gebundenen Preise und Löhne auf bemerkenswerter Höhe sich zu halten vermochten.

Erst bei fortgeschrittenem wirtschaftlichem Verfall, im Laufe des Jahres 1931, gingen auch diese Reihen ruckartig zurück, und zwar die der Kartellpreise etwa im Januar und Februar, die der Tariflöhne einige Monate später. Der Abschwung ist in beiden Reihen so weitgehend parallel, daß man versucht wäre, anzunehmen, auf eine begründete Korrelation zu schließen. Am 31. März 1931 liefen die Termine der Lohntarifverträge für die Reichsbetriebe (Reichsbahn, -post, -verwaltung) ab (außer für Wasserstraßen- und Werftarbeiter). Um die Jahreswende 1931/32 erfolgte ein scharfer Rückgang, der aber auf eine wirtschaftspolitische Maßnahme, auf die Vierte Verordnung des Reichspräsidenten zur Sicherung von Wirtschaft und Finanzen vom 8. Dezember 1931 zurückzuführen ist. In dem

Zeitraum vom 1. Januar 1931 bis 1. Januar 1932 sind die Kartellpreise um 12,1 v. H., die Tariflöhne um 16,8 v. H. gesenkt worden.

In Übereinstimmung mit der allgemeinen wirtschaftlichen Entwicklung haben in der Krise des Jahres 1932 die Kartellpreise und Tariflöhne einen weiteren Abbau erfahren. Die Verordnung des Reichspräsidenten vom 5. September 1932 brachte bekanntlich eine Auflockerung des starren Tarifvertragsprinzips.

Zusammengefaßt gilt für den Konjunkturzyklus 1926–1932 das Folgende:

Mit beginnendem ersten Aufstieg steigen die Kartellpreise und Tariflöhne keineswegs, erst im zweiten Anstieg bzw. im Hochschwung beginnt eine Tendenz der Steigerung, die sich für die Tariflöhne stärker ausprägt als für die Kartellpreise. Mit beginnendem ersten Abstieg steigen dagegen die Kartellpreise und die Tariflöhne nicht unwesentlich an und halten sich auf der erklommenen Höhe bis in die fortgeschrittene Depression hinein (die Tariflöhne noch etwas länger als die Kartellpreise). Erst mit zunehmender Verschärfung der Wirtschaftslage sinken die gebundenen Preise und Löhne ruckartig ab. Im Verlauf der Verschärfung der Depression zur Krise geben die Kartellpreise und Tariflöhne entsprechend nach.

Anders ausgedrückt: an den Wendepunkten der Konjunktur, die selbstverständlich für jede Branche zu verschiedener Zeit einsetzen, d. h. in den Umschwungsphasen (erster Anstieg, erster Abstieg), verändern sich die Reihen der gebundenen Preise und Löhne im Gegensatz zu den freien (und reagiblen) Preisen auffallend wenig, in den Fortsetzungsphasen der Konjunktur, d. h. in solchen, die unmittelbar ohne Richtungsänderung vom Anstieg zum Hochschwung oder vom Abstieg zur Depression auseinander- und aufeinanderfolgen, sind die Schwankungen bei den Kartellpreisen wie bei den Tariflöhnen relativ stark ausgeprägt. Während der Übergangszeit, von der Phase der Depression zur Zusatzphase der Krise, die bekanntlich nicht immer aufzutreten pflegt, sind die Schwankungsgrößen der Kartellpreise und Tariflöhne denen der freien Preise in viel höherem Maße angeglichen, als in den anderen Phasen der Konjunktur [9].

[9] Siehe hierzu H. Wagenführ, Konjunktur und Kartelle, Berlin 1932,

Diese Entwicklung ist auch in den einzelnen Branchen zu beobachten. Das folgende Bild (Fig. 2) zeigt deutlich den weitgehend parallelen Verlauf des Index der Chemikalienpreise, der als ein Index von Kartellpreisen angesehen werden darf [10], mit dem Index der Tariflöhne für die chemische Industrie.

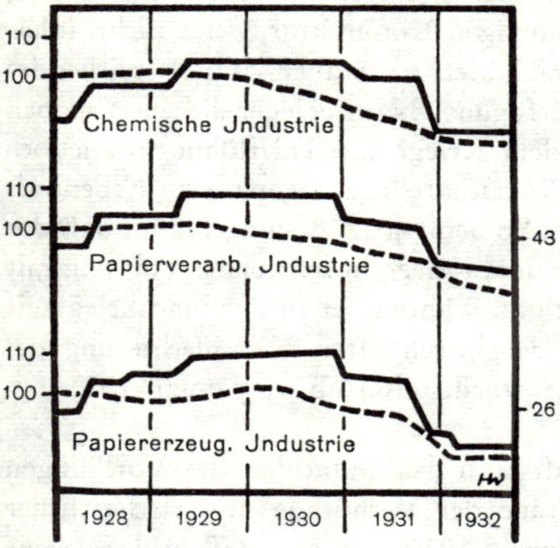

---- = *Kartellpreise:* Index der Chemikalienpreise Durchschnitt 1928 = 100. Preise für Zeitungsdruckpapier Stoffklasse III (100 kg, RM.) Durchschn. 1928 = 43 RM.; Preise für Zellstoff, ungebleicht Berlin (100 kg, RM.), Durchschn. 1928 = 26,13 RM.

—— = *Tariflöhne:* Chemische Industrie, papierverarbeitende Industrie, papiererzeugende Industrie 1928 = 100.

Fig. 2. Kartellpreise und Tariflöhne

S. 18, und ders., Kartellpreise in der Depression, in: Kartell-Rundschau, 1932, Heft 5. Über die Frage, inwieweit die Kartellpolitik vom Konjunkturverlauf abhängig ist bzw. bestimmt wird, s. Josef Dobretsberger. Freie oder gebundene Wirtschaft? Zusammenhänge zwischen Konjunkturverlauf und Wirtschaftsform, München und Leipzig 1931.

[10] Der vom Institut für Konjunkturforschung aufgestellte Index für Chemikalienpreise setzt sich folgendermaßen zusammen: Schwefelsäure, Salpetersäure, Salzsäure, Essigsäure, Oxalsäure, Ameisensäure, Weinsäure, Ätzkali, Ätznatron, Ammoniak, Pottasche, Soda, Sulfat, Chlorbarium, schwefelsaure Tonerde, Kalialaun, Borax, Kaliumchlorat, Gelbkali, Wasserglas (Natron), Knochenleim, Schwefelkohlenstoff, Azeton, Lithopone, Bleiweiß, Zinkweiß.

Das gleiche gilt für die Kartellpreise in Zeitungsdruckpapier (Stoffklasse III) und für die Tariflöhne der papierverarbeitenden Industrie bzw. für den Index der Zellstoffpreise (ungebleicht, Berlin) und den Index der Tariflöhne der papiererzeugenden Industrie. Geringfügige Abweichungen kommen vor, im allgemeinen bleibt es jedoch bei der angegebenen Charakterisierung.

Eine Regel läßt sich allerdings, wenigstens für die Tariflöhne, aus der Beobachtung eines einzigen Konjunkturzyklus nicht ableiten. Für andere Jahre oder Zyklen steht aber kein ausreichendes empirisches Material zur Verfügung. Nach gelegentlichen Angaben zu schließen, scheinen vor dem Kriege die Tariflöhne sich jedoch elastischer der veränderten Wirtschaftslage angepaßt zu haben, als in den Jahren 1926 bis 1932. So bemerkt z. B. Wagemann, daß der Arbeitslohn im Bergbau vor dem Kriege in sehr enger Fühlung mit der Konjunktur geschwankt hat, während er in der Nachkriegszeit erst ein Jahr nach Beginn der krisenhaften Verschlechterung des Kohlenmarktes herabgesetzt worden ist (ab 1. Januar 1931 um 6 v. H.).

Es ist bemerkenswert, daß auch das Gutachten des Vorläufigen Reichswirtschaftsrats zur Frage der Verhütung unwirtschaftlicher Preisbindungen (vom 13. August 1930) betont, „daß in der gegenwärtigen Lage der deutschen Volkswirtschaft, anders, als es zu anderen Zeiten und in anderen Ländern der Fall war und ist, eine Reihe von Ursachen der raschen und elastischen Anpassung der Preise an die gesunkene Kaufkraft entgegenstehen. So die große Verschuldung, die Kapitalknappheit, die Erhöhung des Anteils der fixen Kosten, der hohe Stand und die noch andauernde Vermehrung der öffentlichen Lasten, sowie trotz der in den letzten Monaten einsetzenden stärkeren Anpassung von Löhnen und Gehältern an Konjunkturverhältnisse, die auf freiem Vertrag oder behördlichem Schiedsspruch beruhende längerfristige Bindung der Löhne und Gehälter“.[11]

Gegen diese Argumentationen kann nun mit Recht das folgende eingewendet werden:

[11] Abgedruckt in: H. Wagenführ, Kartellgesetzgebung in Deutschland, Nürnberg 1933, S. 16 ff.

1. Die Kartellpreisstatistik pflege nur die Listenpreisgestaltung, nicht aber die effektive Preisgestaltung einzubeziehen. Es sei selbstverständlich, daß die Kartellmitglieder in den Zeiten der wirtschaftlichen Depression durch mannigfache Manipulationen, wie Rabattgewährung, Späterdatierung der Rechnungen usw., die Listenpreise umgehen; so daß die effektiven Kartellpreise sich u. U. nicht unwesentlich niedriger stellen als die Statistik der Listenpreise angibt.

In der Tat ist diesem Einwand eine gewisse Berechtigung nicht zu versagen. Aber abgesehen davon, daß das Institut für Konjunkturforschung den Faktor der Rabattgewährung neuerdings noch stärker als früher in Rücksicht gezogen hat, wird nach unserer Erfahrung an dem Verlauf des Kartellpreisindex auch unter Berücksichtigung dieser Faktoren nichts wesentliches geändert. Die Tendenz der Kartellpreisbewegung bleibt doch die gleiche. Nur um diese handelt es sich bei unseren Darlegungen. Die absoluten Höhenunterschiede zwischen den Kartellpreisen und den freien Preisen interessieren erst in zweiter Linie.

2. Der vom Institut für Konjunkturforschung aufgestellte Index der Kartellpreise umfasse hauptsächlich Preise von Inlandswaren, der Vergleichsindex der freien Preise dagegen in der Regel Preise von Weltmarktartikeln. Es gehe nicht an und gebe ein völlig unzutreffendes Bild, wenn man diese beiden Warenarten, deren Preisstellung sich aus grundverschiedenen wirtschaftlichen, finanziellen, sozialen und sonstigen Bedingungen ergibt, miteinander vergleicht.

Dazu ist zu bemerken, daß in dem Index der freien Preise tatsächlich die meisten Reihen (16 von 21) auslandsbestimmt, während in dem Index der geregelten Preise von 19 nur 3 mittelbar auslandsbestimmt sind.

Es ist auch selbstverständlich nicht zu leugnen, daß die Preisstellung beider Warengruppen sich unter verschiedenartigen Konstellationen bildet. An dem zahlenmäßigen Ergebnis ändert jedoch auch diese Verschiedenartigkeit durchaus nichts. Diese ist vielmehr nur bei den wirtschaftspolitischen Folgerungen, die sich an die Beobachtungen anschließen können, zu berücksichtigen.

3. Endlich wird darauf aufmerksam gemacht, daß den Erzeugnissen, die einer gebundenen Preisbildung unterliegen, nicht etwa

Erzeugnisse vergleichbarer Art, deren Preise sich auf dem vorwiegend freien Markt bilden, gegenübergestellt werden. Auch diesem Einwand kann man sich nicht verschließen. In dem vorliegenden Falle handelt es sich aber nur darum, eine Vorstellung von der Tendenz der Kartellpreisbildung im Vergleich zur freien Preisbildung zu geben.

Bei den Tariflohnsätzen ist zu berücksichtigen, daß es sich

1. um durchschnittliche tarifliche Stundenlohnsätze handelt und
2. die Tarife de facto über-, aber auch unterschritten werden.

ad 1. In Figur 1 sind die Tariflohnsätze pro Stunde im gewogenen Durchschnitt für 17 Gewerbe zusammengefaßt worden.

Diese 17 Gewerbe sind: Steinkohlenbergbau, Braunkohlenbergbau, metallverarbeitende Industrie, chemische Industrie, Baugewerbe, papiererzeugende Industrie, papierverarbeitende Industrie, Buchdruckgewerbe, Holzgewerbe, feinkeramische Industrie, Textilindustrie (nebst den Untergruppen Kammgarnspinnerei, Tuchindustrie, Baumwollindustrie, Leinenindustrie, Seidenindustrie, Samtweberei, Bandweberei, Spitzen- und Gardinenweberei, Wirkerei und Druckerei). Bekleidungsgewerbe (mit den Untergruppen: Herrenmaßschneiderei, Damenmaßschneiderei, Herrenkonfektion, Damenkonfektion, Arbeiterkonfektion, Wäschefabrikation), Schuhindustrie, Braugewerbe, Süß-, Back- und Teigwarenindustrie, Reichsbahn und Reichspost.

Innerhalb dieser verschiedenen Gewerbe schwanken die Tariflohnsätze für den gleichen Arbeiterstand, z. B. für die Facharbeiter, nicht unwesentlich. So betrug z. B. am 1. Nov. 1932 der durchschnittliche tarifliche Stundenlohnsatz für die höchste tarifmäßige Altersstufe im Baugewerbe, d. h. in Großstädten mit über 1 Mill. Einwohner 109,7 Rpf., in der Seidenindustrie für den Stand vom 1. Oktober 1932 nur 58,3 Rpf. (um die beiden äußersten Extreme anzuführen). Außerdem sind selbstverständlich die Tariflohnsätze der höchsten tarifmäßigen Altersstufe verschieden, je nachdem, ob es sich um Facharbeiter, angelernte Arbeiter, Hilfsarbeiter, und zwar um männliches oder um weibliches Personal handelt; z. B. belief sich in der papierverarbeitenden Industrie am 1. Dezember 1932 der Lohnsatz für männliche Facharbeiter auf 92,9 Rpf., für angelernte männliche Arbeiter auf 83,8 Rpf. und für männliche Hilfsarbeiter auf 69,0 Rpf. Für weibliche Facharbeiter bzw. angelernte

Arbeiter dagegen auf 53,9 Rpf. und für weibliche Hilfsarbeiter auf 43,0 Rpf.

In einigen Industriezweigen, wie z. B. im Baugewerbe, werden die Lohnsätze außerdem noch nach der Größe der Städte differenziert. Facharbeiter in Großstädten mit über 1 Mill. Einwohner erhielten einen Stundenlohn von 109,7 Rpf., in Großstädten von 100 000 bis 1 Mill. Einwohner von 92,8 Rpf., in Mittelstädten mit 50–100 000 Einwohnern 85,9 Rpf. und in Orten mit unter 50 000 Einwohnern 76,7 Rpf. Endlich sind noch die Abstufungen der Tarifsätze nach Altersstufen zu berücksichtigen. In den in diesem Aufsatz verwendeten statistischen Angaben ist, wie bemerkt, nur die höchste tarifmäßige Altersstufe berücksichtigt worden.

ad 2. Eine laufende Effektivlohnstatistik für sämtliche Branchen gibt es leider nicht. Man darf, auf Grund amtlicher Lohnerhebungen, annehmen, daß z. B. im ersten Halbjahr 1926 und in der zweiten Hälfte des Jahres 1929 die tarifmäßigen Stundenlöhne und Akkordrichtsätze in nahezu sämtlichen Gewerben und Arbeitergruppen durch die effektiven Verdienste überschritten worden sind. Das Institut für Konjunkturforschung vermutet, daß bei ansteigender Konjunktur die übertariflichen Verdienste begünstigt werden, während bei absinkender Konjunktur sich die Tendenz zeigt, die übertariflichen Verdienste niedriger zu halten. Im einzelnen hat man festgestellt, daß sich bei Stücklohnarbeit höhere Überschreitungen ergeben als im Zeitlohn. Die Facharbeiter pflegen höhere Überverdienste als die anderen Arbeitergruppen zu erzielen. Tarifpolitisch ist bemerkenswert, daß man darauf sieht, „im Gegensatz zu den starren und auf mehr oder weniger lange Sicht festgelegten Tarifsätzen die Höhe der übertariflichen Verdienste als elastischeres Element zu erhalten".[12]

Zweifellos lagen in den Jahren 1927–1929 die Effektivverdienste über denjenigen Zahlen, die in der Tariflohnstatistik zum Ausdruck kommen. Die Effektivverdienste dürften aber auch in den Jahren 1930/31 stärker gesunken sein, als die Tarifsätze angeben. Das effektive Einkommen ist seit dem Beginn der Depression im Jahre

[12] Wochenbericht des Instituts für Konjunkturforschung, 3. Jg., Nr. 14 v. 2. Juli 1930, S. 56.

1930 infolge der Senkung übertariflicher Verdienste und der Kürzungen der Wochenarbeitszeit stärker gemindert worden, als aus der Tariflohnstatistik zu entnehmen ist. In Wirklichkeit waren also auch die gebundenen Löhne etwas beweglicher, als in den Statistiken zum Ausdruck kommen kann. Auch in diesem Punkte stimmen, der Tendenz nach, die Tariflöhne mit den Kartellpreisen überein.

Es sei noch angemerkt, daß sich das Lohnvolumen in den Jahren von 1926–1931 stärker vermehrt hat als das Produktionsvolumen.[13] Setzt man unter den angegebenen Vorbehalten die Tariflohnsummen [14] und den Wert des Produktionsvolumens für das Jahr 1926 gleich 100, so ergibt sich für die Tariflöhne folgende Reihe: 1927 = 126, 1928 = 138, 1929 = 142, 1930 = 118, 1931 = 97 und für das Produktionsvolumen: 1927 = 125, 128 = 133, 1929 = 137, 1930 = 110 und 1931 = 86.

IV. Volkswirtschaftliche Wirkungen

Die Wirkungen der Kartellpreiskonstanz während des Konjunkturverlaufs sind des öfteren beschrieben worden, so daß wir uns hier auf das Wesentliche beschränken können.

Anfangs war man geneigt, die Konstanz oder die stabilisierende Tendenz der Kartellpreise auch für einen stabilisierenden Faktor im Konjunkturverlauf zu halten, indem man etwa darauf hinwies, daß die Kalkulation oft auf Jahre hinaus annähernd mit den gleichen Kostenbestandteilen zu rechnen in der Lage ist.

Gewiß dürfen diese überwiegend betriebswirtschaftlichen Probleme nicht übersehen werden. Die herrschende Meinung ist aber heute, daß die Stabilisierung der Kartellpreise noch keine konjunk-

[13] Siehe Anton Reithinger, Stand und Ursachen der Arbeitslosigkeit in Deutschland = Sonderheft 22 der Vierteljahrshefte zur Konjunkturforschung, hrsg. vom Institut für Konjunkturforschung, Berlin 1932, S. 23.

[14] Die Tariflohnsummen wurden durch Multiplikation der Zahl der geleisteten Arbeitsstunden mit dem gewogenen Durchschnitt der Tariflöhne für gelernte, angelernte und ungelernte Arbeiter jeder Industriegruppe ermittelt.

turelle Beruhigung zu bedeuten braucht. Im Gegenteil: wenn die Kartellpreise bei beginnendem Anstieg relativ niedrig gehalten werden (infolge der längerfristigen Lieferungsverträge, des Verbots der Optionen, der Hausse- und Baisseklauseln [15] und der unvermeidlichen Kartellbürokratie), so erhalten die Abnehmer die gleichen Produkte zu Preisen, die im Vergleich zu den freien Preisen relativ niedrig liegen. Dies bedeutet, daß den Abnehmern bei ansteigender Konjunktur Extragewinne zufließen. Das heißt: auch die Abnehmer können während der steigenden Konjunktur veranlaßt werden, nicht gerechtfertigte Überinvestitionen vorzunehmen. Die Folge wird sein, daß in der Phase der Depression eine Verschärfung auch bei denjenigen Wirtschaftszweigen eintreten wird, die kartellierte Produkte weiterverarbeitet haben. Für die kartellierte Branche selbst, die im ersten Anstieg nur relativ niedrige Kartellpreise erzielt, ergibt sich allerdings zunächst ein konjunktureller Verlust, der die Möglichkeit einer Überinvestition einschränkt.

Wenn hingegen in der Phase der Depression oder im ersten Abstieg die Kartellpreise nicht nur nicht gesenkt, sondern sogar des öfteren erhöht worden sind, so resultiert jedenfalls eine verschärfende Wirkung im Abstieg bzw. in der Depression. Während die freien Preise einem tiefsten Stand zustreben, verharren die Kartellpreise auf einem relativ hohen Niveau. Die Weiterverarbeiter sind genötigt, die hohen Kosten für kartellierte Roh- und Hilfsstoffe in ihre Kalkulation einzusetzen, wenn sie nicht gezwungen werden, unter Preis zu verkaufen. Mutmaßlich nimmt die Depression oder die Krise infolge der Konstanz der Kartellpreise größere Dimensionen an als bei freier Preisbildung oder als bei einer der Konjunkturbewegung stärker angepaßten Kartellpolitik. In denjenigen Wirtschaftszweigen, die sich auch bei absteigender Konjunktur relativ hohe Preise vorübergehend zu sichern vermögen, entstehen, bei sonstiger Kostensenkung, Kartellrenten, deren Umfang allerdings von der Nachfragedringlichkeit nach kartellierten Produkten abhängig ist.

[15] Siehe H. Wagenführ, Die Bedeutung der Optionen, Baisse- und Hausseklauseln für die Gestaltung der Kartellpreise im Konjunkturverlauf in: Zeitschr. f. Betriebswirtschaft, 1932, Heft 12.

Wägt man die konjunkturverschärfenden gegen die konjunkturstabilisierenden Wirkungen ab, die die Kartellpreisbindungen im Konjunkturverlauf nach sich ziehen, so dürften nach unserer Auffassung die konjunkturverschärfenden Faktoren überwiegen. –

Die volkswirtschaftlichen Wirkungen der Lohnbindung hängen zunächst von dem Umfang der Tarifverträge und von der Höhe des Lohnanteils ab, der in der Kalkulation der Fertigprodukte eingesetzt werden muß.

Es ist sehr charakteristisch, daß sich, auch geschichtlich gesehen, die Kartellverträge und Tarifvereinbarungen parallel entwickeln. Seit den 80er Jahren des vorigen Jahrhunderts nimmt die Bindung des Wirtschaftslebens in steigendem Maße zu. Die ersten Tarifverträge sind bekanntlich in England in den 60er Jahren aufgekommen. In Deutschland setzten sich etwa ein Jahrzehnt später die ersten Tarifverträge durch (Buchdruckertarif von 1873). Im Jahre 1907 bestanden in Deutschland 5324 Tarifverträge für etwa 1 Mill. Arbeiter. 1913 belief sich ihre Zahl auf 13 446 für 218 033 Betriebe mit 2,07 Mill. Beschäftigten. Über die Entwicklung seit der Stabilisierung gibt die folgende Tabelle Aufschluß:

Entwicklung der Tarifverträge nach dem Kriege

Zeitpunkt	Tarifverträge	für Betriebe	Arbeitnehmer
am 1. Jan. 1924	8 790	812 700	13 135 000
am 1. Jan. 1925	7 099	785 900	11 904 000
am 1. Jan. 1926	7 533	788 800	11 141 000
am 1. Jan. 1927	7 490	807 300	10 970 000
am 1. Jan. 1928	8 178	912 000	12 267 000
am 1. Jan. 1929	8 925	997 900	12 276 000

In den letzten Jahren vor dem Kriege dürften die Tarifverträge noch nicht $^1/_{10}$ aller Arbeitnehmer umfaßt haben. Für 1929/30 wird angenommen, daß für etwa $^2/_3$ aller beschäftigten Arbeitnehmer der Inhalt des Arbeitsvertrages und die Lohnhöhe durch Kollektivabkommen (Volltarife, Manteltarife ohne und mit Arbeitszeitregulierung, Lohnabkommen, Arbeitszeitabkommen) geregelt ist.

Ferner muß, in gleicher Weise wie bei den Kartellverträgen, berücksichtigt werden, auf welche Zeitdauer die Tarifabkommen in der Regel geschlossen werden. In der Vorkriegszeit dürften die längerfristigen Tarifabkommen überwogen haben, in der Nachkriegszeit, bis etwa zum Jahre 1928, sind die meisten Lohnabkommen nur auf höchstens 1 Jahr geschlossen worden. Seit Anfang 1928 macht sich jedoch die Tendenz geltend, längerfristige Abkommen zu schließen, im Holzgewerbe z. B. auf 3–4 Jahre. Dadurch wird selbstverständlich der Grad der Starrheit stark erhöht. Die Kalkulation wird zwar außerordentlich vereinfacht und erleichtert, die Unbeweglichkeit aber vergrößert. Gelegentlich werden auch Tarifabkommen ohne ausdrücklich festgesetzte Kündigungstermine geschlossen. Es kommen aber auch Abkommen mit mehrmonatlicher, ja mit einwöchentlicher Kündigungsfrist vor.

Die durch die Festlegung der Lohntarife in einem gewissen Ausmaß notwendig bedingte Unbeweglichkeit der Preise ist im allgemeinen von um so größerer Bedeutung, je höher der Lohnanteil an den Gesamtkosten in den einzelnen Industriezweigen ist (s. folgende Tabelle):

Der Lohnanteil (der Arbeiter) an den Gesamtkosten in einzelnen Industriezweigen [16] (in Prozenten)

Hüttenwerk	1–2	Elektr. Beleuchtungskörper	23
Walzwerk	2	Schuhindustrie	25–30
Margarine	2–4	Spiegel- und Fensterglas	25–30
Blechemballagen	4–5	Stabeisen	30
Kartonagen	8,8	Uhren	35
Druckpapier	9,3	Pianos	35–40
Ledererzeugung	7–15	Grobkeramik	30–40
Eisenblechwaren	17,4	Haus- und Küchengeräte	35–40
Chemische Industrie	15–20	Stahlschmiedewaren	55
Kali-Industrie	20	Spielwaren	40–60
Lederwarenindustrie	20	Feinkeramik	45–60

Diese Angaben sind den Enqueteberichten entnommen. Sie sind, streng genommen, nicht vergleichbar, da sie sich auf verschiedene

[16] Vgl. dazu auch die im Wochenbericht des Instituts für Konjunkturforschung, III. Jahrg., Nr. 14 v. 2. Juli 1930 auf S. 55 angegebenen Zahlen.

Jahre beziehen, in denen die Rationalisierung bei den einzelnen Branchen eine verschieden große Rolle gespielt hat. Außerdem ist die Frage des Angestelltengehalts nicht in allen Fällen eindeutig zu lösen.

Aus den Übersichten geht hervor, daß auch die Tariflohnbindung in der gegenwärtigen Wirtschaftsverfassung Deutschlands eine bedeutungsvolle Rolle spielt, die trotz der zahlreichen Differenzierungen, Ausnahmen und Auflockerungen nicht unterschätzt werden sollte.

Es fragt sich, welche Wirkungen von dieser relativen Stabilität der Löhne im Konjunkturverlauf ausgehen.

Zunächst ist zu bedenken, daß die Lohnhöhe auch nicht einmal bei jenen Produkten, die mit einer relativ hohen Lohnquote rechnen müssen, die ausschlaggebende Entscheidung für die Höhe der Preise gibt. Mit Recht ist vom Institut für Konjunkturforschung bemerkt worden, daß zahlreiche Preise, insbesondere für Verbrauchsgüter, weit weniger von den Kosten als von der Marktlage bestimmt werden, so daß sich generelle Regeln für sämtliche Waren nicht aufstellen lassen.

Im Gegensatz zu den Kartellpreisen hat die Lohnbindung insofern grundsätzlich eine andere Bedeutung, als die Löhne im Kreislauf der Volkswirtschaft eine Doppelstellung einnehmen. Sie sind nicht nur Kostenbestandteil, sondern auch wesentliche Faktoren der Kaufkraftbestimmung. Wenn die Löhne im ersten Anstieg der Jahre 1926/27, analog den Kartellpreisen, nicht in demjenigen Ausmaß angestiegen sind, wie der konjunkturelle Anstieg erwarten ließ, so bedeutet dies, daß die Nachfrage insbesondere nach Verbrauchsgütern, die nicht der Befriedigung des lebensnotwendigen Bedarfs dienen, sondern überwiegend kulturellen Zielen zu dienen bestimmt sind, im ersten Anstieg nicht sogleich im Ausmaß des Konjunkturaufschwungs sich vergrößern konnte, so daß der konjunkturellen Besserung bis zu einem gewissen, statistisch allerdings nicht erfaßbaren Grade ein Hemmschuh entgegengesetzt wurde.

Es darf aber auch für solche Wirtschaftszweige, deren Absatz nicht erstwesentlich von dem Einkommen der Arbeitermassen bedingt ist, angenommen werden, daß in diesem vorübergehenden Stadium die Kapitalbildung, die zu einem wesentlichen Teil aus dem Unternehmereinkommen gespeist wird, sich vergrößert hat, so daß infolge steigender Preise bei gleichbleibenden gebundenen Löhnen mit einer Intensivierung des Aufschwungs gerechnet werden mußte, soweit nicht die Konstanz der Kaufkraft für bestimmte Wirtschaftszweige hindernd im Wege stand.

Wenn dagegen in der Phase des Hochschwungs die Löhne angestiegen sind, so lag dies im Sinne der Konjunkturbewegung: die mehrproduzierten Erzeugnisse konnten von den erhöhten Lohnsummen gekauft werden.

Für den ersten Abstieg gilt in ähnlicher Weise wie für den ersten Anstieg, daß die Tariflohnbindungen zu einer Verstärkung der Depression führen, wenn die Tariflöhne bis in den zweiten Abstieg hinein auf einem relativ hohen Niveau verharren und danach erst, nachdem die alten Tariflohnverträge abgelaufen sind, ruckartig sinken.

Zusammengefaßt ergibt sich, daß infolge der Bindungen durch Kartellpreise und Tariflöhne die Elastizität der Wirtschaft stark eingeschränkt wird, derart, daß, zum mindesten während des vergangenen Konjunkturzyklus von 1926 bis 1932, die Wirkungen des konjunkturellen Anstiegs wie des Abstiegs nicht unwesentlich intensiviert worden sind [17].

[17] Vgl. Adolf Weber, Gewerkschaften usw., in: Jahrbücher für Nationalökonomie und Statistik, III. F. 79. Bd., S. 719: Die gemeinsame Hauptgefahr von Kartell und Gewerkschaft ist, „daß diese Organisationen die Elastizität der Preisbildung an den Märkten, an denen sie beteiligt sind, leicht so beeinträchtigen können, daß dadurch der Anpassungsprozeß zum schweren Nachteil für den volkswirtschaftlichen Fortschritt ernstlich gefährdet wird".

Schmollers Jahrbuch für Gesetzgebung, Verwaltung und Volkswirtschaft im Deutschen Reiche 59, 1935, S. 553—571.

BEMERKUNGEN ZUR THEORIE DER KARTELLPREISE

Von THEODOR WESSELS

1. Die monopoltheoretische Erklärung der Kartellpreise

Die weite Verbreitung der Kartelle in Deutschland hat diese Marktverbände seit langem zu einem bevorzugten Untersuchungsgegenstand der deutschen Volkswirtschaftslehre gemacht. Seit den achtziger Jahren bemüht sich eine umfangreiche und kaum noch zu übersehende Literatur um die wissenschaftliche Klärung dieses Problems. Trotzdem ist die Kartelltheorie in keinem wesentlichen Punkte zu einer einheitlichen Auffassung gekommen. Die Notwendigkeit der Klärung hat in der Gegenwart keineswegs an Dringlichkeit verloren. Die Kartelle gehören nicht der Vergangenheit an; die Wirtschaftspolitik bekämpft keineswegs grundsätzlich das Streben der Unternehmer nach Errichtung einer Marktmacht, das in der Kartellbildung zum Ausdruck kommt. Solange die Betätigung der Kartelle den Zielen der Wirtschaftspolitik nicht zuwiderläuft, steht ihre Wirksamkeit durchaus im Einklang mit den Bemühungen des Staates um die Überwindung des hemmungslosen Wettbewerbs und um eine Regulierung der Wettbewerbsbedingungen, zumal die meisten Formen der Kartelle nur die „ruinöse Konkurrenz" zu überwinden versuchen. Droht aber in Einzelfällen das autonome Vorgehen eines Kartells zum Beispiel eine vom Staat beabsichtigte Lenkung der Produktion oder die ihm erwünschte Preisgestaltung zu durchkreuzen, so erzwingt der Staat regelmäßig nur eine Modifikation der Kartellabreden und macht so das Kartell zu einem Instrument seiner wirtschaftspolitischen Bestrebungen. Auch beim Auftauchen eines solchen Gegensatzes müssen aber zunächst die Wirkungen der Kartellmaßnahmen auf die Preishöhe, auf die Produktionsausdehnung usw. bekannt sein, um über die Art des Eingriffes entscheiden zu können – wie die Folgen dieses Eingriffes selbst nur mittels genauer Einsicht in die Kartellwirkungen bestimmt werden können, da er den Zusammenschluß und das einheitliche Vorgehen der Unternehmer am Markt nicht aufhebt, sondern es nur in eine bestimmte Richtung drängt.

Neben zahllosen Abweichungen in Einzelheiten treten zwei ausgeprägte Richtungen der Kartellforschung hervor. Übereinstimmung besteht zwischen beiden nur darin, daß die Kartelle Marktverbände sind, durch die die Unternehmer ihre „Position" auf dem Markte verbessern wollen. Während aber die eine Gruppe der Forscher glaubt, dieses Streben führe zwangsläufig zu einer Beseitigung des Konkurrenzpreises und zur Entstehung eines Monopolpreises, sieht die andere Richtung die Monopolstellung keineswegs als wesensnotwendig für das Kartell an. Sie sucht vielmehr durch empirische Untersuchungen nachzuweisen, daß die Kartelle nur selten zu monopolistischen Marktverbänden werden können. Für sie ist die „Marktordnung", die durch die Kartelle herbeigeführt wird, wesentlich. Darunter versteht diese Richtung alle Versuche der Unternehmer zur Verbesserung ihrer Angebotsposition; das Kartell soll nach dieser Auffassung vor allem zur Ausschaltung der ruinösen Konkurrenz, dann aber auch zu einer planvollen Anpassung des Angebotes an die Nachfrage führen.

Die ältere Kartelltheorie operierte durchweg mit dem Monopolargument. Sie ging von der Beobachtung aus, daß das Aufkommen der Kartelle die freie Konkurrenz der Unternehmer untereinander beseitigt hatte und glaubte, dieses Verschwinden des hemmungslosen Wettbewerbs lasse bereits einen Monopolzustand entstehen. Der Blick der ersten Kartellforscher war nur auf die äußeren Vorgänge am Markte gerichtet: an die Stelle der Konkurrenz der Anbieter untereinander war ein einheitliches Vorgehen der kartellierten Unternehmer getreten, und schon darin schien das Monopol begründet. Damit war aber nur eine vage Umschreibung der organisatorischen Vorgänge bei der Kartellbildung gegeben. Daß der Monopolbegriff erst dann eindeutig wird, wenn man die Wirkungen aufzeigt, die von der Zusammenfassung des Angebotes auf die Preishöhe ausgehen, blieb den ersten, ohne jedes theoretische Werkzeug arbeitenden Kartellforschern völlig unklar. Mit dem Fortschreiten der theoretischen Einsicht und der Übernahme exakter

Monopoltheorien wurde sehr bald evident, daß in dieser Weise der Monopolcharakter der Kartelle nicht zu begründen ist. In der Folgezeit betrachtete zwar die Kartelltheorie unter Führung von Robert Liefmann die Kartelle auch weiterhin als monopolistische Gebilde, bemühte sich aber, die Monopoleigenschaft zu definieren. Sie wich jedoch in eigenartiger Weise der klassischen Monopoltheorie, die seit Cournot zu den gesichertsten Teilen der Theorie gehört, aus. Nach dieser setzt der Monopolist den Preis so fest, daß der Gesamtgewinn, den er zu erzielen vermag, ein Maximum erreicht. Der Monopolpreis im Sinne der ökonomischen Theorie kann nur zustande kommen, wenn jede Konkurrenz unter den Anbietern aufgehört hat und wenn das vereinigte Angebot diese Lage zur Erzielung des größtmöglichen Gewinns ausnutzt. Bezeichnet die Kartellforschung die Kartelle als monopolistische Gebilde, so muß sie konsequenterweise behaupten, daß der Kartellpreis der vereinigten Unternehmer ein Maximum an Gewinn gewährt.[1] Zwar taucht diese Behauptung gelegentlich auf, aber sie steht angesichts der oft nur sehr begrenzten Wirkungen der Kartelle auf die Preishöhe, die durch zahlreiche empirische Untersuchungen über die Kartelle in den verschiedenen Industriezweigen nachgewiesen sind, zu sehr in Widerspruch mit der Wirklichkeit, als daß sie von den führenden Vertretern der Kartelltheorie hätte übernommen werden können. Die Forscher dieser Richtung verzichten vielmehr durchweg auf die Konstruktion eines Zusammenhanges zwischen Kartellbildung und Preishöhe. Statt der Verfolgung des bei ihrer Definition der Kartelle zwangsläufigen Erklärungszieles begnügen sie sich damit, irgendwelche Wirkungen der Kartelle, so zum Beispiel die Minderung des Kapitalrisikos, die Folgen der Kartellbildung auf die Unternehmerpsyche usw. zu beschreiben. Liefmann[2] hat sogar in einer seiner späteren Arbeiten die Berechnung des höchstmöglichen Gewinnpreises als „bloße Spielerei“ hingestellt. Damit wird der Monopolbegriff der

[1] Allerdings mit der Einschränkung, die bei jeder Anwendung eines Satzes der ökonomischen Theorie auf einen konkreten wirtschaftlichen Tatbestand zu machen ist, daß die Voraussetzungen der ökonomischen Theorie in der Wirtschaft niemals in vollem Umfange erfüllt sind.

[2] Robert Liefmann, Die Theorie des Monopolpreises. Wirtschaftstheorie der Gegenwart, Band III, S. 126. Wien 1932.

ökonomischen Theorie preisgegeben. Die verschiedensten *Wirkungen* der Kartelle, die eine Besserung der Unternehmerposition auf dem Markte herbeiführen, werden jetzt als Beweise für den Monopolcharakter der Kartelle angesehen, man unterläßt es aber, die den Kartellen zugeschriebene Monopolmacht exakt zu definieren. An die Stelle des maximalen Gewinnpreises der klassischen Monopoltheorie tritt nun keineswegs eine andere eindeutig bestimmte Preishöhe, die gleichfalls als monopolistische bezeichnet wird; vielmehr geht man gleich zur Beschreibung von Rückwirkungen des Kartells auf die Unternehmerschaft über, die sich jedoch nur als Folge von Veränderungen im Preisgefüge ergeben können.

Grundsätzlich ist es eine rein terminologische Frage, welche Preiskonstellation man als „Monopol" bezeichnen will. Die ökonomische Theorie kann aber auf die Bestimmung jenes Preises, bei dem das vereinigte Angebot den durch Zusammenschluß erreichbaren höchstmöglichen Gewinn erzielt, ebensowenig verzichten wie auf die Erklärung des entgegengesetzten Grenzfalles, des Konkurrenzpreises. Nachdem nun als Monopol seit langem der maximale Gewinnpreis definiert ist, zieht bereits die Anwendung des gleichen Terminus auf eine andere eindeutig bestimmte Preishöhe die Gefahr begrifflicher Verwirrung nach sich. Vollends unmöglich ist es aber, auf die Aufzeigung eines Zusammenhanges zwischen Monopol und Preishöhe zu verzichten. Damit fällt die Forschung in die völlig unbestimmte Monopolvorstellung der frühen Kartelliteratur zurück. Der Fortschritt gegenüber der ersten Epoche liegt nicht in der Klärung des Kartellpreises, die diese Forschungsrichtung nach ihrer Fragestellung hätte geben müssen, sondern in der Untersuchung der Bedingungen für das Zustandekommen der Kartelle, der Wirkungen der Kartelle auf das Unternehmerrisiko usw., in der Klärung wichtiger Sonderfragen wie Kartelle und Schutzzollpolitik, Kartelle und Konjunktur u. a. Die Grundfrage aber bleibt völlig ungelöst.

Ein Teil der neueren Arbeiten hat dann die ursprüngliche Problemstellung wiederaufgenommen und gesehen, daß die Verbindung der Kartelle mit dem Monopolbegriff nur dann sinnvoll ist, wenn der Kartellpreis als Monopolpreis definiert werden kann. Diese Gruppe von Forschern stellt neben das klassische Monopol, das man jetzt als „vollkommenes Monopol" bezeichnet, ein Monopol „in weiterem Sinne". Ein solches ist für sie immer dann gegeben, wenn das Kartell in der Lage ist, durch Zusammenfassung der Anbieter und Beschränkung der Angebotsmenge den Preis über das Konkurrenzniveau zu heben. „Das entscheidende Merkmal der Monopolstellung liegt in der Fähigkeit des Anbieters, vermöge seines Einflusses auf das Gesamtangebot und der verschiedenen möglichen Preise eine Auswahl zu treffen." [3] Zunächst wird es bei dieser Erweiterung des Monopolbegriffes möglich, die gewöhnlich sehr begrenzte Marktmacht der Kartelle als monopolistische zu bezeichnen. Zweifellos trennen diese Forscher die Theorie des Kartellpreises grundsätzlich richtig von der Theorie der freien Konkurrenz. Der Zustand der freien Konkurrenz ist dadurch charakterisiert, daß in ihm der einzelne Anbieter nicht in der Lage ist, bestimmte Preisveränderungen herbeizuführen. Das Ziel der Kartelle ist daher notwendig die Überwindung des Preises, der sich bei vollentwickeltem Wettbewerb ergeben würde. Diese Theoretiker kommen nicht über die Feststellung hinaus, daß der Kartellpreis weder ein Konkurrenzpreis noch ein echter Monopolpreis, sondern irgendwo zwischen beiden liegt. Damit ergibt sich auch bei diesem Vorgehen eine Lücke im Erklärungsprozeß: die Bestimmungsgründe des Kartellpreises bleiben unbekannt. Es tritt neben die Theorie der Konkurrenz und neben die Theorie des Monopolpreises keineswegs eine neue Theorie des Teilmonopols oder der beschränkten Konkurrenz, sondern nur ein Hinweis auf die Abweichung des Kartellpreises von den beiden anderen Preiskonstellationen.

Haben diese neueren Arbeiten wenigstens im Ausgangspunkt die Verbindung der Kartelltheorie mit einem Monopolbegriff wiederhergestellt, so geht ein anderer, ebenfalls von Wolfers unternommener Erklärungsversuch noch weiter, indem er exakt die Gründe aufzuzeigen versucht, die das Abweichen der Kartellpreise von dem absoluten Monopolpreis erklären. Wolfers, dessen Arbeiten die Kartelltheorie viele Anregungen verdankt, konstruiert zwei Sonderformen des Monopols, das „Monopol mit begrenzter Preishöhe"

[3] Wolfers, Das Kartellproblem im Lichte der deutschen Kartelliteratur. Schriften des Vereins f. Sozialpolitik, Band 180, Teil II, S. 37 ff.

und das „Monopol mit begrenzter Zeitdauer".[4] Die erste unterscheidet sich vom absoluten Monopol dadurch, daß die Konkurrenz bis zu einer gewissen Preishöhe ausgeschaltet ist, oberhalb deren wieder die freie Konkurrenz eintritt. Als praktisch wichtigsten Fall sieht Wolfers das zoll- und frachtbedingte Monopol nationaler Kartelle an. „Ein solches Monopol wäre dann absolut, wenn die Zollmauer so hoch und der Inlandsmarkt so aufnahmefähig wäre, daß der maximale Gewinnpreis noch unter der durch Zoll und Fracht gesetzten Höchstgrenze läge." [5] Wolfers macht also den Versuch, die Lücke im Erklärungsprozeß zu schließen. Er bemüht sich um die Bestimmung der tatsächlichen Höhe des Kartellpreises: er liegt um die Höhe des Zolles oder der Frachtbelastung unter dem maximalen Gewinnpreis. Entscheidend ist, daß hier für Wolfers der Kartellpreis ein echter Monopolpreis ist; das Kartell erreicht bei Berücksichtigung gegebener Umstände den höchstmöglichen Gewinnpreis. Es ist eine Frage der Zweckmäßigkeit, ob man eine Sonderform des Monopols für den Fall konstruieren will, in dem der Festsetzung des Preises, bei dem der Gewinn maximiert wird, durch Zoll- und Frachtbelastung bestimmte Grenzen gezogen sind. Tatsächlich ist dieser Preis unter den gegebenen Daten der maximale Gewinnpreis. Die Feststellung, daß dieser Preis beim Fehlen jeder potentiellen ausländischen Konkurrenz höher liegen würde, zwingt nicht unbedingt zur Bildung dieser Sonderform des Monopols. Man kann diesen Monopolfall sehr leicht der allgemeinen Monopoltheorie einordnen; die Zoll- oder Frachthöhe bestimmt dann die Nachfrageelastizität – in dieser Weise haben Pigou und andere diesen Sonderfall berücksichtigt. Noch mehr gilt das für die andere Monopolform, das Monopol mit begrenzter Zeitdauer, die Wolfers herausgearbeitet hat und die er ebenfalls zur Erklärung des Kartellpreises heranzieht. Die volle Ausnutzung der Monopolmacht wird hier begrenzt durch die Gefahr des Aufkommens von Außenseitern, die jedoch nach Lage der Produktionsbedingungen, des Risikos, der Höhe des Kapitalbedarfs für neue Unternehmungen usw. sehr verschieden ist. Gewiß ist der

[4] Wolfers, A., Über monopolistische und nichtmonopolistische Wirtschaftsverbände. Archiv f. Sozialwissenschaft, Band 59, S. 298 ff.

[5] Wolfers, a. a. O., S. 299.

Monopolist an einer möglichst langen Ausnutzung seiner Monopolstellung interessiert und muß dem bei Festlegung des Preises Rechnung tragen. Er wird dies dadurch tun, daß er *den* Monopolpunkt als den maximalen ansieht, der ihm den größten Gewinn sichert, ohne jedoch die Gefahr der Zerstörung der Monopolstellung zu steigern. Dieser Zwang ist nahezu bei jeder Monopolstellung gegeben, da nur in Ausnahmefällen die Möglichkeit des Aufkommens von Außenseitern fehlt. Es ist tatsächlich fast jede Monopolstellung eine solche mit begrenzter Zeitdauer.

Auch wenn man glaubt, daß die von Wolfers hervorgehobenen Monopolsituationen leicht mit Hilfe der reinen Monopoltheorie eingefangen werden können, so unterliegt es keinem Zweifel, daß er Tatsachen aufgezeigt hat, die für die Bestimmung des Monopolpreises in konkreten Fällen von größter Bedeutung sind. Fraglich ist aber, ob der Hinweis auf diese Monopolformen geeignet ist, den Kartellpreis zu erklären. Dieser wäre dann in jedem Falle ein echter Monopolpreis; auch bei Annahme der beiden Sonderformen erzielt das Kartell den innerhalb der gegebenen Daten höchstmöglichen Gewinn. Das setzte aber voraus, daß die Konkurrenz der kartellierten Anbieter untereinander durch das Kartell völlig überwunden wäre. Im Regelfalle trifft das aber nicht zu. Die Kartelle sind in den meisten Fällen in der Preisfestsetzung deshalb so beengt, weil die Konkurrenz der Anbieter nur gewissen Modifikationen unterworfen ist. Das gilt selbst dann, wenn die Preishöhe unmittelbar Gegenstand der Kartellabmachungen ist, wie später zu zeigen ist. Diese für die Marktmacht der Kartelle entscheidenden Faktoren werden durch die von Wolfers gebildeten Monopolformen nicht berücksichtigt. Sie weisen nur auf Umstände hin, die beim echten Monopol eine Verlagerung des maximalen Gewinnpunktes nach sich ziehen können. Daher ergibt diese Einengung des Monopolbegriffes keinen direkten Zugang zur Lösung des Kartellproblems.

II. Die institutionalistische Richtung

Gegenüber der monopoltheoretischen Erklärung der Kartelle in ihren verschiedenen Spielarten besitzt die andere Richtung der

Kartellforschung den Vorzug größter Wirklichkeitsnähe. Sie verzichtet auf eine geschlossene theoretische Erklärung des Kartellproblems, sucht vielmehr die Wirkungen, die von den einzelnen Kartellarten ausgehen, zu beschreiben. Sie kommt dabei zu einer detaillierten Aufzeigung der Motive der Kartellbildung und arbeitet die psychologischen und wirtschaftlichen Hemmungen heraus, die der Ausnutzung der Kartellmacht entgegenstehen. Damit hat sie einen außerordentlich wichtigen Beitrag zur Erfassung des Kartellproblems gegeben. Gerade die psychologischen Momente sind für die Erklärung der Kartellwirkungen ungleich wichtiger als für die Erklärung der Konkurrenz- und Monopolpreisbildung. Die im Kartell vereinigten Unternehmer besitzen im Gegensatz zu den beiden eben erwähnten Formen der Preisbildung keinen eindeutigen Orientierungspunkt. Beim Konkurrenzpreis hat der einzelne Unternehmer keine Möglichkeit, den Marktpreis zu verändern; an der gegebenen Preishöhe richtet er seine Kalkulation aus. Auch der Monopolist findet eine klare Richtlinie für sein Verhalten am Markte in dem Streben nach einem Maximum an Monopolgewinn. Er sucht zwar den gegebenen Preis zu überwinden, aber sein Vorgehen besitzt einen eindeutigen Zielpunkt, wenn er auch erst durch Abtasten des Marktes den Weg zu diesem Ziel finden mag. Anders dagegen die kartellierten Unternehmer. Ihr Verhalten ist in den meisten Fällen durch die Unsicherheit über die Wirkung des Kartells bestimmt. Meist einigt man sich im Kartell nur über einige und oft für die Höhe der Preise keineswegs ausschlaggebende Angebotsfaktoren. Sodann besteht Ungewißheit über die Vertragstreue der Mitgliedsfirmen, wenn dieses Unsicherheitsmoment auch durch das Kartellrecht vieler Staaten begrenzt ist. So herrscht in den meisten Fällen keine völlige Klarheit über die Reichweite der Kartellmacht. In der Vergangenheit hat die Gefahr des Aufkommens von Außenseitern eine so ausschlaggebende Rolle gespielt, daß die Sorge um das Fortbestehen der Kartelle sehr oft das rein rationale Verhalten der Unternehmer gegenüber anderen Momenten zurückgedrängt und ihr Vorgehen im Marktkampf ausschlaggebend beeinflußt hat. Die Aufzeigung der irrationalen Momente ist daher zweifellos ein wichtiger Ansatzpunkt für die Erklärung der Kartelle. Darüber hinaus hat diese Richtung den Zusammenhang der Kartelle mit bestimmten politischen, und insbesondere mit wirtschaftspolitischen Tatbeständen weitgehend geklärt; wir verdanken ihren Arbeiten eine fast geschlossene Soziologie des Kartellwesens.

Die *wirtschaftlichen* Wirkungen der Kartelle sind erst durch die Untersuchungen dieser Forscher deutlich geworden. Sie haben gezeigt, wie außerordentlich verschieden die Marktmacht der Kartelle ist und dementsprechend auch die Wirkungen der einzelnen Kartellarten. Diese Feststellung hat die Richtung in einen Gegensatz zur monopoltheoretischen Erklärung der Kartelle gebracht. Sie kämpft aber de facto nicht nur gegen diesen Erklärungsversuch, sondern bezieht nun die Gegenposition, indem sie eine theoretische Erklärung des Kartellproblems überhaupt ablehnt, weil sie darin eine unzulängliche Schematisierung angesichts der Mannigfaltigkeit der empirischen Kartellformen sieht.

Damit wird eine einheitliche Erklärung der Kartellwirkungen überhaupt aufgegeben, insbesondere verzichtet man auf die theoretische Bestimmung des Kartellpreises. Man begnügt sich mit einer Systematisierung konkreter Kartellerscheinungen. So verzichtet diese Schule – man kann sie die institutionalistische nennen – auf die ökonomisch-relevante Problemstellung, die die monopolistische Kartellehre zwar gesehen, aber bei der Unzulänglichkeit ihres Erklärungsinstrumentes nicht gelöst hatte: die Einwirkung der Kartelle auf die Preishöhe zu erklären.

Auch diese Forscher sehen die Kartelle als Gebilde an, durch die die Unternehmer eine Hebung ihrer Marktmacht zu erreichen versuchen. Deshalb muß die Wirkung der Kartelle sich zwangsläufig in der Beeinflussung der Preise äußern. Da sich der gesamte Tauschprozeß durch die Preise regelt, kommt die Hebung der Marktmacht notwendig in einer für die Unternehmer günstigeren Preiskonstellation zum Ausdruck. Diese muß geklärt werden, wenn die Auswirkungen der Kartelle auf den volkswirtschaftlichen Gesamtprozeß festgestellt werden sollen. Die Einwände der Institutionalisten können, soweit sie berechtigt sind, nur die Konsequenz haben, das Kartellproblem nicht nach *einem* engen Preisschema zu untersuchen, sondern die vielen Differenzen in der Wirkung der Kartelle auf die Preise herauszuarbeiten. Unter keinen Umständen aber dürfen sie zu einem reinen Empirismus verleiten, der die Erklärung der allen

Kartellen gemeinsamen Preisbeeinflussung aufgibt. Die Aufgabe besteht vielmehr darin, eine Theorie der Kartellpreise zu entwickeln, die so weit ist, daß alle Kartellformen berücksichtigt werden können.

Da der Kartellpreis, wie später gezeigt wird, wesensmäßig ein Preis beschränkter Konkurrenz ist, läge es nahe, die in den angelsächsischen Ländern entwickelte Theorie der „beschränkten Konkurrenz“ als das Werkzeug anzusehen, dessen sich die Kartelltheorie zu bedienen hat. Jedoch ist eine Anwendung der bisherigen Ergebnisse der Theorie der beschränkten Konkurrenz schon deshalb unergiebig, weil sich diese auf wesentlich andere Formen der Konkurrenzbeschränkung bezieht, als sie im Kartell gegeben sind. Für die angelsächsischen Länder ist die Untersuchung der Fälle besonders aktuell, in denen einige große Konkurrenten im Wettbewerbskampf stehen (zum Beispiel bei public utilities), zwischen denen jedoch eine Einigung nicht zustande kommt. Andere Zwischenstadien zwischen Konkurrenz und Monopol liegen bei „mehrfachem Monopol“ (Cournot) und bei „zweifachem Monopol“ (Marshall) vor. Alle diese Formen treffen jedoch nicht die Art der Zusammenfassung des Angebotes, die für das Kartell charakteristisch ist. In den bisher von der Theorie untersuchten Fällen „beschränkter Konkurrenz“ entschließt sich nicht die Gesamtheit der Anbietenden zu einem einheitlichen Vorgehen auf dem Markte wie im Kartell, sondern die Beschränkung der Konkurrenz ergibt sich durch den Fortfall der Ausgleichstendenzen, die das Gegeneinander einer Vielzahl von Konkurrenten nach sich zieht. Der Geschlossenheit des Angebots im Kartell steht hier oft eine „cut-throat competition“ gegenüber. Die deutsche Wissenschaft hat diese Theorie im wesentlichen übernommen, es leider aber unterlassen, eine Theorie der Konkurrenzbeschränkung zu entwickeln, die für das in Deutschland ungleich wichtigere Kartellproblem ein geeignetes Erklärungsinstrument bildet. Allerdings kann die in den angelsächsischen Ländern ausgebildete Theorie der beschränkten Konkurrenz in bestimmter Hinsicht auch für die Erklärung der Kartellwirkungen bedeutsam sein – in den Fällen nämlich, in denen im nationalen Wirtschaftsgebiet mehrere Kartelle mit regionaler Abgrenzung ihrer Marktgebiete nebeneinander stehen, dabei aber in den sogenannten Puffergebieten miteinander konkurrieren. Für dieses „bestrittene“ Gebiet ergibt sich dann eine beschränkte Konkurrenz im Sinne der vorher skizzierten Theorie. Aber hier handelt es sich nicht um die Erklärung eines tatsächlichen Kartellpreises, der stets eine Marktbeherrschung voraussetzt, sondern um den Preis, der sich bei Konkurrenz mehrerer Kartelle untereinander ergibt.

III. Das Grundproblem

Da die verschiedensten Tatbestände zum Gegenstand der Kartellabmachungen werden können, ist es oft schwierig, die Art der Beeinflussung des Preismechanismus, die das Kartell hervorruft, zu erkennen. Deshalb bedarf es zunächst einer Untersuchung, wie die Kartellabreden auf die Preishöhe einzuwirken vermögen. Die Unternehmer können durch Bildung von Marktverbänden unmittelbar immer nur die eine Komponente der Preisbildung – den Angebotspreis – beeinflussen. Völlig souverän ist das Kartell in der Preisfestsetzung nur dann, wenn es eine echte Monopolstellung besitzt; diese ist aber für die meisten Kartelle nicht erreichbar – das ist ein sicheres Ergebnis der außerordentlich zahlreichen empirischen Kartelluntersuchungen; es bleiben vielmehr im Kartell fast immer Elemente des Wettbewerbs erhalten. Mithin müssen die Kostengrößen, die auch bei abgewandelter Konkurrenz für die Unternehmer der entscheidende Faktor der Bestimmung ihrer Angebotspreise sind, durch den Kartellvertrag beeinflußt werden – sei es nun, daß sich tatsächlich der Kostenfluß in den Betrieben infolge der Kartellbildung ändert, sei es, daß fiktive Kosten auf Grund des Kartellvertrages der Kalkulation zugrunde gelegt werden. Es läßt sich in der Tat zeigen, daß alle Kartellformen ökonomisch letztlich diese Wirkung haben. In der Aufzeigung der neuen Angebotssituation, die das Kartell herbeiführt, liegt der Ausgangspunkt für die Erklärung der Wirkungen des Kartells auf die Preishöhe.

IV. Die Preisbeeinflussung bei Konditionen- und Kontingentkartellen

a) Der einfachste Fall ist der, in dem die Kartelle die Konkurrenz zwischen den Unternehmern bestehen lassen, aber einzelne Kostenfaktoren aus dem Konkurrenzkampf herausheben und eine einheitliche Festlegung dieser Kosten, die für alle kartellierten Unternehmungen verbindlich ist, durchführen. Der einzelne Unternehmer kann jetzt nicht mehr durch Unterbieten der Preise für gewisse Teilleistungen („Konditionen“) auf die Preishöhe des Gesamtproduktes einwirken. Diese sind jetzt aus dem Konkurrenzkampfe herausgenommen; die Konkurrenz beschränkt sich auf die Angebotsfaktoren, die durch den Kartellvertrag nicht berührt werden. Der Konkurrenzmechanismus bleibt bei dieser Form der Kartelle dem äußeren Vorgang nach völlig intakt, tatsächlich aber ist er durch die Herausnahme der „Konditionen“ verändert. Die Beeinflussung der Preishöhe, die das Kartell in diesem Falle durchzusetzen vermag, bestimmt sich nach der Bedeutung, die die Konditionen an den Gesamtkosten und damit auch für die Angebotspreise besitzen. Schon die Tatsache, daß die Konditionen nur Nebenleistungen umfassen, schließt im Regelfalle aus, daß die Wirkungen dieser Kartellform auf die Preise sehr bedeutend sind. Allerdings darf man die Reichweite der Konditionenkartelle nicht allzu eng nach der Formulierung der Kartellverträge bestimmen. Denn gerade bei dieser Kartellform, die häufig dann zustande kommt, wenn einer straffen Kartellbildung Hemmnisse entgegenstehen, spielt die Fühlungnahme der Unternehmer im Kartell eine wichtige Rolle. Sie kann die Wirkung haben, daß ein einheitliches Vorgehen auch für Leistungen, die im Kartellvertrag nicht ausdrücklich genannt sind, zustande kommt. Sind die Unternehmer im Kartell einmal an den Verhandlungstisch gebracht, und zeigt die Einigung über untergeordnete Kostenfaktoren günstige Wirkungen, so entsteht die Tendenz, die Konkurrenz durch das Kartell weiter zu normalisieren und zu mildern, den Begriff Konditionen immer mehr zu erweitern und schließlich auch weitere Kostengruppen zum Gegenstand der Kartellierung zu machen. Der Trennung zwischen Konditionenkartellen und den sogenannten höheren Kartellformen, die in der Kartellsystematik üblich ist, entspricht in der konkreten Wirtschaft keineswegs eine klare Scheidungslinie zwischen beiden Kartellgruppen; es gibt hier zahlreiche Übergangsformen, die bisher nur selten analysiert sind, obwohl sie sehr häufig in der konkreten Wirtschaft auftreten. Sie unterscheiden sich von den Konditionenkartellen dadurch, daß die Kartellvereinbarungen über die Konditionen hinausgehen, haben aber mit ihnen gemein, daß nur einzelne Kostenfaktoren durch das Kartell festgelegt werden. Die theoretische Analyse kann sich daher bei diesen Zwischenformen grundsätzlich der gleichen Mittel bedienen wie bei den Konditionenkartellen. Die Schwierigkeit liegt in der Feststellung der tatsächlichen Reichweite der Kartellabreden, die sich keineswegs immer aus dem Kartellvertrag ergibt, sondern auch auf einer Konvention der Unternehmer beruhen kann. Aufgabe der Kartellforschung ist es dann, den tatsächlichen Komplex der Kartellwirkungen zu erkennen und danach die Veränderung der Preishöhe zu bestimmen.

b) Je weiter freilich der Kreis der erfaßten Kostenelemente wird, um so eher wird diese Kartellart durch andere Formen ersetzt. Eine umfassende Veränderung der Angebotssituation kann zunächst dadurch hervorgerufen werden, daß die von den einzelnen Werken produzierte Menge durch das Kartell fixiert wird. Dabei wird entweder die Produktion der Einzelunternehmungen direkt begrenzt (reines Kontingentkartell) oder aber den einzelnen Werken wird ein bestimmtes Absatzgebiet zugewiesen und dadurch eine Beschränkung der Produktion erreicht (Gebietskartell). Für beide Formen ist es charakteristisch, daß die Festlegung der Produktion zu einer Verringerung des Gesamtangebotes gegenüber dem Zustand freier Konkurrenz führt. Zum mindesten muß ein Teil der Unternehmer auf die volle Ausnutzung der Produktionskapazität verzichten, da eine Beschränkung des Angebotes durch Ausscheiden einzelner Unternehmungen im Kartell im Regelfalle nicht in Frage kommt. Die Unternehmer finden sich regelmäßig nur dann zu einer Einschränkung ihrer Produktion bereit, wenn die Gewinne trotz der Minderung des Absatzes ansteigen oder wenn die Erzeugung zu Verlustpreisen überwunden wird. Das setzt aber voraus, daß der Angebotspreis durch das Kartell gehoben werden kann, indem die Produktionsbeschränkung die Mengen ausschaltet, von denen der Preisdruck ausging. Der Sinn der Erzeugungsbeschränkungen liegt also in einer Verlagerung des Kostenniveaus der kartellierten Unternehmungen. Im Regelfall vollzieht sich diese so, daß wenigstens einige Unternehmungen, die meist zu niedrigeren Kosten als der Durchschnitt der Betriebe des Wirtschaftszweiges produzieren, darauf verzichten, durch die Vollausnutzung ihrer Betriebe die fixen Kosten auf die größtmögliche Produktmasse zu verteilen und dadurch den niedrigeren Fixkostenanteil je Erzeugungseinheit zu erreichen. Schließt man den völlig untypischen Fall aus, in dem bei schlechterer Ausnutzung der Kapazität die Grenzkosten sinken, so liegen nach der Bildung des Kartells die Stückkosten in den am günstigsten arbeitenden Betrieben höher als vor der Bildung des Kontingentkartells, die Kostendifferenz zwischen den einzelnen Betrieben wird kleiner. Der Angebotspreis hebt sich auf Grund der neuen Kostenlage. Soll das Ziel des Kontingentkartells erreicht werden, so muß der Kartellpreis zum mindesten eine Verlustproduktion in jedem der angeschlossenen Betriebe verhindern. Für die ungünstig arbeitenden Betriebe ergibt sich dies durch das Verschwinden des Preisdruckes der Mengen, die von den überlegenen Werken zu den niedrigsten Kosten erzeugt wurden. Für die besten Werke ist der Verzicht auf die maximale Produktionsausdehnung vorteilhaft, wenn die Preissteigerung auf Grund der Kartellbildung die Vorteile einer weiteren Kostendegression übersteigt. Ferner dann, wenn bei freier Konkurrenz eine ruinöse Konkurrenz zu entstehen droht, indem die restlichen Werke auch bei Verlustpreisen ihre Produktion fortsetzen, dadurch ständig neue Preissenkungen hervorrufen und schließlich auch die Rentabilität der besten Werke gefährden. Das Kontingentkartell ist die typische Abwehr einer ungünstigen Marktsituation, die sich bei einer „Überkapazität" infolge der „Modernisierung" eines Teiles der Werke ergibt. In allen Industriezweigen, in denen die fixen Kosten einen sehr großen Anteil an der Gesamtkostenmasse ausmachen, besteht die Gefahr großer Verluste durch schwankende Ausnutzung der Werke. In diesen Industriegruppen kann eine Produktionsbeschränkung, die zur Sicherung einer bestimmten Absatzhöhe führt, bereits eine sehr bedeutende Preiserhöhung nach sich ziehen.

Trotz großer Verschiedenheit der Art der Eingriffe in den Konkurrenzmechanismus, die das Kontingentkartell gegenüber dem Konditionenkartell vornimmt, ist der Vorgang, der zur Veränderung der Preise führt, grundsätzlich der gleiche. Auch die Kontingentkartelle beeinflussen die Kostengrößen, die dem Angebotspreis zugrunde liegen. Während aber die Konditionenkartelle und die ihnen verwandten Kartellformen einzelne Kostenfaktoren unmittelbar festlegen, werden durch die Kontingentkartelle alle jene Kostengrößen erfaßt, die mit der Produktionsmenge variieren. Die Beeinflussung der Kosten ist hier also eine indirekte; sie erstreckt sich aber auf weit bedeutendere Kostengruppen als in den Konditionenkartellen. Allerdings führt sie nicht eine völlig gleiche Höhe dieser Kosten in allen Unternehmungen, sondern eine Minderung der Kostendifferenzen herbei. Ferner: beim Konditionenkartell wird der Konkurrenzmechanismus nur durch den einheitlichen Einsatz gewisser Kostengrößen in allen Unternehmungen berührt. Im Kontingentkartell dagegen wird der Wettbewerb viel weiter reguliert; den Wettbewerbspartnern wird es durch das Kontingentkartell unmöglich gemacht, im Konkurrenzkampf mit Mengenveränderungen ihrer Produktion zu operieren [6]. Sie können nur noch die Kostendifferenzen gegeneinander ausspielen, die auch bei eindeutig fixierter Produktionsmenge fortbestehen. Diese werden um so zahlreicher sein, je verschiedenartiger der wirtschaftliche und technische Aufbau der einzelnen Werke ist.

Die Bestimmung des Ausmaßes der Preisveränderungen, die das Kontingentkartell hervorruft, kann nur auf Grund empirischer Untersuchungen für den einzelnen Fall erfolgen. Die Theorie hat die Momente aufzuzeigen, die die Preisveränderungen hervorrufen. Sie liegen in der Umgestaltung der Kostenlage durch die Zuweisung bestimmter Produktionsmengen an die einzelnen Werke. Dadurch wird der Kostenfluß verändert, und die dem Wettbewerb zugrunde liegenden Kosten der einzelnen Unternehmungen weichen von der früheren Höhe ab. Vollkommen unbeeinflußt bleibt die Höhe der Kostenfaktoren, die durch die Fixierung der Produktionsmenge in keiner Weise verändert werden. Die anderen, die mit der Produk-

[6] Es sei denn in der Richtung einer noch weiteren Einschränkung der Produktion, als sie durch das Kontingentkartell vorgesehen ist. Dieser Fall ist jedoch völlig untypisch, da die Kontingentkartelle regelmäßig bei einer Tendenz zur „übermäßigen“ Produktionsausdehnung entstehen.

tionsmenge variieren, sind zwar auch nach der Kartellbildung für alle Unternehmungen keineswegs die gleichen, sie werden aber durch den vorher beschriebenen Prozeß der Produktionseinschränkung nivelliert, und dadurch sind dem Wettbewerb Schranken gesetzt. Die Veränderung des Angebotspreises hängt einmal von dem Anteil der durch die Kartellierung beeinflußten Kosten an der Gesamtkostenmasse ab. Sodann von dem Ausmaß, in dem die Kontingentkartelle die Kostendegression ausschließen, das heißt davon, ob die den Werken zugeteilten Kontingente einen großen Teil der Produktionskapazität unausgenutzt lassen oder ob sie nur eine mäßige Einschränkung der Produktion nach sich ziehen.

V. Das Preiskartell

Dem äußeren Prozeß nach scheinen die Preiskartelle völlig anders auf den Markt einzuwirken als die beiden eben skizzierten Kartellformen. Es liegt nahe, sie als monopolistische Kartelle zu bezeichnen, da bei ihnen die Kartellmacht so bedeutend sein muß, daß die vereinigten Unternehmer in der Lage sind, den Preis festzusetzen. Solange aber die Forschung an dieser völlig oberflächlichen Charakterisierung der Preiskartelle festhält, ist eine befriedigende Lösung des Kartellproblems nicht zu erwarten. Die Festsetzung des Preises durch das Kartell besagt keineswegs, daß der Kartellpreis ein echter Monopolpreis ist oder daß er sich besonders stark vom Konkurrenzpreis unterscheidet. Erst eine Analyse der Vorgänge, die zur Bildung des Preiskartells und zur Veränderung der Angebotssituation durch das Kartell führen, kann deutlich machen, welche Beeinflussung die Preishöhe erfährt. Zunächst ist bei vielen Preiskartellen die Preishöhe keineswegs ganz eindeutig bestimmt. Nur in den Fällen, in denen vom Kartell einheitliche Listenpreise festgelegt werden, ist eine absolute Bindung der Unternehmer an eine bestimmte Preishöhe gegeben. Wenn dagegen das Kartell nur Kalkulationsregeln und Kalkulationssätze festlegt, die jeder Unternehmer seiner Preisstellung zugrunde zu legen hat, ist nur dann der Preis eindeutig fixiert, wenn das Kalkulationsschema so eng ist, daß sämtliche Kostenarten mit einem einheitlichen Satz eingesetzt werden. Bei der großen Zahl der Kostenfaktoren ist eine Festlegung sämtlicher Kosten häufig nicht durchführbar. Das Kartell muß sich dann mit einer einheitlichen Bestimmung der wichtigsten Kostengrößen begnügen.

Diese Feststellungen sind für die Erklärung des Preiskartells deshalb wichtig, weil sie zeigen, mit welchen Mitteln das Preiskartell seine Marktmacht zu begründen sucht. Voraussetzung für die Bildung eines Preiskartells ist immer die Vereinheitlichung der Kalkulationsgrundlagen der einzelnen Unternehmer. Ein Preiskartell kommt dann zustande, wenn die Unternehmer sich bereit finden, alle oder wenigstens die wichtigsten Kostenfaktoren einheitlich und in einer für alle Beteiligten bindenden Höhe ihrer Kalkulation zugrunde zu legen. Der Vorgang der Kartellierung unterscheidet sich von der Bildung der Kontingent- und Konditionenkartelle nur durch die Ausdehnung, nicht aber prinzipiell. Während im Konditionenkartell nur einzelne Kostenfaktoren einheitlich festgelegt werden, während im Kontingentkartell nur eine Tendenz zur Vereinheitlichung der mit der Produktionsmenge variierenden Kosten entsteht, wird im Preiskartell der gesamte Kostenfluß für alle Unternehmungen normalisiert. Grundsätzlich ist also auch für diese Kartellart die Einwirkung auf die Angebotsfaktoren und die daraus folgende Umgestaltung der Preishöhe charakteristisch.

Wenn das Preiskartell das Ergebnis des Konkurrenzkampfes – die Preishöhe – festlegt, so sagt das nichts über das Vorhandensein oder Fehlen einer echten Konkurrenz der Unternehmer untereinander. Der Konkurrenzkampf kann in diesem Falle verdeckt sein. In den Verhandlungen über die Kalkulationsregeln und -sätze können die einzelnen Mitglieder des Kartells versuchen, eine Festlegung durchzusetzen, die für sie angesichts der Kostenstruktur ihrer Werke besonders günstig ist. Der Konkurrenzkampf ist also keineswegs automatisch mit der Bildung eines Preiskartells überwunden. Er vollzieht sich allerdings nicht mehr offen auf dem Markte, sondern kommt in der Auseinandersetzung der Unternehmer im Kartell zum Ausdruck. Freilich müssen diese Verhandlungen zu dem Ergebnis führen, daß die Kosten, die der Bildung des Angebotspreises zugrunde liegen, andere, und zwar höhere sind als bei freier Konkurrenz: sonst wäre der Kartellpreis mit dem Konkurrenzpreis identisch, und das Ziel des Kartells würde nicht erreicht. Die Unternehmer müssen sich von ihrer eigenen Kostenbasis lösen und der Einsetzung fiktiver Kosten zustimmen. Das setzt einen Verzicht auf die volle Entfaltung der Konkurrenz voraus, keineswegs aber die völlige Überwindung der Konkurrenz. Die Kalkulationssätze des Preiskartells führen nur dann – allerdings auch in diesem Falle mit Einschränkungen, wie später gezeigt wird – zu einer monopolistischen Preisbildung, wenn das Kartell gerade die Sätze durchzusetzen vermag, die den Unternehmern den maximalen Gewinnpreis sichern. Sehr oft, ja in den meisten Fällen stellen diese Sätze aber einen Kompromiß zwischen den verschiedenen Wünschen der Unternehmer dar und bleiben weit hinter jenen zurück, die zur Bildung des Monopolpreises führen.

Der Grad der Abweichung des fiktiven Kosteneinsatzes von dem im offenen Konkurrenzkampf wirksamen kann auch in diesem Falle nur durch eine betriebswirtschaftliche Analyse bestimmt werden. Grundsätzlich hängt er von der mehr oder weniger vollständigen Ausschaltung der Konkurrenz ab, die das Kartell durchzusetzen vermag. Dementsprechend weicht auch der Kartellpreis mehr oder weniger stark von dem Konkurrenzpreis ab. Jedenfalls muß eine Einigung über die wichtigsten Kostenfaktoren erzielt werden – sonst sind die Ausweichmöglichkeiten der Unternehmer durch Ausnutzung von Kostendifferenzen zu groß, als daß der einheitliche Preis, den das Kartell festgesetzt hat, gehalten werden könnte. Von der Dichte des Kalkulationsschemas, von dem Anteil der durch das Kartell erfaßten Kosten an der Gesamtkostenmasse hängt mithin die Größe der potentiellen Marktmacht des Kartells ab. Ihre Ausnutzung aber wird durch die Überwindung der Konkurrenz im Kartell bestimmt. In der Unsicherheit über die Reichweite der tatsächlichen Kartellmacht und in der Ungewißheit der Absatzentwicklung bei erhöhten Preisen liegen die wichtigsten Hemmnisse für eine volle Ausnutzung der jeweiligen Kartellmacht [7].

[7] Bei diesem Vorgehen ergibt sich eine klare Grenze zwischen dem Preiskartell und den Rationalisierungsgemeinschaften, die wie die Preiskartelle zu einer Vereinheitlichung der Kalkulation führen. Es schien oft zweifelhaft, ob man diese dem äußeren Vorgang nach kartellähnlichen

Im reinen Preiskartell sind der Abweichung des Kartellpreises vom Konkurrenzpreis im Regelfalle enge Schranken gesetzt. Wird der Kartellpreis sehr hoch festgelegt, so besteht die Gefahr, daß die Unternehmer ihre Produktion ausdehnen und es dadurch dem Kartell unmöglich machen, die neue Preishöhe zu halten. Tritt aber zu der Preisfixierung eine Begrenzung der Produktion hinzu, so wird die Zerstörung des Kartellpreises durch die Ausdehnung der Produktion unmöglich gemacht. Daraus erklärt sich die häufige Verbindung des Kontingentkartells mit dem Preiskartell. Zudem erleichtert die Festlegung der Produktionsmengen auch die Bildung eines Preiskartells, weil mit der Produktionsbegrenzung zwangsläufig eine Nivellierung des Kostenflusses in den technisch und wirtschaftlich verschieden leistungsfähigen Werken erreicht wird. Dadurch werden die Kostendifferenzen, über deren Einsatz eine Einigung erzielt werden muß, geringer, und die Kartellverhandlungen sind vor eine weniger komplizierte Aufgabe gestellt. Das häufige Zusammentreffen beider Kartellformen darf aber nicht dazu führen, die grundsätzlichen Unterschiede zwischen ihnen zu übersehen. Die Theorie bedarf einer Analyse beider Formen der Marktbeherrschung, weil nur bei einer solchen Methode die Möglichkeit besteht, die verschiedenen Einwirkungen auf die Preise zu erkennen. Zudem

Gebilde als Kartelle oder als genossenschaftliche Unternehmergemeinschaften ansehen solle. Da die Wirkung des Kartells in einer Beeinflussung der Preise besteht, wird eine solche Vereinigung dann als Kartell zu bezeichnen sein, wenn die Kalkulationsschemen das Ziel haben, einen günstigeren Preis auf Grund einer Korrektur der Kostenrechnung zu erzielen. Das Kartell dient in diesem Falle der Sicherung des Gewinnes, der sich aus einer Vereinheitlichung der Kalkulation ergibt. Es wäre aber völlig abwegig, jede Rationalisierungsgemeinschaft als Kartell zu bezeichnen. Wenn diese nur der technischen Vervollkommnung eines ganzen Gewerbezweiges dient, so wird sich der Preis sehr bald auf das neue Kostenniveau einstellen. Es fehlt dann das Wesensmerkmal der Kartelle: die Zusammenfassung der Unternehmer wird nicht zu einem einheitlichen Vorgehen am Markte ausgenutzt. Die Gemeinschaft hatte für die Unternehmer den Zweck, ein einseitiges Vorgehen einzelner zu verhindern und den Rationalisierungsprozeß ohne Schädigung der Unternehmerinteressen durchzuführen.

treten die Kontingentkartelle sehr oft auch isoliert auf, also ohne zusätzliches Preiskartell.

VI. Monopolistische Kartelle

Das Preiskartell nähert sich um so mehr einem monopolistischen Gebilde, je mehr die Kartellverhandlungen die Konkurrenz der Unternehmer untereinander ausschalten und es dadurch der Kartellleitung möglich machen, den Preis festzusetzen, der – bei gegebener Nachfrageelastizität – den höchstmöglichen Gewinn sichert.

Allerdings ist die Monopolstellung, der das Kartell in Ausnahmefällen zustrebt, eine andere als die eines individuellen Monopolisten. Ein bestimmter Monopolpreis ist immer bestimmten Kostengrößen zugeordnet: nur in Hinblick auf sie ist er der Preis, der den größtmöglichen Gewinn sichert. Das Kartell läßt nun die einzelnen Unternehmungen bestehen und schließt sie nicht zu einem Gesamtunternehmen zusammen. Das Fortbestehen der Einzelunternehmungen würde nur dann der Bildung des Monopolpreises nicht entgegenstehen, wenn die Kosten je Erzeugungseinheit in allen Betrieben völlig gleich wären – nur dann könnte ein monopolistischer Kartellpreis gleicherweise allen am Kartell beteiligten Unternehmungen das Maximum an Gewinn sichern. Eine solche Lagerung der Kosten ist aber bei der Vielzahl von Unternehmungen in einem Gewerbezweig regelmäßig nicht gegeben. Die Unterschiede in der technischen und wirtschaftlichen Ausstattung der einzelnen Werke, des Alters der Werksanlagen und damit die Abweichungen der Abschreibungssätze, die verschiedene Leistung und Entlohnung der Unternehmer schließen das aus.

Angesichts der tatsächlichen Kostenstruktur der Betriebe kann also ein bestimmter Preis unmöglich für alle Unternehmungen gleichzeitig der maximale Gewinnpreis sein. Ein Kartellpreis kann als Monopolpreis nur dann angesehen werden, wenn man ihn nicht auf die tatsächliche Kostenlage der einzelnen Werke, sondern auf die fiktiven Kosten bezieht, die das Kartell durch Vereinheitlichung der Kostenrechnung in allen Unternehmungen entstehen läßt. Dadurch ergibt sich eine einheitliche und für alle Werke gleiche Kostenkurve; ihr läßt sich eine bestimmte Preishöhe gegenüberstellen, bei der der Gewinn das Maximum erreicht. Nur bei Annahme dieser Konstruktion, die zweifellos gewaltsam den Unterschied zwischen den tatsächlichen Kosten und den fiktiven, vom Kartell festgesetzten negiert, ist es überhaupt vorstellbar, daß die Monopolbedingungen durch das Kartell erfüllt werden.

Aber auch dann bleibt noch ein anderes Hemmnis für das Zustandekommen eines monopolistischen Kartells. Der Monopolist muß in der Lage sein, die Menge auf den Markt zu bringen, die ihm den größtmöglichen Gewinn sichert. Die Kartelle sind aber mit der Auflage behaftet, allen angeschlossenen Werken zum mindesten eine teilweise Ausnutzung ihrer Produktionsanlagen zu sichern. Sie sind also in der Bestimmung der zum Markte gebrachten Produktionsmenge nicht frei. In der Zusicherung des Kartells an die angeschlossenen Unternehmer, für eine Fortführung ihrer Betriebe Sorge zu tragen, liegt eine Konzession, in der die nicht völlige Überwindung der Konkurrenz zum Ausdruck kommt. Es wäre ein reiner Zufall, wenn die von den Kartellpartnern zum Markte gebrachte Menge mit jener identisch wäre, die den maximalen Gewinn gewährleistet. Erst durch eine sehr straffe Kontingentierung kann die Produktion der optimalen im Sinne des Monopolpreises angenähert werden, aber der Zwang, alle Betriebe zu beschäftigen, schließt in vielen Fällen eine vollkommene Anpassung der Produktion an die Monopolbedingungen aus. Das Kartell wird sich dieser Fessel entledigen können, wenn es in der Lage ist, einen Teil der Werke aufzukaufen und stillzulegen und in den übrigen Werken die Kontingente so festzulegen, daß die einer Monopolpreisbildung entsprechende Menge zum Markte gebracht wird. In diesen Fällen wird zwar der Monopolpreis erreicht, keineswegs aber fließt den kartellierten Unternehmern der diesem Preis entsprechende Gewinn in voller Höhe zu. Die Gewinnsummen müssen vielmehr um die Beträge gekürzt werden, die als Entschädigungszahlungen für die stillgelegten Werke benötigt werden. Mithin ist der einzelne Unternehmer auch in diesem Falle keineswegs dem Partner eines vollkommenen Monopols gleichgestellt. Nur mit diesen Einschränkungen können Kartelle überhaupt Monopolcharakter besitzen. Das monopolistische Kartell erscheint auf Grund einer Analyse der tatsächlichen Vorgänge als äußerster Grenzfall, nicht als Regelfall. Nur für eine kleinere Gruppe von Preiskartellen in Verbindung mit Kontingentkartellen ist unter bestimmten, sehr selten gegebenen Bedingungen die Erlangung einer Monopolstellung möglich. Bei den weitaus meisten und empirisch am häufigsten auftretenden Kartellen weist das Vorhandensein starker Wettbewerbsfaktoren auf die Unmöglichkeit einer Monopollage hin.

VII. Schlußbemerkungen

Der Weg, der hier zur Erklärung der Kartelle gewählt wurde, folgt dem tatsächlichen Vorgehen der einzelnen Kartellarten und sucht die Bedeutung der Maßnahmen der Kartelle für die Veränderung der Preishöhe zu bestimmen. Dabei ergibt sich, daß die Frage des Erklärungsinstrumentes – Konkurrenzpreistheorie oder Monopolpreistheorie – zu Unrecht in den Vordergrund gestellt ist. Geht man der Wirkung der Kartelle nach, so zeigt sich, daß die Kartelle zu einer Umgestaltung des Ablaufes des Konkurrenzkampfes führen. In den „niederen" werden einzelne, in den höheren Formen der Kartelle immer weitere Kostenfaktoren aus der Konkurrenz herausgehoben, bis schließlich ein Kartell erreicht wird, in dem jede Konkurrenz der Unternehmer untereinander aufgehört hat und das – mit den Einschränkungen, die auf den vorhergehenden Seiten gemacht wurden – als monopolistisches Kartell bezeichnet werden kann.

Der alte Streit, ob die Kartelle den Konkurrenzpreis bestehen lassen oder ob sie zum Monopolpreis führen, wird der tatsächlichen Problematik der Mehrzahl der Kartelle nicht gerecht. In der Tat bleibt der Konkurrenzmechanismus in den meisten Kartellformen bestehen, aber die Daten, die dem Konkurrenzkampf zugrunde liegen, sind andere als bei voll entfalteter Konkurrenz, und zwar sind sie regelmäßig derart, daß den kartellierten Unternehmern die Erzielung eines höheren Preises ermöglicht werden soll. Der Hinweis auf das Fortbestehen einer wenn auch abgewandelten Konkurrenz in den meisten Kartellen darf also nicht dazu führen, eine Einwirkung der Kartelle auf die Preishöhe zu leugnen. In *diesem*

Sinne ist also der Kartellpreis kein reiner Konkurrenzpreis, und die Behauptung mancher Forscher der institutionalistischen Richtung, das Fortbestehen der Konkurrenz mache eine Preisveränderung durch das Kartell unmöglich, ist nicht haltbar. Andererseits läßt sich die Behauptung der Monopoltheoretiker für die Mehrzahl der Kartelle schon mit dem Hinweis auf das Fortbestehen von Wettbewerbsfaktoren zurückweisen. Die Problematik der Kartelle weist vielmehr auf eine Untersuchung der Umgestaltung in den Angebotsfaktoren hin, die das Kartell herbeiführt. Wie wiederholt betont, zwingt das zu einer Verbindung betriebswirtschaftlicher und ökonomisch-theoretischer Untersuchungsmethoden, wobei die ökonomische Theorie grundsätzlich die Art der Veränderung der Angebotssituation durch Umgestaltung der echten oder fiktiven Kostenhöhe der einzelnen Betriebe zu erkennen hat, die betriebswirtschaftliche Untersuchung aber die tatsächliche Höhe dieser Kostenveränderung feststellt und damit in jedem konkreten Falle das Ausmaß der möglichen Preisveränderung bestimmt [8]. Die Frage nach dem Untersuchungsinstrument löst sich bei diesem Vorgehen zwangsläufig. Solange die Wirkungen des Kartells in einer Veränderung des Konkurrenzmechanismus bestehen, muß sich die Kartellforschung der in der aufgewiesenen Art auszubauenden Theorie der beschränkten Konkurrenz bedienen und arbeitet dabei die Momente heraus, die auf eine Umgestaltung des Konkurrenzablaufes hinwirken und sucht deren Bedeutung für die Preisveränderung zu bestimmen. Je mehr der gegenseitige Wettbewerb ausgeschaltet wird, um so mehr nähert sich die so gewonnene Theorie der beschränkten Konkurrenz der Monopolpreistheorie, die selbst nur in Ausnahmefällen zur Erklärung der Kartelle herangezogen werden kann. So lassen sich die verschiedenen Arten der Kartelle mit den Mitteln der Theorie einfangen.

[8] Das Herausstellen der Kosten und ihrer Veränderungen durch die Kartellbildung läßt keineswegs die Gefahr entstehen, daß Kartelle und Konzerne nicht klar voneinander getrennt werden können. Die Konzerne sind Gebilde, die durch betriebswirtschaftliche Maßnahmen eine Kostensenkung herbeiführen und dadurch eine Besserung der Rentabilität bei gleichbleibenden Preisen erreichen. Auch bei ihnen liegt also eine Einwir-

Diese Erklärung der Kartellpreise löst somit die enge Verbindung von Kartelltheorie und Monopoltheorie, die notwendig zu einer völlig unrealistischen Erklärung des Kartellproblems führen muß. Sie vermeidet es aber auch, den Kartellpreis völlig unbestimmt zu lassen, sucht vielmehr zu einer Erklärung zu kommen, die der Eigenart der einzelnen Kartellformen gemäß ist.

kung auf die Kostenstruktur der einzelnen Betriebe vor. Im Gegensatz zu den Kartellen zielen sie aber stets auf eine *echte* Kostensenkung hin, da bei unveränderten Preisen der Unternehmer seine Rentabilität nur auf diesem Wege zu heben vermag. Die Kartellbildung hat dagegen den Sinn, zu verhindern, daß die der Preisbildung zugrunde gelegten Kosten den Größen entsprechen, die bei völlig freiem Markt und damit bei voll wirksamer gegenseitiger Konkurrenz der Unternehmer von den einzelnen Betrieben in die Kostenrechnung eingesetzt werden müßten.

Hans Brems, Cartels and Competition. In: Weltwirtschaftliches Archiv 66 (1951), H. 1, S. 51—69. Übersetzt von Ilse Lamprecht.

KARTELLE UND WETTBEWERB

Von Hans Brems

I. Was ist ein Kartell?

Zitieren wir zunächst fünf Sachverständige auf diesem Gebiet:

(1) Ervin Hexner [1] definiert ein Kartell in dieser Weise: „Ein Kartell ist eine *freiwillige, nicht unbedingt dauerhafte Geschäftsbeziehung zwischen einer Anzahl von selbständigen, privaten Unternehmern, die den Markt für eine Ware oder Dienstleistung durch eine koordinierte Absatzpolitik erheblich beeinflußt.*"

(2) Fritz Machlup [2] gibt diese Definition: „... eine brauchbare Definition internationaler Kartelle wäre: Geschäftsabsprachen, deren Zweck oder Ergebnis die Verringerung oder Lenkung des Wettbewerbs im internationalen Handel ist."

(3) Edward S. Masons [3] Definition lautet: „Ihrem Wesen nach ist eine Kartellvereinbarung eine durch Vertrag selbst auferlegte Beschränkung oder Anzahl von Beschränkungen der Freiheit der beteiligten Unternehmen in demselben Industriezweig oder derselben Branche. Die Beschränkung kann negativ sein, z. B. wenn die Unternehmen vereinbaren, bestimmte Vertriebswege nicht zu benutzen, oder positiv, z. B. wenn die Unternehmen vereinbaren, einheitliche Buchführungsverfahren zu verwenden. Welche Wirkung eine Vereinbarung auf den Wettbewerb hat, wird davon abhängen, welcher Marktanteil von ihr betroffen ist und wel-

[1] Ervin Hexner, International Cartels, with the Collaboration of Adelaide Walters, Chapel Hill, North Carolina, 1946, S. 24.

[2] Fritz Machlup, The Nature of the International Cartel Problem, in: A Cartel Policy for the United Nations, New York, 1946, S. 5.

[3] Edward S. Mason, Controlling World Trade, Cartels and Commodity Agreements, Committee for Economic Development, Research Study, New York und London, 1946, S. 29, Fußnote 1.

ches Ausmaß und welchen Charakter die auferlegten Beschränkungen haben."

(4) Charles R. Whittleseys [4] Definition: „Ein Kartell ist eine Vereinigung selbständiger Unternehmen in demselben oder einem ähnlichen Wirtschaftszweig, die zu dem Zweck besteht, eine gewisse Kontrolle über den Wettbewerb auszuüben."

Def

(5) Bert F. Hoselitz [5] schließlich gab diese Definition: „Ein Kartell ist eine Verbindung selbständiger Unternehmen oder Einzelpersonen, deren Ziel eine Art beschränkende (monopolistische) Einflußnahme auf die Herstellung oder den Vertrieb einer Ware oder Gruppe von Waren ist."

Auf den folgenden Seiten geht der Verfasser von dieser Definition aus: Ein Kartell ist ein (1) freiwilliger, schriftlicher oder mündlicher Vertrag zwischen (2) finanziell und (3) persönlich unabhängigen (4) privaten, (5) als Anbieter oder (6) als Abnehmer auftretenden Unternehmern, in dem sie ihre Aktionsparameter für einen zukünftigen Zeitraum festsetzen oder beeinflussen, ihre Absatzgebiete oder Produkte aufteilen oder ihre Produktionsmengen quotenmäßig abgrenzen. Wir wollen diese sechs Punkte näher erläutern:

(1) Der Ausdruck „freiwilliger Vertrag" bedeutet, daß „von staatlicher Seite kein Zwang zum Beitritt ausgeübt wird" [6].

(2) Der Ausdruck „finanziell unabhängig" kennzeichnet die Trennlinie zwischen einem Kartell einerseits und andererseits:

(a) verschiedenen Abteilungen ein und derselben Gesellschaft,
(b) verschiedenen Tochtergesellschaften derselben Muttergesellschaft,
(c) verschiedenen Gesellschaften, die durch Verflechtung des Aktienkapitals miteinander verbunden sind.

Machlup würde den Ausdruck „finanziell unabhängig" in seiner Definition nicht verwenden: „Es ist wahrscheinlich wichtig zu erkennen, daß Kartelle und Unternehmensvereinigungen verschiedene Wege zur Erzielung derselben Ergebnisse sein können. Gleichzeitig

[4] Charles R. Whittlesey, National Interest and International Cartels, New York, 1946, S. 1.

[5] Bert F. Hoselitz, International Cartel Policy, The Journal of Political Economy, Vol. 55, Chicago, III., 1947, S. 1.

[6] Hexner, a. a. O., S. 27.

können jedoch zwischen den Mitgliedern einer Unternehmensvereinigung Vereinbarungen bestehen, die die bestehenden organisatorischen Einflüsse durch detailliertere Bestimmungen ergänzen." [7]

(3) Der Ausdruck „persönlich unabhängig" kennzeichnet die Grenzlinie zwischen einem Kartell einerseits und personellen Verflechtungen der Geschäftsleitungen andererseits. Auch den Ausdruck „persönlich unabhängig" würde Machlup nicht in seine Definition aufnehmen: „Es gibt keinen Grund, warum nicht auch Unternehmen, die durch ihre Eigentumsverhältnisse miteinander verbunden sind (z. B. gemeinsamen Aktienbesitz, Kapitalverflechtungen oder personelle Verflechtungen der Geschäftsleitungen) an einer Kartellabsprache beteiligt sein können." [8]

(4) Der Begriff „privat" schließt staatliche Warenbewirtschaftung vom Kartellbegriff aus.

(5) Der Begriff „Unternehmer" zieht einen Trennstrich zwischen Kartellen und Gewerkschaften. Dieser Trennstrich ist vom Gesetzgeber ebenso wie von den Wirtschaftswissenschaftlern bereits häufig gezogen worden. In den Vereinigten Staaten beispielsweise sind Kartelle verboten, Gewerkschaften dagegen nicht. Dies wurde im Clayton Act und im Norris-La Guardia Act ausdrücklich festgestellt [9].

(6) Das Wort „oder" schließt die vertikale Integration aus. Vertikale Integration wird definiert als Integration zwischen Abnehmer *und* Anbieter. Wir werden uns jedoch auf Verkaufskartelle beschränken und behandeln deshalb das Oligopol, nicht das Oligopson. Nach Hexner spielten übrigens „(Einkaufskartelle) ... vor dem Zweiten Weltkrieg keine sehr bedeutende Rolle, zumindest nicht im internationalen Handel".[10]

[7] Machlup, a. a. O., S. 4.

[8] Ebenda.

[9] Infolgedessen treten Kartelle manchmal als Gewerkschaften auf. Im August 1946 erhob die Antitrust Division Klage gegen den Ortsverband 36 der International Fishermen and Allied Workers of America (Internationale Gewerkschaft der Fischer und verwandter Berufe) im C.I.O. Die „Gewerkschaftsmitglieder" waren selbständige Fischer und ihre „Verträge" stellten Preisfestsetzungsverträge dar. Vgl. Time, Chicago und New York, 2. September 1946.

[10] Hexner, a. a. O., S. 110.

Man wird bemerkt haben, daß Begriffe wie „Beschränkung oder Ausschaltung des Wettbewerbs“ in unserer Kartelldefinition nicht vorkommen. Wir sagen lediglich, daß in dem Vertrag einige oder alle Aktionsparameter – Quoten, Absatzgebiete oder Erzeugnisse – für einen bestimmten Zeitraum festgelegt oder beeinflußt werden. Die Beschränkung oder Beseitigung des Wettbewerbs ist der grundlegende Gesichtspunkt (tatsächlich sogar der einzige Gesichtspunkt) in Machlups Definition eines Kartells. Hexner dagegen macht diesen Aspekt nicht zum Bestandteil seiner Definition, jedenfalls nicht ohne den folgenden Vorbehalt: „Die Formulierung ‚beschränkt den Wettbewerb‘ deutet an, daß aktiver Wettbewerb bestünde, wenn es keine Kartelle gäbe. Wie bereits oft festgestellt wurde, ist die Antwort auf die Frage, was geschehen würde, wenn es kein ‚Kartellverhalten‘ gäbe, nicht ohne weiteres zu beantworten, vielmehr müßte die Antwort durch empirische Untersuchungen einzelner Märkte für einzelne Zeiträume gefunden werden. Wenn man diesen Vorbehalt akzeptiert, dann kann der Ausdruck ‚wettbewerbbeschränkend‘ bedenkenlos in den Kartellbegriff aufgenommen werden.“ [11]

Besagt die obenstehende Definition, daß Kartelle den Wettbewerb tatsächlich beschränken oder beseitigen? Bevor wir eine fruchtbare Untersuchung dieses Problems vornehmen können, müssen wir durch eine Prüfung des Begriffs „Wettbewerb“ größere Klarheit schaffen. Was ist eigentlich Wettbewerb? Es ist keineswegs klar, was die Wirtschaftswissenschaftler unter „Wettbewerb“ verstehen. Tatsächlich sprechen sie manchmal von „Wettbewerb“ im technischen, sehr engen Sinne der Wirtschaftstheorie. Manchmal dagegen schließen sie sich dem praktischen Geschäftsmann an und sprechen von „Wettbewerb“ im weiteren Sinne. Die klarste Definition des wirtschaftstheoretischen Wettbewerbsbegriffs hat Triffin gegeben [12]. Nach ihm ist Wettbewerb dadurch gekennzeichnet, daß

$$\frac{p_j \, dq_i}{q_i \, dp_j}$$

[11] Hexner, a. a. O., S. 31.

[12] Robert Triffin, Monopolistic Competition and General Equilibrium Theory, Harvard Economic Studies, Vol. 67, Cambridge, Mass., 1941, S. 104.

größer ist als O. p steht für den Preis, q für die abgesetzte Menge, und die tiefgestellten Buchstaben i und j stehen für unser Unternehmen bzw. andere Unternehmen. Mit anderen Worten: wenn die von einem anderen Unternehmen j vorgenommenen Preisveränderungen die von unserem Unternehmen i abgesetzte Menge beeinflussen, dann besteht Wettbewerb zwischen den beiden Unternehmen.

Es ist leicht zu erkennen, daß diese Definition nichts über das tatsächliche *Verhalten der Anbieter* aussagt. Nehmen wir einmal an, daß Oligopolisten, die bisher Verdrängungswettbewerb betrieben, ein Preiskartell bilden. Vom Markt her gesehen ist das sicherlich ein wichtiges Ereignis. Dennoch beeinflußt es nicht im geringsten den Wert der von Triffin in seiner Markteinteilung verwendeten Kreuzelastizitäten. Das einzige, worüber Triffins Definition etwas aussagt, sind die *Verbraucherbedürfnisse*. Sie besagt folgendes: Wenn wir annehmen, daß Anbieter j seinen Preis senkt, dann wandern die Verbraucher bis zu einem bestimmten Grade von Anbieter i zu Anbieter j ab. Ob die genannte Preissenkung wahrscheinlich ist oder nicht, geht aus der Definition nicht hervor. Man könnte Triffins Definition eine vom wirtschaftstheoretischen Standpunkt ausgehende Definition nennen.

Wir brauchen jedoch eine Definition, die etwas über das tatsächliche Verhalten der Anbieter aussagt. Eine solche Definition könnte man als eine von der Wirtschaftspraxis ausgehende Definition bezeichnen. Der Verfasser schlägt folgende Definition vor: Anbieter gelten als Wettbewerber, wenn sie aktive Maßnahmen zur Ausweitung ihres Marktanteils ergreifen oder sich gegen die Versuche anderer Anbieter, ihre Anteile auszuweiten, zur Wehr setzen. Dies Verhalten der Anbieter wird auf den folgenden Seiten „wirksamer" Wettbewerb genannt. Es braucht wohl nicht darauf hingewiesen zu werden, daß „wirksamer" Wettbewerb nicht dasselbe ist wie „reiner" Wettbewerb. Der Begriff „Wettbewerb", wie ihn der Wirtschaftstheoretiker versteht, ist stark durch die darauf aufgebaute theoretische Analyse gefärbt. Jahrelang hat die Unternehmenstheorie nur einen Aktionsparameter anerkannt, nämlich den Preis. Unternehmenspolitik bedeutete Preispolitik. Zwar hat sich der Begriff der Produktdifferenzierung Eingang in die Theorie erzwungen, doch bedeutete Produktdifferenzierung, zumindest vor

Chamberlins Zeit, daß sich in der Vergangenheit auf irgendeine Weise Unterschiede zwischen den Erzeugnissen herausgebildet hatten und daß sie von nun an hinsichtlich ihrer Qualität als gleichbleibend angesehen werden konnten. Mit anderen Worten, die Differenzierung wurde zu den Daten, nicht zu den Aktionsparametern gerechnet. Als eine gegebene Größe genommen bedeutet Produktdifferenzierung, daß die Nachfragekurven weniger elastisch sind, als wenn die Erzeugnisse völlig gleich wären. Anders ausgedrückt, der Wirtschaftstheoretiker folgert, daß mehr Produktdifferenzierung (als gegebene Größe betrachtet) *weniger* Wettbewerb bedeutet. Diese Aussage trifft offensichtlich zu, solange „Wettbewerb" in der Weise Triffins definiert wird.

Stellen wir uns jedoch einmal vor, Produktdifferenzierung sei ein Aktionsparameter. Qualitätsveränderungen sind für viele Unternehmen im Wirtschaftsleben höchst wichtige Aktionsparameter. Sie sind besonders beliebt bei Unternehmen, die ihren Marktanteil ausweiten wollen. Mit anderen Worten, der Praktiker folgert, daß mehr Produktdifferenzierung *mehr* Wettbewerb bedeutet. Diese Aussage ist offensichtlich zutreffend, solange man „Wettbewerb" als das aktive Bemühen um die Ausweitung des Marktanteils oder die Abwehr der Versuche anderer Anbieter zur Ausweitung ihrer Anteile definiert. Wenn wir die Aussage umkehren, erhalten wir folgendes Ergebnis: Produktstandardisierung bedeutet weniger Wettbewerb. Auch das kann durchaus zutreffen. Nehmen wir den Fall eines Kartells, das die Spezifizierung z. B. von Stahl vereinheitlicht. Bei Anwendung der Triffinschen Definition würde man sagen, daß der Wettbewerb infolge dieses Kartells *zunimmt,* denn die Kreuzelastizität zwischen den von verschiedenen Herstellern angebotenen Stahlsorten erhöht sich. Verwendet man jedoch die oben vorgeschlagene Definition, so würde man sagen, daß der Wettbewerb *abnimmt,* denn die Standardisierung kann dazu führen, daß die Kartellmitglieder von einem gegenseitigen Eindringen in ihre Märkte durch Veränderung der Qualität ihres Erzeugnisses absehen.

II. Kommt überhaupt Wettbewerb zustande, wenn keine Kartelle vorhanden sind?

Die eine Richtung setzt die Kartelle zum Wettbewerb in Beziehung, indem sie sagt, daß es in modernen Industrien mit ihren hohen Fixkosten sowieso keinen Preiswettbewerb geben würde. Mit anderen Worten, in solchen Industriezweigen gibt es keine Alternative zu Kartellen oder kartellähnlichem Verhalten. Das Argument lautet, daß Preiswettbewerb den Preis bis zu den durchschnittlichen variablen Kosten herabdrücken würde. Das in der Industrie investierte Kapital würde dadurch verlorengehen, und langfristig gesehen würde die Produktion leiden.

Hierzu bietet sich sofort eine Vielzahl von Gegenargumenten an. Wenn sich Anbieter darüber beklagen, daß der Preis nur die durchschnittlichen *variablen* Kosten deckt, nicht jedoch die durchschnittlichen *Gesamtkosten*, läßt sich oft feststellen, daß ihre fixen Kosten sehr zweifelhafte Elemente enthalten. Der Umfang oder der Wert ihrer festen Anlagen kann durchaus zu groß sein. Die festen Anlagen können z. B. zu umfangreich[13] sein, weil während einer Hochkonjunktur zu stark investiert wurde. Der Wert fester Anlagen, Patentrechte oder Warenzeichen kann durch die Kapitalisierung eines gewissen erwarteten Monopolgewinns zustande

[13] Fritz Machlup, a. a. O., S. 17, vertritt die Auffassung, daß „... ein Preis, der beim Bestehen überschüssiger Kapazitäten die vollen Herstellungskosten deckt, hoch genug sein würde, um die Erneuerung dieser überschüssigen Kapazität zu gestatten“. Es ist schwer einzusehen, warum überschüssige Kapazitäten durch eine Politik der hohen Preise erneuert werden könnten. Wenn überschüssige Kapazität bedeutet, daß die Anlagen nicht einmal langfristig genutzt werden (und das muß die Bedeutung des Begriffs „überschüssig“ sein), dann gibt es keinen Grund dafür, warum sie nach ihrer Abnutzung erneuert werden sollte. Wenn die Anlagen abgenutzt sind, steht es dem Eigentümer völlig frei, sie in dem von ihm gewünschten Umfang und Stand der Technik zu erneuern. Gewiß würde er nicht mehr Kapazität erneuern wollen, als nach seinen Erwartungen langfristig genutzt werden kann. Machlup mag hier an folgendes gedacht haben:

(1) Entweder an den Fall, daß sich die Erwartungen des Unternehmers

gekommen sein. Oder die festen Anlagen, Patentrechte oder Warenzeichen wurden zu einem solchen Preis gekauft. In dem letzteren Falle erscheint die Kapitalisation dem Käufer als Kostenelement. – Ferner: Was sind durchschnittliche Gesamtkosten im Falle der Kuppelproduktion? Oder im Falle der Mehrproduktbetriebe?

Nehmen wir jedoch einmal an, daß die durchschnittlichen Gesamtkosten, die bei der Herstellung einer bestimmten Menge einer Ware entstehen, einen festgelegten, sinnvollen und annehmbaren Wert haben. Damit der Wettbewerb den Preis unter die durchschnittlichen Gesamtkosten herabdrücken kann, müssen immer noch vier Voraussetzungen erfüllt werden. Schon vor langer Zeit hat die Wirtschaftstheorie nachgewiesen, daß unter der Voraussetzung,

(a) die Grenzkostenkurven verlaufen völlig horizontal,
(b) der Markt ist völlig homogen,
(c) die Aktionsparameter sind die Preise zweier Duopolisten,
(d) unter „Wettbewerb" verstehen wir eine kurzfristige Preispolitik, die sich als autonomes Verhalten bezeichnen läßt,

der Wettbewerb den Preis *unter* die durchschnittlichen Gesamtkosten herabdrücken wird. Dieser Beweis findet sich gewöhnlich unter der Überschrift „Der Bertrandsche Duopolfall".[14]

(a) Die Grenzkostenkurven brauchen jedoch nicht völlig horizontal zu verlaufen. Nehmen wir an, sie tun es nicht, während die restlichen drei Annahmen aufrechterhalten werden: autonomes Ver-

als zu optimistisch erweisen. In diesem Fall kann er die erneuerten Kapazitäten nicht ausnutzen.
(2) Oder Machlup denkt nicht an überschüssige Kapazität, sondern an technisch weniger leistungsfähige Anlagen. Ob der technische Stand der erneuerten Kapazität von maximaler Leistungsfähigkeit ist, hängt von der Form des „Jantzenschen Gesetzes der Technik", der sogenannten Umhüllungskurve ab. Wenn der tiefste Punkt dieser Kurve bei einer sehr niedrigen Ausbringungsmenge erreicht wird, kann jeder Anbieter seine Anlagen nach dem leistungsfähigsten technischen Stand erneuern. Liegt der niedrigste Punkt weiter rechts, hängt es von den Zugangsbedingungen auf diesem Markt ab, ob er dazu in der Lage ist.

[14] Edward Hastings Chamberlin, The Theory of Monopolistic Competition A Re-Orientation of the Theory of Value, 5th Ed., Harvard Economic Studies, Vol. 38, Cambridge, Mass., 1946, Ch. III, 3.

halten, Preise als Aktionsparameter und ein homogener Markt. Die Annahme eines homogenen Marktes bedeutet, daß die Nachfragekurve des Anbieters vollkommen elastisch ist, wenn er den Preis senkt und nicht erwartet, daß seine Konkurrenten ihm folgen. Wenn nämlich der Markt homogen ist, dann besteht keine Kundentreue gegenüber irgendeinem Anbieter. Aber selbst wenn die Nachfragekurve vollkommen elastisch ist, gibt es a priori keinen Grund dafür, warum die Preise nicht die durchschnittlichen Gesamtkosten decken sollten. Kurzfristig würde sich die Ausbringungsmenge so anpassen, daß die Preise gleich den *Grenzkosten* wären – nicht gleich den *durchschnittlichen* variablen Kosten, wie es das Argument vorauszusetzen scheint.

(b) Ferner *braucht der Markt nicht homogen zu sein.* Nehmen wir an, daß er es nicht ist, daß aber die anderen drei Annahmen gegeben sind: die Grenzkostenkurven verlaufen völlig horizontal, die Preise sind Aktionsparameter und das Verhalten ist autonom. In diesem Fall wird die Nachfragekurve nicht vollkommen elastisch sein. Sobald die Elastizität der Nachfragekurve weniger als unendlich ist, wird der Preis offensichtlich höher sein als die Grenzkosten (wobei die Grenzkosten dem Grenzerlös entsprechen). Der in dieser Weise angepaßte Preis kann die durchschnittlichen Gesamtkosten decken oder nicht decken. Selbst wenn der Preis die durchschnittlichen Gesamtkosten während einer Konjunkturkrise nicht deckt, so kann er es doch über einen längeren Zeitraum hin tun.

(c) Nehmen wir an, daß der Aktionsparameter der Duopolisten *nicht* der Preis, *sondern die Ausbringungsmenge innerhalb einer bestimmten Zeit* ist. Halten wir die Annahme (a), (b) und (d) jedoch aufrecht. Letztere müßte jetzt lauten: jeder der Duopolisten betrachtet die Ausbringungsmenge seines Wettbewerbs innerhalb einer bestimmten Zeit als eine Konstante. Damit befinden wir uns in dem bekannten Cournotschen Fall des Duopols. Die Cournotsche Lösung ist so bekannt, daß sie nicht wiederholt zu werden braucht. Jeder wird sich erinnern, daß der Preis höher ist als die durchschnittlichen Gesamtkosten (die in dem Cournotschen Modell gleich Null sind).

(d) Abschließend wollen wir *die Annahme fallenlassen, daß das Verhalten autonom ist.* Nehmen wir jedoch an, daß die anderen drei Annahmen gegeben sind: die Grenzkosten horizontal, die Preise Parameter und der Markt homogen. Die Aufgabe der Annahme (d) hat die gleiche Wirkung wie die Aufgabe der Annahme (b): d. h. die Nachfragekurve ist nicht mehr vollkommen elastisch. Wir können also das oben Gesagte wiederholen: Sobald die Elastizität der Nachfragekurve nicht mehr unendlich ist, wird der Preis offensichtlich höher sein als die Grenzkosten (wobei die Grenzkosten gleich dem Grenzerlös sind). Der in dieser Weise angepaßte Preis kann die durchschnittlichen Gesamtkosten decken oder nicht decken. Selbst wenn der Preis während einer Konjunkturkrise die durchschnittlichen Gesamtkosten nicht deckt, kann er dies über einen längeren Zeitraum hin tun. Langfristig hängt das Preisniveau übrigens von den Zugangsbedingungen ab. Das Argument setzt ausdrücklich voraus, daß hohe Fixkosten bestehen; demzufolge gibt es ein Hindernis, das den Zugang erschwert, und das setzt dem langfristigen Preis an sich schon eine untere Grenze.

III. Ist Wettbewerb unmöglich, wenn Kartelle vorhanden sind?

Nachdem wir in Frage gestellt haben, daß Kartelle unvermeidlich sind, wenden wir uns nunmehr einem anderen Problem zu: Wenn nun einmal Kartelle errichtet worden sind, gleichgültig, ob sie unvermeidlich sind oder nicht, bedeutet dies das Ende des Wettbewerbs? Die Antwort lautet nach unserer Ansicht, daß er mindestens in einigen Formen weiterbestehen kann.

Erstens besteht die allgemein bekannte Tatsache, daß das Kartell selbst Wettbewerb von außen ausgesetzt sein kann. Es kann durchaus ein wirksamer Wettbewerb zwischen dem Kartell einerseits und Außenseitern[15] oder anderen Industriezweigen[16] andererseits be-

[15] „Viele Trugschlüsse in Erörterungen über Kartelle ließen sich vermeiden, wenn man nicht allgemein internationale Kartelle als abgeschlossen gegenüber Wettbewerb von außen betrachten würde." Hexner, a. a. O., S. 104.

[16] „Das Internationale Büro zur Förderung der Verwendung von Stahl (eine Organisation, die innerhalb des Internationalen Stahlkartells im

stehen. Nichts behindert das Zustandekommen von Preiswettbewerb. Im Falle des Wettbewerbs zwischen verschiedenen Industriezweigen können die sonstigen Formen des Wettbewerbs besonders wichtig sein. Im letzteren Falle könnte man sagen, daß die von den Kartellmitgliedern bewirkten Qualitätsverbesserungen oder ihre Verkaufsbemühungen nicht nur Vergeltungsmaßnahmen darstellen. Der Substitutionseffekt in anderen Industriezweigen kann erheblich sein. Dieser Wettbewerb kann die Kartellmitglieder dazu zwingen, Forschung zu treiben.

Zweitens könnte man argumentieren, daß (vom Standpunkt des Kartellmitglieds aus gesehen) immer die Gefahr besteht, daß ein vollständig *neues* Erzeugnis von einem *Kartellmitglied* oder einem *neuen Anbieter* oder von einem anderen Industriezweig entwickelt wird. Rascher technischer Fortschritt kann das Kartell sprengen und zu wirksamem Wettbewerb führen. Um auf langfristigen Wettbewerb dieser Art vorbereitet zu sein, muß das Kartellmitglied seine technische Forschung fortsetzen. Ein interessantes Beispiel bietet die amerikanische Glühlampenindustrie in den späten dreißiger Jahren. Mittels eines Systems von Lizenzverträgen, die Quotenbestimmungen enthielten, hatte die General Electric Company diesen Industriezweig unter ihre Kontrolle gebracht. Dabei erreichte die Westinghouse Electric and Manufacturing Company 32,12 % des Glühlampenumsatzes von General Electric, Sylvania Electric Products Inc. nur 9,12 %, Consolidated Electric Lamp Company 3,89 % und die Ken-Rad Tube and Lamp Corporation 1,76 %. In den früheren dreißiger Jahren begann die Industrie mit der Leuchtstofflampe zu experimentieren. Sylvania war als erstes Unternehmen zur Stelle und weigerte sich mutig, 1938 eine Lizenz für eine solche Röhre von General Electric zu nehmen. Sylvania konzentrierte all seine Bemühungen auf das neue Erzeugnis und hatte 1940 bereits einen Anteil am Leuchtstofflampenmarkt von 20 %. Unter

letzten Jahr seines Bestehens gegründet wurde) verwendete die gebräuchlichen Werbemittel, besonders bei der Förderung des Absatzes von Baustahl und bei dem Versuch, der Werbung der Hersteller von möglichen Substitutionserzeugnissen für Stahl entgegenzuwirken.“ Hexner, a. a. O., S. 109.

dem Lizenzsystem betrug sein Anteil am Glühlampenmarkt nur 5,5 % [17].

Unser drittes Argument lautet, daß der Vertrag nicht immer mit der erforderlichen Strenge *durchgesetzt* wird. Der Vertrag kann zwar einen Mindestpreis vorsehen, aber dennoch können ununterbrochen geheime Zugeständnisse gemacht werden. Der Theoretiker neigt vielleicht zu sehr zu der Annahme, daß Kartellmitglieder untereinander aufrichtig sind. In Wirklichkeit sind viele Kartellmitglieder jedoch nicht aufrichtig, sie halten sich nicht an die Bestimmungen ihrer eigenen Verträge und trauen einander nicht. Besonders wenn die Preisstruktur der Branche kompliziert ist, besteht die Wahrscheinlichkeit, daß geheime Zugeständnisse gemacht werden [18]. Der Theoretiker sollte sich stets daran erinnern, daß die Zahl der in einem Industriezweig hergestellten verschiedenen Erzeugnisse in die Millionen gehen kann. Der Ausschuß für Preisbestimmung der Konferenz für Preisforschung erwähnt das Beispiel der Buchpapierindustrie: „Da es 40 Warenklassen, 12 Güteklassen, 33 verschiedene Ausrüstungen, 9 Formate, 8 Farben, 8 Mengenklassen und 19 Arten der Verpackung gibt, würde man bei einer sorgfältigen Beschreibung der Erzeugnisse zwischen 170 und 180 Millionen möglichen Erzeugnissen in der Buchpapierindustrie unterscheiden müssen.“ [19]

Das vierte Argument lautet, daß Kartellverträge gewöhnlich nicht sämtliche Aktionsparameter der Mitglieder festlegen. Der Preiswettbewerb kann zwar ausgeschaltet sein, aber andere Formen des Wettbewerbs können durchaus vorhanden sein. Die vom gesamt-

[17] Arthur A. Bright Jr. und W. Rupert Maclaurin, Economic Factors Influencing the Development and Introduction of the Fluorescent Lamp, The Journal of Political Economy, Vol. 51, 1943, S. 429 ff.

[18] Das Studium der kartellierten Märkte zeigt, daß es trotz kunstvoller Mechanismen innerhalb vieler Kartelle heimlichen Wettbewerb gab. Dies war in Kartellen mit komplizierten Preisvorschriften (Extralisten, Frachtausgleichssystemen usw.) leichter möglich. Hexner, a. a. O., S. 99.

[19] Cost Behavior and Price Policy, A Study Prep. by the Committee on Price Determination for the Conference on Price Research, Price Studies, No. 4, New York, 1943, App. D, S. 333.

wirtschaftlichen Standpunkt aus wichtigste Form des Wettbewerbs, abgesehen vom Preiswettbewerb, ist der Produktwettbewerb. Wir kennen Kartellformen, welche die von den Unternehmen betriebene Produktpolitik unmittelbar beeinflussen. Eine wichtige Frage lautet, ob derartige Kartellformen einen Anreiz zur Forschung und zur Entwicklung und Verbesserung der Erzeugnisse bieten.

Bei der Beantwortung dieser Frage könnten wir von einem Vergleich ausgehen. Stellen wir uns vor, daß Reisende von einer Fähre in einen Zug umsteigen. Um sich einen Sitzplatz zu sichern, fängt jeder an zu laufen. Der einzelne Reisende, der, wie es der Wirtschaftswissenschaftler ausdrückt, autonom handelt, denkt sich, daß er so lange laufen muß, wie es auch die anderen tun. Er kann seine Mitreisenden nicht beeinflussen. Doch nehmen wir an, er und seine Mitreisenden könnten die Lage in Ruhe miteinander besprechen. Gewiß würden sie sich darauf einigen, gar nicht erst zu laufen anzufangen. Vorausgesetzt, daß sich jeder daran hält, würden sich dieselben Ergebnisse mit einem geringeren Aufwand an Mühe erreichen lassen.

Um zu unseren Kartellen zurückzukehren: wir müssen zwischen dem bereits abgeschlossenen Kartellvertrag einerseits und den Verhandlungen, die dem Abschluß eines solchen Vertrages vorausgehen, andererseits unterscheiden. Beginnen wir mit dem ersteren.

(a) Ein *bereits abgeschlossener Kartellvertrag* bewirkt, daß der Anreiz zur Forschung geschwächt wird. Dies gilt für das Kartell zur Beschränkung oder Vereinheitlichung der Qualität ebenso wie für das mit Geldstrafen und Ausgleichszahlungen arbeitende Quotenkartell. Wenden wir uns nacheinander diesen Kartellen zu.

(1) *Das Kartell zur Vereinheitlichung der Qualität.* Viele Preiskartelle werden durch Bestimmungen ergänzt, die Höchstgrenzen für Qualitätskriterien und Verkaufsaufwand festlegen. Ein bekanntes Beispiel ist das Weltglühlampenkartell (Phoebus-Abkommen und International General Electric Co., Inc.). Dieses Kartell sah eine Festsetzung der Preise, mengenmäßige Beschränkungen und Marktaufteilung vor. Aber es war auch ein Vertrag zur *Beschränkung der Qualität.* Die Phoebus General Assembly besaß die letzte Entscheidung über Qualitätsstandards, und „ein energisch betriebenes Standardisierungsprogramm hat die Lebensdauer der

Glühbirne zumindest teilweise verkürzt, um die Gewinne zu erhöhen." [20]

Mr. A. F. Philips, Leiter der holländischen Firma gleichen Namens, schrieb an Mr. Mirror von der International General Electric Co., Inc.: „... nach den intensiven Bemühungen, die wir unternahmen, um aus der Zeit der Glühbirnen mit langer Lebensdauer herauszukommen, ist es von der größten Wichtigkeit, daß wir nicht in dieselbe Klemme zurückgeraten, indem wir die Voltzahl außer acht lassen und Glühbirnen mit einer sehr langen Lebensdauer liefern" [21].

Offensichtlich besteht bei einem solchen Kartell kein großer Anreiz zu Forschungsarbeiten mit dem Ziel, die Lebensdauer der Glühbirnen zu erhöhen.

(2) Als nächstes wollen wir das Quotenkartell betrachten. Die im vorangegangenen Absatz erwähnten Verträge beschränkten die Qualität der Kartellware direkt. Ein im wesentlichen gleiches Ergebnis läßt sich auch auf indirektere Weise erzielen. Preisverträge werden oft durch Abkommen ergänzt, in denen jedem Kartellmitglied eine bestimmte Quote zugeteilt wird. Wenn ein Mitglied mehr verkauft als seine Quote, wird es mit einer Geldstrafe belegt. Verkauft es weniger, erhält es eine Ausgleichszahlung.

Wie verhält sich nun das einzelne Mitglied eines solchen Kartells? Nehmen wir an, daß die Geldstrafe für eine zuviel hergestellte und verkaufte Einheit der Ausgleichszahlung für eine nicht verkaufte Einheit enspricht, und nennen wir sie e. A und B seien Duopolisten. Nehmen wir an, daß ihre relativen Quoten $^1/_2$ betragen. Nennen wir die innerhalb einer bestimmten Zeit verkaufte Menge q. Die absoluten Quoten sind dann

$$\text{Quote}_A = \frac{q_A + q_B}{2} \quad \text{und Quote}_B = \frac{q_A + q_B}{2}$$

Nach diesem System ist dann die *gesamte* Entschädigung oder Geldstrafe innerhalb einer bestimmten Zeit

[20] George W. Stocking und Myron W. Watkins, Cartels in Action, Case Studies in International Business Diplomacy, With the Assistance of Alfred E. Kahn and Gertrude Oxenfeldt, New York, 1947, S. 362.

[21] U.S. v. G.E., Civil Action No. 1364, Ex. 2140-G, Brief vom 30. Jan. 1934. Abgedruckt ebenda, S. 355.

$$\text{Für A:} \qquad \left(\frac{q_A + q_B}{2} - q_A\right) e = \left(\frac{q_B - q_A}{2}\right) e$$

$$\text{Für B:} \qquad \left(\frac{q_A + q_B}{2} - q_B\right) e = \left(\frac{q_A - q_B}{2}\right) e$$

Nennen wir den Preis p. Dementsprechend ist der Erlös innerhalb eines bestimmten Zeitraums:

$$r_A = p_A q_A + \left(\frac{q_B - q_A}{2}\right) e$$

$$r_B = p_B q_B + \left(\frac{q_A - q_B}{2}\right) e$$

Nehmen wir nun einmal an, daß die Preise p_A und p_B in der Kartellvereinbarung festgelegt worden sind. Die Kartellmitglieder A und B planen jedoch, ihren Erlös für einen bestimmten Zeitraum durch *nichtpreislichen Wettbewerb* auszuweiten, d. h. durch Produktentwicklung und Verkaufsanstrengungen. Ihre Grenzerlösraten für q sind dann:

$$\frac{dr_A}{dq_A} = p_A + \left(\frac{dq_B}{dq_A} - 1\right) \frac{e}{2}$$

$$\frac{dr_B}{dq_B} = p_B + \left(\frac{dq_A}{dq_B} - 1\right) \frac{e}{2}$$

Diese Formeln sind interessant. Sie zeigen uns, daß in dem Fall, in dem Duopolist A seine innerhalb einer bestimmten Zeit abgesetzte Menge erhöht, die Auswirkungen dieser Erhöhung auf seinen Erlös davon abhängen, welche Wirkung sie auf die innerhalb dieses Zeitraums abgesetzte Menge q_B des Wettbewerbers hat. Nehmen wir erstens an, daß A seinen Erlös so erhöht, daß B's abgesetzte Menge, q_B, *nicht* beeinflußt wird. In diesem Falle ist $\frac{dq_B}{dq_A}$ gleich 0, und A's

A's Grenzerlösrate für q_A ist:

$$\frac{dr_A}{dq_A} = p_A - \frac{e}{2}$$

Nehmen wir zweitens an, daß A seinen Absatz in der Weise ausweitet, daß B's abgesetzte Menge q_B vom Standpunkt des B *beeinträchtigt* wird. In diesem Fall ist $\frac{dq_B}{dq_A}$ negativ, und A's Grenzerlösrate für q_A wird *kleiner* als oben. Nehmen wir schließlich an, daß A in der Weise expandiert, daß B's abgesetzte Menge vom Standpunkt des B aus gesehen *günstig* beeinflußt wird, so daß $\frac{dq_B}{dq_A}$ positiv wird. In diesem Fall wird A's Grenzerlösrate *größer* als oben. Wir gelangen dabei zu dem Schluß, daß jetzt eine gewisse Interessengemeinschaft zwischen A und B besteht. Bei einer gegebenen Steigerung des Umsatzes von A wird A's Grenzerlös um so geringer, je weiter A in B's Markt eindringt [22].

Wir haben nunmehr festgestellt, daß der Anreiz zu Forschungs- und Entwicklungsarbeiten bei dem Kartell zur Vereinheitlichung der Qualität und dem Quotenkartell geschwächt wird. Das gleiche gilt offensichtlich für den *nichtausschließlichen* Patentaustauschvertrag, den ausschließlichen Patentaustauschvertrag mit *Gebietsaufteilung* und den ausschließlichen Patentaustauschvertrag mit *Produktaufteilung*. Wir wollen diese Kartellformen etwas näher betrachten.

(3) Der *nichtausschließliche Patentaustauschvertrag* sieht vor, daß jeder der Vertragspartner freien Zugang zu den gegenwärtigen und zukünftigen geschützten Verbesserungen, technischen Kenntnissen und technischen Informationen des anderen besitzt. Mit anderen Worten: jeder der Vertragspartner hat das Recht sowohl seine eigenen Patente als auch die seiner Lizenznehmer zu benutzen, und insoweit sind die Lizenzen nicht ausschließlich.

Ein Vertrag dieser Art läßt sich leicht aus der Abneigung gegen

[22] Mündliche Anregungen hierzu verdanke ich Winding Pedersen von der Universität Kopenhagen.

Unsicherheit erklären. Forschung ist stets mit einer gewissen Unsicherheit verbunden, und wir können sagen, daß ein solcher Vertrag den Unsicherheitsfaktor weitgehend beseitigt. Es wurde festgestellt, daß der Vertrag jedem Vertragspartner freien Zugang zu den gegenwärtigen und zukünftigen geschützten Verbesserungen, technischen Kenntnissen und technischen Informationen des anderen gewährt. Es geht darum, Unsicherheit in bezug auf die Gegenwart wie auch die Zukunft zu beseitigen.

Der Combines Investigation Act Commissioner erwähnte einen ganz konkreten Fall, in dem ein Vertrag Unsicherheit hinsichtlich der Benutzung *bereits* patentierter Verbesserungen beseitigen würde: „Eine Verbesserung, an der ein Unternehmen Schutzrechte besitzt, kann bis zu einem gewissen Grade mit einer Verbesserung kollidieren, an der ein anderes Unternehmen Schutzrechte besitzt, so daß keines von beiden seine eigene Verbesserung benutzen kann, ohne Gefahr zu laufen, von dem anderen wegen Patentverletzung verklagt zu werden – eine Sackgasse, in die sie geraten können, wenn ein Patentamt versehentlich erklärt, daß eine Idee zwei Personen gleichzeitig gehört." [23]

Da Patentverletzungsklagen sehr kostspielig sind und ihr Ausgang sehr schwer voraussagbar ist, spricht vieles für den Abschluß von Patentaustauschverträgen.

Wie wir feststellten, können derartige Verträge auch Unsicherheit in bezug auf zukünftig zu patentierende Verbesserungen beseitigen. Die Erwägungen der Duopolisten in diesem Falle würden der Argumentation folgen, die Sir Alfred Mond (der spätere Lord Melchett) 1927 vorbrachte. Nach Angabe von Corwin D. Edwards sagte der berühmte Gründer der Imperial Chemical Industries: „Da es kein Erfindungsmonopol gibt, kann niemand sagen, woher die nächste große Idee kommt – ob aus Großbritannien, Amerika, Japan, Italien, Frankreich oder anderswo. Das bedeutet, daß es jederzeit in der Macht eines jeden Landes stehen könnte, eine neue Idee hervorzubringen, die sofort das *gesamte internationale Gleichgewicht der Wirtschaft stört.* Diese Tatsache läßt im Interesse nicht nur der führenden Unternehmer, sondern der ganzen Welt den

[23] Canada and International Cartels, Report Issued October 10, 1944.

natürlichen Wunsch entstehen, mit allen denen zusammenzuarbeiten, die an ähnlichen Gedanken arbeiten, um die Ergebnisse von Forschung und Erfindung zusammenzufassen ..." [24]

Wenn nun jedes Mitglied des Kartells freien Zugang zu dem Patent- und know-how-Pool haben soll, und wenn die dem Kartell angehörenden Unternehmer freien Zugang zu ihren Produktionsanlagen und Laboratorien haben sollen [25], welcher Anreiz besteht dann noch zur Entwicklung neuer Erzeugnisse und zur Verbesserung der alten? Gewiß weniger, als wenn Neuerungen von niemandem nachgeahmt werden könnten.

(4) *Der ausschließliche Patentaustauschvertrag mit Gebietsaufteilung.* Bisher haben wir uns mit dem nicht ausschließlichen Patentauswertungsvertrag befaßt, der jedem Mitglied freien Zugang zu den Patenten des anderen verschafft. Wir wollen nun den ausschließlichen Patentaustauschvertrag betrachten. Bei einem solchen Vertrag genießt jeder Vertragspartner seine Rechte auf Kosten des anderen. Derartige Verträge trifft man im Wirtschaftsleben recht häufig an, besonders in zwei Formen, d. h. als Kartell mit Gebietsaufteilung und als Kartell mit Produktaufteilung. Beide lassen sich ohne jeden Patentaustausch vorstellen, doch in der Praxis sehen sie fast immer einen solchen Austausch vor. Überdies wurden sie im Zusammenhang mit den Problemen der Patentrechtsreform ausführlich erörtert. Wenden wir uns ihnen nacheinander zu und betrachten wir zunächst den Gebietsaufteilungsvertrag. Derartige Verträge könnten natürlich ohne jeden Austausch von Patentrechten abgeschlossen werden. Der Austausch ausschließlicher Patentrechte

[24] Corwin D. Edwards, Economic and Political Aspects of International Cartels, A Study Made for the Subcommittee on War Mobilization of the Committee on Military Affairs, United States Senate, Pursuant to S. Res. 107: A Resolution Authorizing a Study of the Possibilities of Better Mobilizing the National Resources of the United States, 78th Congress, 2nd Session, Senate Committee Print, Monograph No. 1, Washington, D. C., 1944, S. 32. Hervorhebung durch den Verfasser.

[25] Das internationale Glühlampenkartell („Phoebus“) war ein Kartell vom Typ des Patentpools. Nach den Bestimmungen des Kartellvertrages hatten die Mitglieder das Recht, gegenseitig ihre Laboratorien und Produktionsanlagen zu besichtigen. Hexner, a. a. O., S. 359.

kann die Wirksamkeit solcher Verträge jedoch bedeutend erhöhen. Ein ausschließliches Patent gibt seinem Inhaber in dem Land, in dem das Patent erteilt wurde, das ausschließliche Recht zur Herstellung, Benutzung und Veräußerung der Erfindung. Nehmen wir einmal an, daß die Duopolisten A und B, die bisher beide in demselben Geschäftszweig tätig waren, Patente in der Weise austauschen, daß A alle Patente für das eine geographische Gebiet (ein oder mehrere Länder) erhält, während B alle entsprechenden Patente für ein anderes Gebiet erhält. Dieser Austausch soll es nun A und B ermöglichen, Waren herzustellen und zu verkaufen, die genau übereinstimmen, abgesehen vom Standort des Anbieters. Ferner sollen A und B *tatsächlich* solche identischen Waren herstellen und verkaufen. Bei dem ausschließlichen Patentaustauschvertrag kann jeder, einschließlich von A, der von A hergestellte Waren in B's ausschließliches Gebiet ausführt, nunmehr von B wegen Patentverletzung belangt werden. Das ist sehr wichtig. Man kann diesen Fall an einem reinen Gebietskartell ohne Patentaustausch verdeutlichen. In diesem Fall besteht ein gewisses Maß an gegenseitiger Abhängigkeit zwischen den beiden Märkten. Wenn es sich um ein übertragbares Gut handelt (Beispiel für ein nicht übertragbares Gut: Dienstleistungen), dann besteht die Gefahr, daß die Kunden die Ware von einem Markt zum anderen befördern. Das wird dann eintreten, wenn der Preisunterschied zwischen den Märkten höher ist als die Kosten der Beförderung der Waren von dem Markt mit den niedrigen Preisen zu dem Markt mit den hohen Preisen. Mit anderen Worten: dem Unterschied zwischen den Preisen auf den beiden Märkten ist eine Grenze gesetzt. Tritt zu dem Vertrag noch ein ausschließlicher Patentaustauschvertrag, hört diese Grenze auf zu bestehen. Jeder, der Waren in das Gebiet einführt, auf das sich der Ausschließlichkeitsvertrag bezieht, verletzt das Recht und kann verklagt werden.

Was derartige Verträge tatsächlich bewirken, ist folgendes: zwei Monopole mit jeweils einem eigenen Gebiet treten an die Stelle eines einzigen Duopols in einem größeren Gebiet. Im Schutze seiner Patentrechte braucht keiner der Monopolisten Wettbewerb zu befürchten. Weshalb sollte er sich also um Produktentwicklung und Forschung kümmern?

(5) *Der ausschließliche Patentaustauschvertrag mit Produktaufteilung.* Wie die Verträge zur Gebietsaufteilung könnten auch die Verträge zur Produktaufteilung abgeschlossen werden, ohne daß dabei ein Austausch von Patentrechten stattfindet. Der Austausch ausschließlicher Patentrechte wird die Wirksamkeit des Vertrages jedoch erhöhen. Jeder, der B's Erzeugnis herstellt oder verkauft, einschließlich des A, könnte dann von B verklagt werden. Wir hätten also wiederum zwei vom Recht des Landes geschützte Monopole. Derartige Verträge sind bekannt und brauchen nicht durch Beispiele belegt zu werden [26].

(b) *Verhandlungen über ein zukünftiges Kartell* bewirken andererseits, daß ein Anreiz zur Entwicklung von Erzeugnissen und zur Anmeldung von Patenten geschaffen wird. Das gilt für alle oben behandelten Kartellformen.

(1) Zunächst das *Kartell zur Vereinheitlichung der Qualität.* Die Verhandlungsstärke eines Unternehmers, der über die Gründung eines neuen Kartells verhandelt, hängt weitgehend davon ab, welche Befürchtungen er in seinem Verhandlungspartner hinsichtlich seines Vorgehens bei einem Scheitern der Verhandlungen hervorrufen kann [27]. Wenn er in seinem Gegner den Glauben erweckt,

[26] Die am 9. November 1929 zwischen der I. G. Farbenindustrie A. G. und Standard Oil Company of New Jersey getroffene Vereinbarung enthielt die folgenden Bestimmungen: „Die Gesellschaft erkennt die Vorzugsstellung der I. G. in der chemischen Industrie, und I. G. erkennt die Vorzugsstellung der Gesellschaft in der Erdöl- und Erdgasindustrie an; keiner der Vertragspartner hat den Plan oder verfolgt die Politik, sein bestehendes Geschäft in den Industriezweig des anderen Vertragspartners hinein auszuweiten, so daß er ein ernstzunehmender Konkurrent des anderen Vertragspartner wird; jedoch erkennt jeder von ihnen an, daß sich seine Geschäftstätigkeit bis zu einem gewissen Grade mit der des anderen überschneidet . . ." Der Text des ganzen Abkommens findet sich in: Bone Committee, Patent Hearings, P. 7, S. 3444 ff., 3451 ff., abgedruckt in App. VIII in Hexner, a. a. O., S. 513 ff.

[27] Die Grundsätze der Kartellverhandlungen werden ausführlich behandelt in der Arbeit des Verfassers „Product Equilibrium Under Monopolistic Competition", das in Kürze als fünfter Band in der Reihe „Harvard Studies in Monopoly and Competition" in der Harvard Press, Cambridge, Mass., 1951, erscheinen wird.

daß er in diesem Fall irgendein revolutionäres neues Erzeugnis herausbringt oder zumindest sein bereits auf dem Markt befindliches Erzeugnis von Grund auf verbessert, dann kann er sich sehr günstige Bedingungen sichern. Aber er kann bei seinen Gegnern derartige Befürchtungen kaum hervorrufen, ohne ständig eigene Forschung und Produktentwicklung betrieben zu haben.

(2) Das gleiche gilt für das *Quotenkartell.* Wieder hängt die Verhandlungsstärke von den Befürchtungen ab, die der Unternehmer, der das Kartell gründen möchte, in seinen Verhandlungspartnern hinsichtlich seines Vorgehens bei einem Scheitern der Verhandlungen wecken kann. Falls er bei ihnen den Glauben erwecken kann, daß er etwas Neues anzubieten hat und daß er einen Vernichtungswettbewerb in Gang setzen wird, kann er sich günstige Bedingungen, z. B. eine besonders hohe Quote, sichern.

Drei wichtige Formen des Kartells betrafen Patente, nämlich der nicht ausschließliche und die beiden ausschließlichen Patentaustauschverträge.

(3) Aus unserer kurzen Behandlung der Motive für nichtausschließliche Patentverträge ist ersichtlich, wann ein Anreiz zu Forschungsarbeiten und Patentanmeldungen geschaffen wird. Stellen wir uns vor, daß die Duopolisten A und B sich am Verhandlungstisch zusammenfinden. Wenn wir A und B den subjektiven Kapitalwert ihrer Unternehmen für den Fall, daß *kein* Kartellvertrag zustande kommt, ausrechnen lassen, dann kann ihr effektiver[28] Wert durchaus niedriger sein als der effektive, subjektive Kapitalwert derselben Unternehmen in dem Fall, daß ein Kartell errichtet wird. Die Bestimmungen dieses Kartellvertrages werden Gegenstand von Verhandlungen sein. Die ausgetauschten Patente werden ausgerechnet so zahlreich und so einträglich sein, daß der Eifer der beiden Duopolisten am Zustandekommen des Kartells der gleiche wird. Offensichtlich hängt die Bereitwilligkeit des Verhandlungsgegners davon ab, eine wie aggressive Politik er im Falle des Nichtzustande-

[28] „Effektiv“ bedeutet, daß die Unsicherheit berücksichtigt wurde; siehe Oscar Lange, Price Flexibility and Employment, Cowles Commission for Research in Economics, The University of Chicago, Monograph No. 8, Bloomington, Indiana, 1944, S. 29 ff.

kommens des Kartells von einem erwartet. Das hängt wiederum weitgehend von dem Wert der Patente ab, die man ihm anbietet. Je mehr und je bessere Patente man anbietet, um so größer ist die eigene Verhandlungsstärke. Dies weckt in den Duopolisten den Anreiz, Forschung zu treiben und Patente anzumelden. Wenn nicht nur die zur Zeit des Vertragsabschlusses vorhandenen Patente ausgetauscht werden, sondern auch die künftigen Patente, dann werden auch die Forschungseinrichtungen und die Wahrscheinlichkeit, daß künftige Erfolge erzielt werden, die Verhandlungsstärke des Duopolisten beeinflussen.

(4) Der *ausschließliche Patentaustauschvertrag mit Gebietsaufteilung* errichtet zwei oder mehr isolierte Monopole innerhalb getrennter geographischer Gebiete. Bei der Erwägung, ob er einen solchen Vertrag abschließen soll oder nicht, vergleicht der Duopolist also den effektiven, subjektiven Kapitalwert seines Unternehmens im Falle des *Duopols* in einem größeren Gebiet mit dem effektiven, subjektiven Kapitalwert des Unternehmens im Falle des *Monopols* in einem kleineren Gebiet. Das gilt für beide Duopolisten. Die zugeteilten Gebiete werden ausgerechnet so groß sein, daß der Eifer der beiden Duopolisten am Zustandekommen des Kartells der gleiche wird. Offenbar hängt der Eifer des Verhandlungsgegners am Zustandekommen des Kartells davon ab, eine wie aggressive Politik er im Falle des Nichtzustandekommens von dem anderen erwartet. Dies hängt wiederum weitgehend von dem Wert der angebotenen Patente ab. Diese Tatsache bietet den Duopolisten den Anreiz, Forschung zu treiben und Patente anzumelden. Wenn nicht nur die zum Zeitpunkt des Vertragsabschlusses vorhandenen Patente ausgetauscht werden, sondern auch künftige Patente, die sich auf das Gebiet des anderen erstrecken, dann sehen wir wiederum, daß die Forschungseinrichtungen und die Aussicht auf künftige Erfolge die Verhandlungsstärke der Duopolisten beeinflussen werden.

(5) Wie im Falle des Gebietskartells führt auch das Kartell mit *Produktaufteilung* zu zwei getrennten Monopolen, und bei der Erwägung, ob er den Vertrag abschließen soll oder nicht, muß der Duopolist den tatsächlichen, subjektiven Kapitalwert seines Unternehmens im Falle des *Duopols* mit zwei Erzeugnissen mit dem tatsächlichen subjektiven Kapitalwert im Falle des *Monopols* mit

einem Erzeugnis vergleichen. Soll jedem Kartellmitglied mehr als ein Erzeugnis zugeteilt werden, dann wird die Zahl und die Einträglichkeit der zugeteilten Erzeugnisse ungefähr der Verhandlungsbereitschaft der beiden Duopolisten entsprechen. Wie das Kartell mit Gebietsaufteilung bietet auch das Kartell mit Produktaufteilung dem Duopolisten den Anreiz, Forschung zu treiben und Patente anzumelden und die Forschungseinrichtungen auszuweiten, da all dies die Verhandlungsstärke des Duopolisten erhöht.

Bei unserer Untersuchung der Verträge stellten wir die Frage des Anreizes für Forschungsarbeiten und Patentanmeldungen in den Mittelpunkt. Der Verfasser zweifelt natürlich nicht daran, daß, falls ein solcher Anreiz besteht, technische Entwicklungen viel rascher fortschreiten, wenn die Forscher zusammenarbeiten, als wenn sie isoliert arbeiten. Als Großbritannien, Kanada und die Vereinigten Staaten ihre Kenntnisse während des Zweiten Weltkrieges zusammenlegten, wurden tatsächliche gewaltige Ergebnisse erzielt, wie z. B. das Radarverfahren und die Kernspaltung.

Wir haben nun gesehen, daß nach der Errichtung eines Kartells kein großer Anreiz mehr zur Forschung und Produktentwicklung besteht, während ein Unternehmer, der Verhandlungen zur Gründung eines Kartells aufnehmen will, tatsächlich den Anreiz dazu besitzt. Anders ausgedrückt: Produktentwicklung ist möglich, wird aber nicht unbedingt tatsächlich durchgeführt. Denn die Produktentwicklung ist eine Drohung, die bewirken soll, daß sich die anderen Verhandlungspartner bereit erklären, das Erzeugnis *nicht* zu schnell oder zu sehr zu entwickeln. Sind die Drohungen ihnen gegenüber erfolgreich, bleibt die Produktentwicklung potentiell. So besteht bei Kartellmitgliedern die Tendenz zur Durchführung von Forschungsarbeiten und zur Anmeldung von Patenten, während es ihnen gleichzeitig oft gelingt, die Anwendung der Ergebnisse zu verhindern. Das ist ganz natürlich. Corwin D. Edwards erklärte: „Da jedoch eine der häufigsten Formen der Kartellvereinbarungen diejenige ist, die auf örtlich begrenzten Patentmonopolen und dem Austausch von Patentlizenzen beruht, sind die Kartellmitglieder daran interessiert, den Erfindungsprozeß zumindest soweit zu fördern, wie es notwendig ist, um ihre Patentstellung aufrechtzuerhalten und auszuweiten. Patente sind Waffen gegen Außenseiter; und das Unternehmen mit den meisten und besten Patenten hat ceteris paribus die stärkste Verhandlungsposition in dem Kartell. Es besteht Rivalität in der Erlangung von Patenten und daher auch Rivalität in der Erfindungstätigkeit. Das Ergebnis ist eine eigenartige Mischung aus reger Erfindungsarbeit, der gemeinsamen Benutzung neuer Verfahren und dem Bemühen, die Anwendung dieser Verfahren in einer Weise, die Preise oder Gewinne beeinträchtigen könnte, zu verhindern."[29]

Ein Beispiel dafür nannte der Bone-Ausschuß in seinen „Patent-Hearings". In den frühen dreißiger Jahren trafen Standard Oil of New Jersey und Shell untereinander Vereinbarungen auf dem Gebiet der Hydrierung. Hexner bemerkt dazu: „Der ahnungslose Laie würde annehmen, daß Jersey und Shell daran interessiert waren, hohe Lizenzgebühren für das Hydrierverfahren zu erhalten. Bei derartigen Annahmen ist jedoch die Tatsache zu berücksichtigen, daß die großen Ölfirmen vor allem daran interessiert waren, aus Erdöl hergestelltes Benzin zu verkaufen. Es gibt Beweise dafür, daß ihre Politik in der Regel nicht darin bestand, Hydrierprojekte zu fördern oder Lizenzen zu gewähren, es sei denn, die Regierungen zeigten erhebliches Interesse an dem Verfahren. Sie hofften sogar, die Entwicklung der Hydrierung von Kohle, Teer usw. ein wenig hinauszuzögern."[30]

[29] Edwards, a. a. O., S. 32.

[30] Bone Committee, Patent Hearings, P. 7, S. 3554. Abgedruckt bei Hexner, a. a. O., S. 319.

Kartell und Wettbewerb in der Schweiz. 31. Veröffentlichung der Preisbildungskommission des Eidgenössischen Volkswirtschaftsdepartements. Hrsg. vom Eidgenössischen Volkswirtschaftsdepartement, Bern 1957, S. 17—25, 29—38, 124—136, 137—141.

ERGEBNISSE EIDGENÖSSISCHER UNTERSUCHUNGEN*

I. Bemerkungen zum Kartellbegriff

1. Einige Kartellbegriffe der Wettbewerbsliteratur

Nur wenige Begriffe der Praktischen Nationalökonomie werden in einer so verwirrlichen Mannigfaltigkeit verwendet wie der Begriff „Kartell". Von der Parteien Gunst und Autoren Eigenwilligkeit verwirrt, schwankt sein Charakterbild in der Geschichte. Wir sehen uns deshalb veranlaßt, in aller Kürze das uns gerade noch notwendig Erscheinende über den Kartellbegriff zu sagen und den Versuch zu unternehmen, das Kartell in einer Art und Weise zu umschreiben, die bei voller wissenschaftlicher Vertretbarkeit auch geeignet ist, den praktischen Gegebenheiten des schweizerischen Verbandswesens Rechnung zu tragen.

Die nachstehende kritische Erwähnung einiger Kartelldefinitionen erfolgt zur Erleichterung des Verständnisses des Kartellbegriffs der Kommission. Die vorerst willkürlich anmutende Nennung weniger Autoren unter sehr vielen ist daher zweckbedingt.

In der deutschsprachigen Literatur sind die Kartelle während relativ langer Zeit als Vereinbarungen bzw. Organisationen zur „Beherrschung" oder „Regelung" des Marktes bezeichnet worden. So lautete zum Beispiel die Kartelldefinition des in diesen Fragen besonders prominenten Liefmann: „Ein Kartell ist eine freie Vereinbarung bzw. ein Verband zwischen selbständig bleibenden Unternehmern derselben Art zwecks monopolistischer Beherrschung des Marktes." Lehnich, um einen weiteren deutschen Autor der ältern Generation zu nennen, bezeichnet die Kartelle als „Vereinbarungen zwischen selbständig bleibenden Unternehmern derselben Art und zum Zwecke der Regelung des Marktes und Beschränkung des Wettbewerbs".

* Vom Herausgeber formulierte Überschrift.

Diese und ähnliche Definitionen, welche entweder die Marktbeherrschung oder in ganz lauer und verharmlosender Weise die „Marktregelung" oder etwas präziser die Beschränkung des Wettbewerbes als Kartellzweck angeben, verwechseln die Mittel mit dem Zweck. Wo der Markt „beherrscht" oder geregelt oder der Wettbewerb beschränkt werden soll, geschieht das weder der Beherrschung noch der Regelung noch der Wettbewerbsbeschränkung wegen, weil das alles nur Mittel sind zu jenem auch von der schweizerischen Kartellenquête einwandfrei erkannten Zweck der Sicherung des Ertrages und damit des Erfolges der Unternehmung. Dieser Auffassung hinsichtlich Mittel und Zweck entspricht übrigens auch § 1 des deutschen Entwurfes eines Gesetzes gegen Wettbewerbsbeschränkung. Darnach ist ein Kartell „ein von Unternehmen zu einem gemeinsamen Zweck geschlossener Vertrag, der geeignet ist, die Erzeugung oder die Marktverhältnisse für den Verkehr mit Waren oder gewerblichen Leistungen durch Beschränkung des Wettbewerbs zu beeinflussen".

Tschierschky kam dieser Auffassung sehr nahe, als er definierte: „Kartelle sind auf Vertrag beruhende Verbände selbständiger Unternehmer gleichen Gewerbes zwecks Sicherung und Hebung des Wirtschaftserfolges der Mitglieder durch willkürliche Regelung des Marktes." Hier sind nun sowohl die Mittel wie der Zweck auf ihren richtigen Platz verwiesen. Ähnlich ist es wiederum bei Bernhard, welcher die Kartelle als „eine Zusammenfassung von Unternehmen eines bestimmten Wirtschaftszweiges zum Zwecke der Profiterhaltung oder Profitvermehrung" bezeichnet.

2. Kritische Würdigung der eben erwähnten Begriffsmerkmale

a) Die Marktbeherrschung

In einigen Kartelldefinitionen, wie beispielsweise in der ursprünglich grundlegenden von Liefmann, wird von „monopolistischer Marktbeherrschung" gesprochen. Diese Begriffsumschreibung reiht das Kartell in die Gruppe der monopolistischen Organisationsformen ein. In neuerer Zeit ist man davon abgekommen, das Monopolkriterium als für den Kartellbegriff wesentlich zu betrachten. Insbesondere nach der Marktformentheorie können Kartelle wohl Monopole sein, müssen es aber nicht [1].

Wer die Marktbeherrschung als Zweck der Kartellierung angibt, verkennt, daß bei der Kartellgründung wohl selten das Streben nach Marktbeherrschung und Marktregelung die entscheidende Rolle gespielt hat. Im allgemeinen haben weder Herrschsucht noch altruistischer Ordnungssinn zur Gründung von Kartellen geführt, wohl aber die Sorgen um das Geschäft und den Geschäftserfolg. Dies insbesondere dann, wenn die freie Konkurrenz, die oft zur rücksichtslosen Halsabschneiderkonkurrenz wurde, den Geschäften „den Schnauf zu nehmen drohte". Im Verlaufe unserer Kartelluntersuchungen haben wir immer wieder feststellen können, daß Kartelle oft erst dann entstehungsreif werden, wenn der geschäftliche Erfolg ohne kollektive Einflußnahme auf das Marktgeschehen auch den letzten sonst auf die Marktfreiheit schwörenden Unternehmern versagt bleibt oder als doch gefährdet erscheint.

Viele aus der Not entstandene Kartelle sind kraft der Organisation schließlich in eine Machtstellung hineingewachsen und scheuen sich vielfach auch nicht, ihre Macht zu gebrauchen. Wie man diese Machtausübung bezeichnen will (Beherrschung, Regelung, Kontrolle oder bloß Beeinflussung des Marktes), hängt, abgesehen vom objektiven Merkmal der mehr oder weniger starken Offenheit oder Geschlossenheit des Marktes, auch von subjektiven Faktoren ab. Als solche sind zu nennen: das mehr oder weniger große Wohlwollen, der Interessestandpunkt, das Urteilsvermögen und oft auch die mehr oder weniger große Naivität des Beobachters. Der Hinweis auf die Naivität der Urteilenden drängt sich deswegen auf, weil manche waschechten, das heißt die Marktverhältnisse zu ihren Gunsten künstlich beeinflussenden Kartelle, in ihren Verträgen bzw. Statuten den Verbandszweck zu tarnen versuchen. So werden etwa die „Pflege kollegialer Gesinnung" und die „Förderung des persönlichen Kontaktes" oder gar „die Freundschaft unter den Mitgliedern", die „Beteiligung an der Bearbeitung volkswirtschaft-

[1] Was die Form des kartellistisch beeinflußten Marktes anbetrifft, wird auf Seiten 213 ff. verwiesen.

licher Fragen" usw. in der Zweckangabe in erster Linie erwähnt und erst zuletzt „die enge Fühlung unter den Mitgliedern zur Regelung der Produktions- und Absatzbedingungen" oder die „Wahrnehmung von Berufsinteressen am Markt" noch anhängt.

b) Der Gewinn oder Profit

In der eingangs erwähnten Definition von Bernhard wird der Kartellzweck mit Profiterhaltung oder Profitvermehrung angegeben. Unseres Erachtens ist diese Zweckumschreibung zu eng. Der Profitbegriff bezieht sich auf Erzielung eines Einkommens, das sich nicht oder jedenfalls nicht in seiner Gänze auf die Arbeitsleistung des Unternehmers bzw. Kapitalgebers zurückführen läßt. *Profit ist seinem Wesen nach ein privatwirtschaftliches Überschußeinkommen,* über die Entschädigung für Unternehmerdisposition, für das Arbeitskommando, für die Akquisitionstätigkeit, für das Risikotragen usw. hinaus. Er übersteigt somit das Einkommen aus Unternehmerlohn für geleistete Arbeit sowie aus normaler Grundverzinsung des verantwortlichen Kapitals.

Zweifellos werden sowohl auf dem Gebiete der Produktion im engeren Sinn, wie im Handel, im Verkehrs-, Versicherungs- oder Bankwesen neben Unternehmerlöhnen und normaler Entschädigung des Grundkapitals auch solche Profite realisiert. Aber sie werden nicht von allen auf diesen oder anderen Gebieten tätigen Unternehmungen erzielt. Manche Unternehmer möchten wohl solche Profite realisieren, sie sind jedoch dazu aus irgendwelchen Gründen nicht in der Lage. Es gibt zudem – um sinngemäß mit Sombart zu reden – nicht nur *„profitorientierte"*, sondern auch *„nahrungsorientierte"* Unternehmungen, deren Inhaber weder auf Profit noch auf Profitakkumulierung tendieren, sondern sich mit dem zufriedengeben, was man seit alters her als „standesgemäßes Einkommen" bezeichnet. Das will nicht heißen, daß ein Teil dieser mittelständischen Unternehmer (Handwerker, Inhaber von Handelsgeschäften, von kleinen bzw. mittleren Gewerbebetrieben, von bescheidenen industriellen Unternehmungen usw.) auf Profite verzichtet, wenn sie unter Umständen erzielbar sind; aber nicht das

Profitstreben ist das generelle Motiv der wirtschaftlichen Tätigkeit dieser Leute, sondern eben die Erzielung eines den Unterhalt der Familie ermöglichenden mehr oder weniger auskömmlichen Geschäftserfolges.

Würde man also den Profitbegriff in die Kartelldefinition einbauen, so hieße dies nichts anderes als ihn auf die „profitorientierten Unternehmungen" beschränken. Ein solches Unterfangen stünde aber in krassem Widerspruch zu allen Erfahrungen der Preisbildungskommission, die immer neu beobachten konnte, daß die Kartellbildung, zumindest in der Schweiz, eine sehr allgemeine und nicht nur eine „kapitalistische" Angelegenheit ist. Wohl treffen wir in unserem Lande auf eine Fülle bestorganisierter Industrie- und (ihrer Bedeutung nach diesen nebengeordneter) Handelskartelle. Daneben aber gibt es eine Menge von Verbänden mit Kartellcharakter, deren Mitglieder klar zum mittelständischen Bereich gehören. Wir erwähnen hier nur die Fülle der in der Schweiz vorhandenen Handwerkerkartelle. So ist beispielsweise der Schweizerische Schmiede- und Wagnermeisterverband ohne Zweifel eine kartellistische Organisation [2]. Niemand wird aber behaupten wollen, es handle sich hier um eine „kapitalistische Organisation". An dieser Feststellung ändert der Umstand nichts, daß unter konjunkturell besonders günstigen Umständen gewisse vorher „mittelständische" Einkommen auf Grund von Kartellpraktiken teilweise die Merkmale des Profits annehmen können.

Ferner möchten wir zwischen Profit und Unternehmungs*gewinn* unterscheiden. Während nach unserer Auffassung sich der Profit ausschließlich auf das privatwirtschaftliche Überschußeinkommen und die Vermögensbildung zugunsten des Unternehmers oder des verantwortlichen Kapitals bezieht, umfaßt der Unternehmungsgewinn als Ganzes u. a. auch die Dotierung der Reserven zur Sicherung der Unternehmung gegenüber künftigen Verlustrisiken und zur Finanzierung eines durch den technischen Fortschritt bedingten Ausbaues der Unternehmungskapazität sowie denjenigen Teil des

[2] Vgl. Kartelle und kartellartige Abmachungen in der schweizerischen Wirtschaft, Veröffentlichung Nr. 16 der PbK, Sonderheft 27 der Volkswirtschaft, Bern 1937, Seite 44.

Ertrages, der für Wohlfahrtsmaßnahmen im Interesse der Arbeitnehmer abgezweigt wird.

3. Der Kartellbegriff der Preisbildungskommission

Auf Grund der bisherigen Ausführungen dürfte klargeworden sein, daß Profiterzielung kein *unabdingbares* Merkmal der vertraglichen oder statutarischen Bindungen sein kann, welche die Unternehmer eingehen, um mittels privater Eingriffe in die Wettbewerbsfreiheit den Geschäftserfolg zu verbessern. Eingedenk dieses Tatbestandes spricht die Kartelldefinition unserer Kommission ganz allgemein von *Ertrag im volkswirtschaftlichen Sinne* bzw. von Ertragssteigerung, Ertragserhaltung oder von der Abschwächung des Ertragszerfalles. *Unter dem Ertrag, wie immer er sonst definiert werden mag, ist hier zu verstehen sowohl das Produkt aus abgesetzter Menge und Preis (Bruttoertrag) als auch das Produkt aus abgesetzter Menge und Preis abzüglich Aufwand (Nettoertrag).*

Ist nun geklärt, warum die Preisbildungskommission in ihrer Definition vom Jahre 1937 und neuerdings in dieser Abhandlung von *Ertrag* und nicht von Gewinn oder Profit spricht, so bleibt noch übrig, darzutun, warum die Kartelle durch ihre privaten Eingriffe in das vorher freie Marktspiel von Angebot und Nachfrage nicht immer Ertrags*erhöhung*, sondern primär unter Umständen nur Ertrags*erhaltung* anvisieren. Zu diesem Behufe drängt sich eine Betrachtung in zweifacher Hinsicht auf:

Betrachtung für den Fall, da ein Kartell gegründet wird:

Wie bereits dargetan wurde, erfolgte die *Gründung* der von der Preisbildungskommission untersuchten Kartelle meist erst dann, wenn der schrankenlose Wettbewerb die Grenzproduzenten [3] in

[3] Grenzproduzent ist in diesem Fall derjenige Produzent, der bei gegebener Preisstellung und gegebener Nachfrage noch gerade auf seine Kosten kommt.

immer rascherer Folge aus dem Wirtschaftsprozeß ausschaltete oder auszuschalten drohte und damit auch die Einnahmen der noch konkurrierenden Unternehmungen in Frage stellte. Populär gesprochen: Die Verbandsgründung erfolgte oft erst dann, wenn das Wasser auch einem Teil der verbleibenden Konkurrenten entweder schon in den Mund lief oder dorthin zu laufen drohte. In diesem Zusammenhang ist allerdings darauf hinzuweisen, daß sich die Verhältnisse angesichts des Übergangs von individuellem Denken zum Gruppendenken in letzter Zeit möglicherweise etwas geändert haben.

Da nun in einer Branche die Kostenstruktur der einzelnen Unternehmungen sehr ungleich ist, so braucht – wie gleich ersichtlich sein wird – eine verbandsmäßige Preisfixierung nicht für jede Unternehmung zu einer Erhöhung des Nettoertrages zu führen. Dort nämlich, wo im Gehege noch durchhaltender „Untergrenzproduzenten“ kein Nettoertrag, sondern nur noch Verluste erzielt werden, dort also, wo Unternehmungen wohl noch im Wettbewerb liegen, aber nur deshalb, weil sie auf Kosten der Substanz leben, kann man nicht gut von Ertragserhöhung sprechen, wenn es mittels der verbandlichen Preisfixierung gelingt, einen Geschäftserfolg überhaupt erst wiederherzustellen. Es ist somit schon aus diesem Grunde zweckmäßig, im Kartellbegriff nicht nur von Ertrags*erhöhung*, sondern auch von Ertrags*erhaltung* (einschließlich Wiederherstellung) und von *Abschwächung des* Ertrags*zerfalls* zu sprechen. Aber es gibt noch einen andern, ähnlichen Grund, der diese Ausdrucksweise im Hinblick auf zu gründende Kartelle zu rechtfertigen vermag: Wenn der schrankenlose Wettbewerb nicht nur Grenzproduzenten „auswirft“, sondern naturgemäß auch die Erträge der mit günstigeren Kosten produzierenden Unternehmer verkleinern und sie tendenziell unter das „landesübliche Maß“ hinabdrücken kann, dann ist es wohl verständlich, wenn diese Unternehmer erklären, daß sie (durch die Vereinbarung etwa eines festen Verbandspreises) nicht eine Ertragsbesserung, sondern die Erhaltung eines „normalen Ertrages“ bezwecken. In der Momentaufnahme gesehen bedeutet die Preisfixierung allerdings – da sie natürlich *über* dem zuletzt noch erzielten Marktpreis vorgenommen wird – stets eine Ertragserhöhung. Denkt man aber nicht vom gerade gegebenen Marktpreis und einem entsprechend tiefliegenden Ertrag aus, geht man vielmehr von einem früher erzielten, von den Unternehmern gerade noch als „normal“ empfundenen Ertrag aus, dann ist es nicht abwegig, wenn erklärt wird, das Kartell bezwecke vorerst nur die Wiederherstellung der früheren besseren Ertragsverhältnisse. Es bezweckt dann zum Beispiel ein Handwerkerkartell eben die „Erhaltung“ eines Ertrages, der einer möglichst großen Zahl von Verbandsmitgliedern noch ein Leben in standesgemäßer Würde erlaubt. Es bleibt hier noch beizufügen, daß die Ertragserhaltung praktisch nicht immer gelingt. Unter Umständen liegen die Verhältnisse so, daß der Ertrag trotz kartellistischer Einflußnahme auf den betreffenden Markt weiter sinkt, wenn allerdings auch weniger stark. Diesfalls bewirkt die Kartellierung weder Ertragssteigerung noch Ertragserhaltung, sondern lediglich Abschwächung des Ertragszerfalls. Diese Anschauungsweise wird erst dort anzweifelbar, wo die kostengünstigeren Unternehmer zufolge der kartellistischen Marktkorrektur und der durch sie entstehenden zusätzlichen Differentialrenten zu einem Einkommen gelangen, das über jenem „Normalpunkt“ liegt.

Betrachtung für den Fall, da ein Kartell schon besteht:

Soeben war von Kartellen in statu nascendi die Rede. Daß Kartelle, wenn sie einmal bestehen und wenn die Macht und Marktverhältnisse es erlauben, nicht nur nach Ertragserhaltung streben, sondern unter Umständen einen Drang nach Erfolgserhöhung schlechthin aufweisen, könnte nur einem in wirtschaftlichen Dingen ganz Naiven verborgen bleiben. Es liegt im Wesen der Macht, daß sie sich nicht nur zu Geltung bringt, sondern allzu leicht auch zu ihrer mißbräuchlichen Anwendung verleitet. Trotzdem muß eindringlich betont werden, daß die Ertragserhaltung auch für schon bestehende Kartelle unter Umständen der zumindest temporär vorwiegende Zweck sein kann.

Wie mächtig nämlich Kartelle immer sein mögen – die Konjunkturschwankungen gehen an ihnen nicht spurlos vorbei. Wenn die Renditeverhältnisse nach einem Höchststand im Kulminationspunkt der Konjunktur in der depressiven Phase immer unbefriedigender werden, dann wird der Augenblick eintreten, da sich die Kartellinstanzen entschließen, dem konjunkturbedingten Ertragszerfall mit allen dem Verband zur Verfügung stehenden Mitteln Paroli zu bieten. Das primäre und unmittelbare Kartellinteresse besteht dann in der Erhaltung einer noch als befriedigend oder zumindest als noch tragbar erachteten Ertragslage. *Der unmittelbare Zweck schon bestehender Kartelle ändert also – oder kann jedenfalls ändern – je nach Konjunkturlage.*

Natürlich kommt es bei der Beurteilung dieser Fragen praktisch auch darauf an, bei welchem „Stand des Ertrages“ dem Kartell die Stabilisierung gelingt. Aber für unsere definitorischen Zwecke genügt es zu wissen, daß auch die schon bestehenden Kartelle nicht unbedingt Ertragserhöhung bezwecken müssen, sondern daß ihr (wenn vielleicht auch nur temporärer) Zweck darin liegen kann, einem andauernden Ertragszerfall im Sinne der Ertragserhaltung auf bestimmter Stufe entgegenzuwirken. Diese Feststellung ist dann von besonderer Bedeutung, wenn das Kartell mit oder ohne Erfolg den Versuch unternimmt, den Ertrag auf einer Ebene zu halten, auf der ein noch einigermaßen rationell arbeitender Grenzbetrieb des Kartells gerade noch auf seine Kosten kommt. In diesem Fall bezweckt das Kartell nicht nur die Verhinderung eines weiteren Ertragszerfalles, sondern auch die Verhinderung der sonst eintretenden sukzessiven Ausschaltung der Grenzbetriebe.

Darüber zu befinden, ob die Handlungen eines Kartells, wenn auch nur zur Sicherung einer solchen Zwecksetzung, gut oder schlecht, vertretbar oder nicht vertretbar, volkswirtschaftlich zweckmäßig oder unzweckmäßig sind, kann nicht Aufgabe dieses Kapitels sein. Hier war nur darzutun, daß die Kartelle grundsätzlich sowohl die Erhöhung als auch die Erhaltung eines bestimmten Ertrages oder unter Umständen auch nur die Abschwächung des Zerfalles bewirken können. Unter allen Umständen jedoch ist das Kartell eine Institution „pour corriger la fortune au marché“.

Lange Zeit war es in der Literatur üblich, nur *Anbieterverbände* als Kartelle zu bezeichnen. In neuerer Zeit hat sich (wahrscheinlich unter dem Einfluß der die Angebots- und Nachfrageseite des Marktes grundsätzlich gleich behandelnden Marktformenlehre) die Usance herausgebildet, auch von *Nachfragekartellen* zu reden. Unsere Publikation befaßt sich vorwiegend mit der Angebotsseite. Da die Kartelle aber nicht ausdrücklich als Anbieterverbände gekennzeichnet sind, so lassen sich auch Nachfrageabmachungen unter den Kartellbegriff einreihen.

Auf Grund der gemachten Überlegungen und erläuterten Verumständungen, in Anlehnung ferner an die von uns bereits früher publizierte Kartelldefinition [4]

bezeichnen wir als Kartell eine Vereinbarung zwischen grundsätzlich frei bleibenden Unternehmern bzw. Unternehmungen gleicher oder ähnlicher Branche mit dem Zweck, mittels Konkurrenzbeschränkung den Ertrag zu erhalten, zu erhöhen oder seinen Zerfall abzuschwächen.

Diese Umschreibung des Kartellbegriffes dürfte sich nicht nur vom schweizerischen Standpunkt aus rechtfertigen lassen; sie trägt auch dem Gesichtspunkt allgemein Rechnung, unter dem die Kartelle in den Ländern Westeuropas, einschließlich der nordischen Staaten, betrachtet werden.

Die Kommission hat der Erläuterung des Kartellbegriffes deshalb so viel Raum gewidmet, weil in Artikel 31bis Absatz III, lit. *d*, der Bundesverfassung, welcher die Grundlage einer allfälligen künftigen Wettbewerbsgesetzgebung bildet, von Maßnahmen gegen „volkswirtschaftlich oder sozial schädliche Auswirkungen von Kartellen und ähnlichen Organisationen“ die Rede ist. Die *Kartelle* sind im Verfassungsartikel expressis verbis genannt. Dieser Umstand zwingt allein schon zu einer näheren Umschreibung des Kartellbegriffes. Die Kommission macht auch ersichtlich, daß wichtige Machtstellungen wie zum Beispiel Trusts, andere marktmächtige Unternehmungen usw. nicht unter den Kartellbegriff fallen, obwohl sie den Wettbewerb unter Umständen stärker einschränken als die Kartelle. Wenn der schweizerische Gesetzgeber unter „ähnliche Organisationen“ auch solche „Tatbestände“ wie

[4] Vgl. Kartelle und kartellartige Abmachungen in der schweizerischen Wirtschaft, Veröffentlichung Nr. 16 der PbK, Sonderheft 27 der Volkswirtschaft, Bern 1937, Seite 44.

die eben genannten ins Auge fassen wollte – wie dies anzunehmen ist –, dann geht aus der Kartelldefinition hervor, daß es ihm trotz des Ausdrucks „und ähnliche Organisationen" mehr um das *Verhalten* am Markt als um die *Form* des Zusammenschlusses zu tun gewesen sein dürfte. Mit dem amtlichen Kommentar zu einem der deutschen Wettbewerbsgesetzesentwürfe [5] möchten wir daher schon an dieser Stelle darauf aufmerksam machen, *„daß Kartelle nur ein wenn auch bedeutsamer Ausschnitt aus der Gesamtheit aller den Wettbewerb einschränkenden Maßnahmen sind"*. Das bedeutet, daß ein „Gesetz gegen die volkswirtschaftlich und sozial schädlichen Auswirkungen von Kartellen und ähnlichen Organisationen" nur dann ein Gesetz gegen mißbräuchliche Wettbewerbseinschränkungen allgemeinerer Art sein kann, wenn man unter „ähnlichen Organisationen" nicht nur *formal* ähnliche versteht, sondern auch solche (wie zum Beispiel die Trusts), die formal unähnlich sind, deren Verhaltensweise jedoch zu wettbewerbspolitisch *materiell* ähnlichen Auswirkungen wie die Kartelle führen kann. In diesem Zusammenhang bleibt allerdings zu bemerken, daß Wettbewerbsbeschränkungen nicht unbedingt eine „Organisation" zur Voraussetzung haben.

4. Kartellbegriff und Gewerkschaft [6]

Die Frage, ob Gewerkschaften als Kartelle zu betrachten seien, läßt sich nicht einfach mit dem Hinweis abtun, das Kartell sei als Unternehmervereinigung definiert, folglich könne die Gewerkschaft nicht unter den Kartellbegriff fallen. Das wäre eine rein begriffliche und somit wenig stichhaltige Argumentation, da sie am Kern der Sache vorbeigeht. Die Antwort läßt sich nicht vom Begriff her ableiten, sondern muß im Blick auf das Wesen der beiden in Frage stehenden Tatbestände gesucht werden. Dabei ist zunächst einmal festzustellen, daß Kartell (im traditionellen Sinne des Unter-

[5] Vgl. Deutscher Bundestag, 1. Wahlperiode 1949, Drucksache Nr. 3462, Seite 18.

[6] Die Ausführungen sind auf die Arbeitsmarktverhältnisse, wie sie in der Schweiz bestehen, bezogen.

nehmerverbands) und Gewerkschaft in zwei wichtigen, nach außen hin am deutlichsten in Erscheinung tretenden Wesensmerkmalen miteinander übereinstimmen, nämlich in jenen der *Konkurrenzbeschränkung* und der *Einkommensverbesserung*. Diese mag auch Goetz Briefs im Auge gehabt haben, als er die Gewerkschaften in seinem viel beachteten Buch über den Syndikalismus [7] als „Preis- und Konditionenkartell mit Angebotskontingentierung" bezeichnete.

Die beiden Merkmale treffen jedoch nur für ein Teilgebiet der gewerkschaftlichen Aktivität zu, für das Goetz Briefs den Begriff des *„äußern Zweckkreises"* verwendet. Er versteht darunter die Bestrebungen der Gewerkschaft, das Dasein des Lohnarbeiters durch Milderung oder Beseitigung seiner Abhängigkeit vom Arbeitsmarkt und von der Konjunktur sowie vom Arbeitgeber und Betrieb zu verbessern. Durch Zusammenfassung der Einzelangebote wird die Verhandlungsposition der Arbeitnehmer gegenüber den Arbeitgebern verstärkt, da sich auf dem Wege der kollektiven Regelung der Dienstverhältnisse für die Arbeitnehmer günstigere Arbeitsbedingungen erwirken lassen. Für die auf den *„innern Zweckkreis"* ausgerichteten Maßnahmen der Gewerkschaft, die auf Solidarität und gegenseitiger Hilfe beruhen, gilt das Merkmal der Konkurrenzbeschränkung nicht. Es gehören dazu alle Arten der Unterstützung, so für das Alter und für den Fall von Arbeitslosigkeit, Krankheit, Unfall, Invalidität, Tod usw., ferner die Rechtsberatung bei Auseinandersetzungen mit den Arbeitgebern, und schließlich auch die Hebung der gesellschaftlichen Geltung der Lohnarbeiter durch Bildung, Belehrung, Erziehung und Kulturvermittlung. Im folgenden beziehen sich unsere Ausführungen ausschließlich auf den äußern Zweckkreis, also auf die Gewerkschaft als konkurrenzbeschränkende Arbeitsmarktpartei.

Besteht zwischen Kartell und Gewerkschaft hinsichtlich des Zieles (Einkommensverbesserung) und des Mittels zur Erreichung dieses Zieles (Konkurrenzbeschränkung) Übereinstimmung, so liegt demgegenüber in bezug auf *die beteiligten Wirtschaftssubjekte* ein wettbewerbspolitisch bedeutsamer Unterschied vor.

[7] Briefs, G.: Zwischen Kapitalismus und Syndikalismus, Bern 1952.

Beim kartellistischen Zusammenschluß handelt es sich um *Unternehmer,* welche über Produktionsmittel (Arbeit, Kapital und Boden) verfügen und diese zur Herstellung und Verteilung von Waren oder zur Erbringung von Dienstleistungen einsetzen. Die eigentliche Unternehmerleistung besteht darin, die verfügbaren Produktionsmittel in möglichst produktiver und den Marktbedürfnissen entsprechender Weise zu kombinieren und zu verwenden. Der Unternehmer ist in der Art und Weise, wie er die Produktionsmittel einsetzen will, frei, und insofern spricht man von einer freien Unternehmerwirtschaft. Infolge der Konsumfreiheit als dem marktwirtschaftlichen Gegenstück der Unternehmerfreiheit ist der Erfolg des Unternehmers nicht allein von seiner eigenen Leistungsfähigkeit, sondern auch von den Märkten, auf denen er seine Produkte absetzt, abhängig. Der Erfolg oder Mißerfolg kommt in den Gewinnen bzw. Verlusten zum Ausdruck. Das unternehmerische Erfolgsstreben und – als unerläßliche Voraussetzung dazu – die Unternehmerfreiheit sind wesentliche institutionelle Bestandteile der freien Marktwirtschaft.

Die *Arbeitnehmer* dagegen bieten ein wirtschaftliches Gut besonderer Art an, nämlich ihre Arbeitskraft. Diese ist mit der Person des Anbieters physisch, seelisch und geistig untrennbar verbunden. Auf Grund der freien Berufswahl und der Freizügigkeit steht es zwar im Belieben des Anbieters, in welcher Branche und bei welchem Unternehmer er arbeiten will. Über die Verwendung seiner Arbeitskraft kann er jedoch nicht maßgeblich befinden; deshalb auch die Bezeichnung „Unselbständigerwerbender". Die Arbeitskraft wird vom Unternehmer mit den sachlichen Produktionsmitteln Kapital und Boden kombiniert. Er ist grundsätzlich für die Bestimmung der Arbeitsart und des zeitlichen und örtlichen Arbeitsablaufes sowie für die Gestaltung des Arbeitsplatzes und des Zusammenwirkens der Arbeitskräfte und der sachlichen Produktionsmittel zuständig. Da im Gegensatz zu Kapital und Boden bei der Arbeit Anbieter und angebotenes Gut untrennbar sind, wird mit der Arbeitskraft auch der Mensch in den Produktionsprozeß eingegliedert. Dadurch erhält das Angebot der Arbeitskraft und deren Verwendung neben dem wirtschaftlichen einen spezifisch sozialen und humanitären Aspekt.

Neben der Eigenart des Anbieters und des angebotenen Gutes sind bei der Arbeit auch die *Angebotsbedingungen* besonders gelagert. Die Anbieter von Arbeitskraft (jedenfalls die nicht besonders qualifizierten) sind in der Regel derart zahlreich und daher als einzelne einflußlos, daß sie sich ohne gewerkschaftliche Betreuung sozusagen in einem Zustand der „atomistischen Konkurrenz" befinden, was bei keiner andern Erwerbsgruppe derart ausgeprägt der Fall ist. In diesem Marktzustand müßte bei einem Überangebot an Arbeitskräften das Lohnniveau unaufhaltbar so weit absinken, bis sich das Gleichgewicht zwischen Angebot und Nachfrage wieder einstellen würde. Die Anbieter der Arbeitskraft verfügen im Gegensatz zu den Unternehmern über keine Sachwertsubstanz (sachliche Produktionsmittel), von der sie bei ungenügendem oder fehlendem Arbeitseinkommen eine gewisse Zeit zehren könnten. Ihr Angebot ist daher von einer unausweichlichen *Dringlichkeit*. Dieser Umstand fällt besonders dann schwer ins Gewicht, wenn der Lohn das physische Existenzminimum unterschreitet, das heißt wenn er nicht mehr für die Regeneration und die Erhaltung der Arbeitskraft ausreicht.

Auf Grund der aufgezeigten Wesensunterschiede drängt sich eine *begriffliche Unterscheidung und getrennte Behandlung von Kartellen und Gewerkschaften* auf. Der wettbewerbspolitisch entscheidende Wesensunterschied liegt darin, daß dem Wettbewerb zwischen den Anbietern der Arbeitskraft für unser Wirtschaftssystem nicht die gleiche funktionelle Bedeutung zukommt wie demjenigen zwischen den Anbietern von Waren und Dienstleistungen.

Beim *freien Wettbewerb zwischen den Arbeitskräften* ist der einzelne Anbieter gezwungen, seine Arbeitskraft sofort und unter schicksalshafter Hinnahme der marktgesetzlichen Arbeitsbedingungen zur Verfügung zu stellen. Er hat auf die Art und Weise der Verwendung seiner Arbeitskraft im Produktionsprozeß keinen maßgeblichen Einfluß, da es im Kompetenzbereich des Unternehmers steht, wie er die ihm zur Verfügung gestellte Arbeitskraft einsetzen will. Durch die *gewerkschaftliche Konkurrenzbeschränkung* gewinnen die Arbeitnehmer Einfluß auf die Arbeitsbedingungen (Löhne, Sozialleistungen, Arbeitszeit, Disziplinarwesen, Kündigung usw.), die sie unternehmungsweise, regional oder branchenweise zu vereinheitlichen und insgesamt zu verbessern trachten. Die Freiheit der Unternehmer in der betriebsinternen Verwendung der Arbeitskräfte bleibt grundsätzlich gewahrt, solange die Gewerkschaften die freie Unternehmerwirtschaft und die darauf begründete Lohnverfassung der Arbeitnehmer akzeptieren. Allerdings ist es den Gewerkschaften in einigen Branchen gelungen, die Kompetenz der Unternehmer im Einsatz der Arbeitskräfte einzuschränken. Dies in der Weise, daß die Arbeitskräfte nur entsprechend ihrer Berufsausbildung oder beruflichen Spezialfunktion eingesetzt werden dürfen. So ist es beispielsweise in einer bestimmten Branche trotz Mangel an qualifizierten Arbeitskräften nicht gestattet, Ungelernte für die Ausführung qualifizierter Berufsarbeit anzulernen und entsprechend einzusetzen. Vereinzelt kann sogar von Gewerkschaften die tägliche Höchstleistung im Akkord festgelegt oder die Verwendung bestimmter Maschinen oder Verfahren ausgeschlossen sein. Dadurch kann der Unternehmer in der Ausübung seiner Kombinations- und Organisationsfunktion erheblich eingeengt werden, insbesondere bei arbeitsintensiver Produktionsweise.

Im Gegensatz zum Wettbewerb auf dem Arbeitsmarkt bedeutet *Unternehmerwettbewerb* das Bemühen der Unternehmer um die bessere und am Markt erfolgreichere Unternehmerleistung. Die freie und selbstverantwortliche (im Sinne der Gewinnerzielung und Risikoübernahme) Entfaltung der Unternehmerinitiative im Streben nach einem möglichst günstigen Ertrag ist eine der *grundlegenden Voraussetzungen für das Funktionieren unseres Wirtschaftssystems.* Mit der Einschränkung des Unternehmerwettbewerbes wird dieses System an zentraler Stelle in seiner Funktionsweise beeinträchtigt. Bei Einschränkung der Konkurrenz auf seiten der Anbieter der Arbeitskraft trifft das nicht zu. Auch dann, wenn es der Gewerkschaft gelingt, örtlich regional oder für die gesamte Branche einheitliche Arbeitsbedingungen zu erwirken oder den Arbeitgebern Bedingungen in bezug auf die Verwendung von Berufsarbeitern für bestimmte Arbeitsgattungen aufzuerlegen, bleibt es doch grundsätzlich Sache der Unternehmer, wie sie die Produktionsmittel kombinieren, das heißt wie sie den Produktions- oder Verteilungsprozeß organisatorisch und technisch gestalten wollen. Folglich hat sich die öffentliche Wettbewerbspolitik, welche die

Erhaltung unseres Wirtschaftssystems (eben der wettbewerbsorientierten Marktwirtschaft) zur Aufgabe hat, in erster Linie mit der Einschränkung des Unternehmerwettbewerbes, der einen institutionellen Bestandteil dieses Systems bildet, zu befassen. *Die gewerkschaftliche Konkurrenzbeschränkung steht,* da sie sich von der kartellistischen in wettbewerbspolitisch wesentlichen Punkten unterscheidet, *praktisch außerhalb des Ordnungsbereiches der eigentlichen Wettbewerbspolitik.* Dabei ist allerdings ein wichtiger Vorbehalt zu machen. Wo die Gewerkschaften nicht bloß den Wettbewerb zwischen den Arbeitnehmern beschränken, sondern durch vertikale Vereinbarungen mit Kartellen (beispielsweise im Rahmen von Gesamtarbeitsverträgen) auch direkt zur Ausschaltung des Unternehmerwettbewerbes beitragen, sind solche Vereinbarungen wettbewerbspolitisch gleichgelagert und grundsätzlich ebenso bedeutsam wie die kartellistischen. Wir werden uns in einem andern Zusammenhang noch eingehend mit diesem Sonderfall zu befassen haben.

Da es sich – wie erwähnt – beim Einsatz der Arbeitskraft zugleich um Eingliederung des arbeitenden Menschen in den Produktionsprozeß handelt und die Arbeitskraft aus einer naturbedingten ökonomischen Zwangslage heraus angeboten wird, sah sich der Bund schon längst veranlaßt, *Maßnahmen zum Schutze der Arbeitnehmer* zu treffen und den Arbeitsmarkt zu betreuen. Hauptsächlichstes Instrument des öffentlichen Arbeitnehmerschutzes ist das Fabrikgesetz, das im wesentlichen dem Schutze von Gesundheit und Leben des Arbeitnehmers dient (Bestimmungen über Arbeitszeit, Ferien, Unfallverhütung, Hygiene usw.). Durch die Sozialversicherung (Kranken-, Unfall- und Arbeitslosenversicherung) wird der Arbeitnehmer ferner vor einem gänzlichen oder untragbaren Einkommensausfall geschützt.

Mit dem Überhandnehmen der Arbeitgeber- und Arbeitnehmerverbände und der kollektiven Regelung der Dienstverhältnisse ergab sich mit Rücksicht auf die vor allem sozialpolitisch bedeutsamen Sonderbedingungen des Arbeitsmarktes die Notwendigkeit, *die Beziehungen zwischen den beiden Marktparteien und deren Markteinsatz gesetzlich zu betreuen.* Die rechtlichen Grundlagen für die kollektive Aushandlung der Arbeitsverhältnisse sind im

Obligationenrecht (Gesamtarbeitsvertragsrecht) speziell geordnet. Den beiden Marktparteien ist im Gesamtarbeitsvertrag ein besonders auf den Arbeitsmarkt zugeschnittenes Vereinbarungsinstrument in die Hand gegeben, dessen Anwendungs- und Wirkungsbereich unter Umständen durch öffentliche Intervention, nämlich durch die *Allgemeinverbindlicherklärung* noch erweitert werden kann. Im Zusammenhang mit der gesetzlichen Regelung der Allgemeinverbindlicherklärung (Bundesgesetz vom 1. Januar 1957) sind die den Gesamtarbeitsvertrag betreffenden Bestimmungen des Obligationenrechts (Artikel 322 und 323) auch im Sinne eines vermehrten Schutzes gegenüber mißbräuchlicher Machtanwendung ergänzt worden.

Zweifellos kann auch bei der Gewerkschaft die durch Konkurrenzbeschränkung gewonnene Marktmacht in wirtschaftlich und sozial schädlicher Weise eingesetzt werden. *Auch hier stellt sich die Frage des Machtmißbrauches und seiner Verhinderung.* Sie ist jedoch unter Berücksichtigung der besonderen Bedingungen des Arbeitsmarktes im öffentlichen und privaten Recht schon weitgehend geregelt. Sofern diese Regelung nicht zu befriedigen vermag, ist es naheliegend und am zweckmäßigsten, an den bereits vorhandenen Rechtsgrundlagen anzuknüpfen und diese zu vervollkommnen.

Endlich sei noch darauf hingewiesen, daß unseres Wissens in sämtlichen Wettbewerbsgesetzen des Auslandes die Gewerkschaften ausgenommen und einer Sonderregelung unterstellt sind, in den Vereinigten Staaten beispielsweise durch den Clayton Act. Dies mag nicht überall allein auf die von uns dargelegten Wesensunterschiede, sondern auch etwa auf politische Gründe zurückzuführen sein.

5. Die wichtigsten Aspekte des Kartellproblems

a) Die Bedeutung, welche der kartellistischen Konkurrenzbeschränkung für die Gesamtwirtschaft zukommt

Ganz anders als entstehungsgeschichtlich präsentieren sich die *Kartelle in ihrer praktischen Auswirkung.* Durch sie wird das freie Spiel der Konkurrenz von privater Seite beeinträchtigt. Verbände sind Machtstellungen. Kraft der geballten Macht des molekularen Kollektivs wird nun über Marktkonditionen, über Preise, Rabatte, Herstellungstypen, Produktionsquanten, Kontingente, Liefergebiete, einseitig, das heißt losgelöst vom Willen der Marktpartner, befunden. Daraus ergeben sich für den Wirtschaftsablauf, für die Herstellung sowohl wie für die Verteilung, bedeutsame Konsequenzen.

Durch die Störung des freien, automatisch nach dem Gleichgewicht tendierenden Marktgeschehens wird die Wirtschaft gezwungen, sich immer wieder auf neue Gleichgewichtslagen einzuspielen, deren Teilvoraussetzung immer neue künstliche Eingriffe in das Marktgeschehen sind. Wird in irgendeinem Sektor der Wirtschaft, sei es der Produktion, des Handels, des Verkehrs, der Verteilung, kraft kartellistischer Machtvollkommenheit irgend etwas bestimmt (die Nationalökonomen sagen: ein Datum gesetzt), dann wirkt sich diese künstliche Datenfestsetzung auf alle andern bisherigen, effektiven oder zu erwartenden Begebenheiten aus (Interdependenz). Daraus mag ersichtlich werden, daß jede scheinbar noch so privatumzäunte Kartellhandlung eine solche von allgemein volkswirtschaftlicher Auswirkung und allgemein volkswirtschaftlichem Interesse ist, wobei dieses Interesse, je nach Sachlage, positiv oder negativ bewertet werden kann. Ob eine positive oder negative Wertung erfolgt, hängt davon ab, ob eine Kartellhandlung per Saldo aller volkswirtschaftlichen und sozialen Auswirkungen – in Berücksichtigung auch des Verteilungsvorganges – als reichtumsvermehrend oder reichtumsvermindernd zu betrachten ist. Effektiv können Kartellvorkehren unter Berücksichtigung nur *wirtschaftsrationaler* Vorgänge (etwa dann, wenn sie zu unzweckmäßiger Produktionsmittelkombination führen) negativ erscheinen. Und doch können sie positiv sein, dann nämlich, wenn durch sie eine „zweckmäßigere Aufteilung" des Gesamteinkommens erreicht wird und anzunehmen ist, daß ohne diese „zweckmäßigere Aufteilung" soziale Störungen in Erscheinung getreten wären, die größeren Schaden (Produktionsausfall) angerichtet hätten, als die Kartellierung.

b) Das Problem der Rationalität und Produktivität

Im Grunde ist hier vor allem die Frage der *Produktivitätszuträglichkeit oder Abträglichkeit* der Kartelle aufgeworfen. In dieser Hinsicht werden sehr ungleiche Meinungen geäußert. So vertreten die Befürworter eines ungehindert freien Marktspiels die Auffassung, daß die Kartelle zufolge der Ausrichtung ihrer Preis- und sonstigen Politik auf die Unternehmungen mit den ungünstigsten Kosten der volkswirtschaftlichen ratio widersprechen, eben weil sie unvorteilhafte Produktionsmittelkombinationen schützen und dadurch von der Maximierung oder auch nur Optimierung des Produktionsertrages absehen. Demgegenüber vertreten andere Kartellkenner wie zum Beispiel Berg, der Präsident des Bundesverbandes der Deutschen Industrie [8], die Auffassung, daß die Kartelle durch Typisieren und Normung zur bessern Produktivität beitragen, weil dadurch der produktivitätsabträglichen, willfährigleichten Berücksichtigung typenmäßiger Sonderwünsche der Kundschaft, wie sie bei freier Konkurrenz gang und gäbe ist, Einhalt geboten werde. Um es an einem praktischen Schweizer Beispiel darzutun: Es ist produktivitätsabträglich, wenn für Suppeneinlagen in der Teigwarenfabrik eine große Anzahl schlecht ausnutzbarer Matrizen angeschafft werden müssen, nur weil einige Konsumenten der anspruchsvollen Ansicht sind, Sternli als Suppeneinlage genügten nicht, weil der Hansli lieber Buchstaben, die Frieda lieber Zahlen und der Vater lieber eine Tierkollektion aus dem zoologischen Garten im Teller schwimmen sieht. Hierbei ist allerdings zu beachten, daß die Verschwendung mittels viel zu vieler Fertigungstypen sehr oft auch auf das Konto der Unternehmer, die sich am Markt ausstechen wollen, zu setzen ist. Daraus geht hervor, daß die Kartelle sowohl produktivitätsfördernd wie auch produktivitätshindernd sein können und daß die diesbetreffende Kartellbeurteilung letztlich eine „Saldofrage“ ist.

„In Amerika hat man geschätzt, daß durch eine übertriebene Vielfalt der Güterarten etwa ein Viertel der dortigen Industrieleistungen jährlich verschwendet würden. Auch das ist eine un-

[8] Vgl. WuW 1952/13, Seite 863.

erwünschte Wirkung der Konkurrenz, diesmal nicht der Konkurrenzbeschränkungen, sondern der Konkurrenzfreiheit." [9] Das ist offenkundig nur eine andere Ausdrucksweise für das, was wir weiter oben im plastisch-banalen, aber auch lebensnahen Beispiel der Suppeneinlagen dargetan haben.

Vielerlei, was die Kartelle tun oder unterlassen – man denke an ihre mit der Sorgfalt der Säuglingsbetreuung oft betriebene Umhegung der Grenzproduzenten –, ist produktionswirtschaftlich nicht rational. Auf der andern Seite aber dürfen wir bei der Beurteilung der Kartellauswirkungen auch nicht von einer nach rein rationalen Gesichtspunkten handelnden Gesellschaft von Konsumenten ausgehen, denen es solange herrlich geht, als sie ihre Marktbewegungen im wohltemperierten Schwimmbecken der „vollkommenen Konkurrenz" ausüben können. Der Konsument ist ein oft sehr irrational oder gar arational handelndes, emotionalen und triebhaften Motiven ausgeliefertes Geschöpf, dessen Wünsche im Falle ihrer vollen Erfüllung in einer von Fertigungs-Abmachungen freien Wirtschaft zu einer eklatanten Verschwendung von Arbeitskraft und Materialien führen müßte. Wir halten es für dringend nötig, diejenigen, die über die grundsätzliche Möglichkeit des Existierens der Kartelle als private Planer künftig entscheiden werden, auf diesen Gedankengang aufmerksam zu machen. Er ist identisch mit der Überlegung, daß es nicht allein darauf ankommt, daß eine Wirtschaft „effizient" ist; es frägt sich auch, ob diese Effizienz zu echter Versorgung oder zu defizienter, um nicht zu sagen dekadenter Verschwendung führt.

Mancherlei Erfahrungen in bezug auf Fertigung, Typenbeschränkung, Kürzung der Absatzwege usw. zwingen uns dazu, wenn nicht *den*, so doch *gewissen* Kartellen rationalisierende Eigenschaften nicht abzusprechen. Wir können, gerade auf Grund der enquêtemäßigen Erfahrung, nicht bestreiten, daß straff und höher organisierte Kartelle (solche mit kompetenzreicher Syndikatsstelle) sich oft Mühe geben, rationelle und damit effiziente Produktionsmethoden zu fördern. Aber grundsätzlich lassen sich Kartelle hin-

[9] Vgl. Egner, E.: Die Marktstellung des Konsumenten, Jahrbücher für Nationalökonomie und Statistik, Stuttgart 1953, Band 165, Seite 29.

sichtlich der möglicherweise gegebenen wirtschaftlichen Rationalität und Effizienz in keiner Weise mit den *Trusts* oder *anderen marktmächtigen Unternehmungen* vergleichen, das heißt mit jenen Gebilden der modernen Wirtschaft, die eine horizontal oder vertikal gegliederte kapitalmäßige Zusammenfassung mehrerer, früher selbständiger Unternehmungen darstellen oder deren Kapitalkraft in der einzelnen Unternehmung für sich allein so groß ist, daß daraus Marktmacht erwächst. Wenn wir hier das Wort „grundsätzlich" verwenden, so ist damit folgendes gemeint: Obwohl gewisse Kartelle und kartellartige Verbände die Rationalität auf die dargelegte Weise zu fördern suchen, so bleibt eben doch wahr, daß sie von Haus aus *grenzunternehmungsumhegende*, die absolut oder relativ unrationelle Unternehmung schützende Gebilde sind. Anders wäre es nur dann, wenn das Kartell einzig und allein Rationalisierung bezwecken würde und den Rationalisierungsnutzen an die Nachfrager weitergäbe. Diesfalls wäre es aber kein Kartell mehr, sondern eine Rationalisierungsgemeinschaft, deren Zweck etwa darin bestehen kann, die der Vereinbarung angehörenden Unternehmungen in ihren wettbewerbspolitischen Anstrengungen gegenüber anders gearteten aber substitutionsfähigen Gütern zu fördern. Im Gegensatz zum Kartell findet die unrationelle Grenzunternehmung beim Trust, handle es sich um Holdinggesellschaften oder Fusionen, im allgemeinen keinen Schutz.

Wie schon angedeutet wurde, steht die Frage der oft praktizierten kartellistischen *Umhegung der Grenzunternehmung* in engem Zusammenhang mit der Frage der Produktivität. Tatsächlich pflegen die kartellierten Branchen ihre Kartellpolitik den Interessen jener Verbandsunternehmung anzunähern, welche bei gegebenen Preisen und gegebener Nachfrage noch gerade auf ihre Kosten kommt und die, zur Zeit der Kartellgründung, möglicherweise preislich schon merklich „unter Kosten lag", das heißt von der Substanz lebte. In einem Votum der deutschen Wirtschaftsenquête gegen Ende der Weimarer Zeit ist diesem Gedanken von einem Sprecher der Zementindustrie wie folgt Ausdruck gegeben worden: „Es ist im Kartell wie beim Flottenverband, das Tempo der Fahrt bestimmt das schwächste Schiff."

c) *Die Schaffung von Differentialrenten*

Dadurch, daß die Kartelle im Rahmen der Mitgliedschaft die Kosten der Grenzunternehmung noch decken, stellt sich die Frage der Anwendung solcher Preise auf die rationelleren Kartellfirmen. Damit aber ist die Frage der Zuschwemmung von kartellbedingten Renten (Quasirenten) aufgeworfen.

In einem Kartell weisen selbstverständlich nicht alle Unternehmungen die gleiche Kostenstruktur und Kostenhöhe auf. So hat zum Beispiel die Preisbildungskommission seinerzeit festgestellt, daß innerhalb eines bestimmten Industrie-Kartells die wenigst rationell arbeitenden Unternehmungen zur Zeit der Untersuchung je Verkaufseinheit mit einem Kostenindex von 180 zu rechnen hatten, wenn die Kosten der mutmaßlich rationellst arbeitenden Unternehmung mit 100 eingesetzt werden. Auf Grund dieser Überlegungen gelangen wir zu einer weiteren sehr bedeutsamen Erkenntnis über das Kartellproblem: *Kartelle sind in der Regel Differentialrenten-Produzenten*, man könnte auch sagen „Gewinnzuschwemmer". Dagegen ist, sobald die unrationelleren Unternehmungen geschützt werden sollen, kein Kraut gewachsen. Mit dem Schutz der Kleinern hat man die Differentialrente der Großen in Kauf zu nehmen, weil sie ja die Voraussetzung zur Erhaltung der Kleinen und damit gewissermaßen der „Preis" für ihre Sicherheit ist. Groß und rationell, klein und weniger rationell sind hier gleichgesetzt – ein Vorgehen, das allerdings der Kritik nicht in allen Fällen standzuhalten vermag. In der großen Linie dürfte es aber so sein, daß zwischen dem Größengrad der Unternehmung und dem Grad der Rationalität wenigstens eine enge Beziehung besteht.

Natürlich ist die Tatsache, daß Kartelle differentialrentenfördernd sind, volkswirtschaftlich von Bedeutung, denn hier handelt es sich um Praktiken, welche die Verteilung des Volkseinkommens berühren. Aber man darf diese Frage nicht nur vom Standpunkt der rein ökonomischen ratio aus analysieren und beurteilen. Das Kartellproblem stellt sich nicht nur unter ökonomischem, sondern in hohem Maße auch unter soziologischem Gesichtspunkt. Bei der Beurteilung der Kartelle und ihrer Problematik – insbesondere eben ihres einen Merkmals, „Pflanzstätte von Differentialrenten zu sein" – muß man sich fragen, was in der Gesellschaft vor sich ginge, wenn die Differentialrente künstlich ausgeschaltet würde, etwa durch eine Preisherabsetzung, die nur noch rationelle Unternehmungen am Leben ließe. Die Folge wäre eine rationellere Produktion mit billigen Preisen. Aber diesem zweifelsfreien und sehr ernst zu nehmenden Vorteil stünde der Nachteil einer abrupten Strukturänderung des Angebotes gegenüber, die sicher von schweren Gleichgewichtsstörungen (Arbeiterentlassungen, Steuerausfällen, Veränderung der Struktur der Nachfrage nach Rohstoffen, Halbfabrikaten und Kapitalgütern, Kapitalzerstörungen, Bankverlusten usw.) begleitet wäre.

Natürlich widerspräche es gesunder, wirtschaftlicher und sozialer Überlegung, die Differentialrenten bildende Funktion der Kartelle einseitig beschönigen zu wollen. Wir möchten das auch nicht tun. Aber wir glauben darauf aufmerksam machen zu müssen, daß die Kartellpreise im Falle irgendwelcher korrektiver Einflußnahme durch die öffentliche Gewalt vorteilhafter einem *tendenziellen Druck* und nicht einer abrupten Umgestaltung ausgesetzt werden sollten. Damit ist eo ipso gesagt, daß ein Kartellverbot, das ja zu ganz unvermittelten Preisänderungen führen müßte, schon aus diesem Grunde außer Betracht fällt. Allerdings vermögen Kartellbindungen, namentlich bei hochorganisierten Verbänden, die kosten- und möglicherweise auch qualitätsmäßig fortschrittliche Tätigkeit junger Konkurrenzunternehmungen in schokanter Weise zu erschweren. Solche Wettbewerbshemmungen sind vom Standpunkt des initiativen unternehmerischen Nachwuchses aus zu bedauern. Aber es handelt sich hier, bei aller Sympathie für diejenigen, die neu und wahrscheinlich auch mit neuen Ideen in Wettbewerb treten wollen, um eine Frage der Saldierung von Nutzerwägungen zweier *grundsätzlich* schützenswerter, aber in ihren einkommenspolitischen Erwägungen anders gelagerter Interessenkreise. Schützenswert erscheinen nämlich nicht nur die mit neuen Ideen und neuen Methoden startenden „Jungen", sondern auch die „alten" Investitoren, deren spezifische Interessen, wie wir schon ersehen konnten, mit denjenigen ihrer Belegschaften aufs engste verknüpft sind. In dieser Hinsicht stehen wir vor einem Generationenproblem, das nach weiser Behandlung im Sinne des „Maßes und der Mitte" ruft.

Weder ist es erwünscht, daß der Sturm und Drang junger Wettbewerber auf vorgetane Leistungen und auf die schon bestehenden Investitionswerte keine Rücksicht nehmen, noch ist es erwünscht, daß die den Zerfall dieser Werte aufhaltenden Kartelle den Fortschritt über Gebühr hemmen, jeden Aufstieg neuer Wettbewerber hindern, den Markt erstarren lassen und damit aus einer soziologisch vertretbaren Politik der Substanzerhaltung eine solche der monopolistischen Ausschließlichkeit und des Substanz-Fetischismus machen.

Damit ist auch bezüglich der Frage der Differentialrenten-Gestaltung der Mittelweg skizziert. Einerseits sind dort, wo Kartelle als Substanzschutz für bisherige Unternehmungen wirken, Differentialrenten unvermeidlich; anderseits dürfen die Differentialrenten aus Gründen einer noch tragbar-gesunden Einkommensstruktur nicht ein beliebiges Ausmaß annehmen.

Differentialrenten ergeben sich übrigens auch bei freiem Wettbewerb aus dem einfachen Grunde, weil man in der Welt unter Hunderttausenden von Fällen kaum zwei identische Geschäftsvoraussetzungen findet. Irgendwie ergeben sich stets – also auch ohne Kartelle – Machtstellungen, monopolistische oder doch monopoloide Konstellationen, die zu solchen Differentialgewinnen führen, deren *Nicht*auslöschung geradezu im Interesse der weniger verdienenden Konkurrenten liegt: So gibt es zum Beispiel in jeder Stadt Geschäfte, welche „besonders gut liegen“, wobei die gute Lage nicht einmal eine ursprüngliche zu sein braucht. Sie kann durch Umstände gut geworden sein, etwa durch bauliche Veränderungen in der Nachbarschaft oder Alignementsverumständungen, die das Geschäft zu einem besonders vorteilhaft gelegenen „Eckgeschäft“ machen. Die neue Lage wirkt sich in einer Umsatzerhöhung aus, die die Vollausnützung der bisherigen und eventuell sogar erweiterter Anlagen sicherstellt. Dadurch gelangt das Geschäft in eine so vorteilhafte Kostenposition, daß ihm bei den ortsüblichen Preisen Differentialrenten, möglicherweise sogar erhebliche, zugeschwemmt werden. Der Geschäftsinhaber sieht sich vor zwei Möglichkeiten gestellt. Entweder kassiert er die Differentialrente und bereichert sich auf diese Weise, oder er senkt die Preise. Tut er jedoch das letztere, dann erhält er eine größere Kundschaft und sieht sich zur weitern Ausdehnung seines Geschäftes veranlaßt. Zufolge der Preissenkung fällt die Differentialrente weg; aber was der Geschäftsmann durch ihren Wegfall weniger verdienen würde, nimmt er entweder ganz oder wahrscheinlich sogar in vermehrtem Maße auf dem Wege zusätzlicher Verdienste aus der Umsatzsteigerung wieder ein. Vom Standpunkt der breiten Konsumentenschaft aus ist diese letztere Art des Geldverdienens des „Eckgeschäftes“ sympathisch, aber nicht vom Standpunkt der Konkurrenz aus. Diese kann unter Umständen nur dann durchhalten, wenn der Eckenmann ein „gleichpreisiger Eckenrentner“ bleibt.

Man mag aus diesem Beispiel ersehen, 1. daß die geschäftliche Differentialrente keine Spezialität der Kartellgebilde ist, 2. daß die Kartellvereinbarung den Bezüger von Differentialrenten nicht nur preislich stützt, sondern ihm u. a. eine auf der Gruppensolidarität beruhende moralische Rechtfertigung der Rente bietet, und 3. daß das Differentialrentenproblem insofern eine gewisse „Tragik“ in sich birgt, als sich hier in seltener Plastik die Verbundenheit und zugleich Widersprüchlichkeit der ratio oeconomica einerseits und der ratio socialis anderseits offenbart. Dabei ist die letztere wiederum dadurch gespalten, daß die Interessen der geschützten Unternehmungen und ihrer Belegschaften nicht gleich liegen oder gleich zu liegen brauchen wie diejenigen der zum Teil ebenfalls schützenswerten, wenn nicht sogar schützenswerteren Nachfrager.

Wie immer man sich zu den eben besprochenen Fragen stellen will, man darf nicht verschweigen, daß das Kartell ein Instrument par excellence zur Erzeugung von zum Teil massiven Differentialrenten ist. Das Ob oder Ob-nicht, die Art und Weise und die Intensität einer *korrektiven Kartellpolitik aus diesem Grunde* hängt ab einmal von der Saldierung der Werte, die man einerseits der *Freiheit* des wirtschaftlichen Marktspiels und anderseits der *Sicherheit* sonst gefährdeter Konkurrenzunternehmungen (Mittelstandspolitik und Sicherung des „angestammten Arbeitsplatzes“) beimißt sowie von der einkommens-, konjunktur- und allgemein sozialpolitischen Beurteilung zugeschwemmter, nicht leistungsäquivalenter Erträge.

Während das Kartell die Grenzunternehmung durch Preissicherungen, Konditionenabreden, Kontingents- oder Gebietszuteilungen in ihrer Existenz umhegt und sicherstellt, legt sie der Trust vielfach still und konzentriert so die wirtschaftliche Leistung auf die kostengünstigsten, leistungsfähigsten, wirtschaftlich effizientesten Betriebe. (In einigen Fällen ist es auch Kartellen gelungen, durch kollektive Anstrengung Grenzunternehmungen stillzulegen. Aber das sind relativ seltene Ausnahmen, die in keiner Weise Regel machen und die hier aufgezeigte Grundlinie des Kartellverhaltens nicht zu korrigieren vermögen.) Betrachten wir das Kartellproblem unter diesen Gesichtspunkten, dann ergibt sich schon aus einer nur summarischen Wertung die eklatante Tatsache, daß Kartelle und Trusts wohl in ihrer Eigenschaft als *wirtschaftliche Machtstellungen* ähnliche Gebilde sind, niemals aber in ihrer Art als Organisations- bzw. Zusammenschlußform von Unternehmungen. Wenn in den Wirtschaftsartikeln der Verfassung von Kartellen und ähnlichen Organisationen die Rede ist, so mögen mit diesen „ähnlichen" Organisationen Trusts gemeint sein. Ähnlich sind sie deswegen, soweit nicht die Machtstellung als solche in Frage steht, trotzdem nicht. Dieser Ungleichheit von Kartellen und Trusts ist sich namentlich auch das in Beratung stehende deutsche Wettbewerbsgesetz bewußt, das in seinem § 17 eine besondere Regelung für sogenannte „marktbeherrschende Unternehmen" vorsieht, unter welchen Begriff allerdings nicht nur die Trusts fallen, sondern, soweit eine entsprechende Machtstellung gegeben ist, große einzelne Unternehmungen ganz allgemein.

d) Der soziologische und kulturelle Aspekt

Dem Umstand, daß die Schweiz als Land industriell und agrarisch ausgeglichener, aber auch gewerblich und industriell dezentralisierter Produktion zu gelten hat, ist es zu verdanken, daß wir in einem Staate leben, dessen Kultur sich nicht in Riesenstädten mit Slums präsentiert, aber auch nicht in Landschaften mit Siedelungen, die den Namen „Dorf" nicht verdienen. In der Schweiz dürfen wir, ohne den Städten deswegen nahezutreten, mit vollem Recht auch von Dorfkultur reden. Diese Dorfkultur ist in soziologischer Hinsicht für die Schweiz ungefähr das, was in rechtlicher und verwaltungspolitischer Hinsicht die Gemeindeautonomie bedeutet.

Wohl gibt es bei uns einige größere Städte, die teilweise den

Charakter des Industriekonglomerates aufweisen. Ein im Verhältnis zu andern Staaten sehr beachtlicher Teil der industriellen Produktion befindet sich auf ländlichem Boden. Soweit es sich nicht um größere Städte handelt, sind unsere Siedelungen bäuerlich, bäuerlich-gewerblich oder bäuerlich-gewerblich-industriell. Nie sind sie reine Fabriksiedelungen. Aber sie sind – und das eben ist in unserem Zusammenhang wichtig – in großer Zahl mit industriellen Produktionsstätten wohldotiert. Dieser glücklichen Mischung ist es zu verdanken, wenn bei uns nicht nur die Städte, sondern auch die Dörfer beachtliche Kulturzentren sind. Nicht nur wird bei uns ein Fremder in sozusagen jedem schon mittelgroßen Dorf einwandfreie Unterkunft und Verpflegung finden: Er findet neben dem Pfarrherrn einen Arzt, einen Notar oder einen Rechtsanwalt. Er findet prächtige Schulhäuser, Post, automatische Telephons, erstaunlich schöne Kaufläden, Autogaragen, Sportplätze, Badeanstalten, und im Winter kann er, falls es ihn interessiert, in diesem oder jenem Lokal einen Vortrag oder ein Konzert anhören. Verunfallt unser Fremder mit seinem Auto irgendwo, es wird immer relativ unweit eines Spitals mit ausgezeichneter chirurgischer Einrichtung und Betreuung sein. Das alles nennen wir (wenn hier auch vielleicht zu einseitig im materiellen Umriß dargetan) *schweizerische Dorfkultur*.

Unter lit. *e* werden ernste Nachteile der Kartellwirtschaft zu erwähnen sein. Im hier gegebenen Zusammenhang jedoch verlangt die Objektivität den Hinweis darauf, daß unsere dezentralisierte Dorfkultur in einem nicht unbeachtlichen Ausmaß auf der gewerblichen und industriellen Kartellierung beruht. Dieser Bericht erlaubt keine breite Erläuterung. Wir begnügen uns daher mit einem Beispiel: Der Zement, den unsere Wirtschaft benötigt, wäre in zwei oder drei ganz großen Fabriken herstellbar. Mit Ziegeln, Möbeln oder Schokolade ist es grundsätzlich nicht anders. Aber unter solchen Umständen stünde es schlimm um so und soviel Arbeitskräfte in so und soviel Dörfern, um die Finanzen dieser Ortschaften und um das Gewicht dieser Dörfer im Staat, um ihre Garnitur mit Selbständigerwerbenden, um ihre Sportplätze, Schwimmbäder und kulturellen Möglichkeiten. *Wir* müssen diese Dinge erwähnen, denn die jahrzehntelange Erfahrung unserer Kommission lehrt uns, daß in der Schweiz ohne Kartelle vermutlich eine industrielle Konzentration in Erscheinung getreten wäre, die in manchen Fällen der gezeichneten, sozial, staatspolitisch und kulturell wertvollen Produktionsdezentralisierung in namhafter Weise Abbruch getan hätte.

Anläßlich verschiedener Branchenuntersuchungen konnte die Kommission feststellen, daß die Kartellabrede und die darauffolgende „Kartellgemeinschaft" den Großen in bezug auf allfällige Expansionsgelüste wirksame Zügel anlegt. Gemäß Erfahrung sind die Kartelle – es mag dies auch mit der föderativen Struktur unserer staatlichen und politischen Verhältnisse zusammenhängen – in einer nicht unerheblichen Zahl von Fällen (ob ideell oder nur materiell begründet, bleibe dahingestellt) eine Schule der Rücksichtnahme der Großen auf die Kleinen. Das ist ein positives Gegenstück zur wirtschaftlich negativen Eigenschaft der Kartelle, Umheger unrationeller Grenzbetriebe und mißbrauchsbereite Träger wirtschaftlicher Macht zu sein.

In Kartellen mit stark unterschiedlicher Unternehmungsgröße muß sich bei den besonders rationellen Verbandsmitgliedern mit der Zeit ein Hang zu trustmäßigem Zusammenschluß entwickeln. Man könnte das Kartell auffliegen lassen, die Rationellen zusammenfassen, die Grenzbetriebe dem Gerichtsvollzieher überantworten und einige noch einigermaßen lebenskräftige Unternehmungen aufkaufen, um sie stillzulegen. Dann könnte man die Kapazität der Rationellen ausnützen, man könnte zur Beruhigung der Geister sogar die Preise senken und – wie weiter vorne dargetan – doch mehr verdienen. Solche Gedanken hegen nicht nur die Berichterstatter – sie spuken auch in den Köpfen besonders rationell arbeitender Kartellmitglieder herum. Aber sie realisieren sich nicht, weil aus irgendeinem Grunde, den wir voll befriedigend nicht zu erklären vermögen, innerhalb des Kartells jene Atmosphäre der Rücksicht vorzuherrschen scheint, über die weiter oben berichtet worden ist. Zwar erklärt Professor Böhm in seiner Stellungnahme zur Antwort des Präsidenten Berg an Bundesminister Erhard [10], „Kartelle bieten den kleinen und mittleren Betrieben nur dann Schutz gegen etwaige Brutalisierung durch Großbetriebe oder Konzerne, wenn

[10] Vgl. Wirtschaft und Wettbewerb, Jg. 1953, Heft 11 und Jg. 1952, Heft 13.

die Großbetriebe und Konzerne ebenfalls im Kartell sitzen". Das ist richtig. Aber, meint Professor Böhm weiter, dieser Schutz beschränke sich dann, bei Licht besehen, nur darauf, daß sich die Unterwerfung, Aufsaugung und Stillegung der kleinen und mittleren Betriebe in humaner Form, das heißt gegen Kasse und nicht durch Niederboxen vollziehe. Oder glaube man im Ernst, daß sich ein großer Hecht im Karpfenteich gemischter Kartelle irgendwelche übermäßigen Hemmungen auferlegen würde, wenn es in seinem Interesse liege, etwas zu tun, was den Kleinen nicht paßt? Akkurat das, was Professor Böhm (möglicherweise auf Grund seiner großen Kartellerfahrung auf *deutschem* Gebiet) als naiven Glauben hinstellt, sind wir auf Grund langjähriger Enquêtetätigkeit in der *schweizerischen* Wirtschaft, zumindest für gewisse Fälle, in allem Ernst anzunehmen gezwungen. Warum, so müssen wir fragen, ändert denn beispielsweise die in der Genossenschaft Portland kartellmäßig organisierte schweizerische Zementwirtschaft die den Großen wie den Kleinen nur *eine* Stimme im Rat zusprechende Rechtsform nicht, wenn doch die Hechte im Karpfenteich unter allen Umständen darauf aus sind, die (wohlverstanden im Kartellteich, nicht etwa im offenen Wasser sich befindlichen) Karpfen zu fressen? In unserem kartellreichen Land leben diese im allgemeinen noch. Das ist eine Feststellung, die vom Standpunkt einer möglichst effizienten Produktion aus leider ebenso fragwürdig ist, wie sie vom Standpunkt der Gesellschafts- und Staatssoziologie aus glücklicherweise jeder Fragwürdigkeit entbehrt. Das ist eben die Ambivalenz nicht nur der Gefühle, sondern auch der Kartelle, jene Zwiespältigkeit, die jede Schwarz-Weiß-Malerei in das Gebiet des rein Spekulativen versetzt.

e) Der kartellistische Machtmißbrauch

Die Gerechtigkeit, die wir im vorangehenden Abschnitt der Kartellwirtschaft widerfahren lassen, möge uns vor Beanstandungen hinsichtlich unserer Objektivität bewahren, wenn wir im folgenden auf eine schwarze Seite der Kartellexistenz zu sprechen kommen, nämlich auf den nicht seltenen, ja im Zusammenhang mit exklusivvertraglichen Abmachungen sich oft ins Unerträgliche auswachsenden Macht*mißbrauch*.

Kartelle sind, wie wir wissen, Vereinbarungen zwischen Unternehmern. Durch den Kartellvertrag (einschließlich Statut) gibt das Kartellmitglied einen Teil seiner Handlungsfreiheit auf. Dadurch erhält das Gruppen-Kollektiv „Verband" eine bestimmte Machtstellung, auf Grund welcher das Marktgeschehen, so wie es bei freier Konkurrenz vonstatten ginge, geändert wird. Diese Veränderung des Marktgeschehens ist deswegen von einschneidender Bedeutung, weil der preislich nicht gebundene Markt eine Ordnung begründet, die, dank der relativ großen Fähigkeit der Wirtschaft, sich veränderten Gegebenheiten anzupassen, nach der ergiebigsten Verwendung der Produktionsmittel strebt. Wir wissen jedoch, daß die Kartelle auch deswegen entstanden sind, weil das absolut freie Streben noch produktiver Effizienz und damit nach „Ertragspriorität" zu Formen des Wettbewerbs geführt hat, die weit herum erkennen ließen, daß auch am Markt nur eine *gezügelte* Freiheit von Gutem ist. Das Kartell nun ist das (allerdings zweischneidige) Instrument, mit dem der ungehemmte Wettbewerb von jenen Unternehmerkreisen, die sich gefährdet fühlen, nunmehr privatim in Schach gehalten werden soll.

Nun ist es so, daß die Zügelung des vorher freien Wirtschaftsverlaufes in einer Weise erfolgt, die die Märkte in oft nicht mehr vertretbarer Weise *erstarren* läßt, weil die dem freien Preis innewohnenden Regulierkräfte zu stark oder ganz unterbunden werden. Die Sicherheitsüberlegung derjenigen, die sich kartellistisch schützen, nimmt im allgemeinen wenig Rücksicht auf die zur Sicherung einer möglichst effizienten Produktionsweise in zumindest relativem Ausmaß notwendigen Marktelastizität. Leider nur zu oft äußert sich dieser Mangel in einer egozentrischen, alle andern persönlichen und objektiven Marktinteressen außer acht lassenden Machtanwendung. Der Außenseiter wird zum Feind schlechthin und der Konsument zum berühmten „forgotten factor".

Das prima vista sowohl hinsichtlich der Produktivität wie hinsichtlich der Verteilung rational anmutende freie Marktspiel, wie es vor dem Ersten Weltkrieg und nochmals in den zwanziger Jahren dieses Jahrhunderts gespielt wurde, führte zu einer Art Sicherheitsdefizit der Unternehmer und ihrer Belegschaften und zu Amortisationsansprüchen, die im Zeitalter der sich überstürzenden technischen Erfindungen letzten Endes nicht mehr erträglich, ja nicht einmal mehr erfüllbar sind. Aus solcher Situation entstanden vielfach die Kartelle, deren Tragik es ist, daß sie einerseits den Vertragspartner wohl eine gewisse, ja oft sogar eine sehr gute Sicherheit bieten, daß sie dies aber anderseits nur auf Kosten der für die wirtschaftliche Effizienz wichtigen Marktelastizität zu tun vermögen. Damit wird aber ersichtlich, daß die Kartelle (sofern sie die volkswirtschaftliche Zweckmäßigkeit nicht ganz außer acht lassen wollen) grundsätzlich darauf achten müßten, ihr im Interesse privater Sicherheitsansprüche erfolgendes Handeln nur unter möglichster Schonung des „Marktspiels“ vorzunehmen. Gerade diese Zurückhaltung nun – und das ist ihre *böse* Seite – üben sie nur selten, weil eben ihr innerstes Wesen konkurrenzfeindlich ist, das heißt feindlich sogar gegenüber einem Marktzustand, der zwar keinen freien, aber doch einen *relativ* freien Außenseiter noch zuläßt. Das Sicherheitsbedürfnis wird nur allzu leicht durch eine mißbräuchliche Anwendung der organisatorisch erreichten Macht über jenen Grad hinaus gesteigert, den man in vertretbarer Abwägung aller berührten Interessen noch als „legitim“ erklären könnte.

Eben dieser Machtmißbrauch ist es, der den Staat zwingt, zwecks Erhaltung eines für die gesamte Volkswirtschaft und ebenso für Recht, Sitte und Freiheit unerläßlichen Maßes an „Marktwirtschaft“ korrektiv zu intervenieren. Vor diesem szenischen Hintergrund vollzieht sich das Spiel der Wettbewerbsgesetzgebung, die heute in sozusagen allen Ländern aktueller Gegenstand der Wirtschaftspolitik und Rechtsschöpfung ist.

Allerdings drängt sich in diesem Zusammenhang die Frage auf, ob ein Staat, der Kartelle selber fördert oder gar bildet, sich mit dieser Politik nicht in Widersprüche verwickelt. Ob ja oder nein, ein Staat westlicher Prägung, der Kartelle nicht *grundsätzlich* verbietet, kommt um die Bekämpfung des Kartellmißbrauchs nicht herum, weil er nicht nur die Interessen von Wirtschaftszweigen, Branchen und Berufen zu schützen hat, sondern – im allgemeinen Interesse – auch die persönlichen Freiheiten und damit ein im Spiel der Individuen und Kollektivitäten immerhin wichtiges Residuum von Marktfreiheit.

Durch das Aufkommen der wirtschaftlichen Verbände ist der in seiner Wirtschaftsordnung grundsätzlich noch auf Marktfreiheit abstellende liberale Staat zu einer zwiespältigen Haltung gezwungen worden. Einerseits kann er sich den Sicherheitswünschen der molekularen Gebilde nicht verschließen, und anderseits kommt er in Berücksichtigung seiner freiheitlichen Grundsätze um Korrektur des Mißbrauchs wirtschaftlicher Machtstellungen nicht herum. Es sei denn, daß er die Nachteile des ruinösen Wettbewerbs, dessen Beseitigung die Kartelle u. a. anstreben, gegen die Nachteile einer ungehinderten privaten Monopolpolitik eintauschen will. Wir gelangen damit zum Schluß, daß sich der Staat nur scheinbar in Widersprüche verwickelt, wenn er einerseits die Kartellbildung (wie bei uns etwa in der Milch-, Uhren- oder Treibstoffwirtschaft) fördert und anderseits gegen die mißbräuchlichen Praktiken auf Grund wirtschaftlicher Machtstellungen angehen will. Widersprüchlich handelte ein Staat allerdings dann, wenn eine derartige Bekämpfung des Mißbrauches wirtschaftlicher Macht nur gegen die rein privaten und nicht auch gegen die von ihm irgendwie geförderten oder gar betreuten Kartelle gerichtet wäre.

Die dargelegte Auffassung ist Ausdruck der Erkenntnis, daß in der Gesellschaft unserer Tage nicht mehr nur das Individuum, einschließlich der das Individuelle besonders berücksichtigenden ursprünglichen Gemeinschaften (wie beispielsweise die Familie, die Kirche usw.) dem Staat gegenüber stehen, sondern auch *die wirtschaftlichen Verbände*. Jene wirtschaftlich-molekularen Gebilde also, die nicht zuletzt deswegen entstanden sind, weil angesichts einer durch die technische Entwicklung übersteigerten und daher oft ruinös wirkenden Konkurrenz das Sicherheitsbedürfnis der Unternehmer den Gedanken der absoluten Freiheit des wirtschaftlichen Tun und Lassens, wie er dem *klassisch*-liberalen System zugrunde liegt, zu überspielen vermochte.

Das Wissen darum, daß die als Kartell aufgezogenen wirtschaftlichen Verbände Macht repräsentieren, die, wie jede andere Macht, mißbraucht werden kann, führt zu der für die Wettbewerbspolitik grundlegenden Frage, ob man die Kartelle verbieten oder ihnen nur die Flügel beschneiden soll?

Argumentiert man von jener theoretischen Warte aus, die jeden öffentlichen oder privaten Eingriff in das Spiel eines wohlaufgegliederten Marktes als volkswirtschaftlich schädlich verurteilt, dann ist das Kartell, das seinem Wesen nach als „restraint of trade“ zu gelten hat, gewissermaßen schon von Haus aus nicht nur Macht, sondern auch schon Machtmißbrauch. In der schweizerischen Kartelldiskussion hat man diese These ziemlich allgemein abgelehnt. Das heißt, daß man bei uns – ganz abgesehen von der später zu erörternden Frage des Verfassungstextes – in den wirtschaftlich, juristisch und politisch maßgeblichen Kreisen das Kartellverbot verwirft und somit in Übereinstimmung mit der in der Folge zu begründenden Kommissionsauffassung auf dem Boden einer das Kartell *an sich* nicht beanstandenden Lösung steht. Würde man allerdings die Marktform der sogenannten „atomistischen Konkurrenz“ (Konkurrenz einer Vielzahl kleiner und daher einflußloser Markteinheiten, vgl. Seite 216) postulieren und damit den Wunsch hegen, daß die Marktpartner keine „Marktstrategie“ treiben dürfen, daß sie individuell vielmehr die Angebots- und Nachfragekonditionen als Schicksal hinzunehmen haben, dann käme man – es wird dies später noch eingehender dargelegt – zum Postulat des Kartell- und Monopol*verbots.*

Der praktische Sinn des Schweizers glaubt jedoch auf eine Wirtschaftsordnung abstellen zu sollen, wie sie sich im Verlaufe des historischen Geschehens ergeben hat und mit der wir uns faktisch auseinanderzusetzen haben. Bei allem Verständnis für die Bedeutung eines nach Möglichkeit freien Spiels des Marktes kann er sich der Tatsache nicht verschließen, daß sich Verbände zwischen das Individuum und den Staat eingeschoben haben, die nicht nur als wirtschaftliche Machtstellungen, sondern auch *als nicht mehr ausschaltbare gesellschaftliche Gegebenheiten* zu werten sind. Ob sie einem an sich oder in ihren Auswirkungen gefallen oder nicht: Die Wirtschaftspolitik hat sich mit ihnen auseinanderzusetzen, und die Rechtsordnung wird sie – man denke an die entsprechenden Akte der Gesetzgebung in den meisten Ländern – irgendwie zu „verdauen“, das heißt zu assimilieren haben. Es ist mit dem Kartellproblem nicht ganz anders als mit den Grundsätzlichkeiten der Zollfrage: Vom Blickfeld einer möglichst effizienten Weltproduktion aus gelangte die rein wirtschaftliche Vernunft zum Postulat des absoluten Freihandels. Der eherne Zwang der Beachtung auch der Wirklichkeit führt von dieser Absolutheit weg, weil die Wirtschaftspolitik eben nicht darum herumkommt, von der Tatsache Kenntnis zu nehmen, daß das zu den Nationalstaaten führende historische Geschehen in eben diesen Nationalstaaten aus mancherlei zwingenden Gründen Produktionsstätten entstehen und Produktionsgebiete sich entwickeln ließ, die man – auch wenn man es der Theorie nach gerne täte – nicht einfach Gott und sich selber überlassen kann. Man hat mit ihnen als Tatsachen zu rechnen, genau wie wir mit der Tatsache der modernen molekularen Gesellschaftsstruktur (Kartelle usw.) zu rechnen haben, und wäre es auch nur aus dem einzigen Grunde, daß sie eben da sind und daß sie im Gefüge der Wirtschaft ein höchst beachtliches und nicht einfach ausbrechbares Stück darstellen. Daß diese Ausrichtung an der Wirklichkeit nicht einfach ein Kopfnicken allem Gewordenen gegenüber sein darf, sondern sich im Bewußtsein der produktiven Vorteile eines nach Möglichkeit funktionsfähigen Marktes vollziehen sollte – das wird, im Sinne der Wahrung auch hier von Maß und Mitte, immer wieder die Grundthese dieses Berichtes sein.

II. Die Voraussetzungen für die Wirksamkeit konkurrenzbeschränkender Mittel und Maßnahmen

1. Allgemeine Bemerkungen

Für die Wirksamkeit konkurrenzbeschränkender Mittel und Maßnahmen sind sowohl allgemeine (das heißt nicht notwendig an die in Frage stehende Branche gebundene) als auch eine Anzahl besonderer Voraussetzungen der Branche oder des Produktes, bei denen die Mittel und Maßnahmen angewandt werden, von Bedeutung.

Zu den *allgemeinen,* für die Kartellierung relevanten Voraussetzungen zählen die Konjunkturentwicklung, die betriebliche Konzentrationstendenz, das Streben nach Sicherheit im Kollektiv und nach Sicherung auf lange Frist, sozialpolitische Gegebenheiten (Arbeitsfriede, usw.), die öffentliche Meinung als Verhaltenskorrektiv,

Maßnahmen der öffentlichen Hand, bei denen die Wettbewerbsbeeinflussung als Nebenwirkung anderer wirtschaftspolitischer Interventionen in Erscheinung tritt (zum Beispiel Erleichterung der Kartellierung durch einfuhrerschwerende Währungsabwertungen oder Devisenbewirtschaftungen).

Zu den *besonderen* Voraussetzungen der für die Kartellwirksamkeit bedeutsamen Faktoren gehören die Gegebenheiten auf der kartellierten Wirtschaftsstufe selbst, wie u. a. jene besonderen Verhältnisse auf dem Absatz- und Bezugsmarkt der kartellistischen Branche oder des kartellierten Produktes, welche man als ihre Angebots- und Nachfrageform (insgesamt Marktform) bezeichnet, sowie diejenigen der vor- und nachgelagerten Wirtschaftsstufe.

Diese verschiedenen besonderen Voraussetzungen sollen im folgenden Gegenstand einer eingehenden Betrachtung sein.

2. Allgemeines über die unterschiedlichen Kartellierungsmöglichkeiten je nach der Marktform

a) Skizze der wichtigsten Marktformen

Die Kartellierungsmöglichkeit einer Branche bzw. eines Produkts hängt in hohem Maß von der *Marktform* ab. Zur Erleichterung des Verständnisses erachten wir es als zweckmäßig, in diesem Abschnitt eine Skizze der wichtigsten Marktformen zu geben und einige Betrachtungen über die grundsätzlich möglichen Wechselbeziehungen zwischen Marktform und Kartell anzustellen.

Wie der Markt das Zusammentreffen, das Inverbindungsein des Angebots und der Nachfrage von bzw. nach einem Gute ist, so sind auch die im folgenden skizzierten Marktformen nichts anderes als die Verbindung entsprechender Angebots- und Nachfrageformen. Unsere Skizze der möglichen Marktformen hat daher zunächst die wichtigsten Formen des Angebotes und der Nachfrage zu nennen, aus deren Kombination sich die für unsere Zwecke bedeutsamen wichtigsten Marktformen ergeben.

In der Volkswirtschaftslehre sind in der Hauptsache drei Klassifikationen gebräuchlich, die wir im folgenden der Einfachheit halber als Klassifikation Nr. 1, Nr. 2 und Nr. 3 bezeichnen wollen. Im Anschluß daran werden wir andeutungsweise noch auf weitere Gliederungen hinweisen.

Die *Klassifikation Nr. 1* gliedert das Angebot und die Nachfrage und damit auch den Markt auf Grund *struktureller Unterschiede*, nämlich auf Grund von Unterschieden in der *Zahl* der Anbieter und Nachfrager des in Frage stehenden Gutes, was gleichbedeutend ist mit Unterschieden in der Bedeutung des Einzelangebotes bzw. der Einzelnachfrage im Verhältnis zum Gesamtangebot bzw. zur Gesamtnachfrage nach einem bestimmten Gut. Man gelangt auf diese Weise zur Unterscheidung der drei hauptsächlichsten Angebots- und Nachfrageformen des *Monopols*, des *Oligopols* und der *atomistischen (reinen) Konkurrenz*, wozu als zwei Misch- oder Zwischenformen noch das *Monopoloid* und *Oligopoloid* (in der Literatur auch Teilmonopol bzw. Teiloligopol bezeichnet) zu nennen sind.

Was zunächst die *Angebots*form des *Monopols* betrifft, so verstehen wir darunter jenen Zustand, bei dem das Gesamtangebot eines Gutes nach dem einheitlichen Willen gestaltet wird. Solches trifft erstens dann zu, wenn Einzel- und Gesamtangebot miteinander identisch sind, das Gut also nur von einem einzigen Wirtschaftssubjekt (eben dem Monopolisten) angeboten wird. Man spricht in diesem Fall von einem *Einzel*monopol. Das Gesamtangebot ist jedoch auch dann nach einem einheitlichen Willen gestaltet, wenn alle Einzelangebote des in Frage stehenden Gutes einem Kollektivwillen unterstehen. Wo dies zutrifft, haben wir es mit einem *Kollektiv*monopol (oder Verbandsmonopol) zu tun.

Analog wie die Angebotsform des Monopols ist auch die *Nachfrage*form gleichen Namens zu charakterisieren.

Unter der *Angebots*form des *Oligopols* verstehen wir jenen Zustand, bei dem sich das Gesamtangebot eines Gutes aus einer beschränkten Zahl von Einzelangeboten zusammensetzt, wobei die Einzelanbieter (Oligopolisten) unabhängig voneinander handeln. Das schließt nicht aus, daß sie sich auch ohne Willensübereinstimmung (Abmachung) gleich verhalten. Wegen der beschränkten Zahl der Einzelanbieter ist die Angebotsmenge jedes einzelnen im Verhältnis zur gesamthaft angebotenen Menge so groß, daß sie eine wesentliche Rolle spielt und es dem einzelnen Oligopolisten gestattet, auf das Gesamtangebot und den Marktpreis einen nennenswerten Einfluß auszuüben.

Analoges ist unter der *Nachfrage*form des Oligopols zu verstehen.

Atomistische (reine) Konkurrenz schließlich liegt dort vor, wo das Gesamtangebot eines Gutes aus einer großen Zahl von Einzelangeboten besteht, wobei die einzelnen Anbieter (Konkurrenten) unabhängig voneinander, das heißt ohne jede marktpolitische Abmachung, handeln. Wegen der großen Zahl der Anbieter ist in diesem Fall die Angebotsmenge jedes einzelnen Anbieters im Verhältnis zur gesamthaft angebotenen Menge so unbedeutend, daß sie keine nennenswerte Rolle spielt. Die einzelnen Konkurrenten sind daher nicht in der Lage, einen nennenswerten Einfluß auf das Gesamtangebot und den Marktpreis auszuüben. Die atomistische Konkurrenz im Sinne dieser Definition ist nichts anderes als ein Grenzfall des vorhin definierten Oligopols[11].

Analog wiederum ist die *Nachfrage*form der atomistischen (reinen) Konkurrenz zu verstehen.

Was schließlich noch das *Monopoloid* und *Oligopoloid* betrifft, so haben wir darunter, wie bereits bemerkt, Mischformen zu verstehen. Das Monopoloid ist eine Mischform zwischen Monopol und atomistischer Konkurrenz, das Oligopoloid eine solche zwischen Oligopol und atomistischer Konkurrenz. Es handelt sich also, anders ausgedrückt, um ein Monopol bzw. Oligopol mit einem, mehreren oder vielen bezüglich ihrer Einzelangebotsmengen bedeutungs- und einflußlosen Mitläufern oder Außenseitern.

Analoges gilt für Monopoloid und Oligopoloid auf der *Nachfrage*seite.

[11] Dieser Grenzfall ist dann irreal und nur zu Zwecken der preistheoretischen Analyse verwendbar, wenn man eine *unendliche* Zahl von Einzelanbietern voraussetzt und damit den Einfluß jedes einzelnen als unendlich klein, als *infinitesimal* annimmt. Die Theorie braucht jedoch nicht immer eine unendliche Zahl der Einzelanbieter vorauszusetzen. Schon große Anbieterzahlen, wie sie in der Wirklichkeit etwa vorkommen mögen, können in preislicher Beziehung ähnliche Ergebnisse wie eine unendliche Teilnehmerzahl zeitigen.

Aus den soeben definierten drei bzw. fünf Formen des Angebots und ebensovielen der Nachfrage lassen sich durch Gegenüberstellung im ganzen neun bzw. fünfundzwanzig Marktformen kombinieren. Hiefür sind in der Volkswirtschaftslehre verschiedene, mehr oder weniger kunstvolle Bezeichnungssysteme im Gebrauch.

Die *Klassifikation Nr.* 2 gliedert das Angebot und die Nachfrage und damit auch den Markt nicht auf Grund struktureller Unterschiede, sondern auf Grund des Grades der *Möglichkeit (oder Unmöglichkeit) des Eintrittes* neuer Anbieter oder Nachfrager in den Kreis der bisherigen Marktpartner. Zudem spielt hiefür die Möglichkeit oder Unmöglichkeit der Vergrößerung der Angebots- bzw. Nachfragemengen durch die bisherigen Anbieter bzw. Nachfrager des in Frage stehenden Gutes eine Rolle. Die Klassifikation 2 gelangt auf diese Weise zu drei hauptsächlichsten Angebots- und Nachfrageformen. Man bezeichnet sie als *geschlossene* und *offene* sowie (im Sinne der Zwischen- oder Mischform) als *bedingt geschlossene* oder *bedingt offene* Form.

Als *offenes (oder freies) Angebot* bezeichnet man jenen Zustand, wo der Zutritt weiterer Wirtschaftssubjekte in den Kreis der bisherigen Anbieter jederzeit möglich ist und wo die bisherigen Anbieter auch jederzeit ihre Angebotsmenge vergrößern dürfen (zum Beispiel durch Erhöhung der Betriebskapazität).

Das gleiche gilt auch für die *offene Nachfrage.*

Demgegenüber haben wir dann ein *geschlossenes Angebot,* wenn der Zutritt weiterer Anbieter in den Kreis der bisherigen und eine Vergrößerung der Angebotsmenge durch die bisherigen Anbieter unmöglich ist.

Analog verhält es sich bei einer *geschlossenen Nachfrage.*

Die Schließung von Angebot und Nachfrage kann von Staates wegen erfolgen. Sie kann aber auch durch Private bewirkt werden. Das trifft zum Beispiel dann zu, wenn ein Monopolist (insbesondere ein Kollektivmonopolist) mit seinen Lieferanten oder Abnehmern vertikalvertraglich vereinbart, daß neue Konkurrenten mit einem Lieferungs- bzw. Abnahmeboykott zu belegen und so am Aufkommen zu verhindern seien.

Die Zwischen- oder Mischform des *bedingt geschlossenen (oder bedingt offenen) Angebotes* liegt vor, wenn der Zutritt neuer Wirtschaftssubjekte in den Kreis der bisherigen Anbieter oder die Vergrößerung der Angebotsmengen durch die bisherigen Anbieter von der Erfüllung einer Bedingung abhängig ist. Als Beispiele solcher Bedingungen sind die Ablegung einer Fähigkeitsprüfung, die Erbringung eines Finanzausweises, der Nachweis eines Bedürfnisses, die Aufnahme in ein Kartell und dergleichen zu erwähnen.

Das gleiche gilt für eine *bedingt geschlossene (oder bedingt offene) Nachfrage.*

Gleichwie die volle kann auch die bloß bedingte Schließung von Angebot und Nachfrage entweder vom Staate herrühren oder Resultat von Bemühungen privater Wirtschaftssubjekte, insbesondere von Monopolisten sein.

Aus den drei Angebots- und den drei Nachfrageformen der Klassifikation Nr. 2 lassen sich durch Gegenüberstellung neun Marktformen bilden. Wir werden sie im Bedarfsfall durch Nennung jener Angebots- und Nachfrageform bezeichnen, aus denen sie sich zusammensetzen (Beispiel: Marktform mit geschlossenem Angebot und bedingt offener Nachfrage usw.)[12].

[12] Was die Beziehung der soeben beschriebenen Klassifikation Nr. 2 zu der früher beschriebenen Klassifikation Nr. 1 anbelangt, so darf man sie nicht, wie es oft geschieht, miteinander verwechseln. Das geschlossene Angebot ist nicht notwendig ein Monopol und das offene Angebot nicht notwendig (atomistische) Konkurrenz. Es läßt sich vielmehr jede Marktform der einen Klassifikation mit jeder der andern verbinden, was grundsätzlich 9 mal 25 gleich 225 denkmögliche Kombinationsformen ergibt. Weil die beiden Klassifikationen logisch miteinander nichts gemein haben, ist es auch nicht richtig, in den Begriff der atomistischen Konkurrenz das Merkmal der Offenheit einzubeziehen, also nur dort Konkurrenz zu sehen, wo der jederzeitige Eintritt neuer Bewerber oder die Ausdehnung der Angebots- bzw. Nachfragekapazität der bisherigen möglich ist. Wohl kann auf längere Frist die Geschlossenheit von Angebot oder Nachfrage durch den allmählichen Wegfall der bisherigen Anbieter bzw. Nachfrager eine Entwicklung der Konkurrenz zum Monopol erleichtern. An sich und bei kurzfristiger Betrachtung ist jedoch auch eine Kombination von (atomistischer oder oligopolistischer) Konkurrenz und einer vollständigen oder bedingten Schließung möglich. (Beispiel: übersetzte Branche mit soeben eingeführtem staatlichem Numerus clausus oder obligatorischem Fähigkeitsausweis.)

Die *Klassifikation Nr. 3* gliedert auf Grund des unterschiedlichen Grades der *Homogenität oder Heterogenität* (Gleichartigkeit oder Ungleichartigkeit) der von den verschiedenen Anbietern und Nachfragern angebotenen bzw. nachgefragten Güter. Das führt zu drei Angebots- und Nachfrageformen, welche man als isoliertes Angebot bzw. isolierte Nachfrage, heterogene Konkurrenz und homogene Konkurrenz bezeichnet. (Statt von heterogener Konkurrenz spricht man in der Literatur fast mehr noch von monopolistischer Konkurrenz; statt von einem isolierten Angebot bzw. einer isolierten Nachfrage ist bisweilen auch von einem entsprechenden Monopol die Rede.)

Unter dem *isolierten Angebot* versteht man einen Zustand, unter dem die von verschiedenen Anbietern angebotenen Güter unter sich wirtschaftlich absolut verschieden sind, das heißt einander in gar keiner Weise substituieren können [13]. Jeder bietet somit sein Gut völlig isoliert und unbeeinflußt vom Angebot durch die andern an; seine Absatzmenge ist somit von den Preisen der andern unabhängig [14]. Wegen dieser Unabhängigkeit bezeichnet man in der Literatur das isolierte Angebot bisweilen auch als Monopol. Diesfalls ist allerdings der Ausdruck Monopol in einem viel engern Sinn gemeint als in Klassifikation Nr. 1. Beim Monopol nach Klassifikation seitens des Angebotes von Substituten. Das isolierte Angebot hat praktisch mehr den Charakter eines Grenzfalles, da es nur selten vorkommt, daß ein Gut in keiner Weise durch andere substituiert werden kann und daher in seiner Absatzmenge von andern Gütern völlig unabhängig ist.

Unter dem Gegenstück zum isolierten Angebot, nämlich unter der Angebotsform der *homogenen Konkurrenz* ist jener Zustand zu verstehen, unter dem die von den Einzelanbietern angebotenen Güter unter sich wirtschaftlich völlig gleichartig, also vollständig substituierbar und folglich miteinander identisch sind [15]. Das Ange-

[13] In der Sprache der Theorie würde man auch sagen, daß sie unter sich die Substitutionselastizität Null aufweisen.

[14] Ob und inwieweit sie von seinem eigenen Preis abhängig ist, ist bedingt durch das Ausmaß der Nachfrageelastizität nach seinem Produkt.

[15] In der Theorie würde man auch sagen, sie hätten unter sich die Substitutionselastizität unendlich.

bot des einen Anbieters ist daher in vollem Maße abhängig von demjenigen des andern. Das hat zur Folge, daß im Prinzip jede Preiserhöhung des einen Anbieters über den Preis des andern hinaus zu einer vollständigen Abwanderung der Käuferschaft, also zu einem völligen Verlust der Absatzmenge führen würde. Auch die homogene Konkurrenz hat mehr den Charakter eines Grenzfalles, da angesichts gewisser Unterschiede betreffend Präsentation, Beigaben und dergleichen sowie hinsichtlich bestimmter Konsumentengewohnheiten und -ansichten selbst technisch absolut identische Güter (zum Beispiel Benzin) von benachbarten Anbietern zu unterschiedlichen Preisen angeboten werden können, ohne daß dies zu einer völligen Abwanderung der Käuferschaft zum billiger Anbietenden führt.

Von größerer praktischer Bedeutung ist das Mittelstück zwischen den eben definierten Grenzfällen, nämlich die Angebotsform der *heterogenen Konkurrenz*. Sie liegt vor, wenn die von den verschiedenen Anbietern angebotenen Güter zwar wirtschaftlich ungleich sind, jedoch nicht so *vollständig* ungleich wie beim isolierten Angebot. Sie sind also unter sich bis zu einem gewissen Grade substituierbar, aber nicht so vollständig wie beim homogenen Angebot [16]. Wegen der teilweisen Substituierbarkeit ist das Angebot des einen Anbieters teilweise abhängig von demjenigen des andern, was sich so auswirkt, daß eine Preiserhöhung durch ihn selbst oder eine Preissenkung durch den Konkurrenten zu einer teilweisen Abwanderung der Käufer zum Konkurrenten führt und umgekehrt. Da jeder Anbieter Monopolist seines Gutes bzw. seiner Gutsvarietät ist, nennt man die heterogene Konkurrenz in der Literatur, wie bereits bemerkt, auch monopolistische Konkurrenz.

Analog wie die soeben definierten Angebotsformen wären auch die entsprechenden Nachfrageformen zu definieren [17]. Aus ihrer Kombination mit den Angebotsformen ergeben sich grundsätzlich wiederum drei mal drei gleich neun denkmögliche Marktformen.

[16] In der Theorie würde man auch sagen, daß die Substitutionselastizität zwischen den von den verschiedenen Anbietern angebotenen Güter endlichen Ausmaßes, also nicht Null und nicht unendlich sei.

[17] Bei der Nachfrage handelt es sich, streng genommen, nicht um eine unterschiedliche Homogenität bzw. Heterogenität des *Gutes,* sondern der *Bezahlung.*

Bei den Beziehungen der Klassifikation Nr. 3 zu den beiden früher erwähnten, interessiert vor allem diejenige zu Klassifikation Nr. 1. Hierzu ist zu sagen, daß sowohl die isolierten Angebote bzw. die isolierten Nachfragen und die heterogene Konkurrenz der Klassifikation Nr. 3 nichts anderes sind als eine Mehrzahl von Monopolen der Klassifikation Nr. 1. Es handelt sich also bei Nr. 3 um eine Klassifikation, die sich zum Teil mit jener frühern überschneidet. Eine Kombination der Marktformen gemäß Nr. 3 mit denjenigen nach Nr. 1 ist daher nicht angängig. Sie würde teilweise zu denkunmöglichen Verbindungen führen.

Weitere Klassifikationen. Die Marktformentheorie gliedert noch auf der Grundlage anderer Kriterien, als wir sie bis jetzt beschrieben haben. Eines davon sind die *Unterschiedlichkeiten im Verhalten der Anbieter bzw. Nachfrager* unter sich und gegenüber ihren Marktkontrahenten. Hierzu ist zu bemerken, daß die Marktformen auf Grund von Strukturunterschieden, wie sie in der Klassifikation Nr. 1 vorliegen, das Verhalten teilweise präjudizieren. Ebenso ist es möglich, daß ein bestimmtes Verhalten strukturelle Änderungen bewirkt. Die beiden Gliederungen sind daher voneinander nicht völlig unabhängig. Wo eine bestimmte Marktform struktureller Art unterschiedliche Verhaltensweisen zuläßt, müssen die preislichen und anderweitigen Auswirkungen dieser Marktform für jede mögliche Verhaltensweise gesondert ermittelt werden. Das ist im Rahmen des Gegenstandes dieser Veröffentlichung vor allem bedeutungsvoll beim Oligopol, welches je nach dem Verhalten der Oligopolisten zu Ergebnissen führen kann, die entweder dem Zustand des Monopols ähnlich sind oder aber mehr gegen die reine Konkurrenz hin tendieren.

b) Marktform und Kartell in ihren Wechselbeziehungen

Zwischen Marktform und Kartell bestehen Berührungspunkte, die hier – ohne Anspruch auf Vollständigkeit zu erheben – kurz erwähnt werden sollen. Dabei müssen wir unterscheiden zwischen einerseits den Beziehungen der Kartellierung zu den Marktformen und anderseits den Beziehungen der Marktform zur Kartellierung.

aa) Die Beziehungen der Kartellierung zu den Marktformen

Grundsätzlich ist zu bemerken, daß ein Kartell keine bestimmte Marktform im Sinne der vorgehend besprochenen Klassifikationen ist. Das Kartell kann nämlich den Tatbestand mehrerer dieser Marktformen erfüllen. Gehen wir von der Klassifikation Nr. 1 aus, dann erkennen wir, daß ein Kartell einmal entweder den Tatbestand eines Kollektiv*monopols* oder, falls es unbedeutende Außenseiter aufweist, denjenigen eines *Monopoloids* erfüllen kann. Das Kartell kann aber auch den Tatbestand eines *Oligopols* erfüllen, das heißt mit einem solchen vereinbar sein. Das ist dann der Fall, wenn neben dem Kartell ein oder mehrere kräftige Außenseiter am Markte sind oder wenn innerhalb einer Branche mehr als ein Kartell aufgezogen worden ist. Sind neben den mächtigen auch noch Außenseiter von wettbewerbsmäßig nicht in Betracht fallender Bedeutung am Markt, dann haben wir es nicht mehr mit einem Oligopol, sondern mit einem *Oligopoloid* zu tun.

Praktisch verträgt sich das Kartell mit jeder Marktform außer mit jener der atomistischen Konkurrenz. Die volkstümliche Gleichsetzung von Kartell und Monopol entspricht nicht der wirklichen Lage, weil Kartelle eben auch in der Marktform des Monopoloids, des Oligopols oder des Oligopoloids auftreten können.

Auch im Rahmen der Klassifikation Nr. 2 sind Kartelle nicht ein und derselben Marktform zuzuzählen. Sie sind sowohl mit offenen oder bedingt offenen bzw. geschlossenen oder bedingt geschlossenen Angebots- und ebenso mit entsprechenden Nachfrageformen vereinbar.

Offenes Angebot bzw. offene Nachfrage ist trotz Kartellierung zum Beispiel dann gegeben, wenn das Kartellziel nicht (oder nicht auch) darin besteht, das Aufkommen neuer Anbieter bzw. Nachfrager zu verhindern oder von besonderen Bedingungen, wie etwa den Erwerb der Kartellmitgliedschaft, abhängig zu machen. *Geschlossenes* Angebot bzw. geschlossene Nachfrage liegt vor oder wird zumindest angestrebt, wenn die Kartelle mittels entsprechender Preispolitik oder durch vertikale Bindungen bestrebt sind, keine Außenseiter aufkommen zu lassen. In diesem Zusammenhang muß erwähnt werden, daß der geschlossene oder bedingt geschlossene

Markt auch mittels wirtschaftspolitischer Einflußnahme der Kartelle auf die *staatliche* Wettbewerbspolitik erreicht oder gefordert werden kann.

Im Rahmen der Klassifikation Nr. 3 hat die Kartellierung deswegen keine begriffsrelevante Bedeutung, weil sie sowohl zu einer Vergrößerung der Homogenität (Gleichartigkeit) als auch der Heterogenität (Vielgestaltigkeit) der Güter führen kann. Die *Güterhomogenität* wird dann vergrößert, wenn das Kartell seinen Mitgliedern mit Erfolg Vorschriften macht, kraft deren bis jetzt bestehende Qualitätsdifferenzen der am Markt sich befindenden Güter oder Leistungen beseitigt oder verkleinert werden. Eine Vergrößerung der *Vielgestaltigkeit* ergibt sich zum Beispiel dann, wenn die einzelnen Verbandsmitglieder die kartellistisch beseitigte Preiskonkurrenz durch Qualitätskonkurrenz ersetzen. In ihren Untersuchungen ist die Kommission mehrmals auf den Fall gestoßen, daß preisgebundene Kartellfirmen sich qualitätsmäßig zu konkurrenzieren begannen, sei es, um sich auf diese Weise durch Mehrumsatz in Kostendegression zu begeben, sei es (dort wo zufolge Kontingentierungsvorschriften ein Mehrumsatz trotz Qualitätswettbewerb nicht zu erzielen ist), um sich für den Fall der Kartelliquidation oder der Neuregelung der Kontingentsquoten in bessere Position zu versetzen.

bb) Die Beziehung der Marktform zur Kartellierung

Hier interessiert uns vor allem die Frage, wie sich eine bestimmte Marktform in bezug auf die Kartellierungsfähigkeit einer Branche auswirkt. Dabei spielt vor allem, aber nicht ausschließlich, die Angebotsform der zu kartellierenden Branche auf ihrem Absatzmarkt eine Rolle. Es kann aber auch die Nachfrageform auf dem Bezugsmarkt der betreffenden Branche von Bedeutung sein. Darüber hinaus sind aber auch die Nachfrageform der Abnehmerstufe (zum Beispiel die Marktform, in der Wiederverkäufer oder gar letzte Verbraucher auftreten) und die Angebotsform der Lieferantenstufe für die Kartellierfähigkeit einer Branche von Bedeutung.

Obenhin betrachtet, sollte man eigentlich annehmen, daß Marktsituationen, welche sich angesichts der Vielzahl für sich allein einflußloser Anbieter bzw. Nachfrager tendenziell der atomistischen Konkurrenz nähern, eine ungünstigere Voraussetzung für die Schaffung von Kartellen ergeben als Verhältnisse oligopolistischer oder oligopoloider Natur. Eine solche Annahme wäre jedoch, zumindest in ihrer Absolutheit, nicht richtig. Falls *Kartellwilligkeit* im Oligopol vorliegt, erleichtert allerdings eine kleine Zahl der zu Organisierenden den Kartellzusammenschluß. Besteht aber die Kartellwilligkeit im Oligopol nicht, dann läßt sich unter Umständen eine größere Zahl von Anbietern bzw. Nachfragern (also ein mengenmäßig zersplittertes Angebot oder eine entsprechende Nachfrage) leichter unter einen Kartellhut bringen als einige wenige „bockbeinige" Oligopolisten. Ist nämlich einmal eine bestimmte Zahl kleiner Konkurrenten organisiert, so kann der vorerst nur als „Rumpfkartell" auftretende Verband durch seine relative Machtstellung und durch geschickte Politik den verbleibenden Rest oder einen wesentlichen Teil davon doch noch erfassen. Die Organisation nicht kartell-, sondern eigenwilliger Oligopolisten dagegen ist stets eine sehr schwere und nicht ohne Kämpfe zu bewerkstelligende Aufgabe.

Die Kartellierung einer Branche kann, unter sonst gleichen Umständen, durch eine bereits bestehende oder vorzunehmende *Schließung* des Angebots oder der Nachfrage auf der Marktgegenseite erleichtert werden. Eine solche Marktschließung kann durch den Staat erfolgen oder durch irgendwelche Lieferanten- oder Abnehmerorganisationen. Die Beschränkung des Zutrittes in eine Branche durch deren Lieferanten oder Abnehmer bedeutet natürlich an sich noch nicht Kartellierung, aber die Entstehung eines Kartells wird durch eine solche Schließung in der Regel stark erleichtert. Bisweilen ist die Begünstigung der Entstehung eines Kartells auf der Marktgegenseite der eigentliche Zweck staatlicher oder privater Marktschließungsbestrebungen. Das ist leicht verständlich: Mit einem Kartell lassen sich nämlich vertikale Bindungen und eigentliche Marktordnungen besser verwirklichen, als es ohne diese der Fall wäre.

Was endlich die Homogenität oder Heterogenität des Angebotes oder der Nachfrage hinsichtlich ihrer Voraussetzungsgüte für die Kartellentstehung anbelangt, so ist eine *starke Homogenität* sicher der bessere Ausgangspunkt für Kartellierungsbestrebungen als starke Produktionsverschiedenheit. So eignen sich – um konkret zu argumentieren – Zement, Kohle, Stahl, Ziegel, Glühlampen usw. besser zur Kartellierung als etwa Bonneterie- oder Geschirrwaren usw. Da aber die Voraussetzungen der Kartellierungsfähigkeit einer Branche überaus komplex sind und weit über das Gebiet der marktformenmäßigen Bedingungen hinausreichen, kommt der eben gemachten Feststellung keine entscheidende praktische Bedeutung zu, weshalb sie nur der Vollständigkeit halber erwähnt wird.

3. Die weitern für die Kartellwirksamkeit bedeutsamen Faktoren auf der kartellierten Wettbewerbsstufe

a) Allgemeines

Nachdem vorgängig von den Wechselbeziehungen zwischen Marktform einerseits und den mehr oder weniger günstigen Voraussetzungen für die Entstehung von Kartellen anderseits die Rede war, soll jetzt von den Umständen und Gegebenheiten auf der kartellierten Wettbewerbsstufe gesprochen werden, welche für die Wirksamkeit eines bereits *bestehenden* Kartells von Bedeutung sind.

Zunächst seien die für den unterschiedlichen Grad der Kartellwirkung relevanten Tatbestände *innerhalb* des Kartells *(b)* ins Auge gefaßt. Anschließend ist darauf hinzuweisen, welche kartell*externen*, aber auf gleicher Wirtschaftsstufe sich äußernden Gegebenheiten für den Wirkungsgrad eines Kartells von Bedeutung sind.

b) die kartellinternen Faktoren

Es gibt mancherlei kartellinterne Verumständungen, die für die Wirksamkeit eines Kartells, das heißt für den Grad der von ihm erreichten Konkurrenzbeschränkung von Bedeutung sind. Die einen liegen in sachlichen Gegebenheiten begründet, andere wiederum beruhen auf subjektiven Eigenschaften der beteiligten Wirtschaftssubjekte.

aa) Wirkungsvoraussetzungen sachlicher Natur

Hier sind in erster Linie die bereits für die Kartellentstehung als wichtig erkannten *strukturellen* Erscheinungen zu erwähnen. Dabei ist allerdings zu sagen, daß die Bedeutung der Angebots- oder Nachfragestruktur (das heißt des Vorhandenseins einer geringern oder größern Zahl, das Vorhandensein stärkerer oder weniger starker Wettbewerber) nicht eindeutig zu ermitteln ist. Wenn ein Kartell aus wenigen großen Mitgliedern besteht, so weist es insofern eine günstigere Voraussetzung für eine wirksame Kartellpolitik auf, als Bildung und Ausführung des Verbandswillens hier technisch leichter sind, als wenn das Kartell aus einer Vielzahl von Mitgliedern mit kleiner Angebots- oder Nachfragekapazität besteht. Handelt es sich um Verabredungen zwischen nur wenigen Beteiligten, so kann unter Umständen eine im Bahnhofbuffet beim schwarzen Kaffee getroffene mündliche Vereinbarung („Buffetkartell") völlig genügen, um die gemeinsame Marktpolitik festzulegen. Zur Kontrolle der Einhaltung der getroffenen Vereinbarungen bedarf es in diesem Fall eines weit geringeren administrativen Aufwandes als dort, wo das Kartell eine Menge kleiner Firmen umfaßt. Unter sonst gleichen Umständen, vor allem bei gleicher Kartellwilligkeit der Beteiligten, ist somit von Vereinbarungen zwischen wenigen eine größere Kartellwirkung zu erwarten als von Vereinbarungen zwischen vielen.

Wo die die Kartellwirkung begünstigende kleine Zahl der Mitglieder nicht vorliegt, dürfte – immer unter sonst gleichen Umständen – die Kartellwirksamkeit in der Regel dann stärker sein, wenn nicht jedes Kartellmitglied von annähernd gleicher Größe und damit von ungefähr gleichem Markteinfluß ist. Wenn nämlich (um hier nur von der Angebotsseite zu reden) ein oder mehrere Kartellmitglieder unter vielen einen überragenden Teil des Gesamtangebotes des in Frage stehenden Produktes bzw. der in Frage stehenden Leistung (zum Beispiel Versicherung) stellen, dann segeln die kleinen Branchenangehörigen bezüglich ihrer Angebotsgestaltung gewöhnlich im Kielwasser der Großen. Dieser Umstand gestattet es bisweilen, die zu befolgende Kartellpolitik auf den gemeinsamen Willen und die Übereinstimmung der Großen oder doch relativ Großen zu beschränken.

In bezug auf die Wirksamkeit der Kartellvereinbarungen spielt neben den strukturellen Gegebenheiten (Größe der Unternehmungen) auch die *Natur der auf den Markt gelangenden Produkte oder Leistungen* eine Rolle. Insbesondere ist es von Bedeutung, ob sich die Kartellbindung bloß auf ein Produkt oder auf mehrere Produkte gleichen Charakters oder sogar auf mehrere Produktarten erstreckt. Die Kartellwirksamkeit ist in der Regel größer, wenn die Zahl der vom Kartell „bewirtschafteten" Produkte oder Produktarten klein ist. In diesem Falle wird die sogenannte Kenntnisnahme der Kartellmitglieder und die Verhaltenskontrolle der Mitglieder zufolge besserer Überblickbarkeit erleichtert [18]. Eine Vielzahl von Produkten bzw. Produktarten erschwert sowohl die technische Handhabung der Vereinbarungen als auch ihre Kontrolle und vergrößert somit die Möglichkeit ihrer Umgehung.

Für den Grad der Kartellwirksamkeit ist es ferner von Bedeutung, ob es sich beim kartellierten Gut um ein solches handelt, dessen Nachfrage (in Berücksichtigung aller nachfragebestimmenden Momente) als mehr oder weniger *konstant* angesehen werden kann oder um ein solches, dessen Nachfrage wegen Geschmacksveränderungen, Änderung der Konsumgewohnheiten (z. B. zufolge wirklicher oder vermeintlicher wissenschaftlicher Erkenntnisse) oder wegen Wandlung der Mode starken Schwankungen unterworfen ist.

Die *Kostenstruktur* vor allem der Anbieterfirmen ist ein weiterer Faktor, der die Entstehung der Kartelle und später ihre Wirksamkeit beeinflußt. In einer Branche mit anlageintensiven Betrieben und hohen fixen Kosten ist die Empfindlichkeit gegenüber den Konkurrenzeinwirkungen – bei sonst gleichen Umständen – größer als bei einer Branche mit überwiegend variablen Kosten. Aus diesem Grunde neigen Branchen mit hohen fixen Kosten leichter zur Kartellbildung.

Des weiteren spielt in bezug auf die Kartellwirksamkeit auch die *räumliche Ausdehnung* des Marktes eine Rolle. Je größer diese ist, um so schwieriger ist es, unter sonst gleichen Umständen, die Ein-

[18] Mit „Kenntnisnahme" meint man die Information oder das Wissen des Kartellmitgliedes über die Art und den Umfang der Einhaltung der Kartellpflichten durch seine Kollegen.

haltung der Kartellvereinbarungen durch die Verbandsmitglieder zu kontrollieren. Mit der räumlichen Ausdehnung des Marktes vergrößert sich zudem die Versuchung, Nachfrager unterschiedlich zu behandeln und die Privilegierung vor sich selber mit lokalen oder regionalen Besonderheiten zu begründen. Es wächst also die Versuchung zur Nichteinhaltung eingegangener Vereinbarungen.

bb) Subjektive Wirkungsvoraussetzungen

Die Kartellwirksamkeit wird in starkem Maße durch das auf Konservierung und gegenseitige Schonung bestehender Einkommensverhältnisse gerichtete *Sekuritätsdenken* gefördert. Das ist eine Mentalität, die man, sehr oft allerdings zu Unrecht, als diejenige des Vorherrschens der „Nahrungsidee" im Gegensatz zur „Erwerbsidee" bezeichnet hat. Tatsächlich verträgt sich dieses Sekuritätsdenken mit dem Begriff der „Nahrungsidee" oder „Nahrungsorientiertheit", so wie er in der Wissenschaft verwendet wird, dann nicht, wenn durch das Kartell Einkommen geschont werden sollen, deren Größenordnung weit über das hinausgeht, was man mit dem „Lebensnotwendigen" in Verbindung bringen darf, selbst wenn dieser Ausdruck recht weitherzig interpretiert wird.

Kartelle mit Mitgliedern, welche das *dynamische* Erwerbsdenken der allerdings bequemen aber chanceärmeren „Sekurität unter allen Umständen" vorziehen, sind virtuell stets gefährdet, weil möglicherweise die dynamischeren Elemente früher oder später in der Befreiung von der Kartellbildung oder eventuell in deren Umgehung ihren besseren Vorteil erblicken.

Von ganz besonderer Bedeutung für die Kartellwirksamkeit ist auch der *Grad des Vertrauens* der Kartellmitglieder in die gegenseitige Vertragstreue und Bereitwilligkeit, nicht nur die Vorteile der Vereinbarungen zu genießen, sondern gegebenenfalls auch ihre Nachteile zu ertragen.

Endlich ist noch zu beachten (es beruht diese Aussage auf Erfahrungen unserer Kommission während langer Jahre), daß der allgemeine *Bildungsstandard* der Kartellangehörigen für die Innehaltung der Vereinbarungen von großer Bedeutung sein kann. Je besser der Bildungsstand der Kartellmitglieder, desto größer die Chance der vollen Kartellwirksamkeit.

c) Die kartellexternen Faktoren

Als für die Kartellwirksamkeit bedeutsame, außerhalb der Kartellorganisation in Erscheinung tretende Einflüsse sind vor allem zu nennen:

aa) die Konkurrenz durch Außenseiter;
bb) die Konkurrenz des gleichen ausländischen Produkts;
cc) die Konkurrenz der Ersatzgüter (Substitutionskonkurrenz);
dd) die potentielle Konkurrenz.

aa) Die Konkurrenz durch Außenseiter

Das Vorhandensein und das Ausmaß der Außenseiterkonkurrenz übt den augenfälligsten Einfluß auf den Wirkungsgrad der Kartelle aus. Ein außenseiterloses Kartell kann unter sonst gleichen Umständen einen weit größeren Wirkungsgrad erreichen als ein Kartell mit Außenseitern. Wo die fachliche Qualifikation der Außenseiter gering und ihre betriebliche Kapazität relativ bescheiden ist, kann zwar ein Kartell deren Existenz bisweilen übersehen, weil es die gesetzten Kartellziele trotz den Außenseitern zu erreichen vermag. Wo es sich aber um *qualifizierte* Unternehmer mit großer oder erweiterungsfähiger Angebotskapazität handelt, kann das Außenseitertum die Kartellwirksamkeit stark beschränken und diese im Grenzfall sogar zur Bedeutungslosigkeit herabmindern. Daher sind – vom Standpunkt des Kartells aus – die Bestrebungen verständlich, das Außenseitertum mit den verschiedenen dafür in Betracht kommenden Maßnahmen (zum Beispiel vertikale Bindungen, Erwirkung behördlicher Marktschließung, gezielte Unterbietung usw.) am Aufkommen zu verhindern oder, falls es schon da ist, auszuschalten.

Tatsächlich stellen die Maßnahmen zur *Außenseiterbekämpfung* denn auch die auffälligsten Kampfmittel der Kartelle dar, und die störendsten Aspekte der privaten Kartellpolitik würden dahinfallen, wenn die den Kartellen zur Verfügung stehenden Möglichkeiten der Außenseiterbekämpfung und Marktschließung eine Eingrenzung erführen.

bb) Die Konkurrenz ausländischer Produkte

Ebenso entscheidend für den Grad der Kartellwirkung wie das Außenseitertum kann die Auslandskonkurrenz sein. Grundsätzlich hat ein Kartell immer mit dem Konkurrenzgut aus dem Ausland zu rechnen. Die Gefährdung der Kartelle durch ausländische Produkte reduziert sich jedoch, vom frachtmäßigen Entfernungsschutz abgesehen, in dem Maße, wie es durch Einwirkung auf die Abnehmer, auf Behörden oder auf die Außenwirtschaftspolitik allgemein gelingt, das ausländische Produkt trotz günstigerer Preise mittels fiskalischer Belastung, mengenmäßiger Importbehinderung oder Polizeivorschriften *vom Markte fernzuhalten.*

Hier wird ersichtlich, welche Möglichkeiten der Bekämpfung mißbräuchlicher Kartellpraktiken sich einer behördlichen Politik eröffnen, welche bestrebt ist, die Märkte soweit irgendwie tunlich auch für auswärtige und ausländische Produkte offenzuhalten, einer Politik also, die es den Kartellen nicht gestatten will, im Schatten der Ausschließlichkeit eine mißbräuchliche Ausnutzung ihrer Machtstellung zu betreiben.

cc) Die Konkurrenz von Substitutionsgütern

Die von der Substitution ausgehende Einschränkung der Kartellwirksamkeit ist von so überragender Bedeutung, daß sich eine etwas eingehendere Beschäftigung mit diesem Konkurrenzfaktor hier rechtfertigen dürfte:

Wie wir wissen, setzen Kartelle, direkt oder indirekt, vor allem Preise fest. Namentlich deswegen, weil sie den Verbandspreis an die Stelle des eine natürliche Regulations- und Ausgleichsfunktion ausübenden „Marktpreises“ setzen, sollen sie nach Ansicht der Anhänger einer Verbotsgesetzgebung verboten werden. So hat zum

Beispiel der Wirtschaftsminister der Deutschen Bundesrepublik, Erhard, im bereits erwähnten Schriftwechsel [19] mit dem Präsidenten des Bundesverbandes der Deutschen Industrie, Fritz Berg, erklärt, daß seine ablehnende Haltung gegenüber den Kartellen nicht darauf beruhe, daß er ihnen unlautere Absichten oder Praktiken unterstelle, die den Tatbestand der Diskriminierung erfüllen, sondern darauf, „daß er in dem Faktum kollektiv gebundener Preise, auch wenn diese sittlich und kalkulatorisch durchaus zu vertreten seien, einen volkswirtschaftlichen Mißstand an sich erblicke".

Im Gegensatz zum deutschen Bundesminister, dem durch die sukzessive Durchlöcherung des Verbotsgesetzes allerdings viel Wasser in seinen Wein gegossen wurde, ist unsere Kommission nicht der Ansicht, daß jede kollektive Preisbindung *an sich* verwerflich sei [20]. Natürlich geben auch wir uns Rechenschaft darüber, daß das Ordnungsprinzip der freien Marktwirtschaft auf der freien Preisbildung beruht und daß der kollektiv fixierte Preis zu einem Störungsfaktor der so ordnenden Preisautomatik wird. Aber das muß man angesichts der wirtschaftlichen Zwangsläufigkeit und auch soziologischen Bedingtheit der Kartelle in Kauf nehmen, so wie man eben auch die Tatsache, daß sich die Welt der Wirtschaft auf der Suche nach einem neuen Ordnungsprinzip befindet, in Kauf zu nehmen hat. Aber glücklicherweise ist dieser Ordnungswandel im Sinne der Loslösung vom Mechanismus der freipreislichen Automatik deswegen wohl ernst, aber nicht allzu tragisch zu nehmen, weil die kartellistische Preisbindung an und für sich einer nicht unwirksamen außermenschlichen „Kontrolle" unterliegt.

Diese „Kontrolle" besteht darin, daß sich der Großteil der produzierten Gebrauchs- oder Verbrauchsgüter unter dem Regime direkter oder indirekter *Substitutionskonkurrenz* (Ersatzgütenkonkurrenz), unter dem Korrektiv der sonstigen *Preisinterdependenz* sowie unter demjenigen der *Auslandskonkurrenz* und der *potentiellen Konkurrenz* befindet. In diesem Zusammenhang bedeutet der

[19] Vgl. Seiten 198 und 207 f.

[20] Wenn der kollektiv gebundene Preis, nach Erhard, ein „volkswirtschaftlicher Mißstand an sich" ist, dann dürften, konsequenterweise, vom Verbot nicht die vielen Ausnahmen gemacht werden, wie das im deutschen Entwurf des Wettbewerbsgesetzes der Fall ist.

Ausdruck „Preisinterdependenz“ Abhängigkeit bestimmter Preise von Preisen auch ungleichartiger Güter. Im weitesten Sinne bedeutet er „Allabhängigkeit der Preise untereinander“. Was Substitutionskonkurrenz ist, dürfte jedermann klar sein (Aluminium kann – natürlich immer mehr oder weniger – Kupfer ersetzen, Tee den Kaffee, Nylon die Seide, das Auto die Bahn, Kartoffeln den Reis, Konfekt oder Blumen die Pralinés, wenn das ursprünglich nachgefragte „Hauptgut“ zu teuer wird). Die Substitutionskonkurrenz wird nun noch unterstützt durch die erwähnte sonstige Preisinterdependenz. Wir tun das an einem Beispiel dar: Nehmen wir an, der Milchpreis wäre wohl ein Kartellpreis, aber staatlich nicht garantiert, und es beständen im Außenhandel vollkommen liberale Gepflogenheiten. Unter diesen Umständen könnte ein Kartell der Milchproduzenten noch so geschlossen auftreten: Ein von der Konsumentenschaft als zu hoch empfundener und daher durch die Substitutionskonkurrenz reduzierter Butterpreis würde wegen der Preisinterdependenz zwischen Fabrikat und Rohstoff den Preis für Verarbeitungsmilch zwangsläufig absenken. Das ist so zu verstehen: Der Butterpreis hängt zum Teil vom Milchpreis ab, umgekehrt aber auch der Milchpreis (wegen anderer Verwertungsmöglichkeiten allerdings nicht ausschließlich) vom Butterpreis. Der fallende Butterpreis bewirkt also einen fallenden Preis für die Verarbeitungsmilch. Der Butterpreis müßte zum Beispiel dann unweigerlich in sich zusammenfallen, wenn die Käuferschaft unter den erwähnten außenhandelspolitischen Voraussetzungen zur Ansicht gelänge, daß es – alles in allem genommen – vorteilhafter sei, die auf billigem Tier- oder Pflanzenfett basierende billigere Margarine zu kaufen, die Butter also mit Margarine zu „substituieren“. Es ist klar, daß derweise vom billigen Tier- und namentlich Pflanzenfett her „negative Preiswellen“ die Milch via Buttersubstitution träfen, das heißt den Preis der Milch, trotz der an sich unelastischen Nachfrage nach diesem Konsumgut, senken würden.

In Wirklichkeit sind jene Artikel in starker Minderheit, die nur in geringem Maße substituierbar sind, oder deren Nachfrage- und Substitutionselastizität so gering ist, daß sie unter bestimmten Lebensverhältnissen und Konsumgewohnheiten der Verbraucher unbesehen des Preises in stets ungefähr gleicher Menge nachgefragt werden. – Es gibt zwar Güter, wie zum Beispiel Brot, bestimmte Arzneimittel, Sportartikel usw., die unter diese Kategorie fallen und deren Absatz auch indirekt keine wesentliche Abhängigkeit von den Preisen anderer Güter aufweist. Aber im allgemeinen ist es doch so, daß der Kartellpreis wegen der im Fall seiner Übersetztheit zu erwartenden Substitution und sonstigen Preisinterdependenz wohl kein freier, aber auch kein vom Anbieter ganz nach Belieben zu handhabender Preis ist. Das, scheint uns, ist wettbewerbspolitisch ein wesentlicher Trost. In Wirklichkeit stellen eben Substitutionskonkurrenz und Preisinterdependenz eine Art *„natürlicher Preiskontrolle“* dar. Damit will nicht etwa gesagt sein, daß kartellistischer Preismißbrauch nicht dennoch möglich wäre. Es *gibt* solchen Preismißbrauch. Er wird vor allem dort in Erscheinung treten, wo die Substitutionskonkurrenz fehlt oder wo sie aus verschiedenen Gründen, zum Beispiel zufolge ungenügender Aufgeklärtheit oder ungenügender marktpolitischer Vitalität der Verbraucherschaft, nicht spielt. (Man kauft eben, solange es einkommenspolitisch geht, in wettbewerbspolitischer Passivität, um nicht zu sagen Trägheit, was man schon immer gekauft hat.)

Nun wird man mit Recht einwenden, daß angesichts der gegebenen großen „Kartelldichte“ mutmaßlicherweise auch das Substitutionsgut kartelliert sei. Das ist richtig. Aber die Erfahrung zeigt, daß zwischen Gütern und ihren Ersatzgütern auch dann, wenn die letzteren ebenfalls kartellgebunden sind, normalerweise ein für den Verbraucher interessantes Rivalitätsverhältnis und Preisgefälle besteht, so daß trotz der kartellmäßigen Gebundenheit des Ersatzgut-Preises der Anreiz zur Wahl des Ersatzgutes nicht verlorengeht. Die Tatsache allein schon, daß der Übergang zum Ersatzgut möglich ist, kommt einer wesentlichen Einschränkung der möglichen Kartellwillkür bei der Preisfestsetzung gleich.

dd) Die potentielle Konkurrenz

Unter potentieller Konkurrenz ist diejenige Konkurrenz zu verstehen, die wohl noch nicht wirksam ist, die aber *wirksam werden kann,* weil sie gewissermaßen in der Luft liegt. Mit der Konkurrenzmöglichkeit muß das Kartell rechnen. Solche Konkurrenz kann sowohl das kartellierte Produkt als auch Substitutionsgüter betreffen. In räumlicher Beziehung kann es sich um potentielle Konkurrenz durch inländische Güter oder durch solche aus dem Ausland handeln. Die Furcht der Kartellmitglieder vor der potentiellen Konkurrenz führt unter sonst gleichen Umständen zu einer geringeren Kartellwirksamkeit, und zwar deswegen, weil die Mitglieder des Kartells das Fallen dieses marktpolitischen Damoklesschwertes verhüten möchten. Das Kartell verzichtet diesfalls auf solche wettbewerbspolitischen Handlungen (wie zum Beispiel Ansetzung von ausgesprochenen Überpreisen), von denen es annehmen muß, daß sie die Auslösung der potentiellen Konkurrenz provozierten. Gleich wie die Substitutionskonkurrenz und die allgemeine Preisinterdependenz vermindert die potentielle Konkurrenz den Wirkungsgrad der Kartelle, im Grenzfall bis zur völligen Beseitigung der Machtstellung. Beachtet man dazu noch, daß die potentielle Konkurrenz (von der man annimmt, daß sie das neueste an Produkt und Verfahren bringen könnte) die Kartellmitglieder zwingt, *produktions- und verkaufstechnisch à jour zu bleiben*, dann versteht man, warum die Marktschließung auf dem Wege des vertikalen Exklusivvertrages vielen Kartellen so sehr am Herzen liegt. Wenn weiter vorne von den exklusivvertraglichen Bindungen zwischen aufeinanderfolgenden Wirtschaftsstufen die Rede war, dann möge man sich erinnern, daß solche vertikale Abmachungen auch dazu dienen, die Kartelle in bezug auf die potentielle Konkurrenz frei von Furcht zu machen. Zusammenfassend sei gesagt: Potentielle Konkurrenz, Substitutionskonkurrenz, Auslandskonkurrenz und allgemeine Preisinterdependenz sind sehr wirksame außermenschliche Kartell- und Preiskontrolleure. Solange sie nicht ausgeschaltet sind, wachsen die Kartellbäume im allgemeinen nicht in den Himmel.

4. Die für die Kartellwirksamkeit bedeutsamen Faktoren der vor- und nachgelagerten Wirtschaftsstufe

Für den Grad der Wirksamkeit kartellistischer Vereinbarungen sind auch die Marktverhältnisse auf dem gegenüberliegenden Bezugs- bzw. Absatzmarkt von Bedeutung. Wichtig ist vor allem die

Struktur dieser Märkte, das heißt die Zahl und der Markteinfluß der betreffenden Anbieter bzw. Nachfrager.

Ein Anbieterkartell, welches einer Abnehmerschaft mit *monopolistischer* oder monopolähnlicher Struktur gegenübersteht, vermag in der Regel eine geringere Wirksamkeit zu entfalten als dann, wenn die Nachfrageform des Oligopols vorliegt oder gar eine Form, die der reinen Konkurrenz mit ihrer Vielzahl von an sich marktmachtlosen Bewerbern, in unserem Fall Nachfragern, nahekommt. Die Wirkungsmöglichkeit eines Anbieterkartells ist also dann geringer, wenn die Abnehmerschaft ebenfalls kartelliert ist und somit einheitlich oder doch einheitlicher als vorher auftritt. Es ist klar, daß ein organisierter Zusammenschluß der Nachfrager deren Marktstellung ähnlich verstärken muß, wie ein analoges Zusammengehen der Anbieter die Machtstellung dieser Anbieter verstärkt. Das aber ist identisch mit einer Machtverminderung auf der Seite des Angebots bzw. der Nachfrage.

Substitutionskonkurrenz und potentielle Konkurrenz erzeugen bei den Kartellmitgliedern das Bestreben, diese Konkurrenzarten mittels *vertikaler* Vereinbarungen auszuschalten. Gleicherweise fördern auch die Zusammenschlüsse auf einer noch nicht organisierten Marktseite, die aber einer organisierten gegenübersteht, das Bestreben nach vertikalen Abmachungen. Solche Vertikalabmachungen zwischen Unternehmern der Angebots- und der Nachfrageseite des Marktes haben fast regelmäßig die Wirkung einer Abwälzung der höheren Preise auf die Kunden des Abnehmerkartells und zuletzt auf den Prügelknaben der modernen Volkswirtschaft, den nichtorganisierten und über keine Abwälzungsmöglichkeiten verfügenden *letzten Verbraucher*.

III. Kartellwirkungen, die anläßlich unserer Kartellerhebungen bei der Auskunfterteilung durch die Befragten als unerwünscht oder nachteilig bezeichnet wurden

1. Vorbemerkungen

Im folgenden soll versucht werden, die im Verlaufe unserer Kartellerhebungen von Befragten zum Ausdruck gebrachten Auffassungen über die Unerwünschtheit bestimmter Kartellwirkungen summarisch darzulegen. Es handelt sich dabei *nicht um Aussagen und Auffassungen der Preisbildungskommission,* sondern mehrheitlich um solche der von den Kartellwirkungen unmittelbar betroffenen Marktparteien. Zu verschiedenen dieser Aussagen und Ansichten äußert sich die Kommission teilweise kritisch im zweiten Teil dieses Berichtes. Je nachdem sich die Marktparteien durch die Kartellierung mehr oder weniger begünstigt oder benachteiligt vorkommen, findet die Kartellwirkung eine mehr positive oder mehr negative Würdigung. Es ist daher verständlich, wenn Interessenten, wie Kartellfunktionäre, Kartellmitglieder, Außenseiter, Lieferanten, Bezüger auf verschiedenen Produktions- oder Handelsstufen usw. in ihrem Urteil voneinander abweichen, ja unter Umständen sogar entgegengesetzter Meinung sind. Wir werden die Auswirkungen von Kartellen und ähnlichen Organisationen im zweiten Teil dieses Berichtes unter allgemein wettbewerbspolitischem Gesichtspunkt, also in streng objektiver Sicht, überprüfen.

2. Darstellung der als nachteilig und daher unerwünscht bezeichneten Auswirkungen

a) Von Kartellmitgliedern geäußerte Auffassungen

In der wissenschaftlichen und wirtschaftspolitischen Auseinandersetzung um die Kartelle werden diese (vom Zwangskartell abgesehen) üblicherweise als freiwillige, auf privatrechtlicher Grundlage beruhende Organisationen angesprochen. Kartellmitglieder bemerken dazu, formal und rechtlich möge wohl Freiwilligkeit vorliegen, praktisch jedoch werde die vertragliche Bindung nicht immer aus freiem Entschluß, sondern öfters auch aus einer vom Kartell oder seinen Organen geschaffenen, *wirtschaftlichen Zwangslage* heraus eingegangen und aufrecht erhalten.

Von gleicher Seite wird geltend gemacht, der *Einfluß der Kartellorgane auf die Unternehmersphäre der Mitglieder* wachse öfters über jenen Rahmen hinaus, der bei der Kartellgründung ins Auge gefaßt und von der Mehrheit der Mitglieder als wünschenswert erachtet worden sei. Die Kartellmitglieder würden dabei, unbemerkt, zu Gefangenen ihres eigenen Selbsthilfewerkes. Der Mehrheitswille der Kartellangehörigen könne nicht immer zum Ausdruck gelangen; das kartellistische Wirken werde in manchen Fällen durch den machtunterbauten Willen der Kartelleitung oder der Kartellfunktionäre bestimmt. Die Bildung des Mehrheitswillens werde überdies durch das Mißtrauen der Kartellmitglieder untereinander noch erschwert. Diese Verlagerung in der Willensbildung sei nur zum Teil entwicklungsbedingt. Teils sei sie auch auf das Machtstreben und das Geltungsbedürfnis einzelner zurückzuführen. Entwicklungsbedingt sei sie insofern, als im Gefolge der Kriegswirtschaft und des Staatsprotektionismus der Nachkriegszeit den Verbänden oft markteingriffliche Kompetenzen und *treuhänderische Funktionen* überbunden worden seien. Dadurch hätte die Stellung der Verbandsorgane gegenüber dem einzelnen Mitglied eine erhebliche Stärkung erfahren.

Im weitern bewirke der dem Institutionellen innewohnende *Entfaltungstrieb* ein stetes Anwachsen der Verbandsinstitutionen und eine Machtausweitung der leitenden Organe. Die einzelnen Mitglieder würden dadurch vom Kartell und dessen Leitung mehr oder weniger abhängig. Sie seien in ihrer Stellungnahme nicht mehr frei, weil sie, wenn sie sich Anträgen der Kartellorgane widersetzten, zu befürchten hätten, von diesen benachteiligt oder schikaniert zu werden. Die Gelegenheit hierzu biete sich beispielsweise bei der Behandlung von Begehren oder Anträgen zuhanden der Kartellorgane, bei der Zuteilung von Kontingenten oder Aufträgen, bei der Genehmigung von Preisen, bei Kontrollen, bei der Verlängerung von Sanktionen usw. Wenn zum Beispiel – wie das in einem bestimmten Fall so gewesen sei – auf Klage eines Kartellmitgliedes ein Verbandsfunktionär unangemeldet beim Beklagten erscheine, sämtliche versandbereite Brief- und Paketpost beschlagnahme und den Wagenpark und die Lagerräume kontrolliere, dann müsse man doch sagen, daß es keine geringe Rolle spiele, wie man mit dem betreffenden Funktionär steht.

Wiederholt haben sich Kartellmitglieder auch darüber beklagt, daß einzelne Kartellfirmen auf die Kartellorgane oder gar auf die gesamte Kartellpolitik einen *beherrschenden* Einfluß ausüben. Die größeren Unternehmungen bestritten vielfach den Hauptteil der Verbandsunkosten und erhielten dadurch eine stärkere Position gegenüber den Kartellfunktionären. Die übrigen Mitglieder wagten sich auch etwa deshalb nicht gegen die das Kartell beherrschenden Firmen im Rahmen der ihnen rechtlich zustehenden Möglichkeiten durchzusetzen, weil sie deren Austritt und damit deren Konkurrenz als Außenseiter zu befürchten hätten. Recht häufig sind auch die Klagen von Verbandsmitgliedern über die Erschwerung des Austrittes. Erschwert werde der Austritt öfters durch die für das Kartellmitglied ungünstigen *Austrittsbedingungen.* Dies sei dann der Fall, wenn die Austrittsmöglichkeit von einer langfristigen Kartellzugehörigkeit und von der Beachtung sehr frühzeitiger Kündigungstermine abhängig gemacht wird. Als Beispiel wurde ein Verband erwähnt, der gemäß Statuten den Austritt nur auf Ende dreijähriger Mitgliedschaftsperioden zuläßt, wobei die Kündigung mindestens sechs Monate vorher erfolgen muß. Der Verband dagegen ist für den Ausschluß an keine Fristen gebunden. Das Verlassen des Kartells werde auch etwa dadurch behindert, daß die ausgetretenen oder ausgeschlossenen Mitglieder ihrer Ansprüche an das Verbandsvermögen und der Leistungen der Gemeinschaftsinstitutionen verlustig gingen. Dies falle dann besonders ins Gewicht, wenn ein Mitglied in langjähriger Verbandszugehörigkeit wesentlich zur Schaffung des Gemeinschaftsvermögens und der Kartellinstitutionen beigetragen habe.

Nahezu verunmöglicht sei der Austritt bei jenen Kartellen, die mittels Exklusivverträgen mit Lieferanten oder Bezügern sowie mit Arbeitnehmerorganisationen eine völlige Schließung des Bezugs-, Absatz- und Arbeitsmarktes erreicht hätten. Der folgende uns unterbreitete Fall, den wir eingehend überprüfen konnten, vermag zu veranschaulichen, worum es den diese Praxis beanstandenden Auskunftgebern gegangen ist: Ein Kartellmitglied hat sich beim Kartell erfolglos um eine Revision des Kartelltarifs bemüht, die es ihm erlaubt hätte, den besonderen Bedürfnissen seines wichtigsten Abnehmers Rechnung zu tragen. In der Folge ist es vom Tarif abgewichen, weil der betreffende Kunde die gewünschte Ware sonst selbst hergestellt hätte. Nachdem das Mitglied der Aufforderung des Verbandes, seine Preisofferte zu Kontrollzwecken einzureichen, nicht nachkam, wurde es mit sehr hohen Geldbußen bestraft. Es wäre ihm jedoch nicht möglich gewesen, sich durch Austritt aus dem Verband künftigen Sanktionen zu entziehen, einmal weil es von allen Kunden, die gegenüber dem Kartell exklusivvertraglich gebunden sind, hätte boykottiert werden müssen, vor allem aber weil es mit einer Sperrung der Arbeitskräfte zu rechnen gehabt hätte. Jene Arbeitskräfte, die der Sperre nicht Folge geleistet hätten, wären eines Teils der Ansprüche aus den gewerkschaftlichen Versicherungsinstitutionen verlustig gegangen und hätten später wohl bei keinem kartellierten Arbeitgeber mehr Arbeit gefunden. Der Austritt aus dem Kartell hätte mit größter Wahrscheinlichkeit den Ruin des Geschäftes zur Folge gehabt.

b) Von Außenseiterfirmen geäußerte Auffassungen

Beanstandet werden vorerst Wirkungen von Kartellmaßnahmen, welche die *Wettbewerbslage der Außenseiter durch Begünstigung der Kartellfirmen erschweren*, ohne daß sie die Vernichtung der Außenseiter bezwecken. Beanstandet werden insbesondere die häufig anzutreffenden Vorzugsrabatte, deren Gewährung ausschließlich an die Verbandszugehörigkeit geknüpft ist. Der Vorzugsrabatt sei vielfach in die branchenüblichen Bezugs-, Funktions- oder Mengenrabatte eingebaut und komme in einem mehr oder weniger großen Unterschied zwischen den Rabattsätzen für Verbandsangehörige und solchen für Außenseiter zum Ausdruck. Die daraus resultierende relative Verteuerung der Materialkosten für nichtorganisierte Firmen könne bei Branchen mit großem Materialkostenanteil erheblich ins Gewicht fallen und die Wettbewerbsposition stark erschweren. Der Vorzugsrabatt wird deshalb von den Außenseitern durchwegs als Benachteiligung empfunden. In ähnlicher Weise – wenn auch meist weniger wettbewerbshemmend – wirkten sich Unterschiede in den Zahlungs- und Lieferkonditionen aus. Es sei allerdings zu beachten, daß der kollektive Einkauf und Verkauf das finanzielle Risiko des Lieferanten vermindert. Die unterschiedliche Behandlung in den Konditionen sei hier also nicht allein macht-, sondern auch leistungsbedingt.

In der Öffentlichkeit haben jene von Außenseitern beanstandeten Kartellwirkungen besondere Beachtung gefunden, die direkt darauf ausgerichtet sind, entweder die *Außenseiter dem Kartell zu unterwerfen*, das heißt sie zum Beitritt zu zwingen, oder sie vom *Markt zu verdrängen*, unter Umständen durch Vernichtung ihrer Unternehmerexistenz. Das Unterwerfungsprinzip bediene sich – so äußerte sich ein Außenseiter – der auch in andern Lebensbereichen gebräuchlichen Methode: Und willst du nicht mein Bruder sein, usw. ... Immerhin sei das Unterwerfungsprinzip weniger schlimm als der Verdrängungskampf, weil sich der dem Kartell unterwerfende Außenseiter dem Ruin durch Beitritt zum Kartell entziehen könne.

Die gefürchtetste und wirksamste Waffe im Kampf gegen die Außenseiter ist nach deren einhelliger Auffassung der Exklusivvertrag mit strenger oder absoluter *Ausschließlichkeit*. Von Außenseitern wird auch die Einschaltung der Arbeitnehmerorganisationen in die Außenseiterbekämpfung beanstandet. Gemeint ist dabei die auf Gegenseitigkeit beruhende exklusivvertragliche Verpflichtung der Gewerkschaften, die organisierten Arbeitskräfte für jene Betriebe zu sperren, die sich nicht zur Einhaltung der Kartelltarife und der sonstigen wettbewerbseinschränkenden Abmachungen verpflichten.

Der Kampf um Unterwerfung oder Verdrängung der Außenseiter kann auch auf horizontaler Ebene ausgetragen werden, also ohne Unterstützung der vorgelagerten oder nachfolgenden Wettbewerbsstufen und der Arbeitsmarktpartner. Dies ist in der Form eines auf einen *bestimmten Außenseiter oder Außenseiterkreis ausgerichteten Preiskampfes* möglich, wobei entweder die Kartellpreise vorübergehend allgemein unter die Außenseiterpreise gesenkt, oder die Außenseiter von Fall zu Fall durch kartellierte Mitbewerber systematisch unterboten werden, unter Umlage eventueller Verluste oder Gewinneinbußen auf sämtliche Kartellmitglieder. Zum Zwecke der Preisunterbietung werden etwa auch Kampffonds geschaffen, aus denen die unterbietenden Mitglieder entschädigt werden und die es erlauben, den Kampf längere Zeit durchzuhalten. Es ist klar, daß auch diese Art des Kartellvorgehens von Außenseitern beanstandet wird.

Im weiteren beschwerte man sich über den ebenfalls vorkommenden *Ausschluß der Außenseiter von jedwelcher Zusammenarbeit* mit einem Kartellmitglied. Die praktische Folge sei die, daß den betroffenen Außenseitern die Beteiligung an Konsortien und anderen Gemeinschaftsunternehmungen, bei denen Kartellmitglieder mitmachen, verbaut werde. Der Verdrängungskampf führe unter Umständen so weit, daß die kartellierten Firmen die Arbeit niederlegen, um den Auftraggeber so zu zwingen, die an Außenseiter erteilten Teilaufträge rückgängig zu machen.

Schließlich wird von Außenseitern auch etwa die *Einflußnahme von Kartellen zugunsten ihrer Mitglieder bei der Durchführung öffentlicher Maßnahmen* als schädlich beanstandet. Diese Möglichkeit biete sich beispielsweise bei der Zuteilung von Kontingenten, bei der Erteilung von Konzessionen, bei der Vergebung öffentlicher Aufträge (durch Einschaltung der Verbände in die öffentliche Submission).

c) Der Gesichtspunkt der verarbeitenden oder verteilenden Abnehmer und der Konsumenten

Der häufigste Einwand von Kunden kartellisierter Lieferanten sowie von Konsumentenseite richtet sich gegen den *Kartellpreis*. Einmal wird beanstandet, daß sich dieser nach den Betrieben mit den ungünstigsten Kostenbedingungen ausrichte und deshalb wesentlich höher sei als bei freier Konkurrenz. Ferner wirft die Kritik denjenigen Kartellen, welche die effektive und potentielle Konkurrenz weitgehend oder gänzlich auszuschalten vermögen, vor, die Preise zwecks Übergewinnerzielung hochzuhalten. Beanstandet werden auch die Differentialgewinne, die einem Teil der Kartellfirmen dann zufallen, wenn sich der vorgeschriebene Preis am kostenungünstigsten Kartellbetrieb ausrichtet. Die einen Kritiker beanstanden mehr den Differentialgewinn an sich, die andern erklären, daß bei freier Preisbildung die Kostenvorteile auch den Konsumenten zugute kämen.

Auch gewisse Formen der *Einschränkung der Leistungskonkurrenz* stoßen in Abnehmerkreisen auf Ablehnung. Es betrifft dies vor allem den kollektiven Verzicht auf Qualitätsverbesserungen und Sonderausführungen, auf den Verzicht ferner, neue Verfahren anzuwenden, neue Produkte herzustellen oder die branchenüblich gewordenen Zugaben oder Nebenleistungen weiterhin zu geben. Der Abbau der Zugaben und Nebenleistungen wird allerdings nur dann beanstandet, wenn die erzielten Kosteneinsparungen nicht wenigstens teilweise an die Abnehmer weitergegeben, sondern gesamthaft als zusätzlicher Gewinn zurückbehalten werden. Dagegen werden Kostensenkungs- oder Rationalisierungsmaßnahmen (beispielsweise Verzicht auf bestimmte Formen der Propaganda, Normierung und Typisierung der Produkte usw.), die keine wesentliche Schmälerung der Leistung zur Folge haben, mehrheitlich günstig beurteilt. Dies vermutlich insbesondere deswegen, weil sie teilweise dem Konsumenten die Marktübersicht erleichtern.

Auch die Einschränkung des Leistungswettbewerbes durch Aufteilung des Absatzgebietes oder des Kundenkreises unter die Kartellmitglieder wird beanstandet. Dadurch werde dem Bezüger (Unternehmer oder Konsumenten) die Möglichkeit genommen, die Lieferanten nach der Qualität ihrer Dienstleistungen oder Produkte auszuwählen.

In Konsumentenkreisen wird schließlich noch die Fernhaltung billiger ausländischer Konkurrenzprodukte vom schweizerischen Markte durch Exklusivverträge als erhebliche Benachteiligung empfunden. Gemeint sind die bereits erwähnten Vertikalverbindungen zwischen Produktion, Handel und letztem Verarbeiter, soweit sie die Abnehmer zum ausschließlichen Bezug bei inländischen Vertragslieferanten verpflichten.

d) Vom gesamtwirtschaftlichen Standpunkt als schädlich oder unerwünscht bezeichnete Kartellwirkungen

Im Gegensatz zu den vorausgehenden Abschnitten geben wir hier nicht die Auffassungen direkt interessierter Marktpartner – auch der Konsument gehört dazu – wieder, sondern die unter dem *Gesichtspunkt des Allgemeininteresses* vorgebrachte Kritik des Kartellwesens und seiner Auswirkungen. Zur Hauptsache sind es wirtschaftswissenschaftlich orientierte Kreise aus Theorie und Praxis, welche die nachstehend wiedergegebenen Bedenken äußerten.

Der Umstand, daß es sich beim Kartellpreis um einen Einheitspreis handelt, der sich wenigstens in der Tendenz nach den Kartellmitgliedern mit den ungünstigeren Kostenbedingungen ausrichten muß, sowie die relative Starrheit der Kartellpreise vermöchten – so wird ganz allgemein gegen die Kartelle eingewendet – eine mehr oder weniger weitgehende Ausschaltung oder doch Störung der *marktregulierenden Funktion des Preises* zu bewirken. Diese Funktion bestehe, ganz elementar umschrieben, darin, in den einzelnen Wirtschaftszweigen (hier identisch mit Märkten) Angebot und Nachfrage mengenmäßig aufeinander einzuspielen, die Produktionsfaktoren Arbeit, Kapital und Boden von Märkten mit Überangebot auf solche mit Nachfrageüberhang umzuleiten und auf diese Weise die *zweckmäßigste Verwendung der Produktionselemente* sicherzustellen. Soweit die Kartellierung den durch die Preisbewegungen dirigierten Verlagerungs- und Umbruchsprozeß bloß verzögere, sei sie insofern auch positiv zu werten, als sie eine allzu rasche Anpassung mit unerwünschten sozialen Härten und Kapitalverlusten auszuschließen oder wenigstens zu mildern vermöge. Werde die Anpassung jedoch längere Zeit gehemmt oder gar verunmöglicht, so erleide die gesamte Wirtschaft in verschiedener Hinsicht erheblichen Schaden. Als namhafteste Folgen wurden erwähnt: die Konservierung unausgenützter Betriebskapazität, ferner die Branchenübersetzung und schließlich die Fehlleitung von Arbeitskräften und Kapitalien in Branchen mit ungenügenden Absatzmöglichkeiten und in Betriebe mit von Natur aus ungünstigen Kostenbedingungen hinsichtlich der Rohstoffbasis, der Bezugs- und Absatzwege, der Energiequellen, der Arbeitsreserven usw. In der Gesamtwirkung trete, so wird argumentiert, eine *Verminderung der Produktivität* und damit letzten Endes auch des Volkswohlstandes ein.

Die Produktivität werde jedoch noch von einer andern Seite her beeinträchtigt. Sofern nämlich der Kartellpreis bei nur schwacher oder bei fehlender Außenseiter- und Substitutionskonkurrenz allen Kartellmitgliedern einen ausreichenden Verdienst zu gewährleisten vermöge, seien diese der marktwirtschaftlichen Notwendigkeit enthoben, ihre Leistungsfähigkeit im Wettbewerb miteinander durch ständige Rationalisierung und Ausnützung des technischen Fortschrittes zu erhalten und zu verbessern. Es treffe dies ganz besonders für die relativ kostengünstigen, von Differentialrenten zehrenden Betriebe zu. Insgesamt hätten die Produktivitätseinbuße und die damit verbundene Überhöhung des inländischen Kostenniveaus besonders in Zeiten konjunktureller Rückläufigkeit eine erhebliche Schwächung unserer Konkurrenzfähigkeit auf den internationalen Märkten zur Folge.

Die unter dem Gesichtspunkt der *Güterverteilung* gegen die Kartellierung vorgebrachte Kritik geht dahin, sie bewirke eine künstliche Korrektur des marktbedingten Anteils der einzelnen Erwerbsgruppen am gesamten Sozialprodukt. Der verteilungspolitische Nachteil liege vor allem darin, daß die durch die kartellistische Wettbewerbsbeschränkung erzielbare Erhöhung des Anteils am Volkseinkommen notwendigerweise eine entsprechende Schmälerung des Anteils anderer Erwerbsgruppen nach sich ziehe, wobei insbesondere die nicht oder nur schwer kartellierbaren oder gewerkschaftlich organisierbaren Wirtschafts- und Bevölkerungskreise auf die Dauer in Bedrängnis gerieten. Dies sei heute in augenfälliger Weise der Fall bei Renten- und Pensionsbezügern, bei intellektuellen selbständigen und unselbständigen sowie bei künstlerischen Berufen, ferner bei mittleren und höheren Angestellten und Beamten und schließlich bei Arbeitnehmern und Arbeitgebern konjunkturell benachteiligter Erwerbszweige.

Damit sind die hauptsächlichsten uns im Verlaufe unserer Kartelluntersuchungen bekanntgewordenen Einwände gegen bestimmte Auswirkungen der Kartelle erwähnt. Es ist klar, daß damit die Frage der *Schädlichkeit oder Unerwünschtheit* dieser Wirkungen nur angeschnitten ist. Es verbleibt uns daher für einen späteren Abschnitt die wichtige Aufgabe, auf Grund einer bestimmten marktpolitischen Konzeption objektive Kriterien für die Schädlichkeit oder Unerwünschtheit kartellistischer Auswirkungen herauszuarbeiten und marktkonform Mittel und Wege aufzuzeigen, diese Auswirkungen zu beseitigen oder doch abzuschwächen.

Schweizerische Zeitschrift für Volkswirtschaft und Statistik 104, 1968, S. 239—264.

VOLKSWIRTSCHAFTLICHE KRITERIEN ZUR BEURTEILUNG VON KARTELLEN*

Von Wilhelm Krelle

Einleitung

Kartelle haben die Wirtschaftswissenschaft schon relativ früh beschäftigt [1]. Die Diskussion um die volkswirtschaftlichen Vor- und Nachteile von Kartellen hat seitdem nicht aufgehört, ohne allerdings zu einem allgemein akzeptierten Ergebnis und damit zu einer einheitlichen Stellungnahme der Wissenschaft zum Kartellproblem zu führen [2]. Dem entsprechen Entwicklung und Stand der *gesetzlichen Bestimmungen in den einzelnen Ländern* [3].

* Vortrag, gehalten an der Jahresversammlung der Schweizerischen Gesellschaft für Statistik und Volkswirtschaft, 7. Juni 1968 in Engelberg.

[1] Im deutschsprachigen Bereich ist hier vor allem das Werk von Kleinwächter, Die Kartelle, Ein Beitrag zur Frage der Organisation der Volkswirtschaft, Innsbruck 1883, zu nennen. Der Verein für Socialpolitik hat sich auf seinen Tagungen 1894 und 1905 mit diesem Problem befaßt (vgl. Bd. 60, 61 und 116 der Schriften des Vereins für Socialpolitik).

[2] Als Beispiel hierfür seien die Schriften von Hans Otto Lenel, Ursachen der Konzentration unter besonderer Berücksichtigung der deutschen Verhältnisse, Tübingen 1962, und die Gegenschrift von Fritz Marbach, Die Wirtschaftskonzentration. Eine Auseinandersetzung mit der Anti-Konzentrations-Ideologie speziell Hans Otto Lenels, Düsseldorf, Wien 1964, genannt.

[3] Für die Schweiz und die Bundesrepublik Deutschland ist dies in dem Anlagenband zu diesem Referat von Knut Schloenbach, Kartelle, Kartellwirkungen, Kartellgesetzgebung und vorgeschlagene Kriterien für die Beurteilung von Kartellen, Manuskript, Bonn 1968, im einzelnen dargestellt.

Ich danke der Schweizerischen Gesellschaft für Statistik und Volkswirtschaft und vor allem den Herren Kollegen P. Goetschin und H. Allemann für die finanzielle Unterstützung der Vorarbeiten zu diesem Referat.

In der *Schweiz* wurden Kartelle bis 1964 als Gegenstand des Privatrechts betrachtet. Das Kartellgesetz von 1964 beruht auf dem Mißbrauchsprinzip. Grundkonzeption ist der „mögliche Wettbewerb": der freiwillige Verzicht auf Wettbewerb ist zugelassen, der Außenseiter aber geschützt. Jedem, der will, soll Wettbewerb möglich sein.

Deutschland hat in seiner Geschichte die extremsten Schwankungen in der gesetzlichen Behandlung der Kartelle zu verzeichnen. Vor 1914 verhielt sich der Staat gegenüber Kartellen im wesentlichen[4] neutral; Kartelle wurden rein privatrechtlich betrachtet. Von 1914 bis 1923 wandelten sich die Kartelle, zunächst im Rahmen der Kriegswirtschaft, später als Teil eines ständestaatlich-planwirtschaftlichen Konzepts, teilweise zu Selbstverwaltungsorganen der Wirtschaft. Mit der Kartellverordnung von 1923 gelangte dann das Mißbrauchsprinzip von 1923 bis 1932 zur Herrschaft, seit der Kartellnotverordnung von 1930 mit starken staatlichen Eingriffsrechten. Das „Gesetz zur Errichtung von Zwangskartellen" von 1933 warf das Steuer vollkommen herum: Kartelle wurden als

Dank sagen möchte ich ebenfalls allen schweizerischen Institutionen, besonders aber den Herren Kollegen E. Küng und E. Tuchtfeld und deren Assistenten, die in vielfältiger Form bei der Erstellung der Materialsammlung behilflich waren. Diese Arbeit liefert die Hintergrundinformation für das vorliegende Referat. Dort findet man auch eine ausführliche Bibliographie. Für weitere Informationen vgl. z. B. Leopold Mayer, Kartelle, Kartellorganisation und Kartellpolitik, Wiesbaden 1959. – Die gesetzlichen Kartellbestimmungen der europäischen Länder sind nach dem Stand von 1956 kurz zusammengestellt in der bekannten 31. Veröffentlichung der Preisbildungskommission des Eidgenössischen Volkswirtschaftsdepartements, Kartell und Wettbewerb in der Schweiz, Bern 1957. Dort findet man auch einen Katalog von Kartellwirkungen und ihre Beurteilung vom Standpunkt des „möglichen Wettbewerbs" aus. Demgegenüber stellt sich das Gutachten des Wissenschaftlichen Beirats beim Bundeswirtschaftsministerium vom 22. und 23. Juni 1962, veröffentlicht in: Gutachten zum Wettbewerbsproblem, Göttingen 1962, auf den Standpunkt der Wettbewerbsordnung der Wirtschaft. Auch hier differieren also die Beurteilungen.

[4] Eine vor allem fiskalisch und außenhandelspolitisch zu erklärende Ausnahme war das Kali-Zwangssyndikat von 1909/10.

erwünscht betrachtet und als Instrument zur staatlichen Wirtschaftslenkung benutzt. Die Zeit des Nationalsozialismus war die Zeit der Kartellblüte in Deutschland. Mit dem fortschreitenden Aufbau einer eigenen Kriegswirtschaftsorganisation und der vollständigen Preislenkung verloren die Kartelle allerdings gegen Ende des Krieges immer mehr an Bedeutung. Von 1945 bis 1956 galten die Dekartellierungsgesetze der Besatzungsmächte; es war die Ära eines vollständigen Kartellverbots. Die faktische Wirkung war allerdings gering. Bis 1948 war wegen der Fortdauer der staatlichen Preis- und Produktionsbewirtschaftung und der Demontagen ohnehin keine Basis für Kartellabsprachen vorhanden. Für die Wirtschaftsaufbauphase nach der Währungsreform galt das gleiche; der Mangel an Produktionskapazitäten und hohe Gewinne in fast allen Produktionszweigen ließen nicht an restriktive Verabredungen denken. Mit dem Gesetz über Wettbewerbsbeschränkungen von 1957 wurde das Verbotsprinzip zwar im Grundsatz beibehalten, aber ganze Wirtschaftszweige (Verkehr, Banken, Land- und Forstwirtschaft) und bestimmte Kartellarten (Konditionen-, Spezialisierungs-, Exportkartelle u. a.) davon ausgenommen. Andere Kartelle (Strukturkrisen-, Rationalisierungskartelle u. a.) können von der Kartellbehörde auf Antrag genehmigt werden. Dies ist also die Situation von 1957 bis jetzt in der Bundesrepublik.

Die meisten europäischen Länder (*Großbritannien, Italien, Niederlande, die skandinavischen Länder u. a.*) haben Kartellgesetze nach dem Mißbrauchsprinzip; *Frankreichs* Kartellgesetz von 1953 folgt dem Verbotsprinzip, überläßt die Beurteilung, ob der Verbotsfall zutrifft, aber weitgehend den Gerichten.

Schon aus diesen wenigen Tatsachen läßt sich folgern, daß Kartelle wahrscheinlich eine Vielzahl von Wirkungen haben können, die nicht alle eindeutig positiv oder negativ zu beurteilen sind. Ein solcher *Katalog möglicher Kartellwirkungen* läßt sich unschwer zusammenstellen und könnte etwa so aussehen [5]:

[5] Alle diese Punkte finden sich vielfältig in der Literatur (z. B. weitgehend in „Kartell und Wettbewerb in der Schweiz" von 1957 oder in dem Gutachten des Wissenschaftlichen Beirats beim Bundeswirtschaftsministerium zum Wettbewerbsproblem). Über die möglichen Kartellwir-

I. Ökonomische Kartellwirkungen

1. *Änderung der Wirtschaftsordnung*
   a) Ausschaltung oder Schwächung des Wettbewerbs; Vergrößerung des Monopolgrades.
   b) Ausschaltung oder Schwächung der Produktionssteuerung durch die Marktpreise.
   c) Verhinderung oder Verringerung der Konzentrationstendenz durch Erhaltung rechtlich selbständiger Unternehmen.
2. *Einfluß auf Einkommen und Einkommensverteilung*
   a) Erhöhung der Unternehmergewinne, Verschlechterung der Verteilung für die Arbeitnehmer.
   b) Stabilisierung der Einkommen; größere Sicherheit der Einkommenserzielung.
3. *Einfluß auf die Allokation der Ressourcen*
   a) Änderung der Allokation, indem bei Kartellierung von dem betreffenden Gut kurzfristig relativ weniger erzeugt wird als ohne Kartellierung.
   b) Stabilisierung der Faktorallokation, Verringerung der Allokationsschwankungen, effizientere Faktorallokation wegen der höheren Sicherheit des Absatzes.
4. *Änderung von Preisen und Kosten*
   a) Erhöhung der Preise gegenüber einem Zustand ohne Kartelle
   b) Größere Starrheit der Preise.
   c) Die Wirkung auf die *Kosten* ist dagegen nicht eindeutig. Einerseits kann die größere Sicherheit der Erlöse bei Kartellen zu Schlendrian, Bequemlichkeit und damit zu höheren Kosten führen; andererseits ermöglicht die höhere Sicherheit Kosteneinsparungen, insbesondere durch Schutz vor Kapitalverlusten.
5. *Die Wirkung auf die Arbeitsproduktivität ist wieder nicht eindeutig*
   a) Einerseits können durch Kartelle Unternehmen am Leben er-

kungen an sich ist man sich weitgehend einig, nicht aber über die relative Bedeutung der einzelnen Wirkungen und über ihre Beurteilung. Vgl. hierzu auch Knut Schloenbach, Kartelle, Kartellwirkungen . . ., a. a. O.

halten werden, die bei Konkurrenz unrentabel wären und ausscheiden müßten – was die Arbeitsproduktivität erniedrigt –, andererseits kann durch Kartelle die Produktion auf die am kostengünstigsten produzierenden Betriebe verlagert werden, was die Arbeitsproduktivität erhöht.

b) Einerseits kann die größere Sicherheit des Erlöses im Kartell dazu verführen, technisch mögliche Rationalisierungsmaßnahmen und Forschung und Entwicklung zu vernachlässigen – was die Arbeitsproduktivität senkt –, andererseits ermöglichen die höheren Gewinne im Kartell größere Aufwendungen für Forschung und Entwicklung, was die Arbeitsproduktivität auf die Dauer steigert.

6. *Wirkung auf Konjunkturschwankungen und Wachstum*
   a) Dämpfung der Konjunkturausschläge der Preise.
   b) Der Einfluß auf die Wachstumsrate der Wirtschaft ist wieder nicht eindeutig. Verbrauchen die Kapitaleigner den durch Kartelle erreichten zusätzlichen Gewinn für ihre persönlichen Zwecke und wird der technische Fortschritt durch Kartelle verringert, so sinkt die Wachstumsrate kurz- und langfristig. Investieren die Kapitaleigner den zusätzlichen Gewinn und forcieren Kartelle den technischen Fortschritt, so trifft das Umgekehrte zu.
7. *Einflüsse auf die Außenwirtschaft*
   Auch hier gibt es gegenteilige Wirkungen. Einerseits führt eine durch Kartelle verursachte Preiserhöhung zu einer Verringerung der Wettbewerbsfähigkeit mit dem Ausland und damit (bei Freihandel) zu einer Verringerung der Exporte und Erhöhung der Importe, andererseits können Kartelle durch die Monopolisierung der Inlandsnachfrage bzw. des Inlandsangebots auf den Auslandsmärkten zu größeren Exporterlösen und geringeren Importbelastungen der Volkswirtschaft beitragen.

II. Nichtökonomische Kartellwirkungen

1. *Die wirtschaftliche Betätigungsfreiheit der Staatsbürger*, die ein Kartell abschließen wollen, wird durch ein Kartellverbot beein-

trächtigt; dagegen wird die wirtschaftliche Betätigungsfreiheit derjenigen, die lieber ihre Entscheidungsfreiheit behalten wollen, bei einem Kartellverbot sicherer geschützt als ohne ein solches.

2. Kartelle, soweit sie Substitute für die Unternehmenskonzentration durch Fusionen oder finanzielle Verflechtungen in Form von Konzernen sind, *erhalten* jedenfalls *die rechtliche Selbständigkeit* und damit auch eine gewisse Entscheidungsfreiheit einer größeren Zahl kleiner und mittlerer Unternehmen. Sie *schützen daher den Mittelstand* und dezentralisieren die wirtschaftliche Aktivität.
3. Kartelle sind eher in der Lage, einen *politischen Einfluß* zum Vorteil der betreffenden Branche auszuüben als viele kleine Unternehmungen.
4. Kartelle führen zu *kooperativem Verhalten* der einzelnen Unternehmungen und sind daher auch ein mögliches Instrument der staatlichen Beeinflussung wirtschaftlicher Entscheidungen.

Wie man sieht, ist die Kartellwirkung manchmal nicht eindeutig, und Kartellfreunde oder -feinde werden dann jeweils die eine oder die andere Seite in den Vordergrund rücken. Überdies differiert natürlich auch die Beurteilung der einzelnen Punkte. So ist es dann nicht verwunderlich, daß über die zweckmäßigste Regelung des Kartellproblems keine Einigkeit besteht. Offensichtlich sind auch die kurzfristigen Auswirkungen verschiedener Regelungen des Kartellproblems nicht so eklatant, daß man aus der Erfahrung eindeutige Folgerungen ziehen könnte; sonst hätte man das Problem z. B. an Hand der deutschen Erfahrungen mit den verschiedenen Kartellregimen lösen können. Vielleicht zeigen sich aber längerfristig doch meßbare Unterschiede in bezug auf Wachstumsrate, Produktions- und Preisniveau, Kapitalverzinsung, Einkommensverteilung, Konjunkturzyklus und andere wirtschaftlich wichtige Erscheinungen bzw. Größen.

Dies ökonometrisch festzustellen, war das erste Ziel dieser Untersuchung. Hierzu sollte die Entwicklung gleicher Branchen in der Schweiz (wo Kartelle zugelassen sind) und in der Bundesrepublik (wo sie verboten sind) untersucht werden. In Aussicht genommen waren die Textilindustrie, der Maschinenbau und die Elektroindustrie. Unter der Hypothese, daß die Produktionsfunktionen in beiden Ländern gleich seien, sollten sonstige Unterschiede in der Entwicklung (vor allem bedingt durch unterschiedliche Steuer- und Zollregelungen) rechnerisch ausgeschaltet und der „Rest" der Wirkung der Kartellierung zugeschrieben werden. Leider erwies sich das als unmöglich, da die benötigten Daten (Zeitreihen von Produktion, Beschäftigung, Kapitaleinsatz, Preisen u. a.) aus der Schweiz nicht zu beschaffen waren. So blieb nur eine theoretische Untersuchung.

Die folgende Untersuchung gliedert sich in drei Teile. Zuerst werden die Kartelle *einzelwirtschaftlich* betrachtet. Hierbei beschäftigen wir uns mit dem wichtigsten Fall: den Preiskartellen in Oligopolsituationen. Es zeigt sich, daß Kartelle als Koalitionen zur Vermeidung des sogenannten Gefangenendilemmas der Spieltheorie aufgefaßt werden können. Sie sind daher für die beteiligten Firmen stets vorteilhaft.

Anschließend gehen wir zur Frage der *gesamtwirtschaftlichen Beurteilung von Kartellen* über und behandeln das Problem zunächst unter dem *statischen Allokationsgesichtspunkt:* Verhindern Kartelle eine Maximierung des sozialen Nutzens bei vorgegebenen Produktionsfunktionen? Die Antwort ist: Nein, sobald die Wirtschaftspolitik die Vollbeschäftigung aufrechterhält. Darauf untersuchen wir in einer dynamischen Analyse, wie *Wachstumsrate* und *Niveau des Wachstumspfades* durch Kartelle beeinflußt werden. Es zeigt sich, daß dies nicht eindeutig zu beantworten ist. Es kommt dabei auf die *Verwendung* des zusätzlichen Gewinns durch die Kapitaleigner an. Macht man hier bestimmte Annahmen, so kommt man allerdings zu eindeutigen Resultaten. Im gleichen Abschnitt wird auch die Frage der Preisstarrheit bei Kartellen behandelt. Zum Schluß werden dann die Gesamtergebnisse kurz zusammengestellt.

III. Spieltheoretische Auffassung von Kartellen als Koalitionen zur Überwindung des Gefangenendilemmas

Im folgenden werden nur *Preiskartelle* behandelt. Der Einfachheit halber wird angenommen, daß es nur *zwei Firmen* auf dem betreffenden Markt gibt (Diopol). Dies schränkt die Ergebnisse nicht weiter ein – sie übertragen sich auch auf mehr als zwei Anbieter –, vereinfacht aber die Darstellung.

Wir zeigen zunächst, daß ein kartelloser Zustand zu dem für die Anbieter im allgemeinen sehr schlechten Gleichgewichtspunkt des Gefangenendilemmas der Spieltheorie führt.

Unter Gefangenendilemma versteht man ein Nicht-Nullsummen-2-Personenspiel der folgenden Art (vgl. Fig. 1).

	Spieler 1 \ Spieler 2	Strategien des Spielers 2: β_1	β_2
Strategien des Spielers 1	α_1	–1 ; 2	1 ; 1
	α_2	(0 ; 0)	2 ; –1

Fig. 1.

In jeder Zelle der umrandeten Spielmatrix steht an erster Stelle die Auszahlung für den Spieler 1, an 2. Stelle die Auszahlung für den Spieler 2 verzeichnet, wenn Spieler 1 die Strategie der zugehörigen Zeile, Spieler 2 die Strategie der zugehörigen Spalte wählt. Beide Spieler müssen ihre Strategien unabhängig voneinander in Unkenntnis der Strategiewahl des Gegenspielers wählen. Die *Lösung* dieses nichtkooperativen Spiels ist der umkreiste *Gleichgewichtspunkt* (0; 0), bei dem jeder Spieler nichts gewinnt, d.h. Spieler 1 spielt die Strategie α_2, Spieler 2 spielt die Strategie β_1 – und das, obwohl doch das Feld (1; 1) zur Verfügung steht (wo Spieler 1 die Strategie α_1 und Spieler 2 die Strategie β_2 spielen), bei dem *beide* mehr gewinnen. Aber das Feld (1; 1) ist eben kein Gleichgewichtspunkt. Ohne Verabredung kann dieses Feld nicht realisiert werden: jeder Spieler hat einen Anreiz, wenn er weiß, daß der andere die zu diesem Feld zugehörige Strategie spielt, gerade die *andere* Strategie zu spielen, da er sich ja dadurch noch besser stellt, während der andere dann (mit der Auszahlung –1) ganz böse daran ist. Jeder hat also auf dem Feld (1; 1) einen starken Anreiz, den anderen

„hereinzulegen", und ohne bindende Verabredung kann sich keiner erlauben, die zu (1; 1) gehörige Strategie zu spielen. Jeder ist in dem „Loch" (0 ; 0) *gefangen* [6].

Der Zustand *oligopolistischer Konkurrenz* ohne Verabredungen entspricht nun dem Gleichgewichtspunkt (0 ; 0) des Gefangenendilemmas, während durch *Kartellabsprachen* (in spieltheoretischer Terminologie: *Koalitionen*) der eigentlich optimale Punkt (1 ; 1) in Fig. 1 erreicht werden kann. Dies sieht man im Diopolfall unmittelbar graphisch (Fig. 2).

Hier bedeuten: p_1 bzw. p_2 die Preisforderung von Firma 1 bzw. Firma 2 für ein substituierbares Produkt; die Kurven Q_1 bzw. Q_2 geben die Preiskonstellationen an, bei denen die Firma 1 bzw. 2 einen konstanten Gewinn macht; *F* bzw. *G* sind die

[6] Der Ausdruck „Gefangenendilemma" stammt allerdings von der folgenden spaßhaften Einkleidung der Situation der Fig. 1. Die Polizei erwischt zwei des gemeinschaftlichen Mordes verdächtige Subjekte, hat aber keinerlei schlüssige Beweise gegen sie. Der Staatsanwalt steckt sie beide in Einzelzellen, wo sie nicht miteinander verkehren können, und versucht, jeden von beiden als Kronzeugen gegen den anderen zu gewinnen. Gelingt das, so wird der andere sehr schwer bestraft (Auszahlung –1), während der Kronzeuge frei ausgeht (Auszahlung + 2). Gestehen beide, so werden beide weniger schwer bestraft (Auszahlung 0 für beide). Leugnen aber beide, so kann der Staatsanwalt nur eine minimale Verurteilung wegen unerlaubten Waffenbesitzes, Landstreicherei u. ä. erwirken (Auszahlung 1; 1), da er dann keinerlei Beweise gegen sie hat. Was soll jeder Gefangene in seiner Zelle tun? Da er sich mit seinem Mitgefangenen nicht verabreden kann und sich seiner auch nicht aus einer vorherigen Verabredung sicher ist, bleibt ihm nichts übrig, als ihn anzugeben. Leugnet er und der andere gibt ihn an, ist er nämlich sehr schlimm daran; und jeder hat einen großen Anreiz, den anderen anzugeben, da er ja in dem Fall, daß der andere leugnet, freikommt.

Daß beide ohne Verabredung das Gleichgewichtsfeld (0; 0) spielen müssen, ergibt sich übrigens auch schon daraus, daß für Spieler 1 die Strategie α_1 die Strategie α_2 dominiert (in dem Sinne, daß Spieler 1 bei seiner Strategie α_2 *bei jeder Verhaltensweise des Gegenspielers* besser dasteht) und für Spieler 2 die Strategie β_1 die Strategie β_2 dominiert. Dies ist ein sehr einfacher Sonderfall, der bei Spielen mit mehr Strategien nicht zuzutreffen braucht.

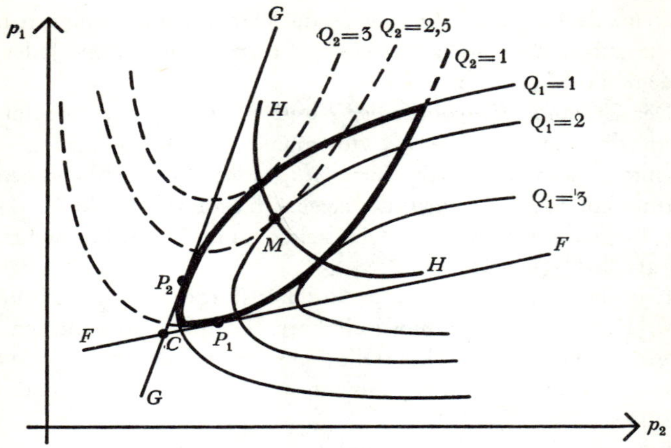

Fig. 2.

„Kammlinien“ für die Firma 1 bzw. 2 (nämlich bei Gewinnmaximierung der geometrische Ort der optimalen Preisgestellung für Firma 1 bzw. 2, wenn die andere Firma ihren Preis fixiert hat); *H* ist die „Maximallinie“ (nämlich der geometrische Ort aller Preiskonstellationen, bei denen der Gewinn der Firma 1 und 2 zusammengenommen größer ist als außerhalb dieser Linie; *H* ist die Edgeworthsche Kontraktkurve); *M* ist der maximale Punkt darauf (der Monopolpunkt, wo der Gewinn beider Firmen zusammengenommen maximal ist; bei Verabredung mit Kompensationszahlung wird gerade dieser Punkt realisiert); *C* ist der Konkurrenzpunkt (die *Launhard-Hotelling*-Lösung des Diopols, auch *Cournotsche* Lösung genannt); P_1 und P_2 sind die Stackelbergschen asymmetrischen Diopollösungen [7].

In spieltheoretischer Terminologie ist *C* der *Gleichgewichtspunkt* des Gefangenendilemmas, *M* der *optimale Lösungspunkt* bei Verabredungen mit Nutzenausgleich. Man sieht das unmittelbar, wenn man die Darstellung der Fig. 2 diskretisiert und in die Form einer Auszahlungsmatrix bringt (vgl. Fig. 3).

[7] Vgl. hierzu Krelle, Preistheorie, Tübingen und Zürich, 1961, S. 251.

Das umkreiste Feld 1 ; 1 ist der Gleichgewichtspunkt dieses Nicht-Nullsummen-2-Personenspiels und damit, wie sich zeigen läßt, die Lösung des nichtkooperativen Spiels (also die Lösung bei Kartellverboten), falls nur eine einzige Partie gespielt wird. Bei jeder anderen Spielweise müßte der Spieler darauf gefaßt sein, von seinem Gegenspieler hereingelegt zu werden.

Strategien des Spielers 2

[Str]ategien [Spi]elers 1	p_1	β_1	β_2	β_3	β_4	β_5
	α_1	–3; 2,8	–2; 3,1	0; 3,2	0,5; 2,3	1; 0,5
	α_2	–2,5; 2,5	–1; 3	1; 2,8	2; 2	2,5; 0
	α_3	–2; 1,3	0; 2,8	[2; 2,5]	2,8; 1	3,2; –0,5
	α_4	–1,2; 1	0,8; 2	2,5; 1	3; 0	4; –1,8
	α_5	–1; 0,5	(1; 1)	2; 0,5	2,5; –0,5	3; –1
	α_6	–1; –1,5	0; –1	0,7; –1,5	1; –2	1,5; –3

p_2

Fig. 3.

Das umrandete Feld 2 ; 2,5 ist die Lösung des kooperativen Spiels (also diejenige bei Zulassung von Kartellen). Sie kann, wie sich zeigen läßt, bei häufig wiederholten Partien auch ohne ausdrückliche Verabredung allein durch einen Lernprozeß beim Spiel selbst erreicht werden, d. h. auch bei Kartellverboten ist eine „konzertierte Aktion“ aller Beteiligten selbst ohne ausdrückliche Verabredung möglich, die zum gleichen Ergebnis führt [8].

Das *Ergebnis* aus diesen Überlegungen ist: *eine stillschweigende oder ausdrückliche Verabredung von Produzenten zur Verhinderung von Preisunterbietungen und zur gemeinsamen Hochhaltung*

[8] Vgl. hierzu Krelle, Präferenz- und Entscheidungstheorie, Tübingen 1968.

der Preise, also zum Ausschluß der Konkurrenz, liegt in jedem Fall in ihrem *einzelnen und gemeinschaftlichen Interesse.* Auch Kartellverbote können stillschweigendes, kartellmäßiges Verhalten zur Realisierung des Monopolpunktes nicht verhindern, wohl aber erheblich erschweren. Das *Problem*, das wir in den folgenden Abschnitten untersuchen wollen, ist nun, *ob der Ausschluß der Konkurrenz durch Kartelle auch in gesamtwirtschaftlichem Interesse liegt.*

IV. Statische Analyse. Wird die optimale Faktorallokation durch Kartelle verzerrt? Optimalitätskriterien für Kartelle in der Statik

Wir gehen von der Vorstellung einer *gesamtwirtschaftlichen Nutzenfunktion*

$$(1) \qquad U = U\ (x_1, \ldots, x_n, v_1, \ldots, v_m)$$

aus, wobei U ein Nutzenindex, $(x_1, \ldots, x_n)$ von den Firmen 1 bis n produzierte Gütermengen und $(v_1, \ldots, v_m)$ die dabei eingesetzten Faktormengen bedeuten [9].

x_1 sei ein gewähltes Basisgut (z. B. Gold oder Getreide). Die gesamte wirtschaftliche Nutzenfunktion kann etwa durch Abstimmungen im Parlament oder innerhalb der Regierung festgestellt werden, wobei jeweils alternative soziale Zustände zur Abstimmung gestellt werden. Wenn der Abstimmungsmodus so bestimmt ist, daß keine Abstimmungsparadoxa auftreten, erhält man eine konsistente *Rangordnung* sozialer Zustände. Läßt man auf die gleiche Weise auch die *Differenzen* zwischen sozialen Zuständen rangordnungsmäßig gliedern, kommt man zu einer Nutzenskala, die bis auf eine lineare Transformation (d. h. bis auf den Nullpunkt und die Größe der Nutzeneinheit) festgelegt ist. Dies wird im folgenden angenommen.

Die *Produktionsmöglichkeitskurve* $x_1 = x_1\ (x_2, \ldots, x_n, v_1, \ldots, v_m)$ der Volkswirtschaft (die sich, wie man leicht ableitet, aus

[9] Der Einfachheit halber stelle man sich vor, daß jede Firma nur ein Gut herstelle; doch ist das nicht wesentlich.

den einzelwirtschaftlichen Produktionsfunktionen und den Faktorbegrenzungen ergibt) sei in der Form

(2) $$f_1 = x_1 - x_1 (x_2, \ldots, x_n, v_1, \ldots, v_m)$$

dargestellt, wobei $v_1, \ldots, v_m$ die eingesetzten Faktormengen bedeuten. Fig. 4 zeigt (2) graphisch für den Fall nur zweier Endprodukte.

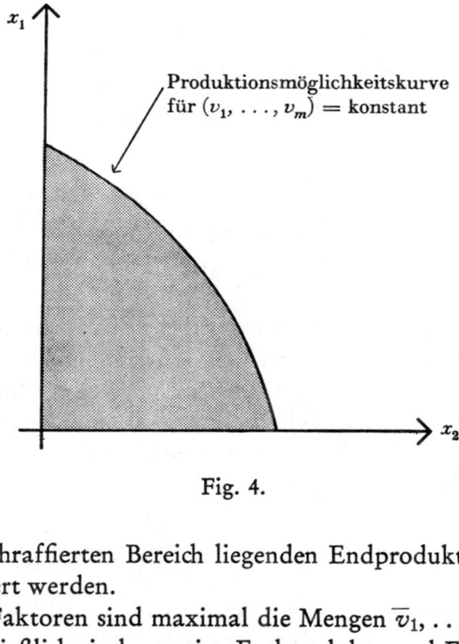

Fig. 4.

Alle im schraffierten Bereich liegenden Endproduktmengen können produziert werden.

Von den Faktoren sind maximal die Mengen $\overline{v}_1, \ldots, \overline{v}_m$ verfügbar, und schließlich sind negative Endprodukte und Faktoren sinnlos. Sicher will die Volkswirtschaft ein solches Produktionsprogramm realisieren, daß der gesamtwirschaftliche Nutzen maximal ist. Dies führt auf folgende *nichtlineare Programmierungsaufgabe:*

(3) $$-U (x_1, \ldots, x_n, v_1, \ldots, v_m) = \text{min!}$$

(4) $$f_1 = x_1 - x_1 (x_2, \ldots, x_n, v_1, \ldots, v_m) \leqq 0$$

(5) $$\varphi_j = v_j - \overline{v}_j \leqq 0$$

(6) $$x_i \geqq 0; \quad v_j \geqq 0; \quad i \varepsilon \{1, \ldots, n\}, \quad j \varepsilon \{1, \ldots, m\}$$

Zur Lösung bildet man die *Lagrange-Funktion:*

$$(7) \qquad \Phi = -U + \pi_1 f_1 + \sum_{j=1}^{m} \lambda_j \varphi_j,$$

wobei π_1 und $\lambda_1, \ldots, \lambda_m$ zunächst unbestimmte Lagrangesche Multiplikatoren sind.

Die *Lösung* der Aufgabe (3) bis (6) wird durch folgende *Kuhn-Tucker-Bedingungen bestimmt*[10]*:*

$$(7) \qquad \frac{\partial \Phi}{\partial x_1} = -\frac{\partial U}{\partial x_1} + \pi_1 \geqq 0;$$

$$(7a) \qquad x_1 \cdot \frac{\partial \Phi}{\partial x_1} = 0 \qquad (7b) \qquad x_1 \geqq 0$$

oder

$$(7c) \qquad \frac{\partial U}{\partial x_1} \begin{cases} = \pi_1, & \text{falls } x_1 > 0 \\ \leqq \pi_1, & \text{falls } x_1 = 0 \end{cases}$$

In Worten: Am gesamtwirtschaftlichen Nutzenmaximum muß der gesamtwirtschaftliche Grenznutzen des Gutes 1 gleich seinem *Schattenpreis* π_1 sein, wie wir den Lagrangeschen Multiplikator π_1 nun bezeichnen können, falls Gut 1 überhaupt produziert wird. Nur wenn das Gut nicht produziert wird, kann der Grenznutzen kleiner als dieser Schattenpreis sein.

$$(8) \qquad \frac{\partial \Phi}{\partial x_i} = -\frac{\partial U}{\partial x_i} - \pi_1 \cdot \frac{\partial x_1}{\partial x_i} \geqq 0;$$

$$(8a) \qquad x_i \frac{\partial \Phi}{\partial x_1} = 0$$

$$(8b) \qquad x_i \geqq 0 \qquad i \varepsilon \{2, \ldots, n\}$$

[10] Diese Bedingungen sind in jedem Fall notwendig; wenn man wie üblich eine konkave Nutzenfunktion U und eine ebensolche Produktionsmöglichkeitskurve x_1 $(x_2, \ldots, x_n, v_1, \ldots, v_m)$ annimmt, notwendig und hinreichend. In diesem Fall sind $-U$, f_1 und φ_j konvexe Funktionen, so daß wir es mit einem konvexen Programm zu tun haben. Vgl. hierzu Künzi und Krelle, Nichtlineare Programmierung, Berlin, Göttingen, Heidelberg 1962, S. 55 ff.

oder

(8c) $$\frac{\partial U}{\partial x_i} \equiv \pi_i \begin{cases} = -\pi_1 \cdot \dfrac{\partial x_1}{\partial x_i}, & \text{falls } x_i > 0 \\ \leqq -\pi_1 \cdot \dfrac{\partial x_1}{\partial x_i}, & \text{falls } x_i = 0 \end{cases}$$

In Worten: Am Nutzenmaximum muß der Grenznutzen jedes anderen Gutes *i* (den wir analog zu (7c) mit π_i bezeichnet haben) gleich den Opportunitätskosten der Produktion des Gutes 1 sein, falls das Gut überhaupt produziert wird.

$-\pi_1 \frac{\partial x_1}{\partial x_i}$ sind nämlich diese Opportunitätskosten, da $\frac{\partial x_1}{\partial x_i}$ die Grenzrate der Substitution des Gutes 1 gegenüber dem Gut *i* ist, eine negative Größe (also die Menge des Gutes 1, auf die man bei Mehrproduktion von einer Einheit des Gutes *i* verzichten muß) und π_1 der Schattenpreis des Gutes 1. Nur wenn das Gut *i* nicht produziert wird, darf sein Grenznutzen kleiner sein als die Opportunitätskosten.

(9) $$\frac{\partial \Phi}{\partial v_j} = - \frac{\partial U}{\partial v_j} - \pi_1 \frac{\partial x_1}{\partial v_j} + \lambda_j \geqq 0$$

(9a) $$v_j \frac{\partial \Phi}{\partial v_j} = 0$$

(9b) $$v_j \geqq 0 \qquad j \varepsilon \{1, \ldots, m\}$$

oder

(9c) $$\frac{\partial U}{\partial v_j} + \pi_1 \frac{\partial x_1}{\partial v_j} \begin{cases} = \lambda_j, & \text{falls } v_j > 0 \\ \leqq \lambda_j, & \text{falls } v_j = 0 \end{cases}$$

In Worten: Am Nutzenmaximum muß der Nettowert des Grenzprodukts des Faktors *j*, gerechnet in Einheiten des Basisgutes 1 (gerade dies ist nämlich $\frac{\partial U}{\partial v_j} + \pi_1 \frac{\partial x_1}{\partial v_j}$)[11] gleich dem Schattenpreis

[11] $\frac{\partial U}{\partial v_j}$ ist eine negative Größe und ist der Nachteil bei Vernutzung einer Einheit des Faktors *j*; $\pi_1 \frac{\partial x_1}{\partial v_j}$ ist der Wert der zusätzlichen Erzeugung von Gut 1 mit Hilfe einer mehr eingesetzten Einheit des Faktors *j*.

des Faktors *j* sein (dies ist die Bedeutung des Lagrangeschen Multiplikators λ_j), falls der Faktor überhaupt eingesetzt wird. Nur wenn er gar nicht verwendet wird, darf der Nettowert dieses Grenzprodukts kleiner als der Schattenpreis sein.

Die übrigen *Kuhn-Tucker-Bedingungen* wiederholen noch einmal die Bedingungen (4) bis (6) und werden daher hier fortgelassen.

Die *Kuhn-Tucker-Bedingungen* (7c), (8c), (9c) lassen sich auch leicht graphisch veranschaulichen. Dabei behandeln wir nur die Fälle tatsächlich hergestellter Produkte und tatsächlich eingesetzter Faktoren.

Fig. 5 zeigt (7c) graphisch (ausgezogene Linien).

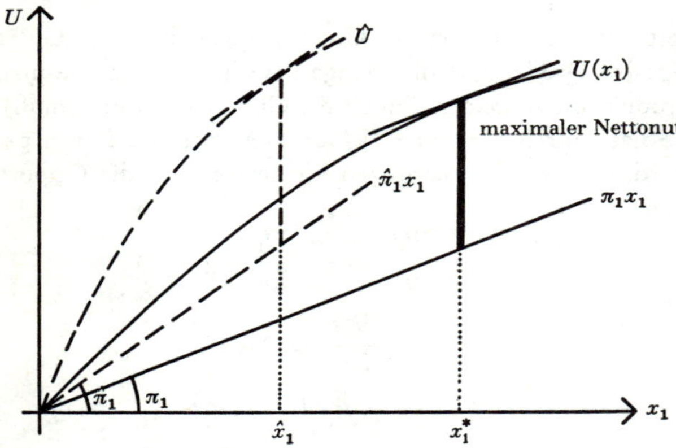

Fig. 5.

Bei einem Schattenpreis von π_1 für das Gut 1 erreicht die Volkswirtschaft offensichtlich bei der Produktionsmenge x^*_1 den maximalen Nettonutzen, bei dem die Neigung der Nutzenfunktion (also der Grenznutzen des Gutes 1) gleich der Neigung der Kostengerade (nämlich gleich dem Schattenpreis π_1) ist.

Dies ist die Aussage von (7c).

Fig. 6 veranschaulicht (8c).

Sei $x_1(x_i)$ die Produktionsmöglichkeitskurve, wenn alle Faktoren eingesetzt und über die übrigen Produktionsmengen $x_2, \ldots, x_{i-1}, x_{i+1}, \ldots, x_n$ bereits verfügt ist, und sei $U(x_1, x_i)$ die Nut-

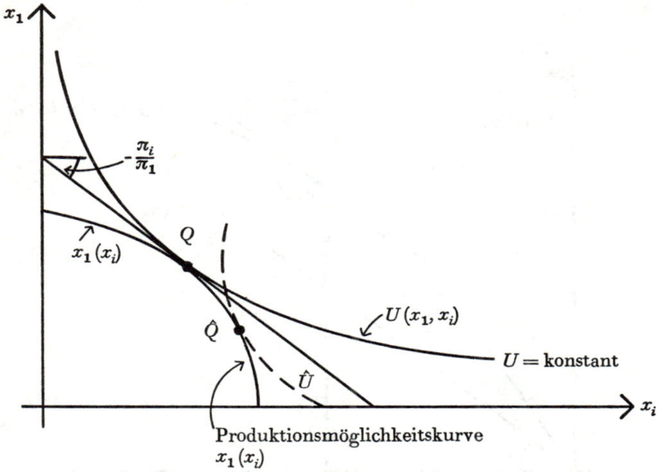

Fig. 6.

zenfunktion in diesem Fall. Offensichtlich ist dann der Punkt Q in Fig. 6 der optimale Produktionspunkt. Die Neigung der Nutzenkurve $U = U(x_1, x_i)$ dort ist bekanntlich

$$-\frac{\partial U/\partial x_i}{\partial U/\partial x_1} = -\frac{\pi_i}{\pi_1}$$

und dies muß gerade gleich der Neigung $\partial x_1/\partial x_i$ der Produktionsmöglichkeitskurve dort sein. Eben dies wird aber durch (8c) ausgedrückt.

(9c) läßt sich wie in Fig. 7 darstellen.

Es sei $x_1(v_j)$ die Produktionsfunktion des Gutes 1, wenn alle übrigen Faktoren außer dem Faktor *j* und alle übrigen Endprodukte konstant gehalten werden. $\pi_1 x_1(v_j)$ ist dann der Wert der Produktion des Gutes 1, wenn die Menge v_j des Faktors eingesetzt wird. Um zum Gesamtnutzen zu kommen, muß hierzu noch der Nutzenstand bei Vernutzung des Produktionsfaktors *j* addiert werden. Wir bezeichnen ihn mit $U(v_j)$. Beides zusammen ergibt die Erlöskurve. Die Kosten für den Faktor *j*, wieder in Schattenpreisen gerechnet, sind $\lambda_j v_j$, so daß bei Einsatz der Faktormenge v^*_j in Fig. 7 der

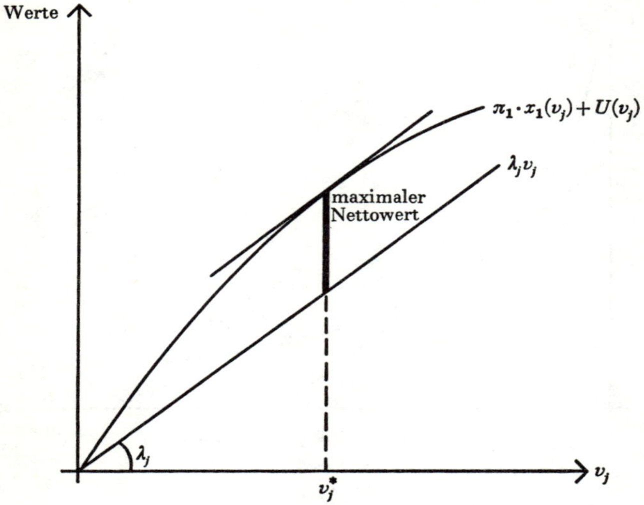

Fig. 7.

maximale Nettowert der Produktion erzielt wird. Dort ist nämlich die Neigung $\frac{\partial U}{\partial v_j} + \pi_1 \frac{\partial x_1}{\partial v_j}$ der Erlöskurve gleich der Neigung λ_j der Kostengeraden. Und dies eben sagt (9c).

Wenn wir die Schattenpreise als *Marktpreise* auffassen, so sind die Bedingungen (7c), (8c), (9c) nichts anderes als die *Nutzen- und Gewinnmaximierungsbedingungen* bei vollständiger Konkurrenz, d. h. wenn die Faktor- und Endproduktenpreise für die einzelne Wirtschaftsperson gegeben sind.

Die Schattenpreise sind die *Dualvariablen* des Programmierungsproblems (3) bis (6); d. h. sie sind die Variablen eines zu (3) bis (6) dualen Ansatzes, dessen Dualvariablen (bei strenger Konvexität des Problems) umgekehrt die Produktions- und Faktormengen sind [12].

[12] Vgl. hierzu Dieter, Dualität bei Optimierungs-(Programmierungs-) Aufgaben, Unternehmensforschung *9* (1965), S. 91 ff.; Künzi und Krelle, Nichtlineare Programmierung, a. a. O., S. 37 ff. und S. 72 ff.

In der Terminologie der *Aktivitätsanalyse* läßt sich der Sachverhalt so ausdrücken [13].

Jedem effizienten Produktionspunkt [14] $y = (x, v) = (x_1, \ldots, x_n, v_1, \ldots, v_m)$, der eine Lösung des streng konvexen Problems (3) bis (6) darstellt, ist eine Menge P von Preissystemen $p = (\pi, \lambda) = (\pi_1, \ldots, \pi_n, \lambda_1 \ldots, \lambda_m)$ zufolge folgender Vorschrift zugeordnet:

$$
(10) \qquad P(y) = \left\{ p \geqq 0 \mid \sum_{i=1}^{n} \pi_i x_i - \sum_{j=1}^{m} \lambda_j v_j = \max! \right.
$$
$$
\text{auf } \tilde{x}_1 - x_1 (\tilde{x}_2, \ldots, \tilde{x}_n, \tilde{v}_1, \ldots, \tilde{v}_m) \leqq 0,
$$
$$
\left. v_j \leqq \bar{v}_j,\ j \varepsilon \{1, \ldots, m\} \right\} .
$$

Ist also eine Volkswirtschaft, in der eine bestimmte Produktionsfunktion gilt und vorgegebene Faktormengen vorhanden sind, mit einem Preissystem $p \varepsilon P(y)$ konfrontiert und soll der Gewinn aus der Gesamtproduktion maximiert werden, so wird sie bei den üblichen Voraussetzungen über die Produktionsfunktion (abnehmende Grenz- und Skalenerträge und strenge Konvexität und Differenzierbarkeit) gerade den Produktionspunkt y realisieren.

Die Menge $P(y)$ hat unendlich viele Elemente, da mit einem System p auch das System $\alpha \cdot p$ mit $\alpha > 0$ den Gewinn maximiert.

[13] Vgl. hierzu Koopmanns, Analysis of Production as an Efficient Combination of Activities, Kap. II in: Activity Analysis of Production and Allocation, Cowles Commission Monograph Nc. 13, New York, London, 1951; Debreu, Theory of Value, Cowles Commission Monograph No. 17, New York, London 1959; Krelle, Produktionstheorie, 8. Kapitel, Tübingen 1969.

[14] Ein effizienter Produktionspunkt $y = (\bar{x}, \bar{v})$ ist dadurch definiert, daß für eine vorgegebene Faktormenge $\bar{v} = (\bar{v}_1, \ldots, \bar{v}_m)$ kein Produktvektor $x^* = (x^*_1, \ldots, x^*_n)$ existiert, so daß bei Geltung der Produktionsfunktion $x_1 = x_1 (x_2, \ldots, x_n, v_1, \ldots, v_m)$ von einem oder mehreren Produkten 1 bis n mehr produziert wird als $\bar{x} = (\bar{x}_1, \ldots, \bar{x}_n)$ und von keinem weniger. Da die Produktionsfunktion $x_1 = x_1 (x_2, \ldots, x_n, v_1, \ldots, v_m)$ gerade als Grenze der Produktionsmöglichkeit definiert ist, hat man:

$$
y = (x_1 (x_2, \ldots, \bar{x}_n, \bar{v}), \bar{x}_2, \ldots, \bar{x}_n, \bar{v})
$$

Man kann, um das Preissystem bei unseren Konvexitäts- und Differenzierbarkeitsvoraussetzungen eindeutig zu machen, verschiedene Normierungen wählen. In diesem Zusammenhang genügt es, etwa $p_1 = 1$ zu setzen: der Preis des Basisgutes ist als Eins normiert. Dies sei in folgendem angenommen.

Aus den obigen Ableitungen wird üblicherweise geschlossen, daß *Kartelle einen gesamtwirtschaftlichen Nutzenverlust bedeuten*. Dies jedenfalls wäre wohl die exakte Formulierung für den üblichen Vorwurf, Kartelle (ebenso wie Monopole) führten zu Preis- und Produktions„verzerrungen". In der Tat scheint einiges dafür zu sprechen.

Gegeben die Nutzenfunktion U in (3), die Produktionsfunktion (4) und die Faktorbeschränkungen (5), so erhält man als Lösung der Aufgabe (3) bis (6) die Produktionsmengen $x^*_1, \ldots, x^*_n$ und die eingesetzten Faktormengen $v^*_1, \ldots, v_m$, symbolisiert durch den Punkt Q in Fig. 6. Die Kuhn-Tucker-Bedingungen (7c), (8c) und (9c) bzw. (10) zeigen, daß dieser Lösung bei strenger Konvexität ein Preissystem dual zugeordnet ist, bei dessen Geltung Unternehmer in der Marktform der vollständigen Konkurrenz genau diese optimale Produktionsmenge herstellen. Kartelle beseitigen die vollständige Konkurrenz. Selbst bei unverändertem Preissystem würden in der Regel andere, nicht optimale Produktionsmengen resultieren; normalerweise werden sich aber Preise und Produktion ändern. Vom Punkt Q in Fig. 6 kommt man etwa zum Punkt Q – falls die Vollbeschäftigung auch bei Kartellen aufrechterhalten bleibt, was wir annehmen wollen –, und der ist bei Geltung der Nutzenfunktion U nicht optimal. Allerdings existiert eine Nutzenfunktion $\hat{U}$, für die $\hat{P}$ optimal wäre, denn für jeden effizienten Produktionspunkt existiert bei unseren Konvexitätsvoraussetzungen eine Nutzenfunktion, die gerade ihn optimiert. Aber voraussetzungsgemäß ist ja U die geltende Nutzenfunktion und nicht $\hat{U}$.

Doch ist diese Argumentation nicht richtig. Nehmen wir an, es würden Kartelle generell in der Volkswirtschaft zugelassen, und diese Kartelle würden wieder unter sich Absprachen treffen und Kompensationszahlungen vereinbaren der Art, daß aus ihrer Preis- und Produktionspolitik der höchste Gesamtgewinn für alle Unternehmer zusammengenommen resultieren würde. Das ist sicher das

Extrem einer kartellfreundlichen Wirtschaftspolitik: man hätte ein Superkartell, das die gesamte Volkswirtschaft umfaßt.

Es seien nun

$$x_i = x_i (\pi_1, \ldots, \pi_n, \lambda_1, \ldots, \lambda_m), \qquad i \varepsilon \{1, \ldots, n\}$$
$$v_j = v_j (\pi_1, \ldots, \pi_n, \lambda_1, \ldots, \lambda_m), \qquad j \varepsilon \{1, \ldots, m\}$$

die Nachfrage- bzw. Angebotsfunktionen, denen sich die Produzenten, zusammengeschlossen in dem Superkartell, gegenübersehen. Hierbei ist π_i der Preis des Endprodukts x_i und λ_j der Preis des Faktors j. Es sollen die üblichen Annahmen über die Neigungen der Angebots- und Nachfragekurven gemacht werden:

$$\frac{\partial x_i}{\partial \pi_i} < 0, \frac{\partial v_j}{\partial \lambda_j} > 0, \frac{\partial x_i}{\partial \lambda_\mu} > 0, \mu \varepsilon \{1, \ldots, m\}.$$

Weitere Annahmen folgen unten. Das Superkartell bestimmt jetzt alle Preise so, daß sein Gesamtgewinn maximiert wird, wobei natürlich die Produktionsfunktion und die Begrenzung der zur Verfügung stehenden Faktormengen zu berücksichtigen sind:

$$\text{(11a)} \qquad Q = \sum_{i=1}^{n} \pi_i x_i - \sum_{j=1}^{n} \lambda_j v_j = \max!$$

bei Geltung von

$$\text{(11b)} \qquad x_i = x_i (\pi_1, \ldots, \pi_n, \lambda_1, \ldots, \lambda_m)$$
$$\text{(11c)} \qquad v_j = v_j (\pi_1, \ldots, \pi_n, \lambda_1, \ldots, \lambda_m)$$
$$\text{(11d)} \qquad x_1 - x_1 (x_2, \ldots, x_n, v_1, \ldots, v_m) \leqq 0$$
$$\text{(11e)} \qquad v_j - \bar{v}_j \leqq 0, \qquad i \varepsilon \{1, \ldots, n\}, \qquad j \varepsilon \{1, \ldots, m\}.$$

Der realisierte Punkt, also die Lösung dieser Programmierungsaufgabe, sei $x^* = (x^*_1, \ldots, x^*_n, v^*_1, \ldots, v^*_m)$. Da wir Vollbeschäftigung vorausgesetzt haben, gilt $v^*_j = \bar{v}_j$, d. h. die Nebenbedingungen (11e) sind genau erfüllt. Wenn nun der realisierte Produktionspunkt x^* auf der Produktionsmöglichkeitskurve liegt (vgl. Fig. 4 und 6), also auch die Nebenbedingung (11d) genau erfüllt ist, so handelt es sich um einen effizienten Produktionspunkt. Wir werden das im folgenden stets annehmen. Veranschaulicht an Fig. 6 bedeutet das, daß das absolute Gewinnmaximum außerhalb des Bereichs der Produktionsmöglichkeit oder an dessen Rand liegt; die

Kurven konstanten Gewinns können z. B. wie die Kurven konstanten Nutzens $U(x_1, x_2)$ in Fig. 6 angenommen werden. Dies ist eine weitere Beschränkung für die Nachfrage- und Angebotsfunktion (11b) und (11c). In dem einfachen Fall, daß die Nachfrage nach dem Gut i nur von seinem Preis π_i abhängt und die Faktorpreise $\lambda_1, \ldots, \lambda_n$ durch die Vollbeschäftigungsforderung festgelegt sind, ist hierfür hinreichend, daß die Preiselastizität der Nachfrage nach zumindest einem Gut k im Innern des zulässigen Bereichs jeweils größer als Eins ist: $-\frac{\partial x_k}{\partial \pi_k} \cdot \frac{\pi_k}{x_k} > 1$. Dann ist nämlich $\frac{\partial Q}{\partial x_k} > 0$, und x_k kann ja, wenn die Nebenbedingung (11d) nicht bindet, vergrößert werden, ohne die Produktion anderer Güter zu beeinträchtigen. Im allgemeinen Fall muß man fordern, daß im Innern des zulässigen Bereichs jeweils zumindest ein Gut k existiert, für das

$$\text{(12a)} \qquad \frac{\partial Q}{\partial x_k} = \pi_k + \sum_{i=1}^{n} x_i \frac{\partial \pi_i}{\partial x_k} - \sum_{j=1}^{m} \bar{v}_j \frac{\partial \lambda_j}{\partial x_k} > 0\,,$$

wobei

$$\text{(12b)} \qquad \pi_i = \pi_i(x_1, \ldots, x_n, v_1, \ldots, v_m)$$

$$\text{(12c)} \qquad \lambda_j = \lambda_j(x_1, \ldots, x_n, v_1, \ldots, v_m)$$

die Umkehrfunktionen von (11b) und (11c) sind. Ihre Existenz sei hier vorausgesetzt [15]. Die vereinfachte Bedingung bedeutet, daß es stets zumindest *ein* Luxusgut in der Volkswirtschaft geben soll; die generelle Bedingung besagt, daß die Auswirkungen auf den Erlös der bei der Produktionsausdehnung von einem Gut k notwendigen Preiskonzessionen bei diesem und bei anderen Gütern und die Auswirkungen der eventuell (trotz fester Einsatzmenge) notwendigen Preiserhöhungen für die Faktoren geringer sind als der Preis des Gutes k, oder anders ausgedrückt: daß der Nettogrenzerlös zumindest eines Gutes k im Innern des zulässigen Bereichs positiv ist. Dies läßt sich auch in der Form einer verallgemeinerten Nettopreiselasti-

[15] Vgl. hierzu (14 c).

zität der Nachfrage schreiben, die dann ebenfalls größer als 1 sein muß.

Wir setzen also voraus, daß (12a) zutrifft. Das entspricht meines Erachtens der Wirklichkeit. Dann liegt auch der bei Kartellen realisierte Produktionspunkt auf der Produktionsmöglichkeitskurve und ist effizient.

Es sei $y = (x_1, \ldots, x_n, v_1, \ldots, v_m)$ dieser effiziente Produktionspunkt, der sich als Lösung von (11a–e) ergibt, und $\hat{p} = (\pi, \lambda)$ das dazugehörige Preissystem. Unter Verwendung der inversen Nachfrage- und Angebotsfunktionen (12b, c) können wir jetzt $\hat{P}(y) = \{\hat{p}\}$ schreiben als

$$(13) \qquad \hat{P}(y) = \Big\{ \hat{p} \geqq 0 \mid \sum_{i=1}^{n} \pi_i (x_1, \ldots, x_n, v_1, \ldots, v_m)\, x_i - \sum_{j=1}^{m} \lambda_j (x_1, \ldots, x_n, v_1, \ldots, v_m)\, v_j = \max! \quad \text{auf} \quad \tilde{x}_1 - x_1 (\tilde{x}_2, \ldots, \tilde{x}, \tilde{v}_1, \ldots, \tilde{v}_m) \leqq 0,\ \tilde{v}_j \leqq \bar{v}_j,\ j \varepsilon \{1, \ldots, m\} \Big\}.$$

Wir normieren wie früher $p_1 = 1$. (13) heißt dann analog zu (10): will eine Volkswirtschaft, in der bestimmte Angebots- und Nachfragefunktionen und eine bestimmte Produktionsfunktion gelten und vorgebene Faktormengen vorhanden sind, ihren Gesamtgewinn maximieren, so wird sie (bei Geltung der üblichen Konvexitätsvoraussetzungen) gerade den Produktionspunkt y realisieren.

Jedem effizienten Produktionspunkt y, der Lösung einer Aufgabe (11a–e) ist, ist somit ein Preissystem $\hat{p}$ zugeordnet, das sich bei Zulassung von Kartellen bei den geltenden Angebots- und Nachfragekurven (11b) und (11c) ergibt, ebenfalls aber ein Preissystem p, das dem Zustand bei Kartellverbot entspricht. Der Unterschied der beiden Zustände liegt dann nicht in den Produktionsmengen und in der Faktorkombination – die sind voraussetzungsgemäß beide gleich –, sondern allein in der *Verteilung des Sozialprodukts*. Die gleichen Endproduktmengen fließen anderen *Personen* zu.

Sei $Q = \sum_{i=1}^{n} \pi_i x_i - \sum_{j=1}^{n} \lambda_j v_j$ der Gewinn nach (10) und

$Q = \sum_{i=1}^{n} \pi_i x_i - \sum_{j=1}^{m} \lambda_j v_j$ der Gewinn nach (11), so gilt jetzt, wie intuitiv einsichtig ist und gleich gezeigt werden wird, $\hat{Q} \geqq Q$: Im Kartellzustand erhalten die Gewinnbezieher mehr vom Sozialprodukt, alle übrigen weniger.

Damit kommen wir zu dem Ergebnis:

Bei der Beurteilung der volkswirtschaftlichen Nützlichkeit oder Schädlichkeit von Kartellen vom statischen Standpunkt aus kommt es (wenn man annimmt, daß auch mit Kartellen effiziente Produktionspunkte realisiert werden) darauf an, ob die Verteilung des Sozialprodukts in der sozialen Präferenzfunktion erscheint und in welcher Weise. Wird höheren Gewinnen der Produzenten der Vorzug gegeben – aus welchen Gründen auch immer[16] *–, so führt gerade die Zulassung von Kartellen zum optimalen Zustand, während ein Kartellverbot zumindest eine personelle Mißallokation veranlaßt.*

Der Zustand am gesamtwirtschaftlichen Nutzenmaximum bei Zulassung von Kartellen läßt sich ebenfalls durch die *Kuhn-Tucker-Bedingungen* charakterisieren. Der Einfachheit halber nehmen wir an, daß die gesamtwirtschaftliche Nutzenfunktion U mit dem gesamtwirtschaftlichen Nettogewinn bei vollständiger Kartellierung der Volkswirtschaft identisch ist:

$$(14) \qquad \hat{U} = \hat{Q} = \sum_{i=1}^{n} \pi_i (x_1, \ldots, x_n, v_1, \ldots, v_m)\, x_i - \sum_{j=1}^{m} \lambda_j\, v_j (x_1, \ldots, x_n, v_1, \ldots, v_m)\, x_i$$

$\hat{U}$ soll maximiert werden, d. h.

$$(14a) \qquad -\hat{U} = \text{min!}$$

bei Geltung der Nebenbedingungen (4) bis (6).

Seien jetzt μ_i die zu x_i und v_j die zu v_j gehörigen Dualvariablen und gelten die üblichen Konvexitäts- und Differenzierbarkeitsvoraussetzungen, so schreiben sich die zu (7c), (8c) und (9c) analogen *Kuhn-Tucker-Bedingungen:*

[16] Wir behandeln Gesichtspunkte hierfür im nächsten Abschnitt.

(14c)

$$E'_k \equiv \sum_{i=1}^{n} \frac{\partial \pi_i}{\partial x_k} x_i + \pi_k - \sum_{j=1}^{m} \frac{\partial \lambda_j}{\partial x_k} v_j \begin{cases} = \mu_1, \text{ falls } x_k > 0, & k = 1 \\ = -\mu_1 \dfrac{\partial x_1}{\partial x_k}, \text{ falls } x_k > 0, & k \neq 1 \\ \leqq \mu_1, \text{ falls } x_k = 0, & k = 1 \\ \leqq -\mu_1 \dfrac{\partial x_1}{\partial x_k}, \text{ falls } x_k = 0, & k \neq 1 \end{cases}$$

(15c)

$$\mu_k \equiv E'_k \text{ für } k \neq 1, \qquad k \varepsilon \{1, \ldots, n\}$$

(16c)

$$E'_l = \mu_1 \frac{\partial x_1}{\partial v_l} + \sum_{i=1}^{n} \frac{\partial \pi_i}{\partial v_l} x_i - \lambda_l - \sum_{j=1}^{m} \frac{\partial \lambda_j}{\partial v_l} v_j \begin{cases} = \nu_l, \text{ falls } v_l > 0 \\ \leqq \nu_l, \text{ falls } v_l = 0 \end{cases} \quad l \varepsilon \{1, \ldots, m\}.$$

Die Lösung dieses Problems sei der Produktionspunkt $y = (x_1, \ldots, x_n, y_1, \ldots, y_m)$. Hierzu gehören nach (12b, c) die Kartellpreise π_i und λ_l und die Dualvariablen $\mu_1, \ldots, \mu_k, \nu_1, \ldots, \nu_m$, die aber jetzt nicht die Preise, sondern Netto-Grenzerlöse von Endprodukten bzw. Nettogrenzprodukte von Faktoren bedeuten.

(14c) besagt nämlich für $k = 1$, daß, falls das Gut 1 überhaupt produziert wird, der Nettoerlös aus der Produktion dieses Gutes gleich seinem Schattenpreis sein muß; nur wenn es nicht produziert wird, kann der Nettogrenzerlös kleiner sein. Für die übrigen Endprodukte 2 bis n besagt (14c), daß deren Nettogrenzerlös gleich den Opportunitätskosten bei der Produktion des Basisgutes 1 sein muß, falls das betreffende Endprodukt hergestellt wird; andernfalls kann der Nettogrenzerlös kleiner sein.

(16c) besagt, daß der Wert des Nettogrenzprodukts jedes Faktors, gerechnet in Einheiten des Basisgutes 1, gleich seinem Schattenpreis sein muß und nur kleiner sein kann, wenn der Faktor nicht verwendet wird.

Die Lösung ist offensichtlich die optimale Allokation der Ressourcen bei dieser gesamtwirtschaftlichen Nutzenfunktion U. Übrigens sieht man jetzt leicht, daß der Gewinn sich durch Zulassung von Kartellen vergrößert. Falls

$$\frac{\partial \pi_i}{\partial x_k} \leqq 0, \quad \frac{\partial \lambda_j}{\partial x_k} \geqq 0, \quad \frac{\partial \lambda_j}{\partial v_l} \leqq 0 \text{ und } \frac{\partial U}{\partial v_j} = 0$$

anzunehmen sind (jedenfalls ist das eine vernünftige Approximation an die Wirklichkeit), folgt mit der Normierung $\pi_1 = \mu_1$ und bei einer gleichen Lösung y für die Probleme (3) bis (6) und (13), (4) bis (6) [17], daß $\hat{\pi}_k \geqq \pi_k$ und $\hat{\lambda}_l \leqq \lambda_l$ ist. Damit ist dann auch $\hat{Q} \geqq Q$ bewiesen: Die Zulassung von Kartellen verbessert die Verteilung für die Gewinnbezieher, wenn im übrigen die Gesamtproduktion unverändert bleibt.

Man kann das Ergebnis dieses Abschnitts auch so formulieren: Bei *Sicherstellung der Vollbeschäftigung* gibt es kein formales Prinzip, das einen Zustand ohne Kartelle als besser erscheinen lassen könnte als einen Zustand mit Kartellen. Vielmehr kommt alles auf den *Verlauf der gesamtwirtschaftlichen Nutzenfunktion*, d. h. auf die *inhaltliche* Bestimmung davon an, was als gesamtwirtschaftlich optimal zu gelten hat. Das Gremium, das die volkswirtschaftliche Nutzenfunktion festlegt, hat also etwa bei einem Entscheid, ob es bei der Produktion des Gutes 1 ein Kartell zulassen soll oder nicht, die folgenden beiden Zustände nach ihrer Erwünschtheit zu ordnen (vgl. Fig. 8).

Produktion und Beschäftigung bei		Preise von		Lohnsatz bei der Produktion von		Gewinne bei	
Gut 1	Gut 2 ...	Gut 1	Gut 2 ...	Gut 1	Gut 2 ...	Gut 1	Gut 2 ...
Zustand 1 (ohne Kartelle bei Gut 1)							
100	80 ...	1	1 ...	1	1 ..	20	15 ...
Zustand 2 (mit Kartellen bei Gut 1)							
80	100 ...	1,1	0,9 ...	1,05	0,95 ..	25	10 ...

Fig. 8

[17] Dadurch wird $\mu_1 \dfrac{\partial x_1}{\partial x_k}$ in (14c) gleich $\pi_1 \dfrac{\partial x_1}{\partial v_j}$ in (9c).

Hierbei ist statt „Gut 1" je nach Bedarf: Region 1, eine bestimmte Bevölkerungsschicht (z. B. Kleinhandel oder Bauernschaft o. ä.) zu setzen, und natürlich kann der Katalog der Entscheidungskriterien noch erweitert werden. Anders ausgedrückt, es ist eine *Nutzen-Kosten-Analyse* anzustellen: wem nützen die Kartelle und in welchem Umfang, wer wird in welchem Ausmaß davon betroffen, und wessen Vorteil bewertet die Regierung und das Parlament am Ende stärker? Sollen die Produzenten gegenüber den Konsumenten begünstigt werden oder umgekehrt? Die gängige Philosophie der Marktwirtschaft ist für die Konsumenten, die praktische Machtverteilung innerhalb der Gesellschaft und damit die gesamtwirtschaftliche Nutzenfunktion oft so, daß die Produzenten begünstigt werden. Dies ist eine reine Verteilungsfrage, d. h. eine Präferenzentscheidung, für die es kein ökonomisches Effizienzkriterium gibt, sobald die Vollbeschäftigung sichergestellt ist. Immerhin ist die Wirtschaft am Ende für die Versorgung der Bevölkerung da und nicht zur Bereicherung relativ weniger Produzenten, und von diesem Gesichtspunkt aus spricht im statischen Zusammenhang erheblich mehr gegen als für die Kartelle.

V. Dynamische Analyse. Wie werden Wachstumsrate und Niveau des Wachstumspfades durch Kartelle beeinflußt?

Der vorige Abschnitt zeigte, daß die Zulassung oder das Verbot von Kartellen unter statischem Aspekt im wesentlichen ein *Verteilungsproblem* ist, aber kein wirtschaftliches Effizienzproblem. Die soziale Präferenzfunktion entscheidet darüber, ob ein Zustand mit Kartellen für besser gehalten wird als ein solcher ohne Kartelle. Will man eine möglichst gleichmäßige Einkommens- und Vermögensverteilung, so muß man Kartelle verbieten; will man die Produzenten gegenüber den Konsumenten begünstigen, so kann man Kartelle zulassen. Denn Kartelle wirken, wie im II. und III. Abschnitt gezeigt wurde, in jedem Fall dahingehend, den Gewinn der Produzenten zu erhöhen, also die Verteilung zu ihren Gunsten zu verschieben.

Dieses im Grunde nicht besonders kartellfreundliche Ergebnis wird nun bei einer dynamischen Analyse, der wir uns im ersten Teil dieses Abschnitts zuwenden, unter Umständen wesentlich modifiziert. Es kommt nämlich jetzt darauf an, wie die begünstigten *Produzenten ihre durch die Kartelle erreichten zusätzlichen Gewinne verwenden.* Wir werden hier zwei Fälle betrachten:

1. der zusätzliche Gewinn wird zum gleichen Prozentsatz wie der sonstige Gewinn investiert,
2. der zusätzliche Gewinn wird voll konsumiert.

1. Fall

Nehmen wir feste Sparquoten s_L bzw. s_Q der Lohn- bzw. der Gewinnbezieher an (wobei $s_L < s_Q$ anzunehmen ist), so ist die gesamtwirtschaftliche Sparquote s:

(17) $$s = s_L + (s_Q - s_L) \frac{Q}{y},$$

wobei $\frac{Q}{y}$ der Anteil der Gewinne am Volkseinkommen ist. Er wird durch Kartelle erhöht. Eine Zulassung von Kartellen erhöht dann auch die gesamtwirtschaftliche Sparquote. Kartelle wirken als eine Art Zwangsspar-Institution, vergleichbar den Steuern, die investiv verwendet werden.

2. Fall

Falls die Gewinnbezieher eine Investition realisieren, die einen bestimmten Teil des Sozialprodukts ausmacht, aber unabhängig von ihrem Gewinn ist, während die Lohnbezieher proportional zu ihrem Einkommen sparen, ergibt sich für die gesamtwirtschaftliche Sparquote

(18) $$s = s_L + i - s_L \frac{Q}{y},$$

wobei $i = \frac{I_Q}{y}$ die durch die Gewinnbezieher realisierte, von ihrem Gewinn unabhängige Sparquote ist. Jetzt wird eine durch Kartelle erhöhte Gewinnquote die gesamtwirtschaftliche Sparquote verringern und nicht erhöhen, wie im ersten Fall.

Wir müssen nun die Auswirkungen einer Änderung der gesamtwirtschaftlichen Sparquote auf die Wachstumsrate und das Niveau des Wachstumspfades analysieren. Die *Produktionsfunktion* der Volkswirtschaft sei

(19) $$y_t = y\,(A_t, K_t, \tau_t),$$

wobei y_t das Nettosozialprodukt zu Faktorkosten, A_t die eingesetzte Arbeitsmenge, K_t die eingesetzte Kapitalmenge und τ_t der Stand der Technologie im Zeitpunkt t bedeuten. Hieraus ergibt sich für die Wachstumsraten, wenn wir den Index t der Einfachheit halber überall fortlassen:

(20) $$w_y = \varepsilon_A w_A + \varepsilon_K w_K + w_\tau,$$

wobei $\varepsilon_A = \frac{\partial y}{\partial A} \cdot \frac{A}{y}$ die Produktionselastizität der Arbeit,

$\varepsilon_K = \frac{\partial y}{\partial K} \cdot \frac{K}{y}$ die Produktionselastizität des Kapitals

und τ so definiert ist, daß $\varepsilon \quad = 1$ wird. ε_A und ε_K werden üblicherweise als konstant angesehen.

w_y, w_A, w_K, w_τ sind die Wachstumsraten von Sozialprodukt, Arbeit, Kapital und die Rate des technischen Fortschritts.

Nach Definition ist bei zeitunabhängigen w_y, w_K und s:

(21) $$w_K = \frac{\dot{K}_t}{K_t} = \frac{I_t}{K_t} = s\,\frac{y_t}{K_t} = s \cdot \frac{y_0}{K_0}\, e^{(w_y - w_K) \cdot t}.$$

Hieraus folgt $w_y = w_K$, weil w_K andernfalls nicht konstant sein könnte. Man sagt, die Wirtschaft befindet sich *auf dem Gleichgewichts-Wachstumspfad.*

Nach (20) gilt dann

(22) $$w_y = \frac{\varepsilon_A}{1 - \varepsilon_K}\, w_A + \frac{1}{1 - \varepsilon_K}\, w_\tau,$$

d. h. die Wachstumsrate des Sozialprodukts (und damit auch des

Kapitals) ist unabhängig von der Sparquote, und der Kapitalkoeffizient K_t/y_t ist konstant.

Außerhalb des Gleichgewichts-Wachstumspfades läßt eine Erhöhung der Sparquote die augenblickliche Wachstumsrate des Kapitals und damit nach (20) auch die Wachstumsrate des Sozialprodukts steigen. Man hat nämlich

$$\dot{K}_t = s \cdot y\ (A_t, K_t, \tau)$$

und damit bei einer im Zeitpunkt t erfolgenden Änderung von s (so daß A_t, K_t und τ hiervon nicht berührt werden):

$$\frac{\partial \dot{K}_t}{\partial_s} \cdot \frac{1}{K_t} = \frac{y_t}{K_t} > 0.$$

Im ersten Fall erhöhen nun Kartelle die Sparquote, so daß die Zulassung von Kartellen die augenblickliche Wachstumsrate des Sozialprodukts erhöht. Kartelle wirken wie eine Besteuerung der jetzigen Generation zum Vorteil der nächsten.

Im zweiten Fall verringern aber Kartelle die Sparquote, so daß die Zulassung von Kartellen nicht nur die Verteilung ungleicher macht, sondern auch noch die Wachstumsrate reduziert.

Auf dem Gleichgewichts-Wachstumspfad sind zwar die Wachstumsrate des Kapitals und des Sozialprodukts unabhängig von der Sparquote, das *Niveau* des Wachstumspfades wird aber durch sie beeinflußt.

Nach (19) hat man nämlich für $t = 0$:

$$(25) \qquad y_0 = y\ (A_0, K_0, \tau_0) \text{ mit } K_0 = s y_0 \int_{-\infty}^{0} e^{w_y t}\, dt = \frac{s}{w_y} y_0,$$

also $\dfrac{K_0}{y_0} = \dfrac{s}{w_y}$, wobei w_y durch (22) bestimmt ist. Somit gilt dort:

$$\frac{\partial y}{\partial s} = \frac{\partial y}{\partial K_0} \cdot \frac{\partial K_0}{\partial\ (K_0/y_0)} \cdot \frac{\partial\ (K_0/y_0)}{\partial s} = \frac{\partial y}{\partial K_0} \cdot \frac{y^2_0}{y_0 - K_0 \dfrac{\partial y}{\partial K_0}} \cdot \frac{1}{w_y} > 0,$$

weil der Zinssatz $\dfrac{\partial y}{\partial K_0} > 0$, $y_0 - K_0 \dfrac{\partial y}{\partial K_0} > 0$ (weil nämlich die

Differenz von Gesamteinkommen und Zinseinkommen, also das Lohneinkommen im Zeitpunkt Null bei Geltung des Grenzproduktivitätsprinzips positiv ist), $w_y > 0$ und $y_0 \neq 0$.

Das Niveau des Gleichgewichtspfades ist also höher bei höherer Sparquote. Liegt die Sparquote niedriger als die optimale, die den Konsum auf dem Gleichgewichtspfad maximiert – und das ist bei allen existierenden Volkswirtschaften (vielleicht mit Ausnahme der russischen) anzunehmen –, so ist eine Erhöhung des Produktionsniveaus volkswirtschaftlich auch vom Gesichtspunkt der Konsummaximierung aus positiv zu beurteilen. Dann gilt auch hier das frühere Ergebnis:

Im ersten Fall, wo Kartelle die gesamtwirtschaftliche Sparquote erhöhen, ist ihre Wirkung im dynamischen Zusammenhang positiv zu beurteilen, *im zweiten Fall*, wo Kartelle die gesamtwirtschaftliche Sparquote erniedrigen, negativ.

Dieses Ergebnis wird noch verstärkt, wenn man annimmt, daß die Rate des technischen Fortschritts w_τ in (20) und (22) ebenfalls positiv mit der Sparquote korreliert ist, sei es, weil ein Teil der Investition in der Forschung und Entwicklung erfolgt, sei es, weil mit höherer Investitionsquote der Lernprozeß an den neuen Maschinen in größerem Umfang stattfindet und damit den technischen Fortschritt forciert. Dann gilt zusätzlich:

$$\frac{\partial \omega_\tau}{\partial s} > 0 .$$

Sowohl bei Ungleichgewichts- als auch bei Gleichgewichtswachstum wird die Wachstumsrate durch eine höhere Sparquote vergrößert.

Das *Gesamtergebnis dieses Abschnitts* ist also: ob Kartelle vom Wachstums-Gesichtspunkt aus positiv oder negativ zu beurteilen sind, hängt von der *Verwendung des Kartellgewinns* durch die Gewinnbezieher ab. Investieren sie diesen Gewinn zumindest in einem gewissen Umfang, sei es in Anlageinvestitionen, sei es in Forschung und Entwicklung, so wirken Kartelle wie eine Art Zwangssparen der jetzigen Generation zugunsten der nächsten. Das Gremium, das über die gesamtwirtschaftliche Präferenzfunktion entscheidet, hat die Nutzen der jetzigen gegenüber der zukünftigen Generation abzuwägen und danach die Vorteilhaftigkeit der Kartelle zu beurteilen. Verbrauchen die Gewinnbezieher ihren ganzen Kartellgewinn und sparen die Lohnbezieher auch nur einen geringen Bruchteil ihres Einkommens, ergibt sich ein negativer Effekt der Kartelle für die zukünftige Generation.

Im letzten Teil dieses Abschnitts wollen wir uns kurz mit dem Problem der größeren Preisstarrheit bei Kartellen beschäftigen. Ändern sich die Daten des statischen Problems: die soziale Präferenzfunktion, die Produktionsfunktion, die Faktorausstattung, so muß sich auch das Preissystem ändern. Das gilt unabhängig davon, ob Kartelle existieren oder nicht. Theoretisch müssen die Kartelle ihre Preise ebenso laufend verändern, wie sich die Marktpreise bei vollständiger Konkurrenz ändern würden. In Fig. 2 wird durch Kartellabsprachen der Monopolpunkt M erreicht. Verschieben sich die Isogewinnlinien $Q_1 = \text{const}$ und $Q_2 = \text{const}$, so verschiebt sich auch der Monopolpunkt M, und das Kartell muß bei rationalem Verhalten diesen Veränderungen mit den Preisen laufend folgen, so daß eigentlich kein Grund dafür besteht, eine geringere Preisbeweglichkeit bei Kartellen anzunehmen. Identifiziert man also ein Kartell mit dem Kollektivmonopol, so besteht bei rationalem Verhalten kein Grund dafür, dem Kartell prinzipiell eine geringere Preisflexibilität zuzuschreiben. *Niehans* hat darauf mit Recht hingewiesen [18]. Sobald man allerdings Kartelle ohne Kompensationszahlungen zugrunde legt und die üblichen institutionellen Praktiken bei Preisänderungen in Kartellen in Betracht zieht, läßt sich zeigen, daß Kartelle eben doch eine geringe Preisbeweglichkeit zur Folge haben, Preisbeweglichkeit als relative Anzahl von Preisänderungen pro Zahl der Kosten- oder Nachfrageänderungen verstanden [19]. Kann z. B. eine Preisänderung nur auf Grund von Mehrheitsentscheidungen der Kartellmitglieder beschlossen werden, so muß eine Kosten- oder Nachfrageänderung ein solches Ausmaß haben, daß jetzt für eine Mehrheit von Firmen der optimale Kartellpreis über dem

[18] Jürg Niehans, Kartelle und Preisflexibilität, Schweiz. Jahrb. f. Volksw. u. Stat. 94 (1958), S. 315–328.

[19] Vgl. hierzu Krelle, Kartelle und Preisflexibilität, Schweiz. Jahrb. f. Volksw. u. Staat. 95 (1959), S. 209–213.

bisherigen liegt, und das ist bei kleinen Kosten- und Nachfrageänderungen in der Regel nicht der Fall. Preisänderungen werden also, wenn man die institutionellen Gegebenheiten bei Kartellen berücksichtigt, nur in größeren Abständen vorkommen, nämlich nur dann, wenn die bisherige Kosten- oder Nachfragesituation sich wesentlich verschoben hat.

Diese geringere Preisflexibilität setzt den Marktmechanismus nicht außer Kraft – am Ende erfolgen ja die Preisangleichungen –, aber behindert ihn doch. Vom statischen Gesichtspunkt der optimalen Faktorallokation ist das gewiß ein Nachteil, vom dynamischen Gesichtspunkt der Konjunkturstabilisierung aus nicht notwendig. Laufende Preisänderungen in einer Richtung führen zu Hausse- oder Baissespekulation und verstärken damit die Konjunkturbewegung, was das durchschnittliche Produktionsniveau erniedrigt. Von diesem Gesichtspunkt aus kann eine geringere Preisflexibilität durchaus günstig zu beurteilen sein.

VI. Gesamtergebnis

Ob Kartelle zugelassen werden sollen oder nicht, ist ein *gesamtwirtschaftlicher Präferenzentscheid* und kaum ein Problem wirtschaftlicher Effizienz. Die *Kriterien* für diesen Entscheid sind im folgenden Fragenkatalog zusammenzufassen:

1. Wie sind die durch Kartelle veranlaßten *Strukturveränderungen* von Produktion, Beschäftigung, Preisen, Einkommen zu beurteilen? Am wesentlichsten hiervon ist wohl die kartellbedingte *Verschlechterung der Einkommensverteilung* für die Lohnbezieher.
2. Wie sind die *Wachstumswirkungen* von Kartellen zu beurteilen? D. h. wird der Kartellgewinn durch die Gewinnbezieher verbraucht oder investiert?
3. Wie sind *sonstige Kartellwirkungen* zu beurteilen (Stabilisierung des Konjunkturzyklus, Abwehr von Kampfstrategien ausländischer Konzerne, Wert persönlicher Entscheidungsfreiheit auch bei wirtschaftlichen Verabredungen u. ä.)?

Hier ist eine *Nutzen-Kosten-Analyse* anzustellen, auf deren

Grundlage dann das politisch entscheidende Gremium die Präferenz für einen der beiden Zustände (mit oder ohne Kartelle) erklärt.

Nach meiner Werteordnung sollte der Entscheid vor allem davon abhängig gemacht werden, ob sichergestellt ist, daß die Gewinnbezieher den Kartellgewinn tatsächlich investiv verwenden; dann haben jedenfalls die Kinder der jetzt sozusagen „privat besteuerten“ Konsumenten einen Vorteil von Kartellen, wenn auch leider die Tendenz zur Vergrößerung der Vermögens- und Einkommensungleichheit bestehen bleibt. Hier könnten allerdings andere, kompensierende Maßnahmen ansetzen.

II.

KARTELLÄHNLICHE KOOPERATIONSFORMEN

Arthur Jerome Eddy, The New Competition, 4. rev. u. erw. Aufl., Chicago 1915, Kap. I—III, VIII—XIII, XVI, auszugsweise; übersetzt von Ilse Lamprecht.

DURCH OFFENE PREISE ZU NEUEM WETTBEWERB*

Von Arthur Jerome Eddy

Wettbewerb, blinder, bösartiger, unvernünftiger Wettbewerb kann die Wirtschaft zu übersteigerter Tätigkeit anregen, doch ist ein solcher Zustand ebensowenig als gesund zu bezeichnen wie die übersteigerte Betriebsamkeit eines Mannes, der etwas zuviel Alkohol zu sich genommen hat –, ein Reizmittel ist wie das andere, es führt schließlich zur Erschöpfung. Wettbewerb ist ein Fetisch, den die Menschen in ihrer Unwissenheit verehren, aber die Tage dieses Kults sind gezählt, die Heiligkeit dieses Gottes wird angezweifelt, die Menschen erwachen und fragen: „Was ist dieser Wettbewerb, und warum soll er gehegt und gepflegt werden?" Der Dorfkaufmann fragt sich: „Warum ist es gut, wenn ich den Mann gegenüber unterbiete und versuche, ihn aus dem Geschäft zu drängen? Warum ist es gut, wenn er mich unterbietet und versucht, mich aus dem Geschäft zu drängen?" Wenn dies einem von ihnen gelingt, wird dann nicht ein Fremder den Platz des Verlierers einnehmen? Der Dorfhandwerker fragt sich: „Warum sollte ich für weniger Geld arbeiten als andere, in dem törichten Bemühen, sie zum Verlassen des Dorfes zu zwingen, weil sie sonst verhungern würden? Warum sollten sie versuchen, mir das Brot vom Munde wegzunehmen, indem sie für weniger Geld arbeiten, als ich zur Ernährung meiner Familie brauche? Was nützt ein solcher Wettbewerb?" Die Gewerkschaft sagt ihren Mitgliedern: „Ihr sollt nicht gegeneinander konkurrieren, indem ihr eure Arbeitskraft zu niedrigerem Lohn oder für mehr Stunden zur Verfügung stellt, diese Art des Wettbewerbs ist tot." Die Gewerkschaften neigen dazu, sogar noch einen Schritt weiter zu gehen und zu sagen: „Ihr sollt noch nicht

*) Vom Herausgeber gewählter Titel für die auszugsweise übersetzten, nun zusammengefaßt abgedruckten Kapitel.

einmal in der Menge der von euch pro Tag geleisteten Arbeit konkurrieren, sondern jeder soll soundso viel tun und nicht mehr." Eine grobe Lösung eines dringlichen Problems; eine sehr knappe Antwort auf die Behauptung: „Wettbewerb ist die treibende Kraft der Wirtschaft . . ."

In Europa ebenso wie in Amerika gären neue Ideen des Protests, des Zweifels, der Unzufriedenheit mit dieser Art des Wettbewerbs. Die alten Ideen erscheinen nicht mehr so stichhaltig, sie klingen nicht mehr so wahr wie einst; sie passen nicht mehr zu den gegenwärtigen Verhältnissen, etwas stimmt nicht daran. In Wirklichkeit jedoch waren sie niemals wahr, sie waren niemals mehr als nur oberflächlich stichhaltig. Wettbewerb war nur damals die treibende Kraft der Wirtschaft, als es im Wirtschaftsleben räuberisch, unbarmherzig zuging. Wettbewerb, der gute, altmodische „halsabschneiderische" Wettbewerb gehört den Freibeutertagen der Wirtschaft an, als jeder Industriezweig die schwarze Fahne wehen ließ und das Auftreten eines Wettbewerbers den Krieg bis aufs Messer bedeutete.

Die Verhältnisse haben sich geändert, die Menschen betrachten sich nicht mehr gegenseitig als Industrie- und Handelspiraten. Wir sind noch weit entfernt von einer Zeit des allgemeinen Wohlwollens, des wechselseitigen Vertrauens, der großzügigen und aufrichtigen Zusammenarbeit, aber die Welt bewegt sich darauf zu. Dampf und Elektrizität haben die Länder, Städte, Menschen einander so nahe gerückt, daß sich das alte Gefühl bitterer Feindschaft gemildert hat. Der wahre Konkurrent des Dorfkaufmanns ist nicht mehr der Laden an der Ecke gegenüber, sondern das tausend Meilen entfernte Versandgeschäft. Der wahre Konkurrent des Bergarbeiters in Pennsylvanien ist nicht der Mann im nächsten Schacht, sondern der Einwanderer, der in Neapel an Bord eines Dampfers geht. Der einzige Wettbewerb, den der Arbeiter in Kalifornien fürchtet, ist der aus dem Orient. Innerhalb von hundert Jahren ist die Welt sehr zusammengeschrumpft. Die Entfernungen sind nahezu aufgehoben worden; Menschen, die einst weit voneinander entfernt lebten und sich fremd waren, sind jetzt fast Nachbarn; sie sind einander nahe und reden ungezwungen miteinander.

Der Wettbewerb der Isolierung ist nicht mehr möglich, er war niemals gewinnbringend, er ist verheerend geworden; dennoch ruft ein sehr beachtlicher Teil des Volkes – und am lautesten die Politiker – nach ihm; sie möchten sich dem Fortschritt entgegenstemmen und das Veraltete wiederherstellen. Das ist ganz zwecklos. Der alte Wettbewerb verschwindet unwiderruflich. Der neue Wettbewerb kommt, er kommt ebenso sicher wie die Eroberung der Luft, ebenso sicher, wie andere und größere Erfindungen und Entdeckungen kommen und die Menschen enger miteinander verbinden werden. Nichts in der Welt kann den Wettbewerb wiederherstellen. Er ist zerstört und auf immer dahin . . .

Der alte Ruf „Wettbewerb ist die treibende Kraft der Wirtschaft" weicht dem neuen Ruf „Wirtschaft ist Zusammenarbeit". Der alte Ruf ist der Widerhall primitiver und barbarischer Verhältnisse; er bedeutete niemals Wettbewerb auf der Grundlage der Gerechtigkeit und Gleichheit, er bedeutete die rücksichtslose Unterdrückung der Schwachen, den erbarmungslosen Triumph der Starken, er bedeutete Methoden, die so fragwürdig waren, daß sie jetzt als verbrecherisch verurteilt werden. Der alte Wettbewerb mit seinen ungerechten Vorteilen, seinen geheimen Preisen und Rabatten, seinen Verschwörungen zur Vernichtung der Konkurrenz, zur Unterstützung bevorzugter Parteien, Ortschaften, Städte auf Kosten anderer verschwindet; der neue Wettbewerb nimmt seinen Platz ein, er schreitet voran trotz des unwissenden Protestgeschreis, ohne Rücksicht auf die Verabschiedung von Gesetzen, angesichts hemmender Entscheidungen; er schreitet voran, weil er im Grunde das Richtige ist – weil er Fortschritt bedeutet.

Was ist Wettbewerb? Der Mann auf der Straße lacht über diese Frage: „Aber jeder weiß doch, was Wettbewerb ist." „Nun, was ist es denn?" . . . „Es ist das Streben des anderen, meine Kunden zu bekommen", antworten der Händler und der Hersteller. „Es ist der heftige Kampf um das Leben und den Reichtum, die Beseitigung der Schwachen, der Sieg der Starken", sagt der Biologe, und damit ist das Thema für ihn erledigt.

Stimmt das? Dann lohnt es sich nicht, den Wettbewerb zu erhalten; dann ist er kein wirtschaftlicher, sondern ein biologischer, kein menschlicher, sondern ein natürlicher Vorgang; er ist Teil der Entwicklungslehre, nicht Gegenstand der Morallehre; er liegt auf einer

Ebene mit den unbarmherzigen Kräften, mit denen die Menschen ringen; wie die bekannte Lehre vom „Überleben des Tüchtigsten“ ist er weniger unmenschlich als vielmehr nichtmenschlich . . .

In seinen sozialen Beziehungen hat der Mensch die nüchterne biologische Behauptung, daß der Fortschritt das Überleben des Tüchtigsten sei, weit hinter sich gelassen. In seinen Handels- und Industriebeziehungen befindet er sich in dem wilden Zustand, in dem die „Vernichtung der Schwachen und Hilflosen“ nicht nur „absichtlich und vorsätzlich“ und „mit spartanischer Härte“ vollzogen wird, sondern mit eben der Befriedigung, die ein römisches Publikum empfand, wenn ein Gladiator den anderen erschlug oder ein wildes Tier einen Christen verschlang.

Ein berühmter Professor sagt: „Die große Gesellschaft hat das Recht, die kleinere in einem ehrlichen Wettkampf um niedrige Herstellungs- und Vertriebskosten zu schlagen; aber sie hat nicht das Recht, ihre Wettbewerber mit unredlichen Mitteln zu bekämpfen und durch einen tückischen Schlag zu vernichten.“[1] Das ist die Theorie des extremen Verfechters der Entwicklungstheorie: der „Große“ hat das Recht zu überleben, weil er rohe Gewalt anwendet, der „Kleine“ muß und soll zugrunde gehen, damit der „Tüchtigste“ leben kann und die Händlerrasse verbessert wird! Seltsam, wie sich diese der Naturgeschichte entnommenen rohen Behauptungen in der Wirtschaft halten können, lange nachdem sie aus der Ethik verschwunden sind.

In dem gesamten sozialen, geistigen, moralischen Fortschritt, in ihrem täglichen Leben strafen die Menschen die Behauptung Lügen, daß die Starken das Recht haben, die Schwachen beiseite zu stoßen; im Gegenteil, es gilt als das kostbarste Vorrecht der Starken, den Schwachen beizustehen – das ist das Leben in seiner erstrebenswertesten Form. Wenn dies das Gesetz der sozialen, intellektuellen und moralischen Entwicklung des Menschen ist, warum sollten die gleichen hohen Verpflichtungen nicht auch für seine kommerzielle und industrielle Entwicklung gelten? Das ist eine Frage, die sich jeder stellen sollte, der über dieses Thema schreibt oder redet, und zu der er schweigen sollte, bis er die Antwort findet, denn im

[1] John B. Clark, The Control of Trusts, S. 15.

Grunde geht es bei dieser Frage nicht ums Geldverdienen, sondern um die Erziehung des Menschen. Es ist eine Frage, auf die jeder Gesetzgeber die Antwort wissen sollte, bevor er neue Gesetze zur Förderung des alten, des natürlichen, des brutalen Wettbewerbs entwirft. Warum sollte man Gesetze verabschieden, die es dem einen ermöglichen, die Arbeit, die Kunden, den Lebensunterhalt, ja selbst das Brot des anderen zu erlangen? Warum sollte man die Natur in ihrer grausamsten Laune nachahmen? . . .

Von allen Wettkämpfen, in die sich der Mensch einläßt, ist der rohe Wettbewerb in der Herstellung und Verteilung der Güter der verächtlichste, weil schmutzigste, er ist eine nur auf den Gelderwerb ausgerichtete, durch keinen einzigen höheren Beweggrund verschönte Angelegenheit. Daran ist nicht der Wettbewerb – das Wetteifern als solches – schuld, sondern unsere Industriewirtschaft. Ein Wettkampf im weiteren Sinne des Wortes ist im Grunde nichts Schlechtes; im Gegenteil, er stellt einen höchst wirksamen Anreiz für das Streben nach ethischer, ästhetischer und materieller Vollkommenheit dar; er ist der mächtigste Ansporn zur Zusammenarbeit, der Grundlage des Fortschrittes. Wetteifern – Wettbewerb in seiner umfassendsten Bedeutung – ist das emsige, vernünftige, freundschaftliche Streben des einen Menschen mit dem anderen, mit dem Ziel, für beide vorteilhafte Ergebnisse zu erlangen; es ist weder umbarmherzig noch gleichgültig; es ist weder boshaft noch rachsüchtig, es ist nicht rücksichtslos und auch nicht völlig selbstsüchtig; es ist nichts Mechanisches, sondern etwas Menschliches und sollte deshalb wohlwollend sein . . .

Die Grundlage der Gesellschaft ist nicht Wettbewerb, sondern Zusammenarbeit. Die Familie ist eine auf Zusammenarbeit gegründete Einheit. Kain und Abel wetteiferten in ihren Opfern, und ihr Wetteifer führte zum Mord. Heute führt der heftige Kampf um Lohn, Arbeitsplatz, Stellung, Macht dazu, daß der Bruder die Hand gegen den Bruder erhebt – der Schläger und der Sprengstoffattentäter sind die Nachfolger Kains. Der Stamm, das Dorf, der Staat, die Nation, sie alle sind Stufen der Zusammenarbeit, und die Vollkommenheit einer jeden hängt davon ab, wie wirksam die Zusammenarbeit ist . . .

Ohne Zusammenarbeit ist Fortschritt, ja das Leben selbst, unmöglich. Es ist ein Gesetz der rohen Natur, daß Tiere sich eine Zeitlang zusammentun, um ihre Jungen zu füttern und zu schützen. Nur in den allerniedersten Formen des Lebens fehlt diese Zusammenarbeit; je höher die Lebensform, je mehr Zusammenarbeit ist zur Erhaltung der Art erforderlich. Bei den Menschen wird die Zusammenarbeit der Eltern durch diejenige des Stammes, der Gemeinde, des Staates ergänzt, und in künftigen besseren Tagen wird sich die gegenwärtig so bedauerlich unvollkommene Mitarbeit des Staates zu einer verständnisvollen und vorausschauenden Anteilnahme entwickeln, mit der verglichen die der Eltern von heute unwissend und unzulänglich ist. In der Welt des Handels und der Industrie ist Erfolg das Ergebnis von Zusammenarbeit. Arbeitsteilung ist Zusammenarbeit. Die wichtige Bedingung, daß sich jedermann der Beschäftigung widmen kann, für die er sich am besten eignet, setzt Zusammenarbeit voraus. Zusammenarbeit bedeutet gegenseitige Abhängigkeit, ein Opfer und gleichzeitig größere Unabhängigkeit ...

Die bisher verwendeten Begriffe sind einander genau entgegengesetzt. Es ist der Zweck dieses Buches zu zeigen, inwiefern der neue Wettbewerb eine hochentwickelte Form der Zusammenarbeit ist und daß der neue Wettbewerb mit dem alten nur wenig gemein hat.

Es handelt sich hierbei nicht nur um eine Frage der politischen oder gesetzgeberischen oder auch wirtschaftlichen Zweckmäßigkeit. Es geht darum, zu höheren Idealen in Handel und Industrie zu gelangen, ungerechte, gewaltsame, „brutale" Methoden zu unterbinden, sofern es in der Natur des Menschen liegt, sie zu unterbinden. Es handelt sich darum, einen neuen Wettbewerb an die Stelle des alten zu setzen.

Es ist denkbar, daß eine Zeit kommt, in der selbst der einzelne ... zu der Einsicht gelangt, daß es eine bessere Möglichkeit geben sollte und müßte, mit einem Konkurrenten auf der gegenüberliegenden Straßenseite fertigzuwerden, als ihn zu ruinieren; doch bevor der einzelne zu einer so aufgeschlossenen moralischen und wirtschaftlichen Einstellung gelangt, wird die Welt ihr gegenwärtiges wirtschaftliches Glaubensbekenntnis weit hinter sich lassen müssen. Seltsam genug, es ist weitaus leichter, große Hersteller und große

Unternehmen zu veranlassen, Versuche in dieser neuen Richtung anzustellen; sie erkennen die Sinnlosigkeit der Methoden des alten Wettbewerbs und erproben den neuen Wettbewerb, ja jede vom Gesetz zugelassene Art der Zusammenarbeit nur zu gern.

Die Grundlage des alten Wettbewerbs ist die Geheimhaltung, die Stärke des neuen ist das Wissen; das Wesen des alten ist die Täuschung, der Geist des neuen ist die Wahrheit. Alle Machenschaften des alten sind durch Verschleierung gekennzeichnet; Aufrichtigkeit ist ein wesentliches Merkmal des neuen. Der alte betrachtet alle Verbände und Zusammenschlüsse mit argwöhnischen Augen; ohne Zusammenarbeit ist der neue nicht möglich ...

Grundlage des neuen Wettbewerbs ist die Offenpreispolitik. Was bedeutet „offener" Preis? Genau das, was das Wort besagt: einen Preis, der offen und ehrlich ist, der sowohl Wettbewerbern als auch Kunden bekannt ist, der, sofern es nur durchführbar ist, auf jedem hergestellten Artikel in deutlichen Ziffern angegeben wird, der in jeder Preisliste genau abgedruckt ist – ein Preis, bei dem es keine Geheimhaltung, kein Ausweichen, keine Bevorzugung gibt. Bei der Vergabe von Aufträgen bedeutet das, daß jedes Angebot und jede Änderung eines Angebots jedem Teilnehmer an der Ausschreibung bekannt sein muß; es bedeutet, daß selbst der gerissene und skrupellose Wettbewerber diese Information haben kann. Kurz, die Offenpreispolitik bedeutet eine völlige Umkehrung der jetzt gebräuchlichen Methoden.

Viele alteingesessene Hersteller, die es sich zur Gewohnheit gemacht haben, ihre Preise genau einzuhalten, werden sagen: „Aber das tun wir doch schon jetzt." Ein Dutzend bohrender Fragen wird sie davon überzeugen, daß das nicht zutrifft, und nach einem halben Dutzend entscheidender Vorschläge zur Änderung ihrer Methoden im Sinne des neuen Wettbewerbs wird sich eine beträchtliche Anzahl von ihnen in ihren Sesseln zurücklehnen und sagen: „Nein, das ist uns zu modern." Nach den Erfahrungen des Verfassers sind die Männer, die am lautesten darauf beharren, daß sie eine Offenpreispolitik verfolgen, die letzten, die sie einführen würden. Was sie wollen, ist eine Preisfestsetzungspolitik. Der geheime Preis ist das Kennzeichen des alten – falschen Wettbewerbs. Der festgesetzte Preis ist das Kennzeichen der ungesetzlichen Absprache – unterdrückter Wettbewerb. Der offene Preis ist das Kennzeichen des neuen – wahren Wettbewerbs . . .

Wenn die Behauptung aufgestellt wird, daß „der festgesetzte Preis das Kennzeichen der ungesetzlichen Absprache sei – unterdrückter Wettbewerb“, gilt das so allgemein, daß es keines weiteren Kommentars bedürfte, aber es trifft doch nicht immer zu. Beim alten Wettbewerb mit seinen geheimen Preisen, Preissenkungen, Rabatten usw. weiß der Käufer, wenn er sich plötzlich mehr oder weniger einheitlichen Preisen, dem Fortfall von Rabatten und Skonti usw. gegenübersieht, daß der Wettbewerb auf irgendeine Weise unterdrückt worden ist, und nimmt an, daß eine Absprache dahintersteckt; in neun von zehn Fällen, in denen eine plötzliche Änderung der Bedingungen stattfindet, besteht eine Absprache.

Wenn sich jedoch die Verhältnisse in einem gegebenen Gewerbe- oder Industriezweig allmählich infolge der Verwendung offener und aufrichtigerer Methoden verbessern, neigen die Preise dazu, einheitlich zu werden, ohne daß dem ein abgestimmtes Verhalten zugrunde liegt.

Preisgewitter, wie Sturmwinde, legen sich schließlich wieder – aber sie können auch erneut losbrechen. Heftige Schwankungen sind unnormal und zerstörerisch. Wenn sie keinen äußeren Einflüssen unterliegen, suchen und finden die Preise in jedem Industriezweig ihre richtige Höhe. Die Preise werden nicht im aktiven Sinne des Verbs „festgesetzt“, sondern sie stabilisieren sich infolge der normalen Verhältnisse. In seltenen Fällen können sie so stabil werden und längere Zeit bleiben, daß sie alle Anzeichen der „Festsetzung“ aufweisen, obwohl sie nicht festgesetzt worden sind; es gab keine Vereinbarung, keine Absprache. Wenn die Preise im normalen Sinne stabil sind, dann handelt es sich fast immer um diejenigen Industriezweige, in denen jeder Wettbewerber weiß, was die anderen fordern, und jeder instinktiv davor zurückscheut, die Preise zu unterbieten, weil er weiß, daß es dann alle tun werden; dieser Industriezweig hat wahrscheinlich mehr als einen verheerenden Wirtschaftskrieg durchgemacht und befindet sich stets am Rande des nächsten. „Feste“ Preise in diesem Sinne – stabile Preise – sind abhängig von dem Ausmaß, in dem der offene Preis vorherrscht. Je offener der Preis, desto stärker ist die Tendenz zur Stabilität, auch hier, ohne daß eine Absprache zugrunde liegt. Die offenen Notierungen – Preise – der Wertpapierbörsen untermauern unsere Theorie.

Doch während viele alteingesessene Industriezweige – insbesondere diejenigen, die durch ein paar konservative und gutgeführte Gesellschaften kontrolliert werden – auf mehr oder weniger Offenheit und Aufrichtigkeit bei der Preisnennung hingearbeitet und entsprechende Vorteile in Form von größerer Preisstabilität erlangt haben, ist diese Situation keineswegs dauerhaft; sie beruht auf keiner klar festgelegten Politik; ihre einzige Grundlage ist die Furcht vor einem Wirtschaftskrieg, eine Furcht, die unter dem Druck „harter Zeiten“ leicht weichen kann ...

Bis zu einer Änderung der Gesetze ist der einzig sichere Weg, nichts mit einer Konferenz oder Vereinigung zu tun zu haben, deren Ziele nicht schwarz auf weiß klar ausgedrückt sind und deren Protokolle nicht vollständig aufbewahrt werden. Wenn das Hauptziel darin besteht, die Verhältnisse in der Branche zu verbessern, dann sollte dieses Ziel offen genannt werden, und die zur Erreichung dieses Ziels angewendeten Mittel sollten so ausführlich beschrieben werden, daß Richter und Geschworene sehen können, daß sie rechtmäßig und völlig ausreichend sind, um das Ziel ohne Zuhilfenahme irgendeiner stillschweigenden Vereinbarung, einer moralischen Verpflichtung oder eines „Gentleman's Agreement“ zu erreichen.

Ich bin der Auffassung, daß die Offenpreispolitik hierzu die Mittel in die Hand gibt; daß sie gesund, vernünftig und legal ist; sie beinhaltet keine Handlung, keine Vereinbarung irgendwelcher Art, die nicht innerhalb der verfassungsmäßigen Rechte eines jeden Menschen läge. Das Recht, Preise zu veröffentlichen, Angebote frei und offen auszutauschen, sich Kunden und Mitbewerbern gegenüber aufrichtig zu verhalten, alle diese Rechte können durch keine gesetzgebende Körperschaft in diesem Land beschnitten werden. Der Kongreß und die übrigen Gesetzgeber können dafür sorgen, daß die Ausübung dieser Rechte nicht mißbraucht wird; daß eine gesunde und fruchtbare Zusammenarbeit nicht die Züge willkürlicher und beschränkender Absprachen annimmt, doch die Zusammenarbeit selbst kann nicht verboten werden.

Es ist eine Sache, wenn Geschäftsleute bei einer Zusammenkunft nacheinander sagen: „Mein Preis ist der und der“, mit dem Ergebnis, daß ihre Preise nach der Zusammenkunft im wesentlichen mit den genannten Zahlen übereinstimmen. Es ist eine völlig andere Sache, wenn dieselben Geschäftsleute eine Konferenz abhalten, bei der jeder einzelne berichtet: „Mein tatsächlicher Umsatz im vergangenen Monat war so und so hoch, und hier sind die Einzelheiten jedes Geschäftsabschlusses.“ In dieser Aussage ist keine direkte oder stillschweigende Vereinbarung zur Aufrechterhaltung der Preise, keine irgendwie geartete Verpflichtung zur Einhaltung von Preisen enthalten. Daß eine Gruppe von Männern das Recht hat, ihre beabsichtigten Handlungen mitzuteilen, mag nach vielen Antitrustgesetzen umstritten sein, doch wir haben noch von keinem Gesetz gehört, das jemanden daran zu hindern sucht, über das zu berichten, was er getan hat. Wenn Geschäftsleute zusammentreffen und jeder sagt: „Mein Preis ist der und der“, und alle sagen das gleiche, dann läßt sich aus den nachfolgenden Ereignissen vielleicht eine Verpflichtung zur Einhaltung dieses Preises ableiten; aber ein solches Versprechen läßt sich nicht aus der offenen Mitteilung bereits vollzogener Geschäftsabschlüsse ableiten; und dennoch wird der bloße Austausch von Informationen eher zur Stabilisierung der Preise und zur Beseitigung unlauteren und schädlichen Wettbewerbs führen als eine Vereinbarung zur Einhaltung der Preise.

Offenpreispolitik bedeutet die freimütige Mitteilung tatsächlicher Geschäftsabschlüsse, und tatsächliche Geschäftsabschlüsse interessieren die Konkurrenten weitaus mehr als Zusicherungen hinsichtlich der Zukunft – die Tatsachen sprechen für sich selbst, die Zusicherungen werden – unabhängig davon, ob sie rechtmäßig sind – selten gehalten. Die der Offenpreispolitik zugrunde liegende theoretische Annahme lautet: Es ist nur die Kenntnis der tatsächlichen Angebote und Preise erforderlich, um die Preise auf einem hinreichend stabilen und normalen Niveau zu halten.

Absprachen zur Einhaltung von Preisen sind nicht erforderlich, sie sind nicht nur unnötig, sondern schädlich. Sie wirken sich in den Ländern, in denen sie nicht verboten sind, nicht zufriedenstellend aus und in unserem Lande haben sie noch niemals funktioniert. Sie lassen mehr Mißtrauen, mehr Ärger entstehen als jeder halsabschneiderische Wettbewerb, und sofern sie eine Zeitlang eine Erhöhung der Preise bewirken, stellen sie einen unmittelbaren Anreiz für andere dar, in das Geschäft einzusteigen, und machen damit den Wettbewerb letzten Endes um so schärfer.

Geschäftsleute, die heftigem Wettbewerb ausgesetzt sind, werden fast jedem Ruf rasch folgen und bereitwillig jede Vereinbarung eingehen, die nur die geringste Hoffnung auf eine Verbesserung ihrer Lage bietet, doch wenn sich die Hoffnung nicht unmittelbar in Form höherer Preise verwirklicht, werden sie sich ebenso rasch wieder davon zurückziehen. Die Offenpreispolitik verspricht keine sofortige Abhilfe; ob Abhilfe in Form von besseren Preisen zu erhoffen ist, mag ungewiß sein, deshalb ist es wichtig, daß einer Vereinigung eine ausreichende Lebensdauer zugesichert ist, um den neuen Weg ausreichend erproben zu können, denn die besseren Zustände werden zuallererst darin bestehen, daß freundschaftliche Beziehungen und Vertrauen an die Stelle von eifersüchtigem Mißtrauen und Haß treten; zweitens in den sehr großen Vorteilen, die sich daraus ergeben, daß zum erstenmal die tatsächlichen Verhältnisse in dem betreffenden Industriezweig bekannt werden; drittens darin, daß sich die Preise auf einem normalen Niveau einpendeln und der Wettbewerb seine unlauteren und rohen Züge verlieren wird. Diese Vorteile werden in der genannten Reihenfolge verwirklicht werden, und es wäre müßig, irgendwelche günstigen Auswirkungen auf den Wettbewerb oder die Preise zu erwarten, ehe nicht Mißtrauen und Haß beseitigt worden sind; deshalb dauert es eine Zeitlang, bis Ergebnisse erzielt werden. Männer, die behaupten, sie würden einander nicht glauben, auch wenn sie unter Eid aussagten, können nicht im Handumdrehen geändert werden; viele können nie geändert werden, deshalb werden nicht wenige Vereinigungen von Anfang an zum Scheitern verurteilt sein.

Seit dem Erscheinen der 1. Auflage dieses Buches sind Preismeldestellen geschaffen worden, die in vielen wichtigen Industriezweigen erfolgreich funktionieren. Es werden offene Konferenzen abgehalten; Wettbewerber und Kunden sind willkommen und nehmen häufig daran teil. Man bemüht sich darum, die Kunden über alle Vorgänge auf dem laufenden zu halten; der Kritik wird durch Aufrichtigkeit und Publizität der Wind aus den Segeln genommen.

All dies klingt „zu schön, um wahr zu sein“, aber es ist dennoch völlig wahr. Um ein konkretes Beispiel zu nennen: eine Vereinigung war so zufrieden mit dem Funktionieren des Preismeldesystems, daß sie ihren Kunden ein Essen gab und sie aufforderte, sich dem System anzuschließen. Die Kunden folgten der Aufforderung und hielten natürlich eigene Konferenzen ab; doch innerhalb von anderthalb Jahren hielten die beiden Vereinigungen gemeinsame Konferenzen ab, und die erste verabschiedete eine Resolution, die den Kunden alle in ihre Sekretariatsakten aufgezeichneten Preisinformationen zugänglich machte. Als die erste Gruppe von Geschäftsleuten zum erstenmal zusammentrat, hielten sie die Türen dicht verschlossen, damit ihre Kunden noch nicht einmal etwas von der Konferenz hören könnten; nun treffen sie mit den Kunden in einem Raum zusammen, und jedes Mitglied beantwortet offen und freimütig jede Frage, die ein Kunde in bezug auf die Preise stellt.

Wie hat sich das ausgewirkt? In größerer Stabilität der Preise auf einem normalen Niveau, ohne daß versucht wird, die Preise willkürlich zu kontrollieren. In der Abschaffung geheimer Rabatte und Skonti. In einer gerechten und gleichen Behandlung aller Kunden. Darin, daß der ganze Industriezweig auf einen höheren Stand gebracht wurde. Darin, daß auch Nichtmitgliedern geholfen wurde, wie diese offen zugaben . . .

Daß die Offenpreispolitik nicht zu willkürlichen oder unlauteren Preissteigerungen führt, bezeugt die Tatsache, daß nahezu alle diese Vereinigungen den Gesellschaften, bei denen sie einkaufen, die Anwendung dieser Politik dringend empfehlen. Würden sie das tun, wenn sie glaubten, daß dieses System zur Festlegung und Erhöhung der Preise führt? Wohl kaum.

Verschiedene Verbände haben sich die Mühe gemacht, ihre Zulieferanten zur Teilnahme an den Konferenzen einzuladen, um sie mit dem System bekannt zu machen. Warum tun sie das? Weil das System zur Stabilität der Preise auf einem angemessenen Niveau führt und die Abschaffung geheimer Rabatte und ungerechter Vorteile bei Preisen und Bedingungen begünstigt. Jeder intelligente Käufer möchte das glückspielhafte, das spekulative, das unsichere Element in seinem Geschäft auf ein Minimum reduzieren . . .

Um die Argumente zusammenzufassen:

In jedem beliebigen Geschäftsvorgang, wie zum Beispiel der Vergabe eines Auftrages, treffen zahlreiche Elemente zusammen. Praktisch alle diese Elemente lassen sich einordnen unter: 1. Den Zeitraum für die Ausführung, 2. die Art der Ausführung, 3. die Zahlungsbedingungen. Jede der beiden Seiten kann eine Absprache treffen und zwei beliebige dieser Elemente vorschreiben: solange eines davon nicht festgelegt ist, kann der Wettbewerb ebenso scharf sein wie zuvor. Das gilt insbesondere, wenn die Zahlungsbedingungen offengelassen werden.

Jede Vereinigung von Anbietern kann die strengsten Regeln hinsichtlich (1) des Zeitraums für die Durchführung und (2) der Art der Durchführung vorschreiben, ohne den Wettbewerb zu beeinträchtigen oder den Handel zu beschränken, solange es jedem freisteht, ein beliebiges Angebot hinsichtlich (3) der Zahlungsbedingungen zu machen.

Der Grundgedanke der Offenpreisbewegung ist es, jedem Mitglied zu überlassen, welchen Preis es für seine Erzeugnisse oder seine Arbeiten festlegen will, aber jeden anderen Unsicherheitsfaktor in dem Geschäftszweig auf ein Minimum zu reduzieren . . .

Es gibt zwei Klassen von Abnehmern:

A. Diejenigen, die für den Verbrauch kaufen.

B. Diejenigen, die für den Wiederverkauf einkaufen.

Das Verhältnis des Endverbrauchers zu dem Anbieter dessen, was er braucht oder wünscht, unterscheidet sich von dem des Herstellers oder Händlers zu dem Anbieter der Waren oder Rohstoffe, die er in seinem Geschäft braucht . . .

Den Verbraucher interessiert vor allem, was er selbst zahlen muß; den Hersteller interessiert vor allem, was sein Konkurrent bezahlt . . .

Im allgemeinen steigen und fallen die Preise landwirtschaftlicher Erzeugnisse mit den Kosten, während die Preise von Industrieerzeugnissen im umgekehrten Verhältnis zu den Kosten steigen und fallen. Das eine ist eine normale und gesunde Reaktion auf die Situation, das andere ist eine unnormale und ungesunde Reaktion. Ist die Ernte knapp, dann sind die Kosten pro Einheit – pro Zentner – und ceteris paribus auch die Preise hoch; umgekehrt verhält es sich, wenn die Ernte reichlich ausfällt. Bei einem niedrigen Ausstoß von Industrieerzeugnissen sind die Stückkosten hoch, die Preise jedoch niedrig, und wenn der Güterausstoß einen Höchststand erreicht, sind die Kosten niedrig und die Preise hoch . . .

Gibt man zu, daß ein angemessener Preis die echten Kosten zuzüglich wenigstens eines gewissen Gewinns decken sollte, so folgt daraus, daß sich die Preise mit den Kosten ändern und somit normalerweise höher sein sollten, wenn der Ausstoß niedrig ist, und umgekehrt. Doch, wie Adam Smith feststellte, gilt genau das Gegenteil. Bei sinkender Nachfrage und Produktion sinken stets die Preise. Diese Situation ist ein seltsames Beispiel für die Neigung des Menschen, jedes noch so große Übel als richtig und natürlich hinzunehmen, wenn es lange anhält. Daß die Preise bei steigenden Kosten fallen und bei sinkenden Kosten steigen, ist eine von Grund auf ungesunde Situation, doch da dies seit unvordenklichen Zeiten ein Ergebnis des alten unbeschränkten Wettbewerbs ist, schicken sich gerade diejenigen, die am meisten darunter leiden, nämlich Arbeitgeber und Arbeitnehmer, ergeben darein.

Fritz Machlup, Wettbewerb im Verkauf. Modellanalyse des Anbieterverhaltens. Aus dem Englischen übers. von Hans-Wolfram Gerhard. Vandenhoeck & Ruprecht, Göttingen 1966, S. 419—434 (erstmals: The Economics of Sellers' Competition. Modell Analysis of Sellers' Conduct. ²1956).

DIE FORMEN UND GRADE DER KOLLUSION

Von Fritz Machlup

Verschiedentlich haben wir die Ausdrücke „kartellartig", „kollusiv" oder „verabredet", „koordiniert" und „kooperativ" im Zusammenhang mit dem Oligopol so verwendet, als wären sie völlig gleich und auswechselbar. An anderer Stelle haben wir diese Ausdrücke mit leichter Bedeutungsverschiebung verwandt. Ehe wir zu einer detaillierten Diskussion der Formen und Grade der Kollusion übergehen, empfiehlt sich vielleicht eine Klärung der semantischen Beziehung zwischen Kollusion, Koordination und Zusammenarbeit im Angebot.

Koordination, Kollusion, Zusammenarbeit

Da Koordination „gemeinsame Maßnahmen in Verfolgung eines bestimmten Zweckes" bedeutet, erfordert sie Abreden, Zusammenarbeit oder Zwang. Auf die besondere Erwähnung von Zwang kann man verzichten, wenn man bedenkt, daß Abreden oder Zusammenarbeit entweder freiwillig oder unter Zwang zustande kommen können. Man kann also sagen, daß koordiniertes Oligopol Kollusion (oder Zusammenarbeit) voraussetzt. Diese Aussage gilt umgekehrt jedoch nicht. Nicht jede Kollusion führt zu Koordination. Manche Ansätze zur Kollusion sind so schwach, daß sie nicht einmal unvollkommen koordiniertes Oligopol zustande bringen. Einen geringen Grad der Kollusion kann es auch beim nicht koordinierten Oligopol geben. Normalerweise kommt es beim Kollusions-Oligopol natürlich zu einem gewissen Grad an Koordination.

In der Verwendung der Ausdrücke „Kollusion" („Abrede" oder „Kartellierung") und Zusammenarbeit („Kooperation") herrscht mehr Willkür. Vom ethischen und juristischen Standpunkt aus erscheint der Unterschied als recht erheblich. Vom wirtschaftstheoretischen Standpunkt aus scheint jedoch nur ein geringer oder überhaupt kein Unterschied zu bestehen [1]. Im Zusammenhang mit Wettbewerb im Verkauf ist es wohl am zweckmäßigsten, diese Ausdrücke so zu verwenden, daß man von Zusammenarbeit spricht, wenn der Anbieter ein bestimmtes Verhalten als das einzig anständige ansieht; von Kollusion dagegen, wenn im Verhalten des Anbieters außerdem noch gewisse Elemente von „rücksichtsvollem“ oder „vorsichtigem“ Wettbewerb mitspielen, die weniger als ausgesprochene Zusammenarbeit darstellen, aber auch solche, die über bloße Zusammenarbeit hinausgehen. Mit anderen Worten, wir schlagen die Verwendung des Ausdrucks Kollusion in dem umfassenderen Sinne vor, in dem er Zusammenarbeit einschließt. Diese terminologische Entscheidung ist aber keineswegs unantastbar. Man könnte die Ausdrücke Kollusions- und Zusammenarbeitsoligopol ebensogut als auswechselbare Bezeichnungen mit identischer Bedeutung verwenden.

Empfindliche Leser mögen uns vorwerfen, wir versuchten, vorbelastete Wörter zu benutzen, denn „Kollusion“ wird meistens mit einem Unterton von Mißbilligung und mit einem Anklang an List, Betrug oder Gaunerei verwendet. Machen wir es also eindeutig klar,

[1] Der „Kollusion“ bezichtigt zu werden, klingt ziemlich schlimm. Abgesehen davon, daß es rechtliche Konsequenzen haben kann, hängt solchem Vorwurf ein schwerwiegender moralischer Makel an. Man kann jedoch einen anderen Ausdruck dafür verwenden und der schimpfliche Beiklang verschwindet. Nenn' es „Zusammenarbeit“, und statt des moralistischen Stirnrunzelns wird beifällig genickt. Ist kartellartiges (englisch: „collusive“) und kooperatives Verhalten hinsichtlich der Konkurrenzbeziehungen zwischen Geschäftsleuten wirklich das gleiche? Im Wortsinne der lateinischen Verben, von denen die englischen Adjektive „collusive“ und „cooperative“ abgeleitet sind, bedeuten sie „zusammenspielend“ bzw. „zusammenarbeitend“. Ersteres hat in der Umgangssprache ebenso wie juristisch einen abfälligen Beiklang erhalten, letzteres jedoch einen lobenden Beiklang. In der Theorie wirtschaftlichen Wettbewerbsverhaltens verwischen sich die Unterschiede jedoch, denn die Auswirkungen „kollusiven“ und „kooperativen“ Verhaltens der Konkurrenten können die gleichen sein. Wo Konkurrenten in der Preissetzung ihrer Produkte zusammenarbeiten, befinden sie sich in Kollusion. Fritz Machlup, The Basing Point System, Philadelphia 1949, S. 34.

daß es uns hier nicht einmal nebenbei um ethische Urteile geht und daß das Wort, wie es in der Wirtschaftstheorie verwendet wird, hinsichtlich ethischer Beurteilung neutral und in bezug auf rechtliche Konsequenzen unvoreingenommen gemeint ist [2]. Das Wort wird seit so langer Zeit in der Wirtschaftstheorie verwendet, daß es wohl übertrieben penibel wäre, wollte man wegen des ethischen Untertons auf seine Verwendung verzichten, zumal es in seiner wirtschaftlichen Bedeutung weniger mißverständlich ist als die meisten anderen Ausdrücke.

Man sollte außerdem auch den Anklang von Heimlichkeit unterdrücken, der bisweilen mit dem Ausdruck Kollusion verbunden ist. Gewiß, es gibt viele Formen von Kollusion, die im wesentlichen stillschweigend und implizit sind. Auch stimmt es, daß in Ländern, in denen Wettbewerbsbeschränkungen verboten sind, die Heimlichkeit von Kollusionsversuchen wesentlich sein kann. Es gibt jedoch viele Länder, in denen Kartelle zulässig sind und sogar staatlich gefördert werden. Die Kollusion, die den am vollkommensten koordinierten Oligopolen zugrunde liegt, ist oft offen und offiziell. So wie wir den Ausdruck verwenden, umfaßt Kollusion sowohl ganz lockere Verständigungsformen ohne Kontakt oder Nachrichtenaustausch als auch die formvollendetsten und kompliziertesten Bündnisse oder Verträge.

Wir wollen es vermeiden, von der „Unabhängigkeit des Handelns“ als einem Zeichen für das „Fehlen von Übereinkommen“ oder für „stillschweigendes Übereinkommen“ zu sprechen [3]. Der Ausdruck „Unabhängigkeit“ ist in so vielen verschiedenen Bedeutungen verwandt worden, daß Mißverständnisse gar nicht zu vermeiden sind, wenn man ihn weiterhin in der Diskussion des oligopolistischen Verhaltens verwendet [4].

[2] Bezüglich der „Ethik der Gesetzübertretung“ und der „Ethik der Wettbewerbsbeschränkung“ vgl. Fritz Machlup, a. a. O., S. 32–41.

[3] Chamberlin, The Theory of Monopolistic Competition, Cambridge (Mass.) 7. Aufl. 1956, S. 47.

[4] Die Aussage „Anbieter A ist *unabhängig* von Anbieter B“ kann jede der folgenden acht und vermutlich noch mehr Bedeutungen haben:

1. A ist mit B nicht korporativ verknüpft, er untersteht nicht dem gleichen Eigentümer oder der gleichen Kontrolle.

Der Sinn der Kollusion

Vom Standpunkt des politischen Philosophen, der sich über das Wohlergehen des Volkes ausläßt, mag unbeschränkter Wettbewerb eine schöne Sache sein; vom Standpunkt der meisten Geschäftsleute ist er aber eine rechte Plage. Mag sein, daß es unter ihnen ein paar kernige Individualisten gibt, die an energischem Wettbewerb ihre Freude haben – solange sie stärker sind als ihre Opponenten, stolz auf ihren Erfolg sein können und genug Geld verdienen, um ihr Auskommen zu haben. Aber diejenigen, die ins Hintertreffen geraten, und diejenigen, die Geld verlieren oder zu verlieren fürchten, und all diejenigen, die lieber bequem als unter Druck und Streit leben wollen – man darf wohl sagen, die Mehrheit –, betrachten unbeschränkten Wettbewerb als eine unzivilisierte Lebensweise, die unnötig viel Nerven, Kraft und Geld kostet und die freundlichen Beziehungen zu den Mitmenschen zerstört.

Wo oligopolistische Anbieter „aktive Schritte unternehmen, um ihren Marktanteil zu vergrößern oder sich gegen die Versuche anderer Anbieter, ihre Anteile zu vergrößern, verteidigen", hat man von „lebhaftem Wettbewerb" gesprochen [5]. Die wechselseitigen Versuche, sich gegenseitig Kundschaft wegzuschnappen, bedeuten für die Anbieter Opfer in Gestalt niedrigerer Preise oder höherer Kosten, je

2. A ist B nicht vertraglich verpflichtet, er ist nicht durch direkte oder indirekte Abkommen gebunden.

3. A glaubt sich B nicht unter irgendwelchen unausgesprochenen Vereinbarungen oder Gesetzen der Moral verpflichtet.

4. A ist nicht von dem Willen beseelt, mit B zusammenzuarbeiten oder sein Mißfallen zu vermeiden.

5. A steht nicht unter dem Druck, der Zwangsgewalt, der Autorität oder der Führung von B.

6. A unterliegt keinem von B durch Rat oder Vorschläge ausgeübten Einfluß.

7. A ist sich keiner möglichen Rückwirkungen von Bs möglichen Reaktionen auf seine eigenen Maßnahmen bewußt.

8. A weiß von keinen Rückwirkungen, die die Preise oder Verkäufe von B auf seine Verkäufe haben könnten.

[5] Hans Brems, Cartels and Competition, Weltwirtschaftliches Archiv, 66 (1951), S. 54.

nachdem, ob es sich um Preiswettbewerb, Qualitätswettbewerb oder Werbungswettbewerb handelt. Vom Standpunkt aller Konkurrenten zusammen erscheinen diese Opfer als „unnötig"; auf jeden Fall schmälern sie den Gesamtgewinn aller Anbieter zusammen.

Wären alle Produktionsmittel der Branche unter einheitlicher Kontrolle vereint, würde die auf höchstmöglichen Gewinn gerichtete Preis- und Absatzpolitik eine „monopolistische Politik" sein und die erzielten Gewinne wären „Monopolgewinne". Stünden die Produktionsmittel nicht unter einheitlicher Kontrolle, könnte das am vollkommensten koordinierte Oligopol eine Politik betreiben, die der monopolistischen nahekäme und könnte auf Gewinn hoffen, die den potentiellen Monopolgewinnen nahekämen. Abweichungen sind hauptsächlich aus folgenden vier Gründen unvermeidlich: (1) unterschiedliche Beurteilung der gegenwärtigen und zukünftigen Markt- und Kostenlage erfordert Kompromisse zwischen den verschiedenen Unternehmern; (2) unterschiedliche Kostenlagen in verschiedenen Betrieben verschiedener Unternehmungen erfordern unterschiedliche Verteilung des Geschäfts innerhalb der Branche; (3) die verschiedenen Kompromisse sowie die Zahlung von Ausgleichsabgaben und Schmiergeldern unter den Mitgliedern der Gruppe verursachen Kosten; (4) der absichtliche Verzicht auf die für die Gruppe als Ganze optimale Politik (d. h. auf Maßnahmen, die einen maximalen Höchstgewinn für die Gruppe als Ganze ergeben würden) zugunsten solcher Maßnahmen, die bestimmten einzelnen Mitgliedern der Gruppe oder bestimmten Untergruppen besondere Vorteile bringen.

Für theoretische Zwecke ist es möglich, stets von der Annahme auszugehen, daß die Maximierung des Gesamtgewinns der Gruppe das oberste Ziel aller oligopolistischen Politik ist. Danach kann man dann alle die Faktoren berücksichtigen, die in der jeweiligen Situation die Befolgung einer solchen Politik verhindern und so unter bestimmten Umständen die Erfüllung des Ziels beeinträchtigen [6].

[6] Dieses Verfahren verwendet William Fellner in seiner Analyse des Oligopols. Vgl. Competition among the Few: Oligopoly and Similar Market Structures, New York 1949, S. 120–232. Fellner spricht von einer Theorie „begrenzter gemeinsamer Maximierung" (S. 198).

Der herkömmliche Ansatz geht von den situationsbedingten Erwägungen und dem Verhalten der einzelnen Anbieter aus, die nach Höchstgewinn streben, aber erkennen, daß Selbstbeschränkung, verabredete oder von außen auferlegte Beschränkung erforderlich ist, wenn das unnütze („ruinöse") Tauziehen des Wettbewerbs vermieden werden soll. Wo ein Ausgehen von der jeweiligen Situation zuviel an bereits entwickelter Kollusion als gegeben hinnehmen würde – und so allzuviel an oligopolistischem Verhalten unerklärt ließe –, wird man einige der vorhergegangenen Schritte zurückgehen müssen, um die dynamische Entwicklung der kartellistisch-oligopolistischen Situation zu zeigen. Diese Art der Analyse betont die Abweichung vom nichtkoordinierten Wettbewerb und das Zustandekommen eines solchen Grades der Koordination, wie ihn das kartellistische Verhalten der einzelnen Anbieter möglich macht. (In gewisser Weise ist dieser Ansatz genau das Gegenteil des Ansatzes, der von der vollkommensten Koordination ausgeht und dann die Vollmonopol-Resultate entsprechend den Abweichungen korrigiert, die sich aus Hindernissen ergeben, die dem Zustandekommen der höchsten Formen und Grade der Kollusion im Wege stehen.)

Der Grundgedanke der Kollusion ist jedenfalls klar, gleichgültig, ob es sich um hochgradige Kartellierung zum Zweck einer Maximierung der Gewinne der Gruppe als Ganzer handelt oder um eine niedrigere Form und einen mäßigen Grad der Kollusion zum Zweck der Vermeidung der schlimmsten Verluste durch „rücksichtslose Preisschneiderei".

Die Grade der Kollusion

Wie wir bereits mehrfach und wahrscheinlich sehr zur Bestürzung der Juristen, für die Kollusion entweder besteht oder nicht besteht, betont haben, lautet die Frage für den Volkswirtschaftler in bezug auf Kollusion bei oligopolistischem Wettbewerb gewöhnlich nicht „ob", sondern „in welchem Grade". Es ist ziemlich schwierig, sich plausible Oligopolmodelle vorzustellen oder zu konstruieren, in denen die Anbieter auf lange Sicht ohne die geringste Spur von Kollusion handeln. Völliges Fehlen von Kollusion hieße, „daß keine

Firma irgendwelches Zutrauen zu ihren Konkurrenten hat“ [7]; d. h., der Unternehmer mag zwar versuchen, die Gegenmaßnahmen des Konkurrenten auf seine eigenen Maßnahmen zu erraten, er kann aber niemals bestimmte Gegenmaßnahmen mit besonderer Zuversicht erwarten [8]. Tatsächlich glauben Oligopolisten jedoch in den meisten Fällen, daß sie ziemlich gut wissen, was für Reaktionen sie von ihren Konkurrenten zu erwarten haben, und ihre Erwartungen erweisen sich normalerweise sogar als richtig.

Man kann es als „Kollusion ersten Grades“ bezeichnen, wenn ein Anbieter Grund hat, sich darauf zu verlassen, daß seine Konkurrenten von sich aus keine Preissenkungen vornehmen werden, es sei denn, ihr Umsatz fiele unter ihr Existenzminimum. Wenn das Geschäft nicht außerordentlich schlecht geht, kann der Anbieter also erwarten, daß seine eigene Weigerung, niedrigere Preise zu akzeptieren, auch die anderen von Preisunterbietungen abhalten wird [9]. Als „Kollusion zweiten Grades“ kann man es bezeichnen, wenn ein Anbieter Grund hat, sich darauf zu verlassen, daß seine Konkurrenten nicht ohne Provokation anfangen werden, in „seinem“ Marktgebiet (oder an „seinen“ Kundenkreis) zu verkaufen, es sei denn, ihr Umsatz fiele unter das Existenzminimum. Außer wenn das Geschäft im allgemeinen ganz schlecht geht, kann er also erwarten, daß seine eigene Annahmeverweigerung für Aufträge aus ihrem Marktgebiet die anderen davon abhalten wird, in sein Marktgebiet einzudringen. Ähnliche Erwartungen, die sich auf einen gewissen Grad an Vertrauen gründen, daß die Konkurrenten vorläufig jedenfalls gewisse Wettbewerbsimpulse unterdrücken werden, stellen weitere, immer noch niedrige Grade der Kollusion dar.

[7] R. F. Kahn, The Problem of Duopoly, Economic Journal, Vol. XLVII (1937), S. 9.

[8] Aus diesem Grunde wird die „Theorie der Spiele“ auf nichtkartelliertes Oligopol angewendet.

[9] Wir stützen uns hier auf Kahn (a. a. O., S. 9), der als erster von „first degree collusion“ („Kollusion ersten Grades“) sprach, darin jedoch nicht die „Sicherheitsklausel“ für sehr schlechte Zeiten einschloß. Ohne eine solche Sicherheitsklausel handelt es sich aber bereits um einen etwas höheren Grad der Kollusion.

Für etwas höhere Grade der Kollusion braucht man nicht mehr die Einschränkung zu machen, daß das Geschäft im allgemeinen sehr schlecht gehen muß, oder man kann zusätzliche Erwartungen einbeziehen hinsichtlich eines Verhaltens, das positiver ist als bloßer Verzicht auf die unprovozierte Aufnahme scharfen Wettbewerbs. Wo beispielsweise das Produkt in verschiedenen Qualitäten, Formen, Abmessungen angeboten wird, für die verschiedene Preise gefordert werden müssen, oder wo Preisdiskriminierung praktiziert wird, wird es kaum genügen, ein „durchschnittliches" Preisniveau aufrechtzuerhalten. Um die Erwartungen (a) spezifisch genug und (b) zuverlässig genug zu machen, kann es erforderlich sein, ein System einzurichten, nach dem die Konkurrenten informiert werden (a) über die potentiellen Käufern genannten Preise und (b) über die tatsächlichen Käufern berechneten Preise. Systeme, die den Konkurrenten solche Informationen zukommen lassen, stellen einen viel höheren Grad der Kollusion dar.

Ich will nicht versuchen, einen Katalog aller Kollusionsgrade, sagen wir einmal von 1 bis 100, aufzustellen. Nur zur Verdeutlichung des Grundgedankens will ich es als „39. Grad der Kollusion" bezeichnen, wenn ein Anbieter Grund hat, sich darauf zu verlassen, daß seine Konkurrenten Preislisten bekanntgeben werden, in denen alle Preise, die sie von potentiellen Käufern oder von bestimmten Käufergruppen verlangen werden, aufgeführt sind, und daß sie mit ihren Forderungen nicht von diesen Preislisten abgehen werden, ohne ihn im voraus davon zu verständigen, vorausgesetzt, er selbst halte sich an das gleiche Verfahren. Dies ist natürlich der früher als „Preislistenoligopol" bezeichnete Fall. Ein System, das lediglich nachträglich über Aufträge informiert, ohne daß damit ein Versprechen verbunden wäre, den Preis oder die Quoten einzuhalten, würde einen etwas niedrigeren Grad der Kollusion darstellen; eine Kombination solcher nachträglichen Information mit einem Listenpreis-System würde einen wesentlich höheren Grad der Kollusion darstellen. Es wäre beispielsweise der „68. Grad der Kollusion", wenn ein Anbieter Grund hätte, sich darauf zu verlassen, daß seine Konkurrenten eine Preisliste veröffentlichen, von diesen Preisen nicht ohne vorherige Benachrichtigung abweichen und alle

Absätze und Verkaufspreise an das statistische Büro der Handelsvereinigung melden werden [10].

Noch höhere Grade der Kollusion würden außerdem die Erwartung enthalten, daß die Konkurrenten nachziehen werden, wenn einer die Preise erhöht, und zwar entweder innerhalb gewisser Grenzen oder, noch besser, unbegrenzt. Einen ähnlich hohen Grad der Kollusion würde es bedeuten, wenn ein Anbieter damit rechnen könnte, daß keiner seiner Konkurrenten seine Absatzquote überschreiten werde, ohne die vereinbarte Strafe zu zahlen. Der „100. Grad der Kollusion" ist erreicht, wenn ein Mitglied eines Syndikates sich darauf verlassen kann, daß die anderen Mitgliedsfirmen keine Anstalten treffen werden, aus dem Syndikat auszuscheiden und keine seiner Regeln zu verletzen, solange er selbst treu bleibt. Hier kann also das einzelne Syndikatsmitglied erwarten, daß es durch sein eigenes Festhalten am Syndikat und seinen Regeln auch die anderen davon abhalten kann, abzuspringen oder die Regeln zu übertreten.

Die Formen der Kollusion

Die behandelten Unterschiede im Grad der Kollusion lagen hauptsächlich im Inhalt der Erwartungen bezüglich des Konkurren-

[10] Man hat versucht, Preislistenoligopole mit dem Hinweis zu rechtfertigen, daß sie „vollkommene Information" als ein notwendiges Element vollkommenen Wettbewerbs verschaffen – da in einem vollkommenen Markt völlige Kenntnis aller Kauf- und Verkaufsangebote erforderlich ist. Wo es sehr viele Verkäufer und Käufer gibt, stellen öffentliche Kauf- und Verkaufsangebote tatsächlich eine Förderung des Wettbewerbs dar. Veröffentlichung der augenblicklich von den meisten Anbietern geforderten Preise wird z. B. die Flexibilität der Käufer und die Elastizität ihrer Nachfrage für die Waren eines jeden Verkäufers erheblich erhöhen. Bei kleineren Zahlen von Anbietern ist das jedoch anders. Hier werden Preislisten zu monopolistischen Instrumenten der Ausschaltung des Preiswettbewerbs der Förderung von Preisführerschaft. Sie verschaffen dem Anbieter das Vertrauen, daß die Konkurrenten sich so lange an ihre bekanntgemachten Preise halten werden, wie er selbst sich daran hält. Die Preiselastizität der Nachfrage nach unten wird damit so wirksam verringert, daß Unterbietungen des Preises sich nicht mehr lohnen.

tenverhaltens. Bei kartellartigem Oligopol kann man sagen, der einzelne Anbieter „habe Grund", sich darauf zu verlassen, daß seine Konkurrenten dies oder jenes tun werden bzw. nicht tun werden. Worauf beruht ein solches Vertrauen? Was gibt ihm Grund, ein bestimmtes Verhalten seitens seiner Konkurrenten zu erwarten? Diese Fragen zu beantworten, heißt, die *Formen* zu beschreiben, die die Kollusion haben kann.

Es besteht eine ausgeprägte Tendenz, daß nichtkartellartiges Oligopol zu kartellartigem Oligopol wird und daß Kollusion niedriger Grade sich zu Kollusion höheren Grades entwickelt[11]. Für die Formen der Kollusion läßt sich keine entsprechende Tendenz erkennen. Die in bestimmten Branchen gewählten Formen der Kollusion lassen keine allgemeine Tendenz einer Entwicklung zu höheren Formen erkennen. Man kann geradezu sagen, die Form der Kollusion sei unabhängig vom Grad der Kollusion. Das heißt, die Form der Kollusion ist weder der entscheidende Faktor in der Bestimmung des *Inhalts* der Erwartungen, die einzelne Anbieter in bezug auf das Verhalten ihrer Konkurrenten haben, noch in der Bestimmung des *Vertrauens,* mit dem sie sich solchen Erwartungen hingeben. Kollusion von relativ hohem Grade kann ganz formlos sein, auf nichts anderes als stillschweigendes Einverständnis gestützt. Andererseits wird manchmal ein ziemlich komplizierter Apparat aufgebaut, um eine Kollusion verhältnismäßig niedrigen Grades zu erreichen. Eine positive Korrelation zwischen Form und Grad der Kollusion fehlt hauptsächlich deshalb, weil andere Variable aus-

[11] Konkurrenzmäßiges Verhalten wird bei nichtkartelliertem Oligopol gewöhnlich „Gegenmaßnahmen herausfordern, und die Angst vor Gegenmaßnahmen führt zur Selbstbeschränkung. Die Selbstbeschränkung wird wahrscheinlich ihrerseits zu irgendeiner Art von Verständigung zwischen den Oligopolisten führen ... und es kommt dann zum kartellierten Oligopol. Aus diesem Grunde ist es ziemlich unwahrscheinlich, daß das Oligopol lange nichtkartelliert bleibt. Wo jeder Oligopolist raten muß, wie die anderen reagieren werden, und Selbstbeschränkung üben muß, um ungemütliche Konkurrenz zu vermeiden, werden sie alle bereit sein, die Beschränkung ein wenig verläßlicher zu machen und an die Stelle vagen Ratens gesichertes Wissen über die von den anderen verlangten Preise setzen". Fritz Machlup, a. a. O., S. 177.

schlaggebend sind, besonders die Zahl der zusammenarbeitenden Firmen in der Gruppe.

Nach einer naiven Auffassung hat man lange Zeit angenommen, daß Kollusion notwendigerweise „Vereinbarung“ oder zumindest Meinungsaustausch unter den „Verschwörern“ voraussetze. Diese Auffassung wird heutzutage sowohl in der Wirtschaftstheorie als auch in der juristischen Literatur allgemein abgelehnt [12]. Es gibt viele mögliche Formen der Kollusion, die keine direkten Kontakte und keinen direkten Meinungsaustauch unter den Beteiligten erfordert. Selbst indirekter Meinungstaustausch kann entbehrlich sein. Wir werden sehen, daß bei einigen der hier beschriebenen Formen entweder direkter Kontakt oder Meinungsaustausch oder beides fehlt.

Die „erste Form der Kollusion“ besteht in Tradition und Brauch. Der einzelne Anbieter hat Grund, darauf zu vertrauen, daß seine Konkurrenten sich in bestimmter Weise verhalten werden, wenn sie sich immer oder doch wenigstens seit langem so verhalten haben. Ein seit langem befolgtes Verhaltensschema, besonders ein Schema von Reaktionsweisen auf das Verhalten von Konkurrenten erlaubt es den Konkurrenten, zu erwarten, daß dieses Schema auch weiterhin befolgt werden wird.

Zwanglose Meinungsäußerungen über die Fairneß gewisser Praktiken oder über die Geschäftsethik in einer Branche, in denen zum Ausdruck kommt, daß man sich an diese Maßstäbe halten will, stellen die zweite Form der Kollusion dar. (Werden die erste und die zweite Form kombiniert, ergibt sich eine höhere Form der Kollusion.) Zwanglose Unterhaltung unter den Handelsvertretern der konkurrierenden Firmen, in denen sie sich gegenseitig mit den Geschäftsgepflogenheiten ihrer jeweiligen Chefs bekannt machen, können eine dritte Form von Kollusion abgeben. Eine vierte Form be-

[12] Die Doktrin, daß Beweise für Meinungsaustausch unter den an Kollusion Beteiligten erforderlich seien, wurde offiziell vom Obersten Gerichtshof der USA, im Tabakfall, abgelehnt, dann noch einmal im Zementfall. American Tobacco Co. et al. v. United States, 328 U. S. 781 (1946); Federal Trade Commission v. Cement Institute et al., 333 U. S. 683 (1948).

steht in Ankündigungen der Handelsvereinigungen, zu denen die Anbieter gehören und deren Verlautbarungen sie ausdrücklich anerkennen oder de facto befolgen. Eine fünfte Form besteht in Ankündigungen der beteiligten Firmen selbst, wenn damit stillschweigend vorausgesetzt ist, daß sie sich an die angekündigte Politik halten werden. Beteiligung der Firmen an Zusammenkünften von Unternehmerverbänden, wobei stillschweigend vorausgesetzt ist, daß die dort beschlossenen Verhaltensregeln und Empfehlungen akzeptiert werden, stellen eine sechste Form von Kollusion dar. Keine dieser sechs Formen enthält „Abkommen"; bestenfalls „Verständigung". Es dürfte jedoch auf der Hand liegen, daß die zwangloseste, unpersönlichste Verständigung häufig zu besserer Befolgung führt als die förmlichsten und anspruchsvollsten Verträge.

infoaustausch

Eine unkomplizierte Kollusionsform, die weder direkten Kontakt noch Meinungsaustausch unter den beteiligten Firmen erfordert, besteht in der Verwendung des gleichen Handelsvertreters (oder gleicher Handelsvertreter für bestimmte Bezirke). Jeder mögliche Grad der Kollusion, vom niedrigsten bis zum höchsten, läßt sich auf diese Weise verwirklichen. Wenn die Firmen wollen, läßt sich in dieser höchst einfachen und „unschuldigen" Form ein syndiziertes Oligopol errichten. In diesem Falle stellen die Vertretungsabkommen zwischen den einzelnen Herstellern und dem Handelsvertreter natürlich im Grunde genommen eine Umgehung der Notwendigkeit förmlicher Abkommen zwischen den Herstellern dar. Soll das syndizierte Oligopol für längere Zeit Bestand haben, ist allerdings ein freiwilliges oder aufgezwungenes Abkommen unter den Herstellern doch unerläßlich.

Für Kollusion auf der Basis von ausdrücklichen Abkommen gibt es eine große Auswahl an Formen. Am formlosesten ist das sogenannte Frühstückskartell oder „gentlemen's agreement", das rein mündlich, ohne Protokoll, ohne Schriftwechsel oder sonstige Aktenbelege zustande kommt. Dann kommt das Frühstückskartell mit Konferenzprotokoll, so verschlüsselt dies auch sein mag, oder mit Aktennotizen über gewisse komplizierte Punkte. Als nächstes kommen schriftliche Vereinbarungen, zuerst solche, die „unabhängig" von jedem Hersteller mit einer zentralen Agentur oder Handelsvereinigung geschlossen werden, dann solche, die zwischen den Herstellern selbst auf dem Wege gewöhnlicher Korrespondenz oder mittels förmlicher Verträge geschlossen werden. In Ländern mit Gesetzen gegen Wettbewerbsbeschränkungen müssen solche Verträge die Form von Patentlizenz-Abkommen annehmen. Anderswo können sie „geradheraus“ Kartellverträge sein. Sie können Sanktionen gegen Zuwiderhandlungen und Strafen für Überschreitung von Quoten usw. vorsehen. In noch strafferer Form sehen sie manchmal die Hinterlegung von Pfändern für die Zahlung von bei Zuwiderhandlungen verhängten Strafen vor. Als „höchste“ aller Kollusionsformen mag man staatliche Anordnungen oder private Verträge unter staatlich angedrohten Sanktionen für den Fall von Zuwiderhandlungen ansehen.

Viele der höheren Formen der Kollusion sind in der (schon jetzt beachtlichen, aber immer noch wachsenden) Literatur über nationale und internationale Kartelle beschrieben [13]. Variationen in der Organisation von Kartellen gibt es reichlich, wie zu erwarten ist, wenn man sich vorstellt, wie verschieden die Strukturen verschiedener Wirtschaftszweige und die rechtlichen Institutionen verschiedener Länder sind und wie einfallsreich Unternehmer und Anwälte sind. Folgende Verallgemeinerungen liegen nahe:

1. Wo eine Firmengruppe ziemlich groß und nicht in Sektions- oder Kettenoligopole unterteilt ist, dürften kompliziertere Kollusionsformen nötig sein, um verhältnismäßig niedrige Kollusionsgrade zustande zu bringen. Wo die Firmengruppe klein ist [14], dürften umgekehrt sehr einfache Kollusionsformen ausreichen, um einen verhältnismäßig hohen Grad an Kollusion zu erreichen.

2. Für jede gegebene Firmengruppe ist es vermutlich leichter,

[13] Corwin D. Edwards, Economic and Political Aspects of International Cartels, Subcommittee on War Mobilization of the Senate Committee on Military Affairs, 78th Congress, 2nd Session, Washington 1944; Ervin Hexner, International Cartels, Chapel Hill 1945; George W. Stocking und Myron W. Watkins, Cartels or Competition? New York 1948.

[14] Relevant ist hier lediglich die Größe der Gruppe von Konkurrenten, „wie sie dem einzelnen Anbieter erscheint“, nicht im „objektiven“ Sinne etwa der amtlichen Statistik.

einen höheren Grad an Kollusion mittels komplizierterer Kollusionsformen zu erreichen [15].

3. Im Gegensatz zu dem, was sich hinsichtlich des Kollusionsgrades zeigte, besteht keine Tendenz, daß die „niedrigeren" Kollusionsformen sich zu „höheren" entwickeln. Im Gegenteil, wenn Konkurrenten eine Zeitlang zusammengearbeitet haben, mögen sie auf einen großen Teil der Förmlichkeit und des ursprünglichen Apparates verzichten können und doch den gleichen Grad oder vielleicht sogar einen höheren Grad der Kollusion mittels viel niedriger Kollusionsformen beibehalten.

Unausgesprochene Verständigungsabkommen und andere Quasi-Abkommen

Die mögliche Formlosigkeit der Kollusion ist grundlegend für jedes Verständnis unternehmerischen Verhaltens. Vermutlich war es nur wegen der Illegalität von Kartellen in den USA und deren Legalität in anderen Ländern, daß gewöhnlich die Betonung auf förmlichen Abkommen lag, für die sich handgreifliche Beweise beibringen ließen. Die oft verblüffende Parallelität im Verhalten angeblich konkurrierender Anbieter, die offensichtlich gemeinsamen Verhaltensweisen auf dem Markt hat man häufig durch Preisführerschaft erklären wollen, als ob Preisführerschaft eine *Alternative* zu Kollusion darstellte. Preisführerschaft bedeutet ja aber normalerweise gleichzeitig auch schon Kollusion, wenn es auch zwanglose Kollusion sein mag. Preisführerschaft beruht gewöhnlich, wenn nicht auf ausdrücklichen Abkommen, dann auf „Quasi-Abkommen" [16] oder insbesondere auf stillschweigenden „Verständigungsabkommen" („agreement to agree") [17].

[15] „Koordinierung wird wahrscheinlich bei ausdrücklicher Kartellierung fester sein als bei Quasi-Kartellabkommen." William Fellner, a. a. O., S. 230. Das gilt jedoch nur für eine gegebene Firmengruppe. Andernfalls würde dem unser erster Satz widersprechen.

[16] William Fellner, a. a. O., S. 120–36.

[17] Carl Kaysen, Collusion under the Sherman Act, Quarterly Journal of Economics, Vol. LXV (1951), S. 268.

Die gleichen Kreise, die unter dem Druck der Antitrust-Untersuchungen und Gerichtsverfahren die Einheitlichkeit oder Parallelität des Marktverhaltens als Resultat von Führerschaftsoligopolen ausgeben, haben bisweilen versucht, es *außerdem* als Resultat unbeschränkten Wettbewerbs hinzustellen, der die Verkaufspreise auf ein einheitliches Niveau zwingt und es unmöglich macht, daß auch nur einer der Konkurrenten zu höherem Preis verkaufen kann. Dieser naive (trotzdem aber häufig erfolgreiche) Verschleierungsversuch widerspricht sich selbst, denn unbeschränkter Preiswettbewerb und Preisführerschaft sind unvereinbar [18]. Sinnvoller wäre es für Angeklagte in einem kartellrechtlichen Verfahren, wenn sie zu beweisen suchten, daß keinerlei direkte oder indirekte, früher oder später zustande gekommene Abkommen, Kontakte oder Verständigungen vorlagen. Sie sollten zu beweisen suchen, daß Parallelität im Marktverhalten nicht auf ausdrücklichen, sondern lediglich auf unausgesprochenen Verständigungsabkommen, nicht auf wirklichen Abkommen, sondern lediglich auf Quasi-Abkommen beruht, die sich ohne gegenseitige Verständigung unter den Konkurrenten und ohne organisierte Kollusion ergeben haben [19].

[18] Wo es „einen marktbeherrschenden Konkurrenten gibt, an dessen Preise sich alle anderen anpassen, weil sie einsehen, daß darin letzten Endes ihr bester Vorteil liegt", ist das Ergebnis – nach Fellner – das gleiche, wie „wenn es überhaupt keine Konkurrenten gäbe". A. a. O., S. 50. Wo versucht wird, identische Preise als Resultat unbeschränkten Preiswettbewerbs zu erklären, werden Verkaufspreise fälschlich mit Preisforderungen gleichgesetzt. Bei Preiswettbewerb werden die Preisforderungen der verschiedenen Anbieter zunächst sehr verschieden sein, und erst nach einigem „Herumschauen und aktivem Feilschen" kann ein einheitlicher Preis zustande kommen. Bei Preisführerschaft ist, wie bei den meisten Praktiken kartellmäßiger Preissetzung, der von irgendeinem Anbieter geforderte Preis sofort der gleiche, wie der vom Preisführer angezeigte Preis.

[19] Kaysen gibt folgende glänzende Erklärung für Verständigungsabkommen: „Die Grundlage eines solchen Übereinkommens bildet die Einsicht eines jeden Anbieters, daß es für ihn besser sein könnte, einem einzigen Urteil über die sich wandelnde Marktlage zu folgen, selbst wenn es nicht sein eigenes Urteil ist und er bisweilen anderer Meinung ist, als sich dem Kampf auszusetzen, der entstehen könnte, wenn jeder Anbieter

In Ländern, in denen „Preisfixierung“ illegal ist, und in Wirtschaftszweigen, in denen verschiedene Produkte, Qualitäten, Formen und Abmessungen usw. zu verschiedenen Preisen verkauft werden oder in denen verschieden hohe Transportkosten sich irgendwie in Preisdifferenzen ausdrücken, stellen Verständigungsabkommen nicht nur eine wesentliche Erleichterung dar, sondern sie sind überhaupt für das Funktionieren kartellartigen Oligopols unerläßlich. Es wäre für die Konkurrenten unmöglich, sich über jeden einzelnen Preis, über jede Preisdifferenz und über jede Preisänderung abzusprechen. Ein Verständigungsabkommen macht solche laufende Beratung überflüssig; es setzt *ein* Abkommen an die Stelle von Tausenden von Abkommen. Dieses eine Abkommen kann mit oder ohne Unterbrechungen für Jahre oder Jahrzehnte Bestand haben, ohne daß eine weitere Verständigung unter den Oligopolisten nötig würde. Und selbst dieses eine grundlegende Abkommen braucht nicht ausgesprochen zu werden, sondern kann unausgesprochen, ein bloßes Quasi-Abkommen bleiben. Freilich, in komplizierten Fällen ist das nicht sehr wahrscheinlich. Kommt in solchen Fällen eine befriedigende Koordination zustande, ohne daß eine Verständigung offensichtlich wäre, kann man annehmen, daß früher irgendwann einmal organisierte Kollusion mit direkter Verständigung

seine eigene Auffassung durchzusetzen versuchte. Jeder Anbieter opfert also die Unabhängigkeit der Beurteilung des Marktes. Dafür gewinnt er einen viel höheren Grad an Gewißheit bezüglich dessen, was seine Konkurrenten tun werden. Das ‚Verständigungsabkommen‘ kann dazu führen, daß ein einziger Führer auftritt, dessen Verhalten alle Anbieter folgen, oder es kann so kommen, daß sich verschiedene Führer ablösen. Lange fortgesetztes einheitliches Verhalten, das sich über verschiedene Situationen inmitten sich wandelnder Verhältnisse erstreckt, kann man deshalb mit großer Gewißheit als Anzeichen dafür betrachten, daß zumindest eine ‚Verständigung zur Verständigung‘ besteht.“ In einer Anmerkung zum Text fügt Kaysen einschränkend hinzu: „Es ist vorstellbar, daß eine Situation existieren könnte, in der – abgesehen von der üblichen Ausnahme – jeder Anbieter einer Gruppe dem Urteil eines aus ihrer Mitte mehr traut als seinem eigenen und daß Einheitlichkeit also mit wirklicher Unabhängigkeit vereinbar wäre. Das ist aber kaum wahrscheinlich.“ A. a. O., S. 268–69.

unter den Beteiligten und mit irgendeinem Apparat zur Weitergabe der notwendigen Informationen bestanden haben muß. Das ursprüngliche Verständigungsabkommen war dann also ein ausdrückliches und lediglich seine Fortsetzung ist unausgesprochen. In seiner Befolgung liegt die wirksamste Methode der Fortsetzung oder Erneuerung eines alten Abkommens.

Bei Führerschaftsoligopol kann dann jeder Preis und jede Preisänderung als Gegenstand eines Quasi-Abkommens aufgefaßt werden, das auf einem früheren Verständigungsabkommen beruht, welches selbst ein Quasi-Abkommen darstellen mag. Letzteres braucht jedoch nicht der Fall zu sein. Natürlich handelt es sich nicht nur bei Führerschaftsoligopol um Quasi-Abkommen. Häufig bilden Quasi-Abkommen die Basis für Sympathieoligopole mit niedrigeren Kollusionsgraden. Gebietskartelle und Quotenkartelle z. B. beruhen oft auf Quasi-Abkommen [20].

Wir sprechen von Gebietskartellen, wenn die Anbieter es vermeiden, an solche Kunden zu verkaufen, die den Konkurrenten „reserviert" sind. Von Quotenkartellen sprechen wir, wenn Anbieter es vermeiden, mehr als einen bestismmten Anteil am Gesamtabsatz der Konkurrentengruppe zu tätigen. In beiden Fällen kann es sich entweder um ausdrückliche Abkommen handeln oder aber lediglich um einen Brauch, an den man sich auf Grund eines Quasi-Abkommens hält. Was für Überlegungen jeder an einem solchen Quasi-Abkommen Beteiligte anstellt, dürfte in folgender Gedankenszene etwa zum Ausdruck kommen: „Strenge ich mich an, um einen größeren Anteil am Gesamtumsatz zu erzielen, schädigt das die anderen. Sie werden bestimmt zurückschlagen. Das wird mir schlecht bekommen. Mache ich den anderen Kunden abspenstig, werden sie mir auch Kunden abspenstig machen, und zu guter Letzt schneiden wir dann

[20] Mir ist nicht daran gelegen, wegen gesetzwidriger Wettbewerbsbeschränkung Angeklagten Trost und Hilfe zu spenden. Wenn ich sage, daß solche Praktiken der Aufteilung des Marktes oder des Sichbescheidens auf bloßen Quasi-Abkommen statt auf ausdrücklichen Abkommen beruhen können, will ich nicht den Eindruck erwecken, daß dies in vielen Fällen *wahrscheinlich* sei. Ich will damit auch nicht sagen, daß Kollusion gesetzlich zulässig sei, wenn es sich lediglich um Quasi-Abkommen handelt.

alle schlechter ab. Die anderen wissen das genausogut wie ich selbst, sie sind nämlich nicht blöder, als ich selbst bin. Tu ich ihnen also nichts zuleide, werden sie mir auch nichts zuleide tun. Wir schlagen alle nicht allzu hart zu, wenn wir überhaupt zuschlagen. Und so ist es sicher für jeden einzelnen von uns am besten [21]."

Die Reichweite der Kollusion

Neben Preissetzung, Zuteilung von Märkten, Produktions- und Absatzquoten kann Kollusion auch die Koordination von Produktqualität, Kreditbedingungen, besonderen Nebenleistungen und Werbung einbeziehen. Die Reichweite der Kollusion ist im Grunde genommen ein Aspekt des Kollusionsgrades; die höchsten Kollusionsgrade umfassen alle für den Wettbewerb der Anbieter relevanten Variablen. Wenn wir auch schon ziemlich viel über die verschiedenen Grade der Kollusion gesagt haben, müssen wir aber doch noch etwas zu der Frage sagen, ob die „Nicht-Preisvariablen" einbezogen werden sollen oder nicht. Aus der Frage, ob Kollusion alles einbeziehen soll, erhebt sich die Frage nach dem Ausmaß oligopolistischen Nicht-Preiswettbewerbs.

Indem wir eine früher gemachte Aussage modifizieren, müssen wir feststellen, daß die Form der Kollusion das Ausmaß oligopolistischer Koordination ziemlich direkt zu beeinflussen scheint. Während ausdrückliche Kartellverträge sich häufig auch auf die Nicht-Preisvariablen des Wettbewerbs erstrecken, beschränkt sich die auf Quasi-Abkommen beruhende Kollusion typischerweise auf Preissetzung, Gebietsaufteilung und Kontingentierung des Gesamtumsatzes. Dafür kann es verschiedene Gründe geben. Zunächst einmal müssen stillschweigende Einverständnisse notwendigerweise einfach sein und können also keine komplizierten Bestimmungen über Qualitätsverbesserungen oder Reklameaufwendungen enthalten. Zwei-

[21] Dies ist zwar meine eigene Formulierung, ich bezweifle aber nicht, daß sich ähnliche Formulierungen in den Protokollen amtlicher Untersuchungskommissionen oder als Antworten auf private Befragung finden ließen.

tens sind die Konkurrenten nicht so sehr an einer Beschränkung des Qualitätswettbewerbs oder des Werbungswettbewerbs interessiert, denn sie befürchten nicht, daß diese Wettbewerbsformen zu ruinöser Konkurrenz führen könnten. Drittens kann demonstrativ praktizierter Nicht-Preiswettbewerb als Symbol dafür dienen, daß Preiswettbewerb tabu ist. Viertens mögen sich die Konkurrenten zumindest unter gewissen Bedingungen lieber die Möglichkeit offenhalten wollen, später schärfer zu konkurrieren [22].

Oligopol und allgemeines Gleichgewicht

Nach all dem, was über oligopolistische Indeterminiertheit und Kollusion gesagt wurde, sind wir wohl einigermaßen überzeugt, daß das Oligopol nicht in ein funktionsfähiges Modell des allgemeinen Gleichgewichts der Volkswirtschaft hineinpaßt. Ein paar Bemerkungen über die Bedeutung dieser Inkompatibilität dürften angebracht sein.

Polypolistische und oligopolistische Erwartungen

In unserer Diskussion des Polypols stellten wir fest, daß selbst das Modell des vollkommenen Polypols gewisse Zusätze verlangte, um die traditionelle Eleganz des Modells allgemeinen Gleichgewichts zu erreichen: Man mußte unterstellen, daß jeder Anbieter erwartet, der jeweilige Marktpreis werde unverändert bleiben. Ohne eine solche Annahme müßte die allgemeine Gleichgewichts-Analyse mit zusätzlichen „Erwartungsfunktionen“ belastet werden, die

[22] „Während oligopolistische Firmen sich normalerweise im Zustand von Quasi-Abkommen befinden, erstrecken sich typische Quasi-Abkommen doch nicht über den gesamten Bereich von Marktvariablen. Das scheint hauptsächlich deshalb so zu sein, weil sich die relative Stärke der beteiligten Firmen ändern könnte, so daß, wenn die Quasi-Abkommen keine Auswege enthielten, der von den relativ stärker gewordenen Firmen ausgeübte Druck die bestehenden Abkommen in den meisten Fällen bald sprengen würde.“ William Fellner, a. a. O., S. 183.

zum Ausdruck brächten, was für Preiserwartungen jeder einzelne Anbieter hat und wie sich diese Erwartungen ändern, wenn sich andere Bedingungen ändern.

Der nächste Schritt diente der Feststellung, ob Modelle des unvollkommenen Polypols in einem Modell des allgemeinen Gleichgewichts der Gesamtwirtschaft untergebracht werden können, ohne es zu sprengen. Als Antwort auf diese Frage ergab sich, daß die Preiserwartungsfunktionen durch Absatzerwartungsfunktionen jedes einzelnen Anbieters ersetzt werden müßten, wobei alle die komplizierten Elastizitätsabschätzungen und ihre Veränderungen auf Grund aller möglichen Veränderungen in anderen Beziehungen zu berücksichtigen wären. Wo das bewerkstelligt werden könnte, wäre es vielleicht nicht der Mühe wert, denn ein Modell des allgemeinen Gleichgewichts verliert an Nützlichkeit, wo es an Einfachheit verliert.

Die zusätzlichen Annahmen, die erforderlich wären, um das Verhalten oligopolistischer Anbieter determiniert zu machen, erwiesen sich (im vorliegenden Kapitel), abgesehen von speziellen Fällen, als unhandlich. Sie sind dann bestimmt unhandlich für Modelle des allgemeinen Gleichgewichts. Damit ist nicht gesagt, daß alles, was in einer Wirtschaft mit weitverbreitetem Oligopol passiert, ohne Sinn und Verstand passiert. Gesagt ist damit jedoch, daß es zwecklos ist, mit einem Modell zu spielen, das so mit speziellen Annahmen gespickt ist, daß sowohl seine Klarheit als auch seine Allgemeingültigkeit verloren ist.

Das Allgemeine Gleichgewichts-Modell

Manch einer ist so fest von der Überlegenheit der allgemeinen Gleichgewichts-Analyse in der Wirtschaftstheorie überzeugt, daß er die weite Verbreitung von Oligopol in der Wirtschaft oder die Relevanz des Oligopols für die Wirtschaftstheorie bestreitet. Andere sind dagegen so sehr vom Überhandnehmen der Oligopole und von der Notwendigkeit, dem in den Grundannahmen der Wirtschaftstheorie Rechnung zu tragen, überzeugt, daß sie die Nützlichkeit der allgemeinen Gleichgewichts-Analyse überhaupt bestreiten.

Solch absolute Auffassungen sind kurzsichtig. In beiden Fällen verfehlt man das methodologische Prinzip, daß verschiedene Aspekte der Wirklichkeit häufig am besten durch Modelle erklärt werden können, deren Grundannahmen miteinander unvereinbar sind [23].

Modelle des allgemeinen Gleichgewichts dienen nicht dem gleichen Zweck und brauchen deshalb nicht die gleichen Annahmen zu enthalten wie die Verhaltensmodelle individueller Entscheidungsträger. Allgemeine Gleichgewichts-Modelle sollen die wechselseitige Abhängigkeit zwischen den verschiedenen Teilen der Wirtschaft darstellen und zeigen, wie irgendeine einzelne Veränderung in irgendwelchen Daten alles andere über eine lange Kette von Rückwirkungen beeinflußt. Die Art und Weise solcher Rückwirkungen und der Beziehung zwischen Veränderungen verschiedenen Ausmaßes wird um so deutlicher erhellt, je weniger Variable vorhanden und je einfacher ihre Beziehungen zueinander sind. Man gewinnt nichts, wenn man „realistische" Komplikationen in ein solches Mo-

[23] Einander widersprechende Annahmen werden in der Volkswirtschaftslehre (wie in anderen Fächern) andauernd verwendet. Im einen Augenblick nimmt der Wirtschaftstheoretiker an, alle Faktoren seien frei beweglich, dann wieder, sie seien nicht beweglich; alle Faktoren und Produkte und Verfahren seien vollkommen teilbar, dann wieder, daß viele unteilbar seien; die von einer Firmengruppe hergestellten Produkte seien homogen, dann wieder, sie seien differenziert; alle Firmen seien gleich rationell, dann wieder, einige seien rationeller als andere; Transportkosten seien gleich Null, dann wieder, sie spielten eine wesentliche Rolle; die Technologie sei gegeben und unverändert und stünde jedem offen, dann, sie sei im Fortschritt begriffen, jedoch allen bekannt und zugänglich; dann wieder, sie entwickle sich weiter, das neue Wissen sei jedoch bestimmten Firmen reserviert; der Kapitalbestand bleibe unverändert, dann wieder, er erhöhe sich; es bestehe keine Ungewißheit, dann wieder, es bestehe Ungewißheit, sie werde jedoch überall gleichmäßig einkalkuliert; dann wieder, für verschiedene Vorhaben bestehe verschiedene Ungewißheit, usw. Für umfassendere Modelle, besonders für Modelle des allgemeinen Gleichgewichts, sind nur die einfachsten Annahmen geeignet – etwa vollkommene Mobilität, Teilbarkeit, Homogenität, Gewißheit, gegebene Technologie, Kapitalbestand usw. –, während für weniger umfassende Modelle komplexere Annahmen angebracht sind.

dell aufnimmt (außer, vielleicht, eine gewisse Bewunderung für die mathematische Virtuosität des Modellkonstrukteurs).

Es besteht also keine Veranlassung, die Inkompatibilität der Oligopoltheorie und der allgemeinen Gleichgewichts-Analyse anzuprangern. Weder die eine noch die andere verliert an Wert, wenn man feststellt, daß sie nicht miteinander verschmolzen werden können.

Der Betriebsberater 21. Jg., 1966, Heft 28, S. 1113—1120.

ZUR SELBSTBESCHRÄNKUNG AUF DEM HEIZÖLMARKT

Von Kurt H. Biedenkopf

Das Bundeswirtschaftsministerium beabsichtigt, die Selbstbeschränkung beim Absatz von Heizöl im Jahre 1967 und wahrscheinlich auch darüber hinaus fortzusetzen. Dies wurde den Sachverständigen der Mineralölindustrie in einem Gespräch mitgeteilt, das auf Einladung des Bundeswirtschaftsministeriums in Hamburg stattfand [1].

Der Bundeswirtschaftsminister hat damit erneut seine Absicht bekräftigt, die auf seine Initiative zurückgehende Beschränkung des Heizölangebotes durch Selbstbeschränkungsabreden der Mineralölkonzerne auch in Zukunft als einen wichtigen Teil seines energiepolitischen Instrumentariums anzusehen [2]. Da er der Zustimmung der Regierungsparteien sicher sein kann [3] und gegen die Selbstbeschränkung, soweit ersichtlich, auch von der Opposition keine prinzipiellen Bedenken vorgetragen werden, ist damit zu rechnen, daß dem sogenannten Selbstbeschränkungsabkommen auf absehbare Zeit ein fester Platz unter den verschiedenen Formen der Marktregelung zukommen wird. Dieser Umstand rechtfertigt es, sich mit der neuen Erscheinung nicht nur unter wirtschaftspolitischen, sondern auch unter wirtschaftsrechtlichen Gesichtspunkten zu befassen.

Die Durchführung von Selbstbeschränkungsabreden ist bisher im Heizölmarkt, im Bereich des Einzelhandels [4] und im Zusammen-

[1] Handelsblatt vom 19./20. 8. 1966, S. 6.

[2] FAZ vom 26. 3. 1966, S. 7.

[3] So haben die Regierungsparteien in ihrer Großen Anfrage vom 20. 1. 1966 von der Bundesregierung u. a. Auskunft darüber begehrt, ob „von der Selbstbeschränkung der Mineralölwirtschaft im Jahre 1966 *wirksame Ergebnisse* zu erwarten sind" (Betonung von mir).

[4] FAZ vom 20. 8. 1965, S. 21; FAZ vom 21. 8. 1965, S. 7; FAZ vom 8. 7. 1965, S. 17; FAZ vom 7. 7. 1965, S. 19.

hang mit einer Kontrolle der Zigarettenwerbung [5] erwogen worden. Da sich ihre Auswirkungen vor allem auf dem Markt für schweres und leichtes Heizöl beobachten lassen, wollen wir uns im folgenden auf diesen Markt als Tatbestand beschränken.

I. Die Selbstbeschränkung: Durchführung und Absicherung

Seit Beginn der Kohlenkrise im Jahre 1958 hat die Bundesregierung verschiedene Maßnahmen getroffen, um den Steinkohlenbergbau bei der Bewältigung der Absatz- und Anpassungsschwierigkeiten zu unterstützen. Neben einer Verbesserung der Produktionsbedingungen ging es der Regierung dabei vor allem um den Schutz der einheimischen Steinkohle vor einer Verdrängung durch Importkohle und Heizöl.

1. Der Kontrolle von Kohleimporten, vorwiegend aus den USA, dienten eine Kontingentierung der Einfuhren und die Erhebung eines Kohlezolls. Sie führten zu einer Beschränkung des Angebots von Importkohle auf die traditionellen Absatzgebiete in Küstennähe.

Als wesentlich schwieriger erwies sich von Anfang an die Kontrolle des Heizölangebotes. Anders als im Falle der Importkohle entschied sich die Bundesregierung in diesem Bereich gegen eine Kontingentierung der Einfuhr. Man versuchte vielmehr, die Mineralölkonzerne zur Einhaltung einheitlicher, am Weltmarktpreis orientierter Verkaufspreise und zum Verzicht auf die Gewährung von Umstellungsbeihilfen und sonstigen Nebenleistungen an neue Abnehmer anzuregen. Ergebnis dieser Bemühungen war das sogenannte Kohle-Öl-Kartell vom 20. 12. 1958. Mit ihm schlossen sich eine Gruppe von 8 Bergbau- und Mineralölunternehmen [6] zu dem Zweck zusammen, schweres Heizöl fortan nur noch nach einheitlichen, dem Weltmarktpreis angepaßten Preisen zu verkaufen (§ 1 des Vertrages), keine Umstellungsbeihilfen zu gewähren (§ 2) und

[5] Handelsblatt vom 29. 10. 1965.

[6] EBV, GBAG, Hibernia, BP, Deutsche Shell, Esso, Mobil Oil in Deutschland und DEA siehe WuW 1959, S. 263.

bis zum 31. 12. 1959 oder bis zur Verminderung der Kohlehalden auf 7 Mill. t keine neuen Abnehmer für schweres Heizöl zu werben (§ 3). Leichtes Heizöl war von der Regelung nicht betroffen, da es als Konkurrent der Kohle noch keine wesentliche Rolle spielte.

Der Zusammenschluß wurde vom Bundeswirtschaftsminister am 17. 2. 1959 gemäß § 8 GWB aus überwiegenden Gründen der Gesamtwirtschaft und des Gemeinwohls genehmigt [7]. Die betroffenen Abnehmer konnten nach Ansicht des Bundeswirtschaftsministers nicht erwarten, „schweres Heizöl auf die Dauer zu Preisen zu bekommen, die unter dem Weltmarktpreisniveau liegen" [8].

Das Kartell scheiterte 8 Monate später an seinen Außenseitern. Im Schatten eines Kartellpreises von 88 DM/t für schweres Heizöl hatten sie zu Preisen von 58 bis 72 DM/t angeboten und dadurch ihren Marktanteil wesentlich vergrößert [9]. Auch die Einführung einer Heizölsteuer im Jahre 1960 [10] konnte das weitere Vordringen des Heizöls als Konkurrenzenergie nicht verhindern.

2. Trotz dieser Entwicklung hielt die Bundesregierung an ihrer ursprünglichen Entscheidung fest, auf eine Kontingentierung der Öleinfuhr durch Lizenzerteilung zu verzichten und eine relative Verminderung des Heizölangebotes durch freiwillige Maßnahmen der Erdölkonzerne anzustreben. So erklärte der Bundeswirtschaftsminister am 16. 5. 1962 im Bundestag [11]:

> „Schließlich beabsichtigt das Bundeswirtschaftsministerium, im Wege der Konsultation eine Abstimmung der Investitionen auf dem Gebiet des Neu- und Ausbaus der Raffineriekapazitäten unter den Beteiligten herbeizuführen."

[7] WuW/E BWM 117.

[8] WuW/E BWM 118.

[9] Wiesbadener Tageblatt vom 18. 11. 1964 (Die Mineralölkonzerne lenken ein), vgl. die Ausführungen von Bundeswirtschaftsminister Erhard in der Bundestagssitzung vom 4. 11. 1959, Bundestags-Drucksache III/4618.

[10] Gesetz zur Änderung des Mineralölsteuergesetzes vom 26. 4. 1960. BGBl. I, S. 241.

[11] Verhandlungen des Deutschen Bundestages, 4. Wahlperiode, stenogr. Bericht der 30. Sitzung, S. 1269 D.

Nach mehreren Besprechungen mit der Mineralölwirtschaft im August, Oktober, November und Dezember des gleichen Jahres konnte der Bundeswirtschaftsminister auf die Große Anfrage der SPD-Fraktion am 29. 3. 1963 dem Bundestag jedoch lediglich mitteilen, man habe die Hoffnung, daß es der Bundesregierung gelingen werde, „die Bereitschaft der Mineralölindustrie zu verstärken, die Pläne für den Aufbau und den Ausbau von Raffinerien mit ihr abzustimmen. Eine solche Bereitschaft würde weitere Maßnahmen auf Grund des Außenwirtschaftsgesetzes entbehrlich machen“ [12]. Am 13. 11. 1964 äußerte die Bundesregierung erneut die Erwartung, daß es zu einer freiwilligen Investitionsabstimmung der Mineralölgesellschaften kommen werde. Bundeswirtschaftsminister Schmücker erklärte:

> „Der Herr Bundeskanzler wird die Mineralölindustrie in einem Gespräch am kommenden Dienstag auffordern, bei ihrer Weiterentwicklung auf die Absatzsituation des Steinkohlenbergbaus Rücksicht zu nehmen. Die Bundesregierung hat die Erwartung, daß sich auf Grund dieses Gesprächs eine Beruhigung der Gesamtlage ergeben wird. Ich möchte schon heute sagen, daß die Bundesregierung fest entschlossen ist, in die Entwicklung des Mineralölmarktes einzugreifen, wenn sich diese Erwartungen nicht erfüllen. Wir werden gegebenenfalls für diesen Zweck auch von der Möglichkeit des § 10 des Außenwirtschaftsgesetzes Gebrauch machen.“[13]

In den nun folgenden Verhandlungen mit der Regierung gab die Mineralölwirtschaft ihren Widerstand gegen eine teilweise Entliberalisierung der Öleinfuhr auf [14]. Unter dem Druck der Bundesregierung, die mit einer Reihe gesetzlicher Maßnahmen gedroht hatte, gaben Vertreter mehrerer Mineralölkonzerne [15], deren Gesellschaften 85 % des Heizölmarktes auf sich vereinigten [16], eine

[12] Stenogr. Bericht der 71. Sitzung, S. 3271 A.

[13] Stenogr. Bericht der 147. Sitzung, S. 7253 A.

[14] Wiesbadener Tageblatt vom 18. 11. 1964.

[15] Die Herren Fischer-Menshausen (Esso); Scheffer (Shell); Bockelmann (BP); Matthiessen (Mobil Oil); von Berghes (DEA), Dütting (Gelsenberg); von Dewall (Scholven); Rust (Wintershall); Wissel (Union Kraftstoff); Wiesbadener Tageblatt vom 18. 11. 1964.

[16] Handelsblatt vom 20./21. 11. 1964.

Reihe konkreter Zusagen zur Beschränkung des Mineralölangebotes ab. Die entsprechende Vereinbarung mit der Bundesregierung wurde in einem gemeinsamen Dokument niedergelegt. Danach erkannten die Gesellschaften die Schwierigkeiten auf dem Energiemarkt an. Vor allem der Markt für schweres Heizöl, auf dem inzwischen eine gewisse Überkapazität des deutschen Raffinerieangebotes entstanden sei, sollte normalisiert werden. Zu diesem Zweck würden die Gesellschaften ihr Angebot an schwerem Heizöl auf den jeweiligen Vorjahresverbrauch plus einer Zuwachsrate beschränken, die in Abstimmung mit dem Bundeswirtschaftsministerium ermittelt werden sollte. Dadurch sollte „die Produktion und/oder die Einfuhr" so dimensioniert werden, daß das gesetzte Limit nicht überschritten würde [17]. Diese Zuwachsquoten wurden später auf 8 % für schweres und 15 % für leichtes Heizöl festgesetzt [18].

Auf Wunsch der sogenannten „Zebras", das heißt der Bergwerksgesellschaften, die über Raffinerien verfügen, wurde entgegen den ursprünglichen Vorstellungen der internationalen Ölgesellschaften auch das Angebot von leichtem Heizöl in die Regelung einbezogen. Auf Verlangen der internationalen Gesellschaften und mit Rücksicht auf die Masse der Kleinverbraucher wurde allerdings eine großzügigere Abgrenzung der Zuwachsquoten in Aussicht genommen. Man ging davon aus, daß das Schwergewicht der Steuerung beim leichten Heizöl auf der Einfuhr liegen werde, weil auf diesem Markt der stärkste Druck vom Import ausgehe [19]. Im übrigen erklärten sich die Gesellschaften bereit, Angebote an Unternehmen der öffentlichen Elektrizitätsversorgung zur Verwendung von schwerem Heizöl und Raffineriegas nur im Einvernehmen mit dem Bundeswirtschaftsministerium zu unterbreiten; dabei wurde unter Einvernehmen eine „Zustimmungspflicht" verstanden [20]. Die Durchführung der Regelung sollte die Arbeitsgemeinschaft Erdölgewinnung und -verarbeitung (AEV) in Hamburg übernehmen. Sie wurde beauftragt, die Höhe des jährlichen Globalangebotes mit

[17] Wiesbadener Tageblatt vom 20. 11. 1964; FAZ vom 18. 11. 1964.

[18] Ruhr-Nachrichten vom 15. 12. 1965.

[19] Handelsblatt vom 20./21. 11. 1964; Wiesbadener Tageblatt vom 20. 11. 1964.

[20] Wiesbadener Tageblatt vom 20. 11. 1964; Die Welt vom 20. 11. 1964.

dem Bundeswirtschaftsministerium auszuhandeln und die Mengen dann unter Berücksichtigung auch von neu hinzukommenden Raffinerien unter die Gesellschaften auf Grund der letztjährigen Absatzanteile zu verteilen [21].

Unter Hinweis auf die Erfahrungen mit dem Kohle-Öl-Kartell stimmten die beteiligten Unternehmen der Vereinbarung allerdings nur unter der Voraussetzung zu, daß die Bundesregierung ihrerseits Maßnahmen treffe, um die nicht am Gespräch beteiligten Produzenten und Importeure von Heizöl der Vereinbarung anzuschließen [22]. Alles müsse getan werden, um die Ölaußenseiter an die Abmachung zu binden. Gelinge dies nicht, so seien die Gesellschaften in ihren Entschlüssen wieder frei [23].

Zu den erforderlichen Außenseiter-Maßnahmen zählten nach Ansicht der Regierung die Anwendung des § 10 AWG [24], die Schaffung eines Gesetzes über die Pflichtbevorratung von Öl und das bereits angekündigte Gesetz über die Einführung einer Meldepflicht für Raffinerie- und Rohrleitungsneubauten. Von der Entliberalisierung der Einfuhr und der „auf Ölaußenseiter zielenden Bevorratungspflicht" [25] wollte man jedoch nur Gebrauch machen, falls die freiwillige Selbstbeschränkung nicht funktioniere.

3. Eine Genehmigung der erzielten Vereinbarungen unter kartellrechtlichen Gesichtspunkten wurde von der Bundesregierung nicht für notwendig gehalten. Nach Darstellung der Ölgesellschaften war ihnen eine Befreiung vom Kartellgesetz zugesagt worden. Anläßlich der Gespräche mit der Mineralölwirtschaft am 7. 11. 1964 wurde in Bonn darauf verwiesen, daß die Bundesregierung

[21] Die Welt vom 20. 11. 1964; Wiesbadener Tageblatt vom 20. 11. 1964.

[22] Handelsblatt vom 20./21. 11. 1964.

[23] Wiesbadener Tageblatt vom 20. 11. 1964.

[24] Die Anwendung des § 10 AWG zur Absicherung der Selbstbeschränkung wurde auch von dem Bundestagsabgeordneten Dr. Burgbacher in der Bundestagssitzung vom 2. 12. 1964 vorgeschlagen (stenogr. Bericht S. 7281). Ende 1964 wurde eine Lizenzpflicht für die Öleinfuhr gemäß § 10 AWG festgesetzt (19. Verordnung zur Änderung der Einfuhrliste vom 8. 12. 1964, BAnz. Nr. 230 vom 9. 12. 1964).

[25] Wiesbadener Tageblatt vom 20. 11. 1964.

das Ziel verfolge, ein Zwangskartell für Heizöl zu verhindern. Es dürfe wohl kein Zweifel daran bestehen, daß bei einem Verzicht auf die Erringung von Marktanteilen durch Kampfpreise nicht von Kartellabsprachen gesprochen werden könne [26].

Zweifel, die das Bundeskartellamt an der rechtlichen Zulässigkeit der Vereinbarung geäußert hatte, wurden auf Anweisung des Bundeswirtschaftsministers nicht weiter verfolgt. Diese Weisung [27] wurde „aus übergeordneten wirtschaftspolitischen Gesichtspunkten" erteilt. Der Bundeswirtschaftsminister vertrat den Standpunkt, daß es sich „um einen wirtschaftspolitisch nicht wünschenswerten Wettbewerb", nämlich um einen Verdrängungswettbewerb handele und daß in diesem Fall die individuelle Selbstbeschränkung der Unternehmen anderen Maßnahmen hoheitlicher Art – etwa einer Kontingentierung der Öleinfuhr – vorzuziehen sei [28]. Bereits früher hatte er erklärt, die von ihm angestrebte Zusammenarbeit zwischen Politik und Wirtschaft sei wohl „kartellrechtlichen Bedenken begegnet". Der Grundsatz der „Zusammenarbeit vor dem Gesetz" scheine ihm aber so wichtig, daß, „wenn es nicht anders geht, wir eben entsprechende Änderungen im Kartellgesetz durchführen sollten" [29].

[26] Handelsblatt vom 20./21. 11. 1964. In der Bundestagssitzung vom 2. 12. 1964 wurde eine Frage des Abgeordneten Kurlbaum (SPD), wie eine freiwillige Selbstbeschränkung mit dem Kartellgesetz in Einklang zu bringen sei, von Bundeswirtschaftsminister Schmücker dahin beantwortet: Der Abgeordnete wisse doch, daß Vorabreden nicht genehmigungspflichtig seien. Er kenne auch den § 8 des Kartellgesetzes, wo davon die Rede sei, daß den übergeordneten Gesichtspunkten Rechnung getragen werden müsse. Dabei wolle er gleich hinzufügen, daß Zwangskartelle natürlich nicht möglich seien. Der Bundeswirtschaftsminister erklärte dann weiter, er werde der Bundesregierung eine Verordnung vorschlagen, die vorsehe, § 10 AWG für Öleinfuhren in Anspruch zu nehmen, um die von der Mineralölwirtschaft beabsichtigte Selbstbeschränkung abzustützen.

[27] Es handelt sich nach Ansicht des Bundeswirtschaftsministers um eine Einzelanweisung, die deshalb nicht zu veröffentlichen war (§ 49 GWB), obwohl sie beide damals anstehenden Fälle einer Selbstbeschränkung zum Gegenstand hatte.

[28] FAZ vom 20. 8. 1965, S. 21.

[29] Fack, In der grauen Zone, FAZ vom 21. 8. 1965, S. 7.

4. Die Auswirkung der Selbstbeschränkung im Jahre 1965 war auf den Märkten für schweres und für leichtes Heizöl verschieden. Im Markt für schweres Heizöl war die Selbstbeschränkung erfolgreich [30]. Der in langfristigen Lieferverträgen vereinbarte Preis stieg von 39 bis 43 DM auf 46 bis 48 DM pro Tonne Mitte 1965 und erreichte in der zweiten Jahreshälfte den Listenpreis für schweres Heizöl [31]. In Ingolstadt erhöhte sich der Preis für schweres Heizöl von November 1964 bis November 1965 von 69 auf 82 DM je Tonne [32]. Diese Entwicklung wurde durch die Tatsache begünstigt, daß der Markt für schweres Heizöl in wenigen Händen liegt, der Import unbedeutend ist und die Abnehmer längerfristigen Festkontrakten den Vorzug vor dem Ankauf von Spotmengen geben. Die übersehbare Gruppe von Anbietern hielt sich nach Ansicht der Deutschen Shell AG an die Abmachung, so daß es zu einer „Bereinigung der Marktverhältnisse" habe kommen können [33].

Auf dem Markt für leichtes Heizöl blieb die Selbstbeschränkungsabrede dagegen ohne Wirkung. Die Ursache dafür wurde vor allem in der großen Zahl von Außenseitern gesehen [34]. Die neuen Raffinerien und die Importeure hätten durch Schleuderpreise das Preisgefüge maßgeblich beeinflußt. Der Anteil der Außenseiter habe sich dadurch um annähernd 70 % erhöht [35].

Trotzdem betrachtete die Bundesregierung die bisherige Handhabung der Selbstbeschränkung als Erfolg. In einem Schreiben an alle westdeutschen Erzeuger und Importeure von Heizöl sowie an die beteiligten Wirtschaftsverbände betonte der Bundeswirtschaftsminister die Notwendigkeit, die Selbstbeschränkung beim Absatz von Heizöl auch 1966 fortzusetzen. Die angespannte Situation auf

[30] Bekanntmachung des BWM vom 28. 9. 1965, BAnz. Nr. 188 vom 6. 10. 1965.

[31] FAZ vom 8. 10. 1965. Die Listenpreise waren: Hamburg, Ruhrgebiet und Karlsruhe bei 52 DM; Mannheim 53 DM; Ingolstadt 56 DM vor Steuern und Zöllen.

[32] Süddeutsche Zeitung vom 23. 11. 1965, S. 7: Die Preise sind einschließlich Steuern und Zöllen.

[33] Süddeutsche Zeitung vom 23. 11. 1965.

[34] Bekanntmachung des BWM, oben Fußnote 30.

[35] FAZ vom 8. 10. 1965; Süddeutsche Zeitung vom 23. 11. 1965.

dem Energiemarkt erfordere die äußersten Anstrengungen aller Beteiligten, um eine Beruhigung herbeizuführen. Er gehe davon aus, daß es möglich sein werde, die Selbstbeschränkung effektiver zu gestalten [36]. Die Industrie und die angesprochenen Verbände erklärten sich am 14. 12. 1965 zur weiteren Durchführung der Abreden bereit. Man einigte sich auf eine globale Zuwachsrate von 8 % gegenüber dem Inlandsabsatz 1965 [37]. Im übrigen wiesen die Repräsentanten der Mineralölwirtschaft darauf hin, „daß eine wirkungsvolle Selbstbeschränkung nur dann erreichbar sei, wenn das Bundeswirtschaftsministerium mit verwaltungsmäßigen Möglichkeiten ausgestattet sei, Überschreitungen der Selbstbeschränkungsmengen im Einzelfall zu verhindern. Seitens des Bundeswirtschaftsministeriums wurde zugesagt, derartige Möglichkeiten anzustreben“ [38]. Die in Betracht kommenden Firmen wurden von dem Ergebnis der in dieser Sitzung entwickelten Vorstellungen unterrichtet. Da eine schnelle Zustimmung der betroffenen Firmen als Grundlage für eine wirkungsvolle Selbstbeschränkung angesehen wurde, sollten diese gebeten werden, möglichst kurzfristig ihre Zustimmung zu erklären.

5. Die Bereitschaft der Mineralölgesellschaften, das Selbstbeschränkungsabkommen wirkungsvoller zu gestalten [39], fand ihren Ausdruck in der Tatsache, daß der von einem Sachverständigengremium der Ölwirtschaft ausgearbeitete Quotenschlüssel für 1966 von allen Anbietergruppen akzeptiert wurde. Danach sollte der vorgesehene Gesamtabsatz für Mitteldestillate von 32,4 Mill. Tonnen wie folgt auf die einzelnen Anbieter verteilt werden: Die Gruppe der Raffineure und Montanhandelsgesellschaften erhielt einen Gesamtabsatz von 28,8 Mill. Tonnen (der Errechnung der Mengenanteile der einzelnen Gesellschaften sollte als Referenzperiode das zweite Halbjahr 1964 zugrunde gelegt werden); der Importhandel eine Quote von 2,35 Mill. Tonnen (die Anteile der rund

[36] FAZ vom 13. 12. 1965.

[37] Bulletin der Bundesregierung Nr. 197 vom 17. 12. 1965, S. 1591: 8 % bei schwerem Heizöl und 8 % bei Mitteldestillaten (leichtes Heizöl und Dieselkraftstoff). Da der Absatz von Dieselkraftstoff relativ konstant ist, bedeutet das eine entsprechend höhere Zuwachsquote für leichtes Heizöl.

[38] Bulletin, a. a. O.

[39] Ruhr-Nachrichten vom 15. 12. 1965.

60 Firmen sollten auf den Durchschnittsmengen der Jahre 1963 bis 1965 plus 8 % basieren). Den Gesellschaften, die 1965 neue Raffinerien in Betrieb genommen hatten, wurde eine Marktquote von 0,65 Mill. Tonnen zugestanden; 0,20 Mill. Tonnen wurden für einen Kreis von sogenannten Neukommern vorgesehen, die 1965 auf dem deutschen Markt tätig wurden, aber keine eigenen Verarbeitungskapazitäten hatten. Für Gesellschaften, die 1966 neu auf den Markt kommen würden, wurden 0,3 bis 0,4 Mill. Tonnen reserviert. Der Rest wurde zum Ausgleich von Härtefällen vorgesehen [40].

Um die Durchführung der Selbstbeschränkung im Bereich des leichten Heizöls zu gewährleisten, ließ der Bundeswirtschaftsminister keinen Zweifel daran, daß er Überschreitungen der „Selbstbeschränkungsmargen" energischer entgegentreten werde als bisher [41]. Das Bundesamt für gewerbliche Wirtschaft wurde angewiesen, alle quotenüberschreitenden Lizenanträge dem Bundeswirtschaftsministerium zur Entscheidung vorzulegen. Falls die Firmen nicht bereit sein sollten, die übernommenen Absatzquoten einzuhalten, werde man die Erteilung der Lizenzen hinauszögern oder notfalls versagen. Die Kompetenz zur Ablehnung wurde zu diesem Zweck dem Kabinett durch Rechtsverordnung entzogen und dem Bundeswirtschaftsminister übertragen [42]. Zugleich wurde die Geltungsdauer der Importlizenzen von 6 auf 3 Monate verkürzt, um das Bundesamt für gewerbliche Wirtschaft in die Lage zu versetzen, die Entwicklung des Marktes besser zu übersehen. Weiter wurde die Meldung solcher Firmen an das Bundeswirtschaftsministerium vorgesehen, bei denen eine Überschreitung der Selbstbeschränkungsquote zu erwarten sei.

Neben diese Verschärfungen des Lizenzierungsverfahrens trat mit dem 1. 1. 1966 das Gesetz über Mindestvorräte an Erdölerzeugnissen vom 9. 9. 1965 [43]. Es verpflichtet die Importeure von

[40] Die Welt vom 5. 1. 1966, S. 1.

[41] FAZ vom 26. 3. 1966, S. 7.

[42] Verordnung vom 18. 3. 1966, BAnz. Nr. 57 vom 23. 3. 1966; FAZ vom 25. 3. 1966.

[43] BGBl. I, S. 1217.

leichtem und schwerem Heizöl, aber auch von Benzin und Dieselöl, zur Haltung eines Lagers von 9 Tagen. Bis 1970 wird diese Vorratspflicht schrittweise für Importeure auf 45 und für die Raffinerien auf 65 Tage erhöht. Die Firmen müssen quartalsweise, erstmals zum 1. 4. 1966, den Bestand an lagerpflichtigen Waren gegenüber dem Bundesamt für gewerbliche Wirtschaft nachweisen. Angesichts dieser gesetzlichen Regelung rechnete die Bundesregierung kaum noch mit dem Eintritt neuer Importeure in den Ölmarkt [44].

6. Parallel zur Absicherung der Selbstbeschränkung der Mineralölunternehmen war die Bundesregierung bestrebt, auch die Unternehmen der öffentlichen Elektrizitätsversorgung zu einer Selbstbeschränkung beim Verbrauch von Heizöl zu veranlassen, um dem Bergbau die Erhaltung eines seiner wichtigsten Absatzmärkte zu sichern. Die Elektrizitätswerke sollten sich verpflichten, „die deutsche Steinkohle am zukünftigen Zuwachs der Stromerzeugung mit einem Anteil von 50 % zu beteiligen". In einer Stellungnahme der Vereinigung deutscher Elektrizitätswerke wurde eine solche Selbstbeschränkung abgelehnt [45]. Nach Ansicht der Vereinigung ist ein „Vergleich mit der sogenannten freiwilligen Selbstbeschränkung der Mineralölwirtschaft ... nicht angebracht, weil man bei einer jährlichen Absatzausweitung von 8 % schlecht von einer echten Selbstbeschränkung sprechen kann. Außerdem handelt es sich aber bei der Mineralölwirtschaft um einen direkt mit der Kohle konkurrierenden Wirtschaftszweig. Seit Inkrafttreten der Selbstbeschränkung haben sich die Heizölpreise vor Steuern zum Nutzen der Mineralölwirtschaft erheblich erhöht" [46].

Um die Verstromung von Kohle gleichwohl zu sichern, verab-

[44] FAZ vom 25. 3. 1966.

[45] Stellungnahme der Vereinigung Deutscher Elektrizitätswerke (VDEW) zur Frage des vermehrten Einsatzes deutscher Steinkohle in den Kraftwerken der öffentlichen Elektrizitätsversorgung, Frankfurt a. M., 14. 1. 1966.

[46] S. 17. In der Stellungnahme wird auch die Ansicht vertreten, daß „eine freiwillige Beschränkung in der Auswahl der Brennstoffe" eine wettbewerbsbeschränkende Vereinbarung darstelle und die Empfehlung, eine solche Vereinbarung zu beachten, gegen das Kartellgesetz verstoße (S. 2).

schiedete der Bundestag neben dem bereits in Kraft getretenen Gesetz zur Förderung der Verwendung von Steinkohle in Kraftwerken vom 12. 8. 1965 [47] ein weiteres Gesetz zur Sicherung des Steinkohleneinsatzes in der Elektrizitätswirtschaft vom 5. 9. 1966 [48]. Zur Erhaltung eines angemessenen Anteils der Steinkohle an der Erzeugung elektrischer Energie, der in Höhe von annähernd 5 % gehalten werden soll, sieht das Gesetz die Subvention des Verbrauchs von Kohle und eine Genehmigungspflicht für den Einsatz von Heizöl in Kraftwerken vor (§§ 1, 2 des Gesetzes). Nach dem Bericht des Haushaltsausschusses werden die jährlichen Kosten für die Durchführung des Gesetzes von 15 Mill. DM im Rechnungsjahr 1967 auf 150 Mill. DM im Rechnungsjahr 1972 steigen und ab 1976 bis 1981 wieder auf 15 Mill. fallen [49].

7. Während die Ruhrkohlen-Beratung in Essen die Ansicht vertritt, die Selbstbeschränkung habe auch im ersten Halbjahr 1966 nicht funktioniert [50], ist der Bundeswirtschaftsminister der Ansicht, daß der Wettbewerb des Heizöls durch die Selbstbeschränkung der Mineralölunternehmen und die Lizenzierung der Öleinfuhren wesentlich gezügelt worden sei [51]. In einer vom Bundeswirtschaftsministerium vorgelegten Bilanz über die Entwicklung des Heizölabsatzes im ersten Halbjahr 1966 wurde festgestellt, daß die durch die freiwillige Selbstbeschränkung gezogenen Grenzen von den Gesellschaften im allgemeinen beachtet und eingehalten worden seien. Von einer nennenswerten Überschreitung der Quoten könne weder beim schweren noch beim leichten Heizöl die Rede sein [52].

[47] BGBl. I, S. 777.

[48] BGBl. I, S. 545; vgl. dazu kritisch Heinze, BB 1966, S. 1085.

[49] Bundestags-Drucksache V/764. Die Gesamtkosten werden 1,5 Milliarden DM betragen.

[50] Handelsblatt vom 18. 8. 1966, S. 3.

[51] Deutscher Bundestag, 5. Wahlperiode, stenogr. Bericht der 53. Sitzung, S. 2557 (A).

[52] Handelsblatt vom 19./20. 8. 1966, S. 6; Handelsblatt vom 22. 8. 1966, S. 1. Nach Angaben des Abgeordneten Dr. Menne, Vorsitzender des Wirtschaftsausschusses, sind die Preise für schweres Heizöl von Anfang bis Mitte 1966 um 20 % gestiegen; stenogr. Bericht der 53. Sitzung, S. 2571 (B).

Bestätigt wird diese Feststellung durch die Tatsache, daß inzwischen auch die Preise für leichtes Heizöl angestiegen sind [53] und der Bayerische Wirtschaftsminister Dr. Schedl sich veranlaßt sah, gegen die Auswirkungen der „Freiwilligen Selbstkontrolle" auf die Heizölpreise in Bayern zu protestieren [54]. Ein weiteres Indiz für die Wirksamkeit der Selbstbeschränkungen im Bereich des leichten Heizöls sind auch die Bedenken, die der Außenhandelsverband für Mineralöl (AfM) wegen der „dirigistischen Tendenzen und einseitigen Belastungen" der Importeure geltend gemacht hat. Vor allem wird auf die Schwächung der unabhängigen Handelsunternehmen gegenüber den internationalen Konzernen hingewiesen. Der Verband kritisiert in diesem Zusammenhang die Praxis der Selbstbeschränkung auf dem Heizölmarkt. Mit großer Sorge und Skepsis verfolge er diese „Selbstverwaltungsmaßnahme der Mineralölwirtschaft", deren tatsächliche Handhabung zu einer Beschneidung des verfassungsrechtlich garantierten Besitzstandes seiner Mitglieder führe [55].

[53] Die Welt vom 7. 9. 1966, S. 11. Am 3. 10. 1966 wurden die Listenpreise für leichtes Heizöl erneut um 0,50 DM pro 100 l erhöht. Der Preis ist damit seit dem 1. 8. 1966 um 1,50 DM pro 100 l gestiegen. Für Dezember ist eine weitere Preiserhöhung um insgesamt 1 DM pro 100 l vorgesehen: Die Welt vom 24. 9. 1966, S. 11.

[54] Süddeutsche Zeitung vom 12./13. 2. 1966. Siehe auch den Protest der Bayerischen Industrie- und Handelskammern dagegen, daß Bayern wegen der Schutzmaßnahmen zugunsten der Kohle wieder mit Abstand die höchsten Kohle-, Heizöl- und Strompreise in der Bundesrepublik zahle. Die Heizölsteuer und das sogenannte Selbstbeschränkungsabkommen seien „die Preistreiber auf dem Energiemarkt und blockieren damit die vorhandene Tendenz zur Senkung der Energiepreise. Es kann nicht verschwiegen werden, daß die Mineralölwirtschaft zumindest auf dem bayerischen Markt die Chance der Selbstbeschränkung – wenngleich auf Wunsch des Bundeswirtschaftsministeriums – genutzt und voll ausgeschöpft hat"; Handelblatt vom 12. 4. 1966, S. 6.

[55] Handelsblatt vom 16. 8. 1966, S. 6.

II. Rechtliche und wirtschaftspolitische Beurteilung

1. In seinem Tätigkeitsbericht für 1965 erwähnt das Bundeskartellamt die „Selbstbeschränkungserklärungen" im Zusammenhang mit den Wettbewerbsregeln [56]. Die Frage sei aufgetaucht, ob bei der Prüfung von Wettbewerbsregeln auch „strukturpolitischen Belangen Rechnung getragen werden kann". Das Amt entscheidet sich, wenn auch zögernd, für eine solche Möglichkeit. Der Wille des Gesetzgebers, den Wettbewerb in jeglicher Weise zu schützen und zu fördern, umfasse auch „den Schutz der gewerblichen Struktur durch Herstellung und Sicherung der Leistungsgerechtigkeit". „Wettbewerbsregeln könnten so ein geeignetes Mittel zur Erreichung dieser sowohl wettbewerbs- wie strukturpolitisch erwünschten Ziele sein; sie erweisen sich insofern als Instrument zur Unterstützung strukturpolitischer Zielfunktionen der Wirtschaftspolitik."

Bei der rechtlichen Einordnung der Selbstbeschränkungserklärungen beschränkt sich das Amt auf die Wiedergabe der Ansicht des Bundeswirtschaftsministers, der die Erklärungen auf dem Heizölmarkt unter diesem Gesichtspunkt sehe. Die Selbstbeschränkung solle auf diesem Markt „einem nicht mehr leistungsbestimmten Verdrängungswettbewerb entgegenwirken, der die von der Bundesregierung geforderten Anpassungsbestrebungen im Steinkohlenbergbau beeinträchtigen würde" [57].

In ihrer Stellungnahme zum Bericht des Amtes macht sich die Bundesregierung die Auffassung von der Berücksichtigung strukturpolitischer Überlegungen bei der Wettbewerbspolitik zu eigen [58]. Die wirtschaftliche Wirklichkeit zeige, daß es nicht ausreiche, „im Wettbewerbsprinzip einen bestimmten Marktablauf zu schützen und die Entwicklung des Unternehmensbestandes allein der Auslesefunktion dieses Wettbewerbs zu überlassen". Der Umstand, daß nicht jeder Wettbewerb Leistungswettbewerb sei, mache Korrekturen nötig; Anpassungsprozesse müßten reibungsloser und für die Betroffenen erträglich gestaltet werden. Unter diesem Gesichts-

[56] Bundestags-Drucksache V/530, S. 14 f.

[57] A. a. O., S. 15.

[58] A. a. O., S. 3.

punkt seien auch die Bemühungen um die Selbstbeschränkung zu sehen.

2. Mit ihren Stellungnahmen knüpfen Bundesregierung und Bundeskartellamt an Überlegungen an, die bereits früher zu der Frage angestellt wurden, in welchem Umfange das Gesetz gegen Wettbewerbsbeschränkungen die Berücksichtigung außerökonomischer Wertungen oder gesamtwirtschaftlicher Zielsetzungen selbst dann zulasse, wenn die besonderen Tatbestände der §§ 2 bis 8 und der §§ 28 ff. GWB nicht in Anspruch genommen werden können.

a) Daß die Gewährleistung einer freiheitlichen Wettbewerbsordnung durch das Gesetz gegen Wettbewerbsbeschränkungen im konkreten Falle mit anerkannten sozialen oder ökonomischen Zwecken in einen Zielkonflikt geraten kann, der eine Güterabwägung erforderlich macht, wird vom Amt ebenso gesehen wie im Schrifttum [59]. So hat das Amt in seinem Schreiben vom 20. 2. 1960 [60] das Sicherheitsbedürfnis des einzelnen als *eine* Begrenzung des Rechts auf wirtschaftliche Freiheit anerkannt. Sicherheitsvorschriften, „die von verantwortlichen Staatsbürgern zum Schutze des einzelnen erstellt werden", lägen außerhalb des Schutzbereiches des § 1 GWB. Entscheidend ist nach Ansicht des Amtes, „daß die Selbstbeschränkungsmaßnahmen mit der größten Verantwortung erlassen werden, ausschließlich dem Sicherheits- und Ordnungszweck dienen, nicht Vorwand für marktpolitische Maßnahmen sind und der Öffentlichkeit zur Erhebung von Einwendungen Gelegenheit gegeben wird" [61]. Diese Gesichtspunkte für eine Begrenzung der Anwendbarkeit von § 1 GWB durch Güterabwägung liegen auch seiner Stellungnahme vom 5. 6. 1961 zugrunde [62].

[59] Hefermehl, Wettbewerbs- und Warenzeichenrecht, 8. Aufl., Randnr. 55 ff. zu § 1 GWB; Müller-Henneberg in Müller-Henneberg/Schwartz, Gemeinschaftskommentar, 2. Aufl., Randnr. 55 ff. zu § 1; Langen, Kartellrecht, 4. Aufl., Randnr. 62 ff. zu § 1; Spengler, Über die Tatbestandsmäßigkeit und Rechtswidrigkeit von Wettbewerbsbeschränkungen, 1960, alle mit weiteren Nachweisen.

[60] WuW/E BKartA 145 ff. (Doppelstecker).

[61] WuW/E BKartA 149.

[62] WuW/E BKartA 370 (Handfeuerlöscher).

Bei der Abgrenzung des Anwendungsbereiches des Gesetzes gegenüber dem sozialen Bereich betont das Bundeskartellamt, daß wettbewerbsbeschränkende Konsequenzen arbeitsrechtlicher Vereinbarungen eine Anwendung des Gesetzes gegen Wettbewerbsbeschränkungen nicht rechtfertigen [63]. Vereinbarungen über Lohn- und Arbeitsbedingungen seien unter Einschluß „*ihrer zwangsläufigen Folgewirkungen* kartellrechtlich irrelevant und keine Faktoren des Wettbewerbs“ [64]. In einem anderen Falle, in dem der arbeitsrechtliche Charakter der Absprache nicht gleichermaßen evident, die Vereinbarung aber durch sozialpolitische Forderungen veranlaßt war, half sich das Amt mit der Verneinung des öffentlichen Interesses an der Verfolgung entsprechender Empfehlungen [65]. Dabei gab es der Erwartung Ausdruck, daß die Beteiligten auf die zivilrechtliche Erzwingbarkeit nicht angewiesen seien, da sie die Absprache, die ihrem Interesse entspreche, auch ohne zivilrechtliche Durchsetzbarkeit einhalten.

b) Neben den anerkannten sozialen Zwecken hat Hefermehl auch auf die Bedeutung außerökonomischer Wertungen für die Güterabwägung hingewiesen, „sofern anerkannte Rechts- und Ordnungsprinzipien des Gemeinschaftslebens berührt sind“ [66]. Die Antinomie zwischen Individual- und Gemeinschaftswerten auszugleichen sei eine rechtsschöpferische Aufgabe, zu der § 1 GWB den Richter ermächtige. Allerdings dürfe das *Wertprinzip* des § 1 GWB, der Schutz des Wettbewerbs als Steuerungsinstrument der Wirtschaft und als Mittel einer freiheitlichen Ordnung, nicht korrigiert werden. Es gäbe keine ökonomische Rule of Reason, weshalb eine Vereinbarung, die Preise zu senken, gegen § 1 GWB verstoße, wenn sie geeignet sei, den Markt zu beeinflussen [67]. Auch Müller-Henneberg betont, daß bei der Auslegung des Gesetzes gegen Wettbewerbsbeschränkungen der Begriff der Rule of Reason nicht herangezogen werden könne. Durch seine Ausnahmebestimmungen und

[63] BKartA, 6. 8. 1962, BB 1962, S. 978 = WuW/E BKartA 502, 506.

[64] Betonung von mir.

[65] BKartA, 31. 1. 1961, WuW/W BKartA 339 f.

[66] A. a. O. (Fußnote 59).

[67] A. a. O. (Fußnote 59) Randnr. 51.

Verfahrensvorschriften habe das Gesetz „jeden Zweifel darüber ausgeschlossen, daß wirtschaftspolitische Maßstäbe nur in diesem Rahmen und *ausschließlich in dem hierfür vorgesehenen Verfahren* berücksichtigt werden sollen" [68]. Insbesondere in § 8 GWB komme zum Ausdruck, daß überwiegende Gründe der Gesamtwirtschaft und des Gemeinwohls eine Vereinbarung nicht automatisch wirksam machen, „sondern, daß es hierfür einer Entscheidung durch die oberste wirtschaftspolitische Instanz bedarf". Zu den Rechtfertigungsgründen für Wettbewerbsbeschränkungen zählt Müller-Henneberg neben der Abwehr physischer Gefahren und Absprachen über Verkaufszeiten auch Streikhilfeabkommen oder den gemeinsamen Verzicht auf sozialpädagogisch unerwünschte Werbedarbietungen. Immer müsse es sich jedoch um solche außergesetzliche Rechtfertigungsgründe handeln, „denen *andere als wirtschaftspolitische Zielsetzungen* zugrunde liegen" [69].

3. Die Stellungnahme zum Tätigkeitsbericht des Bundeskartellamtes für 1965 läßt vermuten, daß die Bundesregierung auch für die Selbstbeschränkung der Mineralölwirtschaft die Verfolgung eines Zweckes in Anspruch nehmen will, der dem Schutzzweck des Gesetzes gegen Wettbewerbsbeschränkungen im konkreten Falle übergeordnet ist und vor dem eine Anwendung des Gesetzes deshalb zurückzutreten hat. Nicht anders jedenfalls läßt sich die Formulierung verstehen, es reiche nicht aus, im Wettbewerbsprinzip einen bestimmten Marktablauf zu schützen. Nur so ist auch zu erklären, daß der Bundeswirtschaftsminister glaubt, auf eine Genehmigung der Selbstbeschränkungsvereinbarungen gem. § 8 GWB verzichten zu können.

Die Frage nach der Zulässigkeit einer solchen Güterabwägung könnte indes auf sich beruhen, sollten wir feststellen, daß es sich bei

[68] A. a. O. (Fußnote 59) Randnr. 55 zu § 1 mit weiteren Nachweisen (Betonung von mir).

[69] A. a. O. (Fußnote 59) Randnr. 60 am Ende (Betonung von mir). Weitergehend Langen, a. a. O. (Fußnote 59), der auch solche Vereinbarungen zulassen will, „die der Erhaltung und Pflege des gesetzlich gebilligten Wettbewerbs" dienen, und Spengler, der den unter § 1 fallenden Verträgen dann die Wirksamkeit nicht versagen will, wenn sie sozialadäquate Handlungen zum Gegenstand haben; a. a. O. (Fußnote 59), S. 42.

der Selbstbeschränkung um Wettbewerbsregeln handelt, auf deren Anmeldung verzichtet wurde, die sich jedoch im Rahmen eines „strukturpolitisch angereicherten“ § 28 GWB bewegen: Regeln, die ein den (strukturpolitischen) Grundsätzen des Wettbewerbs entsprechendes Verhalten der Mineralölunternehmen im Wettbewerb anregen.

Ob es sich bei der Selbstbeschränkung in der Mineralölwirtschaft um Wettbewerbsregeln in diesem Sinne handelt, läßt sich nicht für den gesamten Vorgang einheitlich beantworten. Wir haben für die rechtliche Qualifikation vielmehr zwischen folgenden Aspekten zu unterscheiden:

- der Selbstbeschränkung auf dem Markt für schweres Heizöl,
- der Regelung des Importes durch Quoten,
- der Regelung der Preise für leichtes Heizöl.

a) Wie bereits erwähnt, ist der Markt für *schweres Heizöl* überschaubar. Die Zahl der Anbieter ist gering, ihre Verbindungen untereinander, über gemeinsame Tochtergesellschaften und internationale Vereinbarungen, sind zahlreich. Die Abnehmer beziehen langfristig und meiden in der Regel Spontanangebote. Die Selbstbeschränkung hat zu einer Kontrolle des *Angebotszuwachses* und zu erheblichen Preissteigerungen geführt.

Ob die beteiligten Unternehmen auf die Initiative des Bundeswirtschaftsministers hin tatsächlich entsprechende Vereinbarungen untereinander geschlossen oder sich auf die Abgabe gleichlautender Erklärungen an den Bundeswirtschaftsminister beschränkt haben, ist nicht feststellbar [70]. Die bayerischen Industrie- und Handelskammern jedenfalls sind von der Existenz eines vollfunktionsfähigen Kartells überzeugt. Das Verhalten der Beteiligten und die mit der Selbstbeschränkung verbundenen Preissteigerungen sprechen dafür. Selbst wenn es jedoch an einem formalen Vertrag im Sinne des § 1 GWB fehlen sollte, kann die Selbstbeschränkung im Bereich des schweren Heizöls nicht den Wettbewerbsregeln zugeordnet wer-

[70] Auch die gleichlautenden Erklärungen wären als Kartellvertrag anzusehen, wenn sie wechselbezogen wären, was im vorliegenden Falle außer Zweifel steht; BKartA, Tätigkeitsbericht 1965 (Fußnote 56), S. 25 (Bimskiesfall).

den. Die übereinstimmende, auf bewußt gemeinsamem Verhalten beruhende Einhaltung von Listenpreisen und die abgestimmte Erhöhung von Verkaufspreisen kann nicht Gegenstand rechtlich zulässiger Wettbewerbsregeln sein. Fehlt es an vertraglichen Beziehungen im Sinne des § 1 GWB, so erfüllen die beteiligten Unternehmen mit ihrem Verhalten vielmehr den Tatbestand des § 38 Abs. 2 Satz 2 GWB.

Ein Vergleich mit dem Genehmigungsverfahren des Bundeswirtschaftsministers vom 17. 2. 1959 bestätigt diese Feststellung. Die Folgen der Selbstbeschränkung sind, soweit die Ölpartner in Frage stehen, mit den Ergebnissen identisch, die vom Kohle-Öl-Kartell erwartet wurden, aber dann nicht eingetreten waren. Bei der Genehmigung dieses Kartells hatte der Bundeswirtschaftsminister die Ansicht vertreten, als Grundlage für eine Erlaubnis komme lediglich § 8 Abs. 1 GWB in Frage. Das Gesetz ist insoweit nicht geändert worden, neue relevante Ausnahmetatbestände sind also nicht hinzugetreten. Willensäußerungen des Parlaments, die die Selbstbeschränkung zum Gegenstand haben, aber nicht in Gesetzesform ergangen sind, mögen zwar politische Bedeutung haben. Eine Änderung der Rechtslage können jedoch auch sie nicht bewirken [71]. Sie sind im übrigen, was die Frage der Preispolitik anbetrifft, keineswegs eindeutig.

Nun hat man anläßlich der Selbstbeschränkungsabreden darauf hingewiesen, daß ein Verzicht auf die Erringung von Marktanteilen durch Kampfpreise, d. h. ein Verzicht auf Verdrängungswettbewerb, nicht als rechtswidrige Absprache angesehen werden könne [72]. Selbst eine Rechtsansicht, die das Verbot von Kampfpreisen und Umstellungsbeihilfen zu den zulässigen Gegenständen von Wettbewerbsregeln rechnen wollte, wäre indes nicht in der Lage, auf diese Weise die Selbstbeschränkung bei schwerem Heizöl zu rechtfertigen. Einmal ist wegen der komplizierten Mischkalkulation der Unternehmen keineswegs eindeutig, wann auf dem Heiz-

[71] BVerwG, 20. 1. 1961, BVerwGE 12, S. 16, 20; F. Klein, JuS 1964, S. 181, 189.

[72] Siehe oben zu Fußnote 26 und BKartA, Tätigkeitsbericht 1965, S. 15.

ölmarkt von Verlustpreisen im Sinne von *Kampfpreisen* gesprochen werden kann. Der Verlustausweis deutscher Tochtergesellschaften internationaler Konzerne ist sicher allein kein schlüssiger Nachweis. In einem ordnungsgemäßen Verfahren ist diese Frage jedenfalls noch nicht geklärt worden, sc daß allenfalls die Möglichkeit einer Rechtfertigung bestünde. Zum anderen aber war die Selbstbeschränkung von vornherein nicht nur auf die Unterbindung eines Verdrängungswettbewerbs mit unlauteren Mitteln, sondern auf eine echte Preis- und Marktregelung ausgerichtet, wie z. B. das Preisverhalten der Gesellschaften im bayerischen Raum zeigt, wo dem Gedanken der Verdrängung der Kohle nur eine subsidiäre Bedeutung zukommt.

Für die Rechtfertigung dieses dem Gesetz widersprechenden Tatbestandes bleibt damit nur eine Güterabwägung, die den Schutz des Wettbewerbs und die Freiheit des Marktes hinter den strukturpolitischen Erwägungen zurücktreten lassen, die der Energiepolitik der Bundesregierung zugrunde liegen. Es bleibt der Rechtfertigungsgrund der „Zusammenarbeit von Politik und Wirtschaft", die nach Ansicht des Bundeswirtschaftsministers „vor dem Gesetz" stattfindet. Nach Spengler ist eine solche Rechtfertigung denkbar. In seiner bereits erwähnten Studie hält er Wettbewerbsbeschränkungen unter dem Gesichtspunkt der Sozialadäquanz insbesondere dann für rechtmäßig, „sofern sie bloß als Hilfswerkzeug staatlicher Marktlenkung (dienen) oder im Dienste übergeordneter Ideen ... stehen" [73]. Ob dieser Grundsatz, selbst wenn er vertretbar wäre, auf Tatbestände wie die unsrigen ohne Gesetzesänderung Anwendung finden kann, wird uns noch beschäftigen.

b) Von einem Hilfsmittel staatlicher Marktlenkung ließe sich in der Tat im Zusammenhang mit dem zweiten Aspekt der Selbstbeschränkung sprechen, der *Quotenregelung:* Diese Quotenregelung, die von der Lizenzierung der Einfuhr durch das Bundesamt für gewerbliche Wirtschaft getragen wird, ist zweifellos mehr als eine Anregung, sich in bestimmter Weise im Wettbewerb zu verhalten. Wie der Quotenschlüssel zeigt [74], handelt es sich um eine Vereinba-

[73] A. a. O. (Fußnote 59) S. 45.

[74] Siehe dazu Text zu Fußnote 40.

rung, die sich nur durch den Sanktionsmechanismus von einem klassischen Quotenkartell unterscheidet. Daß in diesem Zusammenhang Vereinbarungen getroffen wurden, steht außer Frage. Auf andere Weise ließen sich die Globalquoten der einzelnen Anbietergruppen kaum auf die einzelnen Mitglieder der Gruppen repartieren.

Die Durchführung der Quotenvereinbarung wird vom Bundesamt für gewerbliche Wirtschaft gewährleistet. Die „verwaltungsmäßigen Möglichkeiten", mit denen der Bundeswirtschaftsminister nach der Vereinbarung mit der Mineralölwirtschaft ausgestattet sein müsse, um „Überschreitungen der Selbstbeschränkung im Einzelfall zu verhindern" [75], sind die Einfuhrbeschränkungen nach dem Außenwirtschaftsgesetz. Statt ihren Bedarf der gemeinsamen Geschäftsstelle anzuzeigen, beantragen die Unternehmen Lizenzen in Höhe ihres Bedarfs beim Bundesamt für gewerbliche Wirtschaft. Dieses kennt die Firmenquoten und verrechnet die Einfuhrmengen gegen die Quotenkonten. Überschreitungen werden an den Bundeswirtschaftsminister gemeldet, der die Lizenz notfalls versagt. Bisher sind allerdings noch keine Ablehnungen unter Hinweis auf Quotenüberschreitungen bekanntgeworden. Es erscheint auch fraglich, ob sie gerichtlicher Nachprüfung ohne weiteres standhalten würden. Zwar ist die Beschränkung der Einfuhr (Entliberalisierung) durch Änderung der Einfuhrliste eine politische Entscheidung und die Beurteilung des Schutzbedürfnisses im Sinne des § 10 AWG grundsätzlich nicht nachprüfbar [76]. Etwas anderes gilt jedoch für die Erteilung oder Versagung der konkreten Einfuhrgenehmigung nach §§ 3, 12 AWG. Sie unterliegt als Verwaltungsakt der Nachprüfung durch die Verwaltungsgerichte (§ 30 AWG). Ist die Erteilung von Genehmigungen – wie in unserem Falle – im Hinblick auf den Zweck nur im beschränkten Umfang möglich, „so sind die Genehmigungen in der Weise zu erteilen, daß die gegebenen Möglichkeiten volkswirtschaftlich zweckmäßig ausgenutzt werden können" (§ 3 Abs. 2 AGW). Sie sind zu erteilen, soweit dies unter Wahrung des Schutzbedürfnisses im Sinne des § 10 Abs. 3 möglich ist (§ 12 Abs. 1 AWG).

[75] Bulletin Nr. 197 vom 17. 12. 1965, S. 1591.

[76] Schulz, Außenwirtschaftsrecht, Randnr. 7 zu § 10.

Diese gesetzliche Anweisung verpflichtet die Genehmigungsstelle zur entsprechenden eigenen Prüfung des Sachverhalts [77]. Es erscheint mir zumindest klärungsbedürftig, ob die Übernahme vereinbarter Quoten durch die Genehmigungsstelle dem Sinn dieser Anweisung entspricht, zumal dann, wenn die Genehmigungsstelle nicht selbst an der Ausarbeitung des Quotenschlüssels beteiligt ist. Die Rezeption eines von Unternehmenssachverständigen ausgearbeiteten Quotenschlüssels, der neben dem Schutzbedürfnis des § 10 Abs. 3 AWG zweifellos auch den Interessen der beteiligten Unternehmen Rechnung trägt, kann meines Erachtens die gesetzliche Pflicht zur eigenen Prüfung der Genehmigungsvoraussetzungen nicht ersetzen. Die Selbstbeschränkung kann jedoch nur funktionieren, wenn das Amt den Quotenchlüssel übernimmt und sich darauf beschränkt, sein eigenes Ermessen in den Grenzen der Quote für Härtefälle auszuüben.

Das Zusammenspiel von privatwirtschaftlicher Marktregelung und staatlichem Sanktionsmechanismus im Bereich der Wettbewerbsbeschränkungen, das gerade im Ölmarkt auf zahlreiche Vorbilder zurückgreifen kann, ist juristisch noch wenig erforscht. Sicher scheint mir jedoch, daß der Charakter der Quotenregelung, die indirekte Erzwingung der Vereinbarung auch gegenüber Außenseitern und ihre Einhaltung durch das Lizenzverfahren eine Qualifikation der Selbstbeschränkung als Aufstellung von Wettbewerbsregeln von vornherein verbietet. Wir haben es eindeutig mit einem Kartell zu tun, dessen Regelungen im übrigen – wie die Proteste der konzernfreien Importeure zeigen – zu einer Veränderung der Marktstruktur zugunsten der Konzerngesellschaften zu führen scheinen [78]. Auch hier ist deshalb die Rechtfertigung des gesetz-

[77] Einzelheiten bei Schulz, a. a. O., Randnr. 21 ff. zu § 3.

[78] Handelsblatt vom 16. 8. 1966. Diese Folge widerspricht wahrscheinlich auch dem Gedanken des § 3 Abs. 2, S. 3 AWG, wonach Gebietsansässige, die durch eine Beschränkung in der Ausübung ihres Gewerbes besonders betroffen würden, bevorzugt berücksichtigt werden können. Auch die EWG-Kommission hat auf die Bedeutung der unabhängigen Handelsunternehmen für die Versorgung des Marktes und die Aufrechterhaltung des Wettbewerbs hingewiesen. Die Quotenregelung scheint diesem Gesichtspunkt nicht Rechnung zu tragen.

widrigen Tatbestandes nur im Rahmen einer Abwägung mit außergesetzlichen Rechtsgütern möglich. Damit ist zugleich festgestellt, daß die gesetzliche Befugnis, Einfuhrlizenzen zu verweigern, für die Rechtmäßigkeit der Quotenregelung unerheblich ist.

c) Für die Preisregelungen im Bereich des *leichten Heizöls* gilt im Grunde das bereits Gesagte entsprechend. Die Selbstbeschränkung hat hier zu einer Preispolitik geführt, die den Bereich einer vielleicht vertretbaren Verhinderung von Kampfpreisen längst verlassen hat. Durch nichts wird dies deutlicher, als durch die zunehmenden Hinweise auf die Zusammenhänge zwischen der Erhöhung der Heizölpreise und den gegen die freien Tankstellen gerichteten Senkungen der Benzinpreise [79]. Ob im Bereich des leichten Heizöls neben den gleichlautenden Zustimmungserklärungen der Unternehmen an den Bundeswirtschaftsminister [80] ausdrückliche horizontale Preisabsprachen bestehen, läßt sich nicht nachweisen. Wegen der großen Zahl der Anbieter in diesem Marktbereich fällt ein Teil der Koordinationsfunktion jedoch offenbar den Verbänden zu. Ein Beispiel ist im Tätigkeitsbericht 1965 enthalten. Danach hat ein Fachverband des unabhängigen Mineralölhandels einer Großhändlerin, die Treibstoffe ohne Verwendung von Markenzeichen vertreibt und sich in ihrer Preisgestaltung nicht an die Preise der großen Mineralölkonzerne anlehnt, die Aufnahme u. a. mit der Begründung verweigert, die Antragstellerin verfolge eine andere Marktpolitik als die Verbandsmitglieder. Grundsatz dieser Marktpolitik war die Anlehnung an die Preisgestaltung der Konzerne. Das Bundeskartellamt [81] trat dieser Begründung mit der Feststellung entgegen, die Ablehnung wegen Abweichung in der Marktpolitik sei nicht gerechtfertigt, wenn der Verband die für richtig gehaltene Marktpolitik mit wettbewerbsrechtlich verbotenen Mit-

[79] Siehe dazu Die Welt vom 24. 9. 1966, S. 11.

[80] Bulletin, a. a. O. (Fußnote 75). Kenner des Vorganges berichten, das Bundeswirtschaftsministerium habe ausdrücklich darauf bestanden, daß die Erklärungen als freiwillige Zustimmung bezeichnet werden. Erklärungen in denen ein entsprechender Hinweis gefehlt habe, seien mit der Bitte um Ergänzung zurückgegeben worden.

[81] BKartA, 20. 7. 1965, WuW/E BKartA 948, 951 (vgl. auch BB 1965, S. 924).

teln unterstütze. Wegen der besonderen Bedeutung des Verbandes ordnete das Amt die Aufnahme der Antragstellerin gemäß § 27 GWB an. Im Laufe des Einspruchsverfahrens nahm die Antragstellerin jedoch ihren Antrag zurück, „weil sie auf Grund eines Vergleiches inzwischen in diesen Verband aufgenommen worden ist“ [82]. Es ist kaum anzunehmen, daß dieser Vergleich die Frage der Marktpolitik ignoriert.

4. Weder die Vereinbarungen auf dem Markt für schweres Heizöl, noch die Quotenregelungen und die damit verbundenen Preisabsprachen können somit als Wettbewerbsregeln angesehen werden. Damit kehren wir zu der Frage zurück, ob Gründe des Gemeinwohls und der Gesamtwirtschaft als höherrangige außergesetzliche Rechtsgüter die Marktregelung trotz ihres gesetzwidrigen Tatbestandes rechtfertigen. Der Bundeswirtschaftsminister, der seine Weisung an das Bundeskartellamt mit diesen Gesichtspunkten begründet hat, geht offenbar von dieser Möglichkeit aus, weshalb es ihm auch zulässig erscheint, auf die Anwendung des gesetzlichen Genehmigungsverfahrens zu verzichten [83]. Seine Ansicht wird sich mit den folgenden Einwänden auseinanderzusetzen haben:

a) Die Einführung eines außergesetzlichen Rechtfertigungsgrundes „übergeordnete ökonomische Interessen“ ist mit dem geltenden Recht unvereinbar. Das Gesetz gegen Wettbewerbsbeschränkungen hat die Berücksichtigung eines solchen Rechtsgutes ausdrücklich geregelt, so daß es an den rechtlichen Voraussetzungen für die Inanspruchnahme *außergesetzlicher* Rechtfertigungsgründe im ökonomischen Bereich fehlt.

Mit der Generalklausel des § 8 GWB ist dem Bundeswirtschaftsminister als Kartellbehörde die Möglichkeit eingeräumt, Beschränkungen des Wettbewerbs in jedweder Form zu genehmigen, wenn

[82] BKartA, Tätigkeitsbericht 1965 (Fußnote 56) S. 23.

[83] Der Verzicht auf die Verwendung von § 8 GWB im Gegensatz zum Kohle-Öl-Kartell ist wahrscheinlich auch darauf zurückzuführen, daß sich die internationalen Gesellschaften mit Rücksicht auf das Antitrustrecht der USA nur ungern freiwilligen, genehmigten und damit offenen Kartellvereinbarungen anschließen; siehe dazu Handelsblatt vom 20./21. 11. 1964.

dies aus überwiegenden Gründen der Gesamtwirtschaft und des Gemeinwohls notwendig ist. Dem Gesetzgeber war somit – das zeigt die Vorschrift eindeutig – die Möglichkeit eines Zielkonfliktes zwischen der Erhaltung des Wettbewerbs und der Verwirklichung gesamtwirtschaftlicher Belange nicht nur geläufig. Er hat in § 8 GWB auch genaue Anweisungen erteilt, nach welchen Gesichtspunkten die Rechtsgüterabwägung stattzufinden hat. Dies gilt nicht nur für die Beschränkung des Wettbewerbs zugunsten der Gesamtwirtschaft und des Gemeinwohls, sondern vor allem auch für den in Absatz 2 geregelten Sachverhalt einer Bestandsgefährdung [84]. Die von der Bundesregierung in ihrer Stellungnahme zum Tätigkeitsbericht 1965 getroffenen Feststellungen [85] zu diesem Thema sind deshalb ebensowenig neu wie die einschlägigen Ausführungen von Langen [86]. Langen meint, das in den vergangenen 6 Jahren angesammelte reichliche Material zum Thema „vorrangige Rechtsgüter" und die praktische Erprobung des Gesetzes hätten gezeigt, daß „eine vernünftigere Auslegung der allgemeinen Ausnahmevorschrift in § 1 Satz 2" viele Schwierigkeiten überwinden könne. Die von ihm vorgeschlagene Interpretation des § 1 Satz 2 GWB, über die er auch ökonomischen Gesichtspunkten als außergesetzlichen Rechtfertigungsgründen Beachtung verschaffen will, steht aber nicht nur im Widerspruch zur gesetzlichen Regelung dieses Problems. Sie umgeht auch das *Verfahren*, das der Gesetzgeber bei der Entscheidung ökonomischer Zielkonflikte beobachtet wissen wollte, und das er im Gesetz ausdrücklich auch unter Berücksichtigung der rechtlichen und politischen Besonderheiten eines solchen Zielkonfliktes geregelt hat. Eine Änderung dieses Verfahrens ist nur durch Gesetzesänderung möglich. Die Abweichung vom gesetzlich geregelten Verfahren durch „praxisnahe Auslegung des Gesetzes" ist rechtswidrig, auch wenn sie, wie bei Langen, unter Berufung auf Friedrich Meinecke (Die deutsche Katastrophe) und Friedrich Schiller für notwendig gehalten wird [87].

[84] So auch Müller-Henneberg, a. a. O. (Fußnote 59), Randnr. 55.

[85] BKartA, Tätigkeitsbericht 1965 (Fußnote 56), S. 3.

[86] Kartellgesetz, 4. Aufl., Randnr. 66 zu § 1.

[87] A. a. O., Randnr. 70 zu § 1.

b) Das gesetzliche Verfahren zur Entscheidung ökonomischer Zielkonflikte dient vor allem drei Zwecken:

(1) Der Publizität der Entscheidung und damit ihrer öffentlichen Nachprüfbarkeit: Die Notwendigkeit der Veröffentlichung von Anmeldung und Genehmigung gewährleistet die Möglichkeit, die Entscheidung des Zielkonfliktes nachzuvollziehen. Auf diese Möglichkeit kann um so weniger verzichtet werden, als die Würdigung der gesamtwirtschaftlichen Lage und Entwicklung der Nachprüfung durch das Gericht entzogen ist (§ 70 Abs. 4 GWB), der Bundeswirtschaftsminister im Rahmen des § 8 GWB jedoch vorwiegend unter solchen Gesichtspunkten entscheidet.

(2) Der Wahrung der Interessen der betroffenen Erzeuger und Abnehmer: Ihre Stellungnahmen müssen dem Antrag beigefügt sein; die Kartellbehörde hat ihnen ebenfalls Gelegenheit zur Stellungnahme zu geben und kann sie am Verfahren beteiligen.

(3) Der Überwachung des genehmigten Kartells durch die Kartellbehörde im Rahmen der gesetzlichen Mißbrauchsaufsicht gemäß § 11 GWB: Dabei geht es vor allem um die ständige Überprüfung der Frage, ob eine wesentliche Veränderung der Verhältnisse, die für die Entscheidung maßgeblich waren, eine Änderung der Genehmigung erforderlich macht.

c) Schließlich dient das vom Gesetzgeber vorgesehene Verfahren zur Bewältigung konkreter Zielkonflikte zwischen dem Schutzzweck des Gesetzes und überwiegenden Gründen der Gesamtwirtschaft und des Gemeinwohls auch der Verwirklichung rechtsstaatlicher Grundsätze. Die Entscheidung der Frage, ob die Wettbewerbsfreiheit in bestimmten Situationen zugunsten einer Marktregelung zurücktreten muß, ist politischer Natur und kann deshalb nicht Gegenstand richterlicher Erkenntnis sein. Sie ist aus diesem Grunde der obersten wirtschaftspolitischen Instanz übertragen; jedoch im Rahmen materieller Ermessenbindungen und unter gesetzgeberischer Anleitung, wie der Konflikt im *Prinzip* zu entscheiden ist. Nicht nur vom gesetzlichen Verfahren, auch von dieser Bindung befreit sich die Exekutive, wenn sie den aus ihrer energiepolitischen Vorstellung resultierenden Zielkonflikt ohne Inanspruchnahme des § 8 GWB entscheidet und eine Überprüfung ihrer „vor dem Gesetz“ durchgeführten Strukturmaßnahmen durch Weisung unterbindet. Sie verläßt damit den Bereich, den der Gesetzgeber ihr zum Zwecke der Kooperation mit der Wirtschaft zugewiesen hat, wenn sich diese Kooperation der Beschränkung des Wettbewerbs bedient.

Daß der gesetzlich vorgeschriebene Weg, strukturpolitische Zielvorstellungen zu verwirklichen, im Falle der Selbstbeschränkung verlassen wurde, scheint mir der wichtigste *rechtliche Einwand* gegen die Selbstbeschränkungsabreden zu sein. Sie sind meines Erachtens aus diesem Grunde nicht unter Inanspruchnahme außergesetzlicher Rechtfertigungsgründe zu rechtfertigen.

5. a) Die gesetzliche Regelung des Verfahrens bindet den Bundeswirtschaftsminister jedoch nicht nur an die Verfahrensvorschriften. Aus § 8 in Verbindung mit den Verfahrensregeln und § 70 Abs. 4 GWB folgt auch, daß die Entscheidung des ökonomischen Zielkonfliktes *ausschließlich* dem Bundeswirtschaftsminister als der politischen Instanz vorbehalten, dem Richter also entzogen ist. Die Gerichte dürfen deshalb ein grundsätzlich gesetzwidriges, weil nicht ordnungsgemäß genehmigtes Marktverhalten unter Berufung auf ökonomische Erwägungen nicht rechtfertigen, und zwar selbst dann nicht, wenn die politischen Instanzen das Verhalten veranlaßt und gebilligt haben [88]. Eine solche Beschränkung wird nicht nur von der gesetzlichen Regelung gefordert. Sie ist auch notwendig, damit nicht die Rechtsunsicherheit wieder in das Gesetz hineingetragen wird, auf deren Eliminierung zur Zeit seiner Beratung gerade auch von der Industrie so großer Wert gelegt wurde. Die gesetzliche Wertentscheidung zugunsten der wirtschaftlichen Freiheit kann im Rahmen gerichtlicher Entscheidung nicht ohne genaue zusätzliche gesetzgeberische Anleitung zur Disposition ökonomischer Zweckmäßigkeit gestellt werden [89].

Soweit aus der Selbstbeschränkung privatrechtliche Ansprüche gemäß §§ 26, 35 GWB erwachsen können, ist den Mineralölunternehmen deshalb der Hinweis auf die Rechtfertigung durch gesamtwirtschaftliche Erwägungen oder hoheitliche Anregung versperrt.

[88] Entsprechenden Stellungnahmen kommt keine gesetzesähnliche Wirkung zu: F. Klein, JuS 1964, S. 181, 189. Sie sind allenfalls im Rahmen der Verschuldensprüfung relevant, jedoch nur dann, wenn sie sich ausdrücklich auf die konkrete, beanstandete Handlung beziehen.

[89] Darauf verweist auch Hefermehl, Wettbewerbs- und Warenzeichenrecht, Randnr. 55 zu § 1.

b) Damit bleiben nur die außerökonomischen Rechtfertigungsgründe, von denen oben (unter II 2) die Rede war. Für die Selbstbeschränkung können sie nicht in Anspruch genommen werden. Nach Ansicht des Bundeskartellamtes ist eine Selbstbeschränkung zulässig, wenn die Maßnahmen „mit der größten Verantwortung erlassen werden, ausschließlich dem Sicherheits- und Ordnungszweck dienen, nicht Vorwand für marktpolitische Maßnahmen sind und der Öffentlichkeit zur Erhebung von Einwendungen Gelegenheit gegeben wird“ [90]. Die Bedingungen zwei, drei und vier werden von den Selbstbeschränkungsmaßnahmen der Mineralölwirtschaft nicht erfüllt. Soweit die sonstigen Voraussetzungen einer Diskriminierung oder eines Boykotts im Rahmen der Durchführung der Selbstbeschränkung gegeben sind, können die Betroffenen somit Schadensersatzansprüche gemäß §§ 26, 35 GWB geltend machen [91].

6. a) Aber nicht nur die rechtlichen, auch die ökonomischen, insbesondere die gesamtwirtschaftlichen Konsequenzen der Selbstbeschränkung sind problematisch. Die Marktregelung durch freiwillige Selbstbeschränkung extra legem und die damit verbundene, praktische Freistellung vom Gesetz führt zu erheblichen Ungleichheiten in der Anwendung des Gesetzes auf dem Markt, in dem sich die Selbstbeschränkung vollzieht. Das Resultat ist eine weitgehende Beseitigung der Chancengleichheit. Auch abgesehen von der Stellung der freien Importeure bietet die Selbstbeschränkung auf dem Ölmarkt dafür umfangreiches Anschauungsmaterial. So erlaubt die Preisregelung auf dem Heizölmarkt den beteiligten Mineralölkonzernen, die verbesserten Heizölerlöse gegen die Kosten der Benzinpreissenkung zu verrechnen. Sie können auf diese Weise die durch die faktische Freistellung von § 1 GWB erlangte Marktstellung auch auf den Treibstoffmarkt erstrecken. Maßnahmen nach den §§ 11, 12 GWB müssen die Konzernunternehmen dabei ebensowenig befürchten wie den Vorwurf des unzulässigen Verdrängungswettbewerbs, denn im Rahmen der strukturpolitischen Erwägungen

[90] BKartA, 20. 2. 1960, WuW/E BKartA 149 (Doppelstecker).

[91] Auf Einzelheiten, insbesondere auf die Frage, ob unwirksam vereinbarte Kartelle unter das Diskriminierungsverbot des § 26 Abs. 2 GWB fallen, kann hier nicht eingegangen werden.

in diesem Bereich beurteilt sich die Zulässigkeit des Verdrängungswettbewerbs offenbar weniger nach den Mitteln der Verdrängung als nach den Verdrängten. Betroffen sind die Konkurrenten auf dem Treibstoffmarkt, die *nicht* zugleich Heizöl anbieten und deshalb an der Wohltat der „Marktbereinigung" nicht teilhaben. Sie können ihre Marktstellung nicht durch Beschränkung des Wettbewerbs korrigieren, da es auf dem Treibstoffmarkt, jedenfalls zur Zeit, an „vorrangigen ökonomischen Gesichtspunkten" fehlt. Auf die Dauer gesehen wird sich jedoch die Wettbewerbsbeschränkung durch die Relais von Maßnahmen und Gegenmaßnahmen über den gesamten relevanten Wirtschaftszweig ausbreiten müssen, ohne daß eine verfahrensrechtlich gesicherte Möglichkeit besteht, das Ergebnis einer solchen Entwicklung sicher zu beeinflussen. Dies ist der entscheidende *wirtschaftspolitische Mangel* des Selbstbeschränkungsverfahrens.

b) In der Tat würde eine auf die Ordnung des Gesamtmarktes angelegte staatliche Wirtschaftspolitik marktwirtschaftlichen Grundsätzen wesentlich mehr und getreuer entsprechen als die zur Zeit gehandhabte staatliche Sicherung privater Marktabsprachen. Es ist einer der Irrtümer der Befürworter von Selbstbeschränkungsabreden anzunehmen, daß „die individuelle Selbstbeschränkung der Unternehmen anderen Maßnahmen hoheitlicher Art" in jedem Falle vorzuziehen sei [92]. Der überwiegend private Charakter der Regelung gewährleistet zwar ein Optimum an Berücksichtigung der beteiligten Marktinteressen. Das ist aber keineswegs identisch mit einem Optimum an marktwirtschaftlicher Freiheit. Die mehr oder weniger kontrollierte und nach kurzer Zeit unkontrollierbare Förderung privater Marktabsprachen durch die Regierung in einem ohnehin machtanfälligen Markt, unter Umgehung des gesetzlich vorgeschriebenen Verfahrens und unter weitgehendem Ausschluß der Öffentlichkeit und der Betroffenen [93] ist vielleicht ein pragmati-

[92] Siehe oben Fußnote 28.

[93] Der im zweiten Verstromungsgesetz vorgesehene Beirat, der das Bundesamt für gewerbliche Wirtschaft beraten und so die Vertretung aller beteiligten Interessen gewährleisten soll, ist kein Ersatz für Publizität und ein ordnungsgemäßes Verfahren im hier behandelten Sinne.

sches, aber kein marktwirtschaftliches oder ordnungspolitisches Rezept. Setzt die Regierung den Marktmechanismus außer Kraft, weil sie ihn auf dem betroffenen Markt nicht für leistungsfähig hält, so hat die Summe der privatrechtlichen Handlungen auf diesem Markt die *Richtigkeitsvermutung* verloren, die solchen Handlungen zukommt, wenn Wettbewerb herrscht. Die Regierung ist deshalb verpflichtet, in diesem Fall ein Verfahren bereitzustellen, das geeignet ist, *anstelle* des Wettbewerbs die Marktgerechtigkeit zu gewährleisten. Ein solches Verfahren ist in den §§ 11 und 12 GWB vorgezeichnet. Hält man es für ungeeignet, muß ein anderes Verfahren geschaffen werden. Im Falle der Selbstbeschränkung hat man es jedoch vorgezogen, auf ein solches Verfahren zu verzichten, denn über die Gewährung oder Versagung von Lizenzen kann eine Marktgerechtigkeit auf dem Erdölmarkt nicht gewährleistet werden; die Versagungsgründe des Außenwirtschaftsgesetzes sind dafür nicht geschaffen.

Die Bundesregierung hat somit auf die gesetzliche Kontrolle der zur Zeit praktizierten Selbstbeschränkungen mit dem Augenblick verzichtet, als sie erklärte, die Marktbeschränkung liege im öffentlichen Interesse, sei Teil des energiepolitischen Konzeptes und aus diesem Grunde von der Anwendung des Kartellrechts befreit. Die Beteiligten haben damit einen politischen Besitzstand erworben, von dem nicht klar ist, wie er ihnen ohne gesetzliche Maßnahmen wieder entzogen werden kann. Er wird so lange fortdauern wie die Ursache seiner Entstehung, was die beteiligten Unternehmen nicht gerade dazu ermutigen wird, an der Beseitigung dieser Ursache tatkräftig mitzuwirken.

c) Die Antwort auf eine Bewältigung des Energieproblems liegt deshalb nicht in einer Fortsetzung der Selbstbeschränkung, sondern in der Entwicklung eines Verfahrens zur Gewährleistung der Marktgerechtigkeit unter Berücksichtigung der gesamtwirtschaftlichen Belange. Voraussetzung dafür ist neben der Formulierung langfristiger energiepolitischer Ordnungsvorstellungen und Prioritäten die Schaffung von Institutionen, die mit den notwendigen materiellen und verfahrensrechtlichen Kompetenzen ausgestattet sind, um die Durchführung der Ordnungsvorstellungen gewährleisten zu können.

Ein solches Verfahren muß

– die durch die besonderen Marktverhältnisse gegebenen Bedingungen so isolieren, daß ein Übergreifen wettbewerbsbeschränkender Tatbestände auf andere Märkte vermieden wird;

– eine optimale Beweglichkeit des geregelten Marktes gewährleisten;

– die Erhaltung der Chancengleichheit auf dem betroffenen Markt sicherstellen und so für die Gewährleistung der Marktgerechtigkeit sorgen.

Zu den Voraussetzungen, die gegeben sein müssen, um diese Ziele zu erreichen, gehören

– eine optimale Publizität des Regelverfahrens;

– eine umfassende Klärung des Markttatbestandes, insbesondere der gesellschaftsrechtlichen und marktmäßigen Verflechtungen unter den beteiligten Unternehmen, ihrer Kostenstrukturen und Gewinnverwendungen. Diese Klärung kann sich, soweit die Unternehmensstrukturen über die Grenzen des deutschen Marktes hinausreichen, auch nicht auf die Vorgänge innerhalb unsere Landes beschränken;

– eine weitgehende Unabhängigkeit der Regelinstanz nicht nur von den beteiligten Unternehmen, sondern auch von der Exekutive, durch stärkere Annäherung an das Parlament und die von ihm beschlossenen gesetzlichen Anweisungen.

Wie sie heute praktiziert wird, hat die Regelung des Heizölmarktes und damit indirekt des gesamten Erdölmarktes durch Selbstbeschränkung nicht nur zu einer Gefährdung der Grundsatzentscheidungen des Gesetzes gegen Wettbewerbsbeschränkungen zugunsten scheinbar übergeordneter ökonomischer Zweckvorstellungen und zu einer weitgehenden Beseitigung der Chancengleichheit im betroffenen Markt geführt. Sie hat auch kaum zur Sicherung des Bergbaus vor übereilter Strukturänderung beigetragen, wie die noch immer wachsenden Kohlehalden zeigen. Die begünstigten Gesellschaften dagegen hat sie in die Lage versetzt, ihre Marktposition zu konsolidieren, auf eine Koordination des Heizöls mit dem Erdgas hinzuwirken und die entsprechenden Vorbereitungen für eine umfassende Kontrolle des Energiemarktes zu treffen. Von einer Energiepolitik, die diesen Namen verdient, sind wir also noch weit entfernt.

Originalbeitrag.

RUMPFKARTELLE, PREISGESPRÄCHE UND PREISMELDESTELLEN

Von Hans-Heinrich Barnikel

Ende der zwanziger, Anfang der dreißiger Jahre gab es in Deutschland 2000 bis 2500 Kartelle [1]. 40 Jahre später scheinen die Kartelle, blickt man auf Vergleichszahlen, ihre Bedeutung verloren zu haben. Nach dem Tätigkeitsbericht des Bundeskartellamtes für 1969 [2] sind etwa noch 250 Kartelle in der Bundesrepublik tätig. Dabei ist zu bedenken, daß diese schon geringe Zahl neben den bekannten umfassenden und straff organisierten Syndikaten auch solche Kartelle enthält, die wegen ihrer nur regionalen Bedeutung oder, wenn man sie nur isoliert betrachtet, wegen ihres geringen Grades an Wettbewerbsbeschränkung, wie z. B. Konditionenvereinbarungen und ein Teil der Rabattkartelle, das Marktgeschehen nur unwesentlich beeinflussen. Da es sich bei der Kartellbewegung angeblich um eine „naturnotwendige Entwicklung“, „eherne Notwendigkeit“ und um ein „ökonomisches Gesetz“ handelt, drängt sich die Frage auf, wie denn die genannten Zahlen zu interpretieren sind. Mehrere Gründe müssen dafür genannt werden: Die Zahl der Kartelle allein sagt noch nichts aus über die Zahl der kartellierten Waren. Es könnte auch sein, daß die sogenannte Kartellbewegung deswegen an Bedeutung verloren hat, weil sie nur eine inzwischen fast überholte Entwicklungsstufe gewesen ist. Tatsächlich wird, und zwar nicht erst in jüngster Zeit, die Ansicht vertreten, daß die weitere Entwicklung verstärkt zu Konzentrationen der Unternehmungen und des Kapitals, also zur Konzern- und Trustbildung führe. Einiges spricht für diese These, vermag sie jedoch allein

[1] Vgl. Hans-Heinrich Barnikel, Kartelle in Deutschland; Entwicklung, theoretische Ansätze und rechtliche Regelungen, in diesem Band S. 1 ff.

[2] Bundestagsdrucksache VI/950, Anhang, S. 126 ff.

nicht zu stützen. Die quantitativ geringere Bedeutung der Kartelle kann nicht dadurch erklärt werden, daß die Kartellbildung als Organisationsform an Anziehungskraft verloren und die Konzernbildung als leistungsfähigere Organisation sich durchgesetzt hätte. Sie ist nicht zuletzt auch die Konsequenz des Kartellverbots. Allerdings ist dabei noch zu bedenken, daß die Kartellstatistik notwendigerweise den Kartellbegriff des geltenden Rechts zugrunde legen muß. Ist der gesetzliche Kartellbegriff zu eng, dann können die darauf abgestellten Statistiken gar nicht alles erfassen, was wirtschaftlich als Kartell zu bezeichnen wäre. Dies ist der eine Aspekt, den wir in unserem Beitrag behandeln wollen. Darüber hinaus wollen wir uns auch mit der Tatsache befassen, daß das Kartellverbot verhältnismäßig leicht umgangen werden kann, wenn nicht ausreichende rechtliche Vorkehrungen getroffen sind, die Umgehung zu verhindern.

Der Kartellbegriff nach geltendem Recht

Wenn der Kartellbegriff nach geltendem Recht untersucht wird, muß zunächst einschränkend gesagt werden, daß bei der Niederschrift dieses Beitrags durch Entscheidungspraxis und Rechtsprechung noch nicht endgültig ausgelotet war, wo die Grenzen dieses Kartellbegriffs verlaufen. Würde man unter einem Kartell nur die rechtlich voll abgesicherten Wettbewerbsbeschränkungen verstehen, dann träfe die Ansicht, Kartelle hätten an Bedeutung verloren, wohl zu. Die Kenntnis der Praxis verbietet jedoch diese Einengung und man könnte lange erörtern, ob Wettbewerb oder Wettbewerbsbeschränkung einer gewinnstrebigen Unternehmensführung mehr entspricht. Nach § 1 des Kartellgesetzes (Gesetz gegen Wettbewerbsbeschränkungen, GWB) sind Kartelle als Vereinigungen von Unternehmen zu definieren, die wettbewerbbeschränkende *Verträge* schließen und praktizieren [3].

[3] § 1 GWB lautet etwas verkürzt: Verträge, die Unternehmen oder Vereinigungen von Unternehmen zu einem gemeinsamen Zweck schließen, und Beschlüsse von Vereinigungen von Unternehmen sind unwirksam, soweit sie geeignet sind, die Marktverhältnisse für den Verkehr mit Waren oder gewerblichen Leistungen durch Beschränkung des Wettbewerbs zu beeinflussen.

Gegenüber den älteren Kartelldefinitionen, die als Bestandteil den Monopolzweck gefordert haben, erhielt die Definition in § 1 GWB eine ganz bedeutende Ausweitung, die allerdings auch Bagatellen erfaßt. Mit zunehmender Entscheidungspraxis sollten sich die Grenzen dieser Definition immer deutlicher zeigen. Sie sind so gravierend, daß der Wissenschaftliche Beirat beim Bundeswirtschaftsminister dazu wie folgt Stellung nahm: „Die Erfahrungen, die mit Auslegung und Anwendung des Paragraphen 1 GWB bisher gesammelt wurden, erfordern es, daß die Vorschrift neben Verträgen auch abgestimmte Verhaltensweisen und darüber hinaus auch solche Wettbewerbsbeschränkungen verbietet, die bezweckt oder bewirkt werden [4]." In diesem Zitat ist bereits enthalten, daß das formal gefaßte Kartellverbot durch gleichförmiges und abgestimmtes Verhalten und durch Wettbewerbsbeschränkungen, die nicht Gegenstand des Vertrages sind, wohl aber durch den Vertrag bewirkt oder bezweckt werden, umgangen werden kann, obwohl das Bundeskartellamt und das Kammergericht bereits von einem Vertragsbegriff ausgehen, der weiter ist als der des bürgerlichen Rechts, der die rechtliche Bindung erfordert. Ein Vertrag im Sinne des GWB liegt auch ohne rechtliche Bindung vor, wenn die Beteiligten von einer auf außerrechtlichen Faktoren, wie kaufmännischer Anständigkeit und Rücksichtnahme, Solidaritätsbewußtsein oder moralischem Druck beruhenden Bindungswirkung ausgehen [5]. Abreden wettbewerbbeschränkenden Inhalts ohne rechtliche Verpflichtung der Beteiligten, ein Sachverhalt, der häufig als gentlemen's agreement bezeichnet wird, ist damit erfaßt. Allerdings muß dabei ein Vertrag, der auch mündlich zustande gekommen sein kann, nachgewiesen werden. Die eigentlichen Schwierigkeiten liegen im Nachweis des Bindungswillens und in der Beziehung der Wettbewerbsbeschränkung zum Vertrag.

Die „vertragliche Beschränkung des Wettbewerbs" ist der Schlüsselbegriff, der hier anhand der Rumpfkartelle, Preisgespräche und Preismeldestellen zu erörtern ist.

[4] Bundesanzeiger 1970 Nr. 42, S. 5 f.

[5] Kammergericht, Beschluß vom 28. 8. 1969, WuW/E OLG 1015, 1018.

Rumpfkartelle

Es gibt zahlreiche Gründe dafür, daß Kartelle ihre Einkaufs- oder Verkaufsstelle als selbständige Rechtspersonen ausgliedern. Normalerweise verpflichten sich solche Unternehmungen, die gemeinsam einkaufen oder verkaufen, in den Kartellverträgen, ihre Produktion (oder ihren Bedarf) an Vertragswaren ausschließlich über das Gemeinschaftsunternehmen (GU) abzusetzen (oder vom GU zu beziehen). Dabei wird in aller Regel noch hinzugefügt, daß sich die Andienungs- oder Bezugspflicht der Mitglieder auf die eigenen Anlagen sowie auf fremde, die sie betreiben oder betreiben werden, und auf Anlagen, die von ihnen allein oder zusammen mit anderen Mitgliedern wirtschaftlich, rechtlich oder organisatorisch beherrscht werden, erstreckt. Zur Errichtung von weiteren Betrieben für die Produktion oder den Verbrauch an Vertragswaren ist regelmäßig die Genehmigung der Vereinigung erforderlich. Das gleiche gilt für neue Beteiligungen. Verpflichtungen der genannten Art sind Verstöße gegen das Kartellverbot, für die, wenn überhaupt, dann nur die für Rationalisierungskartelle geschaffene Erlaubnismöglichkeit des § 5 GWB in Frage käme. Die Tatsache, daß nicht jeder Gemeinschaftsverkauf oder Gemeinschaftsbezug von den Kartellbehörden erlaubt worden ist, oder daß erlaubte Rationalisierungskartelle der Mißbrauchsaufsicht unterstellt sind, hat in mehreren Fällen dazu geführt, daß alte, höherstufige Kartelle ihren Kartellvertrag in der Weise geändert haben, daß ohne Beeinträchtigung der Wirksamkeit des gemeinschaftlichen Ein- oder Verkaufs das Kartellverbot nicht verletzt worden ist. Nach herrschender Meinung sind gemeinschaftlicher Ein- und Verkauf kartellrechtlich unbedenklich, wenn die beteiligten Unternehmen sich nicht zur ausschließlichen Benutzung der Gemeinschaftseinrichtung verpflichten. Mit der Beseitigung der Verpflichtung erhalten die Mitglieder ein Liefer- oder Bezugsrecht. Macht ein Mitglied von diesem Recht Gebrauch, schließt es mit der Verkaufsgesellschaft – nur sie braucht erörtert zu werden, denn für den Einkauf gilt sinngemäß dasselbe – einen Liefervertrag ab. Beide Vertragsparteien, also das Mitglied und die Verkaufsgesellschaft, verpflichten sich zur Erfüllung dieser zweiseitigen Verträge, die in gleicher Weise mit allen an den

Gemeinschaftsunternehmungen Interessierten abgeschlossen werden. Sehr oft ist diese zweiseitige Regelung hinsichtlich der Mengen sehr genau bestimmt. Entweder verpflichtet sich die Verkaufsgesellschaft zur Abnahme der gesamten Produktion oder einer bestimmten Grundmenge. Für zusätzliche Mengen werden jedoch nicht immer die gleichen Abnahmepreise berechnet wie für die Grundmengen. Die Mitglieder können berechtigt sein, ihre Grundmengen ganz oder teilweise auf andere zu übertragen. Die Änderung der Grundmenge eines Mitglieds kann zweiseitig zwischen Mitglied und Geschäftsführung ausgehandelt werden. Häufig ist jedoch dazu der Beschluß eines Organs der Gemeinschaft erforderlich, weil es auch im Interesse der GU sein kann, die Interessen des Mitglieds und der Gemeinschaft gegeneinander abzuwägen. Die Lieferverträge sind im allgemeinen Formularverträge. Nicht selten wird auch der Grundsatz der Gleichbehandlung der Mitglieder vertraglich vereinbart oder doch wenigstens beachtet. Noch wichtiger für die wirtschaftliche Wirkung solcher Torsosyndikate ist wohl die Tatsache, daß die Mitglieder über keine eigene Verkaufs- oder Einkaufsorganisation verfügen, also nur noch in Ausnahmefällen die Möglichkeit besitzen, selbständig als Anbieter oder Nachfrager auf dem Markt aufzutreten. Normalerweise kennen sie ihre Kunden und die Märkte nicht mehr, sondern produzieren ohne direkten Marktbezug. Die mit solchen Torsoverträgen eingeräumte Bezugs- oder Andienungsfreiheit entsteht daher auch nur in genau bezeichenbaren Momenten. Einmal dann, wenn zum erstenmal an die Stelle einer horizontalen Vereinbarung zweiseitige Liefer- und Bezugsverträge treten. Zum anderenmal dann, wenn die Lieferverträge zu erneuern sind. Selbstverständlich können diese auf unbestimmte Zeit abgeschlossen sein und sich automatisch verlängern, wenn nicht etwas anderes rechtzeitig erklärt wird. Es ist leicht einzusehen, daß diese Kartelltorsen den Kern einer umfassenden Wettbewerbsbeschränkung bilden können. Darüber darf auch nicht der selbständige Verkauf an sog. Direktkunden hinwegtäuschen. Aus welchen Gründen solche individuellen Lieferbeziehungen aufrechterhalten oder aufgenommen werden, diese Lieferungen werden kaum jemals im Wettbewerb gegen das GU angeboten.

Schließlich müssen noch die gemeinsamen Preislisten erwähnt

werden. Es gibt Waren, die zu unterschiedlichen Preisen ohne Beeinträchtigung des Umsatzes in eine gemeinsame Preisliste aufgenommen werden können. Massenwaren dagegen wie Zement, Düngemittel, Fertigbeton, Kies, Schotter usw., die der fachkundige Abnehmer ohne Präferenz für eine Lieferfirma bezieht, können von einer gemeinsamen Verkaufsstelle jedoch nur zu einheitlichen Preisen angeboten werden. In solchen Fällen darf angenommen werden, daß diese Tatsache bei der Gestaltung des gemeinsamen Angebots berücksichtigt worden ist. Formulierungen wie „die Gemeinschaftsunternehmung ist berechtigt, die vom Lieferwerk eigenständig und eigenverantwortlich festgesetzten und mitgeteilten Verkaufspreise zur Erleichterung der technischen Abwicklung in ihre Verkaufsliste aufzunehmen, welche auch die Preise der anderen von der Gemeinschaftsunternehmung vertretenen Firmen enthält", führen deshalb ebenfalls kaum zu individuellem Wettbewerb der an solchen Verkaufsstellen beteiligten Unternehmen. Damit dürften wir gezeigt haben, daß das Kriterium der rechtlichen Bindung in aller Regel ungeeignet ist, Wettbewerbsbeschränkungen im wirtschaftlichen Sinn zu erfassen. Häufig wiegt das Interesse der Unternehmen an einer Beschränkung des Wettbewerbs schwerer als die rechtliche Bindung.

Diejenigen Institutionen, die den Wettbewerb zu schützen berufen sind, brauchen vor den zahlreichen Möglichkeiten der Unternehmen, auch ohne formale Verletzung des Kartellverbots den Wettbewerb untereinander zu verringern oder auszuschalten, nicht zu kapitulieren. Die Horizontalvereinbarung kann zwar ersetzt werden durch Verträge, die jede einzelne Unternehmung mit der Gemeinschaftsunternehmung oder mit einem gemeinsamen Agenten abschließt. Allerdings können solche Systeme, für die sich der Name „Sternverträge" eingebürgert hat, in der Weise ausgebaut sein, daß sie in den Bereich des Kartellverbots hineinreichen und der Wille zu einer horizontalen Bindung ersichtlich wird, obwohl die Verpflichtungen der Unternehmungen auf Einzelverträgen mit der GU oder der Agentur beruhen. Der sog. kartellfreie Kooperationsbereich ist in der Regel auch dann verlassen, wenn durch entsprechende Rabattvorteile oder durch Gewinnausschüttung nicht nach Kapitaleinsatz, sondern nach der über die GU abgesetzten oder nach der von ihr bezogenen Warenmenge die Kartelltreue belohnt und der Absatz außerhalb der GU bestraft wird. Viele Einzelfragen sind noch offen und bedürfen dringend einer Klärung durch die Rechtsprechung.

Preisgespräche

Der Nachweis, daß die an einer gemeinsamen Maßnahme Beteiligten gewillt waren, sich in wettbewerbbeschränkender Weise zu binden, kann sehr schwierig und oft unmöglich sein. Die alten Gary diners [6] hatten häufig den Charakter von Verhandlungen. Die ausdrückliche Ermahnung und Überredung spielte dabei eine wichtige Rolle. Selbstverständlich ändert sich der Verlauf solcher Gespräche mit der Änderung der gesetzlichen Situation. Noch mehr ist die Klarheit der über solche Sitzungen angefertigten Niederschriften oder von Erklärungen, die im Zusammenhang mit solchen Gesprächen abgegeben werden, entscheidend von den geltenden Rechtsvorschriften abhängig. Um die Grenzen des formalen Kartellbegriffs aufzuzeigen, sei etwas ausführlicher ein in der Rechtsprechung bekanntgewordenes Preisgespräch dargestellt [7].

Die bedeutendsten europäischen Farbstoffproduzenten treffen sich seit Jahren in unregelmäßigen zeitlichen Abständen und mit wechselnder Beteiligung zu einem allgemeinen Erfahrungs- und In-

[6] Von Elbert Henry Gary (1846–1926, Organisator der United States Steel Corp., Vorsitzender des American Iron and Steel Institute) organisierte informelle, aber regelmäßig stattfindende Aussprachen der führenden amerikanischen Stahlproduzenten, deren Ziel es nach Garys eigenen Worten war, nicht durch Vertrag, sondern durch Ermahnung (exhortation) plötzliche und beträchtliche Preisschwankungen in der Stahlindustrie zu verhindern; ein freundschaftlicher Meinungsaustausch mit Seelenmassage derjenigen, die einen „unvernünftigen“ und „destruktiven“ Preiswettbewerb auszulösen bereit waren oder bereits begonnen hatten. Vgl. Arthur R. Burns, The Decline of Competition, New York und London 1936, S. 79, und Encyclopaedia of the Social Sciences, 15. Aufl., 5. Band, New York 1963, S. 587 f.

[7] Beschluß des Kammergerichts Berlin vom 28. 8. 1969, WuW/E OLG 1015, 1018.

formationsaustausch. Über den Ablauf einer solchen Besprechung, die am 18. August 1967 in Basel stattfand, besitzen die Kartellbehörde und die Gerichte ein ziemlich genaues Bild. Nach Erörterung anderer Tagesordnungspunkte erklärte ein Vertreter, seine Gesellschaft werde die Preise zum 16. Oktober 1967 um 8 % erhöhen. Anschließend äußerten andere Vertreter, daß auch ihnen die Erlös- und Kostenentwicklung im Farbstoffgeschäft Sorge bereite und daß sie ständig Überlegungen wegen Erhöhung der Verkaufspreise anstellten. Alsbald nach dieser Sitzung benachrichtigten zunächst nur wenige Firmen ihre Außendienstvertreter und Kunden, daß die Preise mit Wirkung vom 16. Oktober 1967 um 8 % erhöht werden. Sie informierten auch die restlichen Firmen, die in der Sitzung vertreten waren, denn diese sind für Spezialitäten gleichzeitig auch ihre Kunden. Nachdem die Unternehmen, die ihre Preise zunächst noch nicht erhöht hatten, Gewißheit erhalten hatten, daß andere die Preise erhöhen werden, trafen auch sie ihre Entscheidung und kündigten die Preiserhöhung um 8 % zum 16. Oktober 1967 an.

Das Bundeskartellamt hat wegen Ordnungswidrigkeiten (Hinwegsetzen über eine nach § 1 GWB unwirksame Preisabsprache) Geldbußen festgesetzt. Die Firmen bestritten, daß sie Preiserhöhungen vereinbart hätten. Weil die Erlössituation auf dem Farbstoffsektor völlig unbefriedigend gewesen sei, hätte jede Firma die Preiserhöhung in freier, sachlicher und ausschließlich eigener unternehmerischer Entscheidung durchgeführt, nachdem die Nachrichten von den Preiserhöhungen hierzu die Möglichkeit bot. Daß dies gleichförmig um 8 % zum 16. Oktober 1967 erfolgt sei, beruhe auf dem bekannten oligopolistischen Marktzwang. Es wäre für jedes Unternehmen wirtschaftlich sinnlos gewesen, die Preise nicht zu erhöhen oder weniger zu erhöhen als die Konkurrenten, weil dies nicht zur Verbesserung der Marktposition und zur Erhöhung des Absatzes geführt hätte. Notfalls hätten die Konkurrenten im Hinblick auf Unternehmen, die die Preiserhöhungen nicht oder nur zum Teil mitgemacht hätten, die vorangegangenen Preiserhöhungen zurückgenommen. Aufgrund dieser Marktsituation habe man mit einer entsprechenden Reaktion der anderen Unternehmen gerechnet, habe aber nicht versucht, eine entsprechende Willensübereinstimmung herbeizuführen.

Das Kammergericht hat dazu ausgeführt, die tatsächlichen Feststellungen ergeben nicht mit der erforderlichen, an Sicherheit grenzenden, reale Zweifel ausschließenden Wahrscheinlichkeit, daß die Betroffenen sich mit der Ankündigung der Preiserhöhung zum 16. Oktober 1967 über die Unwirksamkeit eines Vertrages nach § 1 GWB hinweggesetzt und damit eine Ordnungswidrigkeit begangen haben. Der Senat ist nicht zu der Überzeugung gelangt, daß die Unternehmen sich gegenseitig zu dieser Preiserhöhung verpflichtet haben oder daß aufgrund der Ankündigung der ersten Firma vom 18. August 1967 die anderen mit diesem Unternehmen oder untereinander eine gleichförmige Preiserhöhung abgestimmt haben. Die Beteiligten müßten sich ausdrücklich oder stillschweigend über eine gleichförmige Preiserhöhung geeinigt und die ab 16. Oktober 1967 geltenden Preise aufgrund einer solchen Abstimmung und nicht lediglich aus anderen Erwägungen angekündigt haben. Der Verlauf der Besprechung und das anschließende Verhalten der Beteiligten ergeben nicht, daß an diesem Tag oder zu einem späteren Zeitpunkt eine Einigung über eine gleichförmige Preiserhöhung erzielt worden ist. Selbst wenn man mit dem Bundeskartellamt annehmen wollte, so führt das Kammergericht weiter aus, daß das statement derjenigen Firma, die als erste die Preise erhöht hat, in der Sitzung am 18. August 1967 nicht bloß eine unverbindliche, der Erforschung der Marktlage dienende Vorankündigung, sondern nach den Regeln des kaufmännischen Anstandes ein Versprechen zur Durchführung der Preiserhöhung unter der stillschweigenden Bedingung gleichartiger Erhöhungen der Angesprochenen enthalten hat, kann nicht mit Sicherheit festgestellt werden, daß die Betroffenen ein Angebot angenommen haben. Mindestens ein Teil der Teilnehmer an der August-Besprechung war nicht befugt, eine so weitgehende Entscheidung für ihre Firmen zu treffen. Die sonstigen Umstände, aus denen die Kartellbehörde eine Willensübereinstimmung gefolgert hat, ergaben ebenfalls nicht mit hinreichender Sicherheit, daß eine Umgehung von § 1 GWB vorliegt. (Der BGH hat mit Beschluß vom 17. 12. 1970 das Kammergericht bestätigt.)

Preismeldestellen [8]

In diesem Sammelband sind zum Thema Preismeldestellen die wichtigsten Abschnitte aus A. J. Eddys „The New Competition" [9] abgedruckt. Mit diesem Werk hat Eddy (Anwalt, 1859–1920), der häufig als Erfinder der Preismeldestellen bezeichnet wird, den „offenen Wettbewerb" gefordert und dessen Vorzüge, die Beschränkung des Wettbewerbs, gepriesen. Hier soll ergänzend noch auf die Organisationsweise und auf das Funktionieren solcher Preisinformationssysteme eingegangen werden.

Das Sammeln und Zusammenstellen von Branchenstatistiken ist eine wichtige Aufgabe von Verbänden. In der Art und Weise, wie es durchgeführt wird, bestehen allerdings große Unterschiede. Firmen, die ein offenes Preisinformationssystem einrichten, verpflichten sich, ihre Umsätze mit jedem Kunden, ihre Preise, nicht selten bereits die entsprechenden Einzelheiten ihrer Angebote und ergänzend zu den Preis- und Kundenmeldungen gelegentlich auch Produktionsmengen und Lagervorräte einer neutralen Stelle zu melden. Die Meldetechnik kann organisatorisch in der Weise vereinfacht werden, daß die Meldestelle unverzüglich von jedem Angebot, jeder Auftragsbestätigung und ausgehenden Rechnung automatisch eine Durchschrift erhält. Aufgrund dieser Meldungen fertigt die Meldestelle statistische Übersichten über Preise, Produktionsmengen und Lagervorräte. Sie kann aber auch verpflichtet sein, entweder automatisch allen Mitgliedern oder auf Anfrage eines interessierten Beteiligten mitzuteilen, von welchem Konkurrenten die Vertragsware einem bestimmten Abnehmer, in welcher Menge und zu welchem Preis angeboten oder verkauft worden ist.

Es soll nun näher begründet werden, daß die die Abnehmer und Lieferanten identifizierenden Preismeldestellen in besonderem Maße wettbewerbbeschränkend wirken. Jedenfalls waren sich, so scheint es, in einer Zeit, als weder Kartelle verboten waren noch Preismeldestellen zu wettbewerbsrechtlichen Überlegungen Anlaß

[8] Die Literatur zu diesem Thema ist sehr umfangreich. Vgl. dazu die Auswahlbibliographie im Anhang.

[9] Vgl. dazu S. 281 ff.

boten, die Praktiker einig, daß Preismeldestellen als Kartellersatz gut geeignet sind. Metzner, der Leiter der Kartellstellen des Reichsverbandes der Deutschen Industrie z. B. empfahl die Bildung von Preismeldestellen als Ausweg, „um zu großen internen Kartellschwierigkeiten und Angriffen von außen rechtzeitig vorzubeugen“ [10]. An anderer Stelle verbindet er eine Beschreibung der „Open-Preisverbände“ mit einem meines Erachtens zutreffenden Urteil: „Das System dieser Verbände besteht darin, daß die Fabrikanten eines bestimmten Industriezweiges die Preise und sonstigen Lieferungsbedingungen für jeden Abschluß einer bestimmten Stelle mitteilen müssen. Diese Stelle sammelt alle Meldungen und gibt sie zusammengefaßt sofort allen Interessenten bekannt. Wenn es sich auch nicht um eine formelle Preisvereinbarung handelt, so ist doch jeder Fabrikant über die Preise seiner Konkurrenz unterrichtet und kann sich an diese halten. Diese sogenannten Preismeldestellen veranstalten auch periodische Erhebungen über Beschäftigungsgrad, Lagerbestände, Aufträge, Vorräte usw. Es handelt sich also hierbei um nichts anderes als um Kartelle, für die allerdings aus rechtlichen Bedenken keine schriftlichen Bindungen vorliegen [11].“ Mit der Feststellung, daß sich die Unternehmen an die Preise ihrer Konkurrenten halten *können,* ist gleichzeitig gesagt, daß sie rechtlich frei sind, auch abweichende Preise zu nehmen. Was aber werden sie in aller Regel tun? Um das herauszufinden, muß etwas weiter ausgeholt werden.

Wir wollen und brauchen nicht, wie es so oft geschieht, von einem Modellmarkt auszugehen, auf dem oligopolistische Unternehmen weitgehend homogene Produkte in der durch die Preismeldestelle geschaffenen vollkommenen Markttransparenz anbieten. Schon die Frage, wie viele Unternehmen ein Oligopol bilden, ist dubios. Oligopol aber als Verhaltensweise zu definieren, ist in diesem Zusammenhang unzulässig, denn das unternehmerische Verhalten mit und ohne Preismeldestelle soll ja gerade untersucht werden. Die Homogenität der Ware kann ebenfalls problematisch sein. Glas- und Plastikflaschen z. B. können für einen Abnehmer in gleicher Weise

[10] Vgl. Max Metzner, Kartelle und Kartellpolitik, Berlin 1926, S. 31.
[11] Ebenda, S. 41.

verwendbar sein, während für einen anderen Plastikgefäße als Substitutionsmöglichkeit überhaupt nicht in Frage kommen. In einem anderen Fall bleibt der Abnehmer bei seinem Stammlieferanten trotz des billigeren Angebotes technisch-physikalisch völlig gleichartiger Waren, weil ihm die Sicherheit der gleichmäßigen Qualität und die rasche und zuverlässige Belieferung auch bei unregelmäßigem Abruf der Aufträge den höheren Preis wert sind. Auch das wäre theoretisch ein Fall fehlender Homogenität. Für unsere Analyse ist das ohne Bedeutung. Wir wollen lediglich annehmen, daß einem Nachfrager die für bestimmte Verwendungszwecke benötigte Ware von wenigen oder auch nur einem Anbieter geliefert wird. Eine mehr oder weniger große Zahl solcher Vertikalbeziehungen, die sich im allgemeinen überschneiden, teilweise auch isoliert nebeneinander stehen können, bilden einen Markt. Für einen Nachfrager ist die Ware, die von verschiedenen Produzenten geliefert wird, dann homogen, wenn sie für den Zweck, für den er sie verwendet, voll austauschbar ist. Eine Preismeldestelle, das sei zunächst geklärt, ist ein vorzügliches Instrument zu beobachten, was auf einem Markt geschieht. Sind auf einem solchen Markt Preislisten üblich und für die Konkurrenten leicht erhältlich, dann kann mit Hilfe der Preismeldestelle kontrolliert werden, wer von den Lieferanten sich nicht an seine Listenpreise hält, weil es vielleicht Kunden gelingt, bei ihren Stammlieferanten auch ohne Aufnahme neuer Geschäftsbeziehungen durch geschicktes Verhandeln günstigere Preise oder Rabatte zu erhalten. Haben sich Kosten geändert, kann leicht festgestellt werden, ob und in welchem Umfang und wie rasch Kostenerhöhungen von den einzelnen Anbietern gegenüber den Kunden durchgesetzt bzw. ob Kostensenkungen im Preis weitergegeben werden. Um herauszufinden, wodurch der Wettbewerb auf einem Markt, auf dem eine die Anbieter und Nachfrager identifizierende Preismeldestelle tätig ist, gebremst wird, muß man sich paradoxerweise vorstellen, was geschehen würde, wenn auf diesem Markt individueller Preiswettbewerb stattfände.

Gehen wir davon aus, daß zu einem beliebigen Zeitpunkt eine Gleichgewichtslage derart besteht, daß kein Lieferant Anlaß hat, die Geschäftsbeziehungen eines anderen oder mehrerer anderer Lieferanten zu stören. Ob zu diesem Zeitpunkt die Preise und Rabatte gleich oder verschieden sind, ist für unsere Überlegungen gleichgültig. Angesichts komplizierter Preis- und Rabattberechnungsmethoden mit Sonderzuschlägen und Sondervergünstigungen sowie unterschiedlichen Ortspreisen mit teilweiser Frachtübernahme ist es für Außenstehende sowieso kaum möglich, die Preisberechnung nachzuvollziehen und die Gleichheit der Preise nachzuweisen. Nehmen wir nun an, daß ein Anbieter beginnt, die Wettbewerbsruhe zu stören, indem er einen Konkurrenten aus seinen herkömmlichen Geschäftsbeziehungen teilweise oder ganz zu verdrängen versucht, so wird dank der Tätigkeit der Preismeldestelle dies unverzüglich dem vom Wettbewerb betroffenen Unternehmen bekannt. Seine Möglichkeiten zu reagieren sind leicht aufzuzählen:

1. Ist die Verdrängung aus bestehenden Geschäftsbeziehungen noch abzuwenden, kann der Betroffene
   a) den Angriff evtl. durch Verhandlung mit dem Konkurrenten noch abwehren oder
   b) durch einen gleichen oder auch stärkeren Preisnachlaß dem Wettbewerb begegnen. Wenn beides nicht möglich ist, kann er
   c) den drohenden Umsatzverlust ohne Gegenmaßnahmen hinnehmen.
2. Ist die Verdrängung bereits erfolgt, kann der Betroffene
   a) ohne Gegenwehr diesen Umsatzverlust hinnehmen oder
   b) den verlorenen Kunden durch einen gleichen oder noch höheren Preisnachlaß bei den nachfolgenden Geschäftsbeziehungen zurückzugewinnen versuchen oder
   c) einen Ausgleich für die Umsatzeinbuße dadurch zu erreichen versuchen, daß er selbst sich in bereits bestehende andere Geschäftsbeziehungen hineindrängt und anderen Anbietern Umsätze wegnimmt.

Die Möglichkeiten, welche die anderen Anbieter im Falle 2 c) haben, um sich zur Wehr zu setzen, sind mit diesem Schema ebenfalls bereits erfaßt. Am unwahrscheinlichsten, aber nicht auszuschließen, sind die Fälle 1 c) und 2 a), die Hinnahme des Umsatzverlustes ohne Gegenwehr. Umsatzverluste können allenfalls zeitweilig verkraftet werden, z. B. dann, wenn eine Ware in einem größeren Sortiment nur von geringer Bedeutung ist oder wenn auf einem expandierenden Markt durch begründete Erwartung steigender Umsätze in den verbleibenden Geschäftsbeziehungen die zeitweilige Umsatzeinbuße mindestens kompensiert wird. Die restlichen Fälle möglichen Verhaltens zeigen, daß auf einem solchen, durch eine Preismeldestelle transparent gemachten Markt durch individuellen Preiswettbewerb lediglich die Preise verdorben werden können und damit den Beteiligten keine Vorteile entstehen. Durch die Existenz einer Preismeldestelle erhält der aus bestehenden Geschäftsbeziehungen durch Preiszugeständnisse verdrängte Anbieter die Möglichkeit, sich rasch und gezielt zur Wehr zu setzen. Diese Möglichkeit des Verhaltens bedroht Konkurrenten in einer besonders wirksamen Weise, weil die Gegenwehr in Form von Preisnachlässen nur bei dem Abnehmer erforderlich ist, bei dem Umsatzverluste drohen. Dank der Tätigkeit der Preismeldestellen ist es nicht notwendig, daß die Preise eines Lieferanten für alle Abnehmer gesenkt werden. Daraus ergibt sich außerdem, daß es den Mitgliedern einer Preismeldestelle möglich ist, Außenseiterwettbewerb punktuell abzuwehren und somit den Aufwand für Wettbewerb in Grenzen zu halten. Diese Möglichkeit kontrollierten Wettbewerbs gegen Außenseiter ist eine beträchtliche Erschwerung des Marktzutritts. Wenn ein Unternehmen auf einem Markt, auf dem eine Preismeldestelle vorhanden ist, tätig werden will, dann hat es, da es ebenfalls seine Auftragsbücher füllen muß, die Existenz der Preismeldestelle bei seiner Entscheidung einzukalkulieren. Da gezielte Gegenmaßnahmen der anderen Anbieter möglich sind, wird sich der Newcomer nur dann auf diesem Markt betätigen, wenn er sich entweder vorher schon mit den anderen über eine gemeinsame Strategie, die für ihn eine angemessene Beteiligung am Umsatz vorsieht, geeinigt hat. Sollte das nicht möglich gewesen sein, muß er sicher sein, über das bessere Durchstehvermögen zu verfügen. Dasselbe gilt auch für den Fall, daß unter den an einer Meldestelle Beteiligten Wettbewerb entsteht. Das aber kommt auch ohne Preismeldestelle im Falle eines engen Oligopols mit homogenen Waren oder bei Kartellen vor und berechtigt uns nicht, die Wettbewerbsbeschränkung auf solchen Märkten zu leugnen. Näher kann hier auf Machtfragen, die nun zu erörtern wären, nicht eingegangen werden.

Damit sollte eigentlich überzeugend dargestellt sein, daß durch Preismeldestellen, die die Lieferanten und Abnehmer identifizieren, der Wettbewerb ganz wesentlich abgeschwächt wird. In der Literatur wird diese Tatsache häufig bestritten und auch den Kartellbehörden gelingt nicht immer der Nachweis, daß der Wettbewerb durch die Tätigkeit der Preismeldestellen eingeschränkt wird. Zum Streit der Theoretiker sei nur so viel bemerkt, daß häufig bei der Erörterung der Auswirkungen von Preismeldestellen nur oder zu einseitig auf Markttransparenz, Homogenität der Ware und oligopolistische Angebotsstruktur abgestellt wird. Damit gelangt man zwar zu Modellergebnissen, die aber in der Wirklichkeit nicht in vollem Umfange vorzuliegen brauchen. Richtig an der vom Oligopol ausgehenden modelltheoretischen Argumentation ist, daß sie Tendenzen aufzeigt, die zweifellos vorhanden sind. Leider wird häufig vergessen, daß die Modelltheorie auch gar nicht mehr leisten kann, denn sie muß notgedrungen von anderen Momenten, die das Marktgeschehen ebenfalls beeinflussen und die Klarheit der Modellergebnisse in der Wirklichkeit beeinträchtigen, abstrahieren. Es wäre deshalb verfehlt, in jedem Fall ein gleichförmiges Verhalten (gleiche Preise und Rabatte, Änderungen zum gleichen Zeitpunkt) zu erwarten, so als wäre die Transparenz vollständig auf beiden Marktseiten vorhanden. Der Modellbetrachtung gelingt es vor allem auch nicht, unterschiedliche Machtverhältnisse ausreichend zu berücksichtigen. Richtig ist die Erkenntnis, daß die Tätigkeit von Preismeldestellen auf Märkten mit wenigen Anbietern deren Reaktionsverbundenheit noch verstärkt. Auch auf Märkten mit einer größeren, schwer überschaubaren Zahl von Anbietern, die nicht so stark aufeinander reagieren, wird die Reaktionsverbundenheit durch die Tätigkeit der Preismeldestellen ganz beträchtlich erhöht. Man kann auch formulieren, daß durch Preismeldestellen der potentielle Wettbewerb bedroht wird, denn sie schaffen die Möglichkeit zur gezielten und wirksamen Gegenwehr mit einem Minimum an Aufwand. Von Ausnahmen abgesehen wird damit der offene individuelle Wettbewerb sinnlos und unterbleibt. Weil aber der weniger transparente Wettbewerb mit individuellen Preiszugeständnissen und Rabatten ausgeschaltet ist, wird der Wettbewerb erheblich vermindert. Preismeldestellen können so wenig wie vertraglich abgesicherte Preiskartelle eine völlige Sicherung gegen Preiswettbewerb sein. Trotzdem sollte nicht geleugnet werden, daß sie den Wettbewerb einschränken, denn dazu sind sie erfunden worden.

Zum Abschluß sei auch hier der Gedanke wieder aufgegriffen, daß die Sicherung funktionierenden Wettbewerbs eine staatliche Aufgabe ist. Mit den drei Fallgruppen Rumpfkartelle, Preisgespräche und Preismeldestellen haben wir gezeigt, daß sich bei der Anwendung des Gesetzes gegen Wettbewerbsbeschränkungen die bei seiner Verabschiedung gehegten Erwartungen nicht erfüllt haben. Seine Novellierung ist deshalb dringend geboten.

III.

AUSGEWÄHLTE BEISPIELE FÜR KARTELLVERTRÄGE UND KARTELLIERTE WIRTSCHAFTSZWEIGE

Ausschuß zur Untersuchung der Erzeugungs- und Absatzbedingungen der deutschen Wirtschaft, Verhandlungen und Berichte, I. Unterausschuß, 3. Arbeitsgruppe, zweiter Teil, Entwicklungslinien der industriellen und gewerblichen Kartellierung, zweiter Abschnitt Bau- und Baustoffindustrie, Berlin 1928, S. 52—101, auszugsweise.

NACHRICHTENSTELLE IM BAUGEWERBE

[...]

Im Beton- und Tiefbau wird der weitaus größte Teil der Aufträge – ebenso wie im Eisenbau – im Wege der Verdingung vergeben, sei es, daß öffentliche oder daß private Submissionen an beliebige Bewerber oder einen begrenzten Kreis von solchen ausgeschrieben werden. Vielfach tritt in Verfolg derartiger Ausschreibungen bei den vergebenden Stellen die Neigung zutage, den Auftrag schlechthin an denjenigen Anbieter zu vergeben, der das billigste Angebot eingereicht hat. Dabei findet aber nicht immer das private und vor allem nicht das öffentliche Interesse (Sicherheit) seine Rechnung. Gleichwohl veranlassen die Wettbewerbsverhältnisse die Baufirmen zu wechselseitigen Preisunterbietungen großen Ausmaßes, die besonders bei der Beteiligung unerfahrener oder mitunter auch weniger zuverlässiger Firmen in Erscheinung treten. Je größer aber die Angebotsunterschiede sind, um so mehr steigt bei den fachlich nicht hinreichend vorgebildeten Auftraggebern das Mißtrauen und das Begehren nach Heranziehung eines möglichst großen Firmenkreises zum Zwecke der Kontrolle. Auf diese Weise werden häufig zahlreiche Baubüros nutzlos mit dem gleichen Bauvorhaben befaßt, da die Ausführung des Baues schließlich nur an einen oder wenige Unternehmen fällt. Die vergeblich aufgewandten Arbeitskosten belasten die Betriebe und nötigen deren Besitzer zu Abwälzungsversuchen an anderer Stelle. So ergibt sich im Gesamtbilde ein Widerstreit verschiedener Wünsche und Gesichtspunkte, der im allseitigen Interesse zum Ausgleich drängt.

Der Bauherr wünscht gediegen, zweckmäßig und billig zu bauen. Qualitätsleistungen kann er auf die Dauer aber nur von einem wirklich fachkundigen Unternehmer erwarten, der gleichzeitig über einen leistungsfähigen Betrieb verfügt. Ein solcher Betrieb muß die notwendigen Mittel besitzen, um zuverlässiges Personal zu halten, einen guten Bestand von Geräten beschaffen und sich technisch fortentwickeln zu können. Das bedingt wiederum die Erzielung angemessener Preise und ausreichender Beschäftigung. Aus diesen Erwägungen heraus gelangte der Reichsverdingungsausschuß nach eingehenden Verhandlungen zur Aufstellung des Grundsatzes: „Bauleistungen sind an fachkundige und leistungsfähige Bewerber zu angemessenen Preisen zu vergeben“ (VOB § 2).

Die Ermittlung des angemessenen Preises bietet besondere Schwierigkeiten. Abgesehen von dem erst vereinzelt vorkommenden Serienbau liefert die Beton- und Tiefbauindustrie überwiegend Individualleistungen, deren Gestehungskosten im Hinblick auf die unterschiedlichen Vorbedingungen schwer vergleichbar erscheinen. Zwar sind die Preise für wichtige Rohstoffe durch Kartelle und die Arbeitslöhne durch Tarifverträge in weitgehendem Ausmaß einheitlich geregelt, aber die wechselnde Anpassung an die natürlichen Gegebenheiten örtlichen Charakters, an die Beschaffenheit des Baugrundes mit ihren technischen und wirtschaftlichen Risiken, die Art und Größe des Bauobjektes, die Länge der zur Verfügung stehenden Bauzeit, die Fracht- und Anfuhrverhältnisse führen zu dauernden Verschiebungen in den Relationen der einzelnen Kostenelemente. Hervorgehoben wird in den Berichten der Industrie, daß die Leistungen der Arbeiterschaft regional sehr verschieden seien und daß die starke Beschäftigung von Notstandsarbeitern in der Nachkriegszeit das Arbeitsergebnis und die Lohnrisiken trotz des Tarifwesens besonders schwankend gestaltet habe. Zu derartigen objektiven Momenten tritt noch der Umstand, daß die Bewertung der zahlreichen Einzelfaktoren und der unter ihnen bestehenden Wechselwirkungen im Rahmen jeder Gesamtkalkulation bei den einzelnen Unternehmen – also subjektiv – häufig sehr verschieden ist, selbst wenn die kaufmännische Kalkulation gewissenhaft angestellt wird. Die hiernach gegebene kalkulatorische Unsicherheit und Undurchsichtigkeit hat den Verdingungsausschuß bestimmt, an dem freien Wettbewerb als Regulativ für die Marktverhältnisse und im Normalfall auch an der – öffentlichen oder beschränkten – Ausschreibung festzuhalten (VOB §§ 2 und 3).

Für die freie Preisbildung hat sich die Vielfältigkeit der Kostenfaktoren und die geringe Meßbarkeit eines Teils derselben in Verbindung mit den Wettbewerbsverhältnissen preisdrückend ausgewirkt. Im gleichen Sinne wirkte das bei Ausschreibungen vielfach übliche Ausspielen des einen Bauunternehmers gegen den anderen, sowie das Bedürfnis der letzteren, sich trotz schwankender Nachfrage die Fachangestellten und -arbeiter durch dauernde Beschäftigung zu erhalten und das Gerät durch regelmäßigen Einsatz rationell zu verwerten. Es konnte nicht ausbleiben, daß der Preisdruck bei schlechter Konjunktur die Qualität der Leistungen gefährdete und beklagenswerte Geschäftsmethoden hervorrief. Übereinstimmend wird von den Sachverständigen berichtet, daß häufig Nachforderungen auf die vereinbarten niedrigen Preise gestellt wurden, und zwar teilweise unter Androhung der Baueinstellung. Das führte zu vielen unliebsamen Streitigkeiten und vermehrte das Bedürfnis nach Zurückdrängung nicht leistungsfähiger Firmen. Dazu kamen ernste Schäden und Gefahren, die sich auf technischem Gebiet, insbesondere bei der steigenden Einbürgerung der Eisenbetonbauweise, zeigten. Mangelnde Erfahrung neuer oder schlecht geleiteter Firmen sowie vielfach unauskömmliche Preise ließen untaugliche Bauwerke erstehen, welche nicht selten die öffentliche Sicherheit gefährdeten. Derartige Erscheinungen will die Verdingungsordnung nicht nur durch den Hinweis auf die Heranziehung leistungsfähiger Firmen, sondern auch durch sonstige Vorschriften, insbesondere solche technischer Natur begegnen. So enthält sie z. B. in Abschnitt IV eingehende technische Bestimmungen über Beton- und Eisenbetonarbeiten. Vielen dieser Festlegungen liegt auch der Gedanke der Normung zugrunde, dessen verstärkte Durchführung eine Klärung mancher Kalkulationsfragen zur Folge haben müßte.

Der gleiche Erfolg wird in der Verdingungsordnung dadurch angestrebt, daß klare Unterlagen der Vergebung gefordert werden. Häufig beschränkt sich die vergebende Stelle bei der Ausschreibung auf allgemeine Angaben unzulänglicher Natur. In vielen Fällen wird dadurch eine korrekte Kalkulation zur Unmöglichkeit gemacht. Demgegenüber bestimmt die Verdingungsordnung:

„Die geforderte Leistung ist eindeutig und so erschöpfend zu beschreiben, daß alle Bewerber sie im gleichen Sinne verstehen müssen und ihre Preise sicher und ohne umfangreiche Vorarbeiten berechnen können. Dem Unternehmer soll kein ungewöhnliches Wagnis aufgebürdet werden für Umstände oder Ereignisse, auf die er keinen Einfluß hat und deren Einwirkung auf die Preise und Fristen er nicht im voraus schätzen kann." (VOB § 9 Abs. 1)

Sowie ferner:

„Alle Umstände, die die Preisberechnung beeinflussen, sind anzugeben. Nötigenfalls ist die Leistung zeichnerisch oder durch Probestücke darzustellen oder in anderer Art zu klären, z. B. durch Hinweis auf ähnliche Leistungen, durch Massen- oder statische Berechnungen, durch Angaben über Boden- und Wasserverhältnisse, über Zugangswege, notwendige Verbindungswege zwischen Arbeitsplätzen und der vorgeschriebenen Lagerstelle, über Plätze für Unterkunftsbaracken, Lagerplätze, Anschlußgleise, benutzbare Wasserstellen oder Stromanschlüsse und etwa für solche Einrichtungen zu zahlende Gebühren. Die Zeichnungen und Proben, die für die Ausführung maßgebend sein sollen, sind eindeutig zu bezeichnen." (VOB § 9 Abs. 3)

Da es in früheren Jahren an Bestimmungen dieser Art gänzlich fehlte und die Wettbewerbsverhältnisse als sehr drückend empfunden wurden, schloß sich am 10. Februar 1910 eine Anzahl führender Baufirmen zu einer *„Nachrichtenstelle"* in Form eines eingetragenen Vereins zusammen, die ihren Sitz in Frankfurt a. M. hat. Sie hat die Aufgabe, die an einem schwebenden Geschäft beteiligten Firmen zu verständigen und zu besonderen Vereinbarungen über dessen Behandlung anzuregen.

Den Mitgliedern der „Nachrichtenstelle" ist vorgeschrieben – bei Objekten von mindestens 5000 RM an – die Geschäftsstelle über alle behördlichen und privaten Aufforderungen zur Abgabe von Angeboten, Entwürfen und sonstigen Vorarbeiten sowie über jeden Entschluß zur Beteiligung an einer öffentlichen Vergebung zu benachrichtigen. Zu melden sind: Die ausschreibende Stelle und die Bauherrschaft, das Bauobjekt, der Ausführungsort, ein etwa festgesetzter Termin für die Angebotsabgabe. Außerdem hat jede Firma bei der Meldung der „Nachrichtenstelle" mitzuteilen, ob sie die Einladung der anderen an demselben Geschäft etwa beteiligten Firmen zu einer Zusammenkunft zu übernehmen bereit ist.

Die Geschäftsstelle teilt der meldenden Firma in einer Rückmeldung mit, wer von den übrigen Mitgliedern an demselben Geschäft beteiligt ist und wer die Verbindung zwischen den beteiligten Mitgliedern herstellen soll. Vor Erhalt der Rückmeldung darf kein

Mitglied ein Angebot abgeben, es sei denn, daß eine sofortige Angebotsabgabe unvermeidlich ist. Nach Eingang der Rückmeldung steht den Mitgliedern frei, das Geschäft – jeder für sich oder auf Grund gemeinsamer Vereinbarungen – weiterzuverfolgen. Widerspricht eine Firma einer gemeinsamen Verabredung, dann können alle am Geschäft Beteiligten ihr Angebot unabhängig voneinander abgeben.

Wenn alle Firmen sich zu einer Vereinbarung bereit erklären, treten sie unter dem Vorsitz der einladenden Firma zu einer Beratung zusammen. In dieser wird das Projekt nach jeder Richtung durchgesprochen und über die Angebotsabgabe Beschluß gefaßt. Meist erscheinen die Bewerber zu den Verhandlungen mit bereits ausgearbeiteten Angebotsunterlagen. Wird eine Einigung auf das Vorrecht einer Firma zur Abgabe des Mindestangebotes nicht erzielt, so kann beschlossen werden, die vorbereiteten Angebote wie bei einer Submission aufzulegen. Läßt sich auch dann keine Einigung erzielen, so tritt freier Wettbewerb ein. Gelingt die Verständigung, so hat das bevorrechtigte Mitglied sein Angebot in der vorgesehenen Form abzugeben, während die übrigen Schutzofferten einreichen, die um einen vereinbarten Satz über dem Angebot des zu schützenden Mitgliedes liegen.

Für die Beschlußfassung selbst, die nur einstimmig erfolgen kann, gilt generell lediglich die Vorschrift, daß bei Vereinbarungen von Preisen deren Angemessenheit geprüft werden muß und daß in den Fällen, in denen eine sogenannte Gewinnbeteiligung vereinbart wird, diese ebenfalls nur in den Grenzen angemessener Preise erfolgen darf. Diese Gewinnbeteiligung verfolgt den Zweck, die nicht zum Zuge kommenden Firmen für die Aufwendungen zu entschädigen, die sie in Anbetracht des Geschäftes durch Prüfungen, Kalkulationen und Ausarbeitung von Projekten machen mußte.

Normal- oder Richtpreise für die Bauleistungen sind nicht festgesetzt, vielmehr unterliegt jedes Geschäft der Einzelkalkulation. Die Schwierigkeiten, welche die Aufstellung von Preisregeln bereiten würde, ergeben sich aus den einleitenden Darlegungen dieses Berichts. Ebensowenig enthält die Satzung oder die Geschäftsordnung der „Nachrichtenstelle" sonstige Vorschriften für die zu treffenden Vereinbarungen. Die Abmachungen erstrecken sich entweder auf die Angebotspreise und eine Abgabe an die ausfallenden Firmen oder nur auf letztere, während die Angebotspreise selbst frei bleiben.

Fall 1. Eine der beteiligten Firmen erhält das Vorrecht, zu einem vereinbarten Mindestpreis anzubieten. Dann wird dieser Mindestpreis von den anderen beteiligten Firmen durch vereinbarte Aufschläge geschützt. Die Aufschläge sind jedoch in der Regel gering, da normalerweise die Mitbewerber sich die Aussicht auf das Geschäft erhalten wollen. Nach Aussage der Sachverständigen staffeln sie sich häufig um je 1/2 % vom Lieferungswert. Fall die Auftragserteilung nachweislich davon abhängt, können die beteiligten Firmen berechtigt werden, bis zu einem vereinbarten Höchstprozentsatz einen Nachlaß als Kassaskonto zu gewähren. Nebenabreden und Einräumung irgendwelcher Sondervorteile sind unstatthaft. Die Firma, die den Auftrag erhält, überweist den übrigen Beteiligten den im voraus vereinbarten Prozentsatz der Angebotssumme zu gleichen Teilen.

Fall 2. Jede Firma bietet zu den von ihr errechneten Preisen an. Erhält sie den Auftrag, dann sind die übrigen Beteiligten im Rahmen der getroffenen Vereinbarung für die Ausarbeitung von Entwürfen zu entschädigen.

Verteilt werden dürfen von der Angebotssumme unter die am Geschäft beteiligten Firmen regelmäßig nicht mehr als 5 %. Im Laufe der Ausführung der Leistung hinzukommende Überteuerungen werden bei der Auszahlung der Verteilungsquote nicht berücksichtigt, gehen also auf das Risiko der ausführenden Firma. Die Höhe der Verteilungsquote richtet sich im einzelnen nach der Zahl der beteiligten Firmen und nach der Werthöhe des Bauobjekts. Die Auszahlung erfolgt meist in Raten, die gleichfalls in den jeweiligen Vereinbarungen festgelegt werden.

Sowohl bei den Vereinbarungen mit wie bei denjenigen ohne Schutzaufschläge pflegen die Unkostenzuschläge für Überteuerungen (Löhne, Bau-, Bauhilfs- und Betriebsstoffe, Beförderungskosten, gesetzliche Lasten usw.) sowie die Zahlungsfristen einheitlich geregelt zu werden. Außerdem sind die Beteiligten verpflichtet, die vom Deutschen Beton-Verein e. V. in Gemeinschaft mit dem Beton- und Tiefbauwirtschaftsverband e. V. aufgestellten Bedingungen für

Beton- und Eisenbetonarbeiten als Bestandteil ihres Angebots zu bezeichnen.

Eine besondere Regelung ist für die Firmen getroffen, die das Geschäft erst melden, wenn andere Firmen bereits auf Grund einer Vereinbarung Angebote abgegeben haben. Der „Nachmelder" ist in diesem Falle verpflichtet, den früheren Beschlüssen beizutreten. Besondere Beziehungen des Nachmelders zur ausschreibenden Stelle oder zur Bauherrschaft sollen zwar bei Einreichung seines Angebots möglichst berücksichtigt werden. Die Regel ist aber, daß der Nachmelder das höchste Angebot der anderen Beteiligten innerhalb einer Höhe von 12 % über dem Mindestangebot überbieten soll. Erhält der Nachmelder den Auftrag, so hat er die von den übrigen Beteiligten vereinbarten Leistungen zu übernehmen. Andererseits hat er auch Anteil an einer etwa verabredeten Gewinnbeteiligung.

Bewerben sich um ein schwebendes Geschäft auch Außenseiter, so hat jedes am Geschäft beteiligte Mitglied dies unverzüglich der Geschäftsstelle zu melden. Diese benachrichtigt die übrigen am Geschäft beteiligten Mitglieder von der Außenseiterkonkurrenz. Liegt über das betreffende Geschäft bereits ein Beschluß der Mitgliedsfirmen vor, so wird erneut beraten. In Frage kommen: „Einbeziehung der Außenseiter in die Vereinbarung, Ermäßigung der Gewinnbeteiligung, Gestattung einer entsprechenden Herabsetzung des Mindestangebotes und der Überbietungen, schließlich Aufhebung der Vereinbarung."

Kommt ein Geschäft zustande, so ist es der Geschäftsstelle spätestens innerhalb 14 Tagen anzuzeigen. In dieser Meldung muß mitgeteilt werden, ob eine Vereinbarung getroffen worden ist. Wenn dies der Fall ist, sind auch gleichzeitig der Bauwert und die für die Ringfirmen festgesetzte Entschädigungssumme in ihrer Gesamthöhe anzugeben. Alsdann setzt die Geschäftsstelle die übrigen am Geschäft interessierten Mitglieder von der Erteilung des Auftrages in Kenntnis.

Für die Verletzung der Satzungsbestimmungen sind Vertragsstrafen festgesetzt. Sie betragen bei einer Meldungsverzögerung höchstens 25 RM, bei einer Meldungsunterlassung höchstens 100 RM. Wenn eine Mitgliedsfirma die Meldung unterläßt und den Antrag erhält, so hat sie unbeschadet etwaiger sonstiger Ansprüche der übrigen Beteiligten 2 % ihrer Angebotssumme als Strafe zu zahlen. Im Falle ernsterer Verstöße kann der Verwaltungsrat eine angemessene Buße festsetzen. Er kann andererseits verwirkte Strafen auf Antrag nach freiem Ermessen mildern.

Ein vertraglicher Zwang zum Abschluß von Vereinbarungen über Preise und Gewinnbeteiligung ist in den Satzungen der Nachrichtenstelle nicht ausgesprochen. Die Verständigungen über die einzelnen Aufträge sind vielmehr in jedem Falle der freien Entschließung der an den Geschäften interessierten Mitglieder überlassen. Wird eine Einigung nicht erzielt, so bewirbt sich jedes Mitglied im freien Wettbewerb um das Geschäft. Die „Nachrichtenstelle" ist also im wesentlichen eine Vermittlungsstelle für anzustrebende Vereinbarungen, die von Fall zu Fall – unter Umständen unter Einbeziehung von Außenseitern — abgeschlossen werden sollen.

Organisatorisch gliedert sich die „Nachrichtenstelle" in die Teilnehmerversammlung, den Verwaltungsrat und die Geschäftsstelle.

Die Aufnahme in den Mitgliederkreis der „Nachrichtenstelle" kann nur auf Empfehlung des Verwaltungsrats und mit Zustimmung einer ¾-Mehrheit aller Teilnehmer erfolgen. Zugelassen werden als Mitglieder „aus Standesrücksichten" nur leistungsfähige und solide Firmen.

[. . .]

Auszug aus dem Verbandsvertrag

I. Errichtung, Zweck

Die unterzeichneten Firmen gründen eine Nachrichtenstelle für allgemeine und besondere geschäftliche Angelegenheiten und verpflichten sich, die zu deren Unterhalt nötigen Mittel aufzubringen.

Zweck ist, den Beteiligten Veröffentlichungen und Mitteilungen zugängig zu machen, deren Kenntnis für ihren Geschäftsbetrieb von Wert erscheint.

[. . .]

VII. Geschäftsverkehr der Teilnehmer

Für die Erreichung des Gesellschaftszweckes wird eine Einrichtung geschaffen, die den an einem Wettbewerb beteiligten Gesellschaftern die

Möglichkeit bieten soll, in die Erörterung aller Verhältnisse einzutreten, die eine gute Ausführung und das Interesse der Unternehmer an Bedingungen, die eine solche gewährleisten, berühren.

Zu diesem Zwecke verpflichten sich die Teilnehmer, bei ihnen eingehende Aufforderungen zur Abgabe von Angeboten oder von Entwürfen und sonstigen Vorarbeiten, sowie Entschließungen zur Beteiligung an einer öffentlichen Vergebung bei der Geschäftsstelle zu melden, damit sie rechtzeitig durch diese Nachricht erhalten können, welche Teilnehmer noch gemeldet haben.

Die weitere Behandlung der Angelegenheit ist Sache der Beteiligten, die bei wichtigen Anlässen zu gemeinsamer Beratung zusammentreten. Die Einladung hierzu erfolgt durch den von der Geschäftsstelle bezeichneten Teilnehmer. Die in diesen Beratungen gefaßten Beschlüsse gelten mangels anderer Vereinbarungen grundsätzlich für das Bauvorhaben.

Bei den Verhandlungen und Beratungen ist Vertretung durch einen zur Abgabe verbindlicher Erklärungen berechtigten oder schriftlich bevollmächtigten Angestellten des Teilnehmers zulässig, sowie durch einen anderen Teilnehmer oder dessen bevollmächtigten Vertreter.

Bei Vereinbarungen von Preisen ist deren Angemessenheit von den Beteiligten gewissenhaft zu prüfen.

Gewinnbeteiligungen sind nur innerhalb der Grenzen angemessener Preise zulässig; sie sind mangels anderer Vereinbarungen ohne Rücksicht auf das tatsächliche Ergebnis des Unternehmens auszukehren.

Anspruch haben nur Beteiligte, die bei der Beratung der Preisermittlung und der Beschlußfassung ordnungsgemäß vertreten waren oder über die Preisermittlung brieflichen Verkehr gepflogen und die Beschlußfassung schriftlich vollzogen haben.

Nachmelder ist ein Teilnehmer, dessen Meldung bei der Geschäftsstelle erst nach Abgabe eines oder mehrerer auf Vereinbarung beruhender Angebote eingeht.

Der Nachmelder ist verpflichtet, dem von den Beteiligten ordnungsgemäß gefaßten und schriftlich niedergelegten oder brieflich bestätigten Beschlusse beizutreten und die vereinbarten Leistungen zu übernehmen, falls er den Auftrag erhält.

Der Anspruch auf etwa vereinbarte Gewinnbeteiligung verringert sich bei Hinzutritt von Nachmeldern für den einzelnen um so viel, daß alle Teilnehmer mit Einschluß der Nachmelder gleichen Anteil haben.

Vor Erhalt der Rückmeldung darf kein Angebot abgegeben werden. Läßt sich die sofortige Abgabe eines verbindlichen Angebots an Ort und Stelle ohne vorausgehende, notfalls telefonische oder telegraphische Herbeiführung einer Rückmeldung durchaus nicht umgehen, dann ist der

Teilnehmer jedenfalls gehalten, die Verpflichtungen aus einem etwa vorliegenden Beschlusse bis zur Höhe von fünf vom Hundert der Angebotssumme zu übernehmen.

Die Einrichtungen sind vertraulich zu behandeln. Die Teilnehmer sind zur Verschwiegenheit verpflichtet. Bis zur erfolgten Eintragung in das Vereinsregister ist auch über das Bestehen der Vereinigung Verschwiegenheit zu bewahren.

Alle von der Geschäftsstelle erteilten Auskünfte sind vertraulich zu behandeln.

Soweit sich Teilnehmer im Melde- und Verhandlungsverkehr durch Angestellte (Vertrauensleute) vertreten lassen, müssen diese mit dem Inhalt des Vertrages vertraut, zur Geheimhaltung verpflichtet und in die Liste der Vertrauensleute eingetragen sein. Die erschienene Vertrauensperson handelt verbindlich für den Teilnehmer.

Wenn Teilnehmer mit Firmen, die außerhalb der Nachrichtenstelle stehen, ein ähnliches Übereinkommen schließen, auf das sinngemäß die Einrichtungen der Nachrichtenstelle unter Angliederung an deren Geschäftsstelle übertragen werden (örtliche Vereinigungen), so dürfen die Bestimmungen nicht im Widerspruch mit denen dieses Übereinkommens stehen.

Sämtliche Teilnehmer verzichten ausdrücklich auf Beschreitung des gerichtlichen Weges in allen Streitigkeiten, die ihr Verhältnis zur Nachrichtenstelle und damit im Zusammenhang zu den anderen Teilnehmern betreffen.

Sie unterwerfen sich der Entscheidung eines Schiedsgerichts nach der zur Zeit der Klageerhebung geltenden Schiedsgerichtsordnung des Deutschen Beton-Vereins.

Auszug aus den Vernehmungen der Sachverständigen

[. . .]

Prof. Dr. Harms: Wenn eine Ausschreibung ergeht und mehrere Firmen eine Aufforderung erhalten oder sich auf sonstige Weise beteiligen, dann haben sie das alle der Nachrichtenstelle zu melden?

Sachverständiger W.: Jawohl!

Prof. Dr. Harms: Der Syndikus der Nachrichtenstelle schreibt jedem, der gemeldet hat, welche anderen Firmen außer ihm beteiligt sind; und dann bleibt es einem der Beteiligten überlassen, eine Besprechung herbeizuführen? (Zustimmung.) Läuft dieses Verfahren immer glatt?

Sachverständiger W.: Das ist natürlich unterschiedlich. Es ist nicht immer leicht, die Firmen, wie wir es auszudrücken pflegen, an den Verhandlungstisch zu bekommen. Wenn das erst geglückt ist, dann ist schon ein ganz wesentlicher Fortschritt gewonnen.

Prof. Dr. Harms: Das dachte ich mir. Aber worin liegt die Schwierigkeit, die Firmen an den Verhandlungstisch zu bringen?

Sachverständiger W.: Manche glauben, daß sie besser tun, wenn sie gesondert vorgehen. Im einzelnen Falle liegt es mitunter so: der betreffende Bauherr ist besonders mit einer Firma befreundet oder die Firma hat schon öfters Arbeiten auf der betreffenden Baustelle ausgeführt oder sie glaubt durch diese oder jene Umstände größere Chancen zu haben als die anderen. Dann ist sie in Sorge, sich die Chancen zu verringern, wenn sie sich mit anderen zusammensetzt.

[. . .]

Prof. Dr. Harms: Wenn sich also einer von den Aufgeforderten weigert, sich an der Besprechung zu beteiligen, dann kann sie überhaupt nicht stattfinden?

Sachverständiger W.: Nein! Leider ist ein räudiges Schaf meistens darunter. Deshalb kommt so wenig zustande.

Prof. Dr. Harms: Haben Sie nicht darüber nachgedacht, ob das nicht ein Konstruktionsfehler ist?

Sachverständiger W.: Ja, darüber haben wir viel nachgedacht. Aber es ist kein Konstruktionsfehler. Das ist nicht aus der Welt zu schaffen. Es wäre nur dadurch zu beseitigen, daß man den Firmen einen größeren Zwang auferlegte. Aber damit kommen wir, wie die Erfahrung gelehrt hat, nicht weiter.

Prof. Dr. Harms: Bei der stark ausgeprägten Individualität in Ihrem Gewerbe ist das nicht möglich. Wird von seiten der Nachrichtenstelle nicht ein gewisser Einfluß ausgeübt?

Sachverständiger W.: Nein, gar nicht. Die Nachrichtenstelle ist nur eine Meldestelle.

Prof. Dr. Harms: Sucht sie nicht wenigstens dafür zu sorgen, daß in einem solchen Falle die übrigen Beteiligten untereinander zusammenkommen und sagen: was können wir tun, um den Betreffenden doch zu veranlassen?

Sachverständiger K.: Die Nachrichtenstelle nicht. Wohl aber geht öfter irgendein Mitglied zu ihm hin und sagt: willst du nun nicht doch teilnehmen, willst du bei deiner Weigerung verharren? Das kommt vor.

Prof. Dr. Harms: Der größte Teil der Mißerfolge beruht jedenfalls darauf, daß die Menschen überhaupt nicht zusammenzubringen sind?

Sachverständiger W.: Jawohl!

Prof. Dr. Harms: Nun, nehmen wir an, die Beteiligten kommen doch zusammen. Wer übernimmt dann in der Regel die Leitung der Verhandlungen?

Sachverständiger W.: Wenn ich ein besonderes Interesse an einem Objekt habe und wünsche, daß eine Verständigung darüber unter den beteiligten Firmen zustande kommt, und wenn ich bei meiner Meldung an die Nachrichtenstelle die Bitte ausgesprochen habe, als sogenannte einladende Firma bezeichnet zu werden, was bei der Rückmeldung bekanntgegeben wird, dann hätte ich es in diesem Falle zu tun. Meldet sich keiner, dann wird von der Nachrichtenstelle ein Beliebiger ersucht, die Einladung ergehen zu lassen.

Prof. Dr. Harms: Man kann also sagen, daß grundsätzlich die Nachrichtenstelle über die Führung bestimmt.

Sachverständiger W.: Jawohl!

Prof. Dr. Harms: Wie gehen dann praktisch die Verhandlungen vor sich? Man pirscht sich wohl so allmählich aneinander heran?

Sachverständiger W.: Jawohl! Man bespricht gewöhnlich zuerst die allgemeinen Fragen, die Bedingungen – insbesondere auf ihre Tragweite – und wendet sich schließlich auch den Preisen zu.

Vorsitzender: Die Herren werden Kalkulationen mitbringen, wenn sie die Zeit gehabt haben, das Prospekt durchzukalkulieren.

Sachverständiger W.: Das ist sogar notwendig. Es wird keine Verständigung ohne Preisberechnung gemacht.

Prof. Dr. Harms: Nun kommen die Preise. Jeder hat sein Angebot und verteidigt gewissermaßen seinen Preis.

Sachverständiger W.: Ja!

Prof. Dr. Harms: Nun kommt es doch sicher vor und ist auch in der Natur der Sache begründet, daß eine Firma leistungsfähiger ist als die andere, so daß aus ganz sachlichen Gründen ihr Preis geringer auskommt als derjenige anderer Werke?

Sachverständiger W.: Jawohl, das kommt insbesondere bei Spezialbauten vor und bei Tiefbauten, die den Ansatz sehr kostspieliger Geräte notwendig machen.

Prof. Dr. Harms: Gleichwohl kann nur eine Firma den Auftrag erhalten. Das ist ja das Ziel der Verhandlung. Ist da die Verständigung nicht oft sehr schwer und welche Methoden werden angewandt, um sie zu erzielen?

Sachverständiger W.: Gewiß ist die Verständigung schwer, weil eben jeder die Arbeit haben will. Einer will den anderen zurückdrängen. Es entstehen stundenlange, oft tagelange Verhandlungen, bis man schließlich so weit gekommen ist, daß – ich will das Beispiel weiterspinnen, das Herr Geheimrat eben erwähnte – daß zugunsten desjenigen, dem die Arbeit eigentlich gebührt, der am wirtschaftlichsten arbeiten kann und der auch dem Bauherrn das, was er verlangt, am besten bieten kann, die anderen zurücktreten. Das ist das Ideal. Es gehört aber eine gewisse Einsicht dazu, und diese Einsicht – ist häufig nicht vorhanden.

Prof. Dr. Harms: Führt man bei solchen Auseinandersetzungen nicht öfter den Gesichtspunkt ins Feld, daß kürzlich die eine Firma einen größeren Auftrag erhalten habe und daß nunmehr eine andere an der Reihe sei?

Sachverständiger W.: So wird es versucht. Aber dem wird gewöhnlich kaum stattgegeben.

Vorsitzender: Wechselt denn der Kreis der zusammentretenden Firmen sehr häufig?

Sachverständiger W.: Der Kreis wechselt fast immer. Es ist außerordentlich selten derselbe Kreis.

Sachverständiger K.: Die Großfirmen treffen sich häufiger, aber auch nicht in der Regel. Jedenfalls sind fast bei jedem Geschäft wieder andere Beteiligte dabei.

Prof. Dr. Harms: Aber es gibt auch Firmen, die meistens vertreten sind?

Sachverständiger K.: Ja! Die Großfirmen kommen häufig miteinander in Berührung. Aber auch da gibt es nicht einen festen Kreis, der regelmäßig erscheint, sondern einmal erscheinen zwei, das andere Mal zwei andere; dann wieder kommt von diesen beiden Gruppen je eine Firma.

Sachverständiger W.: Ich weiß aus Erfahrung, daß häufig derjenige, der das Objekt haben wollte, erklärt hat: gut, wenn ihr hier zu meinen Gunsten zurücktretet, dann schütze ich euch bei der nächsten Sache. Das scheiterte aber meist daran, daß erwidert wurde: ja, wir wissen aber nicht, ob derselbe Kreis wieder zusammenkommt, ich weiß ja gar nicht, ob ich wieder dabei bin.

Vorsitzender: Sind von Ihrer Nachrichtenstelle keinerlei Versuche gemacht worden, auf eine gewisse dauernde Kontingentierung hinzuwirken?

Sachverständiger W.: Nein, es ist gar nicht versucht worden, weil es von vornherein aussichtslos ist. Es scheitert am Wettbewerb zwischen den einzelnen Firmen. Die mittleren und kleineren Firmen glauben, daß, wenn kontingentiert wird, sie durch die großen Firmen erdrückt werden. Aus diesem Grunde geht es schon nicht.

Sachverständiger K.: In anderen Industrien ist eine Kontingentierung leicht, z. B. in der Zementindustrie. Da hat man ein Produkt, das ist Zement. Man kann deshalb der einen Fabrik soviel und der anderen Fabrik soviel Wagen zuteilen. Beim Eisenbau ist es auch noch leichter. Da kann man nach den Tonnen verbauten Eisens rechnen. Aber bei uns gibt es ja so viel verschiedene Momente. Man kann bei uns nicht etwa nach dem verarbeiteten Zement gehen, denn wir suchen ja unseren Stolz gerade darin, möglichst sparsam zu bauen und möglichst wenig Zement zu verwenden, um die Konstruktion leicht zu machen. Wir haben uns schon sehr häufig die Köpfe zerbrochen, wie eine Kontingentierung überhaupt möglich ist. Daran scheitern wir schon. Hätten wir aber den Stein der Weisen gefunden, dann würde ja natürlich das Rennen erst losgehen, da jeder möglichst hoch eingeschätzt werden will. Uns fehlt aber – wie gesagt – überhaupt die Grundlage für den Versuch.

Vorsitzender: Es wäre auch nicht möglich, eine Kontingentierung aus den verschiedenen von Ihnen angedeuteten Komponenten zu gewinnen, indem man sie wertmäßig zusammenführt?

Sachverständiger K.: Auch das geht nicht. Wir können auch nicht nach Geld rechnen, denn wenn ich eine Arbeit mit viel Erdbewegung habe, dann ist sie ganz anders zu beurteilen, als wenn ich reinen Eisenbeton herstelle.

Prof. Dr. Harms: Kommt es nun häufig vor, daß die Beteiligten ein, zwei, drei Tage gesessen haben und resultatlos auseinandergehen?

Sachverständiger W.: Ja, leider!

Prof. Dr. Harms: Und dann geht wieder die Konkurrenz los?

Sachverständiger W.: Ja.

Prof. Dr. Harms: Immerhin kommen auch Fälle vor, in denen Sie sich einigen. (Zustimmung.) Dann soll eine Firma das niedrigste Angebot abgeben. Die anderen müssen höher anbieten, und zwar vermutlich wesentlich höher, weil sonst nach dem, was wir bereits besprachen, vielleicht doch einer von ihnen den Auftrag erhält?

Sachverständiger W.: Das trifft nicht zu, denn jeder, der an einer Verständigung beteiligt ist, hofft auch noch, den Auftrag zu einem höheren Preise zu bekommen. Das ist eines der schwierigsten Kapitel, wobei oft stundenlang darüber gestritten wird, wie die Reihenfolge der Überbietungen sein soll. Da versucht jeder, möglichst nahe an das niedrigste Gebot heranzukommen, um noch die Möglichkeit zu haben, etwa durch bessere Beziehungen zum Bauherrn oder dadurch, daß er eine größere Sicherheit bietet, oder daß der Ruf seiner Firma ein besserer ist, den Auftrag hereinzubekommen. Ich kann sagen, daß eine Gesellschaft in vielen Fällen trotz höheren Preises den Auftrag bekommen hat, namentlich wenn es sich um kleinere Firmen gehandelt hat, die dem Bauherrn nicht dieselbe Gewähr boten.

Prof. Dr. Harms: Darauf wollte ich hinaus. Wenn dieses System funktionieren soll, müßte eine so große Differenz im Preisangebot bestehen, daß der Auserkorene auch sicher den Auftrag erhält. Aber der Anwendung dieser Methode steht die Tatsache entgegen, daß die übrigen hoffen, vielleicht doch noch den Zuschlag zu bekommen.

Wird oft lange über die Differenz gestritten? (Sachverständiger

W.: Ja.) Auch über die Reihenfolge, wer das höchste Angebot abgeben muß?

Sachverständiger W.: Ja. Häufig scheitert die Verhandlung auch daran, daß einer erklärt: Ich trete nur zugunsten dieser oder jener Firma zurück, oder: ich schütze nur dann, wenn ich beispielsweise nur mit 3000 RM zu überbieten brauche oder nur 1/4 % oder 1/2 % teurer zu sein brauche. Dann hat die betroffene Firma sich nicht darauf eingelassen, weil sie darin keinen wirksamen Schutz erblickte. Der andere hätte vielleicht trotz des höheren Preises aus den früher genannten Gründen den Auftrag hereingeholt.

Dr. Hilferding: Liegt nicht überhaupt eine große Schwierigkeit, zu Vereinbarungen zu kommen, darin, daß die Firmen ihr Angebot vor den Konkurrenten nennen müssen? Es ist doch so, daß dann der Betreffende seine Kalkulation dem anderen preisgibt, so daß dieser in sie eintreten kann, wenn es nicht zu einer Vereinbarung kommt.

Sachverständiger W.: Das ist sicher nicht ganz angenehm. Aber das ist ein Übel, das man in Kauf nehmen muß, um etwas Besseres zu erreichen.

Dr. Hilferding: Sie erblicken darin kein Hindernis für das Zustandekommen der Verhandlungen oder Vereinbarungen?

Sachverständiger W.: Häufig doch! Aber das geht nicht anders. Man deckt übrigens den Preis meistens erst auf, wenn eine Gewißheit besteht, daß die Verständigung auch nach einem bestimmten Modus zustande kommt. Vorher wird der Preis nicht aufgedeckt.

Dr. Hilferding: Kommt es dann vor, daß nach Aufdeckung des Preises die Verhandlungen scheitern, und ist dann jeder in der Kalkulation vollständig frei?

Sachverständiger W.: So geschickt muß ich schließlich verhandeln, daß ich meinen Preis erst bekanntgebe, wenn ich weiß, daß es zu einer Verständigung kommt.

Prof. Dr. Harms: Manchmal mißglückt dies aber trotzdem?

Sachverständiger W.: Ja! Häufig wird auch eine sogenannte Vorsubmission gemacht, die natürlich nicht sehr günstig ist. Aber man greift mangels einer besseren Verständigung zu diesem

Mittel. Die Firmen werden dabei gebeten, ihre Preise offen oder verdeckt bekanntzugeben. Dann werden die Preise besprochen. Dabei stellt sich nicht selten heraus, daß der Billigste von ganz unzulänglichen Annahmen ausgegangen und dadurch zu unauskömmlichen Preisen gelangt ist. Dann bekommt nicht er den Zuspruch auf Schutz, sondern derjenige, der das angemessenste Angebot ausgearbeitet hat.

Prof. Dr. Harms: Es vollzieht sich also in derartigen Fällen schon intern eine gewisse Auslese? (Zustimmung.)

[. . .]

Prof. Dr. Harms: Wir nehmen jetzt an, daß alle Klippen umschifft sind und daß die Firma festgestellt ist, die das niedrigste Angebot machen soll. Sie erhält auch den Auftrag. Dafür hat sie aus dem zu erwartenden Gewinn eine Abgabe an die ausfallenden Firmen zu leisten.

Die durchschnittliche Jahresleistung stellte sich in 1925 auf 2,41 % in 1926 auf 3,70 %. Im Einzelfall beträgt die Abgabe zwischen 2 und 3 %. Im Höchstfall 5 %. Nach welchem Maßstab wird sie bei dem jeweiligen Geschäft errechnet?

Sachverständiger K.: Nach der gesamten Bausumme.

Prof. Dr. Harms: Also nicht nach dem Gewinn. Dann kommen aber bei den großen Objekten immerhin beträchtliche Summen heraus.

Sachverständiger K.: Je größer das Objekt ist, desto geringer wird der Prozentsatz.

Prof. Dr. Harms: Wie weit geht er herunter?

Sachverständiger W.: Es gibt keine bestimmte Grenze. Wir haben Fälle gehabt, in denen wir überhaupt nicht nach Prozentsätzen gerechnet, sondern lediglich die Unkosten festgestellt haben, die auf den einzelnen entfallen sind.

Prof. Dr. Harms: Sie vertreten ja überhaupt den Standpunkt, daß es sich bei dem Ausgleichsverfahren nicht um eine Aufteilung des etwaigen Gewinnes, sondern lediglich um eine Kostenerstattung handelt. (Zustimmung.) Die Kosten werden also – wenigstens ungefähr – der Berechnung der Abgabe zugrunde gelegt? (Zustimmung.)

Kommt es nun nicht vor, daß eine Firma erklärt: ich habe nachgegeben, obwohl ich derjenige war, der eigentlich den Zuschlag hätte haben müssen. Deshalb habe ich den Anspruch, etwas mehr zu bekommen als die anderen, damit ich gewissermaßen entschädigt werde?

Sachverständiger W.: Das ist grundsätzlich zu verwerfen – verboten kann ich nicht sagen –, denn die Nachrichtenstelle gibt keine Weisungen darüber aus. Bei meiner Gesellschaft ist es den Herren, die an solchen Verständigungsverhandlungen teilnehmen, verboten, etwas Besonderes zu verlangen. Wir wollen nur im Rahmen der allgemeinen Verteilung beteiligt sein.

Sachverständiger K.: Es ist Grundsatz, daß gleichmäßig verteilt wird. Dieser Grundsatz ist von der Leitung der Nachrichtenstelle ausgesprochen worden, und jeder ehrliche Teilnehmer bleibt auch dabei. Es kann vorkommen, daß der eine oder der andere einmal mehr fordert. Das wird aber bekämpft. Das darf nicht sein.

Dr. Hilferding: Wie wird die Abgabe im Einzelfalle festgelegt? Im Jahresdurchschnitt ist sie von 1925 auf 1926 gestiegen. Worauf beruht das?

Sachverständiger K.: Sie wird in jedem einzelnen Fall vereinbart. Wir haben Fälle, in denen sie 5 %, vielleicht auch einmal sogar 6 % beträgt. Wir haben andere Fälle, in denen der Prozentsatz wesentlich niedriger gewesen ist. In unserem Bericht sind die Durchschnittsätze angegeben, die im ganzen Jahr erreicht worden sind.

Dr. Hilferding: Wie kommen Sie in dem einen Fall auf 6 % und in dem anderen auf 5 %?

Sachverständiger K.: Das richtet sich nach den Kosten, die für die Bearbeitung des Angebots aufgewendet werden müssen. Wenn 10 oder 20 Unternehmer aufgefordert worden sind, dann sind die Kosten in der Gesamtheit natürlich höher, als wenn nur drei Unternehmer aufgefordert würden; deshalb muß auch der Verhältnissatz ein wechselnder sein. In jedem einzelnen Falle wird also die Abgabe neu verhandelt.

[. . .]

Prof. Dr. Harms: Dann geben Sie uns, bitte, darüber Auskunft, ob nach Ihrer eigenen Beobachtung und Praxis die Verhandlungen bei großen Objekten öfter scheitern als bei kleinen?

Sachverständiger W.: Das ist in der Tat der Fall.

Prof. Dr. Harms: Worauf beruht das?

Sachverständiger W.: Wohl darauf, daß man bei kleineren Objekten unter Umständen leichter verzichten kann. Nehmen wir an, es sind 6 Firmen aufgefordert worden, und davon sind 4 Großfirmen und 2 mittlere Firmen, so werden die 4 großen Firmen sich leichter bereit finden, auf das kleine Objekt zu verzichten als auf ein größeres Objekt, denn ich muß meinen Umsatz, den ich nun einmal notwendig habe, und der in einem bestimmten Verhältnis zu meinen, bis zu einem Gewissen Grade konstanten Unkosten steht, unbedingt hereinholen.

Bei großen Sachen in Berlin beispielsweise ist es nicht möglich gewesen, eine Verständigung herbeizuführen, obwohl der Kreis der Firmen manchmal ganz gering war. Hier ist ein sehr großes Werk gebaut worden, das in aller Munde ist, für das auch tatsächlich vom Bauherrn nur gute Firmen gewählt werden konnten, weil Wert darauf gelegt wurde, die Termine unbedingt einzuhalten und deshalb sehr schnell zu arbeiten. Aber eine Verständigung ist nicht zustande gekommen, weil jeder den Auftrag haben wollte. Es konnte keiner darauf verzichten, einmal mit Rücksicht auf den Ruf seiner Firma – wenn eine große Sache schwebt, dann muß man versuchen heranzukommen –, andererseits aber auch, weil man finanziell solche großen Objekte einfach nicht preisgeben kann. Dann würden z. B. bei mir die Unkosten der Niederlassung in Berlin nicht gedeckt werden können.

Sachverständiger K.: Beim Mittellandkanal, der jetzt im letzten Jahre reichliche Ausschreibungen gebracht hat, ist es ebenfalls nicht möglich gewesen, auch nur eine Verständigung zu erzielen.

Prof. Dr. Harms: Wenn in der Entwicklung der statistischen Kurve für die neuere Zeit keine Kompensation durch größere Objekte steckt, dann ergibt sich notwendig die Folgerung, daß der Erfolg der Vermittlungsversuche gegen früher gesunken ist.

Sachverständiger W.: Das ist auch unsere Feststellung. Entscheidend sind dabei aber nicht etwa verbandsmäßige Momente; vielmehr spielt die ausschlaggebende Rolle einfach die Konjunktur. Wird viel gebaut, dann kommen natürlich mehr Verständigungen zustande. Sind aber nur wenige Bauten auf dem Markte, dann kommen wenig Verständigungen zustande.

[...]

Prof. Dr. Harms: Nachdem wir nun die Stärken und die – anscheinend überwiegenden – Schwächen Ihrer Vereinigung durchgesprochen haben, ersuche ich Sie um Ihr Gesamturteil über den Verband, und zwar zunächst von Ihrem privatwirtschaftlichen Standpunkt aus. Sind Sie mit dem Erreichten zufrieden?

Sachverständiger K.: Nein.

Prof. Dr. Harms: Können Sie mir die hauptsächlichsten Gründe angeben?

Sachverständiger K.: Der Kreis der Mitglieder ist zu gering, wir haben zu viele Außenseiter. Es ist uns eben nicht gelungen, eine genügende Zahl von Fachgenossen in unserem Kreise zu vereinigen.

Prof. Dr. Harms: Haben Sie sich darum bemüht?

Sachverständiger K.: Durchaus; das wurde bereits gesagt.

Prof. Dr. Harms: Haben Sie auch versucht, die Bestimmungen innerhalb Ihres Verbandes straffer zu gestalten?

Sachverständiger K.: Auch das! An und für sich aber haben uns die Einrichtungen befriedigt. Es ist kein Wunsch hervorgetreten, daß sie geändert würden.

Prof. Dr. Harms: Die Mitgliederfrage sehen Sie hiernach als entscheidend an? (Zustimmung der Sachverständigen.) – Und Sie erwarten in dieser Richtung auch künftig keinen Erfolg?

Sachverständiger K.: Wir glauben nicht, daß er uns beschieden sein wird.

Prof. Dr. Harms: Gleichwohl erscheint Ihnen aber die Nachrichtenstelle so wertvoll, daß Sie sie nicht aufzulösen wünschen? (Zustimmung.)

Sachverständiger K.: Sie hat uns in manchen Fällen genützt.

Ausschuß zur Untersuchung der Erzeugungs- und Absatzbedingungen der deutschen Wirtschaft, Verhandlungen und Berichte, I. Unterausschuß, 3. Arbeitsgruppe, zweiter Teil, Entwicklungslinien der industriellen und gewerblichen Kartellierung, zweiter Abschnitt Bau- und Baustoffindustrie, Berlin 1928, S. 102—107, S. 239—243, auszugsweise.

KARTELLBILDUNG IN DER ZIEGELINDUSTRIE

Die Ziegelindustrie ist eine ausgesprochen transportorientierte Industrie. Ihre Standorte verteilen sich entsprechend der Häufigkeit der Tonlager ziemlich gleichmäßig über das deutsche Reichsgebiet. Wirtschaftlich war die handwerksmäßig betriebene Ziegelindustrie in früherer Zeit weitgehend mit der landwirtschaftlichen Betätigung verknüpft. Unter dem Einfluß der Verstadtlichung der Bevölkerung und der damit sich steigernden Konzentration der Nachfrage haben sich auf guten Tonlagerstätten zwar größere Produktionszentren der Ziegelindustrie in der Nähe der Großstädte und der Industriereviere entwickelt. Soweit aber dort Stapelware hergestellt wurde, blieb infolge des hohen Transportwiderstandes der Ziegelrohstoffe und der Ziegelfabrikate der Absatzkreis meist ein nur lokaler. Der Absatz selbst unterlag außerdem starken Schwankungen, die einerseits durch das Fluktuieren der Nachfrage, andererseits durch die Erschließung neuer und frachtlich günstiger gelegener Tonlager veranlaßt wurden. Die Umwandlung des Ziegeleigewerbes in eine Industrie mit Einführung des Ringofens und der Dampfpresse gegen Ende des 19. Jahrhunderts und später der Trockenanlagen haben den Lieferradius der einzelnen Ziegeleien zwar etwas erweitert, aber die Bodenständigkeit der Ziegelindustrie als Ganzes, besonders bei den geringwertigen Massenprodukten, nicht aufgehoben.

[. . .]

Trotz der verstärkten Mechanisierung des Produktionsprozesses hat die Ziegelindustrie, und zwar aus Gründen, die in der Produktionstechnik, in der Produktionsfinanzierung und besonders in der Nachfragegestaltung liegen, ihren Saisoncharakter noch nicht verloren. Im Gegenteil, die Zurückdrängung der privaten durch die behördliche Nachfrage verstärkte in der Nachkriegszeit die stoßweise Produktion und damit die Schwierigkeiten der Ziegeleibetriebe bei der Finanzierung der Fabrikation und bei der Beschaffung von Arbeitern außerordentlich.

Die Voraussetzungen für eine Kartellbildung im Ziegeleigewerbe waren erst mit dessen Industrialisierung gegeben. Die Loslösung des Gewerbes von der Landwirtschaft hat einmal die Produktionsbedingungen der Ziegeleibetriebe in gewissem Umfang vereinheitlicht und sodann mit dem Aufkommen eines gewerblichen Unternehmertums die persönlichen und sachlichen Hemmungen gegen eine Verbandsbildung abgeschwächt. Die kostenmäßigen Verschiedenheiten der Herstellungsverfahren behindern zwar nach wie vor die Kartellbildung, finden aber in ihrer Auswirkung auf die Wettbewerbsfähigkeit sowohl zwischen einzelnen Ziegelbetrieben als auch den Ziegelrevieren ihren Ausgleich weitgehend durch die wachsenden Transport- und Betriebskosten.

[...]

Günstige Voraussetzungen für die Kartellierung waren gegeben durch das Vorhandensein der natürlichen Absatzmonopole in den unbestrittenen Absatzgebieten, durch die geringe Zahl der Ziegelfabriken, die in einem regionalen Kartell zu vereinigen waren, durch die steigende qualitative Uniformität der einzelnen Ziegelfabrikate und vor allem auch durch den chronischen Kapitalmangel der Ziegeleien. Kartellbildend und Kartellerhaltend wirkte ferner besonders in der Nachkriegszeit die Konzentration der Nachfrage. Die Behörden und Siedlungsgesellschaften mußten bei der oft verspäteten Verabschiedung der Etats ihren großen Ziegelbedarf rasch decken. Der zusammengefaßte Bedarf konnte ferner vielfach nur von Ziegelverkaufsvereinigungen übernommen und durch Verteilung auf eine größere Zahl von Mitgliedsfirmen befriedigt werden.

Vorläufer der Ziegelkartelle sind die Berufs- und Fachvereine, zu denen sich die Ziegeleien seit den 70er Jahren des vergangenen Jahrhunderts, und zwar zunächst ausnahmslos auf lokaler Grundlage zusammengeschlossen hatten. Aus diesen Fachvereinen erwuchsen mit der Ausweitung der fabrikmäßigen Produktion lokale Preiskonventionen. Diese konnten aber schon deshalb keinen durchgreifenden Erfolg erzielen, weil die Preisbeschlüsse bei dem Fehlen einer ausreichenden Verbandskontrolle von den absatzhungrigen Ziegeleien durch laxe Kreditbedingungen oder Vergütung der Transportkosten umgangen wurden. Die Vertragsumgehungen schufen zwischen den Mitgliedern der Preiskonventionen eine Atmosphäre gegenseitigen Mißtrauens, die sich bei der damaligen kleingewerblichen Struktur der Ziegelindustrie noch störender auswirkte als in den von weitblickenden Unternehmen geleiteten Großindustrien. Der kartellmäßige Aufbau war deshalb in der Ziegelindustrie letztlich abhängig von der Schaffung einer einwandfreien Kontrolle der Vertragsumgehungen. Diese ließ sich nur durchführen in der Syndikatsform.

[...]

Den wirksamsten Anlaß zur Kartellbildung in der Ziegelindustrie gab wie in den übrigen Baustoffindustrien das Vorauseilen der Produktion vor der Nachfrage. Letztere hat sich mit der raschen Zunahme und dem wachsenden Wohlstand der Bevölkerung zwar gleichfalls stark, aber doch nicht in dem gleichen Ausmaß wie die Produktion erhöht. Die Überproduktion ist in der Ziegelindustrie schon in der Vorkriegszeit mit der maschinellen Ausgestaltung der Fabrikation, dem Aufkommen der Zechenziegeleien und dem Vordringen der Konkurrenzbaustoffe, Kalksandstein und Eisenbeton, zu einer Dauererscheinung geworden. In der Nachkriegszeit hat der Eisenbeton den Ziegel noch weiter verdrängt. Die Produktionskrise wurde, wie in den übrigen Baustoffindustrien, verschärft durch spekulative Neugründungen, die den Absatz der alten Firmen unter Ausnutzung der Transportdifferenzen schmälerten.

Eine Verringerung der Überproduktion durch Beeinflussung der Nachfrage war der Ziegelindustrie nur in ganz beschränktem Grade möglich. Der Umgang der Bautätigkeit wird in erster Linie nicht durch die Bewegung der Baustoffpreise bestimmt, sondern neben der jeweiligen Lage des Geld- und Kapitalmarktes durch die Zunahme und den Wohlstand der Bevölkerung. Der Baumarkt ist zudem besonders scharfen Konjunktur- und Saisonschwankungen unterworfen. Diese treffen die Ziegeleibesitzer doppelt hart, wenn ihnen die Kapitalarmut die rasche Ausnutzung der besseren Konjunkturen und höheren Preise nicht gestattet, weil sie sich durch größere Vorverkäufe die laufend benötigten Mittel beschaffen mußten. Die zunehmende Einführung von künstlichen Trockenanlagen seit der Vorkriegszeit ermöglicht zwar technisch eine kontinuierliche Produktion und die Umgestaltung der Ziegelbetriebe von Saison- zu

Jahresbetrieben. Eine solche Umstellung wird aber, abgesehen von den besonderen Ansprüchen an die Tonqualitäten, wirtschaftlich nach wie vor behindert durch den fehlenden Absatz in den Wintermonaten und die dadurch bedingte Steigerung der Produktionskosten. Die Ziegelindustrie muß deshalb – und zwar verstärkt bei kontinuierlicher Produktion – in größerem Ausmaß auf Lager arbeiten. Die finanziellen Mittel und die Zinsen für die Vorratsproduktion sind jedoch von den Ziegelfabriken nur mit großen Schwierigkeiten und vielfach nur durch Vorverkäufe an Bauunternehmer und Händler aufzubringen. Die Kontingentierung der Produktion und des gemeinsamen Absatzes kann deshalb von den Ziegelverkaufsvereinigungen meist nur unter gleichzeitiger Fürsorge für die Produktionsfinanzierung durchgeführt werden.

[...]

Die Beleihung gestapelter Ziegel ist infolge dieser Umstände eine der Hauptaufgaben der Ziegelverkaufsvereinigungen. Sie ist heute noch dringender als in der Vorkriegszeit, weil die spekulative Ausrichtung der Ziegelproduktion durch die Zentralisierung und die zeitliche Konzentrierung der Nachfrage weiter gewachsen ist. Während in der Vorkriegszeit der Bedarf an Ziegelerzeugnissen sich auf eine größere Zahl von Abnehmern aufteilte, treten in der Nachkriegszeit im Zusammenhang mit der mehr oder weniger behördlichen Finanzierung der Bauten vor allem die Behörden und die Siedlungsgesellschaften als Abnehmer auf. Da die Vergebung der behördlichen Aufträge an den Etat gebunden ist, ergibt sich vielfach eine Zusammenballung und Plötzlichkeit der Nachfrage, die stärkere Schwankungen in der Ziegelerzeugung und in den Ziegelpreisen verursacht als die frühere Durchführung der Bautätigkeit nach rein privatwirtschaftlichen Gesichtspunkten. Infolge dieser Entwicklung können die Ziegelverkaufsstellen ihre Preis- und Geschäftspolitik nur schwer in stabile Formen bringen. Auch das öffentliche Vergebungswesen mit seiner Tendenz, die Anbieter gegeneinander auszuspielen, wirkt in gleicher Richtung. Geklagt wird schließlich seitens der Industrie recht stark über Störungen durch behördliche Regiebetriebe, die vielfach als Zuschußunternehmen nicht ganz nach wirtschaftlichen Gesichtspunkten arbeiten sollen. Entscheidend für den Erfolg der Verkaufspolitik der Ziegelverkaufsvereinigungen ist aber letzten Endes eine annähernd richtige Einschätzung des kommenden Bedarfs. Sie ist heute bei den scharfen Schwankungen auf dem Baumarkt schwerer vorzunehmen als in der Vorkriegszeit. Daraus erwachsen entsprechende Schwierigkeiten bei der kartellmäßigen Regelung der Produktion.

Gleichwohl zeigt sich bei den meisten Ziegelverkaufsvereinigungen das Streben nach Kontingentierung der Produktion im Rahmen einer gemeinsamen Verkaufsstelle. Vor dem Kriege wurde diese Kontingentierung meist in der Form versucht, daß nach Abschätzung der Produktionskapazität der zusammengeschlossenen Werke regelmäßig vor Beginn einer Kampagne im Frühjahr der ungefähre Bedarf in Prozenten der geschätzten Kapazität ausgeschrieben wurde. Für diese Menge wurden den Mitgliedern meist auch die Abnahme garantiert. Darüber hinaus bestand entweder ein Produktionsverbot oder aber die Freiheit, mehr zu produzieren. Die Produktionsfreiheit war jedoch gewöhnlich mit der Auflage belastet, daß die Mehrerzeugung nur außerhalb des Vertragsgebietes abgesetzt werden durfte. Nach der Marktstabilisierung beschränkten sich die Ziegelverkaufsstellen im allgemeinen auf die Festsetzung von Höchstleistungsziffern für die Mitglieder, nach deren prozentualem Verhältnis die eingehenden Aufträge unter die einzelnen Werke verteilt werden.

Verkauft werden die Ziegelfabrikate vorwiegend durch die Verkaufsstelle. Kartell und Verkaufsstelle sind meist in einer Gesellschaft, regelmäßig in einer Gesellschaft mit beschränkter Haftung, vereinigt, die einen Lieferungsvertrag mit den Gesellschaftern abschließt. Neben der Gesellschaft mit beschränkter Haftung finden sich als Rechtsformen der Ziegelverkaufsvereinigungen die Aktiengesellschaft und auch die eingetragene Genossenschaft. Kleinere Ziegelverkaufsvereinigungen haben zur Ersparung von Geschäftsunkosten teilweise keine eigenen Geschäftsstellen eingerichtet. Sie haben den Verkauf ihrer Erzeugnisse entweder einem Händler oder einem Bankhaus übertragen. Wesentlich ist für die Ziegeleien gewöhnlich die Tatsache, daß die Verkaufsstelle das Delkredere für alle Lieferungen übernimmt, wodurch die Ausfallrisiken auf die Gesamtheit der Gesellschafter verteilt werden.

[. . .]

Normal-Lieferungsvertrag

Zur Wahrung ihrer wirtschaftlichen Interessen verpflichten sich die unterzeichneten Ziegeleibesitzer, worunter im Sinne des Vertrages die zeitlichen Inhaber von Ziegeleien, also auch Pächter usw., zu verstehen sind, sowohl untereinander wie der Verkaufsstelle ... gegenüber zu den nachstehend vorgesehenen Versammlungen zusammenzutreten und sich in den vertraglich vorgesehenen Fällen den Beschlüssen dieser Versammlungen und den Entscheidungen der in jenen gewählten Ausschüsse usw. unbedingt zu unterwerfen.

I

Versammlung der Ziegeleibesitzer

§ 1. Die Versammlungen der Ziegeleibesitzer werden nach Bedarf durch den Aufsichtsrat oder die Geschäftsführung der Verkaufsgesellschaft ... (im folgenden kurz Verkaufsstelle genannt) berufen. Letztere ist zur Einberufung der Versammlung verpflichtet, wenn Ziegeleibesitzer, die allein oder zusammen mindestens ein Viertel des Stammkapitals auf sich vereinen, dieses schriftlich oder mittels eingeschriebenen Briefes unter Angabe der zu beratenden Gegenstände bei der Geschäftsführung beantragen.

Die Leitung der Verhandlungen liegt dem Vorsitzenden des Aufsichtsrates der Verkaufsstelle oder dessen Stellvertreter ob, während die Geschäftsführung der Verkaufsstelle die sorgfältige Ausführung aller durch die Geschäftsordnung festgelegten Obliegenheiten übernimmt.

Die Befugnisse der Versammlung der Ziegeleibesitzer sind insbesondere:

1. Veranschlagung des voraussichtlichen Jahresbedarfs an Mauerziegeln.
2. Festsetzung der Grundpreise sowie der Preiszu- und -abschläge.
3. Vornahme der Einschätzung

Vertretungs- und stimmberechtigt in den Versammlungen sind die unterzeichneten Ziegeleibesitzer oder an deren Stelle ihre gesetzlichen Vertreter, ihre Festangestellten oder ihre Mitunterzeichneten, und zwar die letzten zwei Gruppen aufgrund schriftlicher Vollmacht. Die Vollmacht bedarf der gerichtlichen oder notariellen Beglaubigungen für Beschlüsse, welche die Kündigung oder Auflösung der Gesellschaft betreffen. Die Abstimmung erfolgt mit einfacher Stimmenmehrheit. Bei der Beschlußfassung gewähren je Reichsmark ... Geschäftsanteile der Verkaufsstelle eine Stimme. Kein Ziegeleibesitzer kann einschließlich der vertretungsweise abgegebenen Stimmen über mehr als ein Viertel aller anwesenden Stimmen verfügen.

Über die Verhandlungen ist eine Niederschrift aufzunehmen und vom Versammlungsleiter und einem Versammlungsteilnehmer zu unterzeichnen. – Die Niederschrift hat unbedingte Beweiskraft.

Ausschüsse

§ 2. Die Versammlung der Ziegeleibesitzer kann zur Vornahme einzelner Handlungen Ausschüsse wählen und auf diese die Befugnisse übertragen, die ihr selbst laut Satzung zustehen.

II

Verkauf der Ziegel

§ 3. Die Ziegeleibesitzer übertragen für ihre Rechnung der Verkaufsstelle, die im eigenen Namen handelt, vom Tage des Beginns ihrer Tätigkeit an für die Dauer und nach den Bestimmungen dieses Vertrages kommissionsweise den Vertrieb ihrer im nachstehenden Absatz bezeichneten Ziegelsorten, während die Verkaufsstelle sich für die Dauer und nach den Bestimmungen dieses Vertrages verpflichtet, die erwähnten Erzeugnisse in absetzbarem Umfange zu vertreiben.

Zu den Ziegelsorten des vorstehenden Absatzes gehören: Hintermauerungsziegel jeder Art und jedes Formats, Hartbrandsteine und Klinker. Jede Abgabe von Bruch ist der Verkaufsstelle gegenüber anmeldepflichtig, jedoch wird die Abgabe weder geldlich noch nach Menge verrechnet. Auch minderwertige Ware unterliegt den Vertragsbestimmungen. Ein freier Verkauf ist nur mit Genehmigung der Verkaufsstelle zulässig. Unter Bruch sind solche Ziegel anzusehen, die mindestens aus zwei Stücken bestehen.

§ 4. Die Ziegeleibesitzer sind verpflichtet, während der Vertragsdauer sich jedes Verkaufs von Ziegeln an Dritte, soweit nicht in diesem Vertrage ausdrücklich Ausnahmen vorgesehen sind, zu enthalten, vielmehr jeden bei ihnen einlaufenden Auftrag und jede unmittelbare Anfrage sofort an die Verkaufsstelle zu überweisen und dieser die Erledigung zu überlassen. Die Verkaufsstelle hat aber das Recht, die Mitwirkung des einzelnen Ziegeleibesitzers zum Abschluß von Verkäufen oder zur Beilegung von Differenzen in Anspruch zu nehmen.

§ 5. Ausgenommen von Verkäufen durch die Verkaufsstelle sind die zu eigenen Betriebszwecken der Ziegeleibetriebe bestimmten Mengen. Dazu gehören nicht Ziegel zu Baulichkeiten, welche in der Absicht errichtet werden, sie zu veräußern, zu vermieten oder zu verpachten. Ziegel zu solchen Baulichkeiten müssen vielmehr von der Verkaufsstelle zu deren jeweiligen Verkaufspreisen und Bedingungen bezogen werden.

§ 6. Die vor dem Abschluß dieses Vertrages seitens der Ziegeleibesitzer getätigten Vorverkäufe aus der Produktion 19 . . . werden durch die Verkaufsstelle oder unter deren Kontrolle abgewickelt, aber für Rechnung und Risiko der ursprünglichen Verkäufer. Die Ziegeleibesitzer verpflichten sich, unverzüglich der Verkaufsstelle ein Verzeichnis dieser bestehenden Verpflichtungen mit Angabe der Käufer, der Mengen und der Lieferzeit einzureichen. Die bei Aufnahme der Verkaufstätigkeit seitens der Verkaufsstelle noch vorhandenen unverkauften Bestände sind im relativen Verhältnis zur Gesamtmenge vorweg abzunehmen. Dagegen ist die Versammlung der Ziegeleibesitzer ermächtigt, mit Ziegeleien, die keine alten Bestände haben, betreffs der Abnahme von Steinen neuer Produktion besondere Abmachungen zu treffen. Ziegel, die nach dem 1. April 19 . . . abgebrannt werden, gehören zu den Steinen neuer Produktion.

§ 7. Die Ziegeleibesitzer sind unter Benutzung von Vordrucken der Verkaufsstelle zu folgenden Nachweisungen an diese verpflichtet:

1. Tägliche Anzeige (Avis) über ausgeführte Abrufe der Verkaufsstelle und im Landabsatz zur Ablieferung gelangte Mengen.
2. Bis zum 4. eines jeden Monats Meldung der Gesamterzeugung in den einzelnen von der Verkaufsstelle erfaßten Ziegelsorten während des Vormonats und der Bestände am Monatsschluß. (Als Monatsschlußtag gilt der letzte Mittwoch im Monat.)

Die Verkaufsstelle liefert den Ziegeleibesitzern bis zum 15. eines jeden Monats Aufstellung über den prozentualen Anteil ihres Absatzes zum Gesamtabsatz.

§ 8. Die Ziegeleibesitzer unterwerfen sich der Überwachung durch die Verkaufsstelle. Sie verpflichten sich, ihre Erzeugungs-, Lager-, Verkaufs- und Versandbücher mit allen Unterlagen den Beauftragten der Verkaufsstelle jederzeit auf Verlangen vorzulegen und willigen in eine jederzeitige Nachprüfung der Bestände ein. Sie verpflichten sich ferner, die in Anspruch genommenen Eisenbahn- und Wassertransportunternehmungen zu ermächtigen, der Verkaufsstelle jede Auskunft über den Versand zu geben.

[. . .]

III

Beteiligungsziffer

§ 10. Die Ziegeleibesitzer nehmen an dem Gesamtabsatz der Verkaufsstelle in dem Verhältnis teil, in dem ihre eigene Leistungsfähigkeit zu der Gesamtleistungsfähigkeit aller Ziegeleibesitzer steht.

Das Verhältnis der Beteiligung der Ziegeleibesitzer am Gesamtabsatz der Verkaufsstelle errechnet sich nach der Leistungsfähigkeit des schwächsten der beiden Hauptteile jeder Ziegelei, nämlich

1. der Einrichtung für die Herstellung der Rohlinge und
2. der Öfen.

Die Einschätzung erfolgt durch einen von der Versammlung der Ziegeleibesitzer zu bestimmenden Ausschuß. Gegen die Einschätzung dieses steht dem Ziegeleibesitzer das Recht des Einspruchs beim Aufsichtsrat der Verkaufsstelle zu. Wird eine Einigung nicht erzielt, so soll ein von der Versammlung der Ziegeleibesitzer zu bestimmender besonderer Ausschuß von drei unparteiischen Fachleuten, die der Verkaufsstelle nicht angehören, endgültig entscheiden.

Das festgesetzte Kontingent bleibt nur insoweit und so lange gültig, als keine Verminderung oder Erhöhung der ihm zugrunde liegenden Produktionsfähigkeit eintritt.

Werden während der Vertragsdauer wesentliche Produktionsmittel, die bei der ersten Einschätzung nicht als Grundlage für die Kontingentermittlung angesehen werden konnten, wieder betriebsfertig hergerichtet, so soll diese Tatsache auf Antrag des betreffenden Ziegeleibesitzers eine alsdann einsetzende entsprechende Kontingenterhöhung bedingen. Erweiterungen der Werke durch Vermehrung der Öfen wirken nicht kontingenterhöhend.

Das festzusetzende Kontingent bezieht sich auf Ziegel im Normalformat, demgemäß sind alle Ablieferungen in Ziegel anderer Abmessung nach ihrem Rauminhalt in Anrechnung zu bringen.

IV

Regelung der Ziegelherstellung

§ 11. Die Versammlung der Ziegeleibesitzer hat im Anfange des Geschäftsjahres und nach Bedarf mehrmals im Jahre selbst oder durch einen hierzu gewählten Ausschuß zu bestimmen, welche prozentuale Menge der Leistungsfähigkeit an gebrannten Mauerziegeln hergestellt werden darf.

Die Herstellung von Rohlingen soll nicht beschränkt sein.

V

Abnahme der Ziegel

§ 12. Die Verkaufsstelle soll alle Ziegeleibesitzer vom Beginn des Geschäftsjahres an in gleichmäßiger, ihrem Kontingent entsprechender Weise zum Absatz heranziehen.

Die Ziegeleibesitzer haben der Verkaufsstelle rechtzeitig aufzugeben, ob sie Lieferungen per Wasser oder per Bahn wünschen, oder in welchem Verhältnis diese beiden Arten des Abrufs stehen sollen.

Jeder Ziegeleibesitzer ist nach Maßgabe seines Kontingents unter Berücksichtigung der in § 11 erfolgten Regelung zur Lieferung verpflichtet. Kommt er seiner Lieferpflicht innerhalb angemessener Zeit trotz Mahnung nicht nach, so ist sein Versandanspruch entsprechend der nicht gelieferten Menge zu kürzen. Außerdem ist der Ziegeleibesitzer in diesem Falle der Verkaufsstelle schadensersatzpflichtig.

Die Schadensersatzpflicht fällt fort, wenn der Ziegeleibesitzer der Verkaufsstelle sein vermindertes Lieferungsvermögen innerhalb einer Frist von 14 Tagen schriftlich mitgeteilt hat, so daß die Verkaufsstelle bei ihren Verkäufen hierauf Rücksicht nehmen konnte. Liegen Betriebe still, so sind sie während ihres Stilliegens von der Lieferungspflicht befreit. Die noch bis dahin hergestellten Steine dürfen außerhalb der Verkaufsstelle nicht verwertet werden.

Sofern ein Ziegeleibetrieb durch Streik oder Aussperrung vorübergehend lieferunfähig wird, sind die übrigen Ziegeleibesitzer gehalten, nach Maßgabe ihres Lieferungsvermögens, die Versandberechtigung des zur Zeit ausfallenden Ziegeleibetriebes zu erfüllen. Die entsprechenden Mengen soll das bestreikte oder aussperrende Werk nachträglich in angemessener Frist nachliefern dürfen, so daß eine Verminderung des Versandanspruchs durch Streik oder Aussperrung nicht eintritt.

§ 13. Hat die Verkaufsstelle die den Ziegeleibesitzern zustehenden Mengen in einem Jahr nicht gleichmäßig abnehmen können, so werden die Restmengen zur vorzugsweisen Verteilung auf das neue Jahr unter Verrechnung der Produktion des alten Jahres überwiesen.

VI

Bezahlung und Verrechnungspreise

§ 14. Die Verkaufsstelle hat an die Ziegeleibesitzer für die von ihnen gelieferten Ziegel die gleichen Preise abzüglich der eigenen Unkosten, einschließlich der etwa von der Versammlung der Ziegeleibesitzer für notwendig erachteten und von ihr festgestellten Dotierungen von wünschenswerten Rückstellungen zu zahlen, welche sie selbst für die einzelnen Sorten bei dem Verkaufe im Laufe jedes Jahres durchschnittlich erzielt.

In Anrechnung auf die Preise hat die Verkaufsstelle gleichmäßig für alle Lieferanten am 5. und 20. jedes Monats Abschlagzahlungen aufgrund der Verrechnungspreise zu leisten.

Die Verrechnungspreise werden von der Versammlung der Ziegeleibesitzer in angemessenen Zeitabständen festgesetzt.

Die Ziegeleibesitzer haben der Verkaufsstelle wöchentlich über die während des Zeitraums ausgeführten Lieferungen nach Sorten getrennte Rechnung zu erteilen.

§ 15. Jeder Ziegeleibesitzer erhält für die gleichen Ziegelsorten den gleichen Monatsdurchschnittserlös frei Waggon Abgangsstation oder frei Kahn Verladestelle. Bei der Festsetzung der einzelnen Sortenerlöse ist indessen zwischen Bahn- und Wassersteinen zu unterscheiden *.

* Die Abschnitte über Strafbestimmungen, Schiedsgericht, Aufnahme neuer Mitglieder und Vertragsdauer (= §§ 17–20) sind hier nicht abgedruckt.

Ausschuß zur Untersuchung der Erzeugungs- und Absatzbedingungen der deutschen Wirtschaft, Verhandlungen und Berichte, I. Unterausschuß, 3. Arbeitsgruppe, zweiter Teil, Entwicklungslinien der industriellen und gewerblichen Kartellierung, zweiter Abschnitt Bau- und Baustoffindustrie, Berlin 1928, S. 244—264, auszugsweise.

DIE KARTELLIERUNG IN DER ZEMENTINDUSTRIE

Die Zementindustrie wurde um die Mitte des 19. Jahrhunderts von England nach Deutschland verpflanzt. Da die benötigten Rohstoffe sich beinahe in allen Wirtschaftsgebieten Deutschlands vorfinden und die Fabrikation nur in beschränktem Ausmaß auf einen festen Stamm erfahrener und ausgebildeter Facharbeiter angewiesen ist, so breitete sich die neue Industrie verhältnismäßig schnell in verschiedenen Landesteilen aus. Sie konnte sich auf die steigende Entfaltung des gesamten deutschen Wirtschaftslebens sowie auf die Tatsache stützen, daß ihre wissenschaftlichen und technischen Grundlagen von deutschen Fabrikanten besonders sorgfältig ausgearbeitet wurden. Es währte nicht lange, bis die englische Zementindustrie fast ganz vom deutschen Markt verdrängt wurde und darüber hinaus ein wachsender Export deutschen Zements auf dem Weltmarkt zur Geltung kam. Der auf diese Weise gesicherte Absatz ermöglichte eine entsprechende Rentabilität. So hat z. B. die im Jahre 1855 gegründete Stettiner Portland-Zementfabrik in der ersten Zeit ihres Bestehens 30 bis 40 %, später 20 bis 30 % Dividende ausbezahlt.

Es konnte nicht ausbleiben, daß diese günstigen Verhältnisse einen starken Anreiz zu Neugründungen auslösten, zumal die natürlichen Vorbedingungen die Verwirklichung von Gründungsprojekten in der Zementindustrie wesentlich leichter gestalten als in standortbedingten oder fabrikatorisch stark komplizierten Industrien. So stieg die Zahl der deutschen Zementwerke bis zum Jahre 1880 auf 29 Fabriken mit einem Versand von 4,8 Millionen Faß und bis 1890 auf 60 Fabriken mit einem Versand von 10,6 Millionen Faß. Die nach 1880 beginnende Kartellierung der Zementindustrie hat diese Bewegung während längerer Zeitabschnitte nicht gehindert, sondern wahrscheinlich sogar dadurch gefördert, daß nicht selten Außenseiterfirmen unter erheblichen Geldopfern angegliedert oder bereits im Zustande des Entstehens durch Ausschüttung beträchtlicher Abfindungssummen für die Unterlassung des Ausbaues zu wertvollen Spekulationsobjekten gestempelt wurden. Berücksichtigt man daneben das spekulative Moment, welches der Baumarkt an sich infolge seiner großen Konjunkturempfindlichkeit in sich trägt, so wird der unter allgemeinwirtschaftlichen Gesichtspunkten bedenkliche Charakter vieler Neugründungen innerhalb der Zementindustrie ersichtlich. Erleichtert worden sein sollen letztere insbesondere auch durch langfristige Kreditierung seitens der Maschinenfabriken, welche die maschinellen Anlagen zu erstellen wünschten.

Andererseits ist die Zementindustrie ihrer technischen Struktur nach als kapitalintensive Industrie den Gefahren der notorischen Schwankungen des Baumarktes besonders ausgesetzt. Für sie sind in Verfolg der weitgehenden Mechanisierung des Herstellungsverfahrens und der Transportbedingungen für die Rohstoffe die feststehenden Gesamtkosten von stärkster Bedeutung. Das gilt vor allem für die Rentabilität der Großbetriebe. Die Folge hiervon ist der natürliche Drang nach Steigerung der Umsätze zwecks Verringerung der konstanten Kosten im Verhältnis zur Produktionseinheit. Solange die erst aufkommende junge Industrie sich immer neue Absatzgebiete zu erschließen vermochte, konnte sie dieses Bedürfnis befriedigen. Sobald aber der Zustand der normalen Bedarfsdeckung erreicht war, wirkte jede Rückbildung der Baukonjunktur unmittelbar auf die durch feste Kostenfaktoren gebundenen Werke, ohne daß ihnen genügende Möglichkeiten des Ausweichens gegeben waren. Eine nachhaltige Beeinflussung des Konsums an Zement von der Seite der Produktion hat sich als nicht erzielbar erwiesen. Die Gestaltung des Baumarktes wird, und zwar gegenwärtig in noch höherem Grade als in der Vorkriegszeit, durch andere Faktoren als die Absatz- und Preispolitik der Zementindustrie bedingt. Dazu kommt, daß Zement infolge seiner geringen Wertigkeit als Frachtgut in seinem natürlichen Absatzradius beschränkt erscheint.

[. . .]

Trotz des sich dauernd verschärfenden Wettbewerbs stellte sich aber die Rentabilität der Portland-Zement-Industrie auch in deren erster Krisenperiode immer noch günstiger als die anderer Rohstoffindustrien, wie z. B. der Eisenindustrie und des Bergbaues. Jedenfalls galt in der Öffentlichkeit die Errichtung einer neuen Zementfabrik lange Zeit hindurch als ein aussichtsreiches Geschäft. So kam es, daß insbesondere jede Belebung der Bautätigkeit die Zahl der Fabriken selbst dann noch erhöhte, als die Absatzschwierigkeiten der Zementindustrie auf längere Sicht gedacht bereits erkennbar wurden und, im Durchschnitt gesehen, einen chronischen Charakter annahmen.

Das auf diese Weise allmählich entstehende Mißverhältnis zwischen den Möglichkeiten selbständiger Absatzsteigerung und der kaufmännischen und technischen Forderung einer Kostenverminderung hat das Bedürfnis nach fachlichen Zusammenschlüssen in der Zementindustrie stark gesteigert. Eine Erleichterung der Kartellierung ist in der bereits erwähnten Beschränkung des Absatzradius und insbesondere in der qualitativ ziemlich weitgehenden Gleichförmigkeit der Zementmarken zu erblicken. Der im Jahre 1877 gegründete Verein Deutscher Portland-Zementfabriken hat bereits frühzeitig eine Normung der Produkte durchgeführt, die den Wettbewerb auf Kosten der Qualität naturgemäß erschwert.

Die besonderen Ursachen für die Kartellierung der Zementindustrie haben auch die Kartellformen vorgezeichnet. Eine erfolgreiche Verbandspolitik mußte vor allem auf Kontingentierung der Produktion, Zentralisation des Verkaufs und regionale Aufteilung der Absatzgebiete abgestellt sein. Tatsächlich wurden alle Kartellformen erprobt und, wenn auch unter schweren Absatzkämpfen, im Laufe der Zeit einer dauernden Fortentwicklung zu Gebilden höherer Organisationsstufen unterworfen.

Die Geschichte der Verbandsbildung ist überaus wechselvoll und reich an inneren wie äußeren Kämpfen. Bis zum Jahre 1914 lösten „Zementkriege“ von außerordentlicher Schärfe in rascher Aufeinanderfolge die Kartellbildungen ab. Sie wurden regelmäßig nach schweren Verlusten für alle Beteiligten durch die Schaffung von Kartellen höherer Ordnung beendet. Wesentlich blieb aber die Tatsache, daß die Entwicklung der Preiskonventionen zu Produktionskartellen und weiterhin zu Syndikaten mit Absatzkontingentierung und Gebietsbegrenzung die Expansionsbestrebungen der Zementfabriken ebensowenig zurückhalten konnte, wie die immer schärfer werdende Ausgestaltung des äußeren Organisationszwanges das Aufkommen neuer Außenseiter. Trotz des wachsenden Absatzes blieb deshalb fast ständig ein Überangebot bestehen.

[...]

Eine besondere Note erhielt der Drang [nach kartellmäßiger Regelung] durch das Auftreten der in der Zwischenzeit entstandenen Großkonzerne, deren quantitative und technische Leistungsfähigkeit die Gefahr des ungebundenen Wettbewerbs für viele Firmen verstärkte. Aber auch diese Tatsache konnte nicht hindern, daß bei der Verlängerung der Verbandsverträge zum 1. Januar 1926 und mit dem Aufschwung der Bautätigkeit im Jahre 1927 das Verlangen nach Vergrößerung des vorhandenen Anlagebestandes erneut auflebte und den Kartellen große Schwierigkeiten bereitete, die zum Teil noch andauern. Nach den bisherigen Erfahrungen bergen sie gleicherweise den Keim der Zersetzung wie denjenigen der weiteren Fortentwicklung der Zementkartelle – je nach dem Grade und der Form ihrer Auswirkungen – in sich.

[...]

Der freie Wettbewerb konnte jedoch das Mißverhältnis zwischen Angebot und Nachfrage ebensowenig beseitigen wie die bisherigen kartellmäßigen Bindungen. Zwar kamen viele schwächere Zementfabriken zum Erliegen, ihr Produktionsausfall wurde jedoch durch die technischen Verbesserungen bei den verbleibenden Werken meist mehr als ausgeglichen. Der Wettbewerb gestaltete sich um so schärfer, als die Produktionsanlagen der Zementfabriken sich nicht auf die Herstellung eines anderen Produktes umstellen lassen. Die Preis- und Absatzkämpfe wurden deshalb meist bis zur finanziellen Erschöpfung weitergeführt. Trieb dann die Finanznot die Konkurrenten hier und da wieder zur Gründung von Kartellen, welche die Kampfkosten durch Erhöhung der Zementpreise hereinzuholen suchten, dann verursachte die Steigerung der Gewinnmarge alsbald die Errichtung neuer Zementfabriken. Die Preis- und Absatzkämpfe begannen von neuem und endeten mit immer schlechteren Friedensabschlüssen. In volkswirtschaftlicher Hinsicht bewirkte dieses Wechselspiel zwischen freier Konkurrenz und Organisation eine Kapitalverschwendung, die wohl nur noch von derjenigen in der Kaliindustrie übertroffen wurde. In den Jahren 1902 bis 1904 fand dieser Zustand seine schärfste Ausprägung. Die durch ihn verursachte fast allgemeine Unrentabilität der Zementindustrie verstärkte schließlich die Bestrebungen nach einer wirklich tragfähigen Syndizierung in so nachhaltigem Grade, daß die mannigfaltigen individuellen Hemmungen, die ihnen bislang entgegengestanden hatten, schließlich für längere Zeit weitgehend überwunden wurden.

Träger der umfassenden Syndikatsbewegung wurden vorwiegend die Großbetriebe, die wegen des Ausmaßes ihrer unvermeidbaren Generalunkosten auf Gleichmäßigkeit des Absatzes besonders angewiesen sind. Zur Erreichung ihres Zieles mußten sie z. T. erhebliche Zugeständnisse bei den Kartellverhandlungen machen. Die Klein- und Mittelbetriebe stützten sich vielfach auf einen mehr begrenzten, aber festen Kundenkreis und paßten sich den Konjunkturschwankungen relativ leichter an. Sie stellten deshalb für den Fall der Bindung nicht selten recht erhebliche Kontingentforderungen. Dasselbe galt von den neuen Fabriken, deren preisdrückende Konkurrenz mangels einer Verständigung im Wege des verlustbringenden Preiskampfes oder kostspieliger Abriegelungskäufe hätte zurückgedrängt werden müssen. Daher einigte man sich des öfteren auf Kontingentziffern, deren beengende Wirkungen die Großfirmen insbesondere bei den jeweils notwendig werdenden Verbandsverlängerungen auszugleichen suchten. So kam es immer wieder zu stärkeren Spannungen im Innern der Syndikate. Im ganzen gesehen gelang es aber seit dem Jahre 1905, das völlige Auseinanderfallen der Syndikate zu vermeiden.

[...]

Zur Darstellung der organisatorischen Verfassung der Zementkartelle wird nachfolgend die Struktur des Westdeutschen Zementverbandes als Beispiel geschildert. Die Verbandsbestimmungen sind entsprechend den langjährigen Erfahrungen aus der Entwicklungsgeschichte der Zementkartelle vor allem abgestellt auf die Kontingentierung des Absatzes, den gemeinsamen Vertrieb der Produkte durch eine Verkaufsstelle, die Niederhaltung der Außenseiterkonkurrenz und die regionale Aufteilung der Zementmärkte mit Hilfe von Kartellverträgen.

Die Mitglieder des Verbandes bilden unter sich eine Gesellschaft des bürgerlichen Rechts. Der von ihnen hergestellte Zement wird durch eine in der Form einer GmbH errichtete Verkaufsstelle vertrieben. Zur Erreichung des Gesellschaftszweckes ist der Verband berechtigt, sich an Unternehmungen zu beteiligen und Handelsgeschäfte aller Art zu tätigen. Er ist aber keine Erwerbsgesellschaft, sondern handelt zwar im eigenen Namen, aber ausschließlich für Rechnung der Mitglieder der Gesellschaft. Das Stammkapital in der augenblicklichen Höhe von 1 490 900 RM ist in Stammanteile zu je 75 RM für 250 Tonnen Lieferungsberechtigung aufgeteilt.

Zur Durchführung des gemeinsamen Verkaufs dient ein besonderer Lieferungsvertrag, der integrierender Bestandteil des Verbandsvertrages ist. Die Gesellschafter sind hiernach gehalten, dem Verband, abgesehen von dem zum eigenen Verbrauch benötigten Zement, die gesamte Produktion aus ihren im Gebiet des Verbandes liegenden Werken zu liefern. Die Lieferungspflicht erstreckt sich jedoch nur auf das Inlandsgeschäft, d. h. auf Lieferung in das dem Verband vorbehaltene Verkaufsgebiet. Der Verband seinerseits ist nach Maßgabe des Absatzes verpflichtet, den Zementwerken ihren Zement abzunehmen, und zwar in der Weise, daß die Zementwerke an dem Gesamtabsatz im Verhältnis ihrer Kontingente gleichmäßig beteiligt werden. Für die Lieferungen erhalten die Mitglieder Abschlagszahlungen auf Grund eines nach einer allgemeinen Kalkulation ermittelten durchschnittlichen Verrechnungspreises.

Zur Ausgleichung der Unterschiede in den Zementqualitäten ist ein Ausgleichsverfahren zwischen den Werken mit bevorzugten Marken und den anderen Mitgliedern vorgesehen. Zwar müssen solche Aufträge, welche die Marken bestimmter Werke verlangen, letzteren im Rahmen ihrer Sollieferungen in voller Höhe überschrieben werden. Zur Hebung des Absatzes der weniger verlangten Marken ist der Verband jedoch berechtigt und, falls die Zementwerke es verlangen, verpflichtet, die entsprechende Ware besonders zu propagieren und bis zur Erreichung der Sollieferungen der minderbeschäftigten Werke mit einem Preisnachlaß zu verkaufen. Übersteigen die Aufträge in einer Marke die Sollieferungen der herstellenden Werke, so wird der Preis dieser Marke erhöht. Die Preisauf- und -abschläge gehen zugunsten bzw. zu Lasten der Lieferwerke. In der Praxis ist bisher nach Auskunft des Verbandes von Preisnachlässen und Aufpreisen nur in sehr geringem Umfange Gebrauch gemacht worden.

[...]

Die Gesellschafter sind verpflichtet, Neugründungen von Fabriken im Verkaufsgebiet des Verbandes zu verhindern. Insbesondere dürfen sie sich weder an solchen beteiligen, noch gegenwärtigen oder zukünftigen Grundbesitz oder sonstige Vermögensgegenstände, namentlich auch keine flüssigen Mittel, Kredite und Bürgschaften etwaigen Neugründungen oder Erweiterungen von bestehenden Außenseiteranlagen dienstbar machen oder machen lassen. Außerdem besteht ein Vorkaufsrecht des Verbandes an allen Grundstükken, die die Gesellschafter in irgendeiner Form ganz oder teilweise an Nichtgesellschafter veräußern wollen. Macht der Verband davon keinen Gebrauch, so hat er das weitere Recht, auf die zu übertragenden Grundstücke eine Grunddienstbarkeit grundbuchlich dahin eintragen zu lassen, daß die Grundstücke für die Dauer des Verbandsvertrages der Herstellung von Zement weder direkt noch indirekt dienen dürfen. Die Einhaltung dieser Bestimmungen wird geschützt durch eine Vertragsstrafe bis zur Höhe von 250 000 M. (§ 11 des Gesellschaftsvertrages).

Gleicherweise dem Kampf gegen die Außenseiter dient eine besondere vom Verband begründete Zementfonds-Verwaltungsgesellschaft (§ 13 des Gesellschaftsvertrages). Sie hat den Zweck, „vorsorglich durch eine weitsichtige Grundstückspolitik den Gesellschaftern die für ihre künftige Ausdehnung erforderlichen materiellen Unterlagen zu sichern“. Im Rahmen dieser Grundstückspolitik, die sich im wesentlichen auf den Aufkauf von Kalkvorkommen und Grundstücken erstreckt, ist dem Verband eine Waffe in die Hand gegeben, durch Abriegelungskäufe Neugründungen zu erschweren. Die Mittel der Zementfonds-Verwaltungsgesellschaft werden geschaffen durch eine Umlage von 5 M. je 10 Tonnen Zement, also eine halbe Mark pro Tonne der Sollkontingente der Verbandsmitglieder. Außerdem hat der Verband das Recht, Zement und zementartige Bindemittel so billig wie möglich im Wege des Submissionsverfahrens von seinen Mitgliedern zu erwerben, um sie für bestimmte Zwecke unter eigener Marke abzusetzen (Art. 3 des Lieferungsvertrages). Der Verband kann auf diese Weise gegebenenfalls mit Kampfmarken den Wettbewerb gegen Außenseiter aufnehmen.

[...]

Zur regionalen Aufteilung des deutschen Absatzgebietes sind zwischen dem Westdeutschen, dem Norddeutschen und dem Süddeutschen Zementverband besondere Abkommen getroffen worden. Sie grenzen die Absatzgebiete der drei Verbände gegeneinander ab und verpflichten jeden von ihnen, sich aller Angebote und Lieferungen in das Absatzgebiet des anderen zu enthalten. Eine Ausnahme gilt nur für den Süddeutschen Verband, der mit einem bestimmten Kontingent an dem Inlandabsatz des Westdeutschen Verbandes beteiligt ist. Außerdem bestimmen die Verträge, daß Abmachungen mit außenstehenden und neugegründeten Fabriken in den einzelnen Vertragsgebieten nicht ohne gegenseitiges Einverständnis getroffen werden dürfen.

[...]

Im Laufe der Vernehmungen wurde auch auf die Tatsache verwiesen, daß die Syndikatspreise im Verhältnis der Preisbezirke zueinander insofern Inkongruenzen aufweisen, als manche in der Nähe von Produktionszentren gelegenen Bezirke ungünstiger behandelt werden als entferntere Gebiete. Als Beispiel wurde insbesondere der Aachener Bezirk angeführt, der mit 440 RM den niedrigsten Preis aufweist. Hierbei handelt es sich um ein bestrittenes Gebiet im Verhältnis zur belgischen Zementindustrie. Analog ist festzustellen, daß auch die Auslandspreise infolge des internationalen Wettbewerbs gegenwärtig unter den Inlandspreisen liegen ...

William Meinhardt, Entwicklung und Aufbau der Glühlampenindustrie. Carl Heymanns Verlag, Berlin 1932, S. 96—115, S. 117—118, S. 120.

DAS INTERNATIONALE GLÜHLAMPENKARTELL

Von WILLIAM MEINHARDT

Die Internationale Glühlampen-Preisvereinigung E. V. (IGP)

Von Anbeginn an hatten die einzelnen Preiskartelle miteinander in Verbindung gestanden, war doch die Anregung zur Bildung von Kartellen für weitere Länder von den bereits bestehenden Kartellen ausgegangen bzw. hatten doch z. T. die Fabrikanten eines Landes bei Unterzeichnung ihres Kartellvertrages die Verpflichtung übernehmen müssen, unter gewissen Voraussetzungen Preisabreden für ein anderes Land beizutreten. Da die Parteien bei den einzelnen Kartellen im allgemeinen überall die gleichen waren, so hatte die Verständigung auch keine wesentlichen Schwierigkeiten gemacht und sich der Kreis derjenigen Länder vergrößern können, für den Preise und Bedingungen festgesetzt waren. Dies hatte sich nur dadurch ermöglichen lassen, daß die einzelnen Gruppen von Fall zu Fall miteinander verhandelten, um auf den betreffenden Ausfuhrmärkten Ordnung zu schaffen.

So griffen die einzelnen Kartelle immer mehr ineinander, und bereits Anfang 1920 wurde der Beschluß gefaßt, zu bestimmten Zeiten, und zwar jeweils nach Ablauf von 3 Monaten wiederkehrende gemeinsame Beratungen aller an die Preisabreden gebundenen Firmen stattfinden zu lassen. Ein solches Verfahren mußte auf der einen Seite zweifellos ein schnelleres, reibungsloseres und übersichtlicheres Zusammenarbeiten ermöglichen, als wenn die Gruppen für sich getrennt vorgingen, auf der anderen Seite die Neigung dazu verstärken, die Interessen der Sonderverbände noch mehr in den Hintergrund als bisher zu rücken und zur Vertiefung der gesamten Beziehungen untereinander anzuregen.

Durch diese Zusammenkünfte wurde der Wunsch verstärkt, die einzelnen Preiskartelle und die übrigen Abreden über die Ausfuhr-

Märkte zu einem organischen Ganzen zusammenzuschließen und in eine vertragliche Form zu gießen. Demgemäß wurde am 11. Mai 1921 die Internationale Glühlampen-Preisvereinigung E. V. (IGP) mit dem Sitz in Berlin in Kraft gesetzt. Zu den eigentlichen Satzungen traten noch Ausführungsbestimmungen, und gleichzeitig wurde der Beschluß gefaßt, daß alle der Preisvereinigung angehörigen Fabriken sich sämtlichen zur Zeit bestehenden Preisvereinbarungen anzuschließen hätten, d. h. Beschränkungen einzelner Landesgruppen auf bestimmte Gebiete nicht mehr zulässig seien.

Zweck der Vereinigung sollte der Zusammenschluß der Glühlampenfabrikanten zur Vertretung ihrer Interessen, die Festsetzung und Überwachung gemeinsamer Lieferungs- und Zahlungsbedingungen sowie Preisbestimmungen sein. Während die Aufnahme neuer Mitglieder nur auf Vorschlag durch die Landesgruppe zu erfolgen hatte, war die Kündigung ohne weiteres halbjährlich möglich.

Streitigkeiten über Rechte und Pflichten der Mitglieder untereinander oder gegenüber der IGP sollte unter Ausschluß des ordentlichen Rechtsweges ein Schiedsgericht entscheiden, zu dessen Obmann ein in Handelssachen erfahrener Richter bestellt wurde, wobei jede Partei einen Beisitzer zu ernennen hatte, der jedoch nicht in Beziehungen zur IGP stehen durfte. Im übrigen waren Verfassung und Verfahren des Schiedsgerichts in einer besonderen Ordnung niedergelegt. Seiner Zuständigkeit entzogen waren alle sich aus Privatverträgen einzelner Firmen, besonders über Patent- und Lizenzfragen, ergebenden Streitigkeiten sowie solche über Erwerb und Verlust der Mitgliedschaft. In seinen Urteilen hatte das Schiedsgericht zugleich die Unkosten des Verfahrens festzulegen. Zur Begleichung der Strafen, die in die Kasse der Vereinigung fließen und mit zur Bestreitung der Verwaltungskosten dienen sollten, durften im Falle der Weigerung zur Zahlung die von der verurteilten Firma hinterlegten Sicherheiten in Anspruch genommen werden. Gegen das Urteil des Schiedsgerichts gab es keine Berufung.

Als Organe der Vereinigung galten Mitgliederversammlung, Arbeitsausschuß und Vorstand, dem gleichzeitig die Leitung der Zentralstelle anvertraut war. Hingegen unterstanden die örtlichen Geschäftsstellen dem Arbeitsausschuß, und nur in seinem Auftrag durfte die Zentralstelle Kontrollen über sie ausüben. Die Zentralstelle hatte u. a. folgenden Wirkungskreis: Durchführung der Beschlüsse und Überwachung ihrer Handhabung durch die Mitglieder, Beobachtung des Verhältnisses der Preise in den verschiedenen Ländern zueinander und Festsetzung nach einheitlichen Gesichtspunkten, Prüfungsinstanz bei Strafverhängung. Als Unterorgane der Zentralstelle waren örtliche Geschäfts- und Leitstellen in den größeren Absatzgebieten eingerichtet, und zwar in Dänemark, Deutschland, Finnland, Italien, Norwegen, Österreich, Polen, Schweden, Ungarn, Tschechoslowakei, Bulgarien, Holland, Jugoslawien, Rumänien, Schweiz. Sie hatten für die Einheitlichkeit des Glühlampengeschäfts zu sorgen und Meinungsverschiedenheiten zu beseitigen. Vor allem waren die Preisstellen befugt, Verstöße gegen die Bestimmungen der IGP entgegenzunehmen, Verwarnungen zu veranlassen, Sperrlisten zur Verhinderung der illegitimen Ausfuhr einzurichten, Prüfungen bei Verkaufsorganen und Vertretern vorzunehmen.

Die in einem Land befindlichen Fabriken sowie die dort ansässigen Vertreter von Verbandsmitgliedern anderer Länder waren zu einer Landesgruppe zusammengefaßt. Für sämtliche Länder, mindestens für solche mit Fabrikantengruppen, war die Errichtung von besonderen Vertretergruppen vorgesehen, da man von der Überzeugung ausging, daß die Interessen der Fabrikanten eines Landes mit denen der Generalvertretungen in demselben Gebiet im Grunde genommen entgegengesetzter Natur waren. In Mitgliederversammlungen stand jeder Landesgruppe nur eine Stimme zu, also nicht den einzelnen Fabrikanten. Zwar galt in Ländern ohne Fabrikantengruppe die Vertretergruppe gleichzeitig als Landesgruppe, doch durften solche Landesgruppen innerhalb der IGP nicht an Abstimmungen teilnehmen.

Während des Bestehens der IGP war ein dauerndes Hin und Her der kleineren Fabriken, teils traten sie als Mitglieder ein, teils wieder aus. Bedenklicher als diese Beunruhigung war schon, daß sich um die Mitte des Jahres 1922 die ganze Schweizer Landesgruppe auflöste und die an ihrer Statt neu gebildete nur ein Torso war. Auch die Einbeziehung Italiens in den Bereich der IGP gelang nur zum Teil, da sich die heimischen Fabriken ablehnend verhielten.

Belgien und Frankreich blieben ganz draußen. Von Westeuropa gehörte also nur Portugal zur IGP, so daß sie, da auch die außereuropäischen Gebiete mit Rücksicht auf die Konkurrenz, insbesondere der amerikanischen und englischen Firmen, ein geschlossenes Vorgehen unmöglich machten, nur auf Mittel- und Osteuropa beschränkt blieb.

Nach ihrer ganzen Tätigkeit konnte die IGP auf die Dauer nicht befriedigen. Wesentliche Gebiete wurden von ihr überhaupt nicht erfaßt, oder namhafte Fabriken brachen wieder aus. Dazu kam, daß kein Zwang auf die Mitglieder ausgeübt werden konnte, allen Preisabmachungen beizutreten, wie es auf Grund des Beschlusses vom Mai 1921 geschehen war. So gab es Länder, in denen zwar Preisabreden gültig waren, nicht jedoch für alle Mitglieder der IGP. Auch die Organisation als solche zeigte wesentliche Mängel. Zwar war das zentralistische System nicht bis zum Äußersten durchgeführt, da den Landesgruppen gewisse Rechte eingeräumt waren, aber auf der einen Seite genügten diese nicht, den individuellen Bedürfnissen und Rücksichten räumlich begrenzter Bezirke in angemessener Weise Rechnung zu tragen, und auf der anderen Seite verfügte die Zentralstelle nicht über die genügenden Machtmittel, sich überall durchzusetzen. Infolgedessen waren Verstöße gegen die Preisabreden und Verletzungen der Verkaufsbedingungen an der Tagesordnung, insbesondere rissen die Klagen über Unterbietungen nicht ab. Zweifellos lag der Anreiz dazu hauptsächlich in den Erscheinungen der Nachkriegszeit begründet; sie begünstigten geradezu den Kampf aller gegen alle auf wirtschaftlichem Gebiete oder erschwerten mindestens die Verständigung. Wohl erkannte man innerhalb der IGP selbst die Schwächen der Organisation und der Grundlagen und sann auf Mittel und Wege zur Abhilfe. Jedoch gelang es nicht, als erste Bedingung für eine Erneuerung und Festigung der Abmachungen die Kontingentierung von Verkauf oder Erzeugung durchzusetzen, weil eine Einigung der Mitglieder an der Quotenzuteilung scheiterte. Infolgedessen wurde die IGP durch einstimmigen Beschluß – der beste Beweis für die Überzeugung, daß die Lage unhaltbar geworden war – mit dem 31. August 1924 aufgelöst.

Vorgeschichte des eigentlichen Weltvertrages

Letzten Endes hatte die IGP scheitern müssen, weil sie mit völlig unzureichenden Mitteln an die Lösung der ihr gestellten Aufgaben herangegangen war, ja weil sie überhaupt nicht die Änderung der Verhältnisse erkannt hatte, wie sie durch die wirtschaftliche Umwälzung der Nachkriegszeit gegeben waren, geschweige denn ihr Rechnung getragen hatte.

Wie sah es denn in den ersten Jahren nach dem Kriege in Deutschland, in Europa, ja in weiten Teilen der gesamten Welt aus? Viel zu schnell ist jene Epoche in den guten Jahren 1925–1929 vergessen worden, und erst jetzt angesichts der unerhörten Wirtschaftskrise drängt sich wieder die Parallelität zwischen der Lage von damals und heute mit zwingender Deutlichkeit auf. Während das weltwirtschaftliche System vor dem Kriege einen vortrefflich eingespielten Organismus dargestellt hatte, führten die durchgreifenden strukturellen Veränderungen und Störungen der wirtschaftlichen Beziehungen im Verein mit den politischen Beunruhigungen, Schulden und Zahlungen der Nachkriegszeit zum Kampfe aller gegen alle auf weiten Gebieten des Wirtschaftslebens, auch auf dem der Elektrotechnik, und drohten den ökonomischen und wirtschaftlichen Fortschritt zu vernichten.

Wie sahen die Verhältnisse insbesondere für die deutsche Glühlampenindustrie aus?

Vor dem Kriege verfügte die deutschen Glühlampenindustrie über starke Stützpunkte durch Schaffung von Handelsniederlassungen und Fabriken. Von dort aus hatte sie mit eigenen Mitteln dafür sorgen können, daß sie ihren Anteil am Weltgeschäft erhielt und immer weiter ausdehnte. Diese Stützpunkte waren nicht nur restlos verlorengegangen, sondern wie die Fabriken in England und Frankreich Keimzellen geworden, von denen aus die Osram-Gesellschaft in der Zurückgewinnung der Märkte aufs heftigste unter ihrem eigenen Namen bekämpft wurde, da hier gleichzeitig auch die Marke „Osram“ beschlagnahmt worden war. Verschärfend kam die Tatsache hinzu, daß sich die Glühlampenindustrie in einer Reihe von Staaten ausgedehnt hatte bzw. daß die Errichtung neuer Unternehmungen erfolgt war und diese unter dem Titel „Schutz der nationalen Arbeit“ weitgehende Förderung genossen. Dieser Protektionismus und zügellose Wirtschaftsnationalismus wirkte sich in Zollerhöhungen, Einfuhrverboten, Kontingentierungen usw. aus und bedeutete einen Rückfall in längst überholte Methoden staatlicher Handelspolitik, begünstigt durch den Zerfall Europas in viele kleine Wirtschaftsgebiete und das Streben zur Autarkie, wobei naturgemäß eine dem Prinzip natürlicher Arbeitsteilung und Standortsverhältnisse entsprechende Entwicklung außer acht blieb. In Verbindung mit dieser Abkehr vom Freihandelssystem zeigte sich vielerorts dasselbe Bild: Eingriffe des Staates in die Freizügigkeit von Menschen und Waren, aus der Zwangswirtschaft des Weltkrieges herausgewachsener Bürokratismus mit Verwaltungsmaßnahmen verschiedenster Art, Bevormundung und Einengung des privaten Unternehmungsgeistes und dgl.

Zu dieser Rückbildung weltwirtschaftlicher Zusammenarbeit gesellten sich Beeinträchtigungen des Kapitalverkehrs, Zertrümmerung des internationalen Kreditmechanismus, Störungen durch Währungsverschlechterung und Inflation in einer Reihe von Ländern und damit ein unaufhaltbares Abbröckeln weiter Kaufkraftgebiete, die Ausschaltung ganzer Märkte, Niedergang des Wohlstandes und eine wachsende Arbeitslosigkeit, ein Zustand, wie wir ihn zur Zeit wieder durchleben.

Aus allen diesen Gründen hatte sich ein ungesunder Konkurrenzkampf auf dem Glühlampengebiet entwickelt und die Märkte in völlige Unordnung gebracht. In dem Bestreben, sich gegenseitig Kunden abzujagen, waren die Preise nicht nur für den Erzeuger gänzlich ungenügend geworden, sondern auch der Handel litt schwer unter der Unstabilität und der Systemlosigkeit der Zwischenverdienste, ja der letzte Verbraucher geriet in Gefahr, seinen Bedarf nicht mehr regulär decken zu können. Daran hatte auch die IGP nichts ändern können, vielmehr war der Glühlampenmarkt im Kern gründlich zerrissen geblieben.

Kein Wunder, wenn unter diesen Hemmungen, die sich dem Export entgegenstellten und zu einer Verschiebung der Wettbewerbsverhältnisse führten, mehr oder minder die Glühlampenfabrikanten aller maßgeblichen Länder zu leiden hatten und je länger je mehr in ihnen der Wunsch wach wurde, andere Wege zu gehen, um durch

Selbsthilfe zu einem neuen Gleichgewichtszustande und von da aus zu einer gedeihlichen Weiterentwicklung zu kommen. Dieses grundsätzlich Neue entsprang nicht etwa einer veränderten Mentalität der Wirtschaftsführer, sondern war lediglich in der veränderten Lage und der damit verbundenen Verschiebung der Kräfte begründet. Sie zwangen dann auch zur Umstellung der Denkungsweise, wie sie noch bei den Industrieführern der Vorkriegszeit gang und gäbe gewesen war, zwangen zur Aufgabe des Standpunktes, der im Zustande des krassesten Aufsichgestelltseins, der splendid isolation, seinen sichtbaren Ausdruck gefunden hatte.

Nach den Erfahrungen, die mit den bisherigen Organisationen gemacht waren, blieb nur übrig, ein festgefügtes Gebilde auf breitester Grundlage zu schaffen. Es galt, die Idee des horizontalen Zusammenschlusses gleichwertiger und gleichartiger Betriebe durch internationale Zusammenarbeit zu verwirklichen und dabei auf die begründeten Verhältnisse der Glühlampenindustrie weitestgehende Rücksicht zu nehmen. Natürlich bedeutete das eine gewisse Einschränkung und Entsagung, ohne jedoch die freie Entwicklung des einzelnen zu unterbinden und ohne die Selbständigkeit der Fabrikation oder Geschäftsführung anzutasten, es bedeutete, daß der Geist der Verständigung statt des Kampfes zur gemeinsamen Überwindung aller Schwierigkeiten über die Verschiedenheit der Auffassung und Eitelkeiten hinweg unter dem Gesichtspunkt der vollen Gleichberechtigung für die Beteiligten mit dem Bewußtsein und zu dem Ziele zur Auswirkung kommen sollte, daß der höchste Nutzeffekt für sie herausgeholt werden sollte.

Nichts beleuchtet die Erkenntnis der maßgebenden Fabrikanten, daß es so wie bisher nicht weitergehen dürfe, besser als die Tatsache, daß die Fühlungnahme zwischen ihnen bereits lange vor der Auflösung der IGP einsetzte. Die Verhandlungen dauerten Jahre hindurch, bis sie Ende 1924 zum Abschluß gelangten und ihre Krönung in der Unterzeichnung des „General Patent and Development Agreement“ sowie in der Gründung der „Phoebus S. A. Compagnie Industrielle pour le Dévéloppement de l’Eclairage“ fanden.

Bei diesen Verhandlungen war es im Gegensatz zu anderen internationalen Vereinbarungen bemerkenswert, daß sie nicht von Organisation zu Organisation stattfanden, daß sie nicht von den zu einer Einheit zusammengeschlossenen Fabrikanten der Hauptländer geführt wurden, sondern daß sich zunächst die Großen in der ganzen Welt miteinander verständigten und dann erst nach Klärung der grundsätzlichen Ziele die Kleinen zum Anschluß aufforderten. Der Erfolg rechtfertigte diese Art des Vorgehens, allerdings war er nur durch die besonderen Verhältnisse in der Glühlampenindustrie möglich und durch die Vorzugsstellung erleichtert, über welche die führenden Firmen verfügten.

Dabei waren die inneren Voraussetzungen insofern günstig, als sie sich zum Teil aus der gesamten Entwicklung der Glühlampenindustrie ergaben. Auf der einen Seite verfügte sie über starke technische Fortschritte und einen sehr guten Patentschutz, auf der anderen Seite hatten die führenden Firmen von jeher das Bestreben verfolgt, ihre Monopolstellung, die sie etwa durch Patente hätten haben können, nicht ausnutzen, sondern den legitimen Fabrikanten an allen Fortschritten zu angemessenen Bedingungen teilnehmen zu lassen. Dieser Grundsatz war in dem System von Patentlizenzverträgen zum Ausdruck gekommen, zu dem sich insbesondere die Osram-Gesellschaft und die amerikanische GEC schon frühzeitig verstanden hatten.

So datieren, wie wir gesehen haben, die zwischen der GEC und den drei deutschen Fabriken geschlossenen Freundschaftsverträge, die eine sehr eingehende Zusammenarbeit zur Folge hatten, bereits aus der Vorkriegszeit bzw. waren sie 1921 und 1929 mit der Osram-Gesellschaft erneuert worden. Ähnliche Zusammenarbeits-(Collaborations-)Verträge hatte die IGEC den Firmen Philips und BTH 1919, der C. d. L. 1919 bzw. 1921, der Vereinigten, Watt und Kremenezky 1921, Pintsch und der englischen GEC 1922 gewährt; dazu kamen noch die Verträge mit den unter ihrem maßgeblichen Einfluß stehenden ausländischen Konzerngesellschaften. Die Patentgemeinschaft hatte 1912 mit der französischen Thomson-Houston einschließlich der Tochtergesllschaften einen Vertrag geschlossen, in dem die Lizenzfrage in Frankreich und in einigen anderen Ländern geregelt wurde. Kurz vorher hatten die englischen Tochtergesellschaften der großen deutschen Glühlampenfabriken mit den englischen Firmen eine gegenseitige Freilizenz in England vereinbart; diese Abmachungen führten dann im Jahre 1914 zu einer Ergänzung von Fragen von noch größerer Bedeutung, 1921 zu einer Erneuerung mit der GEC. 1913 war mit der Tokio Electric ein Vertrag geschlossen, der 1921 mit der Osram-Gesellschaft erneuert wurde. Bald kam man zu weiteren Lizenzverträgen, so mit Bergmann Ende 1912, mit Philips 1913, ferner im gleichen Jahre mit der Watt und der Vereinigten, dann noch im Jahre 1916 während des Krieges mit Kremenezky und 1917 mit der Meteor. Nach dem Kriege wurden die zerrissenen Fäden wieder neu geknüpft, außerdem wurde der Kreis der Beteiligten weiter ausgedehnt, indem mit anderen Firmen in Dänemark, Deutschland, Norwegen, Österreich, Polen, Schweden, Schweiz, Spanien und Tschechoslowakei Lizenzverträge zustande kamen.

Durch diese Verträge war nicht nur ein gegenseitiger Patentschutz sichergestellt, sondern auch in territorialer Beziehung eine Regelung insofern erfolgt, als bereits die entsprechenden Interessensphären eine Abgrenzung erfahren hatten, auf Grund deren sich jeder Kontrahent vom Glühlampengeschäft in bestimmten Gebieten zugunsten des anderen zu enthalten hatte bzw. der Lizenznehmer die Patente nur für bestimmte Gebiete benutzen durfte. Auch andere Fragen hatten in diesen Verträgen gemeinsame Lösung gefunden und durch Ausgleich der Interessengegensätze die Möglichkeit für eine weitergehende Verständigung erleichtert. Von besonderer Bedeutung sind in diesem Zusammenhange die Freundschafts- bzw. Erfindungs- und Erfahrungsaustausch-Verträge, die zwischen den Amerikanern und den übrigen Fabriken abgeschlossen wurden, insofern, als der Vorbehalt zugunsten ausschließlicher Gebiete auf gesetzlicher Grundlage beruhte und daher bei dem Zustandekommen des Weltvertrages hinsichtlich des amerikanischen Rechts nichts zu befürchten war, vielmehr diese alten Vereinbarungen ohne weiteres zugrunde gelegt werden konnten, um zu dem Ziele der Aufteilung der Märkte zu gelangen.

Inhalt und Organisation

Zum Gegenstand des Vertrages gehören alle elektrischen Lampen, die zur Beleuchtung, Heizung oder zu medizinischen Zwecken dienen, ausgenommen Bogenlampen, Neon-, Röntgen- und Radioröhren. Sieht man von Radioröhren ab, so handelt es sich bei diesen Ausnahmen nur um einen zur Zeit verhältnismäßig unbedeutenden Bruchteil von Lampen. Andererseits besteht die Möglichkeit, wenn einmal neue Lichtquellen von allgemeiner Bedeutung entwickelt werden sollten, durch die zuständigen Organe auch sie in den Bereich des Weltvertrages einzubeziehen.

Dagegen fallen nicht in seinen Bereich die Teile der obengenannten Lampen, z. B. die für die Erzeugung wichtigsten Halbfabrikate wie Draht, Kolben, Röhren, Stäbe und die Maschinen und Apparate. Für sie ist allerdings indirekt insofern ein gewisser Schutz geschaffen, als die Bestimmung des Vertrages auch auf sie ausgedehnt werden kann, wonach kein Mitglied in irgendeiner Weise weder direkt noch indirekt einen Fabrikanten unterstützen darf, der nicht auch die gleichen Lasten und Pflichten wie der Partner selbst auf sich nimmt.

Den vereinbarten Bestimmungen, inbesondere dem Zweck des Vertrages ist ein weiter Spielraum eingeräumt, wie aus dem § 1 hervorgeht: „Der Zweck und die Absicht dieser Vereinbarungen ist, die Zusammenarbeit aller Vertragsparteien sicherzustellen, zur Vorsorge für eine vorteilhaftere Ausnutzung ihrer Fabrikationsmöglichkeiten bei der Herstellung von Lampen, Sicherung und Aufrechterhaltung einer gleichmäßig hohen Qualität, Verbesserung der Wirtschaftlichkeit bei der Verteilung des Absatzes und Steigerung der Wirksamkeit elektrischer Beleuchtung und Erhöhung des Lichtverbrauches zum Vorteil des Verbrauchers.“ Um diese Ziele zu erreichen, sieht der Inhalt des Vertrages einerseits die geeigneten Mittel vor, die sich aus seinem wirtschaftlichen und rechtlichen Aufbau ergeben, und andererseits die zu seiner Durchführung notwendigen Wege, die in den organisatorischen Einrichtungen ihren Niederschlag gefunden haben. Danach zerfällt der Inhalt in die drei Hauptlinien Produktion, Verkauf, Konsumtion.

Hinsichtlich der Produktion steht an erster Stelle ein umfassender Erfindungs- und Erfahrungsaustausch in bezug auf die Fabrikationsmethoden und die wissenschaftlichen Arbeiten. Im internen Verhältnis entscheiden Verträge zwischen den einzelnen Firmen über die Vergütung, die für die Verfügung über die Patente und Erfahrungen zu zahlen ist. Falls solche Vereinbarungen nicht zustande kommen, hat ein besonderes Organ, nämlich das Schiedsgericht, die Höhe der Entschädigung festzusetzen. Will der Partner aber auf die Erfahrungen verzichten, so ist das seine Sache. Einen Zwang dazu gibt es nicht, jeder soll auch in Fragen der Betriebsführung seine Selbständigkeit behalten dürfen.

Dieser Austausch verschafft dem Fabrikanten die Möglichkeit, durch Besichtigung der Fabriken alle Verbesserungen zu beobachten und sie bei sich selber einzuführen, so daß er über alle Probleme ständig auf dem laufenden bleiben kann. Gleichzeitig öffnen die Partner einander auch die Laboratorien und Versuchswerkstätten, und so ist jeder von ihnen in der Lage, an den Vorteilen teilzunehmen, die durch die Vervollkommnung der Maschinen, Produkte und Verfahren geboten werden. Was diese Möglichkeit gegenüber der qualifizierten Glühlampentechnik bedeutet, liegt auf der Hand. Einem Gewerbe, in dem von jeher Aberglaube und Erfahrung ungestört nebeneinander bestanden und das vielfach nicht einmal aus ihm selbst erwachsene Fortschritte duldete, lag nichts ferner, als Forschungen zu betreiben oder Forschungsergebnisse von außen heranzuziehen. Deshalb hat systematisches Experimentieren eine um so geringere Rolle für die Entwicklung einer Industrie gespielt, je älter sie ist. Im Gegensatz dazu kommt dem Forschungswesen der Glühlampenindustrie eine ungewöhnlich hohe Bedeutung zu. Sie ist auf ihre relative Jugend zurückzuführen und auf den Umstand, daß sie nicht aus einem Gewerbe erwachsen ist, ja hier ist die Forschung sogar älter als das Gewerbe. Infolgedessen verstärkt der Zwang zur Aufwendung immer größerer Mittel für die Aufrechterhaltung und Fortführung der wissenschaftlichen Forschung die Tendenz zur Zusammenarbeit, und die Verständigung hierüber an Stelle der Geheimniskrämerei wird genauso wichtig wie z. B. auf dem Gebiet des Absatzes.

Durch diesen Erfahrungsaustausch wird erreicht, daß unnütze Arbeit – und doppelte Arbeit ist immer unnütze Arbeit – unter allen Umständen vermieden wird, und es braucht nicht mehr der Fall einzutreten, daß Zeit, Kraft und Geld verschwendet und damit die Betriebskosten unnötig erhöht werden, indem gleichzeitig an derselben Sache von den verschiedensten Seiten gearbeitet wird.

Damit ist eine Sicherung gegen das Zurückbleiben für jeden Angeschlossenen gegeben, er kann durch Fortschritte des Konkurrenten nicht überrascht und überflügelt werden. Kommt einmal eine epochemachende Neuerung zustande – und die Glühlampenfabriken arbeiten ja mit aller Anstrengung daran – und wird sie z. B. außerhalb Deutschlands gefunden, so haben die deutschen Partner die Sicherheit, daß sie nicht leer ausgehen und daß ihre Anlagen nicht zum Schaden der deutschen Volkswirtschaft entwerten. Sollte gar überraschenderweise einem Außenseiter eine wichtige Erfindung gelingen, so dürfte auch er einem der Partner die Verwertung anbieten, da sich niemand bereit finden wird, sein Geld in eine ganz ungeklärte, noch unsichere Sache hineinzustecken, die vielleicht jahrelange Versuchsarbeiten erfordert. Gewiß bedeutet eine solche Regelung Entsagung, indem der eine auf Grund von Betriebsgeheimnissen und besonderen Kenntnissen seine Erzeugnisse nicht mehr billiger und besser zu liefern vermag als der andere und unter Umständen eine Firma von vornherein auf eine Monopolstellung verzichten muß, wie sie ihr sonst durch wesentliche Erfindungen zufallen könnte. Aber der Ausgleich aller Interessen scheint für die Förderung der Produktion, insbesondere der Großbetriebe, wertvoller als ihre Zuspitzung.

Wohl könnte die Befürchtung laut werden: „Wo keine Konkurrenz ist, da ist auch kein Fortschritt." Gerade das Gegenteil ist der Fall. Denn der wechselseitige Verkehr der Wissenschaftler bietet Anregung, und die Gewißheit, nicht jahrelang über einer Erfindung zu sitzen, um später erkennen zu müssen, daß der andere inzwischen auf demselben Gebiet weitergekommen ist und den Erfolg vorweggenommen hat, wirkt anspornend und lenkt die Forschung von vornherein auf unerschlossene Felder, die Aussicht versprechen.

Weiter wird durch den Erfahrungsaustausch die Hebung der Qualität im allgemeinen gewährleistet, also das Prinzip der Bestleistung für alle Partner aufgestellt; daher sind auch die schwächeren oder die Fabrikanten mit weniger bekannten Namen in der Lage, das ihnen nach der Absatzregelung zustehende Kontingent ohne Schwierigkeiten zu verkaufen.

Ebenso wird durch die Öffnung der Fabriken und Besuche eine Aussprache über die Kosten und eine Annäherung an die Herstellungskosten der verschiedenen Werke erreicht. Da also die Resultierende aus den Gestehungskosten aller Firmen keine großen Unterschiede gegenüber den günstigsten und ungünstigsten Einzelkosten aufweist, so entfällt die Notwendigkeit, die Preise nach den Kosten des Schwächsten zu bestimmen.

Bekannt sind die Vorteile, die Typisierung und Standardisierung für die Herabsetzung der Kosten sowohl bei der Herstellung als auch bei der Lagerung bieten. Auch sie werden neben der allgemeinen Begünstigung des technischen Fortschritts durch den Erfahrungsaustausch bzw. die Bestimmungen des Vertrages gefördert, um eine Vereinfachung der vielen Typen und Arten gemeinsam für die ganze Welt vorzunehmen und den Bedürfnissen entsprechend die Anzahl der Typen darauf zu beschränken, daß alle berechtigten Wünsche erfüllt werden können. Dagegen soll verhindert werden, einige besondere Typen lediglich aus dem Grunde zu schaffen, um einigen Firmen Vorrechte zu ermöglichen und andere von der Lieferung dieser Produkte auszuschließen. Das Endziel der Standardisierung ist die Herbeiführung völliger Gleichartigkeit in der äußeren Form, im inneren Aufbau, in Größe und Lichtleistung aller Fabrikate der Vertragspartner, ein Ziel, das bisher in der Hauptsache erst für die wichtigsten Lampen für allgemeine Beleuchtungszwecke erreicht ist. Durch unterschiedliche Preisbehandlung sollen Lampengrößen und Typen, die für die Anwendung des elektrischen Lichts weniger notwendig sind und daher in der Herstellung infolge kleiner Mengen den Fabrikanten erhöhte Kosten und Mühe verursachen, allmählich ausgeschaltet werden.

Bei diesen Bestimmungen hat übrigens die Zentrale das Recht, Zwangsmaßnahmen zu ergreifen, falls irgendein Mitglied den Versuch macht, sich auszuschließen. Gerade für die Ausfuhr hat sich die Durchführung der Typisierung auf internationaler Grundlage als notwendig erwiesen, da alle dahin zielenden Arbeiten erfahrungsgemäß durch private Verständigung der Erzeuger schneller und besser verwirklicht werden, als es z. B. durch behördliche, wissenschaftliche und andere Bestrebungen möglich ist.

Neben dieser umfassenden Fabrikationsgemeinschaft steht die Ordnung des Verkaufsgeschäfts als gleich wichtiger Faktor für die Durchsetzung der Ziele. Auch hier gilt das Prinzip, den Partnern nach Möglichkeit die Selbständigkeit zu belassen, wobei vorausgesetzt wird, daß die Zusammenarbeit sich von selbst überall noch enger gestalten wird, wo sie eine Verstärkung des Nutzeffekts auslöst, und auch hier ist Vorsorge getroffen, eine Verkaufspolitik zu betreiben, in der nach Möglichkeit die dynamischen Kräfte zur Auswirkung gelangen.

Zu diesem Zweck ist von einer Regelung der Produktion überhaupt Abstand genommen, jedes Mitglied kann herstellen und auf Lager arbeiten, wie, was und soviel es will. Dagegen ist eine sorgfältige Kontingentierung des Absatzes und eine Aufteilung der Märkte erfolgt. Dadurch soll jedem Mitglied die Teilnahme an der Entwicklung des Geschäfts in der ganzen Welt und, sofern es die besonderen Verhältnisse erfordern, auch in bestimmten Wirtschaftsgebieten gesichert werden.

Die Festsetzung der Kontingente geschah in der Weise, daß der Anteil des einzelnen Partners auf Grund tatsächlicher Umsätze in einem Stichjahr ermittelt wurde, wobei die Menge der verkauften Lampen nach einem besonderen, für alle Länder gleichen Schlüssel in Einheitslampen umgerechnet wurde. Nach der Absicht des Vertrages soll der so gefundene Grundverhältnisanteil für jeden Partner auf die Dauer der Vereinbarungen beibehalten werden; das gleiche gilt für die Festlegung der verschiedenen Länder, auf die sich die Ausgangskontingente beziehen.

Zur Aufrechterhaltung des Besitzstandes in jedem Gebiet sind Zahlungen vorgesehen, die als Entschädigung für Minder- bzw. als Strafen für Überverkäufe in eine Ausgleichskasse zu leisten sind. Die Abgaben bezwecken, durch Wegsteuerung möglicher Gewinne den Anreiz zu absichtlichen Überschreitungen zu nehmen. Da sie aber erst von einer bestimmten Grenze ab prohibitiven Charakter tragen, so ist eine gewisse Überschreitung der Verkaufsmengen sehr gut möglich, und die Kontingentierung bedeutet keine engherzige, Produktion und Konsumtion rigoros drosselnde und das Angebot ungebührlich verknappende Politik. Infolgedessen ist die Gewähr gegeben, daß jedes Mitglied auch wirklich seine Produktion absetzen und seinen status quo wahren kann, ohne sich weder nach oben noch nach unten starren Schranken unterwerfen zu müssen. Bis zu einem gewissen Grade ist also das Kontingent veränderlich oder mit anderen Worten: Auch durch die Beschneidung der ungehemmten

Konkurrenz braucht an Stelle des Kampfes um den Kunden keineswegs der Kampf um die Quote zu treten.

Mit dieser Kontingentierung ist eine bestimmte Organisation der Märkte verbunden, um die gegebenen Verkaufsmöglichkeiten am besten auszunutzen und die nationalen Interessen mit den internationalen so zu verbinden, daß das Recht der einzelnen Firma, des einzelnen Landes mit dem der übrigen Mitglieder, der übrigen Länder in Einklang gebracht wird. Durch diese sachgemäße Aufteilung der Märkte erhält jedes Mitglied die Möglichkeit, mit den denkbar geringsten Vertriebsspesen seine Ware zu vertreiben. So wird gleichzeitig durch die Berücksichtigung aller wirtschaftlichen und natürlichen lokalen Notwendigkeiten erreicht, daß die einzelnen Volkswirtschaften aus der weltwirtschaftlichen Verflechtung und Zusammenarbeit die stärkste Förderung erhalten. Vor allem sollen den Fabrikanten, die in bestimmten Teilen der Welt für die Entwicklung des Geschäftes besonders tätig gewesen sind, auch die Vorteile dieses Aufschwunges zuteil werden. Wenn einmal z. B. in Deutschland, wo über 90 % des Kontingents in den Händen der deutschen Fabrikanten sind, sich der Umsatz verdoppeln sollte, so kann ihnen dieser Zuwachs nicht durch Einfuhr genommen werden, da er ihnen ja durch das Landeskontingent sicher bleibt. Was für die deutschen Fabrikanten in Deutschland gilt, gilt natürlich auch für andere im Auslande.

Im einzelnen ist die Unterteilung so ausgefallen, daß drei Gruppen von Gebieten entstanden sind: die sogenannten Heimatländer, die Britischen Kolonien und das Gemeinschaftsgebiet, d. h. der Rest, der nach Abtrennung der zwei genannten Gruppen übriggeblieben und als selbständiger Wirtschaftsraum zusammengefaßt ist. Unter Weltkontingent ist also die Summe aller Umsätze in diesen drei Hauptgruppen zu verstehen.

Die Länder mit großen selbständigen Lampenfabriken sind als Heimatländer erklärt, während die ganze übrige Welt mit Ausnahme der Britischen Kolonien als sogenanntes Gemeinschaftsgebiet bezeichnet wird, soweit die Kontingente in diesem Gemeinschaftsgebiet in Frage kommen. Auf die Heimproduktion wird weitestgehend Rücksicht genommen. Dadurch, daß Heimatländer geschaffen sind und der Fabrikant naturgemäß im Heimatlande immer ein größeres Geschäft hat, ist Vorsorge getroffen, daß nicht die anderen Mitglieder des Kartells, die bisher in diesem Heimatlande kein Geschäft gemacht haben, sich nun auf dieses Heimatland stürzen und dort den einheimischen Fabriken das Geschäft wegnehmen. Nehmen wir z. B. ein größeres Land, wo heute noch verhältnismäßig hohe Preise erzielt werden. Würde dieses nicht als Heimatland erklärt sein, das hauptsächlich durch die dortigen Fabrikanten versorgt wird, so würden die anderen im Rahmen ihres Weltkontingents das Recht haben, dorthin zu liefern, soviel sie wollen und verkaufen können, und sie würden dadurch in der Lage sein, den einheimischen Fabrikanten ihren eigenen Markt zum Teil wegzunehmen. Das soll verhindert werden. Wer nicht zur Zeit des Abschlusses des Vertrages bzw. im Stichjahre in diesem Heimatlande ein Kontingent gehabt hat, d. h. nicht schon früher in diesem Lande Geschäfte gemacht hat, der soll auf Grund dieses Vertrages nicht in dieses Land hineinkommen.

Das ist der Begriff des Heimatlandes mit der Verkörperung des Gebietsschutzes. Was nicht Heimatland ist, ist in bezug auf das Kontingent mit Ausnahme der britischen Kolonien ein einziges Territorium in der ganzen Welt, und da besteht die Freizügigkeit. Wenn in diesem Gemeinschaftsgebiet z. B. 100 Mill. Lampen verkauft werden und ein Partner 30 % davon hat, so hat er das Recht, sich diese 30 % zu suchen, wo er will. Zum Beispiel gehören Chile und Finnland zu diesem Gemeinschaftsgebiet. Kann er die Lampen nicht in Finnland verkaufen, so darf er sich damit nach Chile wenden. Wenn er aber in Italien und in Deutschland, also in Heimatländern, sein Kontingent nicht erreichen kann, so darf er sich den Ersatz dafür nicht außerhalb suchen.

Indirekt ist allerdings insofern eine gewisse Freizügigkeit über die Verwendung der Kontingente gewahrt, als der Quotenkauf allgemein möglich ist und auch in der Weise vorgenommen werden kann, daß ein Austausch von Kontingenten im Heimatgebiet gegen solche im Gemeinschaftsgebiet stattfindet. Selbstverständlich sind für derartige Geschäfte Vorschriften erlassen, die nur eine solche Handhabung gestatten, daß sie mit den im Vertrage verfolgten Zielen in Einklang stehen und nicht etwa auf eine Umgehung hinauslaufen. Diese Freizügigkeit des Kontingents innerhalb des Mitgliederkreises ist z. B. unentbehrlich, damit ein Partner in einem Gebiet ohne Mühe mehr verkaufen kann, als sein Kontingent zuläßt. Durch Erwerb fremden Kontingents erhält er die Möglichkeit zu dieser Absatzsteigerung, ohne Strafe für Überschreitung entrichten zu müssen. Entweder wird der Gegenpartner, der ihm Kontingent überläßt, durch Abtretung von Kontingent in einem andern Lande oder zuweilen durch Geldzahlungen, vielleicht sogar durch beide Arten gleichzeitig entschädigt.

An dem Verkaufssystem ist durch den Weltvertrag nichts geändert. Dem Grundsatz der vollständigsten Freiheit in der Geschäftsführung ist auch hier Rechnung getragen, soweit nicht durch den Vertrag als solchen Grenzen gezogen sind. Wie jedes Mitglied seine Lampen verkauft, ist ihm im allgemeinen überlassen, und es kann nach demselben System wie früher arbeiten. Jedenfalls ist es nicht die Absicht, den Zwischenhandel, Großhandel und die sonst nach dieser Richtung geschaffenen Organisationen anders zu behandeln, als es bisher der Fall war, vorausgesetzt, daß die allgemeine Herabsetzung der Verteilungskosten dadurch nicht erschwert wird.

Es entspricht auch dem Grundsatz, nicht über Gebühr die Selbständigkeit der Mitglieder zu beeinträchtigen, wenn die Preisregelung kein wesentlicher Bestandteil des Vertrages ist, sondern es den im Rahmen der Organisation geschaffenen Ländergruppen überlassen bleibt, für ihr Territorium nach Maßgabe der dortigen Verhältnisse die Preise festzulegen. Diese haben für das betreffende Land die richtigen Preise und Bedingungen zu finden und sooft wie nötig zusammenzutreten, um entsprechend den Marktverhältnissen und ihren Veränderungen Regelungen zu treffen. Es handelt sich hier also weder um generelle Anweisungen, die im Vertrage niedergelegt sind, noch um Beschlüsse, die von der Mitgliederversammlung gefaßt werden, sondern lediglich um sorgfältige Würdigung aller Tatsachen durch einen kleinen Kreis von Produzenten, der mit den einschlägigen Verhältnissen des betreffenden Absatzgebietes aufs innigste vertraut ist. (Landesversammlung.)

Wie ist es aber in denjenigen Ländern, in denen sowohl eine beachtliche Eigenproduktion als auch ein starker Import besteht, mit der Zollgesetzgebung und mit der Zollsituation? Bei Prüfung dieser Frage hat sich die Erkenntnis durchgesetzt, daß eine Regelung im

Vertrage nach dieser Richtung hin nicht vorgesehen werden soll. Es schien mißlich, einen privatwirtschaftlichen Vertrag – und das ist der Lampenvertrag – mit Lasten, die Hoheitsrechte und Hoheitspflichten für die einzelnen Mitglieder betreffen, irgendwie zu beschweren, und das war auch nicht notwendig, da durch die Regelung, wie sie vorgenommen ist, die Frage des Zollschutzes für die heimische Industrie ganz erheblich an Bedeutung verloren hat. Durch die Länderkontingente ist der heimischen Industrie ihr Anteil am Geschäft gesichert, durch die Länderkontingente ist aber gleichzeitig der Anteil der Importindustrie gesichert. Würde eine Heimat-Industrie den Versuch machen, den Importeuren das Geschäft wegzunehmen, so würde das eine Überschreitung des Kontingents bedeuten und mit erheblichen Abgaben, die den Gewinn weit übersteigen, belastet sein, so daß ein Bedürfnis nach Zollschutz für die heimischen Industrien bei dieser Regelung nicht vorliegt, es sei denn, daß Außenseiter auftauchen und die Situation umwerfen, eine Gefahr, die natürlich alle Fabrikanten vor Augen haben müssen, wenn sie sich zu solchen Abkommen zusammenschließen.

Die Frage des gemeinschaftlichen Verkaufs ist grundsätzlich verneint worden, und zwar auch aus dem Bestreben heraus, die Ziele möglichst unter Wahrung der Freiheit des einzelnen zu verfolgen. Aber der Vertrag ist selbstverständlich biegsam genug, um in denjenigen Wirtschaftsgebieten, in denen es die Interessen der Partner zulassen bzw. wünschenswert machen, den Verkauf durch gemeinschaftliche Organe, d. h. syndikatsmäßig, vorzunehmen; sie haben grundsätzlich die Marken der beteiligten im Verhältnis der für das betreffende Land festgesetzten Kontingente abzusetzen.

Ergänzt wird die rationelle Produktions- und Verkaufspolitik durch das aktive Bestreben zur Hebung des Absatzes. Wohl hat gerade die Glühlampenindustrie insofern noch starke Kraftreserven für ihre Entfaltung hinter sich, als das Bedürfnis nach guter künstlicher Beleuchtung fast so alt ist wie die Menschheit selbst, aber erst seit der Entwicklung der modernen Glühlampe nach Quantität und Qualität im gewünschten Ausmaß befriedigt werden kann. Der ständig wachsende Wunsch nach elektrischem Licht hat zu einer extensiven und intensiven Steigerung des Lichtverbrauches geführt, der zur Folge hat, daß die Verstromung der Welt und der Verbrauch elektrischer Energie zu Beleuchtungszwecken sich in aufsteigender Linie bewegen. Auf die Dauer würde aber dieses Lichtbedürfnis der Welt nicht auf wirtschaftlichste Weise befriedigt werden können, wenn die Bemühungen, den Verbrauch zu heben, vernachlässigt würden, weil die Kosten der Erzeugung und Zuleitung der zur Beleuchtung erforderlichen elektrischen Energie den größten Einfluß auf die Kosten des elektrischen Lichtes haben und diese in ihrer Höhe wiederum abhängig sind von der Größe und der Dauer des Lichtbedarfs. Deshalb erscheint es notwendig, auf eine allgemeine Ausweitung oder wenigstens die Beschleunigung des natürlichen Zuwachses hinzuwirken, wobei selbstverständlich von der Glühlampenindustrie die gesteigerte Nachfrage als angenehme Folge für ihre Zwecke empfunden wird.

[. . .]

Als Träger der neuartigen Propaganda sind die eigens zu diesem Zweck von verschiedenen Partnern errichteten Lichthäuser anzusehen. Sie dienen als Schule, als Übungsstätte, wo gelehrt und gelernt wird, wie man Licht richtig und zweckmäßig benutzt, und von ihnen aus wird der Gedanke zu den Millionen Verbrauchern hinausgetragen, um sie zu veranlassen, die praktischen Folgerungen ihrerseits zu ziehen. Das Neuartige dieser Arbeit hat denn auch einer ganzen Anzahl fortschrittlicher Elektrizitätswerke Veranlassung gegeben, entsprechende Demonstrationsräume zu schaffen und eine Zusammenarbeit mit der Glühlampen-Industrie zu pflegen, um in Kursen und Vorträgen den Lichtgedanken zu verbreiten. Nicht für jede Mitgliedsfirma war es freilich möglich, ein eigenes Lichthaus in Betrieb zu nehmen. In vielen Ländern haben Elektrizitätswerke und Glühlampenfabrikanten eine planmäßige Zusammenarbeit für die Erfüllung der lichtwirtschaftlichen Aufgaben begonnen und seit mehreren Jahren erfolgreich durchgeführt.

Zur Festlegung der genannten und der übrigen Grundsätze und zur Durchführung der einzelnen Bestimmungen des Vertrages ist eine sehr große Organisation unter dem Gesichtspunkt geschaffen worden, alle Aufgaben sowie die sich etwa ergebenden Reibungsflächen mit dem gleichen Geist und Willen zur Einigkeit zu behandeln, aus dem das Abkommen getätigt ist, und seinen wirtschaftlichen Bedürfnissen in der zweckmäßigsten Form Rechnung zu tragen.

Als Verwaltungsorgan ist die bereits erwähnte Phoebus S. A. in Genf mit einem Aktienkapital von sfr 500 000 gegründet worden. Dieses ist auf sämtliche Partner im Verhältnis ihres gesamten Grundkontingents aufgeteilt. Entsprechend ihren Obliegenheiten ist die Phoebus S. A. kein Erwerbsunternehmen, so daß keine Gewinne erzielt werden.

[...]

Zu erwähnen sind noch zwei Organe, die der Beratung des Generaldirektors der Phoebus S. A. dienen sollen: der juristische und der sich mit der Abrechnung der Kontingente befassende Ausschuß.

Die Festsetzung der Preise und Bedingungen für die einzelnen Länder geschieht in den bereits erwähnten Landesversammlungen, und zwar mit $^{3}/_{4}$-Mehrheit, während zur Regelung der übrigen Verkaufsfragen nur $^{2}/_{3}$-Mehrheit erforderlich ist. Stimmberechtigt in den Heimatländern sind die Partner, die im Stichjahr Kontingente besessen haben, allerdings werden spätere Kontingentsveränderungen berücksichtigt. In den Ländern des Gemeinschaftsgebiets, in denen die Freizügigkeit vertraglich gewährleistet ist, wird die Stimmkraft jedes Jahr unter Berücksichtigung der durchschnittlichen Verkäufe in den letzten drei Jahren neu festgesetzt, um auf diese Weise ein Stimmenverhältnis zu erreichen, das den tatsächlichen Verhältnissen am nächsten kommt.

Originalbeitrag.

SCHIFFAHRTSKONFERENZEN

Von Reinhard Vieth

Die nachfolgende Darstellung stützt sich im wesentlichen auf Untersuchungen, die in den Vereinigten Staaten durchgeführt wurden [1]. Entsprechende europäische Veröffentlichungen liegen nur für einen sehr weit zurückliegenden Zeitraum vor [2]. Für den Versuch, einen Überblick über Konferenzverträge und Konferenzpolitik zu geben, gilt daher einschränkend die Feststellung, daß nicht genau nachprüfbar ist, inwieweit die in der Literatur gefundenen Aussagen auch für den nichtamerikanischen Verkehr gelten. Besonderheiten des die Vereinigten Staaten berührenden Linienverkehrs ergeben sich aus den speziellen gesetzlichen Regelungen, die in entsprechender Form in keinem anderen Land der Welt zu finden sind [3]. Die amerikanischen Bestimmungen untersagen eine Anzahl von Handlungsweisen und unterwerfen die Schiffahrtskonferenzen einer Staatsaufsicht, die von der Federal Maritime Commission ausgeübt wird. Marx jr. glaubt jedoch, davon ausgehen zu können, daß die die Vereinigten Staaten betreffenden Konferenzverträge in allen

[1] Marx jr., Daniel: International Shipping Cartels, Princeton 1953; Report of The Antitrust Subcommittee of the Committee on the Judiciary on the Ocean Freight Industry, Washington 1962 (zit. als Report); Discriminatory Ocean Freight Rates and the Balance of Payment, Hearings before the Subcommittee on Federal Procurement and Regulation of the Joint Economic Committee, pt. I–IV, Washington 1965–1966.

[2] Report of the Royal Commission on Shipping Rings, London 1909; Eucken, Walter: Die Verbandbildung in der Seeschiffahrt, München und Leipzig 1914.

[3] Die wichtigsten gesetzlichen Regelungen in den Vereinigten Staaten sind: Shipping Act von 1916, novelliert 1961 durch public law 87–346, sowie einzelne Bestimmungen der Merchant Marine Acts von 1920 und 1936 (vgl. Report S. 17).

wesentlichen Punkten auch für die übrige Welt repräsentativ sind [4]. Soweit sich hinsichtlich der Politik der Konferenzen im Vergleich zu den USA Abweichungen haben feststellen lassen, wird später darauf eingegangen werden.

Eine Schiffahrtskonferenz ist ein Vertrag zwischen Linienreedereien zum Zweck der Regelung und/oder Beschränkung des Wettbewerbs. Sie sind – wie der Name bereits andeutet – Zusammenkünfte unabhängiger und konkurrierender Schiffahrtslinien. Die Mehrzahl der Konferenzen ist international in dem Sinne, daß ihre Mitglieder Linien verschiedener nationaler Flaggen sind. Durchweg beschränkt sich der Geltungsbereich auf den Verkehr zwischen zwei geographischen Gebieten, wobei gewöhnlich der aus- und eingehende Verkehr als selbständiger Handel angesehen und demzufolge in gesonderten Konferenzen behandelt wird. Im allgemeinen gehört eine Linienreederei auf jeder der von ihr befahrenen Routen einer Konferenz an [5].

In allen Ländern, mit Ausnahme der Vereinigten Staaten, werden die Konferenzverträge mit allergrößter Vertraulichkeit behandelt. Teilweise wird die Pflicht zur Vertraulichkeit unmittelbar vertraglich vereinbart. So heißt es zum Beispiel in der Trans Atlantic Freight Conference [6]:

> Jedes Mitglied verpflichtet sich bei seiner Ehre, alle Fragen und Handlungen, die im Zusammenhang mit diesem Vertrag beraten oder beschlossen werden, als im höchsten Maße vertraulich zu behandeln.

Dieser Schleier der Geheimhaltung ist jedoch, soweit er den Verkehr mit den Vereinigten Staaten betrifft, durch die Pflicht zur Einreichung der Verträge bei der Federal Maritime Commission gelüftet, so daß eine Übersicht über die wesentlichen Punkte der Konferenzverträge möglich ist [7]. Gewöhnlich beginnen die Verträge mit der Deklaration des Konferenzzieles, den Handel zu fördern, und der Festlegung des geographischen Geltungsbereichs. Dieser Gel-

[4] Marx jr., a. a. O., S. 141.

[5] Marx jr., a. a. O., S. 137 f.

[6] Ebenda, S. 147 (vom Verf. übersetzt).

[7] Report, S. 95 ff., Marx jr., a. a. O., S. 141 ff.

tungsbereich wird unter zwei Gesichtspunkten abgegrenzt, einmal hinsichtlich der von der Konferenz angelaufenen Häfen und zum anderen hinsichtlich der Ursprungs- und Bestimmungsorte der Ladung [8]. Dann folgen Bestimmungen über die dem Vertrag unterworfenen Waren. Im Regelfall gelten die Konferenzen für alle von den Mitgliedern innerhalb des räumlichen Geltungsbereichs beförderten Güter, wobei in neuerer Zeit offensichtlich Sonderregelungen für den Container-Verkehr gelten [9]. In Ausnahmefällen beziehen sich die Konferenzen nur auf einzelne Güterarten oder nehmen bestimmte Güter von den Konferenzbedingungen aus. Zu den Ausnahmen gehören häufig Massengüter und andere in großen Mengen verschiffte Ladungen sowie solche, die Spezialeinrichtungen erfordern. Ferner enthalten die Konferenzverträge gewöhnlich Bestimmungen über die Festsetzung, Regelung und Einhaltung der Raten und Spesen sowie Durchführungsbestimmungen:

„Zweck dieser Konferenz ist die Festsetzung und Einhaltung vertraglich vereinbarter Raten und Spesen jeglicher gesetzlich zulässiger Art sowie der dazu erforderlichen oder damit in Zusammenhang stehenden Regeln, Bestimmungen und Verfahrensweisen über deren Anwendung und solcher über Annahme, Behandlung, Transport und Löschen aller Ladung zwischen den Häfen im Geltungsbereich dieses Vertrages.“[10]

Gewöhnlich verpflichten sich die Beteiligten im voraus zur Einhaltung aller späteren Konferenzbeschlüsse. Besonderes Augenmerk wird ferner auf die Ausschaltung von Umgehungsmöglichkeiten der Verträge gerichtet. So enthält zum Beispiel die Pacific Coast European Conference in Artikel 3 folgende detaillierte Regelung [11]:

„Die Vertragsbeteiligten berechnen und erheben sämtliche Frachten und alle mit der Verschiffung im Zusammenhang stehenden Spesen auf Grundlage des tatsächlichen Bruttogewichts oder Maßes der Ladung oder je Emballage entsprechend dem Tarif und in strenger Übereinstimmung

[8] Vgl. hierzu die Definition des Geltungsbereichs in den Kontraktbedingungen der Continental Canadian Westbound Freight Conference, unten S. 431.

[9] Frachtschiffahrtskonferenzen, 10. Aufl., Hamburg 1968.

[10] Report, S. 99 f. (vom Verf. übersetzt).

[11] Marx jr., a. a. O., S. 142 (vom Verf. übersetzt).

mit den von den Beteiligten beschlossenen Raten, Spesen, Klassifikationen, Regeln und/oder Bestimmungen. Kein Versender oder Empfänger wird von den Vertragsbeteiligten in unzulässiger Weise begünstigt oder benachteiligt, noch ungerechtfertigt oder unbillig diskriminiert oder sonst unbillig behandelt.

Jede Vertragspartei ist verpflichtet, weder selbst noch durch ihre Geschäftsführer oder eine ihrer verbundenen oder angegliederten Gesellschaften einem Verlader, Empfänger, Makler oder einem Beamten, Angestellten oder Repräsentanten eines Verladers, Empfängers oder Maklers oder eines künftigen Verladers, Empfängers oder Maklers oder einem Familienmitglied der Vorgenannten in irgendeiner Weise, weder direkt noch indirekt, eine Rückzahlung, Provision, Entschädigung, ein Zugeständnis, eine unentgeltliche oder ermäßigte Lagerung, freie oder ermäßigte Personenpassage, ein Bestechungsgeschenk, eine Gratifikation oder sonst ein Geschenk von wesentlichem Wert oder andere Zahlungen oder Belohnungen, auf welche Weise auch immer, zu gewähren oder zu versprechen oder einem der Vorgenannten Leistungen außerhalb oder neben den in den Fracht- oder Tarifabkommen niedergelegten zu erbringen."

Ferner enthalten die Verträge Bestimmungen über Stimmrechte und beschlußfähige Mehrheiten. Die Einzelheiten weichen in dieser Beziehung jedoch weit voneinander ab. In einigen Konferenzen sind einstimmige Beschlüsse, in anderen Beschlüsse mit einfacher oder qualifizierter Mehrheit vereinbart. Teilweise wird das Stimmrecht auch von der Erbringung einer bestimmten Anzahl von Abfahrten abhängig gemacht. In der Regel hat jedoch jede beteiligte Linie eine Stimme. Ein weiterer in den Konferenzen allgemein enthaltener Punkt sind Bestimmungen über die Folgen von Vertragsverletzungen. Dabei werden im allgemeinen für bestimmte Arten von Vertragsverletzungen Vertragsstrafen in fester Höhe vereinbart, für die zum Teil Sicherheiten erbracht werden müssen. Die Vertragsstrafen werden normalerweise durch ein Schiedsgericht verhängt. Die Einhaltung der Vertragsbestimmungen wird in einigen Fällen durch Inspektoren überwacht, die stichprobenweise die Deklaration der Ladungen und die Einhaltung der Konferenztarife überprüfen.

Die wesentliche Funktion der Konferenzen ist die Festsetzung der Frachtraten. Die Raten für einzelne Güter werden tabellarisch in Tarifen zusammengestellt. Die Tarife sind streng bewahrtes Geschäftsgeheimnis der Konferenzen. Seit der Novellierung des Shipping Act im Jahre 1961 sind jedoch die Tarife für ein- und ausgehende Fracht der Vereinigten Staaten der Federal Maritime Commission einzureichen und allen Interessenten gegen ein angemessenes Entgelt zugänglich zu machen [12]. Nach den Feststellungen des Antitrust Subcommittees werden von den Konferenzen folgende Arten von Frachtraten angewandt [13]:

a) offene Raten (open rates): Zahlreiche Konferenzen sehen die Möglichkeit vor, auf Konferenzbeschluß die Ratensetzung für einzelne Güter den Konferenzmitgliedern in eigener Entscheidung zu überlassen. Derartige offene Raten gelten häufig für Massengüter. In vielen Fällen sind sie jedoch Wettbewerbsmittel gegen Außenseiterlinien. In solchen Fällen werden in konkreten Wettbewerbssituationen die Raten für die dem Außenseiterwettbewerb besonders ausgesetzten Warenarten zu offenen Raten erklärt. Nach Veränderung der Wettbewerbssituation erfolgt regelmäßig die Rückkehr zur kollektiven Ratensetzung durch die Konferenz.

b) Kontraktraten: Häufig offerieren die Konferenzen solchen Verladern, die sich zur ausschließlichen Benutzung der Konferenzlinien vertraglich verpflichten, ermäßigte Raten (dual rate system). Derartige Verträge bedürfen in den Vereinigten Staaten der Genehmigung durch die Federal Maritime Commission. Section 14 b sieht dafür eine Reihe von Zulassungsvoraussetzungen vor, auf die hier aus Platzgründen nicht näher eingegangen werden kann. In Europa ist das dual rate system indes neben den in den Vereinigten Staaten gänzlich verbotenen zurückgestellten Rabatten eines der wichtigsten Instrumente zur Bekämpfung von Außenseiterkonkurrenz. Die wichtigsten Bestimmungen eines solchen mit den Verladern geschlossenen Vertrages entsprechen den nachstehenden [14].

[12] Section 18 b Shipping Act.

[13] Report, S. 107 ff.

[14] Kontrakt der Continental Canadian Westbound Freight Conference, zit. in Frachtschiffahrtskonferenzen, a. a. O., S. 40 (vom Verf. übersetzt).

„1. In Anbetracht und vorbehaltlich der nachstehenden Bedingungen verpflichten sich die Verlader, alle Verschiffungen (ob zu fob- oder cif-Bedingungen verkauft) deutschen, niederländischen, belgischen, luxemburgischen, schweizerischen, französischen und tschechoslowakischen Ursprungs, die über Häfen des Bereichs Hamburg-Bordeaux sowohl nach als auch durch Kanada verladen werden, den Konferenzreedereien zum Transport mit ihren Linien anzubieten oder anbieten zu lassen.

Verschiffungen nach Kanada über Häfen der Ostküste der Vereinigten Staaten mit den Linien der Continental North Atlantic Westbound Freight Conference oder nach Häfen der kanadischen Westküste oder nach Churchill, Man. bedeuten keinen Verstoß gegen diesen Vertrag. ...“

„4. Die Kontraktraten und alle anderen zum Zeitpunkt der Verladung gültigen Bedingungen des Tarifs der Canadian Conference finden im Hinblick auf die Seefracht für alle Waren Anwendung, die entsprechend diesem Vertrag verladen werden. Alle Verschiffungen sind den Klauseln, Bedingungen und Ausnahmen des Konnossements unterworfen, das von den Konferenzlinien zur Zeit der Verladung verwendet wird.“

c) Zurückgestellte Rabatte (deferred rebates): Eine in diesem Zusammenhang zu nennende, in Europa weitverbreitete Art der Rabattierung sind Rabatte, die dem Verlader für die ausschließliche Benutzung der Konferenzlinien während einer bestimmten Periode eingeräumt werden, die aber nur dann zur Auszahlung gelangen, wenn der Verlader in der folgenden Periode ebenfalls Konferenztreue bewahrt hat. Da der Verlader in dieser Zeit bereits wieder einen Rabattanspruch erwirbt, ist eine Abkehr von den Konferenzlinien für den Verlader stets mit dem Verlust des Rabatts für mindestens eine Periode verbunden.

„Der Rabatt wird auf die Nettofracht gewährt und in halbjährigen Perioden zusammengefaßt werden, d. h. vom 1. Januar bis einschließlich 30. Juni und vom 1. Juli bis einschließlich 31. Dezember in jedem Jahr ... Der Rabatt wird sechs Monate nach Schluß der obengenannten Periode fällig.

Der Rabatt wird nur gewährt werden, wenn die betreffenden Verlader und/oder die von ihnen beschäftigten Spediteure während der erwähnten 6 Monate und bis zum erwähnten Zahlungsdatum in keiner Weise, weder direkt noch indirekt, weder als Auftraggeber noch als Agenten, Käufer oder Verkäufer oder in irgendeiner anderen Eigenschaft an irgendwelchen Verladungen oder Kontrakten über von ihnen oder anderen Interessenten beabsichtigte Verladungen, einerlei ob unter c.i.f., c.&f., f.o.b., f.a.s., ab Werk, ab Lagerhaus oder unter irgendwelchen anderen Bedingungen von Großbritannien und Nordirland, Eire, Norwegen, Schweden, Dänemark, den Baltischen Ländern, Finnland, Deutschland, Holland, Belgien, Frankreich, Spanien, Portugal und Italien nach den atlantischen Häfen Mexikos mit anderen als durch die nachstehenden Linien gestellten Schiffen beteiligt gewesen sind, einerlei ob die Schiffe direkt gefahren sind oder durch Umladung Güter nach den genannten Häfen befördert haben."[15]

d) Überlandraten (overland rates): Zahlreiche Konferenzverträge sehen für Waren mit Bestimmungs- oder Ursprungsorten im küstenfernen Binnenland niedrigere Raten vor.

e) Ausgleichsraten: (equalized rates): In einigen Fällen werden die Frachtraten so bemessen, daß unterschiedliche Transportkosten für den Binnentransport zu den verschiedenen Verladehäfen kompensiert werden. Auf diese Weise werden die höheren Kosten für Vortransporte durch geringere Seefrachten ausgeglichen, so daß für die Verlader der Anreiz entfällt, über den jeweils nächstgelegenen Hafen zu verladen.

f) Unterschiedliche Raten (differential rates): Häufig gelten die Konferenzraten nur für den Verkehr zwischen bestimmten Lade- und Löschhäfen (sogenannte Terminalhäfen) innerhalb des räumlichen Geltungsbereichs des Konferenzvertrags, die in den Tarifen im einzelnen aufgezählt sind. Laden oder Löschen in anderen Häfen ist den Linien entweder vertraglich vollständig untersagt oder nur bei bestimmten Mindestladungen und/oder nur bei Berechnung höherer Raten erlaubt. Nicht selten werden Häfen in verschiedene Klassen eingeteilt und bestimmte feste Frachtaufschläge für die einzelnen Klassen festgesetzt.

Die meisten Konferenzen sehen die Ernennung eines Geschäftsführers, des Konferenzsekretärs vor, dessen Tätigkeit von Mr. Car-

[15] Rabattbedingungen der Association of West India Trans-Atlantic Steam Ship Lines (Mexican Section), zit. in Frachtschiffahrtskonferenzen, S. 54 (deutsch im Original).

lys, Sekretär der Gulf Associated Freight Conference, wie folgt dargestellt wurde [16]:

„Als Präsident und geschäftsführender Sekretär präsidiere ich bei allen Zusammenkünften und führe die Entscheidungen der Konferenz durch, schließe Verträge mit den Verladern, erstelle die Tarife und Sitzungsprotokolle und reiche sie ein, konferiere mit Verladern und Empfängern usw., vertrete die Konferenz bei öffentlichen Hearings, besuche Zusammenkünfte mit Verladern und Handelsvereinigungen überall in den Vereinigten Staaten, konferiere mit dem Federal Maritime Board und anderen Regierungsstellen in Washington und besuche Mitgliedslinien und Empfänger von Frachtgut in Europa."

In vielen Fällen erstellen die Sekretäre darüber hinaus allgemeine Statistiken und führen in einigen Fällen Marktbeobachtungen, d. h. vor allem Beobachtungen über den Wettbewerb durch Außenseiter-Linien durch. Einige Sekretäre haben ferner die Befugnis, Ratenänderungen vorzunehmen und für die Konferenzlinien verbindlich festzusetzen.

Ein weiterer wichtiger Punkt der Schiffahrtskonferenzen sind die Aufnahmebedingungen für neue Mitglieder. In Europa sind die Konferenzen allgemein geschlossene Konferenzen, in denen die Mitglieder fallweise darüber entscheiden, dem Aufnahmeantrag eines Bewerbers zuzustimmen. Demgegenüber sind amerikanische Konferenzen offene Konferenzen, die Bewerbern die Aufnahme nur bei Vorliegen von besonderen Gründen verweigern können. Die Schiffahrtsbehörde hat 1957 entschieden, daß die Nichtaufnahme keine ungerechtfertigte Diskriminierung oder Unbilligkeit darstellen darf [17] und bereits 1947 festgestellt, daß die Nichtaufnahme nicht damit begründet werden kann, daß die fragliche Route ohnehin schon übersetzt (overtonnaged) sei [18]. Generell müssen in den Ver-

[16] Hearings before the Special Subcommittee on Freight Forwarders and Brokers of the House Committee on Merchant Marine and Fisheries 84th Cong., 1st and 2nd Sess. (1955–56), S. 412 (zit. in Report, S. 127) (vom Verf. übersetzt).

[17] Pacific Coast European Conference – Limitation on Membership – 5 FMB 247, 269 n. 14 (1957) (zit. in Report, S. 97, Fußnote 10).

[18] The East Asiatic Co. v. Swedish American Line, 3 USMC 1947 (zit. in Report, S. 97, Fußnote 10).

einigten Staaten neue Bewerber zu den gleichen Bedingungen aufgenommen werden, die für Mitglieder gelten. Dennoch verbinden auch amerikanische Konferenzen die Aufnahme neuer Mitglieder mit bestimmten Wohlverhaltenszusagen, die nicht mit dem Konferenzvertrag in Zusammenhang stehen, wie zum Beispiel der folgende Brief des Konferenzsekretärs der Atlantic and Gulf/Haiti Conference an die um Aufnahme nachsuchende Westley Shipping Co. vom 5. Dezember 1952 zeigt. Darin heißt es unter anderem [19]:

„Wir würden eine Bestätigung Ihrer besonderen Zusicherung begrüßen, daß ihre Politik wenigstens zukünftig darauf gerichtet sein wird, sich um die Mitgliedschaft in Konferenzen zu bewerben, wenn sie beabsichtigen, sich dort zu betätigen, wo Konferenzen bestehen und festgesetzte Raten dort einzuhalten, wo diese Dinge nicht durch Konferenzen kontrolliert werden, aber reguläre und anerkannte Linien-Tarife veröffentlicht und dem Federal Maritime Board eingereicht werden."

Die Westley Shipping Co. entsprach dieser Aufforderung:

„Hiermit bestätigen wir, daß wir uns zu allen Zeiten allen Konferenzgepflogenheiten anpassen werden, wo Konferenzen zu Häfen bestehen, die wir gegenwärtig bedienen, sofern unserer Organisation die Mitgliedschaft eingeräumt wird."

In einem anderen Fall wurde einer Linie, die einen unabhängigen Dienst von Kanada nach Kolumbien unterhielt, die Aufnahme in die Konferenz von den Vereinigten Staaten nach Kolumbien erst gewährt, nachdem sie sich zur Einhaltung der Konferenzbedingungen auf der Kanada-Route verpflichtet hatte [20].

Ein anderer wesentlicher Punkt zum Verständnis des Konferenzwesens ist ferner die Tatsache, daß zwischen den Konferenzen selbst formelle oder informelle Abmachungen bestehen, die der Koordinierung der Aktionen von vielen Konferenzen und der Verminderung des Wettbewerbs zwischen den Konferenzen dienen. Insgesamt sind folgende Hauptgruppen dieser Interkonferenz-Verträge zu unterscheiden: erstens solche, die eine administrative Zusammen-

[19] Report, S. 243 (vom Verf. übersetzt).
[20] Report, S. 243.

arbeit vorsehen, zweitens solche, die eine gemeinsame Erledigung der Hafenformalitäten für eingehende Fracht beinhalten, und drittens solche, die eine gemeinsame oder aufeinander abgestimmte Ratenpolitik zum Gegenstand haben. Letztere sind die wichtigsten der Interkonferenz-Vereinbarungen. So besteht zum Beispiel zwischen vier Konferenzen für ausgehende Fracht von Europa nach den Vereinigten Staaten ein gemeinsamer Vertrag „zur Stabilisierung der Seefrachten und soweit möglich zur Gleichheit solcher Raten“ [21]. Die oben erwähnten equalized rates können ebenfalls Ergebnis solcher Interkonferenz-Verträge sein. Beispielsweise besteht zwischen der Swiss/North Atlantic Freight Conference und der Marseilles/North Atlantic U.S.A. Conference die Vereinbarung, Durchgangsfrachten für Verladungen schweizerischen Ursprungs auf Basis der jeweiligen Seefrachtrate zuzüglich eines Inlandfaktors zu berechnen, der definiert ist als [22]

„die jeweils niedrigsten Binnentransportkosten vom Ursprungsort in der Schweiz nach Häfen im Bereich der Marseilles Conference oder einem von einem Mitglied angelaufenen Hafen im Bereich Hamburg/Bayonne, Ventimiglia/Reggio di Calabria, des italienischen Kernlandes, Sizilien und des Adriatischen Meeres, so daß alle diese Häfen in bezug auf die diesem Vertrag unterliegende Ladung gleichgestellt sind“.

In anderen Fällen ist zwischen mehreren Konferenzen vereinbart, für Ladungen aus dem sich überschneidenden Einzugsbereich die jeweils höchste der jeweiligen Konferenzraten zu berechnen. Teilweise wird vereinbart, daß für Ladungen, die durch Umladung auf der Fahrtroute einer anderen Konferenz befördert werden, kein niedrigerer als der Tarif der direkt verkehrenden Linie angewendet wird.

Neben den genannten Hauptmerkmalen der Konferenzverträge, zu denen teilweise noch Verkehrs- und Gebietsabsprachen, Vereinbarungen über das Frachtraumangebot der einzelnen Linien, über die Häufigkeit der Abfahrten usw. hinzutreten, sind die Maßnahmen von besonderer Bedeutung, die von den Konferenzen zur

[21] Ebenda, S. 150.
[22] Ebenda, S. 151 (vom Verf. übersetzt).

Bekämpfung des Außenseiterwettbewerbs vereinbart werden. So stellen die bereits erwähnten Kontrakte mit Verladern und die zurückgestellten Rabatte ein allgemein angewandtes Wettbewerbsmittel der Linienreedereien dar [23]. Diese Mittel sind jedoch in erster Linie Instrumente gegen potentielle Wettbewerber. Sobald eine Außenseiterlinie einen leistungsfähigen Dienst etablieren konnte, verlieren diese Mittel an Wirksamkeit, sofern die Außenseiterlinie den Raumbedarf wenigstens einer Anzahl von Verladern vollständig zu decken vermag. In solchen Wettbewerbssituationen gehen die Konferenzen teilweise zu offenen Raten über, um ihren Mitgliedern ein wettbewerbsmäßiges Verhalten zu ermöglichen. Die Freigabe der Raten kann indes leicht einen für alle kostspieligen Ratenkrieg auslösen, so daß die Konferenzen in solchen Situationen häufig wirksamere und insgesamt für die Konferenzlinien billigere Mittel einsetzen, die in der Regel unter der Zielsetzung stehen, den Außenseiter zu verdrängen. Das bekannteste Mittel ist der Einsatz von „Kampfschiffen", wenngleich dieses Instrument wohl der Vergangenheit angehört. Jedenfalls finden sich in diesem Zusammenhang immer nur Hinweise auf die vor dem ersten Weltkrieg bestehende Hamburger Syndikats-Reederei, deren Schiffe von sechs Hamburger Reedereien auf den Routen von Außenseiterlinien eingesetzt wurden, um diese gezielt zu unterbieten. Ganz ähnlich, wenn auch ohne eigentliche „Kampfschiffe", agierten 1957 mehrere amerikanische Linien, nachdem die Baron-Linie zwischen der Atlantikküste der Vereinigten Staaten und Afrika erfolgreich einen Liniendienst eingerichtet hatte. Das Vorgehen der amerikanischen Linien ergibt sich aus einem Schreiben der Farrel-Lines an ihren Geschäftsführer in Süd- und Ostafrika [24]:

„Wie Sie wissen, kündigen die Baron-Lines für den Monat Juni zwei Schiffe an. Ich habe mehrere Unterhaltungen mit unseren verschiedenen Konkurrenten über diesen Wettbewerb geführt. Zuerst haben wir Moore

[23] Eine Untersuchung der damit verbundenen Rechtsprobleme nach deutschem Wettbewerbsrecht findet sich bei Lieberknecht, O.: Frachtendiskriminierung durch Schiffahrtskonferenzen und §§ 25, 26 GWB, in: Rechtsvergleichung und Rechtsvereinheitlichung, Heidelberg 1967, S. 382 ff.

[24] Report, S. 241, 289 (vom Verf. übersetzt).

McCormack davon überzeugt, daß wir beide eng zusammenarbeiten und versuchen sollten, die Baron-Lines auszuschalten und erst dann wieder zu unserem Privatkrieg zurückkehren ...

Es ist ebenfalls unsere Absicht (dies ist höchst vertraulich), Baron bei größeren Einzelladungen vom Gebiet des Nordatlantiks zu unterbieten. Farrel wird bei einer quotieren, Moore McCormack wird im nächsten Monat das gleiche tun. Dies wird helfen, die finanziellen Verluste in Grenzen zu halten, sollte aber Baron aus dem Kern unseres Gebietes ausschließen."

Ein anderes, dem Wesen nach ähnliches Mittel ist die Gründung sogenannter Kampfkomitees (fighting committee). Ein derartiges Komitee besteht aus Vertretern der einzelnen Konferenzlinien und ist ermächtigt, die Raten für solche Güter, auf die die Nichtkonferenzlinie ihr Geschäft aufbaut, mit sofortiger Wirkung auf einem Niveau festzusetzen, das den Konferenzlinien den Transport sichert [25]. Dieses Instrument wurde 1958 gegen die Nautica-Linie eingesetzt, die von Antwerpen aus im Nordatlantik-Geschäft tätig war. Andere Mittel sind gezielte allgemeine Ratenunterbietungen, wie das Beispiel der Mamenic-Linie zeigt, deren Raten 1959 von Konferenzlinien um 45 % unterboten wurden [26]. Vor einem solchen Vorgehen warnte jedoch die Cunard-Linie mit der Feststellung [27]:

„Es besteht die Gefahr bei einer derartigen umfassenden Ratensenkung, daß es sogar dann, wenn sie Mamenic-Line verdrängen sollte, zweifelhaft ist, ob wir jemals in der Lage sein werden, die Raten auch nur annähernd auf ihr früheres Niveau anzuheben."

Dem Wettbewerb größerer Nichtkonferenzlinien ist wohl zuweilen auch dadurch begegnet worden, daß diese mit bestimmten Druckmitteln zum Eintritt in die Konferenz veranlaßt wurden. So deutet manches darauf hin, daß sich die Hamburg-Amerika-Linie und der Norddeutsche Lloyd zum Anschluß an die North Atlantic Freight Conference erst entschlossen, nachdem die Holland-Amerika-Linie mit ihrem Austritt aus dieser Konferenz und der Eröff-

[25] Report, S. 293.
[26] Ebenda, S. 291.
[27] Ebenda, S. 292 (vom Verf. übersetzt).

nung eines Ratenkrieges gedroht hatte.[28] Darüber hinaus wurde in älteren Untersuchungen festgestellt, daß die Konferenzlinien Verlader zum Boykott von Außenseiterlinien dadurch veranlaßten, daß sie Verladern, die Außenseiterlinien bedient hatten, zu keinem Preis Schiffsraum zur Verfügung stellten. In neueren Untersuchungen wurde über derartige Praktiken jedoch nicht mehr berichtet.

Nach der vorstehenden Darstellung der wesentlichen Inhalte von Konferenzverträgen soll abschließend wenigstens andeutungsweise die Bedeutung umrissen werden, die den Konferenzen im internationalen Seeverkehr beizumessen ist. Bereits wenige Jahre nach Aufnahme regelmäßiger Liniendienste in der zweiten Hälfte des vorigen Jahrhunderts wurden Schiffahrtskonferenzen eingerichtet, um dem heftigen Wettbewerb, der zahlreiche Linien zur Einstellung ihrer Dienste gezwungen hatte, durch kollektive Maßnahmen zu begegnen. Heute wird allgemein die 1875 gegründete Kalkuttakonferenz als die erste Schiffahrtskonferenz angesehen. Bereits 1877 führte diese Konferenz das deferred rebate system ein, nachdem sich zuvor erwiesen hatte, daß besonders große Verlader nicht bereit waren, die Konferenzbedingungen zu akzeptieren, sondern gegenüber kleineren Verladern eine Vorzugsbehandlung verlangten, die die Konferenzlinien nicht zugestehen wollten, um nicht wegen der zu erwartenden Abwendung der kleineren Verlader von den Konferenzlinien der Nachfragemacht der großen Verlader ausgesetzt zu sein. In den folgenden Jahren breiteten sich die Konferenzen schnell aus und bald hatten sich auf sämtlichen wichtigen Handelsrouten Schiffahrtskonferenzen zusammengefunden. An diesem Zustand hat sich bis heute nichts geändert. Auf allen internationalen Handelsrouten kontrollieren Schiffahrtskonferenzen in mehr oder minder starkem Maße den internationalen Linienverkehr. Dieser Umstand löste bereits um die Jahrhundertwende zahlreiche Beschwerden, vor allem über das Rabattsystem und über Ratendiskriminierungen aus. 1897 wurde in einem Blaubuch „The Trade of the British Empire and Foreign Competition“ [29] Klage über Begünstigungen der kontinentalen Konkurrenz geführt. In den fol-

[28] Report, S. 297.
[29] Marx jr., a. a. O., S. 48.

genden Jahren untersuchten mehrere koloniale Dienststellen im britischen Empire diese Vorwürfe. Schließlich wurde 1906 die Royal Commission on Shipping Rings ins Leben gerufen, die drei Jahre später einen Mehrheits- und einen Minderheitsbericht vorlegte. 1912 stimmte auf Antrag von Senator J. W. Alexander das amerikanische Repräsentantenhaus einer Untersuchung der Schiffahrtskonferenzen durch das Committee on Merchant Marine and Fisheries zu. Das Alexander-Komitee legte seinen Bericht 1914 vor.

Über die Ergebnisse dieser Untersuchungen schreibt Marx jr. zusammenfassend [30]: „Sowohl der Mehrheitsbericht, der von der Royal Commission erstellt wurde, als auch der Bericht des Alexander-Komitees kam zu dem Ergebnis, daß unbeschränkter Wettbewerb im Linienverkehr unmöglich ist. Regelungen wurden für notwendig erachtet, Selbstregulierungen der Industrie, so fand man, hätten sich in Form der Konferenzen entwickelt. Die Mehrheit der Royal Commission glaubte nicht, daß die monopolistische Macht in den Händen der meisten Konferenzen übergroß gewesen oder mißbraucht worden sei. Sie war der Ansicht, daß kollektive Verhandlungen mit Verladerorganisationen jede unangemessene Macht, über die die Konferenzen möglicherweise verfügten, ausgleichen würden. Die Mehrheit glaubte darüber hinaus, daß eine solche Bindung wie die deferred rebates in den meisten Fällen notwendig war, Verlader davon abzuhalten, Nichtkonferenzlinien zu bedienen, gestand aber zu, daß das Board of Trade ermächtigt werden sollte, den Versuch zu unternehmen, Meinungsverschiedenheiten beizulegen und bestimmte angebliche Mißbrauchstatbestände zu untersuchen. Der Minderheitsbericht sah eine ähnliche Lösung vor, aber empfahl, dem Board of Trade einen größeren Handlungsspielraum einzuräumen, abgesehen von der Berichterstattung gegenüber dem Parlament, die obligatorisch sein sollte. Das amerikanische Komitee verurteilte die deferred rebates und empfahl ihr Verbot. In ihren positiven Empfehlungen gingen die Amerikaner weiter als die beiden Gruppen der Royal Commission und sie empfahlen, daß die Verträge zwischen Seetransportunternehmen und die Raten, die von den hieran beteiligten Unternehmen berechnet würden, der

[30] Marx jr., a. a. O., S. 66.

Aufsicht der Interstate Commerce Commission unterstellt werden sollten. Während keiner der Berichte der Royal Commission durch Taten verwirklicht wurde, bildete der Bericht des Alexander-Komitees die Grundlage für den Shipping Act 1916, dem noch heute grundlegenden Statut, das das wirtschaftliche Handeln der Schiffahrt im Handel der Vereinigten Staaten beherrscht."

Eine Ergänzung erfuhr der Shipping Act 1961. Vorausgegangen war 1958 eine Entscheidung des Obersten Gerichtshofs, in der die im USA-Verkehr häufig angewandten dual rate contracts für unzulässig erklärt wurden [31]. Der Kongreß schuf darauf eine Interimslösung und ließ dual rate contracts befristet zu. Gleichzeitig wurden das Antitrust Subcommittee of the Judiciary Committee und das Committee on Merchant Marine and Fisheries beauftragt, Novellierungsvorschläge vorzubereiten. Beide Ausschüsse führten umfangreiche Untersuchungen über das gesamte Konferenzsystem durch. Gegen die vom Committee on Merchant Marine and Fisheries vorgelegte Gesetzesvorlage protestierten mehrere europäische Regierungen beim State Department. Im Oktober 1961 unterzeichnete jedoch der Präsident das den Shipping Act ergänzende Gesetz, das unter anderem die Pflicht zur Einreichung und Bereitstellung zur öffentlichen Einsichtnahme für sämtliche Frachtraten des ein- und ausgehenden Verkehrs statuierte. In den folgenden Jahren kam es daraufhin zu mehreren Zusammenkünften europäischer Verkehrsminister mit dem Ziel, eine Beseitigung der die ausländischen Reedereien betreffenden Bestimmungen des Shipping Act zu erwirken. Als Begründung für dieses Vorgehen veröffentlichten die Verkehrsminister nach ihrer Konferenz vom 6. März 1962 folgende Erklärung [32]:

„Auf Grund ihrer Gesetzesbestimmung übt die Regierung der USA eine einseitige Kontrolle über die internationale Schiffahrt aus. Die Konferenz stimmt überein, daß ein einseitiges Handeln einer Regierung in einer Frage, die im wesentlichen internationalen Charakter hat, nicht zu praktischen und annehmbaren Ergebnissen führen kann. Die Konferenzteilnehmer können nicht hinnehmen, daß irgendein Land einseitig die internationale Schiffahrt kontrolliert."

[31] Federal Maritime Board v. Isbrandtsen Co. 356 U. S. 481 (1958).

[32] Hansa-Schiffahrt-Schiffbau-Hafen, Nov. 1963, S. 2306.

Der Widerstand der Reedereien gegen die amerikanische Schiffahrtsgesetzgebung dauert bis heute an. Sie wenden sich – im wesentlichen unter Berufung auf die Internationalität des Problems – gegen eine behördliche Aufsicht ganz allgemein und schlagen statt dessen eine Kontrolle des Konferenzsystems durch regelmäßige Konsultationen zwischen Verladerorganisationen und Konferenzvertretern vor [33]. Allem Anschein nach finden gegenwärtig in Europa zwischen den beiderseitigen Organisationen Zusammenkünfte statt, in denen die Verladerorganisationen Gelegenheit haben, zu Konferenzbedingungen Stellung zu nehmen und Beschwerden vorzutragen. Ob auf diese Weise jedoch eine zufriedenstellende Lösung des Problems erreicht werden kann, muß, wie der Streit der süddeutschen Verlader mit der Far East Freight Conference wegen der Einbeziehung Triests in den Konferenzbereich zeigt [34], bezweifelt werden.

[33] Memorandum from European Shipowners zur European Ministers' March 1963 Resolution, Dezember 1963.

[34] Vgl. Bericht des Bundeskartellamtes über seine Tätigkeit 1968, Bundestagsdrucksache V/4236, S. 82.

The Achnacarry Agreement. In: The International Petroleum Cartel. Staff Report to the Federal Trade Commission submitted to the Subcommittee on Monopoly of the Select Committee on Small Business, United States Senate Washington 1952 (US Government Printing Office Washington), S. 199—210. Übersetzt von Reinhard Vieth.

DAS ACHNACARRY-AGREEMENT *

... Das Dokument setzt sich aus drei Teilen zusammen, einer Präambel, einer Folge von Grundsätzen und einer Deklaration, die die „Politik“ und – im Überblick – die Verfahrensweisen umfaßt, die von den Beteiligten im Rahmen der Grundsätze zu befolgen waren.

Die Präambel besteht aus mehreren Paragraphen, die die beabsichtigten beschränkenden Maßnahmen rechtfertigen. Wesen und Umfang dieses Teils des Dokuments, der als Rechtfertigung der Industrie für Absprachen angesehen werden kann, wird durch die folgenden Schlüsselstellen des Textes angedeutet:

Unterstützt von einem Teil der Presse, haben sich gewisse Politiker bemüht, im öffentlichen Bewußtsein die Meinung zu erzeugen, die Mineralölindustrie arbeite ausschließlich unter einer Politik der Gewinnsucht und habe selbst Methoden rücksichtsloser Verschwendung eingeführt. Diese Behauptung ist vollkommen ungerechtfertigt, da sie die Probleme der Mineralölindustrie überhaupt nicht beachtet.

Von Anfang an hat die Mineralölindustrie in die Zukunft geblickt mit Sorge um den allmählichen Abbau und die schließliche Erschöpfung ihrer Ölvorräte. Der zeitweilige Versorgungsengpaß, der in einigen Ländern während des Weltkrieges bestand, verstärkte diese Furcht und führte dazu, daß riesige Geldbeträge zur Auffindung und Erschließung von Reserven in allen Teilen der Welt ausgegeben wurden, wo Möglichkeiten zur Erdölgewinnung gegeben schienen. Außerdem wurden beträchtliche

* Auf die Übereinkunft wird häufig lediglich mit den Worten „wie 1928 vereinbart“ Bezug genommen. Das Dokument selbst ist einfach als „Pool Association“ überschrieben und trägt das Datum vom 17. September 1928. Der Vertrag wurde von Vertretern der Standard Oil Co. (New Jersey), Royal Dutch Shell und Anglo-Persian Oil Co. (heute British Petroleum) ausgearbeitet. Der Name Achnacarry-Agreement, der sich im Laufe der anschließenden Jahre mehr und mehr durchgesetzt hat, deutet auf Schloß Achnacarry hin, wo die ersten Pläne eines derartigen Abkommens erörtert worden sind.

überirdische Reserveläger errichtet. Jetzt hat sich die Lage gewandelt. Eine ausreichende Versorgung ist für lange Zeit gesichert ...

Übermäßiger Wettbewerb hat zu der gewaltigen Überproduktion von heute geführt, so daß sich die stilliegende Förderung in der Welt auf nahezu 60 v. H. der gegenwärtig verbrauchten Produktion beläuft ...

Bis zur Gegenwart hat jede große Gesellschaft mit ihrer eigenen Überproduktion fertig zu werden und ihren Absatz auf Kosten anderer auszuweiten versucht. Das Ergebnis war eher zerstörender als aufbauender Wettbewerb mit der Folge viel höherer Betriebskosten ...

Die Mineralölindustrie hat in den letzten Jahren keinen ausreichenden Kapitalertrag auf ihre Investitionen verdient, der es ihr in Zukunft ermöglichen würde, die Last und Verantwortung weiterhin zu tragen, die im öffentlichen Interesse auf ihr liegen; und es erscheint unmöglich, sie tragen zu können, es sei denn, die gegenwärtigen Bedingungen änderten sich. Aus dieser Erkenntnis heraus müssen Rationalisierungsmaßnahmen vollzogen, überflüssige Ausgaben ausgeschlossen und die kostspielige parallele Errichtung von Betriebseinrichtungen eingeschränkt werden ...

Leitende Grundsätze

Als Grundlage für die Erreichung der angestrebten Ziele wurde festgelegt, daß man sich bei der vorgeschlagenen gemeinsamen Aktion von folgenden sieben Grundsätzen leiten lasse:

1. Die Gesellschaften anerkennen den Umfang ihrer gegenwärtigen Geschäftstätigkeit und akzeptieren ihren sich daraus ergebenden Anteil an der künftigen Zunahme des Verbrauchs.
2. Da die bestehenden Betriebseinrichtungen zur Deckung des gegenwärtigen Bedarfs völlig ausreichen, sollten diese den Produzenten zu Bedingungen zur Verfügung gestellt werden, die auf dem Grundsatz beruhen, daß für den Gebrauch dieser Einrichtungen ein Betrag gezahlt wird, der geringer ist als die Kosten, die entstanden wären, hätte ein Produzent die Anlagen für seinen alleinigen Gebrauch errichtet, die aber nicht geringer sind als die Kosten, die dem Eigentümer der Anlagen nachweislich entstehen.
3. Zusätzlich sollen nur solche Anlagen errichtet werden, die notwendig sind, die Öffentlichkeit mit ihrem steigenden Bedarf an Mineralölerzeugnissen auf wirksamste Art zu versorgen. Die Produzenten sollten es aufgeben, so wie bisher Anlagen parallel zu errichten, die es ihnen ermöglichen, eigene Produkte anzubieten, ohne Rücksicht darauf,

daß eine solche Vermehrung zur Bedarfsdeckung weder notwendig ist noch wachsenden Bedarf schafft.

4. Die Produktion soll den Vorteil ihrer geographischen Lage wahren. Es wird anerkannt, daß der Wert der Grundprodukte einheitlicher Spezifikation an allen Ursprungs- oder Verladeorten gleich ist und daß das jedem Fördergebiet einen Vorteil bei der Bedarfsdeckung in dem geographisch zugeordneten Gebiet gewährt, der der Produktion in diesem Gebiet erhalten bleiben sollte.
5. Zur Sicherung größter Effizienz und Wirtschaftlichkeit des Transports sollen die Lieferungen aus dem nächstgelegenen Fördergebiet bezogen werden.
6. In dem Ausmaß, in dem die Förderung den Verbrauch ihres geographisch zugeordneten Gebiets übersteigt, wird ein solcher Überschuß Überproduktion, mit der nur in zweierlei Weise verfahren werden kann; entweder legt der Produzent solche Überproduktion still oder er bietet sie zu einem Preis an, der sie mit der Produktion aus anderen Gebieten wettbewerbsfähig macht.
7. Den Interessen der Öffentlichkeit und der Mineralölindustrie wird am besten durch die Vermeidung solcher Maßnahmen gedient, die zu wesentlichen Kostensteigerungen mit nachfolgendem Verbrauchsrückgang führen würden.

Die Grundsätze 1 bis 6 einschließlich umfassen Punkte, die unentbehrlich sind für einen Kontrollplan durch Poolung der Industrie-Ressourcen. Dieser sollte dadurch erfüllt werden, daß (1) jedes Mitglied seinen Status quo als seinen Anteil an der Industrie anerkennt und beibehält, daß (2) Wettbewerbern bestehende Anlagen zu einem günstigen, aber nicht geringeren Preis als die dem Eigentümer der Anlagen entstehenden tatsächlichen Kosten zur Verfügung gestellt werden, daß (3) Anlagen nur, soweit sie tatsächlich zur Befriedigung des wachsenden Bedarfs der Verbraucher erforderlich sind, neu errichtet werden, daß (4) jedem Fördergebiet der finanzielle Vorteil seines Standorts erhalten bleibt, daß (5) die Versorgung aus dem nächstgelegenen Fördergebiet bezogen wird und daß (6) verhindert wird, daß Überproduktion in einem bestimmten geographischen Gebiet die Preisstruktur in irgendeinem anderen Gebiet stört. Punkt 7 nennt das Verbraucherinteresse als Zweck zur Durchführung der Einsparungen und Stabilisierung der Industrie.

Bestimmungen über Geschäftspolitik und Verfahrensweisen

Dieser Teil des Dokuments umfaßt nahezu zwei Drittel der 17 Schreibmaschinenseiten, die die Vereinbarung bilden. Er besteht aus zwei einleitenden Abschnitten und 15 numerierten Paragraphen über die Geschäftspolitik und das Procedere. Die beiden einleitenden Abschnitte legen den allgemeinen Zweck offen dar:

Bei Befolgung dieser Grundsätze wird im Ergebnis eine Stabilisierung des Weltmarktes *außerhalb des Inlandsmarktes der Vereinigten Staaten* eintreten, die im Interesse aller liegt.

Um dem oben Ausgeführten Geltung zu verschaffen, ist es für die Gruppen notwendig, eine einheitliche Politik zu verfolgen, die in jedem Förderland getrennt erwogen und auf den besonderen Bedingungen beruhen muß, die in jedem derartigen Land bestehen.

Der Tätigkeitsbereich des Kartells – Im ersten Abschnitt über die Geschäftspolitik und Verfahrensweise hieß es, der erste Schritt sei die Annahme

eines Übereinkommens, das alle Exporte von Rohöl und seiner Produkte umfaßt mit Ausnahme von Schmieröl, Paraffinwachs und Spezialprodukten, die Gegenstand weiterer Überlegungen sein werden, und mit *Ausnahme aller Exporte in die Vereinigten Staaten.*

Die besonderen Erklärungen, die die ins Auge gefaßte Stabilisierung auf dem Welt„markt" außerhalb der Vereinigten Staaten beschränkten und den Geltungsbereich des Übereinkommens auf „alle Exporte ... mit Ausnahme der Exporte in die Vereinigten Staaten" begrenzten, waren offensichtlich dazu bestimmt, das Kartell von den amerikanischen Antitrust-Gesetzen freizustellen, indem Inlandsmarkt und Außenhandel der Vereinigten Staaten zu wirtschaftlichen und politischen Gebieten erklärt wurden, die durch das Übereinkommen nicht berührt würden.

Trotzdem wirkte sich das Abkommen notwendigerweise auf die Importe in und die Exporte aus den Vereinigten Staaten aus. Bezüglich ersterer sah das Übereinkommen vor, daß alle „Gruppen", die in Ländern außerhalb der Vereinigten Staaten tätig waren, das Übereinkommen befolgten und dem Grundsatz 1 unterworfen seien, wonach die Gesellschaften „den gegenwärtigen Umfang ihrer Geschäftstätigkeit anerkennen und ihren Anteil an der künftigen Zunahme des Verbrauchs akzeptieren". Die Anwendung dieses „As-Is"-Grundsatzes auf die Produktion amerikanischer Gesellschaften im Ausland beschränkte automatisch die Menge ausländischen Öls, die sie fördern durften, und begrenzte dadurch die Menge, die sie in die Vereinigten Staaten verschiffen konnten.

Im Hinblick auf die Exporte wurde unverzüglich ein Mechanismus geschaffen, der offensichtlich dazu bestimmt war, sie den Grundsätzen des Achnacarry-Agreements zu unterwerfen. Zwei amerikanische Außenhandels-Vereinigungen wurden innerhalb weniger Monate nach Formulierung des Achnacarry-Agreements gegründet; als erste die im Dezember 1928 gegründete Standard Oil Export Corp., der die Standard Oil Co. (New Jersey) und fünf ihrer Tochtergesellschaften angehörten; als zweite die Anfang 1929 gegründete Export Petroleum Association, Inc., der die eben erwähnte Standard Oil Export Corp. und 16 weitere amerikanische Ölgesellschaften mit Interessen im Export von Mineralölerzeugnissen angehörten. Diese zuletzt genannte Körperschaft vereinigt alle bedeutenden amerikanischen internationalen Ölgesellschaften in einer einzigen Webb-Pomerence-Exportvereinigung. Diese Vereinigung verfügte über einen Mechanismus, unter ihren Mitgliedern „As-Is"-Quoten festzusetzen, ähnlich denen des Achnacarry-Agreements. Die Verbindung zwischen der Exportvereinigung und dem Achnacarry-Kartell wurde durch die Standard Oil (New Jersey) hergestellt, die Gesellschafter beider Vereinigungen war ... Einige Mitglieder der Assoziation versuchten, die Achnacarry-Grundsätze auf den amerikanischen Außenhandel anzuwenden, trotz des formalen Ausschlusses dieses Handels, der im Text des Achnacarry-Vertrages steht.

Quoten – Die Abschnitte 2 bis 6 über die Geschäftspolitik und die Verfahrensweisen behandelten die Begriffsfassung zweier Quotenarten, einmal für die Basisperiode und zum anderen für nachfolgende Jahre, und umrissen allgemeine Regeln für die Tätigkeit nach diesen Bestimmungen. Beide Quotenarten behandelten nacheinander die Leistungen jeder Gruppe, zuerst in jedem einzelnen Land, dann in allen Ländern zusammen. Weil einige Gruppen in einigen Ländern zuwenig und in anderen zuviel verkaufen könnten, war eine Methode zur Anpassung und zum Ausgleich der Leistung notwendig, sofern ein Leistungsausgleich in späteren Jahren in der Weise erfolgen sollte, daß das durch die Quoten der Basisperiode festgelegte Verhältnis erhalten bliebe. Die allgemeinen Regeln zur Bestimmung der Quoten und zur Anpassung der Tätigkeit der Gruppen in nachfolgenden Jahren wurden im Verfahrensabschnitt 2 wie folgt festgelegt:

2. Der Anteil jeder Gruppe am Export ist auf folgender Grundlage zu bestimmen:
   a) Die von den Gruppen in der Zeit von ... bis ... in jedes einzelne Land gelieferten Mengen jeden einzelnen Produktes werden zusammengezählt. Der Anteil der Lieferungen jeder Gruppe an den Gesamtlieferungen wird für jedes Produkt und für jedes Land festgestellt. Der auf diese Weise für jede Gruppe ermittelte Anteil an den Gesamtlieferungen jeden Produkts bildet die Quote an den Gesamtimporten aller Gruppen in das fragliche Land, zu deren Lieferung jede Gruppe berechtigt ist.
   b) Darüber hinaus wird für jedes Produkt der Anteil festgestellt, den die Gesamtlieferungen jeder Gruppe in alle Länder an den Gesamtlieferungen aller Gruppen haben.
   c) Sofern während eines Jahres die Summe aller seitens einer Gruppe gemäß (a) gelieferten Mengen geringer ist als die auf dem Anteil der Gruppe an den Gesamtlieferungen aller Gruppen gemäß (b) beruhenden Menge, hat jede Gruppe das Recht, den zuviel liefernden Gruppen die Differenz anzubieten und die zuviel liefernden Gruppen sind verpflichtet, von den zuwenig liefernden Gruppen die Mengen eines so angebotenen Produkts im Verhältnis ihrer Überschußlieferungen auf Basis des Golf-Preises zu kaufen[1].

[1] ... Die Kopie des Vertrages, aus der der obenstehende Paragraph 2 zitiert wurde, enthält keine genau festgesetzte Basisperiode, nach der die Quoten festgelegt werden sollten. Der erste der sieben Grundsätze (s. o.) forderte jedoch „die Anerkennung ihres gegenwärtigen Geschäftsumfangs durch die Gesellschaften". In Übereinstimmung damit scheint die von Anfang an verwendete Basis das Kalenderjahr 1928 gewesen zu sein. Dieses Jahr war die in einem späteren Vertrag abschließend spezifizierte Basisperiode, einem Vertrag mit dem Titel „Memorandum for European Markets" vom 20. Januar 1930, mit dem beabsichtigt wurde, einige Grundsätze des Achnacarry-Agreements auszuführen.

Kurz, die oben zitierten Abschnitte bilden die Grundlage zur Festlegung und Aufrechterhaltung der „As-Is"-Position der beteiligten Gruppen sowohl in einzelnen Ländern als auch auf dem Weltmarkt insgesamt. Die Erfüllung des „As-Is"-Grundsatzes sollte durch die Vereinbarung aller Beteiligten erreicht werden, sie würden, sofern sie ihre Quoten überzögen, von denen kaufen, die ihre Quoten nicht ausschöpften. Ein Beispiel wurde bis in Einzelheiten ausgearbeitet, um zu zeigen, wie unter den Bedingungen wechselnder Markt-Nachfrage und wechselnder Umsätze der verschiedenen Gruppen der umfassende „As-Is"-Status sämtlicher Anbieter in der Basisperiode in die Zukunft übertragen würde. Somit sollte die Aufrechterhaltung des „As-Is"-Zustandes mit Verkäufen und Käufen innerhalb der Gruppen verbunden und durch sie gewährleistet werden. Diese Kartell-Transaktionen würden auf Basis der Preise in Häfen am US-Golf unter einem besonderen System zur Preissetzung durchgeführt werden, das weiter unten beschrieben ist.

Die Paragraphen 3, 4 und 5 über die Verfahrensweisen behandelten drei mögliche Fälle, auf Grund derer eine ihre Lieferanteile nicht ausschöpfende Gruppe [2] zur Lieferung ihrer vollen Quote nicht willens oder nicht fähig sein könnte, und das Verfahren, das zum Ausgleich dieser Fehlmengen befolgt werden sollte. Abschnitt 3 legte fest, eine Gruppe, die nicht ihre volle Quote liefere und sich auch nicht erböte, die Gruppen zu beliefern, die ihre Quote überzögen, verliere ihr Recht, später so zu verfahren. Paragraph 4 behandelte die Lieferunfähigkeit aus Gründen, die außerhalb der Kontrolle desjenigen lägen, der zuwenig liefere. Er bestimmte, daß jede Gruppe, die aus Gründen höherer Gewalt nicht in der Lage sei, die volle Quote zu liefern, ihr Recht auf Lieferung im Verhältnis ihrer zu geringen Lieferungen in der Periode der force majeure verlöre. Er bestimmte ferner, daß dieses Recht nach Wegfall der force majeure für eine der Dauer der Lieferunfähigkeit der Gesellschaft entsprechende Zeit verwirkt bliebe. Schließlich behandelte Ab-

[2] „Gruppe" wurde im Achnacarry-Agreement zur Beschreibung einer Gesellschaft oder einer Gruppe von Zweiggesellschaften gebraucht, wie z. B. Standard Oil Co. (New Jersey) und ihrer Tochter- und Zweiggesellschaften. Sie alle waren an dem Vertrag als Gruppe beteiligt.

schnitt 5 die Umverteilung der Quote einer zu wenig liefernden Gruppe, der die Lieferung ihre Quote nach Paragraph 2a länger als 6 Monate aus anderen Gründen als force majeure nicht gelang. Eine solche Gruppe würde ihr Recht im Umfange der zu geringen Lieferungen verlieren, und dieser Teil ihrer Quote würde den anderen Gruppen im Verhältnis ihrer Quoten zugeteilt werden.

Grundsatz 4 deklarierte, daß die Produktion ihren Standortvorteil wahren sollte. „Es wird anerkannt, daß der Wert der Grundprodukte einheitlicher Spezifikation an allen Ursprungs- bzw. Verladeorten gleich ist." Dieser Grundsatz setzt Standardisierung der Grundprodukte voraus. Produktstandardisierung von der zur Erreichung dieses Ziels notwendigen Art hat offenbar in der Industrie nicht bestanden. Um das auszugleichen, legte Abschnitt 6 fest, daß sich die Gruppen „auf eine Standardisierung der Qualität verschiedener Produkte einigen" sollten mit der zusätzlichen Parenthese, „es ist daher notwendig, detaillierte Spezifikationen auszuarbeiten".

Poolung der Transporteinrichtungen – Paragraph 11 über die Geschäftspolitik und die Verfahrensweisen behandelte den Transport der Produkte, die nach den im Übereinkommen festgelegten Exportquoten verschifft würden. Jede einzelne Gruppe sollte das Recht haben, auf Wunsch die ihr zugeteilte Quote zu jedem Bestimmungsort in eigenen Schiffen zu transportieren. Sofern sie jedoch zum Transport in eigenen Schiffen nicht in der Lage wäre oder es vorzöge, den Transport nicht in eigenen Schiffen abzuwickeln, sollte die Vereinigung die Tonnage zuteilen. Zur Bereitstellung eines der Kontrolle des Kartells unterliegenden Betriebspools an Frachtraum kamen die beteiligten Gruppen überein:

... der Vereinigung (der Administration des Kartells) vor Vercharterung an Außenseiter jeden in ihrem Besitz befindlichen überschüssigen Frachtraum anzubieten. Die Vereinigung hat ein Vorrecht auf die Tonnage, vorausgesetzt, sie ist bereit, dafür mindestens solche Raten zu zahlen, die die Gruppe oder Gruppen zur selben Zeit von anderen erhalten können.

Die Kartellgeschäftsführung ihrerseits war gehalten,

... Tonnage, die sich im Eigentum der übrigen Gruppen befindet, zu chartern, die diese der Vereinigung zu Raten anbieten, zu denen das Kartell Außenseiter-Tonnage chartern könnte.

Austauschlieferungen – Außer der Festsetzung eines Quotensystems zur Marktaufteilung auf „As-Is"-Basis und der Schaffung eines Transportpools sah das Achnacarry-Agreement ferner weitgehend ausgearbeitete Verfahren vor, Öllieferungen unter den verschiedenen Beteiligten auszutauschen. Der Hauptzweck des Austausches von Öllieferungen bestand darin, die Lieferungen in jeden Markt auf das „nächstgelegene Fördergebiet" zu lenken und damit durch Ausschaltung von sich überschneidenden Transportwegen die Transportkosten zu reduzieren, sowie den Trend zur Errichtung paralleler Betriebseinrichtungen möglichst klein zu halten. Man erwartete, daß die Häufung von Anlagen vermieden würde, weil die Beteiligten durch einen derartigen Austausch dazu neigen würden, an den bestehenden Anlagen der anderen teilzuhaben und die Errichtung neuer Anlagen auf solche zu begrenzen, „die notwendig sind, die Öffentlichkeit mit ihrem steigenden Bedarf an Mineralölerzeugnissen auf wirksamste Art zu versorgen".

Methoden zur Durchführung der Austauschlieferungen – Das Verfahren zur Abwicklung der wechselseitigen Austauschlieferungen wurde als Teil eines umfassenden Plans zur Kontrolle der Erdölförderung der Vertragsbeteiligten entworfen. Die Mitglieder kamen überein, Abmachungen zu treffen, die vorsehen sollten, daß jeder Beteiligte „seine Lieferquote unabhängig von den Versorgungsquellen beibehält und sich verpflichtet, alle in den Bereich der Abmachung fallenden Importe von Mineralölerzeugnissen ausschließlich von den Gruppen zu beziehen". Diese Bestimmung schaltete alle Bezüge von Außenseitern aus und machte die Kartellverwaltung zur alleinigen Lieferquelle für ihre Mitglieder. Weiter wurde vereinbart, daß die Gruppen, die durch die zu errichtende Verwaltung tätig würden, „Seetransporte in die geographisch am günstigsten gelegenen Gebiete lenken".

Dieses Schema zur Ausschaltung kartellexterner Versorgungsquellen und zur wirtschaftlichen Festlegung der Frachtrouten für Lieferungen innerhalb des Kartells wurde durch zwei weitere Bestimmungen verstärkt. Die erste war, daß die Beteiligten an Außenseiter nicht zu günstigeren Preisen als an Kartellmitglieder verkaufen würden. Die zweite sah die Möglichkeit vor, daß einige Beteiligte einen Überschuß über die ihnen nach ihren Quoten zustehenden Liefermengen haben könnten, den sie zu niedrigeren als den vom Kartellmanagement festgesetzten Preisen zu verkaufen wünschten. Diese Möglichkeit wurde durch die Bestimmung erfaßt, daß eine solche Gruppe,

den übrigen Gruppen den Überschuß zu niedrigeren als den von der Vereinigung für das oder die fraglichen Produkte festgelegten Preisen anbietet. Jede der Gruppen hat dann das Recht, die so angebotenen Mengen im Verhältnis ihrer Quoten zu kaufen, und wenn eine Gruppe diese Bezüge ablehnt, eine andere dagegen kaufen will, dann kann die kaufwillige Gruppe sämtliche so angebotenen Mengen erwerben. Die auf diese Weise erworbenen Mengen werden durch die kaufende Gruppe oder Gruppen zu den nach diesem Übereinkommen festgesetzten Preisen unter Anrechnung auf ihre Quote geliefert.

Überproduktion sollte somit zu einem niedrigeren Preis unter den Kartellmitgliedern und entsprechend dem Kartellquotensystem veräußert werden, während die gewöhnlichen unter ihrer Quote an Außenseiter vorgenommenen Verkäufe seitens der Kartellmitglieder niemals zu niedrigeren Preisen abgewickelt werden sollten, als denen, die bei Verkäufen innerhalb des Kartells und bei Austauschlieferungen berechnet wurden.

Methoden zur kartellinternen Preisfestsetzung – Die bei kartellinternen Verkäufen und Austauschlieferungen eingeschlagenen Verfahren zur Preisfestsetzung waren sowohl dazu bestimmt, den Kartellmitgliedern alle sich aus den Austauschlieferungen ergebenden Kosteneinsparungen vorzubehalten, als auch dazu, den Grundsatz (4) des Achnacarry-Agreements zu verwirklichen, der erklärte, „daß der Wert der Grundprodukte einheitlicher Spezifikationen an allen Ursprungs- bzw. Verladeorten gleich ist".

Die Beteiligten kamen überein, daß die Kartellverwaltung

für sechs Monate im voraus auf Basis der laufenden Frachtraten Aufstellungen über die jeweiligen Frachtraten von jedem Verladehafen zu jedem Importhafen

ausarbeiten werde. Diese Frachtratentabellen wurden wie folgt in das Preisbildungssystem des Kartells einbezogen:

Mit jeder Gruppe wird für jedes Produkt fob Verladehafen auf Basis des Golfpreises abgerechnet. Werden die Waren cif Importhafen geliefert, dann zahlen die Absatzorganisationen an jede Gruppe diesen Preis zuzüglich der Frachtraten, die nach der durch die Assoziation ausgearbeiteten Aufstellung für diesen Importhafen vorgesehen sind[3].

Das Übereinkommen bezüglich der Frachtraten war zur Stabilisierung dieses wichtigen Elements der Erdölpreise bestimmt. In jedem Fall eines Kaufs oder Austauschs, der Transportkosten einschloß, sollten die Transportkosten aufgrund eines Ratenverzeichnisses festgesetzt werden, das nach eingehender Erwägung der laufenden Frachtkosten aufgestellt werden sollte. Einmal festgesetzt, konnten die jeweiligen Kartellraten innerhalb von sechs Monaten nicht verändert werden, auch dann nicht, wenn sie die privaten Frachtraten auf dem offenen Markt nicht mehr widerspiegelten. Die Einhaltung solcher willkürlichen Raten wurde unzweifelhaft durch die Tatsache erleichtert, daß die Beteiligten die Schiffe, in denen ihr Öl normalerweise verladen wurde, entweder vollständig im Eigentum hatten oder durch langfristige Charter kontrollierten. Wie oben ausgeführt, waren die Beteiligten auch übereingekommen, den sich möglicherweise ergebenden Tonnageüberschuß zu poolen und der Geschäftsführung des Kartells zur Verfügung zu stellen.

Somit sollte bei jeder Transaktion zwischen den Kartellmitgliedern, die Frachtbelastungen enthielt, eine stabilisierte Belastung gelten. Da die Öllieferungen in das „geographisch am günstigsten gelegene Gebiet“ geleitet werden sollten, sollte der in jedem Fall in Rechnung zu stellende Betrag die im voraus von dem nächstgelegenen Verladehafen festgelegte Frachtrate sein. Man kam weiter überein, daß bis zur weiteren Behandlung durch die Geschäftsführung des Kartells der US-Golf-Preis die Preisbasis für jeden Verladehafen sei.

Das für die kartellinterne Verwendung eingeschlagene Verfahren zur Preisfestsetzung legte daher einen in jedem Verladehafen einheitlichen Basispreis fest zuzüglich einer in allen anwendbaren Fällen vereinbarten Frachtrate. Diese Preisbildungsmethode sollte sowohl für Öllieferungen gelten, die ausgetauscht wurden, um die

[3] Grundlage sind die US-Golf-Preise bis zur weiteren Bekanntgabe durch die Vereinigung.

Einsparungen den Kartellmitgliedern zugute kommen zu lassen, als auch für Mineralölprodukte, die zum Ausgleich der Handelsüberschüsse und -defizite zwischen den Kartellmitgliedern verkauft würden. Die Verkäufe von überschüssigen Produkten zwischen den Kartellmitgliedern sollten jedoch zu einem niedrigeren als dem von der Vereinigung für das oder die fraglichen Produkte festgesetzten Preis abgewickelt werden.

Arbeitsweise des Austausch- und Preisbildungssystems – Ein Beispiel, das dasselbe Datum trägt wie das Achnacarry-Agreement, wurde durch Unterhändler ausgearbeitet, um zu zeigen, wie die Kombination der Preisbildungsmethode des Kartells mit den wechselseitigen Austauschlieferungen zum Vorteil eines jeden Beteiligten wirken würde. Es lautet wie folgt:

Angenommen AP (Anglo Persian) ist zur Lieferung von 100 000 tons berechtigt und verschifft diese Menge von Persien nach Italien anstatt von Persien zu APs eigener Absatzorganisation in Großbritannien. Diese Absatzorganisation erhält statt dessen 100 000 tons von Shell aus den Vereinigten Staaten. Unter Annahme weiterer Zahlen ergibt sich das folgende Bild:

1. APs Verkaufsorganisation in Großbritannien wird von Shell mit 100 000 tons aus den Vereinigten Staaten beliefert. Sie zahlt dafür an Shell 10 cents je gallon und 20/- für Fracht.
2. APs Verkaufsorganisation erlöst durch Verkauf und Auslieferung dieser 100 000 tons den Betrag von 150 000 £.
3. AP liefert 100 000 tons nach Italien und erhält dafür 10 cent je gallon und eine Frachtrate von 18/- je ton.

AP hat dann für ihre 100 000 tons an Mineralölprodukten einen Nettoerlös von 150 000 £ abzüglich örtlicher Verkaufskosten in Großbritannien und abzüglich der Transportkosten aus den Vereinigten Staaten anstelle des Erlöses von 150 000 £ für diese Menge abzüglich der gleichen Verkaufskosten und abzüglich der Transportkosten von Persien nach Großbritannien. Folglich spart AP die Differenz zwischen den Transportkosten von USA nach Großbritannien und den Transportkosten von Persien nach Großbritannien.

Die Tatsache, daß APs Verkaufsorganisation für den Transport der 100 000 tons von USA nach Großbritannien eine über den Selbstkosten liegende Frachtrate an Shell zahlt, ändert das nicht im geringsten, da AP für den Transport von Persien nach Italien eine proportional gleich hohe Frachtrate erhält. Was sie auch immer durch ihre britische Verkaufsorganisation für den Seetransport über den Atlantik nach Großbritannien mehr als die Selbstkosten gezahlt haben mag, wird an AP zurückfließen durch einen proportional gleich hohen Überschuß über die Selbstkosten, den AP für den Transport von Persien nach Italien erhält. Andererseits realisiert Shell, wenn sie durch ihre italienische Verkaufsorganisation die von AP nach Italien gelieferten 100 000 tons Produkte verkauft, für die an AP nach Großbritannien gelieferten 100 000 tons den italienischen Preis abzüglich der Fracht von Persien nach Italien anstelle des italienischen Preises abzüglich der Fracht von den Vereinigten Staaten nach Italien. Sie erzielt dabei durch Einsparung der Frachtkostendifferenz zwischen Persien und Italien gegenüber den Vereinigten Staaten und Italien einen zusätzlichen Gewinn.

Das Gleichgewicht der Frachteinsparungen zwischen den beiden Herkunftsländern und Zielpunkten würde offensichtlich durch jede Veränderung der Frachtraten gestört. Die stabilisierten Frachtratentabellen dagegen garantierten jeder Partei, daß die aus den Austauschlieferungen resultierenden Frachtersparnisse gleichmäßig zwischen ihnen geteilt würden. Darüber hinaus sicherte die Anwendung eines gemeinsamen Basispreises (US-Golf-Preis) unabhängig von der Versorgungsquelle jedem Beteiligten einen einheitlichen Grundpreis für seine Mineralölprodukte in jedem Verladehafen unabhängig von den Produktionskosten.

Methoden der Kartellpreisbildung gegenüber Weltpreisbildung – Die Art und Weise wie die Frachtersparnisse, die mit den Austauschlieferungen erreicht werden sollten, vollständig den Kartellmitgliedern zugute kommen würden, wird deutlich durch einen Vergleich der Preisbildung des Kartells mit der Preisbildung auf dem Weltmarkt. Das Verfahren zur Preisbestimmung bei kartellinternen Transaktionen war ein modifiziertes multiples Basensystem mit folgenden Elementen: (1) Jeder Verladehafen war als Basispunkt gekennzeichnet, (2) die für Häfen im US-Golf veröffentlichten Preise wurden als Basispreise festgesetzt, die bis auf weiteres an jeder Basis gelten sollten, (3) Frachtratentabellen wurden ausgearbeitet, die die „jeweiligen Frachtraten von jedem Verladehafen zu jedem Importhafen“ angaben, (4) „Qualitätsstandardisierung für verschiedene Produkte“ wurde zum Ziel des Kartells erklärt.

Im Gegensatz zu diesen Methoden zur Preisfixierung bei kartellinternen Transaktionen war die Preisbildungsmethode auf dem Weltmarkt bis zum Zweiten Weltkrieg ... ein Einbasensystem mit folgenden Elementen: (1) allgemeine Anerkennung des US-Golfs als einzig herrschende Basis, (2) allgemeine Einhaltung des US-Golf-Preises als Ausgangspunkt für die Berechnung des Lieferpreises (3), allgemeiner Gebrauch eines Standardausgleichs für Qualitätsdifferenzen, (4) allgemeine Anwendung von Standard-Tankerkosten vom US-Golf zu den Zielhäfen, die dem Basispreis zugeschlagen wurden. Die allgemeine Anerkennung dieses Prinzips durch alle Parteien am Welthandel führte in jedem Markt zu einheitlichen Preisen.

Das System, die Preise nach Golf-Plus [4] zu bestimmen, bildete eine Struktur, innerhalb der die Verfasser des Achnacarry-Agreements wesentliche Einsparungen erreichen und sich selbst vorbehalten konnten. Unter Golf-Plus wurden die Weltmarktpreise in Höhe der US-Golf-Preise festgelegt zuzüglich einer Standard-Frachtbelastung vom US-Golf nach den Verbrauchermärkten. So-

[4] Die Anwendung des Golf-Plus-Verfahrens zur Preisbestimmung war in der Industrie nicht neu. Tatsächlich hatten die meisten Ölgesellschaften seit langem die Preise ihrer Produkte auf diese Weise festgesetzt, wann immer es ihnen zum Vorteil gereichte. Zur Verteidigung dieses Systems der Preisfestsetzung haben Repräsentanten der Industrie häufig der weit zurückliegenden Entstehung der Preisbildung auf der Grundlage des „Golf-Plus" als „natürliche" Wettbewerbsentwicklung höchste Bedeutung beigemessen, die aus jenen frühen Tagen datiert, als die Vereinigten Staaten Hauptlieferquellen von Rohöl und raffinierten Erzeugnissen waren.

Die Tatsache, daß ein gegebenes Preisbildungssystem seit langem angewendet wurde, bedeutet jedoch nicht notwendig, daß es dem freien Spiel des Wettbewerbs entstammte. Es muß in Erinnerung gebracht werden, daß von ungefähr 1882 bis zur zweiten Entflechtung der Standard Oil 1911 der ursprüngliche Standard Oil Trust (1882–92) und sein Nachfolger Standard Oil (New Jersey) tatsächlich eine Monopolstellung im Inlandsgeschäft und im Welthandel einnahmen. (Vgl. Report of the Commissioner of Corporations on the Petroleum Industry 1907, Kap. III, S. 48–94.) Als Ergebnis der Entflechtungsauflage von 1911 verteilte die Standard Oil Co. ihre gesamte Kapitalbeteiligung an 33 Tochter- und lange die USA oder sogar die USA und die karibischen Gebiete zusammen die Hauptrohölquellen der Welt bildeten, war es für keinen von Vorteil, die Golf-Preise in irgendeinem Auslandsmarkt zu unterbieten, es sei denn, der Unterbieter war gewillt, einen Preiskrieg zu riskieren, einen Krieg, den die dominierenden amerikanischen Gesellschaften wegen ihrer Größe und ihres Standorts vermutlich gewonnen hätten.

Während der 10 Jahre von 1919 bis 1928 jedoch veränderte die wachsende Produktion an Rohöl, besonders in den Vereinigten Staaten, Venezuela, Rußland, Rumänien, Iran und Niederländisch Ostindien die Bedingungen des Mineralölmarktes von einer antizipierten Knappheit zu dem, was die Präambel des Achnacarry-Agreements als „gewaltige Überproduktion“ bezeichnete [5].

Die Weiterverwendung des Golf-Plus-Systems zur Preisfestsetzung unter diesen veränderten Bedingungen verschaffte den Verfassern des Achnacarry-Agreements einen ungewöhnlichen Vorteil. Nach Angaben leitender Männer der Ölindustrie förderten die Vereinigten Staaten durch Erschließung tiefergelegener Reserven und durch Raubbau-Verfahren in ihre älteren und flacheren Feldern zu steigenden Kosten. Die Inlandsförderung der Vereinigten Staaten in diesen Gebieten führte zu hohen Kosten im Vergleich zu der fließenden Förderung in Venezuela und in den Gebieten des Mittleren

Zweiggesellschaften. Das Kapital wurde jedoch anteilmäßig an die eigenen Aktionäre verteilt. Obwohl als Folge der Entflechtung Standard Oil Co. fortan keine Holding-Gesellschaft mehr darstellte, waren die Nachfolgefirmen im Eigentum derselben Interessenten, die den Trust besessen hatten – ein Umstand, der wahrscheinlich keinen Anlaß zu plötzlich lebhaftem Wettbewerb zwischen ihnen gab.

Die Entwicklung des Golf-Plus-Basensystems wurde erleichtert durch das fortbestehende Zusammengehörigkeitsgefühl der Standard-Gesellschaften, verbunden mit der Tatsache, daß die amerikanischen Ölgesellschaften als Gruppe weiterhin über den Hauptanteil der Weltversorgung, besonders nach Entdeckung der Felder in der Mitte und im Südwesten des Landes, verfügten.

[5] Nach De Golyer und McNaughton, Twentieth Century Petroleum Statistics, 1949, S. 23–29, zeigt das Wachstum der sechs genannten Länder während der Jahre 1919 bis 1928 folgendes Bild:

Ostens, die damals gerade aufgenommen wurde. Da die Preise in den Golf-Häfen diese höheren Kosten der US-Förderung widerspiegelten, führte der Umstand, daß sie bei der Festlegung der Grundpreise in den neuen Fördergebieten angewendet wurden, dazu, daß dem Außenhandel eine mit hohen Kosten verbundene Produktion zugrunde gelegt wurde.

Zusammenfassend: während die Marktpreise überall in der Welt weiterhin auf der „Golf-Plus"-Basis fortbestehen sollten, wurde zum kartellinternen Gebrauch das modifizierte multiple Basensystem festgesetzt. Durch die wechselseitigen Austauschlieferungen würde jedes Kartellmitglied seine Lieferungen aus den Produktionszentren erhalten, die im Hinblick auf die Verbrauchermärkte am frachtgünstigsten lagen. Wie oben im offiziellen „Beispiel" gezeigt wurde, sollten die Einsparungen an Transportkosten, die sich aus den wechselseitigen Austauschlieferungen ergäben, den Kartellmitgliedern als „zusätzlicher Gewinn" vorbehalten werden. Das Programm des Kartells wurde weiterhin durch die Regelungen verstärkt, die den Beteiligten auferlegten, Lieferungen nur von Kartellmitgliedern zu kaufen, Lieferungen an Außenseiter nicht zu niedrigeren als den Verkaufsorganisationen der Kartellmitglieder berechneten Preisen zu verkaufen und die über die Quoten hinausgehende Überproduktion nur an Kartellmitglieder zum Weiterverkauf unter Anrechnung auf deren Quote zu veräußern.

Fördergebiet	1919 Mill. barrels	1928 Mill. barrels	Wachstumsrate in v. H.
Vereinigte Staaten	378 367	901 474	138,0
Venezuela	425	105 749	24 782,1
UdSSR	31 752	84 745	166,2
Rumänien	6 618	30 773	364,9
Iran	10 139	43 461	328,7
Niederl. Ostindien	15 508	32 118	107,1
Summe der 6 Länder	442 809	1198 320	170,6
übrige Länder	113 066	126 424	11,8
Weltförderung	555 875	1324 744	138,8

Verwaltungseinrichtungen des Vertrages

Erwähnung fand die Geschäftsführung des Kartells oder das Verwaltungsbüro, das in dem Vertrag als eine oder die Assoziation bezeichnet wurde. Ihr genereller Zweck und ihre Mitgliederzahl ist mit den folgenden Worten beschrieben:

Für die praktische Durchführung des Vertrages bilden die Gruppen eine Assoziation, die durch einen tätigen Vertreter jeder Gruppe geführt wird. Jede Gruppe hat das Recht, ihren Vertreter zu jeder Zeit zurückzurufen und ihn durch einen anderen zu ersetzen.

Im besonderen sollte die „Assoziation" die zur Durchführung der Vertragsziele notwendigen Vereinbarungen treffen:

Die Assoziation schließt mit jeder im Besitz einer Gruppe oder eines Gruppenmitglieds stehenden Absatzorganisation und/oder mit den Muttergesellschaften, die Abmachungen mit Absatzorganisationen haben, solche Verträge, die festlegen, daß jede Absatzorganisation ihren Anteil an den Lieferungen unabhängig von der Versorgungsquelle einhält, und ihr zur Auflage machen, ihre gesamten Einfuhren von Mineralölerzeugnissen, die unter den Vertrag fallen, ausschließlich von den Gruppen zu kaufen.

Zu diesem Zweck sollte jede Absatzorganisation über ihren erwarteten Bedarf an jedem Produkt Bericht erstatten. Die Assoziation selbst sollte

gehalten sein, den Bedarf der Absatzorganisationen zu decken und in den Ländern, in denen die Absatzorganisationen tätig waren, an andere nicht zu niedrigeren als den den Absatzorganisationen zu jener Zeit berechneten Preisen zu verkaufen oder zu liefern.

Die Assoziation sollte die zur Erreichung des Kartellzwecks notwendigen zentralen statistischen und verkaufslenkenden Aufgaben erfüllen. Zu diesem Zweck legte das Übereinkommen fest, daß die Assoziation

1. die Gruppen soweit wie möglich im voraus über den gesamten Bedarf an den verschiedenen Produkten, den sie zur Versorgung der Absatzorganisationen benötige, informiere und auf dem laufenden halte,

2. jeder Gruppe die Quote für jedes Produkt mitteile und die Verschiffungen in die geographisch am günstigsten gelegenen Gebiete lenke,
3. den im Vertrag festgelegten Pool der der Kontrolle der Mitglieder unterstehenden Überschußtonnage verwalte und aus diesem Pool oder aus Außenseitertonnage, die die Assoziation zu chartern für notwendig halte, Transporteinrichtungen für jedes Produkt liefere, das die Mitglieder nicht in ihren eigenen Schiffen zu transportieren wünschten,
4. Tabellen der jeweiligen Frachtraten von jedem Verladehafen oder Basishafen zu jedem in den Vertrag einbezogenen Importhafen für eine Sechsmonatsperiode im voraus aufstelle,
5. die in jedem Verladehafen geltenden Basispreise festsetze,
6. sobald wie möglich nach dem 31. Januar jeden Jahres des Bestehens der Assoziation von allen Mitgliedern versiegelte Gebote anfordere und erhalte. Diese würden umfassen:

> 3 % des Gesamtbedarfs der Assoziationen an den zwei Benzinqualitäten während des vorangegangenen Jahres ... Diese Gebote werden am ersten Arbeitstag nach Ablauf des Submissionstermins geöffnet. Der Zuschlag wird der Gruppe erteilt, die die gesamte Bedarfsmenge der festgelegten Qualität zum niedrigsten Preis anbietet. Zur Preisermittlung werden die Mengen jeder Qualität mit dem Submissionspreis multipliziert und die Gruppe, die den niedrigsten sich aus einer solchen Rechnung ergebenden Gesamtpreis anbietet, erhält den Zuschlag. Die anderen Gruppen kaufen dann von einer solchen Gruppe die angebotenen Mengen im Verhältnis ihrer Quoten.

Ausgeschrieben werden sollten die beiden Qualitäten, „an denen die Assoziation während des vorangegangenen Jahres den größten Bedarf hatte“. Die zugeteilten Mengen sollten in Schiffspartien während des bevorstehenden, im Mai beginnenden Jahres in ungefähr gleichen Monatsmengen geliefert werden. Eine Zuteilung sollte so lange nicht erfolgen, „bis wenigstens eine Gruppe in der vorgeschriebenen Zeit die Gesamtmenge jeder benötigten Qualität angeboten hat“.

Obwohl der Zweck dieser verdeckten Gebote nicht besonders dargelegt wurde, scheint es, daß sie dazu bestimmt waren, einen Weg zur Verteilung der Überschußmengen innerhalb des Kartells zu schaffen. Mit anderen Worten, dieses Instrument der verdeckten Gebote schien einem vorerwähnten Paragraphen Geltung zu verschaffen, der festlegte, falls eine Gruppe einen Überschuß an irgendeinem Produkt hätte und ihn über die Menge hinaus zu verkaufen verlangte, die sie nach ihrer Quote zu liefern berechtigt war, dann würde sie einen solchen Überschuß „den anderen Gruppen zu einem niedrigeren Preis anbieten als den, den die Assoziation für das oder die in Frage stehenden Produkte festgelegt hat".

Kurz, die von einem Repräsentanten jeder beteiligten Gruppe geleitete Assoziation sollte dann als Verwaltungsspitze des beabsichtigten Kartells handeln. Als solche würde sie alle ergänzenden Abmachungen und Übereinkünfte treffen und als Agentur handeln, die die Kartellquoten festsetzt, die Preise fixiert, die Produktion zuteilt und die Transporteinrichtungen zuweist.

Wesen und Grenzen des Achnacarry-Agreements

Obwohl das Achnacarry-Agreement nach langen Konferenzen ausgearbeitet worden ist, in denen nicht nur die Großen Drei, sondern auch interessierte andere beteiligt waren, und obwohl es in der Festlegung bestimmter Verfahren sehr detailliert war, erwies es sich mehr als eine Darstellung erhoffter Dinge, als ein praktikabler Führer zu ihrer Verwirklichung in einzelnen Märkten.

Diese Grenzen beruhen darauf, daß es mißlang, die gesamte Mineralölindustrie zu erfassen. Die Regelung der Exportquoten umfaßte somit nur einen Teil der Marktoperationen, die zur Erreichung der „As-Is"-Ziele hätten geregelt werden müssen. Die Zahl der Kooperationswilligen schloß möglicherweise nicht alle ein, die zur Gewährleistung einer ausreichenden Kontrolle der Exporte in einzelne Märkte notwendig gewesen wären. Auch kann die Zahl der potentiellen Wettbewerber, die bereit waren, sich dem Agreement anzuschließen und bei der Erhaltung der „As-Is-"Quoten in einem Verbrauchsgebiet mitzuwirken, von der derjenigen abgewichen sein, die in anderen Märkten kooperationswillig waren. Es bestand immer die Gefahr, daß ein Randbereich unkontrollierter Exporteure und Händler als Wettbewerber die Preisstruktur in einzelnen Märkten zerstörte. Die Aufrechterhaltung der „As-Is"-Quoten erforderte die Kontrolle solchen Außenseiterwettbewerbs entweder durch Verträge oder durch andere Maßnahmen.

Wegen dieser Grenzen ist das Achnacarry-Agreement vielleicht am besten als ein Grundsatz oder Manifest charakterisiert, das in breiter Form allgemeine Grundsätze, Ziele und Verfahren zur Marktstabilisierung festlegt. Als solches hinterläßt es viele detaillierte Abmachungen, die die Beteiligten untereinander oder mit anderen schlossen, denen oder durch die sie ihre Produkte auf einzelnen Absatzmärkten verkauften.

Welche Versuche auch unternommen wurden, das Achnacarry-Agreement in Kraft zu setzen, bald traten Schwierigkeiten auf. Ein Rechtsanwalt der Standard Oil Co. (New Jersey) erklärte, als er der Federal Trade Commission eine Abschrift des Agreements unterbreitete, daß es in den Gesellschaftsakten keine Papiere gäbe, die anzeigten, wann das Achnacarry-Agreement beendigt wurde, und weiter, daß die Vereinigung, die zur Durchführung des Agreements gebildet werden sollte, „nie gebildet wurde und daß der Plan, Exporte zuzuteilen, wie es in dem Dokument niedergelegt ist, nie ausgeführt wurde". Die gleiche Quelle gestand jedoch zu, daß die Verwirklichung „einiger" der sieben im Achnacarry-Agreement festgelegten Grundsätze Gegenstand einer Reihe von Verträgen gewesen ist, die europäische Märkte betroffen haben und in den folgenden acht Jahren ausgehandelt wurden. Mit anderen Worten, es scheint, daß die Grundsätze, die in dem Achnacarry-Agreement umrissen wurden, weiterhin als eine beherrschende Deklaration der Gruppenziele bei der Formulierung nachfolgender Verträge betrachtet wurden, die sich auf Einzelmärkte bezogen, während die Verfahren zur Erreichung dieser Ziele beträchtlichen Modifikationen unterlagen.

Statement of Dr. John M. Blair, Chief Economist of the Senate Antitrust and Monopoly Subcommittee. Abgedruckt in: Prices of Quinine and Quinidine, Hearings before the Subcommittee on Antitrust and Monopoly of the Committee on the Judiciary United States Senate, Ninetieth Congress First Session Part 2. US Government Printing Office Washington 1967. Stark gekürzte Wiedergabe der amtlichen Übersetzung des Bundeskartellamtes.

DAS INTERNATIONALE CHININKARTELL

Von John M. Blair

Seit dem November 1959 haben alle Hersteller von Chinin, mit Ausnahme des regierungseigenen indonesischen Unternehmens Bandung, eine Reihe von wettbewerbbeschränkenden Vereinbarungen getroffen mit dem Ziel, die Preise, den Vertrieb und die Produktion der Chinin-Industrie in jeder Hinsicht zu kontrollieren. Eines der wichtigsten Ziele war, den Wettbewerb zwischen den Herstellern beim Ankauf der Bestände aus dem USA-Stockpile auszuschalten. Dieser Gruppenbildung der Hersteller – von ihren Mitgliedern als „Konvention" bezeichnet – war ein früheres Kartell zwischen den beiden größten Herstellern, der holländischen N. V. Nederlandsche Combinatie voor Chemische Industrie (Nedchem oder Combinate genannt) und der deutschen Firma C. F. Boehringer & Söhne GmbH (Boehringer oder Waldhof genannt) vorausgegangen. Als die Holländer die Konvention im November 1962 beendeten, ist offenbar dieses frühere Kartell weiter in Kraft geblieben.

Dies ist nur das letzte Kapitel in der sich über ein Dreivierteljahrhundert erstreckenden Geschichte der Kartellkontrolle über die Preise von Chinin und Chinidin.[1] [...]

In einer Reihe von Sitzungen, beginnend mit dem Ende des Jahres 1959, wurde eine neue Konvention abgeschlossen, die ein aus vier verschiedenen Vereinbarungen bestehendes System von Beschränkungen zum Entstehen brachte:

1. eine Stockpile-Vereinbarung;
2. eine Export-Vereinbarung;

[1] Anm. d. Hrsg.: Im Original folgt die Darstellung der Kartellgeschichte ab 1892. Vgl. hierzu auch B. H. Wallace & Lynn Edminster, The International Control of Raw Materials, Brookings Institution, Washington, D. C., 1930, S. 350.

3. ein gentlemen's agreement;
4. eine Rindenpool-Vereinbarung.

Die erste Vereinbarung sah vor, daß das holländische Mitglied Nedchem als einziger der Gruppe als Käufer der USA-Stockpile-Bestände auftreten sollte, die dann zwischen den Mitgliedern nach einem vorher festgelegten Quotensystem verteilt werden sollten. Die zweite Vereinbarung setzte für Märkte außerhalb Großbritanniens und der Länder der Europäischen Wirtschaftsgemeinschaft Preise und andere Beschränkungen fest. Die dritte Vereinbarung, die für die Mitgliedstaaten der EWG und das Vereinigte Königreich galt, setzte Preise fest, behielt jedem Hersteller seinen Heimatmarkt vor (mit Ausnahme Großbritanniens), bestimmte Verkaufsquoten für jedes Mitglied, errichtete ein geregeltes System, nach dem jedes Mitglied, das seine Quote nicht erreicht hatte, Ausgleichsleistungen von den Mitgliedern erhielt, die ihre Quote überschritten hatten, bestimmte gewisse bevorzugte Käufer, denen Sonderrabatte gewährt wurden, begrenzte das Recht zur Herstellung von Chinidin auf die deutschen und holländischen Produzenten, entwickelte ein Verfahren, um den Wettbewerb (jedoch nicht seinen Anschein) bei Regierungsausschreibungen auszuschließen, und sah eine Reihe von anderen Beschränkungen vor. Schließlich wurde in der Rindenpool-Vereinbarung, die den Zweck hatte, die Preise für Rohmaterial niedrig zu halten, der Ankaufspreis für Chinarinde festgesetzt und versucht, die Käufe zu poolen.

Im folgenden werden diese verschiedenen Vereinbarungen nacheinander untersucht. Wegen ihres Zusammenhanges werden dabei die Exportvereinbarung und das Gentlemen's Agreement im Zusammenhang behandelt.

Die Konvention hielt zwischen dem 2. Dezember 1959 und Oktober 1962 eine Reihe von Sitzungen ab. Detaillierte Aufzeichnungen dieser Sitzungen wurden angefertigt und an die verschiedenen Mitglieder verteilt, von denen eines die englische Firma Carnegies of Welwyn Limited war. In den letzten Monaten bekam der Unterausschuß davon Kenntnis, daß während der Geltung der Konvention dieses Unternehmen eine vollständige Tochtergesellschaft der Rexall Drug Company Limited of Great Britain wurde, die wiederum eine vollständige Tochtergesellschaft der Rexall Drug and Chemical Company of the United States war. Die Protokolle dieser Sitzungen und die damit zusammenhängende Korrespondenz und schriftlichen Unterlagen wurden aufgrund einer der amerikanischen Muttergesellschaft zugestellten Beschlagnahmeverfügung vorgelegt.[2]

Die Stockpile-Vereinbarung

In einem sehr frühen Stadium der Geschichte der Konvention sahen sich die britischen und französischen Hersteller einer schwierigen Entscheidung gegenübergestellt. Sollten sie versuchen, mit den Holländern wegen der Stockpile-Verkäufe in Wettbewerb zu treten, was natürlich die Preise in die Höhe treiben würde, oder sollten sie die Holländer als alleinigen Käufer für die Gruppe handeln lassen. Tatsächlich bedeutete die zweite Alternative lediglich eine Erweiterung eines bestehenden, im Jahre 1958 zwischen den Holländern und Deutschen abgeschlossenen Kartellvertrages, auf den in der ersten Sitzung der Konvention am 2. Dezember 1959 im Plaza Hotel in Brüssel Bezug genommen wurde:

Dr. B. bringt die Stockpile-Verkäufe zur Sprache. Was ist die Absicht der Holländer? Sie haben ihre Bereitschaft erklärt, sie mit den anderen zu teilen.

S. antwortet, daß die Holländer und zwei deutsche Unternehmen sogar eine Vereinbarung getroffen haben, die den Deutschen einen Anteil an den Stockpile-Käufen zu sehr günstigen Bedingungen gewährt. Aber Dr. B. sei von dieser Vereinbarung zurückgetreten.[3]

[2] Im Original folgen hier die Namen der beteiligten Unternehmen und derjenigen Firmenangehörigen, die an den Sitzungen teilgenommen haben, sowie die Orte und Daten, an denen die Konvention ihre Treffen abhielt.

[3] Anm. d. Hrsg.: Die wörtlichen Zitate sind Sitzungsprotokollen, Korrespondenzen, nachträglichen Gedächtnisvermerken u. ä. Materialien entnommen. Aus Platzgründen und auch wegen der für die Zwecke dieser Veröffentlichung geringen Bedeutung bestimmter Details wird darauf verzichtet, die im Original angegebenen Fußnoten, die meistens Daten und Seitenzahlen der genannten Quellen enthalten, abzudrucken.

Im Original enthaltene Namen von Personen (dagegen nicht die Firmenbezeichnungen) erscheinen hier lediglich mit einer Initiale.

Auf der dritten Sitzung der Konvention am 4. Februar 1960 versicherten die Holländer den anderen Mitgliedern, daß zwar die Regierung der USA ihre Stockpile-Bestände wissentlich nicht an ein Kartell veräußern würde, daß aber die Existenz der Vereinbarung mit Boehringer zweifellos unentdeckt bleiben werde. Der holländische Vertreter machte eine interessante und, wie sich zeigte, richtige Voraussage, daß die GSA (die in den USA für die Verwaltung der Stockpiles zuständige Regierungsstelle, d. Übers.) keine peinlichen Fragen über Kartelle stellen würde:

Dr. B. sagt, wie man erwarten könne, Bestände aus dem Stockpile zu erwerben, da ein Kartell nicht als Käufer auftreten könne.

S. sagt, daß mit dem Kartell keine Reklame gemacht und daß die Hersteller hierüber nicht zu deutlich werden würden. Das Kartell zwischen Boehringer und den Holländern sei bekannt, aber nicht veröffentlicht. GSA werde keine Informationen über Kartelle verlangen.

Ch. stimmt zu, daß dies sehr unwahrscheinlich sei, und C. sagt, die ganze Affäre sei zu geringfügig dafür.

Dr. B. ist damit einverstanden, abzuwarten, bis die Sache wieder aktuell sei, und in der Zwischenzeit eine Konvention abzuschließen.

Als das Thema zum erstenmal angeschnitten wurde, schienen die Holländer der Idee, die aus dem Stockpile verkauften Bestände, wegen der sie seit 1956 verhandelt hatten, mit den anderen zu teilen einigermaßen kühl gegenüberzustehen. Dennoch schienen sie bereit, sich überreden zu lassen. Ebenso wie die Engländer waren sie sich sehr wohl darüber im klaren, wie sich Wettbewerb zwischen den Herstellern auf den Preis auswirken würde. Einer der britischen Hersteller, Lake & Cruickshank, hatte bereits Interesse an selbständigen Käufen aus dem Stockpile erkennen lassen. Außerdem wußten die Holländer, daß einer ihrer wichtigsten Wettbewerber zu dieser Zeit eine Händlergruppe (U. S. Quinine) war, die finanzielle Rückendeckung von einem großen britischen Importeur (Biddle, Sawyer) hatte und zu ihren Mitgliedern den amerikanischen Vertreter eines englischen Herstellers (Carnegies) zählte. Die Frage wurde in der Sitzung am 7. April 1960 in Amsterdam diskutiert:

Dr. B. schlägt vor, zu vereinbaren, daß die Stockpile-Käufe für gemeinsame Rechnung der Hersteller getätigt werden.

Die Holländer sind zur Zusammenarbeit bereit, fürchten aber, daß eine Vereinbarung hierüber sehr einseitig und autoritär aussehen würde. Die Erfahrung hat gezeigt, daß man schnell handeln und mit den erstaunlichsten und unlogischsten Entwicklungen rechnen müsse. Außerdem ist der endgültige Preis möglicherweise nicht attraktiv.

Wenn kein Vertrag abgeschlossen wird, werden sich die Holländer allein um den Stockpile bewerben. Dies gäbe ihnen freie Hand bezüglich des Preises, der Bedingungen, des Vorgehens und etwaiger Absprachen, was sicherlich ihre Chancen in mancherlei Hinsicht verbessert.

Sie können auf diese Handlungsfreiheit nicht verzichten, was aber bedeutet, daß die anderen, die mit ihnen zusammenarbeiten, sich an den Kosten beteiligen, einen Preis bezahlen und Risiken eingehen müßten, ohne einen wirklichen Einfluß zu haben. Die Holländer sind bereit, dies zu tun, aber nicht geneigt, dies selbst vorzuschlagen. Sollten sie die Stockpile-Bestände ohne Zusammenarbeit mit den anderen erhalten, sind sie im Prinzip immer noch bereit, zu teilen, würden aber dann natürlich eine Entschädigung für das eingegangene Risiko und für ihre Arbeit und Initiative erwarten.

Die anderen Hersteller waren so mit einem Dilemma konfrontiert. Sie konnten entweder mit den Holländern wegen der Stockpile-Bestände konkurrieren, was naturgemäß den Preis in die Höhe treiben würde, oder sie konnten einfach ihr gesamtes Vertrauen in einen Wettbewerber legen, der in Wirklichkeit als ihr Vertreter handeln würde. Es ist deshalb nicht überraschend, daß Herr C. sich die Sache nochmals überlegen wollte, während Dr. B. die Holländer bat, das Gesagte im Protokoll festzuhalten:

S. stimmt zu und sagt, daß er es so formulieren wolle: Die holländischen Hersteller sind bereit, einen Vertrag mit den anderen zu schließen und zu versuchen, die Stockpile-Bestände für gemeinsame Rechnung zu erwerben. In diesem Falle müssen sich die anderen Hersteller an allen Risiken und Kosten im Verhältnis ihrer Quoten beteiligen, aber Nedchem Freiheit in ihren Verhandlungen und Entscheidungen lassen. Die Alternative hierzu ist, daß die Holländer versuchen, die Stockpile-Bestände für eigene Rechnung zu erwerben. In diesem Falle sind sie aber bereit, den anderen Herstellern einen Teil davon zu Bedingungen anzubieten, die von den Holländern als nach den Umständen billig angesehen werden.

Es wird beschlossen, die Sache vorerst dabei zu belassen.

Die Diskussion wurde vier Monate später in einer Sitzung in

Brüssel wiederaufgenommen. Wiederum wurde von den Holländern auf einer „take it or leave it"-Basis der Vorschlag gemacht, als alleiniger Käufer zu handeln ...

Drei Monate später bestand Herr S. von Nedchem, unterstützt von Herrn T. von Boehringer, darauf, daß jede Stockpile-Vereinbarung in Form eines schriftlichen Vertrages erfolgen müsse. Die Engländer sahen die Notwendigkeit hierzu nicht ein. Herr C. fragte, warum ein fester Auftrag nicht ausreichend sei, während Herr Ch., der den traditionellen englischen Standpunkt zum Ausdruck brachte, fragte: „Ist es nicht ausreichend, wenn wir übereinstimmen?"

Während der ersten Monate des Jahres 1960 zogen die Engländer ernsthaft in Erwägung, sich selbständig um die Stockpile-Bestände zu bewerben. In einem internen Memorandum vom 1. Februar 1961 schilderte Herr Ch. von Carnegies die grundlegenden Tatsachen über den Stockpile und wog das Für und Wider des holländischen Vorschlages gegenüber einem selbstständigen Einkauf ab. Zu dem holländischen Vorschlag kam er zu folgender Schlußfolgerung: „Die Verzinsung des investierten Kapitals variiert zwischen einem Satz von 8,7 % bis zu 140 % jährlich, je nach Einkaufspreis und danach, ob das Material verarbeitet werden muß" (mit Ausnahme der Dosierungen müßte es nicht bearbeitet werden). Im Gegensatz zu diesen außerordentlich zufriedenstellenden Gewinnraten bei Verwirklichung des holländischen Vorschlags sah Ch. bei einem selbständigen Einkauf einen unorganisierten Markt voraus.

Wenn wir uns entscheiden würden, die Stockpile-Bestände selbst zu kaufen, dann, glaube ich, würde die Konvention zusammenbrechen. Mit Ausnahme der Dosierungen würde dann jeder Posten doppelt so hoch sein wie unsere jährlichen Verkäufe an Chinin-Salzen. Wenn wir versuchen würden, das alles selbst zu verkaufen, müßten wir unsere Preise unter das heutige Niveau senken, um schnell verkaufen zu können. Unter solchen Umständen würden wir nach meiner Ansicht viel Geld verlieren ...

Zum Unglück für sein Unternehmen übersah Herr Ch. bei seinen Überlegungen zwei Faktoren: (a) die Möglichkeit, daß die Holländer, nachdem sie Stockpile-Bestände an sich gebracht haben, die Vereinbarung kündigen und das Material für sich selbst und Boehringer, mit dem sie eine frühere Vereinbarung hatten, behalten; (b) die Möglichkeit, daß die Preise für Chinin, statt zu fallen, im Anschluß an die Stockpile-Verkäufe steigen, und zwar um mehr als 500 %.

In einer Sitzung in Paris am 20. April 1961 waren drei Mitglieder (zwei englische Unternehmen und der kleinere deutsche Teilnehmer) offensichtlich mit den Vertragsbedingungen unzufrieden, die sie damals noch nicht akzeptiert hatten. Der holländische Vertreter erinnerte bei dieser Gelegenheit die Gruppe an seine Warnung vor einem Jahr. [...]

Nach einer längeren Auseinandersetzung über die an die Holländer zu zahlende Vergütung wurde schließlich eine Einigung erzielt. die in der Niederschrift dieser Konferenz zusammengefaßt wurde:

Stockpile: Da ein Teil des Stockpile beschafft wurde und die Beschaffung weiterer Teile bevorsteht, wollen die Holländer den Teilnehmern, die noch keinen Vertrag abgeschlossen haben, einen Vertrag über die Beschaffung der verbleibenden Teile des Stockpile vorschlagen und gleichzeitig ein Angebot über die Aufteilung der bereits beschafften Teile des Stockpile machen. Die Bedingungen des vorgeschlagenen Vertrages und die Bedingungen des Angebots über die Aufteilung der beschafften Mengen werden im wesentlichen die gleichen sein wie die in dem am 9. 2. 1961 verteilten Vertragstext; Kurz: Die Holländer erhalten alle ihre Auslagen und 2 % des Kaufpreises.

Es wird schließlich die Ansicht der deutschen, französischen und holländischen Hersteller festgestellt, daß die Aufteilung des Stockpile den Quoten für Rohstoffe entsprechen sollte. [...]

Die Konvention war gezwungen, beträchtliche Zeit und Aufmerksamkeit der Behandlung zweier den Stockpile betreffender praktischer Probleme zu widmen, nämlich wie man verhindern konnte, daß dieser in die Hände von Händlern (im Gegensatz zu Herstellern) geriet, und ob sie weiterhin den Weltmarktpreis für Chinin selbst auf einen verhältnismäßig niedrigem Niveau halten sollten, um die Kosten für den Stockpile niedrig zu halten.

Die Konvention und die Händler. – Die Mitglieder der Konvention zeigten sich von Anfang an sehr beunruhigt über die Möglichkeit, daß der Stockpile in die Hände von Händlern gelangen könnte. Zu einem früheren Zeitpunkt des Jahres hatte einer der englischen Hersteller beim US State Department gegen einen angeblichen Verkauf an eine Londoner Handelsfirma protestiert. In einem Fernschreiben vom 5. Februar 1959 übermittelte die Londoner Botschaft diese Beschwerde, nach der der Verkauf einer großen Menge den Markt „vollständig zusammenbrechen lassen würde". Das Problem war, wie man die US-Regierung an einem derartigen Verkauf hindern und, falls es doch dazu komme, wie man den Außenseiter „niederkämpfen" könnte.

Auf eine Aufforderung von Mr. Ch. erwidert Mr. S., daß der Stockpile, falls die Holländer ihn nicht erhalten würden, an eine Gruppe von Händlern gelangen könnte, die ihn so schnell wie möglich verkaufen würden. Die gesamte Menge entspreche dem Weltangebot von $1^1/_2$ Jahren.

T. weist auf die Möglichkeit hin, daß diese Händler unter dem Kostenpreis der Hersteller verkaufen, und S. ist ebenfalls der Meinung, daß sie dazu sicherlich in der Lage seien.

Gleichwohl bleibt Ch. bei seinem Standpunkt, daß es besser sei, einer derartigen Entwicklung gemeinsam entgegenzutreten.

C. fragt, ob keine Möglichkeit bestünde, die amerikanische Regierung unter Druck zu setzen, nur an Hersteller zu verkaufen.

S. antwortet, daß die Holländer ein Angebot als selbständige Hersteller und nicht als Kartell gemacht hätten und C. sagt, daß jede Regierung für sich handeln könnte.

S. sagt, daß alle möglichen Argumente: Marktzusammenbruch, Chinarinden-Vorräte usw. usw. verwendet worden seien, aber daß es sehr schwer sei, auf Uncle Sam Druck auszuüben ...

C. bemerkt, daß, wenn wegen eines Nachfragerückgangs die Weltproduktion verringert würde, jeder Nachteile haben würde, und wenn jeder eine Quote habe, die Nachteile dem Verhältnis der Quoten entsprechen würden. Wenn aber auf Grund von Außenseiterverkäufen eine Quotenminderung eintrete, sei es besser, zusammenzuhalten und die Außenseiter gemeinsam zu bekämpfen, als die Außenseiter und dazu sich gegenseitig zu bekämpfen.

Dr. B. sagt, daß ein Außenseiter den ganzen Markt ruinieren könne, aber daß er keines der anwesenden Unternehmen meine, worauf Mr. C. bemerkt, daß man auf dieser Basis zu keinem Ergebnis komme.

T. fügt hinzu, daß jeder Außenseiter, wenn er nicht allzu vermögend sei, niedergekämpft werden könne.

Ch. ist der Meinung, daß man dieses Risiko eingehen müsse, aber es besteht seiner Ansicht nach kein Grund, von dem Abschluß einer Konvention und ihrer Durchführung Abstand zu nehmen. [...]

In einer Sitzung am 4. Februar 1960 wurde die Frage aufgeworfen, ob die Mitglieder nicht „ihre Regierungen veranlassen könnten, bei der US-Regierung vorstellig zu werden", um sie zu ersuchen, „nur an Hersteller zu verkaufen". Die Mitglieder waren sich natürlich der Tatsache voll bewußt, daß es keine Chinin-Hersteller in den Vereinigten Staaten gab. [...]

Zur Zeit der 4. Sitzung am 7. April 1960 im Amstel Hotel in Amsterdam war die Gefahr eines Stockpile-Verkaufs an Händler geschwunden. Am 18. Januar hatte die GSA-Verwaltung vom vorgeschlagenen Verkauf des gesamten Stockpile an US-Quinine Abstand genommen und zog das zweite Verkaufsangebot zurück. [...]

Einen Monat später erörterten die Mitglieder in der Sitzung der Konvention am 4. Februar 1960 Mittel und Wege, um mit der von Biddle, Sawyer ausgehenden Bedrohung des Marktes fertig zu werden. Eines der englischen Mitglieder schlug vor, daß die Importfirma einen Sonderrabatt als Gegenleistung für eine Verpflichtung erhalten sollte, Chinin nur von der „Gruppe" zu kaufen, und für bestimmte andere Beschränkungen. [...]

Offensichtlich verhandelten die englischen Mitglieder in den nächsten Wochen mit Biddle, Sawyer. Jedenfalls konnten sie beim nächsten Treffen berichten,

daß Biddle, Sawyer einem Rabatt von $7^1/_2$ % zustimmen und getreu die noch festzusetzenden offiziellen Preise einhalten würde ...

Zusätzlich zu der Vereinbarung mit Biddle, Sawyer wurde einem der bekannten Aktionäre von US-Quinine, Frank Samuels, mitgeteilt, daß er entweder von jenem Vorhaben Abstand nehmen müsse oder seine Stellung als amerikanischer Vertreter von Carnegies verlieren würde. [...]

Es ist zweifellos kein Zufall, daß danach US-Quinine bei den Verhandlungen über den Stockpile überhaupt nicht mehr in Erscheinung trat. Das war sehr überraschend angesichts der früheren erheblichen Anstrengungen der Gruppe und angesichts der Tatsache, daß die spätere Ausschreibung in mehrere Posten aufgeteilt wurde, wobei die Hälfte der angebotenen Menge an Chininsulfat ausschließlich für Angebote kleiner Firmen bestimmt war. Dennoch wurden weder von US-Quinine, von American Quinine noch von irgendeiner anderen mit ihnen verbundenen Firma weitere Angebote unterbreitet.

Der Weltmarktpreis und der Stockpile. – Schon zu einem frühen Zeitpunkt in der Geschichte der Konvention begannen sich die Mitglieder mit einem weiteren den Stockpile betreffenden Problem zu beschäftigen, das ihnen in den folgenden Monaten Kummer bereiten sollte. Sollten sie den Weltmarktpreis für Chinin erhöhen und dadurch ihren unmittelbaren Gewinn vergrößern oder sollten sie ihn auf seinem gegenwärtigen und verhältnismäßig niedrigen Niveau halten, um dadurch den Stockpile zu einem niedrigeren Preise erwerben zu können? Für die Holländer war einer der großen Vorzüge einer Konvention die Möglichkeit der sofortigen Preiserhöhung – ein Ziel, das von den Engländern leidenschaftlich unterstützt wurde:

S.: ... Also wenn wir eine Konvention abschließen und den Preis sagen wir um 3 Gulden heraufsetzen, würde das 1 Mill. Gulden im Jahr bedeuten, die wir uns entgehen lassen, wenn wir keine Konvention zur Verbesserung unserer Chancen abschließen, den Stockpile zu erhalten. Um den unsterblichen Omar zu zitieren: „Ich nehme das Bargeld und verzichte auf den Profit."

Dr. B. fragt, ob die amerikanische Regierung den Stockpile an eine Konvention verkaufen würde, und Mr. S. antwortet mit Bestimmtheit „nein".

Dr. B. sagt, daß beim vorigen Male jeder geglaubt habe, daß dieser Stockpile von den Holländern oder von anderen gekauft werden würde. Eine Konvention sei in Erwägung zu ziehen, sie könne eine Abmachung mit den Holländern oder mit den Händlern treffen, aber die amerikanische Regierung würde mit einer Konvention nichts zu tun haben wollen. Dr. B. bleibt bei seiner Ansicht, daß es nicht klug sei, gerade jetzt eine Konvention zustande zu bringen. Wir müssen warten, bis über den Stockpile verfügt ist.

S. fragt, wann das der Fall sein würde; der Stockpile wurde 1956 akut und erst jetzt ist eine Entscheidung getroffen worden. Es könne viel Zeit vergehen, bevor etwas beschlossen sei. Die Ansicht Dr. B.s habe vieles für sich, aber er, S., würde viel lieber Omar zustimmen: Die Preiserhöhung ist das sichere Bargeld, den Stockpile zu erhalten ist unsicher, daher ist dieser kaum „der Gewinn".

Für und Wider einer unmittelbaren Erhöhung des Weltmarktpreises wurden in der Sitzung der Konvention am 17. August 1960 in Brüssel in allen Einzelheiten erörtert. Aber nun bestand für die Holländer der große Vorzug einer Konvention darin, daß durch den Ausschluß des Wettbewerbs für den Stockpile die für seinen Erwerb aufzubringenden Kosten niedrig gehalten werden konnten. [...]

Im Laufe der Monate entwickelte sich eine immer größer werdende Kluft in dieser Frage. Die britischen Mitglieder auf der einen Seite traten mit wachsender Härte für sofortige Erhöhung des Weltmarktpreises ein, während die holländischen, deutschen und französischen Mitglieder auf der anderen Seite nicht länger bereit waren, „das Bargeld zu nehmen und sich den Gewinn entgehen zu lassen", wobei sie fortwährend wiederholten, daß „jetzt" nicht der geeignete Zeitpunkt für eine Preiserhöhung sei. So wurde in der Sitzung am 12. Januar 1962 im Plaza Hotel, Brüssel, die Notwendigkeit einer Zurückhaltung von den französischen und deutschen Vertretern betont und von den Engländern abgelehnt. [...]

Einen Monat später erklärte der holländische Vertreter in einer Sitzung am 23. Februar 1962 in Brüssel, daß nun, nachdem Nedchem bereits einen großen Teil des Stockpile erworben habe, eine Preiserhöhung nur die „Konkurrenz ermutigen" würde, einen höheren Preis für das verbleibende Drittel anzubieten. [...]

Das war einer der wenigen Fälle, in denen Nedchems Wünsche nicht durchgesetzt werden konnten. Die Holländer gaben schließlich gegenüber der einstimmigen Ansicht der anderen nach, daß der Preis schließlich erhöht werden sollte. [...]

In der Sitzung am 19. Juli 1962 in Paris beglückwünschten alle Mitglieder gemeinsam die Holländer zu ihrem Erfolg bei der Beschaffung von mehr als 4/5 des Stockpile zu einem durchschnittlichen Preis von wenig über 21 cents. [...]

Exportkartell und Gentlemen's Agreement

Der Kern der Preisregelungen der Konvention ist in zwei Schriftstücken zu finden, die ihres Charakters wegen als Einheit zu betrachten sind. Das erste dieser Schriftstücke sollte in Wirklichkeit als Tarnung für das Vorgehen der Konvention dienen, während das zweite ein wesentlich umfassenderes Bild des wirklichen Vorgehens gibt.

Das Exportkartell war ein Vertrag von zweifelhafter, wenn auch möglicher Legalität. Es war im Juli 1959 ursprünglich zwischen den Holländern und Boehringer ausgehandelt worden, wurde im März 1960 auf die Firma Buchler erstreckt und umfaßte vom 7. April 1960 an auch die britischen und französischen Hersteller [4]. Zusammen mit dazugehörigen Richtlinien setzte das Kartell für die Exportmärkte Quoten fest, außerdem einheitliche Preise und Lieferungs- und Zahlungsbedingungen, die für alle Vertragspartner bindend waren. Einige Exportmärkte wurden einzelnen Unternehmen vorbehalten, z. B. Ostdeutschland den deutschen Herstellern, die holländischen überseeischen Territorien den Holländern und bestimmte französische Kolonialgebiete und frühere Kolonien den französischen Firmen.

Mit Rücksicht auf die Haltung der Kartellbehörden in einigen Hoheitsbereichen hatte man in den Vertrag zum Schein folgende Bestimmung aufgenommen:

4. Die Bestimmungen dieses Vertrages sind nicht anwendbar auf Lieferungen
   a) der Vertragspartner in die Länder der EWG
   b) der Vertragspartner nach Großbritannien
   c) des Unternehmens Carnegies in die USA.

Das gleichzeitig unterschriebene Gentlemen's Agreement verzichtete auf den Anschein der Rechtmäßigkeit. Es ist ein einfaches Blatt im Unterschied zu dem mehr formalen Exportkartell. Aber

[4] Die 6 Mitglieder waren die Holländer, Boehringer, Buchler, Carnegies, Lake & Cruickshank und die franz. Gruppe (4 Gesellschaften, die als ein Mitglied galten).

sein Inhalt ist die Erweiterung der Bestimmungen des Exportkartells zu einem einheitlichen und umfassenden System privater Kontrolle über Chinin und Chinidin in Märkten der Welt – einschließlich des Gemeinsamen Marktes, Großbritanniens und der USA. Die zentralen Bestimmungen beider Vereinbarungen als Gesamtheit können wie folgt zusammengefaßt werden:

1. Alle scheinbaren Ausnahmen von den Preisabsprachen im Rahmen des Exportkartells wurden dadurch ausdrücklich aufgehoben, daß sich die Mitgliedsfirmen verpflichteten, „*alle Verkäufe* von Vertragswaren, *wo auch immer* getätigt, treulich den Bestimmungen jenes legalen Vertrages zu unterwerfen“ [5].
2. Die Quotenregelung des Exportkartells, die vorgeblich nur für Exportumsätze galt, war so zu verstehen, daß sie sich auf den Gesamtumsatz – Binnenumsatz und Export – jedes Mitglieds bezog [6]. Die Anpassung der tatsächlichen Umsätze an die Quoten wurde durch einen periodischen Ausgleich bewirkt nach einer von den Holländern erdachten Ausgleichsmethode.
3. Nicht nur bestimmte Exportmärkte, sondern auch die Heimatmärkte der holländischen, deutschen und französischen Hersteller wurden dem jeweiligen nationalen Hersteller vorbehalten.
4. Die Herstellung von Chinidin (hauptsächlich hergestellt durch chemische Umwandlung des Chinins) wurde ausschließlich den holländischen und westdeutschen Herstellern vorbehalten.

Darüber hinaus verpflichteten sich die Mitglieder, die Beschlüsse von Konventionssitzungen einzuhalten, unabhängig davon, ob das entsprechende Verhalten in einem der beiden erwähnten Schriftstücke geregelt ist. Die Schlußbestimmung des Gentlemen's Agreement besagt:

Die praktische Anwendung dieser Absicht beschränkt sich nicht nur auf das vorstehend Gesagte, sondern ist auch in den verschiedenen Be-

[5] Gentlemen's Agreement v. 7. 4. 1960 (Hervorhebungen vom Berichterstatter).

[6] Wenn dies auch nicht ausdrücklich im Gentlemen's Agreement gesagt wird, so kann die Verwirklichung dieses Einvernehmens an der von Nedchem gefertigten „Notiz über den Ausgleich“ v. 19. 2. 1960 abgelesen werden.

schlüssen enthalten, die gemeinsam erreicht wurden. Soweit solche Beschlüsse hier erwähnt sind, stellt das keine erschöpfende Aufzählung dar.

Verkaufsquoten. – Ein wesentlicher Aspekt jedes Kartells ist in der von den Mitgliedern vereinbarten Marktaufteilung zu erblikken. Ein irgendwie geartetes System von Marktquoten, ob offen oder sorgfältig verborgen, muß jeder Preisabsprache zugrunde liegen. Denn das Preisniveau für ein bestimmtes Erzeugnis kann nur dann über dem Wettbewerbsniveau gehalten werden, wenn die Hersteller bereit sind, ihre eigenen Verkäufe soweit einzuschränken, als zur Vermeidung eines die Preise nach unten drückenden Gesamtangebots der Gruppe notwendig ist.

Die Bedeutung der Quotenabsprachen macht sie unvermeidlich zu einem Hauptgegenstand des Verhandelns und Tauziehens unter den Beteiligten. Auf der einen Seite stellt die Möglichkeit, sie über das Wettbewerbsniveau zu heben, die Hauptattraktion eines Kartells für die einzelnen Firmen dar, während andererseits die damit verbundene Verantwortung, der Versuchung zu widerstehen, soviel wie möglich zu diesen höheren Preisen (oder vielleicht etwas billiger) zu verkaufen, weit weniger Enthusiasmus hervorruft. Jeder Beteiligte empfindet daher ein vitales Interesse an der Basis, auf der die Quoten ermittelt werden, an den Märkten, auf die sie sich beziehen, an der Methode, nach welcher jedes Mitglied über die Leistungen der anderen informiert wird, und an den Maßnahmen wegen Verletzungen der Quoten.

Im Falle Chinin bestand das Problem der Festlegung der Lieferquoten zum großen Teil darin, wie die Engländer und Franzosen in das frühere, von den Holländern und Boehringer gegründete, oben bereits erwähnte Kartell einbezogen werden konnten.

S. bezieht sich auf die Korrespondenz. Es wäre richtig, den französischen Markt für die Franzosen zu reservieren und ihnen eine Exportquote von etwa 1 ½ % einzuräumen; Carnegies sollte eine Quote bekommen, die an vergangenen Lieferungen orientiert ist. Zwischen Boehringer und den Holländern sind die Quoten vertraglich geregelt. Beide hatten mit Buchler eine Quotenvereinbarung, die inzwischen aufgehoben worden ist, doch die Holländer haben unmißverständlich erklärt, daß sie keine andere Quotenregelung mit Buchler akzeptieren als diejenige, die nach dem alten Kartellvertrag galt. Für Lake & Cruickshank kann die Quote nicht auf vergangene Lieferungen gestützt werden, weil diese davon nicht leben können. Die Holländer sind bereit, für Lake & Cruickshank eine Quote hinzunehmen, die nicht ausschließlich auf früheren Lieferungen basiert, was natürlich Opfer erfordert, die von allen proportional zu tragen sind.

Nedchem und Boehringer waren fest entschlossen, ihre früher in dem „Waldhof-Combinatie-Kartell" begründeten Positionen zu halten. Man bot Buchler nur die Wahl, sich unter diesen Bedingungen anzuschließen oder draußen zu bleiben.

S. fragte Dr. B., ob er mit einer Quote einverstanden sei, die im Verhältnis zu den Quoten Boehringers und der Holländer die gleiche sei wie die vor einem Jahr vereinbarte, als das deutsch-holländische Kartell abgeschlossen wurde.

Dr. B. antwortete, daß er einverstanden sei und nie etwas anderes verlangt habe.

Doch läßt eine spätere Bemerkung von Buchler erkennen, daß er über diese Behandlung nicht allzu begeistert war. S.s Antwort zeigt deutlich die holländische Haltung gegenüber den anderen Kartellmitgliedern. [...]

Das Problem Howards war besonders knifflig sowohl für Lake & Cruickshank als auch für die Holländer. Lake & Cruickshank eröffneten ihr Chiningeschäft im Jahre 1958 in kleinem Umfange und hatten folglich nur sehr wenig frühere Umsätze anzubieten, die zu einer britischen Quote beitragen konnten. Howards war ein Hauptabnehmer von Nedchem. Im November 1959 kündigte jedoch Howards seinen Vertrag mit den Holländern und begann bei Lake & Cruickshank zu kaufen. C. ließ unmißverständlich erkennen, daß die Einrechnung von Howards Umsätzen in seine Quote statt in die „früheren holländischen Lieferungen" der Preis dafür sei, daß Lake & Cruickshank in der Konvention blieben. Nur zögernd gaben die Holländer nach. Für Biddle, Sawyer schlugen die Briten vor, daß deren Umsätze auch in die britische Quote eingerechnet werden, aber daß künftige Bezüge von den Holländern oder Deutschen der britischen Quote zuzurechnen seien und nicht den Quoten der ausländischen Hersteller. Infolge des Widerstandes der Holländer wurde dieser Vorschlag zurückgewiesen. [...]

Auch die Franzosen warfen Probleme auf, wenn auch weniger komplizierte als die Briten. Die Franzosen waren nämlich durchweg mehr daran interessiert, ihre traditionellen Märkte abzusichern, als sich am Weltexportmarkt zu beteiligen. In den ersten Besprechungen nahmen die Franzosen in der Tat den Standpunkt ein, den Schutz ihres Heimatmarktes anzustreben und nicht an dem Quotensystem zu partizipieren; die Entscheidung, den Franzosen eine Quote einzuräumen, wurde nur getroffen, nachdem man die Frage der Stimmrechte innerhalb der Konvention geprüft hatte.

Hinsichtlich der vorgeschlagenen Quote erhoben die Franzosen zwei Forderungen: (1) die französische Quote sollte die Produktion der vor kurzem geschlossenen Sérédoux-Anlage umfassen; (2) die französischen Umsätze von Buchler und von zwei britischen Gesellschaften sollten von den Zahlen dieser Firmen abgezogen und der französischen Quote hinzugerechnet werden. Der französische Standpunkt hinsichtlich Sérédoux wurde abgelehnt, „weil sie nicht gewährleisten konnten, daß Sérédoux nicht wieder eröffnet". Über die Einrechnung der Verkäufe Buchlers und der Briten auf dem französischen Markt wurde ein Kompromiß erzielt. [...]

Die endgültigen Quoten sind im Exportkartell und im Gentlemen's Agreement wie folgt festgelegt: [7]

1.	Nedchem (Holland)	42,4 %
2.	Boehringer	18,6 %
3.	Buchler	13,0 %
4.	Lake & Cruickshank	9,0 %
5.	Carnegies	8,5 %
6.	Französische Gruppe	8,5 %

[...]

Umsatzausgleich. – Ein Mitglied, das in einem gegebenen Zeitraum mehr verkauft hatte, als seinem Prozentanteil am Gesamtumsatz der Konvention entsprach, galt als „überliefert"; während auf der anderen Seite ein Mitglied als „unterliefert" galt, wenn sein Prozentanteil am Gesamtumsatz der Konvention unter seiner Quote blieb. Die Konvention führte ein kompliziertes System ein,

[7] Exportkartell, Änderungsurkunde v. 7. 4. 1960, Abs. 3; Gentlemen's Agreement v. 7. 4. 1960.

nach dem die „Unterlieferer" von den „Überlieferern" einen Ausgleich erhielten. [...]

Unter Bezugnahme auf das Nebeneinanderbestehen von zwei Vereinbarungen, dem Gentlemen's Agreement und dem Exportkartell, wies Nedchem darauf hin, daß von Zeit zu Zeit „sich zwei Beziehungen von Überlieferungen zu Unterlieferungen ergeben: die eine nach dem Gentlemen's Agreement und die andere nach dem Kartell".

Jedes Mitglied hatte alle zwei Monate seine Umsätze nach Gesamtgeldwert und physischer Menge zu melden, letztere umgerechnet auf einen gemeinsamen Nenner (Großgebinde Chininsulfat B.P. 32) auf der Basis von Umrechnungskoeffizienten, die von Nedchem mitgeteilt werden. Zweimal jährlich konnten von Nedchem festgestellte Überlieferer aufgefordert werden, Chinin von Unterlieferern zu erwerben, die wiederum von Nedchem benannt wurden. Die dafür zu zahlenden Preise wurden von Nedchem errechnet.

Das Nebeneinanderbestehen zweier getrennter Verträge bewirkte eine Komplizierung, die jedoch notwendig war. Solange das Exportkartell den Anschein eines wettbewerbbeschränkenden, aber möglicherweise legalen Vertrags darstellte, mußte der Ausgleich der Exportumsätze als hinreichend normale Transaktion erscheinen, um die verschiedenen nationalen Kartellbehörden von der Legalität der ganzen Konvention zu überzeugen. Aber – wie Nedchem die anderen Firmen erinnerte – „das Gentlemen Agreement hat Vorrang vor dem Kartell". Folglich war es genötigt, den Ausgleich im Rahmen des Gentlemen's Agreement im Verborgenen vorzunehmen [8].

[8] Die „inoffiziellen" Methoden, wie das erreicht werden kann, wurden in einem von Nedchem gebildeten Beispiel vorgeschlagen: 1. Angenommen, Buchler ist offiziell nach dem Exportkartell mit 500 kg in der Überlieferung, und zwar zu einem Exportverkaufswert von $ 7,42 per kg; gleichzeitig sind Buchlers Gesamtumsätze auf dem Binnen- und Exportmarkt nach dem Gentlemen's Agreement 600 Kilo über der Quote zu einem Durchschnittswert von $ 7,69 per kg (was den gegenüber den Weltmarktpreisen höheren deutschen Preisen entspricht). Dann ist Buchler verpflichtet, von Unterlieferern insgesamt 600 Kilo zu einem Durchschnittspreis von $ 7,07 ($ 7,69 – 8 %) zu übernehmen, zu einem Gesamtbetrag von $ 4242.

Man befürchtete, daß die endgültigen Transaktionen zwischen den Mitgliedern der Konvention zu so hohen Preisen erfolgen würden, daß der Verdacht entstehen könnte, es handle sich um mehr als ein Exportkartell. Um diesem Problem zu begegnen, schlugen die Holländer vor, daß die Überlieferer

a) eine Erklärung dafür finden, (Material) zu so hohen Preisen zu übernehmen, als irgend vertretbar ist,
b) eine Erklärung dafür finden, daß sie an die Unterlieferer Zahlungen leisten. [...]

Es war unvermeidbar, daß das hier angewendete Verfahren immer komplexer wurde. Dies zeigt das von Nedchem angeordnete Verfahren zum Ausgleich für Juli bis Dezember 1960. Nedchem bietet hier eine Lösung für das schwierige Problem, Konten unter dem Gentlemen's Agreement glattzustellen und gleichzeitig die Fiktion aufrechtzuerhalten, daß die Glattstellungen nichts weiter sind als das, was nach dem Exportkartell zulässig ist. Hier muß also zu Dingen Zuflucht genommen werden, wie „Verzicht" auf Rechte (wenn ein Unterlieferer offiziell nach dem Kartellvertrag zu größeren Ablieferungen befugt ist als nach dem Gentlemen's Agreement), zu scheinbaren Verpackungsgeldern und Nachlässen (durch welche die offiziellen Preise angehoben oder gesenkt werden, um die Geldbewegungen nach dem Kartell in den Rahmen der Verpflichtungen nach dem Gentlemen's Agreement zu bringen) und zu dem „Vorwand" von Eilaufträgen, um andere Konten auszugleichen.

Die Aufteilung geographischer Märkte. – Wie bei den meisten internationalen Kartellen wurden auch für Chinin bestimmte geographische Märkte einem oder mehreren Herstellern ausschließlich vorbehalten. Beispielsweise erhielten die jeweiligen Hersteller in der Regel ein Monopol für ihre Heimatländer. Auf diese Weise wurde

2. Um den Schein der Legalität zu wahren, muß das Unternehmen zuerst 500 kg nach dem Kartellvertrag zu $ 6,83 per kg ($ 7,42 – 8 %) übernehmen. Das ergibt eine Gesamtverpflichtung von $ 3415.

3. Um das Gentlemen's Agreement zu erfüllen, muß Buchler dann weitere 100 kg für $ 827 übernehmen. Das entspricht $ 8,27 netto pro Kilo. Bei Einrechnung eines Ausgleichsrabatts entspricht das einem Zollpreis von $ 8,93 pro Kilogramm.

der „Verschlechterung“ der Märkte durch Verkäufe von Außenseitern Einhalt geboten. Die Engländer hatten nach Westdeutschland und, zusammen mit Buchler, nach Frankreich exportiert. Der Vertreter der Firma Boehringer beklagte sich, daß „sich der deutsche einheimische Preis verschlechtert hat, seit die Engländer nach Deutschland verkaufen“. Die Franzosen wiederum erklärten, daß sie in die Preise für importiertes Chinin nicht eintreten könnten, da dies die Regierung auf Grund der französischen Preiskontrollen dazu bringen könne, die amtlichen Höchstpreise zu senken:

A. erklärt darauf, weshalb die Franzosen den Firmen Carnegies, Lake & Cruickshank und Buchler gestattet haben, nach Frankreich zu exportieren. Der Grund dafür ist nicht, daß sie nicht konkurrieren könnten, sondern die französische Wirtschaftsgesetzgebung. Während der letzten zehn Jahre waren die Preise in Frankreich „eingefroren“. Das bedeutet, daß die Preise von Zeit zu Zeit überprüft werden. Wenn sich dabei herausstellt, daß ein Wettbewerber zu einem niedrigeren als dem „eingefrorenen“ Preis verkauft hat, wird dieser Preis zum neuen „eingefrorenen“ Preis. Durch einen Wettbewerb in großem Ausmaß hätten die Franzosen ihren generellen Preis ruiniert. Jedoch wird diese Situation nicht immer bestehen; es wird eine Zeit kommen, wo sie wieder in der Lage sein werden, in Wettbewerb zu treten.

Den britischen Vertretern wurde bedeutet, daß ein solches Verhalten die gesunde und überlieferte Kartelltradition verletze. Herr S. meinte dazu:

... die Holländer haben nie nach Deutschland oder nach Frankreich verkauft. Vielmehr hat immer die Regel gegolten: Frankreich den Franzosen, Deutschland den Deutschen und Holland den Holländern.

Die Nichterwähnung ihres Landes blieb den Engländern nicht verborgen. Ch. erklärte hierzu: „Wenn der Grundsatz aufgestellt wird, daß den Herstellern die einheimischen Märkte überlassen bleiben sollen, so folgt daraus, daß Großbritannien den britischen Herstellern zusteht. Die Holländer waren jedoch der Meinung, daß man logische Schlußfolgerungen durch praktische Erwägungen korrigieren müsse:

... Es wäre zuviel verlangt, wenn die Holländer ihre alte, gute Position in Großbritannien aufgeben sollten. Wir berufen uns auf die alte

Tradition als Grundsatz für die anderen einheimischen Märkte, und genauso sind die holländischen Lieferungen nach England alte Tradition.

Darin wurden die Holländer von dem Leiter der französischen Gruppe unterstützt: „Frankreich den Franzosen ist ein alter Grundsatz, während die Holländer Chinin nach England geliefert haben, solange es Chinin gibt."

Schließlich stimmten die Engländer einer Vereinbarung zu, in der sie sich dazu verpflichteten, an französische und deutsche Kunden nicht mehr zu liefern, während ihr einheimischer Markt für Holländer und Deutsche offen blieb. Natürlich waren die Engländer darüber nicht gerade glücklich.

Im Kartell wurde dann über die einheimischen Märkte hinaus die weitergehende Frage der vorbehaltenen Exportmärkte erörtert. [...]

Die endgültigen Entscheidungen über vorbehaltene Märkte mit Ausnahme der einheimischen sind im § 5 der Verträge enthalten, durch die die Franzosen und die Engländer dem bestehenden holländisch-westdeutschen Exportkartell vom 8./14. Juli 1958 beitraten:

[Franzosen, Engländer und Holländer] verpflichten sich, keine Lieferungen in die Deutsche Demokratische Republik und nach Ostberlin durchzuführen.

[Franzosen, Engländer und Holländer] verpflichten sich, nicht in die holländischen überseeischen Gebiete zu liefern.

[Engländer, Deutsche und Holländer] verpflichten sich, keine Lieferungen von Chinin in die folgenden Gebiete vorzunehmen: Sahara, Mauretanien, Mali, Niger, Obervolta, Elfenbeinküste, Dahomey, Togo, Zentralafrika, Tschad, Kamerun, Gabun, Französisch-Kongo, Madagaskar, Somaliland, die Komaren, Neukaledonien, die Marquisen-Inseln, Polynesien, Wallis und Futuma, St. Pierre und Miquelon.

Die Unterzeichner dieses Vertrages verpflichten sich, nicht nach Belgisch-Kongo und Ruanda-Urundi zu liefern.

Der Vorbehalt der einheimischen Märkte (Frankreich, Holland und Westdeutschland) findet sich nicht im Exportvertrag, sondern im Gentlemen's Agreement. Es wird durch Vereinbarungen, die in den Sitzungen der Konvention getroffen wurden, wie folgt ergänzt:

Die Parteien kommen überein, nach Maßgabe der obigen Vereinbarungen zusammenzuarbeiten und sich besonders von der Überzeugung leiten zu lassen, daß ihr Wille zur Zusammenarbeit nur dann durchgesetzt werden kann, wenn alle Parteien, und zwar jede aus freien Stücken, die praktischen und rechtlichen Schwierigkeiten zu überwinden suchen, mit deren Entstehen zu rechnen ist. Dies betrifft besonders die Verpflichtung zur Herbeiführung des Ausgleichs (s. die Notiz vom 19. Februar 1960 über den Ausgleich) und *den Schutz der einheimischen Märkte*.

Beschränkung der Produktion. – Zusätzlich zu dem Vorbehalt von Heimatmärkten für bestimmte Hersteller traf die Konvention auch Beschränkungen für die Herstellung bestimmter Erzeugnisse. So wurde einem ursprünglich von Belgiern zur Verarbeitung von Kivurinde im Kongo gegründeten, im Besitz von Boehringer-Werken befindlichen Unternehmen verboten, Chinin und Chinidin zu exportieren; dafür wurde der kongolesische Markt für diese Erzeugnisse Boehringer vorbehalten. [. . .]

Wichtiger noch war das den Holländern und den Deutschen vorbehaltene ausschließliche Recht zur Herstellung von Chinidin (mit Ausnahme kleiner Mengen, die die Franzosen herstellen durften). Die Bedeutung dieser Wettbewerbsbeschränkung liegt darin, daß nur für Chinidin, nicht aber für Chinin Aussichten für eine Umsatzausweitung bestehen. S. selbst meinte auf der ersten Sitzung, als er über die Anwendung von Chinin bei der Behandlung der Malaria sprach: „Letztlich ist Chinin doch altmodisch und man wird das Interesse daran verlieren." Der Markt für Chinidin zur Behandlung von Herzkrankheiten war hingegen in der Ausweitung begriffen und weitere Absatzsteigerungen, vor allem in den reicheren Ländern der Welt, waren zu erwarten. [. . .]

Außerdem wies S. darauf hin, daß die Anerkennung des Bestehens eines holländisch-deutschen Monopols für Chinidin der Preis war, den die anderen Hersteller für die Gründung der Konvention zahlen müßten.

Die Franzosen erhielten also die Erlaubnis, weiterhin kleine Mengen von Chinidin aus der Verarbeitung von Rinde zu gewinnen, es wurde ihnen jedoch untersagt, die viel wichtigere Umwandlung von Chinin in Chinidin vorzunehmen. Die Engländer durften nicht einmal aus der Rinde natürliches Chinidin gewinnen. Beiden Gruppen wurden Verkaufsquoten für Chinidin zugeteilt, aber das Material für die Erfüllung dieser Quoten konnte nur von den Holländern oder den Westdeutschen bezogen werden.

Lieferangebote an Regierungsstellen. – Die Konvention erörterte schon in einem früheren Stadium die Frage der Angebote für Verträge mit Regierungsstellen. Es wurde ein Verfahren entwickelt, mit dessen Hilfe unter Vermeidung von Wettbewerb eine „gerechte" Verteilung der Aufträge in einer Weise erreicht werden sollte, die den Anschein einer Zusammenarbeit in der Form gleicher Angebote vermied: „Herr S. mag keine gleichlautenden Angebote, denn sie weisen deutlich auf eine Preisabsprache hin." Die Grundzüge des Verfahrens werden aus den ersten Besprechungen über Aufträge der Kronagenten (Crown Agents) der englischen Regierung deutlich. Herr C. strebte eine Vereinbarung an, der zufolge mindestens dieser Teil des Marktes den englischen Firmen vorbehalten sein sollte und nach der der Regierung der volle „Inlandslistenpreis" (der höher als der Weltexportpreis war) ohne Nachlässe oder Rabatte in Rechnung gestellt werden sollte. Herr S. trat ihm jedoch in beiden Punkten entgegen und schlug ein anderes Verfahren für die Behandlung von Regierungsaufträgen vor:

1. d. *Crown Agents:* Hinsichtlich der Crown Agents schlägt S. vor, ihnen auf den Exportpreis einen Nachlaß von 5 % zu gewähren. Das betrifft mehr oder weniger die Engländer, aber wenn die Crown Agents den vollen englischen Inlandspreis zahlen müssen, könnten sie zu leicht „Kartell" schreien. Aus dem gleichen Grunde schlägt der Sprecher vor, *daß solche Angebote abwechselnd gemacht werden, wofür sich ein Plan ausarbeiten läßt.* Das Beste wäre es, wenn der für den bestimmten Fall ausersehene Lieferant einen Nachlaß von 5 % anbietet, während die Preise der anderen unterschiedlich höher sind. Über den Rabatt wird diskutiert, und da die Mengen relativ klein sind (höchstens etwa 100 000 Unzen pro Jahr), wird beschlossen, diesen Rabatt auf 2,5 % vom Welt-cif-Preis für Mengen von mehr als 25 kg/1000 Unzen festzusetzen.

Dem stimmen alle Anwesenden zu.

Das Verfahren bestand also, anders gesagt, darin, daß die Konvention von vornherein den „erfolgreichen" Lieferanten bestimmte, der einen vorher festgelegten Rabatt auf den Weltmarktpreis anbot, während andere Mitglieder eine Anzahl „konkurrierender" Angebote mit höheren Preisen abgaben. So wollte man der doppelten

Gefahr begegnen, daß es bei Ausschreibungen der Regierungen entweder nur einen Anbieter oder aber mehrere Anbieter mit gleichlautenden Angeboten gab.

Ein zweiter Grund für eine „abwechselnde Berücksichtigung" war, daß Regierungsaufträge und andere ungewöhnlich große Aufträge die Möglichkeit boten, das Ausgleichsproblem teilweise zu lösen. Diese Lieferungen konnten denjenigen Herstellern zugeteilt werden, die ihre Quoten nicht erfüllt hatten, um auf diese Weise eine bessere Anpassung der Umsätze an die Quoten erreichen zu können. Die Holländer waren sehr besorgt, daß die regelmäßigen Ausgleichslieferungen zwischen den Herstellern möglicherweise die Aufmerksamkeit der Kartellbehörden auf sich ziehen könnten. Daher war alles, was den erforderlichen Umfang dieser Transaktionen einschränkte, sehr erwünscht. [...]

Schließlich wird beschlossen:

a) Alle Aufträge, bei denen die Konvention aus Zweckmäßigkeitsgründen entscheidet, daß ein besonderer Preis erforderlich ist, fallen unter die Rubrik „Regierungslieferung oder Großauftrag".
b) In jedem Falle wird das Sekretariat vorschlagen, wer den Auftrag erhalten soll. Dabei wird im allgemeinen darauf Rücksicht genommen werden, inwieweit die Quoten erreicht sind.
c) Über diesen Vorschlag wird abgestimmt. Wenn binnen der gesetzten Frist (die davon abhängt, wann das Angebot abgegeben werden muß, aber 14 Tage nicht übersteigen darf), eine Stimme nicht abgegeben worden ist, wird sie zu den Ja-Stimmen hinzugerechnet.
d) Die Regeln b) und c) sollen zunächst für einen Zeitraum von sechs Monaten gelten, damit festgestellt werden kann, ob sie durchführbar sind[9]. [...]

Vereinbarung über den Chinarinden-Pool

Von Anfang an waren die gemeinsamen Bestrebungen nach einer Erhöhung des Chininpreises von aufeinander abgestimmten An-

[9] Im Original folgt ein Kapitel über „Das Kartell und die Hersteller in Bandung", das zwar interessante Einzelheiten über die Auseinandersetzungen im Kartell wegen Lieferungen von Außenseitern enthält, für das Gesamtbild jedoch nur von untergeordneter Bedeutung und deshalb hier nicht abgedruckt ist.

strengungen begleitet, den Preis des Rohstoffs (Chinarinde) niedrig zu halten. So führte das ursprüngliche Kartell aus dem Jahre 1892 zwischen den deutschen und holländischen Verarbeitern tatsächlich zur gleichen Zeit zu einem Ansteigen der Chininpreise und einer Senkung des Preises, der den javanischen Herstellern für Chinarinde gezahlt wurde [10]. Es ist daher kaum überraschend, daß sich die Konvention nach mehr als einem halben Jahrhundert ebenfalls diesem Problem gegenübersah. Das Ziel war einfach und allen verständlich: Es ging darum, den Chinarindenmarkt zu beherrschen und zu verhindern, daß die Rindenpreise durch unkoordinierten Einkauf in die Höhe getrieben wurden. Das Problem bestand darin, wie dieses Ziel erreicht werden könnte.

Die beiden möglichen Lösungen waren: (a) einfach einen Höchstpreis für Chinarinde festzusetzen, wobei die verschiedenen Hersteller den Einkauf selbst vornehmen, oder (b) ein Beschaffungsverfahren, d. h. einen „Chinarinden-Pool" einzuführen. Die unterschiedlichen Ansichten der Mitglieder spiegelten natürlich weitgehend ihre jeweilige Position im Hinblick auf die Rohstoffversorgung wider. Diejenigen Hersteller, die besonders besorgt um ihre Lieferungen waren, also Buchler, die Franzosen und die Engländer, traten besonders nachdrücklich für einen Chinarinden-Pool ein. Die Firma Boehringer, die durch ein ursprünglich von den Belgiern errichtetes Unternehmen, Pharmakina, über kongolesische Chinarinde verfügte, war bereit, einen Teil ihrer Rinde an einen Pool abzugeben, bestand jedoch darauf, einen beträchtlichen Teil für den eigenen Gebrauch zu behalten. Die Holländer lehnten es rundweg ab, Rinde aus Indonesien, das seit langem ihre traditionelle Rohstoffquelle war, in irgendeiner Weise mit anderen zu teilen. Es läßt sich nur schwer feststellen, ob auch nach der Enteignung der holländischen Plantagen weiterhin beträchtliche Mengen indonesischer Chinarinde an Nedchem gelangten. Mit Sicherheit lehnte sie jede Vereinbarung ab, die auch nur indirekt die Rechtmäßigkeit der Enteignung anerkannte. In den Anfängen der Konvention einigten sich die Mitglieder lediglich auf eine provisorische Abmachung, nach der

[10] Wallace & Edminster, The International Control of Raw Materials, a. a. O., S. 1350.

Pharmakina versuchen sollte, Chinarinde und Rohchinin für die anderen Mitglieder zu beschaffen. Dieses Material sollte dann entsprechend den Quoten aufgeteilt werden. Im Oktober 1960 teilte Boehringer jedoch den anderen Mitgliedern mit, daß es Pharmakina nicht gelungen sei, Käufe für die anderen Hersteller zu tätigen. Da sich die Mitglieder verpflichtet hatten, auf den Bezug von kongolesischer Rinde über Händler zu verzichten, um die Kongopreise nicht unter Druck zu setzen, verursachte diese Nachricht beträchtliche Niedergeschlagenheit bei den Herstellern, die Mangel an Chinarinde litten. Die Franzosen erneuerten ihren Vorschlag, einen zentralen Einkauf zu errichten, was einen Informationsaustausch über die jeweiligen Lagerbestände erfordern würde. Die Holländer lehnten deren Bekanntgabe hartnäckig ab:

> Hinsichtlich des Einkaufs befinden sich die Holländer in einer sehr unglücklichen Lage, da sie keine indonesische Chinarinde kaufen können. Bisher erhielten sie ihre sämtlichen Rohstoffe von den Indonesiern. Diese Regelung wurde ohne Verschulden der Holländer aufgehoben. Sollte sich herausstellen, daß sie über relativ hohe Lagerbestände verfügen – und das ist keineswegs sicher – dann müßten sie sich diesen kleinen Vorsprung erhalten, weil die anderen Firmen in bezug auf künftige Käufe in einer günstigeren Lage sind.

Im Januar 1961 trafen die Mitglieder eine formlose Vereinbarung über Chinarinden, nach der die Rindenkäufe gepoolt werden sollten und ein Preisverzeichnis für Chinarinde aufgestellt wurde.

[...]

Die Franzosen sollten, unter der allgemeinen Verantwortung von Nedchem, die vertraulichen Angaben erhalten und zusammenstellen und daraus die Gesamtzahlen zur Weitergabe an die Mitglieder errechnen. Die Mitglieder sollten alle Angebote an Rinde durch Rundschreiben bekanntgeben und einen monatlichen Bericht über ihre gesamten Einkäufe und ihren Lagerbestand abgeben. Jeden Monat sollte ein Ausgleich für Mitglieder mit einem Fehlbetrag von mindestens 25 Tonnen stattfinden. Eine besondere Konzession erlaubte es den Holländern, einen Zuschlag für Rinde aus den beschlagnahmten indonesischen Plantagen zu berechnen, um die enteigneten Pflanzer zu entschädigen und die Hälfte der Zwischenhändlerprovision zu decken.

Das nächste wichtige Ereignis war die Ankündigung Boehringers, daß Pharmakina in ihren Alleinbesitz übergegangen sei und sie außerdem einige Plantagen erworben habe. Ihre Mitteilung, daß die Rindenernte aus diesen Plantagen mit voraussichtlich 300 oder 400 Tonnen für ihre eigenen Zwecke verwendet und nicht in den Rinden-Pool eingebracht werden würde, hatte eine überaus heftige Reaktion zur Folge. Die Briten lehnten dieses Vorgehen aus Billigkeitsgründen ab. [. . .]

Im Februar wurde die Diskussion fortgesetzt. Herr T. argumentierte mit Erfolg, daß Boehringer beträchtliche Mühe und Ausgaben darauf verwende, die kongolesische Rindenproduktion in Gang zu bringen, was letztlich allen zugute käme, und daher Anspruch auf eine Entlohnung in Form einer eigenen Verwendung der ersten 180 Tonnen der geernteten Rinde habe. Darüber hinaus sicherte er sich ein weiteres Zugeständnis; Pharmakina durfte dem Pool pro Jahr soviel Rinde fernhalten, wie sie zur Gewinnung von 14 $^{1}/_{2}$ t Chinin (S. Q. 7) benötigte. Anderen Unternehmen sollte für den Fall des Erwerbs von Plantagen ein ähnliches Vorrecht gewährt werden.

Als die anderen Hersteller im Winter diese Zugeständnisse gemacht hatten, waren sie davon ausgegangen, daß Boehringers sehr optimistische Vorausschätzung der kongolesischen Produktion zutreffen würde. Im Frühjahr berichtete Boehringer jedoch, daß die Rindenproduktion leider weit hinter den Erwartungen zurückgeblieben sei. [. . .]

Eine der wenigen Gelegenheiten, bei der sich zwischen den Holländern und den Deutschen eine Meinungsverschiedenheit zeigte, betraf den Preis, der den kongolesischen Pflanzern gezahlt werden sollte. Die Konvention hatte einen Preis von 6 Dollar pro Tonne festgesetzt. Herr S. teilte jedoch mit, daß Boehringer tatsächlich einen niedrigeren Preis gezahlt habe. Mit Blick auf die Zukunft, wenn einmal die Lieferungen aus dem amerikanischen Stockpile ausgelaufen sind, stellten sich die Holländer auf den Standpunkt, daß die einzige Möglichkeit, die Neupflanzung und eine ausreichende Belieferung mit Rinde zu sichern, die Zahlung eines höheren Preises an die Plantagenbesitzer sei. [. . .]

Dieser Meinungsstreit hielt während der gesamten Dauer der

Konvention an. Herr T. blieb bei seiner Meinung, daß die Preise für Kongorinde hoch genug, die Pflanzer damit zufrieden seien. Die Holländer drängten weiterhin auf höhere Rindenpreise und brachten in regelmäßigen Abständen ihren Ärger darüber zum Ausdruck, daß Boehringer die von der Konvention festgesetzten Preise unterschritt.

Obwohl der Rindenpool Gegenstand einer nicht endenden Diskussion in den Sitzungen der Konvention war, ist nicht klar, inwieweit er tatsächlich verwirklicht wurde. Aus den Äußerungen in den Konventionssitzungen geht klar hervor, daß die Vertreter derjenigen Unternehmen, die über keine eigenen Rohstoffe verfügten, zunehmend unzufriedener mit der Tätigkeit des Rindenpools wurden. So beklagten sich die Franzosen darüber, daß ihnen angebotene Rinde einfach „verschwunden" sei.

Tatsächlich wurden ihre Vorräte so knapp, daß ihnen gestattet wurde, ursprünglich für den Pool bestimmte Rinde für sich zu behalten. Die zunehmende Schwierigkeit bei der Beschaffung von Rinde war sicherlich der Hauptgrund dafür, daß sich Carnegies aus dem Chinin-Geschäft zurückzog. Wie bereits erwähnt, brachte Dr. B. sein Unbehagen über das offenkundige Verschwinden von Lieferungen aus Indonesien deutlich zum Ausdruck.

Die Lage der kleineren Unternehmen wurde dadurch noch weiter verschlimmert, daß sie sich als Gegenleistung für die versprochene Beteiligung am Rindenpool dazu verpflichtet hatten, auf den Bezug kongolesischer Rinde über Händler zu verzichten. Ihre Probleme wurden durch das Vorgehen der regionalen Kivu-Regierung noch schwieriger (Kivu ist das Hauptanbaugebiet im Kongo), die ein Exportverbot für Rinde ausgesprochen hatte, das sich offensichtlich zum Vorteil von Boehringer auswirkte; denn Herr T. erklärte, daß die Pharmakina „jeden Versuch bekämpfen würde", eine Aufhebung dieses Verbots zu erwirken. Schließlich wurde die Wirksamkeit eines Pools offensichtlich durch das Boehringer gewährte Zugeständnis vermindert, Rinde für ihre eigenen Zwecke aus dem Pool herauszuhalten.

Es ist interessant, daß von den beiden großen Unternehmen nur wenige Klagen über eine unzureichende Versorgung kamen. Boehringer befand sich im Hinblick auf die kongolesische Rinde natürlich in einer Vorzugsstellung. Nedchem gab zu, daß sie große Bestände an Rinde angesammelt hatte. Weiterhin hatte sie sich von den anderen Mitgliedern die Genehmigung gesichert, als Alleinunterhändler für indonesische Lieferungen aufzutreten. Schließlich war Nedchem, selbst wenn die Konvention in Kraft blieb, der Löwenanteil des amerikanischen Stockpile (45 %) sicher. Bei einer Aufhebung der Konvention würde sie auf Grund ihres früheren Kartellabkommens mit Boehringer einen noch höheren Anteil erhalten (60 %). So wurde, wie schon bei der Verteilung des Stockpile, auch bei der Sicherstellung der Rindenversorgung den Interessen der kleineren Hersteller offenbar ein schlechter Dienst erwiesen, als sie sich auf ein kooperatives anstelle eines individuellen Vorgehens einließen.

Die Gesetzwidrigkeit der Konvention

Die Mitglieder der Konvention waren sich von Anfang an über das Bestehen einer Kartellgesetzgebung in den meisten größeren Industrieländern und darüber völlig im klaren, daß ihr Vorgehen gegen die Kartellrechte der Vereinigten Staaten, Westdeutschlands und der Europäischen Wirtschaftsgemeinschaft verstieß. Der Entdeckung durch die einzelnen Kartellbehörden versuchten sie sich durch eine Reihe von Manövern zu entziehen. [. . .]

Obwohl Westdeutschland nach den Worten eines der Mitglieder von allen europäischen Ländern die „strengsten Vorschriften gegen Kartelle“ besitzt, zeigten sich die deutschen Hersteller wegen der Kartellgesetzgebung ihres Landes nur wenig besorgt, solange die offensichtlich unzulässigen Bestimmungen nicht schriftlich festgelegt werden müßten. [. . .]

Am vorsichtigsten gingen die Mitglieder hinsichtlich der amerikanischen Antitrust-Gesetze vor. Dabei wendeten sie verschiedene Verfahren an, um den Anschein eines Zusammenwirkens zu vermeiden. Insbesondere die Holländer erinnerten sich stets ihrer Erfahrungen als Beklagte im Sherman-Act-Verfahren aus dem Jahre 1928 und des anschließenden auch für sie geltenden ständigen Gerichtsbeschlusses (Consent order). So erläuterte der Vertreter von Nedchem in der dritten Sitzung der Konvention am 4. Februar

1960 eines der Mittel, mit dem die amerikanische Entscheidung umgangen wurde, und gab so den anderen Mitgliedern die erforderlichen Informationen, um „... auf derselben Basis nach den Vereinigten Staaten exportieren zu können".

In bezug auf Amerika stellt S. fest, daß die Holländer wegen ihrer rechtlichen Schwierigkeiten im Jahre 1928 fob liefern, und zwar zu dem Zweck, die Rechtslage so zu gestalten, daß sie keine geschäftliche Tätigkeit *innerhalb* der Vereinigten Staaten ausüben. Dieser fob-Preis ist so kalkuliert, daß 5 % Provision, Fracht, Lagerung, die cif-Kosten und 1 % für Barzahlung berücksichtigt sind. Die Holländer sind bereit, ihre fob-Preise mitzuteilen, damit die anderen Mitglieder auf derselben Basis in die Vereinigten Staaten exportieren können.

Selbst das verwickelte und schwerfällige Verfahren, bei dem jedes einzelne Mitglied einen gesonderten Lagervertrag mit Nedchem abschließen mußte, anstatt einfach eine gemeinsame, von allen unterzeichnete Vereinbarung zu entwerfen, wurde teilweise der Furcht vor dem Sherman Act zugeschrieben. [...]

Die Vertreter von Carnegies, die von der großen amerikanischen Firma Rexall erworben worden war, hatten wegen der amerikanischen Gesetze sogar noch größere Bedenken. In einem Memorandum vom 16. Februar 1960 fragt Herr L.: „Ich nehme doch an, daß Sie die Notwendigkeit nicht übersehen, die Vereinigten Staaten aus jeder Vereinbarung herauszulassen." Seinem Wunsche entsprechend bestand Ch. in der zwei Monate später stattfindenden Sitzung der Konvention darauf, daß die Vereinigten Staaten nicht in die Verträge einbezogen würden. Herr S. wandte sich mit der Begründung dagegen, daß die Nichteinbeziehung des Europäischen Gemeinsamen Marktes und der Vereinigten Staaten den Geltungsbereich der Vereinbarung übermäßig einengen würde. Er brachte weiterhin das interessante Argument vor, daß eine Muttergesellschaft nicht für die Handlungen der Geschäftsführung einer ihrer Tochtergesellschaften verantwortlich sei. Das Problem wurde dadurch gelöst, daß die Vereinigten Staaten ausgenommen wurden – aber nur in dem Vertrag zwischen Nedchem und Carnegies.

Hinsichtlich des Vereinigten Königreichs entwickelte sich zwischen den Vertretern von Carnegies, Herrn Ch., und seinem Vorgesetzten, Herrn L., eine Meinungsverschiedenheit darüber, ob die beschränkenden Vereinbarungen gegen das englische Recht verstießen. Herr Ch. sagte:

Die Holländer hatten meines Wissens in der Vergangenheit Schwierigkeiten in Amerika und haben diese dadurch umgangen, daß sie jetzt alle Preise für Amerika auf fob-Basis berechnen. Dadurch schaffen sie sich die rechtliche Handhabe dafür, daß sie nicht tatsächlich in Amerika geschäftlich tätig werden.

Die Einstellung der britischen Regierung zu den Abmachungen macht mir keine Sorge. Wir werden das Exportkartell registrieren müssen, aber nach meiner Auslegung des Restrictive Practices Act – die mir Herr G. übrigens bestätigte – hat es damit sein Bewenden; eine Untersuchung wird es nicht geben.

Herr L. fragte sich jedoch, ob die Situation „wirklich so einfach" sei, da die Wirkung der Konvention dahin gehe, „... den Geschäftsverkehr innerhalb des Vereinigten Königreichs zu beschränken ...". Er schlug vor, Herr Ch. solle von seinen Anwälten und der Rechtsabteilung der Rexall-Hauptverwaltung in Los Angeles ein Rechtsgutachten einholen. [...]

Die Rechtsanwälte erteilten den Herren L. und Ch. ein auf den 17. März 1960 datiertes Gutachten. Herr G. wies darauf hin, daß jede Vereinbarung über „Beschränkungen hinsichtlich der Preise" zwischen zwei oder mehreren im Vereinigten Königreich tätigen Unternehmen nach dem Restrictive Trade Practices Act registrierungspflichtig ist [11]. [...]

[11] G. schlug eine interessante Möglichkeit vor, das Gesetz zu umgehen, von der jedoch niemals Gebrauch gemacht wurde:

In seinen Grundzügen sieht der Plan vor, daß Carnegies eine wettbewerbbeschränkende Vereinbarung mit ihrer eigenen Tochtergesellschaft trifft, die nicht eintragungspflichtig wäre, wenn die Tochtergesellschaft nicht im Vereinigten Königreich geschäftlich tätig ist. Die Tochtergesellschaft wird ihrerseits eine entsprechende wettbewerbbeschränkende Vereinbarung mit den Vertragspartnern auf dem Kontinent eingehen. Wenn die Firma Lake & Cruickshank einen ähnlichen Weg wählt (d. h. keine Vereinbarung oder Absprache mit Carnegies), dann wäre die Lage auf diese Weise zufriedenstellend gesichert. Es würde natürlich etwas Zeit in Anspruch nehmen, die Tochtergesellschaft zu gründen und die erforder-

[...] Die Firma Lake & Cruickshank, mit der Herr G. die Angelegenheit erörtert hatte, war besorgt wegen der möglichen Reaktion der europäischen Hersteller auf eine Veröffentlichung der „Einzelheiten". [...]

Die kartellgesetzliche Vorschrift, die am meisten zu Diskussionen Anlaß gab, war jedoch Art. 85 des EWG-Vertrages, der das von den Mitgliedern der Europäischen Wirtschaftsgemeinschaft geschaffene Wettbewerbsrecht enthält. Am 13. März 1962 erließ die EWG die Verordnung Nr. 17, nach der alle neuen Vereinbarungen sofort, bereits bestehende mehrseitige Absprachen spätestens am 1. November 1962 und bestehende zweiseitige Vereinbarungen spätestens am 1. Februar 1963 angemeldet werden mußten.

Dies war jedoch nur eine Durchführungsmaßnahme, da Art. 85 selbst bereits seit dem 1. Januar 1958 in Kraft war. Art. 85 verbietet Praktiken, die „geeignet sind, den Handel zwischen Mitgliedstaaten zu beeinträchtigen, und eine Verhinderung, Einschränkung oder Verfälschung des Wettbewerbs innerhalb des Gemeinsamen Marktes bezwecken oder bewirken" und enthält „insbesondere" eine Anzahl von Bestimmungen, gegen die das Chinin-Abkommen direkt verstieß, nämlich soweit es sich um Praktiken handelte, die „(a) An- oder Verkaufspreise oder sonstige Geschäftsbedingungen unmittelbar oder mittelbar festlegen" (das Kartell legte sowohl die Einkaufspreise für Chinarinde als auch die Verkaufspreise für Chinin fest); „(b) die Erzeugung, den Absatz, die technische Entwicklung oder Investitionen einschränken oder kontrollieren" (die Verkäufe wurden auf Marktquoten begrenzt, und außer den holländischen und deutschen Herstellern durfte niemand Chinidin herstellen), „(c) eine Aufteilung der Märkte oder Versorgungsquellen bewirken" (die Heimatmärkte waren den Herstellerländern vorbehalten, während sowohl die Märkte als auch die Lieferungen nach vorher festgesetzten Quoten aufgeteilt werden sollten).

lichen Abkommen zu entwerfen. In der Zwischenzeit würden die jetzt geplanten Abkommen durchgeführt werden. Es ist unwahrscheinlich, daß der Registrar die Vereinbarung vor Ablauf von einigen Monaten an den Gerichtshof verweist, und bevor er dies tut, müßte es möglich sein, die von mir skizzierten Vorkehrungen zu treffen.

Am 16. Juli 1962 trafen die französischen Hersteller mit Rechtsanwalt F., einem Rechtsexperten für Wettbewerbsrecht der EWG, zusammen. Herr F. äußerte die Ansicht, daß die Tatsache allein, daß das Exportkartell nur für Lieferungen in Länder außerhalb des Gemeinsamen Marktes galt, nicht unbedingt bedeutete, daß es nicht unter die Verbotsbestimmungen des Art. 85 fiel. [...]

Er verwies ferner darauf, daß eine Absprache durch ihre Behandlung als „streng vertraulich" oder den Umstand, daß sie nicht schriftlich festgelegt wird, kaum dem Geltungsbereich des Gesetzes entzogen werden könne. [...]

Er war jedoch zuversichtlich, daß wegen der „politischen" Eingriffe der Entwicklungsländer in das Angebot und wegen des Wettbewerbs der synthetischen Arzneimittel zur Malariabekämpfung eine Freistellung der Vereinbarung über den Chinarinden-Pool erreicht werden könnte. [...]

Nach weiterer Beschäftigung mit der Sache wurde Herr F. sogar noch optimistischer. Nach seinem Vorschlag sollte man in der folgenden Weise vorgehen:

> ... der Kommission einen detaillierten Plan für die Organisierung des Chininmarktes vorlegen, der mit der Lieferung des Rohstoffs beginnt und mit dem Vertriebssystem endet. Unter Berücksichtigung der gegenwärtigen Lage auf dem Chininmarkt glaube ich, daß ein solcher Plan die Billigung der EWG-Kommission finden könnte, vorausgesetzt, daß er nicht zu übermäßigen und ungerechtfertigten Gewinnen für die Chininhersteller führt.

Ein solcher Antrag, betonte er, müsse auf wirtschaftliche Gründe gestützt werden:

> Die Kommission wird höchstwahrscheinlich keine Freistellung gewähren, wenn sie nicht davon überzeugt ist, daß die Vereinbarung weder zu überhöhten Preisen zum Nachteil der Chininverbraucher führen noch ihr Sinken verhindern wird. Die Kommission wird deshalb wahrscheinlich die Vorlage vollständiger Unterlagen über die Preisstruktur der verschiedenen Hersteller verlangen, um nachzuprüfen, ob die für Chinin erzielten Gewinne nicht überhöht sind. Dies ist eine betriebs- und volkswirtschaftliche, nicht aber eine rechtliche Frage.

Er war sehr zuversichtlich, daß eine weitgehende Freistellung erreicht werden könnte:

Es scheint mir, daß bei Erfüllung der obenerwähnten Voraussetzungen alle ihrer fünf Arten von Vereinbarungen, jedenfalls vier von ihnen, eine Freistellung nach Art. 85 Abs. 3 erhalten könnten. Ich nehme an, daß die Freistellung am schwierigsten für eine Vereinbarung von der Art Ihrer Nr. 3 zu erlangen wäre (Vereinbarung, die den nationalen Herstellern ihren jeweiligen Heimatmarkt vorbehält).

In der anschließenden Diskussion skizzierte Herr J. von der Société Nogentaise de Produits Chimiques andere Lösungsmöglichkeiten und äußerte die Ansicht, daß die französischen Hersteller wahrscheinlich letzteren (Anmeldung des Chinarinden-Kartells und des Exportkartells, aber nicht des Gentlemen's Agreement) ihre Zustimmung geben würden. [...]

Seine Überzeugung, daß das Chinarinden-Kartell und die Exportvereinbarung erlaubt würden, gründete sich auf sein Vertrauen in die Überzeugungskraft der wirtschaftlichen Fakten. Um das Chinarinden-Kartell zu unterstützen, „sollten den mit der Ausarbeitung des Vertrages beauftragten Juristen alle möglichen wirtschaftlichen Daten gegeben werden". Entsprechende Angaben seien auch für das Exportkartell erforderlich: „Auch hier müssen wir unseren Antrag mit den gewichtigsten Gründen, graphischen Darstellungen, Preislisten usw. unterstützen." Er gab zwar zu, daß auch noch so viele wirtschaftliche Daten die offenbare Gesetzwidrigkeit des Gentlemen's Agreement nicht verbergen könnten, war aber doch der Meinung, daß es bei gehöriger Sorgfalt wirksam bleiben könne:

(c) Das Gentlemen's Agreement sollte geheimgehalten werden, denn es stellt genau die Art von Vereinbarungen dar, die der EWG-Vertrag verbietet. Wir sollten alle notwendigen Maßnahmen ergreifen, um alle Anzeichen für das Bestehen einer solchen Vereinbarung sorgfältig in ein günstiges Licht zu stellen oder zu verbergen oder jeden Beweis dafür zu unterdrücken. [...]

Das Problem bestand also nur noch darin, wie man „die Anzeichen günstig darstellen oder verbergen oder unterdrücken" konnte, die nach Meinung von Herrn J. hauptsächlich aus (a) der Preisgleichheit, (b) dem Ausgleich und (c) aus dem Vorbehalt der nationalen Märkte für die einheimischen Hersteller resultierten. Er wies darauf hin, daß die Preise „ungewöhnlicherweise in den meisten EWG-Ländern gleich hoch" seien, fuhr dann aber fort „...

wir können aber, wenn das Chinarinden-Kartell genehmigt ist, behaupten, daß das im gesamten Gemeinsamen Markt gleiche Preisniveau logischerweise auf die Preise für Chinarinde zurückzuführen ist". Sie könnten sich nach seiner Meinung auch auf eines der gebräuchlichsten Argumente von Monopolisten berufen: „Schließlich ist es, wenn eine Ware in ganz Europa verkauft wird, nur verständlich, daß der freie Wettbewerb zu einer Angleichung der Preise führt." Das Ausgleichssystem zwischen den Mitgliedern, die zuwenig oder zuviel geliefert hatten, könne gegen Entdeckung besser abgesichert werden, indem man „die Zahl der Transporte zwischen den Herstellern verringert". Er empfahl noch eine weitere Vorsichtsmaßregel: „Die schriftlichen Unterlagen über Lagerbestände und Verkäufe sollten vernichtet oder unter privaten Anschriften aufbewahrt werden."

Das schwierigste Problem war, wie man die nationalen Märkte den einheimischen Herstellern vorbehalten konnte, aber auch hier macht Herr J. einige gute Vorschläge:

Reservierte Gebiete. Herr F. legte auf folgendes Wert. Die Behörden in Brüssel reagieren sehr empfindlich gerade auf dieses Indiz für das Vorliegen abgestimmter Verhaltensweisen.

Französische Hersteller verkaufen nie in andere EWG-Länder, aber dies läßt sich mit ihren hohen Preisen erklären.

Holländische Hersteller liefern nach England, Belgien und Italien, um aber das Entstehen eines Verdachts zu vermeiden, sollten sie gelegentlich auch nach Deutschland liefern.

Deutsche Hersteller sollten aus demselben Grunde mindestens gelegentlich nach Italien und Holland liefern. Meinen Sie nicht, daß sich das machen ließe?

Diese Verschleierungsmanöver wurden jedoch nie ausgeführt, weil die Holländer die Konvention abrupt auflösten.

Die Auflösung der Konvention

Am 2. November 1962 wurde die Konvention durch einseitiges Vorgehen der Holländer aufgelöst. Die Vorarbeiten waren schon in der Sitzung der Konvention am 21. September 1962 in Braunschweig geleistet worden. Dort hatte Herr S. drauf hingewiesen, daß die ganze Vereinbarung (möglicherweise mit Ausnahme des Chinarinden-Kartells) fehlschlagen werde, wenn das Gentlemen's Agreement aufgehoben werde, da die Exportvereinbarung und das Gentlemen's Agreement unlöslich miteinander verbunden seien und auch die Stockpile-Vereinbarung wiederum von der Exportvereinbarung abhänge. [. . .]

Was sollte aber werden, wenn die Exportvereinbarung, deren Existenz „automatisch" von der Beendigung des Gentlemen's Agreement betroffen würde, nicht länger „in Kraft" war? Die darin liegende Drohung für den Fortbestand der Stockpile-Vereinbarung blieb den beiden britischen Herstellern nicht verborgen, die sich dann auch beeilten, darauf hinzuweisen, daß nach den Bedingungen des Vertrages eine Kündigung aus Gründen, für die die Parteien nicht einzustehen hätten, nicht auf die Verteilung des Stockpile, sondern nur auf die an die Holländer zu entrichtende Provision Einfluß habe. [. . .]

Welche Gründe können die Holländer dazu bewogen haben, etwas zu zerstören, was gerade sie in erster Linie aufgebaut hatten? Obwohl es immer gewagt ist, über Motive Vermutungen anzustellen, verlangt es doch der paradoxe Umstand, daß ein Unternehmen aus freien Stücken zwei Jahre sehr schwieriger Zusammenarbeit aufgibt, wenigstens den Versuch zu machen, eine Erklärung zu finden.

Eine mögliche Erklärung wäre, daß sich die Holländer inzwischen zu einem gesetzeskonformen Wettbewerb bekehrt hatten. [. . .]

Eine andere mögliche Erklärung ist die, daß die Konvention ihren Hauptzweck, den Wettbewerb der anderen Hersteller, um den amerikanischen Stockpile zu beseitigen, bereits erreicht hatte. [. . .]

Tatsache ist jedenfalls, daß die Holländer schließlich den Stockpile besaßen, während die Engländer ihr Recht aufgegeben hatten, sich um diese große Menge preisgünstigen Materials zu bewerben. Außerdem hatten sie an die Holländer für deren Kosten bei dem Versuch, den Stockpile zu erhalten, eine Provision gezahlt, englische Importeure und Vertriebsunternehmen, die Nedchems wichtigsten Konkurrenten (US-Quinine) unterstützen, zur Aufgabe dieser Unterstützung veranlaßt, ferner vereinbart, kein Chinin von dem Hersteller Bandung und keine Chinarinde aus dem Kongo von Händlern zu beziehen und sich auf andere Beschränkungen beim An- und Verkauf geeinigt. Und, was vielleicht die bitterste Pille war, einer der beiden britischen Hersteller mußte praktisch untätig zusehen, wie die Preise für Chinin in den nächsten beiden Jahren um 500 % stiegen . . .

Man darf nicht glauben, daß die Aufhebung der Konvention auch das Ende aller wettbewerbbeschränkenden Vereinbarungen zwischen den Chininherstellern bedeutete. Wie erinnerlich, hatten die holländischen und deutschen Hersteller schon vor der Gründung der Konvention vereinbart, den amerikanischen Stockpile unter sich aufzuteilen. Daher scheint, obwohl Nedchem Boehringer und Lake & Cruickshank beschuldigt hatte, die Vereinbarungen der Konvention gebrochen zu haben, dieser Verstoß die früher getroffene Vereinbarung zwischen den beiden Firmen nicht berührt zu haben.

BIBLIOGRAPHIE AUSGEWÄHLTER VERÖFFENTLICHUNGEN ÜBER DAS KARTELLWESEN

I. Literatur vor 1918

a) Monographien

Brentano, Lujo: Über die Ursachen der heutigen socialen Noth. Ein Beitrag z. Morphologie d. Volkswirtschaft. Leipzig 1889.

Denkschrift über das Kartellwesen. Bearb. im Reichsamt d. Innern.
T. 1.: Einl. u. Übersicht über d. in Deutschland bestehenden Kartelle unter Beifügung d. Statuten. 1905.
T. 2.: Vorschriften d. inländischen Zivil- u. Strafrechts unter Berücks. d. Rechtsprechung d. Reichsgerichts. 1906.
T. 3.: Die Kartelle der Kohlen-Industrie. 1907.
T. 4.: Ausländisches Kartellrecht. 1908.

Ebner, Georg: Die Kartellgeschichte der deutschen Röhrenindustrie. Berlin 1913.

Eucken, Walter: Die Verbandsbildung in der Seeschiffahrt. München & Leipzig 1914.

Gruntzel, Josef: Über Kartelle. Leipzig 1902.

Kantorowicz, Wilhelm: Kartell-Probleme. Berlin 1911.

Kestner, Fritz: Organisationszwang. Berlin 1912.

Levy, Hermann: Monopole, Kartelle u. Trusts in ihren Beziehungen zur Organisation d. kapitalistischen Industrie; dargest. a. d. Entwicklung in Großbritannien. 1. 2. Aufl. Jena 1909, 1927.

Liefmann, Robert: Kartelle und Trusts. 1.–8. Aufl. Stuttgart 1905–1930.

Morgenroth, Willi: Die Exportpolitik der Kartelle. Leipzig 1907.

Nicklisch, H.: Kartellbetrieb. Leipzig 1909.

Rundstein, Simon: Das Recht der Kartelle. Berlin 1904.

Schmoller, Gustav/E. Kirdorf: Das Verhältnis der Kartelle zum Staat. Leipzig 1906. (Schriften d. Vereins f. Socialpolitik 116.)

Sievers, Heinrich: Das industrielle Kartellwesen. Berlin 1912.

Strieder, Jacob: Studien zur Geschichte kapitalistischer Organisationsformen. Kartelle, Monopole u. AG's im Mittelalter u. zu Beginn d. Neuzeit. 1. 2. Aufl. München 1914, 1925.

Tschierschky, Siegfried: Kartell und Trust. 1. 2. Aufl. Göttingen & Leipzig 1903, 1911.

Verhandlungen der vom k.u.k. Handelsministerium veranstalteten Kartellenquête. Einl. u. Bd. 1–11. Wien 1912.

Kontradiktorische Verhandlungen über deutsche Kartelle. Die von der Dt. Reichsregierung angest. Erhebung über d. inländische Kartellwesen. H. 1–10. Berlin 1903–1905.

Zöllner, A.: Eisenindustrie und Stahlwerksverband. Eine wirtschaftspolitische Studie z. Kartellfrage. Leipzig 1907.

b) Zeitschriften

Cohn, G.: Geschichte der wirtschaftlichen Kartelle. In: Archiv f. soz. Gesetzgebung. Tübingen u. Berlin, 8, 1895, S. 396 ff.

Diehl, Karl: Nationalökonomische Betrachtungen zur Frage der rechtlichen Regelung der Kartelle. In: Zeitschrift f. d. ges. Handelsrecht. Stuttgart, 56, 1905, S. 369 ff.

Pohle, L.: Wirtschaftliche Kartelle. In: Preuß. Jahrbücher. Berlin 1896, S. 407 ff.

Schäffle, A.: Zum Kartellwesen und zur Kartellpolitik. In: Zeitschrift f. d. ges. Staatswissenschaft. Tübingen 1898, S. 467 ff.; S. 647 ff.

Schoenlank, B.: Urkundliche Geschichte der Kartelle. In: Archiv f. soz. Gesetzgebung. Tübingen, 5, 1892, S. 403 ff.

Schoenlank, B.: Kartelle. In: Archiv f. soz. Gesetzgebung. Tübingen, 3, 1890, S. 489 ff.

II. Literatur zwischen den beiden Weltkriegen

a) Monographien

Antepoth, H.: Wandlungen in der staatlichen Kartellpolitik Deutschlands. Köln Diss. 1938.

Beckerath, Herbert von: Industrielle Kartellprobleme der Gegenwart. Berlin 1926.

Bergemann-Gorski, F. K.: Das Verdingungskartell. Berlin 1931.

Allgemeiner Bericht über die wirtschaftlichen Seiten der internationalen Industriekartelle. Berlin 1932.

Böhm, Franz: Die Ordnung der Wirtschaft als geschichtliche Aufgabe und rechtsschöpferische Leistung. Stuttgart u. Berlin 1937.

Böhm, Franz: Wettbewerb und Monopolkampf. Eine Unters. zur Frage d. wirtschaftlichen Kampfrechts u. zur Frage d. rechtl. Struktur d. geltenden Wirtschaftsordnung. Berlin 1933.

Brachwitz, Alfred: Die Zusammenschlüsse in der deutschen Zementindustrie seit 1914. Hamburg 1937.

Braeuer, Walter: Kartell und Konjunktur, der Meinungsstreit in 5 Jahrzehnten. Berlin 1934.

Bruegger, Karl: Submissionskartelle. Emsdetten 1933.

Callmann, Rudolf: Das Deutsche Kartellrecht. Kommentar. Berlin 1934.

Dietrich, Peter: Die Konditionenkartelle. Eine wirtschaftsrechtl. Unters. über ihre Bedeutung in Theorie u. Praxis. Bühl 1935.

Döblin, Ernst: Theorie des Dumpings. Jena 1931.

Dohm, Jakob: Die wirtschaftlichen Voraussetzungen der Kartellierung. Köln Diss. 1929 [1930].

Eissfeldt, G.: Die Kartellierung der deutschen Elektroindustrie. Berlin 1928.

Ertel, Erich: Internationale Kartelle und Konzerne der Industrie. Stuttgart 1930.

Eucken, Walter: Wettbewerb als Grundprinzip der Wirtschaftsverfassung. In: Der Wettbewerb als Mittel volkswirtschaftlicher Leistungssteigerung u. Leistungsauslese. Berlin 1942.

Fischer, Paul Thomas / Horst Wagenführ: Kartelle in Europa (ohne Deutschland). Nürnberg 1929.

Flechtheim, Julius / J. W. Reichert: Kartelle als Produktionsförderer. Berlin 1929.

Flecken, Hermann: Die Zusammenhänge zwischen Handelsverträgen und internationalen Kartellen. Köln Diss. 1936.

Franz, Lutz: Die Konzentrationsbewegung im deutschen Buchhandel. Heidelberg 1927.

Girisch, Eduard: Das deutsche Kalisyndikat u. seine rechtliche Entwicklung. Heidelberg Diss. 1938.

Halm, Georg: Die Konkurrenz. München 1929.

Hammesfahr, W.: Kartell- und Beteiligungsziffer, ihre Technik u. ihre wirtschaftliche Bedeutung. Berlin 1930.

Hecht, Werner: Der Zement-Kartellpreis. Leipzig 1929.

Herle, Jakob / Max Metzner: Neue Beiträge zum Kartellproblem. Berlin 1929.

Hofheinz, Günter: Die Kartellbindung bei internationalen Kartellen. Heidelberg 1939.

Isay, Rudolf: Studien im privaten u. öffentlichen Kartellrecht. Mannheim 1922.

Das Kartellproblem. Beiträge z. Theorie u. Praxis. Unter Mitw. v. G. Briefs, A. Feiler ... hrsg. v. Emil Lederer. T. 1–3, München & Leipzig 1930–1932. (Schriften d. Vereins f. Socialpolitik. 180.)

Kéler, Hans von: Die weltwirtschaftliche Horizontalintegration der chemischen Industrie. Köln Diss. 1926.

Kemmler, Hans: Struktur und Organisation der deutschen Zementindustrie. Stuttgart 1933.

Klages, Heinrich: Submissionskartelle. Zugl. mit einer Einführung in das Submissionswesen. Göttingen Diss. 1935.

Klotzbach, Artur: Der Roheisenverband. Düsseldorf 1926.

Klug, Oskar: Das Wesen der Kartell-, Konzern- u. Trustbewegung. Jena 1930.

Kuehn, Guenther: Die Zementindustrie. Ihre wirtschaftl. u. organisatorische Struktur. Jena 1927.

Lammers, Clemens: Kartellgesetzgebung des Auslandes. (Ber. a. d. Völkerbund f. d. Internat. Wirtschaftskonferenz v. 4. 5. 1927.) Berlin 1927.

Lehnich, Oswald: Kartelle und Staat unter Berücks. der Gesetzgebung des In- und Auslandes. Berlin 1928.

Lehnich, Oswald / N. Fischer: Das deutsche Kartellgesetz. Berlin 1924.

Levy, Hermann: Die Grundlagen der Weltwirtschaft. Internat. Kartelle. Leipzig 1924.

Liefmann, Robert: Kartelle. In: Handwörterbuch d. Staatswissenschaften. Bd. 5. Jena, 4. Aufl. 1923, S. 611 ff.

Lietz, Heinz: Die Stellung der politischen Parteien zu der Konzentrationsbewegung in der deutschen Wirtschaft. Halle Diss. 1932.

Linke, H.: Nationalwirtschaft und internationale Kartelle. Würzburg 1938.

Lohmann, Martin: Das Rechnungswesen der Kartelle u. der Gruppenwirtschaft. Berlin 1937.

Meinhardt, William: Entwicklung und Aufbau der Glühlampenindustrie. Berlin 1932.

Merten, Hans: Die Perioden der Kartellforschung in Deutschland. Kiel Diss. 1932.

Metzner, Max: Kartelle und Kartellpolitik. Berlin 1926.

Miksch, Leonhard: Wettbewerb als Aufgabe. 1., 2. Aufl. Stuttgart, Berlin, Godesberg 1937, 1947.

Muhs, Karl: Kartelle und Konjunkturbewegung. Ein Beitrag z. Problematik d. Wirtschaftskrise. Jena 1933.

Näthke, Karl: Die Organisationsbewegung in der englischen Groß-Seeschiffahrt nach dem Weltkrieg. Köln Diss. 1931.

Pabst, Adalbert: Die Strukturwandlungen der internationalen Kupferwirtschaft u. das internationale Kupferkartell. Berlin 1932.

Passow, Richard: Kartelle. Jena 1930.

Pinner, Walter: Das Schlichtungskartell. Berlin 1931.

Reichert, Jakob Wilhelm: Nationale u. internationale Kartelle. Berlin 1936.

Reichert, Jakob Wilhelm: Die Kartellgesetze der Welt. Berlin 1935.

Reichert, Jakob Wilhelm: Internationale Wirtschaftsverbände. In: Das Werden in der Weltwirtschaft. Berlin 1926.

Reith, Fritz: Hemmungen des technisch-wirtschaftlichen Fortschritts. Berlin 1931.

Reuffurth, Eduard: Die Stellung der deutschen Sozialdemokratie zum Problem der staatlichen Kartellpolitik. Jena Diss. 1931.

Schäffer, Hans: Kartelle und Konzerne. Berlin 1928. In: Strukturwandlungen der deutschen Volkswirtschaft. Bd. 1. S. 312 ff.

Scherpf, Peter: Die Kartelle in der Bauwirtschaft. München 1932.

Schlenker, Max: Die Eisenindustrie in der Welt unter bes. Berücks. des internationalen Eisenpaktes. Jena 1927.

Schoen, Friedrich: Leistungswettbewerb und Behinderungswettbewerb. Köln Diss. 1933.

Scholz, Martin: Kalkulationsverbände in der deutschen Industrie. Nürnberg Diss. 1933.

Schütz, Paul: Fixe Kosten und Kartelle. Freiburg/Br. Diss. 1937.

Sölter, Arno: Das Großraumkartell. Dresden 1941.

Stadler, Theodor Willy: Kartelle und Schutzzölle. Berlin 1933.

Stallmann, Kurt: Der Stahlwerksverband in seinen internationalen Beziehungen. Berlin Diss. 1935.

Stark, H.: Theorie der Kartelle. Berlin 1930.

Stark, H.: Kartell-Technik und Kartell-Wirkung. Berlin 1931.

Termeer, W.: Die Stellung der Reichstagsparteien zur Kartellfrage. Münster Diss. 1924.

Tschierschky, Siegfried: Kartell-Organisation. Berlin 1928.

Tschierschky, Siegfried: Kartellpolitik. Berlin 1930.

Tschierschky, Siegfried: Das Problem der staatlichen Kartellaufsicht. Mannheim 1923.

Verhandlungen und Berichte d. Ausschusses zur Untersuchung d. Erzeugungs- u. Absatzbedingungen der deutschen Wirtschaft (Enquête-Ausschuß). Berlin.

Arb. Gruppe 3/2: Entwicklungslinien der industriellen u. gewerblichen Kartellierung. 1928—30.

Arb. Gruppe 3/4: Kartellpolitik. 1930.

Verhandlungen des 35. Deutschen Juristentages in Salzburg. 1. Gutachten. Berlin 1928.

Vershofen, Wilhelm: Die Marktverbände. Nürnberg 1928.

Wagenführ, Horst: Kartelle in Deutschland. Nürnberg 1931.

Wagenführ, Horst: Deutsche, ausländische u. internationale Kartellverträge im Wortlaut. Nürnberg 1931.

Wagenführ, Horst: Konjunktur und Kartelle. Berlin 1932.

Wagner, Gerhard: Anschlußzwang auf Außenseiter wirtschaftlicher Verbände mit Hilfe von Exklusivverträgen. Leipzig Diss. 1930.

Weber, Max: Über das Verhältnis der Kartelle zum Staat. Tübingen 1924. In: Weber: Gesammelte Aufsätze zur Soziologie und Sozialpolitik. S. 399 ff.

Weigelt, Kurt: Zusammenschluß im Luftverkehr. Berlin 1926.

Weiss, Martin: Die neuesten Formen der Staatsaufsicht über Kartelle. Jena Diss. 1932.

Wiedenfeld, Kurt: Kartelle und Konzerne. [dt., engl., franz.] Leipzig, Berlin 1927.

Winterhoff, Edmund: Die Krisis im deutschen Buchhandel als Folge seiner Kartellierung. Karlsruhe 1927.

b) Zeitschriften

Berkenkopf, Paul: Internationale Industriekartelle und ihre Bedeutung für die Gestaltung der weltwirtschaftlichen Beziehungen. In: Weltwirtschaftliches Archiv. Jena, 28, 1928, S. 300 ff.

Herle, J.: Die Kartellstelle des Reichsverbandes der Deutschen Industrie, ihre Aufgaben, ihre Organisation u. ihre bisherige Tätigkeit. In: Kartell-Rundschau. Berlin, 20, 1922, S. 443 ff.

Kühn, Günther: Kartelle, Außenseiter und Preispolitik in der Zementindustrie. In: Die Betriebswirtschaft. Stuttgart, 23, 1930, S. 201 ff.

Lederer, E.: Monopole und Konjunktur. In: Vierteljahreshefte f. Konjunkturforschung. Hamburg, 2, 1927, Erg.-H. 2, S. 13 ff.

Tschierschky, Siegfried: Die Stellung der Sozialdemokratie zu den Kartellen. In: Kartell-Rundschau. Berlin, 18, 1920, S. 423 ff.; 19, 1921, S. 43 ff.

Weber, Adolf: Gewerkschaften u. Kartelle als Marktverbände. In: Jahrbücher f. Nationalökonomie u. Statistik. Jena, 3. Folge, 79, 1931, S. 704 ff.

III. Literatur nach 1945

a) Monographien

Amereller, Horst: Die rechtliche Regelung der Marktbeherrschung im Vertrage über die Gründung der EGKS u. die praktische Anwendung dieser Bestimmungen. Saarbrücken Diss. 1962.

Arndt, Erich: Wirtschaftlicher Liberalismus u. Wirklichkeit. In: Wirtschaftsordnung u. Wirtschaftspolitik ohne Dogma. Hamburg, Stuttgart, Düsseldorf 1954, S. 47.

Behrens, Friedrich-Stephan: Marktinformation u. Wettbewerb. Köln, Bonn, München 1963.

Beiträge zum Wirtschaftsrecht. Festschrift f. Rudolf Isay. Köln & Berlin 1956.

Biedenkopf, Kurt: Vertragliche Wettbewerbsbeschränkung und Wirtschaftsverfassung. Heidelberg 1958.

Böhm, Franz: Die Aufgaben der freien Marktwirtschaft. München 1951.

Böhm, Franz: Wirtschaftsordnung und Staatsverfassung. Tübingen 1950.

Bollig, Hans Guenter: Patentgemeinschaften im GWB. Köln Diss. 1967.

Brinkmann, Heinz-Volker: Markttransparenz und Wettbewerbsrecht. Göttingen Diss. 1963.

10 Jahre Bundeskartellamt. Köln u. Berlin 1968.

Bunke, Erwin: Das Kartellverbot im Recht der EGKS. Köln Diss. 1957.

Eckel, Dieter: Das Kartell. Berlin 1968.

Eichler, H. / E. Hoppmann / E. Schäfer: Exportkartell und Wettbewerb. Köln u. Opladen 1964.

Engelmann, Fritz: Der Kampf gegen die Monopole in den USA. Berlin, Tübingen 1951.

Erichsen, Hans: Die internationalen Linienschiffahrts-Konferenzen in kartellrechtl. Betrachtung. Köln Diss. 1963.

Eucken, Walter: Die Grundsätze der Wirtschaftspolitik. 3. Aufl. Tübingen, Zürich 1960.

Feldhaus, Hermann: Kollektive Preispolitik in der Oligopol- u. Kartelltheorie. Köln Diss. 1953.

Fremerey, Hans-Joachim: Die kartellrechtliche Bedeutung d. gemeinsamen Tochtergesellschaft konkurrierender Unternehmen insbes. beim Syndikat u. beim marktbeherrschenden Unternehmen. Frankfurt/M. Diss. 1965.

Fricke, Werner: Kollektivmonopole. Heidelberg 1956.

Geer, Thomas: Die Preisbildung auf Weltrohstoffmärkten. Marburg Diss. 1965.

Gerhardt, Walter: Rabattwettbewerb u. Rabattordnung in einer Wirtschaftsordnung funktionsfähiger Konkurrenz. Köln Diss. 1960.
Zehn Jahre Gesetz gegen Wettbewerbsbeschränkungen. Köln & Berlin 1968.
Greiffenhagen, Gottfried: Die Kartellgenehmigung im Recht des GWB, der EGKS und der EWG. Heidelberg Diss. 1965.
Griesbach, Bernhard: Die Montanunion. Diss. Mainz 1960.
Griesbach, Bernhard: Wettbewerbspolitik ohne neues Leitbild. München 1970.
Günther, Eberhard: Wege zur europäischen Wettbewerbsordnung. Baden-Baden 1968.
Günther, Eberhard / A. Kohlitz / H. Rasch: Das Kartellrecht im Spiegel der Vereinheitlichung. Dortmund 1961.
Gutachten zum Wettbewerbsproblem. Erstattet v. Wissenschaftl. Beirat beim BWM. Göttingen 1962.
Internationales Handbuch der Kartellpolitik. Hrsg. v. Georg Jahn u. Kurt Junckerstorff. Berlin 1958.
Haslbeck, Hans Josef: Die Regelung des Wettbewerbs im Vertrag über die EWG. München Diss. 1961.
Haussmann, Frederick: Der Antitrustgedanke im Wirtschaftssystem. Berlin & München 1950.
Hefermehl, Wolfgang / Ernst R. Huber / H. St. Seidenfus: Kooperative Marktinformation. Köln, Berlin, Bonn, München 1967.
Heigl, Heinz-Richard: Das gentlemen's agreement im GWB. Köln Diss. 1961.
Hoeffner, Joseph: Wirtschaftsethik und Monopole im 15. u. 16. Jahrhundert. 2. Aufl. Darmstadt 1969.
Holle, Dieter: Rabattkartelle im Gesetz gegen Wettbewerbsbeschränkungen. Göttingen Diss. 1964.
Holzschuher, Veit: Soziale u. ökonomische Hintergründe der Kartellbewegung. Erlangen–Nürnberg Diss. 1962.
Honold, Sigbert: Das gentlemen's agreement und seine Bedeutung im Kartellrecht. Tübingen Diss. 1962.
Jäger, Armin: Inhalt und Grenzen des Kartellbegriffs. Köln u. Berlin 1970.
Die Illusion des freien Wettbewerbs. Die Stellungnahme d. Gewerkschaften zum Gesetz gegen Wettbewerbsbeschränkung. Köln 1950.
Isay, Rudolf: Die Geschichte der Kartellgesetzgebungen. Berlin 1955.
Kantzenbach, E.: Die Funktionsfähigkeit des Wettbewerbs. 2. Aufl. Göttingen 1967.
Die Kartelle und Verbände in unserer Zeit. Vorträge von ... Rüschlikon 1956.

Kartelle und Monopole im modernen Recht. T. 1. 2. Karlsruhe 1961.
Kartelle in der Wirklichkeit. Festschrift f. Max Metzner. Mit Aufs. von ... Köln, Berlin, Bonn 1963.
10 Jahre Kartellgesetz 1958–1968. Hrsg.: Arbeitskreis Kartellrecht d. BDI. Bergisch-Gladbach 1968.
Kemker, Harry: Die statistische Tätigkeit von Wirtschaftsverbänden und das Antitrustrecht. Heidelberg 1963.
Kiersch, Günther: Internationale Eisen- u. Stahlkartelle. Essen 1954.
Kirschstein, Friedrich: Internationale Kartelle u. der Entwurf der UN-Kommission für eine internationale Konvention über einschränkende Geschäftspraktiken. Hamburg Diss. 1957.
Kirschstein, Friedrich / Frank Segelmann: Rationalisierungskartelle u. Syndikate, ihre Beurteilung nach § 5, Abs. 2 u. 3 GWB. Düsseldorf 1960.
Klein, Hans Helmut: Gemeinschaftsunternehmen u. Funktionsgemeinschaften im Verhältnis zum GWB. Köln u. Berlin 1966.
Knöpfle, Robert: Der Rechtsbegriff „Wettbewerb" und die Realität des Wirtschaftslebens. Köln u. Berlin 1966.
Kretzer, Rolf-Dieter: Frankostationspreise der deutschen Zementindustrie in wettbewerbspolitischer Sicht. Mainz 1969.
Krüssmann, Wolfgang: Industrielle Kooperation als Mittel der Unternehmenspolitik. Berlin Diss. 1967.
Krusche, Dieter: Marktverhalten und Wettbewerb. Berlin 1961.
Kuczynski, Jürgen: Studien zur Geschichte des deutschen Imperialismus. T. 1: Monopole u. Unternehmerverbände. 2. verb. Aufl. Berlin 1952.
Maschke, E.: Grundzüge der deutschen Kartellgeschichte bis 1914. Dortmund 1964.
Maul, Heinrich: Das Open-Price-System und § 1 GWB. Mainz Diss. 1964.
Mayer, Leopold: Kartelle, Kartellorganisation und Kartellpolitik. Wiesbaden 1959.
Merle, Werner: Marktinformationsverfahren und § 1 GWB. Köln 1967.
Mestmäcker, Ernst-Joachim: Verbandsstatistiken als Mittel zur Beschränkung u. Förderung d. Wettbewerbs in den USA u. Deutschland. Frankfurt/M. Diss. 1953.
Metzner, Max: Kartelle als Träger der Rationalisierung. Berlin 1955.
Müller-Armack, Alfred: Wirtschaftslenkung und Marktwirtschaft. 2. Aufl. Hamburg 1948.
Neubauer, Manfred H.: Der volkswirtschaftliche Inhalt des Wettbewerbsbegriffes in § 1 GWB. Marburg Diss. 1968.
Neumeyer, Fredrik: Monopolkontrolle in USA. Berlin 1953.
Nies, Alfred: Internationale Kartelle. Mannheim Diss. 1959.

Ottel, Fritz: 2 Jahre deutsche Kartellpolitik. Frankfurt/M. 1960.

Rehbinder, Eckard: Extraterritoriale Wirkungen des deutschen Kartellrechts. Frankfurt/M. Diss. 1964.

Röpke, Wilhelm: Die Ordnung der Wirtschaft. Frankfurt/M. 1948.

Samow, Peter: Preismeldestellen, ökonomische Aspekte der kollektiven Informationsbeschaffung industrieller Unternehmen. Kiel Diss. 1965.

Sandrock, Otto: Grundbegriffe des GWB. Bonn Hab. Schr. 1966.

Sauter, Herbert: Der Begriff „Wettbewerb“ im Gesetz gegen den unlauteren Wettbewerb und im GWB. Mainz Diss. 1964.

Schiller, Karl: Sozialismus und Wettbewerb. In: Grundfragen moderner Wirtschaftspolitik. Hrsg. v. Carlo Schmid, K. Schiller, E. Potthoff. Frankfurt/M. o. J., S. 227 ff.

Schiller, Karl: Art. Wirtschaftspolitik. In: Handwörterbuch d. Sozialwissenschaften. 12. Bd., Göttingen 1965, S. 210, 215 f.

Schöllhorn, Johann: Internationale Rohstoffregulierungen. Berlin 1955.

Schoser, Franz: Das Rabattkartell in ordnungspolitischer Sicht. Düsseldorf 1959.

Schwartz, Ivo: Deutsches internationales Kartellrecht. Köln & Berlin 1962.

Sölter, Arno: Das Rabattkartell. Düsseldorf 1955.

Stalp, Hans-Günther: Der Informationsprozeß in der Marktwirtschaft. Darmstadt Diss. 1964.

Tenckhoff, Philipp: Kartelltheorie u. Kartellpolitik in der jüngeren Nationalökonomie. Köln Diss. 1956.

Tilmann, Winfried: Zusammenarbeit und Kartellverbot. Heidelberg Diss. 1966.

Weber, Alfred: Freier Sozialismus. Ein Aktionsprogramm. In: A. Weber u. A. Mitscherlich: Freier Sozialismus. Heidelberg 1946. S. 76 f.

Wettbewerb als Aufgabe. Hrsg. v. E.-J. Mestmäcker. Bad Homburg 1968.

Winzer, Wolfgang: Das Kartellproblem in internationalen Verträgen. Göttingen Diss. 1966.

Wittmann, Waldemar: Unternehmung und unvollkommene Information. Köln 1959.

Woll, Artur: Zur wettbewerbspolitischen Bedeutung d. Markttransparenz. In: Theoretische u. institutionelle Grundlagen d. Wirtschaftspolitik. Hrsg. v. Hans Besters. Berlin 1967.

Zohlnhöfer, Werner: Die Bekämpfung von Wettbewerbsbeschränkungen im Oligopol. Tübingen 1968.

b) Zeitschriften

Arndt, Helmut: Konkurrenz und Monopol in Wirklichkeit. In: Jahrbücher f. Nationalökonomie u. Statistik. Stuttgart, 161, 1949, S. 222 ff.

Blaich, Fritz: Die Anfänge der deutschen Antikartellpolitik zwischen 1897 und 1914. In: Jahrbuch f. Sozialwissenschaft. Göttingen, 21, 1970, H. 2, S. 127 ff.

Blaich, Fritz: Der „Standard-Oil-Fall" vor dem Reichstag. Ein Beitrag z. deutschen Monopolpolitik vor 1914. In: Zeitschrift f. d. ges. Staatswissenschaft. Tübingen, 126, 1970, H. 4, S. 663 ff.

Böhm, Franz: Das Reichsgericht und die Kartelle. Eine wirtschaftsverfassungsrechtl. Kritik a. d. Urteil d. RG v. 4. 2. 1897. In: Ordo. Bad Godesberg, 1, 1948, S. 197 ff.

Bohnemann, Volker: Preismeldestellen und Wettbewerb. In: Schmollers Jahrbuch f. Wirtschafts- u. Sozialwissenschaften. Berlin, 89, 1969, H. 6, S. 641 ff.

Brems, Hans: Cartels and competition. In: Weltwirtschaftl. Archiv. Hamburg, 66, 1951, S. 51 ff.

Christl, Arthur: Das Leistungsentgelt im kumulativen Gesamtumsatzrabattkartell. In: Betriebs-Berater. Heidelberg 1958, S. 993 ff.

Fischer, C. E.: Die Geschichte der deutschen Versuche zur Lösung des Kartell- u. Monopol-Problems. In: Zeitschrift f. d. ges. Staatswissenschaft. Tübingen, 100, 1954.

Griesbach, Bernhard: Denaturierte Markttransparenz. In: Der Betrieb. Düsseldorf, 14, 1961, S. 1621 ff.

Günther, Eberhard: Die Aufgaben des Bundeskartellamtes in der Wettbewerbspolitik. In: Zeitschrift f. d. ges. Handelsrecht u. Wirtschaftsrecht. 1963, H. 1, S. 38 ff.

Günther, Eberhard: Brauchen wir eine neue Wettbewerbspolitik? In: Wirtschaft u. Wettbewerb. Düsseldorf 1967, H. 2, S. 91 ff.

Günther, Eberhard: Das GATT als Ansatz zur internationalen Kartellkontrolle. In: Wirtschaft u. Wettbewerb. Düsseldorf 1955, S. 101 ff.

Günther, Eberhard: Das Gesetz gegen Wettbewerbsbeschränkungen. In: Gewerbl. Rechtsschutz u. Urheberrecht. Weinheim 1958, H. 12, S. 575 ff.

Günther, Eberhard: Die ordnungspolitischen Grundlagen des EWG-Vertrages. In: Wirtschaft u. Wettbewerb. Düsseldorf 1963, H. 3, S. 191 ff.

Günther, Eberhard: 10 Jahre Kartellgesetz 1958–1968. In: Schmollers Jahrbuch f. Wirtschafts- u. Sozialwissenschaften. Berlin 1969, H. 6, S. 713 ff.

Günther, Eberhard: Das neue Kartellgesetz u. seine Auswirkungen auf die Unternehmen. In: Wirtschaft u. Wettbewerb. Düsseldorf, 7, 1957, S. 677 ff.

Haussmann, Frederick: Der Kampf gegen monopolistische Störungen d. freien Handels. E. Zwischenbilanz d. internat. Antitrustbewegung. In: Außenwirtschaft. München, 5, 1950, S. 184 ff.; S. 244 ff.

Heuss, Ernst: Das Kartell. Ein Beitr. z. Kartelltheorie. In: Jahrbuch f. Sozialwissenschaft. Göttingen, 12, 1961, S. 144 ff.

Heuss, Ernst: Zum heutigen Stand der Wettbewerbstheorie. In: Ordo. Bad Godesberg, 18, 1967.

Hoppmann, Erich: Preismeldestellen und Wettbewerb. In: Wirtschaft u. Wettbewerb. Düsseldorf, 16, 1966, S. 106 ff.

Markert, Kurt: Gegenstandstheorie und Preismeldestellen. In: Zeitschrift f. d. ges. Handelsrecht u. Wirtschaftsrecht. Stuttgart, 134, 1970, H. 1, S. 53 ff.

Menze, Hubert: Die Integrität der Marktinformation. In: Wettbewerb in Recht u. Praxis. Frankfurt 1964, H. 6, S. 192 f.

Miksch, Leonhard: Die Wirtschaftspolitik des Als-Ob. In: Zeitschrift f. d. ges. Staatswissenschaft. Tübingen, 105, 1948/49, S. 335 ff.

Pickel, Walter: Preismeldestellen und Kartellverbot. In: Der Betriebs-Berater. Heidelberg, 18, 1963, S. 702 ff.

Rinck, Gerhard: Die Markttransparenz. In: Der Betriebs-Berater. Heidelberg, 17, 1962, S. 105 ff.

Röper, Burkhardt: Der wirtschaftliche Hintergrund der Kartell-Legalisierung durch das Reichsgericht 1897. In: Ordo. Bad Godesberg, 3, 1950, S. 239 ff.

Schmidt, Ingo: Markttransparenz als Voraussetzung für Wettbewerbsbeschränkungen. In: Wirtschaft u. Wettbewerb. Düsseldorf, 13, 1963, S. 97.

Weippert, G.: Die wirtschaftstheoretische u. wirtschaftspolitische Bedeutung der Kartelldebatte auf der Tagung des Vereins für Sozialpolitik im Jahre 1905. In: Jahrbuch f. Sozialwissenschaft. Göttingen, 11, 1966, S. 155 ff.

IV. Ausländische Beiträge

a) Monographien

Allen, James Stuart: Cartel System. New York 1946.

Economic and political aspects of international cartels. Washington 1944.

Auscher, Renè: Les ententes économiques en France et à l'étranger. Paris 1935.

Berge, Wendell: Cartels. Washington 1946.

Brems, Hans / B. Lindström / J. Nordenson: Konkurrens eller samverkan. Ett diskussionsinlägg om kartell och monopolproblemen. Stockholm 1951.
Brentano, Lujo: Über Kartelle. Wien 1888.
Burns, A. R.: The decline of competition. New York 1936.
Burki, Paul-Henri: Le Problème de l'abus des positions dominantes des grandes entreprises dans le marché commun d'après l'art. [= article] 86 du Traité de Rome. Lausanne Diss. 1968.
The international Cartel Movement. Washington 1928.
Chiati, M. B.: Les ententes industrielles internationales. Paris 1928.
Committee on Cartels and Monopoly. Report. New York 1948.
Eddy, Arthur Jerome: The new competition. 4. ed. compl. revised. Chicago 1915.
Edwards, Corwin D.: Economic and political aspects of international cartels. 78th Congr., 2nd sess. Sen. Committee Print. Monographies Nr. 1. Washington 1944.
Edwards, Corwin D.: Maintaining competition: requisites of a governmental policy. New York 1949.
Edwards, Corwin D. / Kreps: A cartel policy for the United Nations. New York 1945.
Edwards, Corwin D. / Opie: International cartels and private trade agreements. New York 1944.
Ententes et monopoles dans le monde – Cartels internationaux. Paris 1957.
Erlacher, Gerhard: Kartelle in Österreich in der Zeit zwischen 1840–1938. Graz Diss. 1969.
Fellner, W.: Competition among the few. New York 1949.
Festschrift für Walter Hug. (Mit Aufs. von ...) Bern 1968.
Fetter, Frank Albert: The Masquerade of monopoly. New York 1931.
Friedländer, Heinrich: Die Rechtspraxis der Kartelle und Konzerne in Europa. Zürich 1938.
Fröstl, Karl: Kartelle u. ihre Besonderheiten im Vergleich mit der wirtschaftlichen Konzentration. Wien Diss. 1970.
Griffin, Clare E.: An economic approach to antitrust problems. New York 1951.
Haussmann, Frederick: Der Wandel des internationalen Kartellbegriffs – amerikanische Kartelldoktrin u. World Trade Charter. Bern 1947.
Hayek, F. A.: Der Weg zur Knechtschaft. Erlenbach–Zürich 1952.
Hexner, Ervin: International Cartels. Chapel Hill 1946.
Hexner, Ervin: The international Steel Cartel. 1. 2. Aufl. Chapel Hill 1943, 1946.
Hirsch, Julius: Les monopoles nationaux et internationaux au point de

vue des intérêts de l'ouvrier, du consommateur et de la rationalisation. Genève 1926.
Internationale Kartelle. Zeitschrift d. Studienbüros für internationale Kartelle. Paris 1939.
Internationale Kartelle. Genf 1937.
Kartelle und Wettbewerb in der Schweiz. Veröff. d. Preisbildungskommission d. Eidgenöss. Volkswirtschaftsdepartements. 2. Aufl. Bern 1957.
Kaysen, C. / D. F. Turner: Antitrust policy. Cambridge, Mass., London 1959, 1960.
Kemnitzer, William Johnson: Rebirth of monopoly; a critical analysis of economic conduct in the petroleum industry of the United States. New York 1938.
Kleinwächter, Friedrich: Die Kartelle. Innsbruck 1883.
Kummer, Max: Der Begriff des Kartells. Bern 1966.
Kypriotis, M.: Les cartels internationaux. Paris 1936.
Laager, Peter: Kartell und Konjunktur. Bern Diss. 1959.
Lehnich, Oswald: Internationale Kartelle und Trusts. Genf 1929.
Lewinsohn, Richard: Trusts et cartels dans l'économie mondiale. Paris 1950.
Mac Gregor, David Hutchinson: Les cartels internationaux. [franz. u. engl.] Genève 1927.
Mac Gregor, David Hutchinson: Industrial combinations. London 1935.
Mac Gregor, David Hutchinson: An inquiry into the nature and effects of international cartels and other trade combinations. Ottawa 1945.
Machlup, Fritz: The nature of international cartel problem. New York 1946.
Marbach, Fritz: Kartelle, Trusts und Sozialwirtschaft. Bern 1932.
Marbach, Fritz: Monopolistische Organisationsformen. Bern 1950.
Mason, Edward S.: Controlling world trade. Cartels and commodity agreements. New York 1946.
Monopoly and competition and their regulation. Ed. by E. A. Chamberlin. London 1954.
Munz, Ernst: Ursachen, Verlauf und Problematik der Kartelldebatte in Westdeutschland nach 1945. Graz Diss. 1957.
Nelson, Milton Nels: Open price associations. Urbana, Ill. 1923.
Neumeyer, Fredrik: Patentkarteller. Stockholm 1947.
Notz, William Fred: Representative international cartels, combines and trusts. Washington 1929.
Oualid, William: International raw materials cartels: causes, effects, regulation. Paris 1938.
Papandreou, Andreas George / John Thomas Wheeler: Competition and

its regulation. 1. 2. print. New York, London, Englewood Cliffs, N. J. 1954, 1957.
Plummer, Alfred: International combines in modern industry. 1.–3. Aufl. New York 1934–1951.
Pribram, Karl: Cartel problems; an analysis of collective monopolies in Europe with american application. Washington 1935.
Rapport général sur les aspects économiques des ententes industrielles internationales. Prép. par A. Benni [u. a.] Genève 1931.
Report on international phosphate cartels. Washington 1946.
Report on international steel cartels. Washington 1948.
Rousiers, Paul de: Cartels and trusts and their development. [engl. u. franz.] Genf 1927.
Ruge, Dietrich: Begriff u. Rechtsfolgen gleichförmigen Marktverhaltens nach dem deutschen Gesetz gegen Wettbewerbsbeschränkungen in rechtsvergleichender Sicht. Basel Diss. 1963.
Stocking, George W. / M. W. Watkins: Cartels in action. New York 1949.
Stocking, George W. / M. W. Watkins: Cartels or competition. New York 1948.
Stocking, George W. / M. W. Watkins: Monopoly and free enterprise. With the report and recommendations of the Comm. on Cartels and Monopoly. New York 1951.
Turmann, Max: Les ententes internationales industrielles. Paris 1930.
Weiskirchner, Richard: Das Cartellwesen vom Standpunkte d. christlichen Wirtschaftsauffassung. Wien 1896.
Wenzl, Franz Dietrich: Möglichkeiten der Preisbildung und Preismanipulierung in der verbändestrukturierten Wirtschaft. Wien Diss. 1968.

b) Zeitschriften

Black, Duncan: On the rationale of group decision-making. In: Journal of political economy. Chicago, 56, 1948, S. 23 ff.
Brems, Hans: On the theory of price agreements. In: Quarterly Journal of economics. Cambridge, Mass., 65, 1951, S. 252 ff.
Fellner, William: Collusion and its limits under oligopoly. In: American economic review. Papers and proceedings. Evanston, Ill., 40, 1950, S. 54.
Frisch, Ragnar: Priskartellisk prisdannelse. In: Statsökonomisk Tidsskrift. Oslo, 55, 1941, S. 270 ff.
Hoselitz, Bert Frank: International cartel policy. In: Journal of political economy. Chicago, 55, 1947, S. 1 ff.
Jöhr, W. A.: Die verschiedenen Varianten des Kollektivmonopols. In:

Schweizerische Zeitschrift f. Volkswirtschaft u. Statistik. Bern, 87, 1951, S. 281 ff.

Reynolds, Lloyd G.: Cutthroat competition. In: American economic review. Evanston, Ill., 30, 1940, S. 736 ff.

Trieb, Rudolf: Die Bestimmung des Monopolpunktes beim kollektiven Angebotsmonopol. In: Schweizerische Zeitschrift f. Volkswirtschaft u. Statistik. Bern, 86, 1950, S. 249 ff.

Tuchtfeldt, Egon: Organisierte Markttransparenz und Wettbewerb. In: Schweizerische Zeitschrift f. Volkswirtschaft u. Statistik. Bern, 102, 1966, S. 42 ff.